胡適

情书全集

【图文珍藏本】

［上］

胡适 江冬秀 著
陈漱渝 李致 编
张瑞霞 整理

中国青年出版社

图书在版编目（CIP）数据

胡适情书全集：图文珍藏本／胡适，江冬秀著；陈漱渝，李致编；张瑞霞整理.
—北京：中国青年出版社，2020.7

ISBN 978-7-5153-6014-0

Ⅰ.①胡… Ⅱ.①胡…②江…③陈… ④李…⑤张… Ⅲ.①胡适（1891－1962）—书信集
Ⅳ.①K825.4

中国版本图书馆 CIP 数据核字（2020）第 076490号

书　　名：胡适情书全集（图文珍藏本）
著　　者：胡　适　江冬秀
编　　者：陈漱渝　李　致
整　　理：张瑞霞
责任编辑：庄　庸　陈　静
特约编辑：于晓娟
出版发行：中国青年出版社
社　　址：北京东四十二条 21号
邮　　编：100708
网　　址：www.cyp.com.cn
门 市 部：(010)57350370
印　　刷：北京中科印刷有限公司
经　　销：新华书店

开　　本：787mm×1092mm　1/16
插　　页：1
印　　张：44
字　　数：458千字
版　　次：2020年11月北京第1版
印　　次：2020年11月北京第1次印刷
印　　数：0,001~5,000册
定　　价：98.00元(上、下)

出版说明

1. 本书收入胡适致江冬秀信（1911 ～ 1946 年）129 通，江冬秀致胡适信（1913 ～ 1941 年）135 通。

2. 所收书信均按照年月日顺序整理，有些署农历日期的，在括号内注明公历日期。有些信没有日期的，编者考证其日期后，用括号注明。书稿原稿中无法识别的字以□标注。

3. 胡适致江冬秀信中原有错字、别字、衍文和佚文的校勘，以【】标注，加在正文中。

4. 由于文化水平问题，江冬秀的信中错别字很多，比如她经常说狠好、狠喜欢等。“狠”应该是“很”；“悮”应该是“误”；“是什么”，经常写成“事”什么；“教人怎么样”，统览全信的意思，应该是“叫人怎么样”。她还经常把“叫”写成“叶”，把“钱”写成“泉”，“朱小姐”写成“朱小担”，把“让”写成“样”，把“太”写成“大”，把“拿”写成“那”，等等。还有很多句法不通等问题，这些问题原则上是保持原貌。在错字、别字、衍文和佚文的后面用【】标出；根据语义，原文需删去的字用〖〗标出，需增补的字用 [ ] 标出；狠、泉、乙等通假字后面用（）标注出现在的通用字；

对于文句不通之处不做删改。

5. 为便于阅读，我们在每封信上加了一个小标题，以方便读者更好地阅读。

6. 百密难免一疏，信中有些文字或许在当年的手稿中无法识别出来，或者识别出来有很多意向性的，编者和编辑后期已经尽最大努力去识别，如有认错的，还请读者海涵！

7. 我们一直致力于寻找搜集关于胡适情书的更多原件手迹手稿，若您手中有这类宝贵资料，烦请跟我们联系。不胜感激！

中国青年智库论坛办公室

（新青年读物工作室）

胡适（1891~1962）

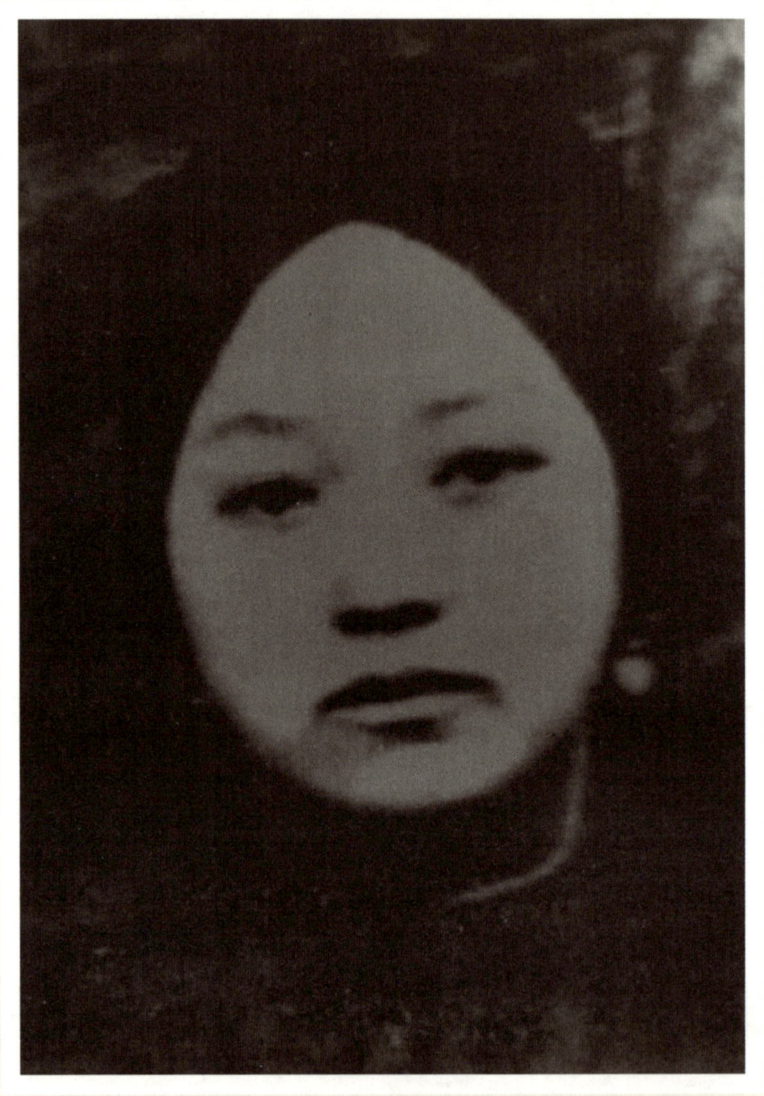

江冬秀（1890~1975）

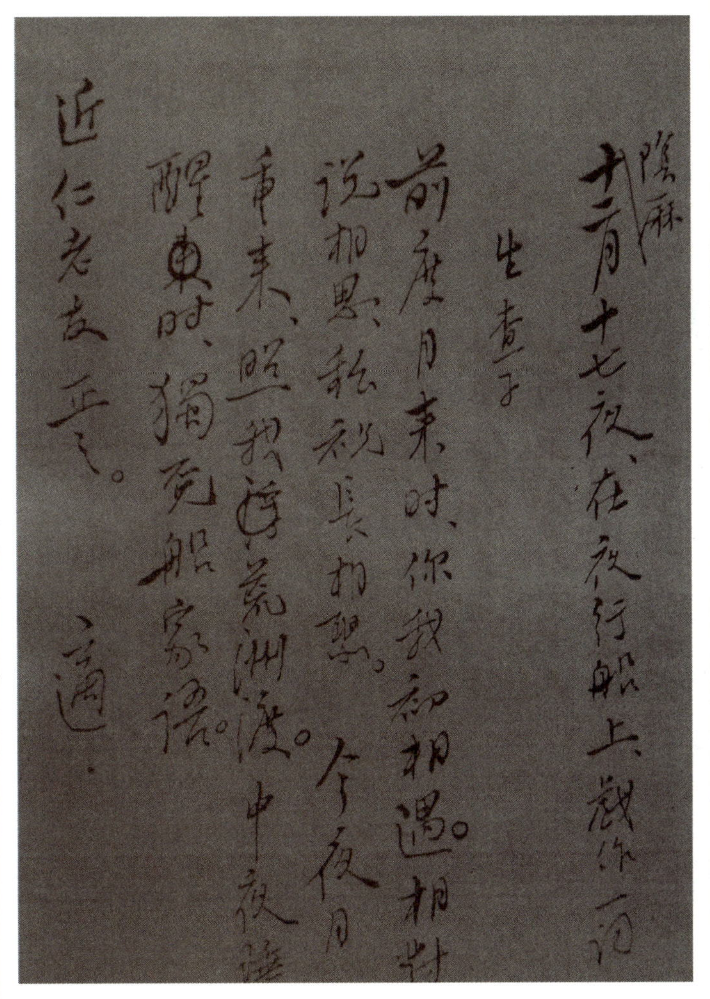

陰曆十二月十七夜，在夜行船上，戏作一词

生查子

前度月来时，你我初相遇。相对说相思，私祝長相聚。今夜月重来，照我荒洲渡。中夜

醒来时，獨覓船家語。

近仁老友正之。

適

此诗是胡适新婚后离开家乡时写的。“相思”是说给江冬秀的，胡适抄录给友人胡近仁。

江冬秀和三个年幼的孩子

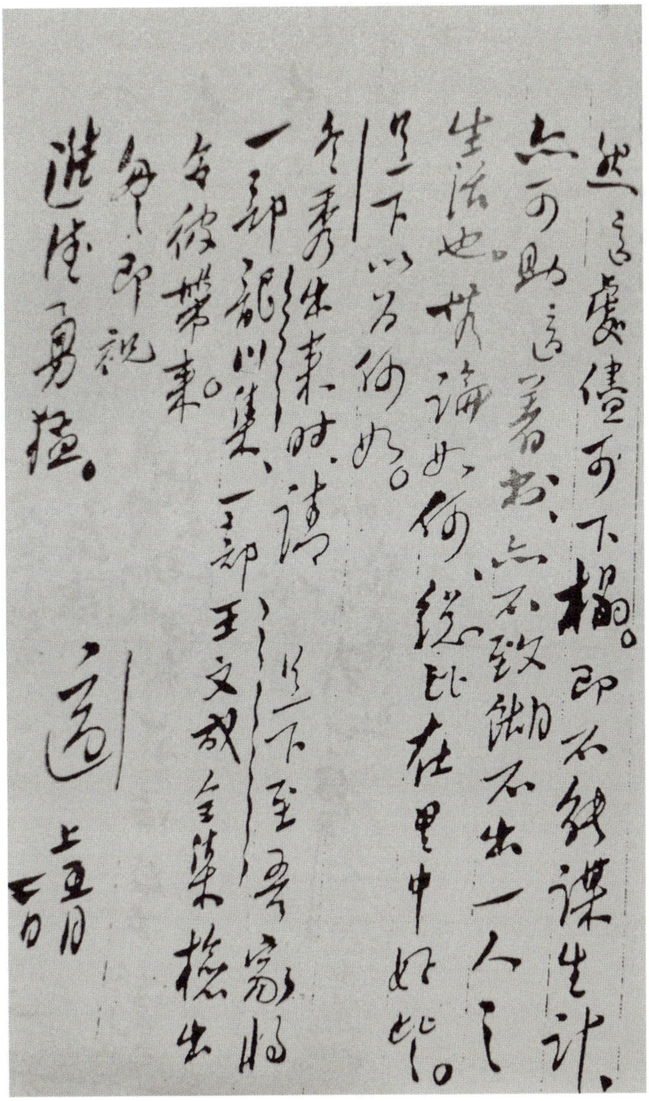

胡适在此信中表达了自己对婚姻的不满，同时说自己的婚姻完全是为了母亲。

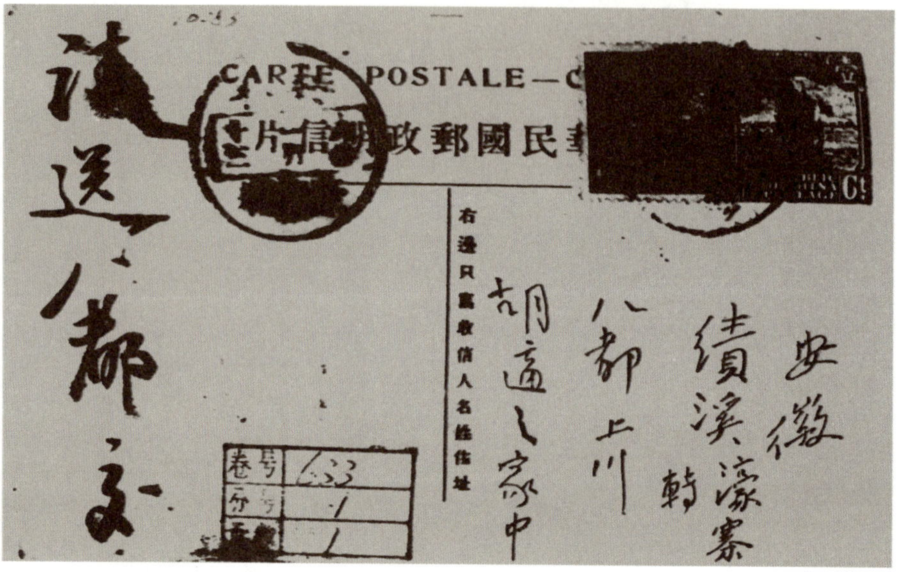

胡适寄江冬秀的明信片

胡适全家福

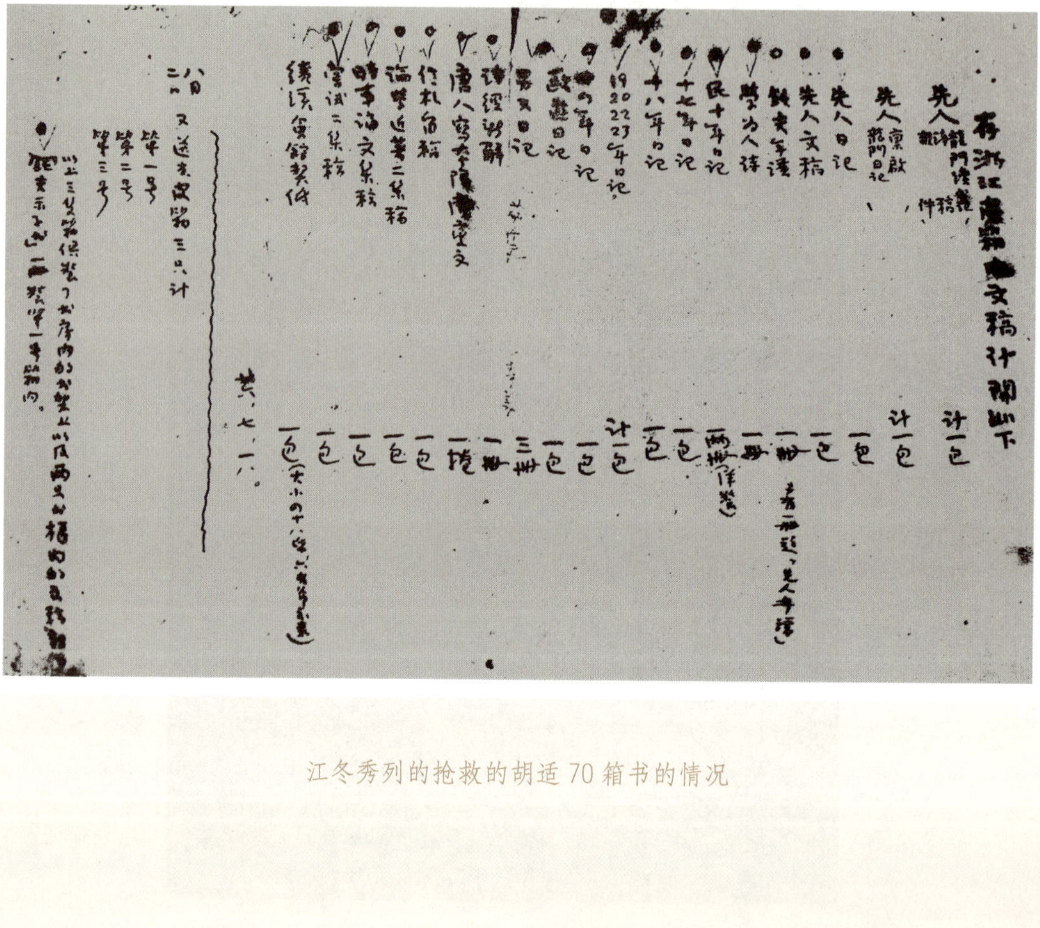

江冬秀列的抢救的胡适70箱书的情况

1959年1月胡适在台湾“中央研究院”

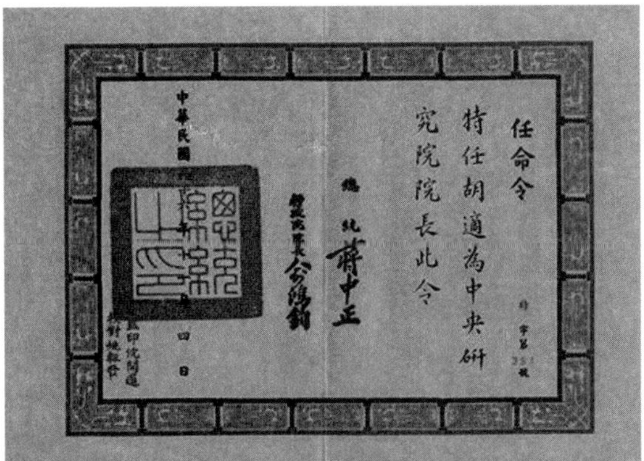

任命令

特任胡適為中央研究院院長此令

總統 蔣中正

行政院院長 俞鴻鈞

中華民國 四日

任胡适为“中央研究院”院长的任命状

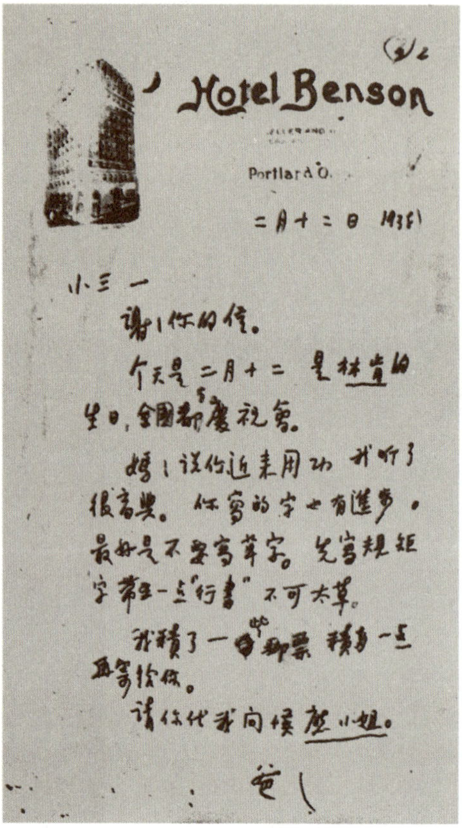

Hotel Benson

Portland O.

二月十二日 1938

小三——

谢谢你的信。

今天是二月十二，是林肯的生日，全国都庆祝。

妈妈说你近来用功，我听了很高兴。你写的字也有进步。最好是不要写草字。先写规矩字，常写一点"行书"，不可太草。

我積了一些邮票，積多一点再寄给你。

请你代我问候[illegible]小姐。

爸爸

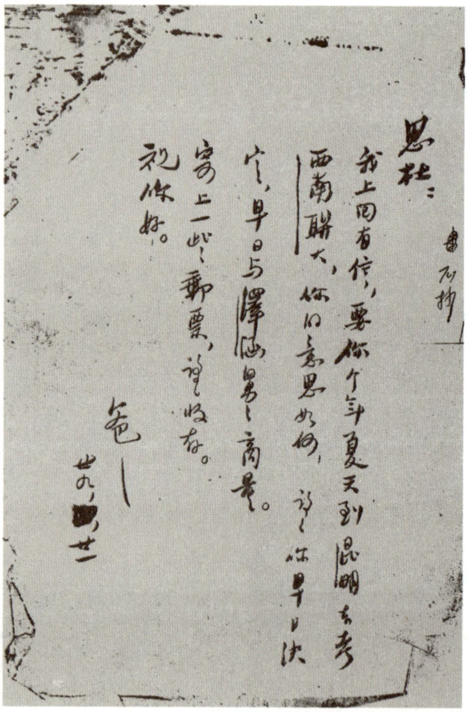

思杜：

我上回有信，要你今年夏天到昆明去考西南联大，你的意思如何，望你早日决定，早日与泽涵舅舅商量。

寄上一些邮票，望收存。

祝你好。

爸爸

廿九，四，廿一

胡适写给小儿子胡思杜的信

胡适演讲时，江冬秀在台下

晚年正在伏案工作的胡适

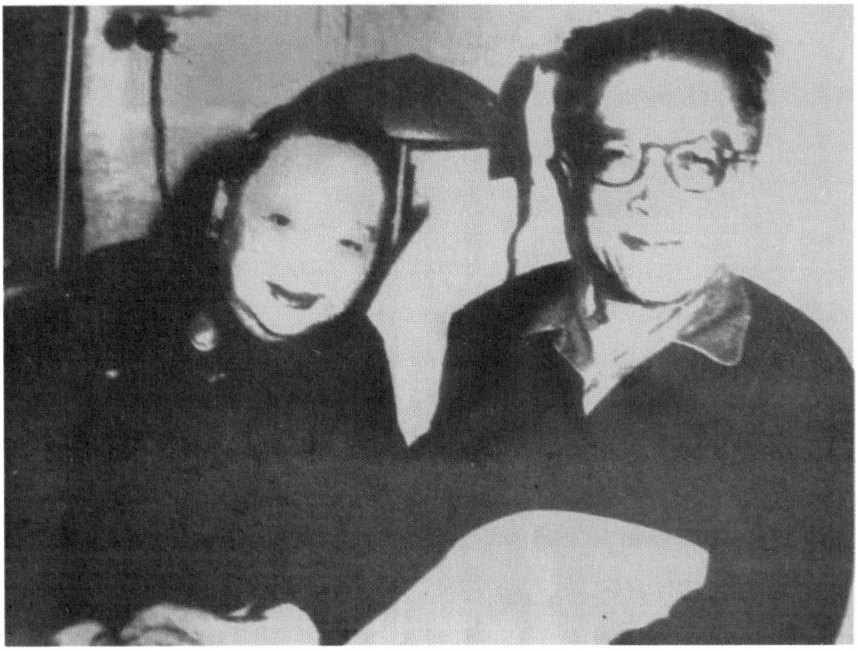

胡适晚年病榻上，江冬秀守护

不同时期的胡适与江冬秀

目录

序 / 01

[上]

第壹章
不负母命，终成婚 / 1

第 1 封 劝学……………… 2
第 2 封 惟念……………… 4
第 3 封 问安……………… 5
第 4 封 归期……………… 8
第 5 封 延婚…………… 10
第 6 封 宽慰…………… 12
第 7 封 伴母…………… 13
第 8 封 早归…………… 15
第 9 封 代邀…………… 17
第 10 封 未见…………… 19

第贰章
新婚久别诉相思 / 21

第11封 旌德…………… 22
第12封 作词…………… 24
第13封 月经…………… 25
第14封 写信…………… 27
第15封 江村…………… 28
第16封 来京…………… 30
第17封 思永…………… 32
第18封 医病…………… 34
第19封 二嫂…………… 35
第20封 别字…………… 37
第21封 叮嘱…………… 39
第22封 服药…………… 41
第23封 好笑…………… 43
第24封 忧心…………… 46
第25封 安排…………… 48
第26封 汇款…………… 50
第27封 核实…………… 53
第28封 开销…………… 56
第29封 外婆…………… 58
第30封 劝侄…………… 61
第31封 家用…………… 64

第叁章
两人互补，解后顾之忧 / 67

第32封　速归……………… 68
第33封　代理……………… 71
第34封　坐车……………… 75
第35封　行程……………… 76
第36封　挂念……………… 78
第37封　拔牙……………… 80
第38封　杂事……………… 83
第39封　见瘦……………… 86
第40封　养病……………… 88
第41封　除根……………… 91
第42封　烟霞……………… 93
第43封　二哥……………… 95
第44封　儿女……………… 99
第45封　补牙……………… 101
第46封　煎药……………… 103
第47封　女孩……………… 106
第48封　借钱……………… 108
第49封　百合……………… 110
第50封　帮忙……………… 112
第51封　换医……………… 115
第52封　分配……………… 117
第53封　鱼肚……………… 120
第54封　静养……………… 122
第55封　休息……………… 124
第56封　思聪……………… 126
第57封　割治……………… 129
第58封　生病……………… 132
第59封　租借……………… 135
第60封　西湖……………… 138
第61封　杏花……………… 141
第62封　缘故……………… 144

第肆章 我负责赚钱，你负责花 / 147

第63封 迎接……………148
第64封 邮票……………150
第65封 平安……………151
第66封 汉口……………153
第67封 告别……………155
第68封 说开……………157
第69封 租房……………159
第70封 前途……………163
第71封 破产……………165
第72封 欠债……………169
第73封 传言……………171
第74封 缺钱……………174
第75封 避难……………178
第76封 三句……………180
第77封 稿费……………183
第78封 出租……………186
第79封 人少……………190
第80封 叔华……………193
第81封 手术……………195
第82封 婚宴……………199
第83封 生日……………201

第伍章 我做学问你管家 / 203

第 84 封 女儿…………204
第 85 封 账表…………208
第 86 封 闫海…………212
第 87 封 汝骐…………215
第 88 封 寄单…………218
第 89 封 风水…………220
第 90 封 祖望…………223
第 91 封 汇报…………226
第 92 封 苏州…………227
第 93 封 葬礼…………230
第 94 封 做碑…………232
第 95 封 送钱…………235
第 96 封 阿翠…………237
第 97 封 家事…………241
第 98 封 早回…………244
第 99 封 西医…………247
第 100 封 看病…………248
第 101 封 庐山…………250
第 102 封 代笔…………251
第 103 封 题碑…………253
第 104 封 嘱托…………255

第 105 封　母校…………256
第 106 封　推脱…………258
第 107 封　捐书…………259
第 108 封　转付…………260
第 109 封　刻字…………261
第 110 封　辞信…………262
第 111 封　南京…………264
第 112 封　碑文…………266
第 113 封　办法…………268
第 114 封　丁太…………270
第 115 封　刻碑…………272
第 116 封　土匪…………273
第 117 封　开会…………275
第 118 封　坟地…………277
第 119 封　修坟…………279
第 120 封　秠嫂…………281

［下］

第陆章 我去游学，你守住大后方 / 283

第 121 封　惠平…………284
第 122 封　元旦…………286
第 123 封　香港…………288
第 124 封　签名…………290
第 125 封　旅美…………292
第 126 封　电报…………293
第 127 封　主意…………296
第 128 封　父子…………299
第 129 封　小三…………300
第 130 封　飞行…………302
第 131 封　美国…………304
第 132 封　演讲…………306
第 133 封　夸奖…………308
第 134 封　庆生…………311
第 135 封　想你…………314
第 136 封　去留…………317
第 137 封　天津…………321
第 138 封　外人…………325
第 139 封　打牌…………328
第 140 封　战乱…………330

第柒章 你做大使，我倒不希望你做官 / 334

第 141 封　旅行…………335
第 142 封　两事…………337
第 143 封　书目…………339
第 144 封　行规…………341
第 145 封　劝诫…………343
第 146 封　牙痛…………346
第 147 封　捐学…………349
第 148 封　被逼…………352
第 149 封　新六…………355
第 150 封　瑞士…………357
第 151 封　遗信…………358
第 152 封　杜威…………363
第 153 封　使馆…………364
第 154 封　六不…………367
第 155 封　开箱…………369
第 156 封　卖车…………371
第 157 封　泽涵…………374
第 158 封　难租…………377
第 159 封　看望…………380
第 160 封　大钱…………382
第 161 封　肝病…………384
第 162 封　劝辞…………387
第 163 封　多写…………390

第捌章
远隔重洋，彼此牵挂情更深 / 393

第 164 封 概说…………394
第 165 封 养病…………398
第 166 封 康复…………401
第 167 封 改变…………405
第 168 封 出门…………407
第 169 封 安排…………408
第 170 封 计划…………409
第 171 封 运书…………410
第 172 封 毛笔…………413
第 173 封 孩子…………414
第 174 封 大儿…………416
第 175 封 入学…………418
第 176 封 大春…………420
第 177 封 解释…………422
第 178 封 误会…………426
第 179 封 久别…………429
第 180 封 收信…………432
第 181 封 愤懑…………434
第 182 封 政治…………436
第 183 封 噩梦…………439
第 184 封 保重…………441
第 185 封 团聚…………444
第 186 封 条件…………446
第 187 封 祖望…………448
第 188 封 皮箱…………451
第 189 封 托运…………454
第 190 封 护照…………457
第 191 封 茶叶…………459
第 192 封 分账…………462
第 193 封 血压…………464
第 194 封 周太…………466
第 195 封 庆生…………468

第玖章
庆祝我们的双生日 / 473

第 196 封　回复…………474
第 197 封　友邦…………477
第 198 封　补充…………479
第 199 封　收钱…………482
第 200 封　学位…………484
第 201 封　顾绣…………486
第 202 封　花园…………488
第 203 封　挖耳…………491
第 204 封　Starr…………493
第 205 封　袜子…………495
第 206 封　功课…………497
第 207 封　身体…………499
第 208 封　先父…………502
第 209 封　沈燕…………503
第 210 封　礼物…………505
第 211 封　原因…………507
第 212 封　照相…………509
第 213 封　唐瑛…………511
第 214 封　祝寿…………513
第 215 封　忘寄…………515
第 216 封　图章…………517
第 217 封　冷清…………519
第 218 封　涨租…………521
第 219 封　列单…………525
第 220 封　送人…………528
第 221 封　态度…………531
第 222 封　拿钱…………534
第 223 封　疑惑…………537
第 224 封　惠平…………539
第 225 封　苏绣…………542
第 226 封　寄茶…………544
第 227 封　不易…………546
第 228 封　评说…………548
第 229 封　睡衣…………552
第 230 封　查信…………554
第 231 封　犒赏…………557
第 232 封　寿礼…………561
第 233 封　感激…………563
第 234 封　桐油…………565
第 235 封　捎带…………567
第 236 封　捐钱…………570
第 237 封　清单…………573
第 238 封　单子…………576
第 239 封　收参…………578

第拾章 婚姻长久的秘诀：久而敬之 / 581

第 240 封　书费…………582
第 241 封　变老…………585
第 242 封　晕车…………587
第 243 封　筹划…………589
第 244 封　上船…………594
第 245 封　法正…………596
第 246 封　生日…………600
第 247 封　管教…………602
第 248 封　应太…………604
第 249 封　华侨…………606
第 250 封　熊孩…………609
第 251 封　学坏…………612
第 252 封　想法…………614
第 253 封　劲苏…………616
第 254 封　唱片…………618
第 255 封　拿错…………621
第 256 封　支票…………623
第 257 封　原皋…………626
第 258 封　孟治…………631
第 259 封　诗箴…………633
第 260 封　小二…………636
第 261 封　寄女…………642
第 262 封　胃病…………647
第 263 封　贺礼…………652
第 264 封　暖气…………654

序

“一对小兔子”

——从胡适情书看胡适夫妇

秦峥

“一对小兔子”，这是胡适的弟子唐德刚对他老师和师母的戏称。他说：“江冬秀夫人与胡适之先生同年，生于清光绪十七年（1891年），辛卯。夫妇二人是一对小兔子（即兔年生），夫人长先生数月。”（《胡适杂忆》，第182页，广西师范大学出版社2005年8月）但据胡适亲友说，江冬秀生于光绪庚寅（1890年）阴历十一月初八日，实际上比胡适大一岁，故婚前胡适给江冬秀写信时称她为“冬秀贤姊”。1922年4月19日，胡适在《晨报副镌》发表了一首诗：《我们的双生日（赠冬秀）》，给粗心的读者留下的印象是他们夫妇不仅同庚，而且同月同日生。但实际上胡适的生日是旧历十一月十七日（阳历12月17日），江冬秀的生日是十一月初八日（阳历12月19日），并不在同一天。百年不遇的是，1920年12月17日，即阴历十一月初八日，是胡适的阳历生日，又是江冬秀的阴历生日，所以胡适写了这首诗，作为对这一天的纪念。

关于胡适夫妇的情况，最常见的资料是《胡适杂忆》中的一章《较好的一半》，以及石原皋《闲话胡适》中的一章《胡适的妻子——江冬秀》（安徽人民出版社1985年6月出版）。据唐德刚说，江冬秀晚年写了一份自传，那是一大卷铅笔写的稿子，虽然不善述文，别字连篇，却是一篇纯真朴素的、最宝贵的史料。上世纪九十年代初有人去台北胡适纪念馆寻访这份自传的下落，当时的馆长王志维先生说已经毁掉了，使寻访者怅然若失。令人欣慰的是，现在出版的《胡适书信集》（耿云志、欧阳哲生编，北京大学出版社1996年出版）中收有胡适致江冬秀信112封，胡适档案中又存有江冬秀致胡适信130封（1911年4月22日至1946年12月16日），双方往返信函共242封。这是研究他们关系的第一手资料，最具权威性，惜未被研究者充分挖掘。现主要根据这批信函，对胡适夫妇的关系作一个粗线条的勾勒。

胡适是14岁那年（1904年）跟邻村江冬秀订婚的。媒人胡祥鉴既是江冬秀的塾师，又是胡适的本家叔叔。胡适对于这桩包办婚姻不仅采取了完全顺从的态度，而且为了避免母亲误会而发表过为旧式婚制辩解的言论。胡适在1915年5月19日致母亲的信中写道："今之少年，往往提倡自由结婚之说，有时竟破坏已订之婚姻，致家庭之中龃龉不睦，有时其影响所及，害及数家，此儿所大不取。自由结婚，固有好处，亦有坏处，正如吾国婚制由父母媒妁而定，亦有好处，有坏处也。"由此可见，胡适对于封建包办婚姻最初采取的是折中妥协的态度。

在青年胡适的幻想中，曾一度以洞房为"执经问字之地"，想跟未来的妻子建立一种伉俪兼师友的关系。然而他必须面对的现实却十分严酷。江冬秀的父系母系虽然都是书香门第，但她本人却是一位错别字大王。比如，她在给胡适的信中把“脾”写成“皮”，把“肾”写成“贤”，把“课”写成“稞”，把“叫”写成“叶”，把“润”写成“用”……最可笑的是把“瞎说”写成“害说”，把“肛门”写成“虹门”，把“一大篇”写成“一大便”。此外，作为一个身居乡间的姑娘，她也随陋习缠了小脚。在胡适看来，女人身上最忌讳的缺点就是缠足与无知。早在1906年，16岁的胡适就在《竞业旬报》发表过《敬告中国的女子》一文。他大声疾呼：“中国的女子，若不情愿做废物，第一样便不要缠足，第二样便要读书。”

为了使未婚妻将来不致成为“废物”，胡适在家书中说了不少鼓励和规劝的话。在1911年4月22日给江冬秀的第一封信中，胡适首先夸她“字迹娟好，只是‘作文不能达意’”，以此鼓励她利用余暇温习功课，不让学业荒疏。1910年8月中旬，胡适作为清华庚款留学官费生赴美留学，初入绮色佳的康乃尔大学，1915年秋转入纽约哥伦比亚大学。1914年4月，胡适在美国收到江冬秀的第一封手书，觉得词旨通畅，因此喜慰无限。同月28日，他在复江冬秀信中再次鼓励她读书：“识字不在多，在能知字义；读书不在多，在能知书中之意。”实际上，江冬秀的来函如果真是“字迹娟好”，那肯定是他人捉刀的；如果真是“词旨通畅”，那肯定是请人润饰的。从青年时代直至晚年，江冬秀的学识并无明显进步。对于江冬秀的一双小脚，胡适看得比年龄和学问更重。他认为，“小脚一双，眼泪一缸”，这正是中国旧文化的一大罪状。1914年春，他听说未婚妻准备放足，非常高兴。他在同年4月28日致江冬秀信中写道：“来书言放足事，闻之极为欣慰，骨节包惯，本不易复天足原形，可时时行走以舒血脉，或骨节亦可渐次复原耳。”同年7月8日致江冬秀信中又说：“前得家母来信，知贤姊已肯将两脚放大，闻之甚喜。望逐渐放大，不可再裹小。缠足乃是吾国最惨酷不仁之风俗，不久终当禁绝。贤姊为胡适之之妇，正宜为一乡首倡。望勿恤人言，毅然行之。适日夜望之矣。”然而由于江冬秀的小足已经成型，所以放足毫无效果，致使西服革履的胡适跟三寸金莲的江冬秀牵手显得极端不和谐，甚至被人评为“民国史上的七大奇事之一”。有人写诗云：“先生大名垂宇宙，夫人小脚亦随之；何人更似胡夫子，不是花时肯独来。”这是讽刺？同情？赞扬？还是兼而有之？

胡适是1917年12月30日跟江冬秀完婚的，此时距离他们订婚相隔了漫长的十三年。在这期间，胡适跟母亲之间因为婚期问题一度产生矛盾。胡母在致胡适信中批评儿子屡延归期，而延期之理由又未说明，她感到浑身被冷水浇透。信中还说：“外间屡有人传尔另婚不归云云，虽此等无稽之谈予皆当作过耳风，但尔屡稽归期之故实令予无从捉摸。”胡母希望胡适体谅她的望眼欲穿之情，赶快完婚。

之所以出现胡适另行娶妻的谣传，可能有两方面的原因：一、胡适的婚期一再展延；二、胡适在致母亲的信中又秉报了他跟韦莲司女士成为“好友”之事。为了让三万里外的岳母和未婚妻安心，胡适在1915

年10月3日致母亲信中陈述了五点理由，驳斥了外间的“无稽之谈”：

“一、儿若别娶何必瞒人？何不早日告知岳氏，令其另为其女择婿？何必瞒人以贻误冬秀之终身乎？

“二、儿若有别娶之心，宜早令江氏退婚。今江氏之婚，久为儿所承认，儿若别娶，于法律上为罪人，于社会上为败类，儿将来之事业名誉，岂不扫地以尽乎？此虽下愚所不为，而谓儿为之乎？

“三、儿久已认江氏之婚约为不可毁，为不必毁，为不当毁。儿久已自认为已聘未婚之人。儿久已认冬秀为儿未婚之妻。故儿在此邦与女子交际往来，无论其为华人、美人，皆先令彼等知儿为已聘未婚之男子。儿既不存择偶之心，人亦不疑我有觊觎之意，故有时竟以所交女友姓名事实告知吾母。正以此心无愧无怍，故能坦白如此耳。

“四、儿主张一夫一妻之制，谓文明通制，生平最恶多妻之制（娶妾或两头大之类），今岂容躬自蹈之？

“五、试问此种风说从何处得来？里中既无人知儿近状，又除儿家书之外，无他处可告之消息，此种谣传若有人寻根追觅，便知为市虎之讹言。一犬吠影，百犬吠影（声），何足为轻重耶？”

以上五条，胡适委托母亲一一向岳母陈述，以“表明心迹”，“以释其疑”。至于婚期胡适预告为“明年之秋，至迟亦不出后年之春”。他表示：“儿决不为儿女婚姻之私，而误我学问之大，亦不为此邦友朋之乐，起居之适，而忘祖国与故乡。”应该说，胡适的上述表白是真诚的。一方面，他的确顾忌因为男女关系上的行为失检而导致“将来之事业名誉”“扫地以尽”。另一方面，他当时对于这桩包办婚姻“从无一毫怨望之心”。不过，迟至“后年之春”胡适也没有成亲。

1916年初，胡适家中噩耗频传：他的大哥、大姐及岳母相继去世。岳母生前未见女儿与胡适完婚，胡适再次感到难辞其咎。1917年4月下旬，胡适完成了博士论文，准备于6月上旬启程归国。家中希望他归国后即与江冬秀完婚，胡适表示为难。他在同年4月19日致母亲信中说：“婚事今夏决不能办，一因无时候，一因此时无钱也。更有一层，吾乡婚礼，有许多迷信无道理的仪节，儿甚不愿遵行。故拟于归里时与里中人士商议一种改良的婚礼，借此也可开开风气，惟此事非儿此时所能悬想，故当暂缓耳。”改良婚礼的措施，包括不行跪拜礼、不放鞭炮、不雇吹鼓手等。在同年7月16日信中，他再次陈述了反对的理由：“盖以天气太热，一也。儿在家只有二三十日之久，时日太匆促，二也。长途劳苦，颇思在家少息，不愿办此忙闹之事，三也。无钱何能办此事，若太从俭则无以对吾及冬秀；若以丰，则断非今日力所能及，四也。以此诸故，儿志已决，拟冬假中再办此事……”

1917年12月30日，亦即胡适二十六周岁的阴历生日，他在安徽绩溪老家跟江冬秀举行了婚礼。主婚人是江冬秀的哥哥江耘圃。当时胡适已经出任北京大学文科教授。据胡适书信，当年10月他的月薪已由260元增至280元。这是北大教授中最高的薪俸。他在北京的开销，每月伙食费只需九元，房租只需三元，因此有了足够的钱成家。结婚时胡适穿的是黑呢西装礼服、黑皮鞋，头戴黑呢礼帽；江冬秀穿黑花缎棉袄，花缎裙子，绣花大红缎鞋。新人用鞠躬礼代替了跪拜礼。胡适在致词中强调要破除旧式礼节。这次结婚胡适在老家前后共住了四十五天（婚前十七天，婚后二十八天）。1918 年 2 月初，他从老家回到了北京。蜜月期间，胡适共写了五首新诗，合并成为一组《新婚杂诗》，发表在同年 4 月 15 日出版的《新青年》第 4 卷第 4 号。其中第五首写的是："十几年的相思刚才完结，没两月的夫妻又匆匆分别。昨夜灯前絮语，全不管天上月圆月缺。今宵别后，便觉得这窗前明月，格外清圆，格外亲切！"

从《新婚杂诗》来看，的确表现了新婚夫妇的闺房之爱，但同时也掩饰了胡适内心的矛盾和苦闷。《新婚杂诗》刊出十七天之后，胡适在给至友信中十分坦诚地说："吾之就此婚事，全为吾母起见，故从不曾挑剔为难（若不为此，吾决不就此婚。此意但可为足下道，不足为外人言也）。今既婚矣，吾力求迁就，以博吾母欢心。吾之所以极力表示闺房之爱者，亦正欲令吾母欢喜耳，岂意反此以令堂上介意乎！"（1918 年 5 月 2 日致胡近仁）从这一番发自肺腑的话中，我们才了解到他之所以同意跟江冬秀结合的真实心态。

胡适是在婚后只身先回北京做安家准备的，同年夏季才把江冬秀接到身边。在短暂离别的日子里，胡适嘱咐妻子的第一件事就是"千万要写信"。他要母亲转告江冬秀："自己家人写信，有话说话，字不必好，即用白字，亦有何妨。亦不必请人起稿，亦不必请人改削。"他还写信请母亲从旁督促："冬秀颇识字，可令他勉强写信与我，附在家信内寄来。写得不好，亦不妨。如不愿他人见了，可用纸包好，附入家信中。”（1918年2月7日致母亲）对于江冬秀信中的连篇错别字，胡适采取的是一种谅解的态度。他对母亲说：“冬秀的信也比从前进步了，内中颇有几个白字（如“是”，写作“事”；“之”写作“知”）都还不要紧，常常写写便更好了。”（1918年3月1日致母亲）又鼓励妻子：“昨天收到你的信，甚喜。信中有好几个白字，如‘事’当作‘是’。‘座’当作‘坐’。‘记’当作‘这’。又‘你’字、‘听’字也写错了。下回可改正。”（1918年3月13日致江冬秀）同年3月27日致江冬秀信，也是先表示收信后“很欢喜”，而后订正来信中的错字。

在现存的江冬秀书信中，虽然谈的大多是家庭琐事，但在字里行间常流露出对胡适的思念、牵挂。特别是胡适婚后一度到南方养病，1927年至1930年又先后在上海光华大学和中国公学任教，跟江冬秀一度分离，这段时间的往返书信更是鹣鲽情深。现摘录江冬秀致胡适函三封，借一斑以窥全豹，错别字和不通的文句保持原貌：

一

我有好几天没有接到你的信了，我记念的狠（很），不知是怎么一回事。望你多寄信来要紧。你现在手脚的病，可见好了吗？狠（很）念念。虹【肛】门那个东西，都全好清了吗？……望你多多的【地】保重，少少的【地】看书，因此【为】你多少朋友对我说，都劝你不要看书，完全静养半年，自然就好了。我想你一点不看，你一定做不到，我求你少少的【地】看一点，万不能看高兴了，你就不肯放手了。

（1923年）七月九日

二

望你多多的【地】保重。要是药吃的（得）对，可多多的【地】请王先生看看，做（花）一年的工夫养病，带医吃药。把病全好了，还可多做卅年的事呢，你再要带病做下去，不要三年，就要成了一个没有用处的老人了。望你听我劝，我并不是害【瞎】说，我是说老实话。你在南方，我有时候要想气【起】你在家里吃药的情形来，长长【常常】的有个人来说话，你就把药望【忘】记吃了，往往的药冷了，你还不知道。故我有时候想气【起】你吃药和吃东西来，和着衣服，我狠（很）不放心把你在外一人住。

（据考写信时间应为1923年8月27日）

三

你前两星期给我的信，你说十三、四大慨【概】可以动生【身】。你叶【叫】我不必写信把你，故我就没写信把你，但是你到今天也没有回京，也没有信把我，叶【叫】我这四天心里着急的【得】不得了。还是你又发病了，还是有另的原故？我日晚挂念和着急。这一次离京，我没有一天心里不发愁，加只【之】你每次叶【叫】我盼望和着急，这是怎样说发【法】呢……高（梦旦）先生说你到上海再不能住了，说你这一尚【向】又没有一【以】前的身体好了。我今天听见他说你的身体不狠（很）好，我心里好比刀割一样。无伦【论】如何我求你见我的信就赶快回京为要。我病了三天了……

（据考写信时间应为 1923 年 11 月 21 日）

唐德刚先生在谈到江冬秀的自传时曾说：“我细细咀嚼，真是沾唇润舌，余味无穷。它的好，就好在别字连篇，好在它‘不善述文’，好在她无‘咏絮’之才！这种纯真的人情、人性，要以最纯真的笔头，才能写得出来，一经用‘才华’来加以粉饰，失其原形，就反而不美了。”（《胡适杂忆·较好的一半》）我想，对江冬秀的上述书信，也应作如是观。

从 1917 年底结婚到 1962 年 2 月 24 日猝然去世，胡适跟江冬秀共同生活了 45 年。在这漫长的岁月中，他们之间可以说是甘苦并尝，感情之间有磨合之处，也有无法填补的鸿沟。归纳起来，胡适对妻子的感激和欣赏之处有以下三点：一是江冬秀在生活上对他的照料，使他减少了很多后顾之忧。二是江冬秀不想要他做官，使他得以保持相对独立的人格。三是江冬秀一生不信神鬼佛道，这一点跟他的行为哲学非常默契。

作为妻子，江冬秀对胡适日常生活的照顾还是比较细致的。她烧得一手好菜，特别是会做胡适最爱吃的徽州“塌裹”（馅饼），使胡适能一饱口福。胡适开夜车，她也会预备好皮蛋或鸡蛋当宵夜点心。江冬秀不但在结婚前苦等了胡适十三年，婚后夫妻也有不少离别的日子。特别是 1938 年 9 月至 1942 年 9 月，胡适有整整四年只身在美国出任大使，把江冬秀和孩子留在兵荒马乱、战火频仍的中国。胡适在家书中陈述了他不带江冬秀同往美国的三点理由：一、江冬秀不懂英文，胡适所在地中国家庭又不多，江冬秀来此未免太寂寞，太苦。江冬秀出门应酬，语言不便；不出门应酬，又实在太不像样。二、江冬秀若在此，胡适反要增加许多应酬。三、胡适本不指望在美国久居，故要减轻负担，节约钱为大儿子祖望做留学学费。1941 年 4 月 10 日胡适给江冬秀写了一封长信，细诉他在美国是如何“受罪”。信中说：“我向来不对你诉苦。今天写这一段生活，要你知道我在这里过的并不是快活的生活，是真受罪的生活，做的是我二十多年不愿意做的事。你若明白这一点，就可以明白我不请你出来的意思了。”

抗战时期，百物腾贵。江冬秀带着儿子逃难，实属不易。她在给胡适的一封信中说：“两上两下的房子，要房金 125 元一月，还要先付两个月。又还要 1500 元顶费，只好租不成了。……租房子同要命一样的难。”（1939 年 1 月 27 日）在另一封信中又说：“样样贵的【得】不得了。米 70 元一担，煤球 8 元一担，不出门也都不容易生活，你寄给我的五百元美金到今天没有收到。究竟从哪一方面寄出，请你速查明白，叫我瞎去问外人那【拿】钱，我宁愿死，做不出丢面子的事。”（1940 年 6 月 22 日）由于时局不宁，生活动荡，江冬秀身体大不如前。1940 年 10 月 6 日江冬秀在致胡适信中写道：“我今年有老意的样子来了。身体不及两年前了。岁月不饶人了，老了。我这三年多，玩的地方一处没到过，在家也常常的一身病。晚上睡不着的时候多。”但是，就在兵荒马乱的危急关头，江冬秀仍然妥善保管了胡适的藏书。胡适 1939 年 4 月 23 日致江冬秀信中满怀感念之情地写道：“北平出来的教书先生，都没有带书。只有我的七十箱书全出来了。这都是你一个人的大功劳。我想来想去，总想搬出这些书来到美国。请你同竹先生商量。运费若干，不必嫌贵。”从这个事例也可以反映出江冬秀身上超凡脱俗的一面。

规劝丈夫脱离政坛漩涡，是胡适对江冬秀的特别欣赏之处。1938 年 9 月 17 日，国民党政府任命胡适为驻美特命全权大使。同年 10 月 13 日，江冬秀在信中规劝胡适“一定回到学术生活上去”，并恨自己不能多助他一点力。胡适阅后非常感动，在同年 11 月 24 日的复信中发自肺腑地写道：“现在我出来做事，心里常常感觉惭愧，对不住你。你总劝我不要走上政治路上去，这是你的帮助我。若是不明大体的女人，一定巴望男人做大官。你跟我二十年，从来不作这样想，所以我们能一同过苦日子。所以我给（徐）新六的信上说，我颇愧对老妻，这是真心的话。”1940 年 4 月，国内传出胡适要出任中央研究院院长的消息，有人向江冬秀道贺。江冬秀立即致函胡适：“你千万那【拿】定主义【意】，不要耳朵软，存棉花。千万你的终止【宗旨】要那【拿】的定点，不要再把一只脚跶【踏】到烂呢【泥】里去了。再不要走错了路，把你的前半身【生】的苦功放到冰泡里去了；把你的人格、思想，毁在这个年头上。”（1940 年 4 月 26 日）1947 年 3 月 5 日，蒋介石致函胡适，推定胡适为国府委员。胡适去南京见蒋介石之前，江冬秀再三叮嘱：“千万不可做官。”胡适接受了太太跟其他一些友人的规劝，两次恳切陈辞，坚辞国府委员，迫使蒋介石于4月19日复电照准。江冬秀不但不愿意胡适为官，也厌恶儿子从政。小儿子思杜想学政治，江冬秀写信告诉胡适："小三死没有出息，他要学政治，日后做狗官。"（1939年6月27日）

胡适跟江冬秀都不迷信。胡适的父亲深受理学家的自然主义的宇宙观影响，历来与僧道无缘，但胡适的母亲常叫幼年的胡适烧香拜佛，以求从小体弱的胡适无病无灾。但在十二岁时，胡适就成了一个无神论者，在《资治通鉴》卷136中，他读到《神灭论》作者范缜的一段话："神之于形，犹利之于刀。未闻刀没而利存，岂容形亡而神在哉？"从此，他不知不觉变成了一个不信鬼神的人。十三岁那年正月，十三岁的胡适甚至想把绩溪中屯村口三门亭的几个泥菩萨抛到茅厕里去。在这一方面，江冬秀的性格可说是跟胡适十分相投。在胡适与江冬秀的通信中虽然没有涉及这方面的内容，但胡适在晚年谈话中却夸奖江冬秀："不迷信，不看相，不算命，不祭祖先。她的不迷信在一般留学生之上。"

当然，胡适的家庭生活中也有诸多不和谐因素。从胡适夫妇的通信归纳，江冬秀的毛病至少有以下四个方面：

一、作为主妇，江冬秀太会花钱。这一点她本人也承认。在一封家信中江冬秀写道："我现在穷的【得】不得了……我存在邮局共有一千元。这几个月来，我实（时）不就用去取点。这一次取了三百元把秀之。再这一次买了林家一百七十元家用东西。我一看存款上面只有五十元钱了。我心里狠（很）有点心痛。好容易存了有一千块钱，一下破产用光。我回想用完也好，免的【得】大家都说我有钱存银行……我搬家没有钱，我那【拿】了几件金器去当了一百五十元来应用。我不愿意开口向人去借钱，只怪自己不好，大【太】会用了。”（1926年3月4日）

不过，从另一方面来看，江冬秀心胸比较开阔，在金钱方面不锱铢计较。有一次，胡适来信说家中失窃，又说身体不适。江冬秀复信，说失窃“只是一点小事”，而丈夫身体不适却使她“心里忧郁”。在金钱跟丈夫的身体之间，她一贯把后者看得更重。1922年底，胡适得了糖尿病，又闹痔疮；他的侄儿胡思聪也得了重病。当时江冬秀在给胡适的信中劝他少要薪水多休息：“学堂的薪水，我想一定叫他们改为半薪。你下学期决不能来京上稞【课】。我想劝你无伦【论】什么事，你都不要管，专门养病把病养好，再多做事不为晚。又免了我替你们时时着急，天天但【担】忧。你们的病，我现在什么心思都没有了，就盼望你叔侄把病养好，再照前五年的那个精神，我就可以算我做人对得住上人，对得住儿女。不言【然】我想想一点对得住上人与你的事都没有一点。”胡适一边教书，一边帮商务印书馆看稿子，江冬秀表示坚决反对，力劝胡适不要“带病做工”。她在一封信中这样写道：“你这样带病做工，这都是我们要向你要钱过活，故害你不能不想到做工的路上去。我现在望你不要寄钱来把我。你不要收商务的钱了，万不能替他看稿子，还是把病养好再做道理……望你们一切听我劝，万不能做事体了，望你爱我，我再【才】可以安心带着孩子们过下去。不然我就心焦急起来，什么事都可以不管了。”

二、作为母亲，江冬秀不会培育孩子。胡适跟江冬秀生有二子一女：长子祖望（1919~2005），女儿素斐（1920~1925），次子思杜（1921~1957）。江冬秀教育长子的方法非常简单。在一封家书中她是这样写的：“祖望，你还不写信来给我。快写信来！你好好的【地】读书，不听话我回来要打你呢。我出来带好东西给你。妈妈四日。”对思杜的教育当然也不成功。1940年11月9日，竹尧生写信给远在美国的胡适：“小三（按：即思杜）在此读书，无甚进境，且恐沾染上海青年恶习，请兄要赶快注意。”我们不知道思杜究竟染上了什么恶习，但江冬秀在1941年4月4日致胡适的信中也说：“还有一件事和你商量(一件事)，请你不要生气，就是我的小三不学好。完全不是早一年的样子，不肯读书，全是口荒【谎】语，也不大【太】小了，请你给他的泉（钱）买书，实在一句话，要那【拿】着泉（钱）不知弄什么去呢。他不想读书，要去内地做事去。现在家中请两个先生，还是不好好读书，实在要把我气死。”（1941年4月4日）江冬秀感到最对不住的是五岁夭折的爱女素斐。由于治疗不及时，她由肺炎转成了肺痨和脊骨炎，终成不治之症。江冬秀在致胡适信中忏悔道：“我们不容易，（把）两个孩子养的【得】这样大。想启【起】女儿，完全【是】我害死了他【她】。”当然，思杜学坏、素斐早夭并非江冬秀一人的过失。对于女儿的死，胡适也有负罪感。他在1927年2月5日致江冬秀信中说：“我想我很对不住她。如果我早点请好的医生给她医治，也许不会死。我把她糟掉了，真有点罪过。我太不疼孩子了，太不留心他们的事，所以有这样的事。”在《素斐》一诗中胡适更动情地写道：“梦中见你的面，一忽儿就惊觉了。觉来终不忍开眼，明知梦境不会重到了。睁开眼来，双眼迸堕。一半想你，一半怪我。想你可怜，想我罪过……"

三、在家庭生活中，江冬秀对胡适干扰最大的莫过于打牌。据胡适友人回忆，"她家里麻将之客常满，斗室之内，烟雾弥漫。"虽然江冬秀打牌赢比输多，增添了家庭收入，聚众打牌又有吓跑"梁上君子"的效果，但毕竟破坏了胡适的工作氛围，致使胡适临终之前还想购房搬迁。胡适对他的秘书王志维说："我太太打麻将的朋友多，这里是台湾大学的宿舍，南港我住的地方也是公家宿舍。傅孟真先生给中央研究院留下来的好传统，不准在宿舍打牌。今天我找你来，是要你在我出国期间，在和平东路温州街的附近，帮我买一所房子，给我太太住。"（《记胡适先生去世前的谈话片断》，1977 年 2 月 24 日台湾《联合报·联合附刊》）

在胡适家书中，有江冬秀承认自己喝酒打牌太多的函件："昨晚酒吃大【太】多，今日害酒病了……我今天晚饭有两家请：方太太，洪太太。我今晚酒吃大【太】多，到方家吃了五大杯白兰地，（到）洪太太（家）又吃两杯白兰地，吃了六、七杯高量【粱】酒。拾多年吃酒没有这样醉过了。还打了八圈牌，都是瞎打。两点钟再【才】回来，输了十二块钱。……我去年自成【从】你走知【之】后，到现在今年共输一百元了，可气不可气！今年在家里我一次没有来过牌，出去应酬三次，大输而回，我现在心里实在难受的【得】不得了……"（1926 年 5 月 25 日）

在胡适家书中，也有胡适希望妻子节制牌瘾的函件。1938 年 5 月 5

日，胡适正式出任驻美大使前夕远隔重洋修书，规劝妻子不要多打牌。他苦口婆心地说："我盼望你不要多打牌。第一，因为打牌最伤神，你的身体并不是那么结实，不要打牌太多。第二，我盼望你能有多一点的时候在家照管儿子；小儿子有一些坏习气，我颇不放心，所以要你多在家照管照管儿子。第三，这个时间究竟不是整天打牌的时候，虽然不能做什么事，也应该买点书看看，写写字，多做点修养的事。"

有意思的是，在胡适的家中，我们还读到了一封江冬秀劝胡适戒赌的信。1926年3月14日给胡适信中说："你的身体很好，我很高兴。不过我听见人说你在上海同一班很阔的人在一块儿，天天赌钱，（跟）阔老爷、太太、小姐们天天在一块大玩、大赌，来很大的牌、很大的牌九。有很多朋友送你几千块钱，把你过年用。这件事可是当真的吗？"她似乎还担心胡适在其他方面越轨。在同一封信中她警告胡适："别的事是真是假，只要你自己明白，不要把身体弄坏了，就是你一身【生】的痛苦，害老婆儿子。到那个日子，就不容易过了。"现在看来，江冬秀听到的传言不很可靠。胡适虽然不是完人，但毕竟没有"天天赌钱"的恶习；结婚之后，虽有情人，但并没有出入风月场所的证据。

作为留学美国的洋博士，胡适跟一个来自乡间且无文化的小脚女人厮守，双方在观念上自然不会没有鸿沟。特别在婚恋观这个十分敏感的问题上，胡适跟江冬秀自然难以契合。1926年7月，胡适准备离京赴英国出席中英庚款委员会议，临行前却发生了一场家庭风波，导因是江冬秀坚决反对胡适为徐志摩和陆小曼做媒。为此她跟胡适大吵了几天，使胡适大为伤心。胡适在信中说："你自己也许不知道我临走那时候的难过。为了我替志摩、小曼做媒的事，你已经吵了几回了。你为什么到了我临走的下半天还要教训我，还要当了慰慈、孟录的面给我不好过？你当了他们面前说，我要做这个媒，我到了结婚的台上，你拖都要把我拖下来。我听了这话，只装作没有听见，我面不改色，把别的话岔开去，但我心里很不好过。我是知道你的脾气的；我是打定主意这回在家决不同你吵的，但我这回出远门，要走几万里路，当天就要走了，你不能忍一忍吗？为什么一定要叫我临出国还要带着这样不好过的影象走呢？"其实，江冬秀对胡适为徐志摩保媒如此反感是可以理解的，因为徐志摩有一位原配夫人张幼仪。江冬秀深怕胡适步徐志摩的后尘，所以才会对胡适做媒一事做出了过度反应。

不过，总的看来，对于胡适跟异性交往，江冬秀的态度还是比较开明的。胡适存留在大陆的档案内有不少痴情女子写给他的情书，其中不少还是江冬秀协助整理的。当然，她强烈反对过胡适跟表妹曹诚英之间的恋情，也曾对胡适跟学生徐芳以及美国女友韦莲司之间的关系起过疑心，但胡适做了解释之后家庭生活仍然风平浪静。1939年8月14日，江冬秀在致胡适信中劝他跟徐芳断交。胡适在同年9月21日的复信中表示："谢谢你劝我的话。我可以对你说，那位徐小姐，我两年多，只写过一封规劝他【她】的信。你可以放心，我自问不做十分对不住你的事。"同年9月2日，江冬秀在致胡适信中又满怀醋意地说："我想，你近来一定有个人，同你商量办事的人，天上下来的人。我是高兴到万分，祝你两位长生不老，百百岁。”这当然是江冬秀的揣测，但恐怕也是“无风不起浪”。她怀疑的这位“天上下来的人”，无疑就是胡适的美国女友韦莲司。但胡适在同年10月12日的复信中信誓旦旦地说：“冬秀，你这话全猜错了。我在这里，身边没有一个人，更没有女人……我是孤另另【零零】的一个人，每晚上总是我一个最晚一个去睡。自从去冬病后，每晚睡觉之前，总喝一杯热的俄勾廷（Ovaltine），再吃一粒安眠药。”胡适的这封信，让江冬秀吃了一颗定心丸。夫妻之间又重归于好。

由于文化水平悬殊，江冬秀自然不可能成为胡适事业的继承人，但胡适去世之后，她出面编辑出版了《胡适之先生诗歌手迹》和厚厚十大函三十册的《胡适手稿》影印本。为了维护胡适的著作权，江冬秀还曾跟侵权者对簿公堂，但结果似乎并不理想。根据当时台湾的著作权法，版权保护期限为作者去世之后三十年（根据国际惯例应为五十年）。胡适是1962年去世的，他的著作自然都在保护期内；而且胡适著作都由台湾内政部颁发了著作权证，胡适死后江冬秀本人也在台湾内政部取得了继承权。但是，当时台湾对于版权法执行得并不严格，对违法的惩处也过于宽松：在1964年之前，对侵权者只能处500台币以下的罚金；1964年之后，才改为可处两年以下的有期徒刑，但实际判决时大多从轻发落。台湾有家文星书店，1955年底发行了一套《胡适选集》，共十三册，每册售价仅新台币14元，自然很受读者欢迎，销路非常好。但由于没有取得合法授权，江冬秀于1967年初将文星书局告到了法院。被告辩解说，他们出版的胡适作品都是从最初刊登的杂志中摘录出来的，不能视为侵权和盗印。这自然是强词夺理，但法院拖了一年多，官司连一审都没有宣判。台湾“北大校友会”推举了七位校友（陶希圣，杨亮功，陈雪屏，毛子水，姚从吾，孙德中，吴铸人）成立“七人小组”，对江冬秀进行声援，但仍没有什么圆满结果。不过，作为胡太太，她毕竟尽了一个未亡人的应尽之责。

胡适晚年时曾以“过来人”的心情总结过他跟江冬秀结合四十余年而终于不弃的经验。他说：“我认为爱情是流动的液体，有充分的可塑性，要看人有没有建造和建设的才能。人家是把恋爱谈到非常彻底而后结婚，但过于彻底，就一览无余，没有文章可做了。很可能由于枯燥乏味，而有陷于破裂的危险。我则是结婚之后，才开始谈恋爱，我和太太都时时刻刻在爱的尝试里，所以能保持家庭的和乐。”显然，这就是胡适对他婚姻生活的最终总结。这“一对小兔子”虽然没有达到“伉俪兼师友”的境界，但毕竟相互搀扶着走过了不平凡的一生。

《第壹章》不负母命，终成婚

这一部分信件写于两人结婚前。胡适十三岁，江冬秀十四岁，那年两人在父母之命、媒妁之言下订婚。订婚后，胡适就出外求学去了。订婚后，江冬秀经常来胡家，一来陪伴胡母，宽慰她的孤独；二来帮胡母分担一些家事。在《胡适留学日记》中胡适曾说，『冬秀长于余数月，与余订婚九年矣，人事卒卒，轩车之期，终未能践。冬秀时往来吾家，为吾母分任家事，吾母倚闾之思，因以为慰。』

一晃十年过去了，两人还没有正式成婚。期间，胡适也曾提出过悔婚，但都遭到胡母地强烈反对；也曾传出过种种流言，但江冬秀不惧流言，仍旧等待。

第[1]封 劝学

一九一一年
致江冬秀

冬秀贤姊如见：

此吾第一次寄姊书也。屡得吾母书，俱言姊时来吾家，为吾母分任家事。闻之深感令堂及姊之盛意。出门游子，可以无内顾之忧矣。吾于十四岁时，曾见令堂一次，且同居数日，彼时似甚康健。今闻时时抱恙，远人闻之，殊以为念。近想已健旺如旧矣。前曾于吾母处，得见姊所作字，字迹亦娟好，可喜，惟似不甚能达意，想是不多读书之过。姊现尚有工夫读书否？甚愿有工夫时，能温习旧日所读之书。如来吾家时可取聪侄所读之书，温习一二。如有不能明白之处，即令侄辈为一讲解。虽不能有大益，然终胜于不读书坐令荒疏也。姊以为何如？吾在此极平安，但颇思归耳。草此奉闻。即祝无恙。

胡适手书 四月廿二日

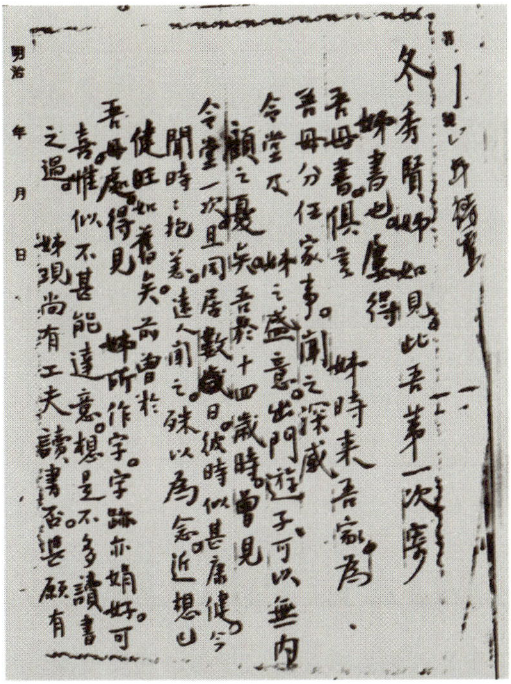
冬秀賢姊如見：此吾第一次寄姊書也。屢得吾母書，俱言姊時來吾家，為吾母分任家事。聞之深感。令堂及姊之盛意。出門遊子，可以無內顧之憂矣。吾於十四歲時曾見姊一次，且同居數日。彼時似甚康健，今聞時時抱恙。遠人聞之，殊以為念。近想已健旺如舊矣。前曾於吾母處得見姊所作字。字跡亦娟好。可喜。惟似不甚能達意。想是不多讀書之過。姊現尚有工夫讀書否。甚願有

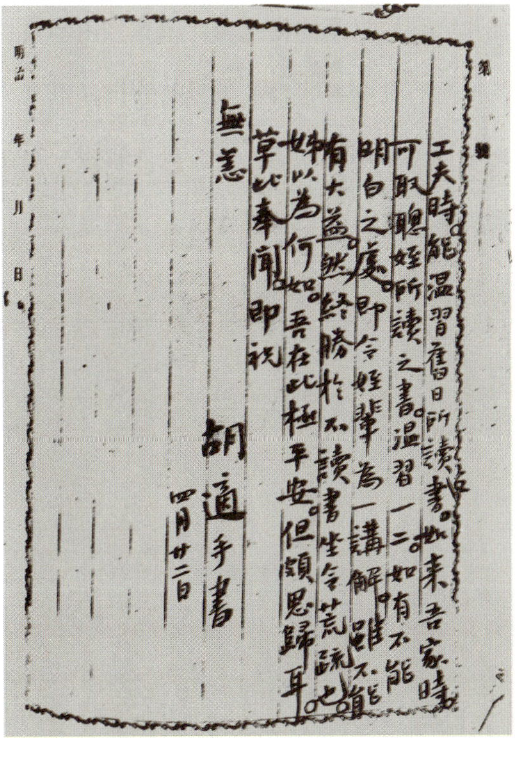
工夫時，能溫習舊日所讀書。如來吾家時，可取聰姪所讀之書溫習一二。如有不能明白之處，即令姪輩為一講解。雖不能有大益，然終勝於不讀書坐令荒疏也。姊以為何如。吾在此極平安，但頗思歸耳。草此奉聞，即祝無恙。

胡適手書

四月廿二日

第 [2] 封 惟念

一九一三年[1]
致胡适

适之哥文几敬启者，旧年上春接奉惠函，领悉壹是，缘妹幼年随同胞足入塾读书不过二三年，程度低微，稍识几字，实不能作书信，以是因循至今，未克修函奉复，稽延之咎，希为原宥。惟念吾哥自前年岁初秋出洋以来，今经三载，每闻学期考试屡列前茅，合家欣然喜慰！现在虽距博士学位期尚待，然而有志事必竟成，可为预贺。

①此信写于 1913 年 1 月，摘自白吉庵《胡适传》第 91 页。

第[3]封 · 问安

一九一四年
致江冬秀（一）

端秀贤姊如见：

顷得手书，喜慰无限。来书词旨通畅，可见姊近来读书进益不少，远人读之快慰何可言喻！

岳母病状闻之焦思不已，不知近已稍愈否？适另有一函，问岳母安好，乞姊转致为盼。令兄嫂及令叔处，均乞代为寄声问好。

来书言放足事，闻之极为欣慰，骨节包惯，本不易复天足原形，可时时行走以舒血脉，或骨节亦可渐次复原耳。

近来尚有工夫读书写字否？识字不在多，在能知字义。读书不在多，在能知书中之意而已。

新得姊之照片（田间执伞之影）甚好，谢谢。

匆匆奉复，即祝无恙。

适白 四月廿八日

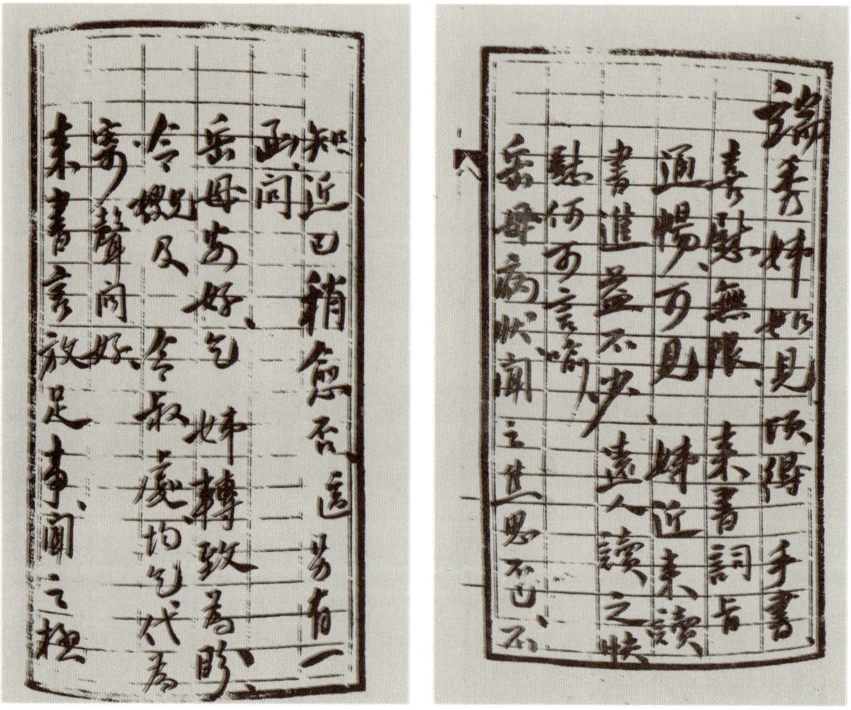

端秀姊姊見：頃得 手書，喜慰無限。素書詞旨通暢，可見 姊近來讀書進益不少。遠人讀之快慰何可言喻。

岳母病狀，聞之甚思，不已，不知近日稍愈否？適若有一函問

岳母安好，乞 姊轉致為盼。

令徵及 令叔處均乞代為寄聲問好。

來書言放足事，聞之極

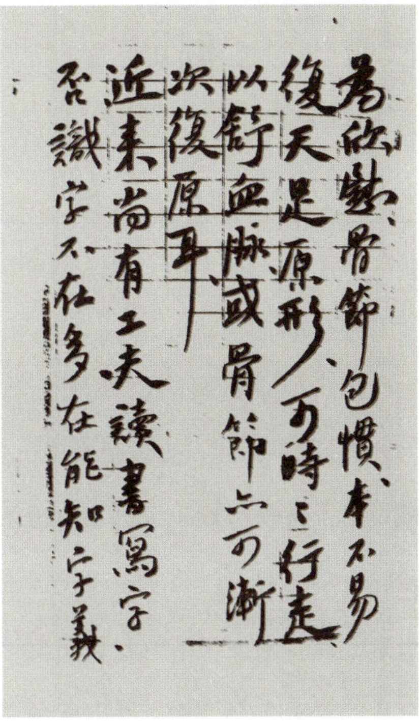
為從鬆骨節包慣、本不易
復天足原形、可時時行走、
以舒血脈、或骨節亦可漸
次復原耳。
近來尚有工夫讀書寫字、
否？識字不在多在能知字義

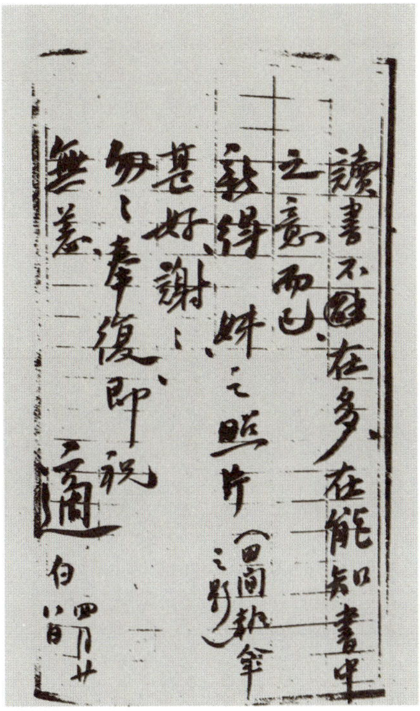
讀書不在多、在能知書中
之意而已。
新得妹之照片（四面執傘之影）
甚好、謝謝。
匆匆奉復、即祝
無恙、
適 白 四月廿八日

第[4]封 归期

致江冬秀（二）

冬秀贤姊如见：

前由家母转交照片三种（一大二小，小者乃六月内所寄），想皆已收到。适留此邦已四载，已于去秋毕业。今已决计再留二年，俟得博士学位时始归，约归期当在民国五年之夏矣。适去家十载，半生作客他乡，归期一再延展，遂至今日，吾二人之婚期，亦因此延误，殊负贤姊。惟是学问之道，无有涯涘。适数年之功，才得门径。尚未敢自信为已升堂入室，故不敢中道而止。且万里游学，官费之机会殊不易得，尤不敢坐失此好机会。凡此种种不能即归之原因，尚乞贤姊及岳母曲为原谅，则远人受赐多矣。适去家日久，家慈倚闾之思，自不容已。幸贤姊肯时时往来吾家，少慰家慈思子之怀，寂寞之况。此适所感谢不尽者也。

前曾得手书，字迹清好。在家时尚有工夫读书写字否？如有暇日，望稍稍读书识字。今世妇女能多读书识字，有许多利益，不可不图也。前得家母来信，知贤姊已肯将两脚放大，闻之甚喜。望逐渐放大，不可再裹小。缠足乃是吾国最惨酷不仁之风俗，不久终当禁绝。贤姊为胡适之之妇，正宜为一乡首倡。望勿恤人言，毅然行之。适日夜望之矣。适在此起居如意，名誉亦好，可慰远念。姊归江村时，望代问岳母起居，及令兄嫂、令叔暨诸人安好。

匆匆不尽欲言。即祝无恙。

适手书 三年七月八日

第[5]封 延婚

致江冬秀（三）

秀贤姊如见：

夏间得家慈寄来小影一幅。得之如晤对一室，欢喜感谢之至。适去国四载又半，今尚须再留此一年半，约民国五年之秋，可以归国。每念去国日久，归娶之约一再延误，何以对卿。然适今年恰满廿三岁（以足年计），卿大于适约一岁。再过二年，卿廿六岁，而适廿五岁，于婚嫁之期未为晚也。西方男女嫁娶都迟，男子三十四十始婚者甚多。以彼例此，则吾二人尚为早婚耳。岳母大人近想康健如常，乞时代适问安为盼。令兄嫂处亦乞致意问好。适前有书，嘱卿放足。不知已放大否。如未实行，望速放之。勿畏人言。胡适之之妇，不当畏旁人之言也。

适之 十二月十二日

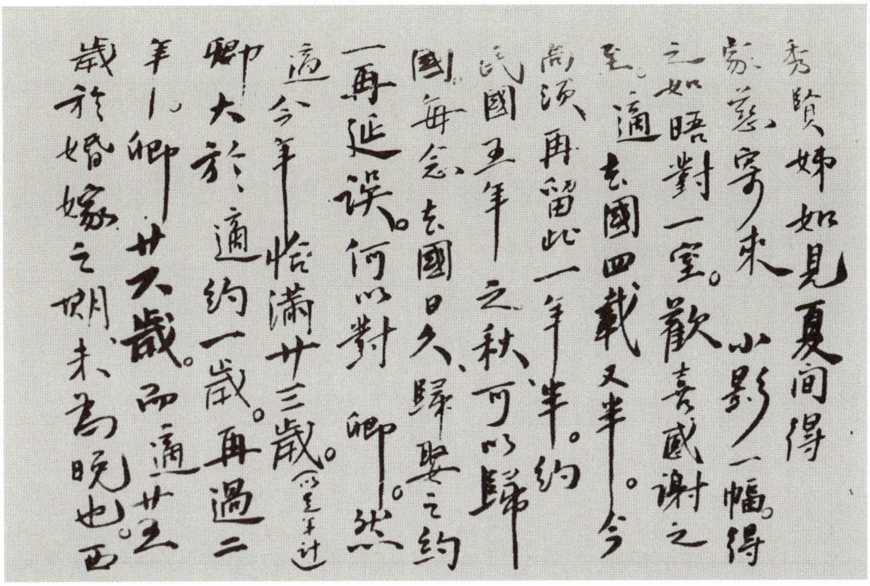

秀賢姊如見：夏間得家慈寄來小影一幅，得之如晤對一室。歡喜感謝之至。適去國四載又半。今尚須再留此一年半。約民國五年之秋可以歸國。每念去國日久，歸娶之約一再延誤，何以對卿。然適今年恰滿廿三歲（以足年計）。卿大於適約一歲。再過二年，卿廿六歲，而適廿五歲。於婚嫁之期未為晚也。西

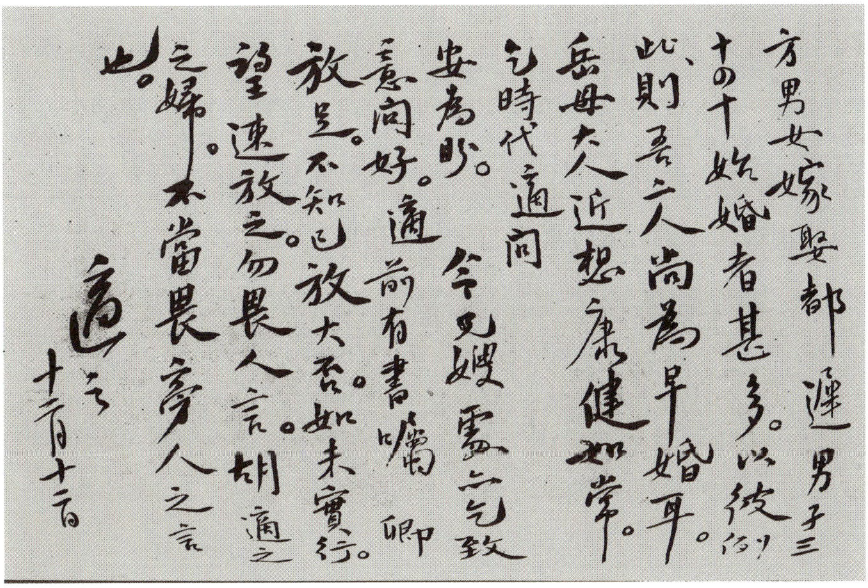

方男女嫁娶都遲。男子三十四十始婚者甚多。以彼例此，則吾二人尚為早婚耳。岳母大人近想康健如常。乞時代適問安為盼。今兄嫂處亦乞致意問好。適前有書囑卿放足。不知已放大否。如未實行，望速放之。勿畏人言。胡適之之婦不當畏旁人之言也。

適

十二月十日

第[6]封 宽慰

一九一五年[1]
致胡适

12月13日赐函捧读欣然，秀小影已达左右，而郎君玉照亦久在秀之妆台。吾两人虽万里阻隔，然有书函以抒情悃，有影片以当晤时，心心相印，乐也何如。所云婚约一再延误等语，在郎君固引咎之词，但何薄视秀耶。秀虽一妮女子，然幼受姆训，颇闻古人绪余，男子生而张弧悬矢，志在四方。今君负笈远游，秀方私喜不暇，宁以儿女之情绊云霄壮志耶？此后荣归不远，请君毋再作此言，令秀增忸怩也。

①写信日期应为1915年1月，摘自白吉庵《胡适传》第92页。

第[7]封 伴母

一九一六年
致江冬秀

冬秀如见：

此信寄到之日，不知汝尚在吾家否？汝若能在吾家多住几个月，何妨多住几个月。吾母亦很寂寞，有汝作伴，既可稍减吾母之忧心，而我亦感汝之情不少矣。

我今年竟不能回来，想汝能原谅我所以不回之缘故。我很盼望汝勿怪我迟迟不归，亦勿时时挂念我。怪也无用，挂念也无益。我何时事毕，何时便归，决不无故逗留也。

汝家中兄嫂及其他尊长如问及我时，可以上文所说告之。总之，我归家之时已不远。家中人能等得十年，岂不能再等一年半年乎？

此寄相思，即祝珍重。

适 七月廿七日

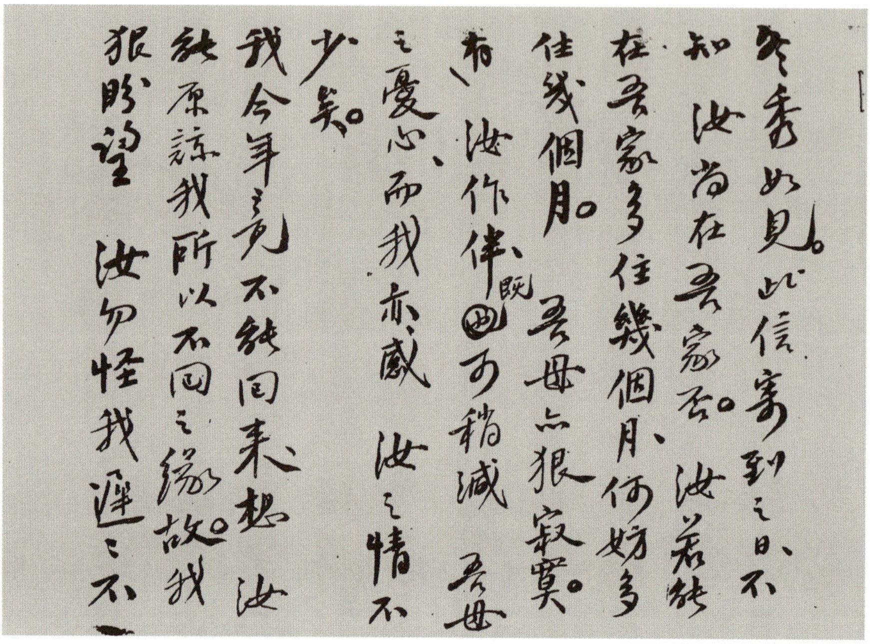

冬秀如見。此信寄到之日，不知汝尚在吾家否。汝若能在吾家多住幾個月，何妨多住幾個月。吾母亦很寂寞。有汝作伴，既可稍減吾母之憂心，而我亦感汝之情不少矣。我今年之不能回來，想汝能原諒我所以不回之緣故。我很盼望汝勿怪我遲遲不

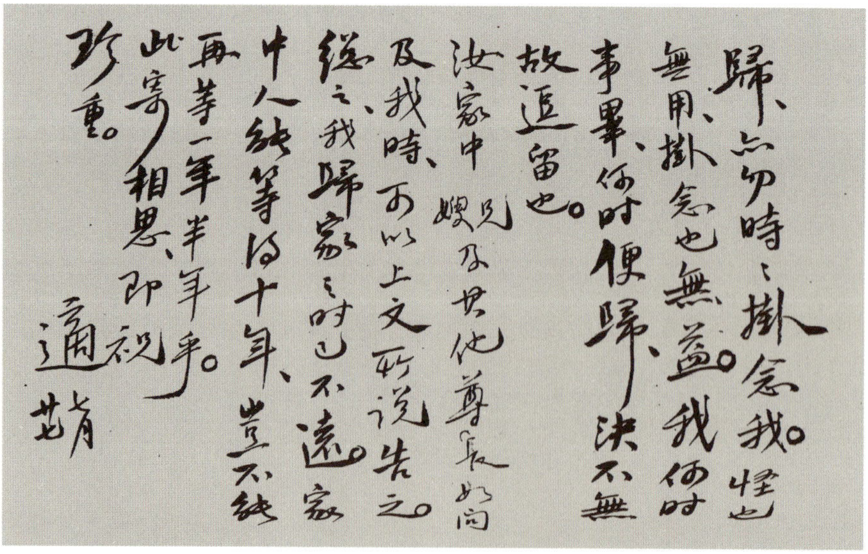

歸，亦勿時時掛念我。怪也無用，掛念也無益。我何時事畢，何時便歸，決不無故逗留也。汝家中嫂嫂及其他尊長如問及我時，可以上文所說告之。總之，我歸家之時已不遠。家中人能等得十年，豈不能再等一年半年乎。此寄相思，即祝珍重。

適

廿[illegible]

第 [8] 封 早归

一九一七年
致江冬秀（一）

冬秀姊如见：

适于未归国以前，曾有一书奉寄。后因有便船，遂改早三星期，于阳历六月十五日起程归国。已于阴历六月初九到家。本已与子儁丈约好在芜湖结伴同归。及到芜时，子儁丈适有微恙，适坚乞其暂留芜将息。适以急于欲归，故遂先行。亦不及待令兄仁圃之至矣。归后始知姊有微恙尚未痊愈。闻之深以为念。甚望此时已早痊愈。适本意欲来江村一行，既可与姊一见，又可探问病状。惟尊府此时令叔及令兄皆尚未归，或有不便。故先草此书告知近状。俟子俊丈与仁圃兄归时，当再约期来游江村。行装初解，一切皆极匆匆。即祝病后珍重。尊府诸亲长处均乞寄声问好。

胡适白　六月十一晨（7 月 29 日）

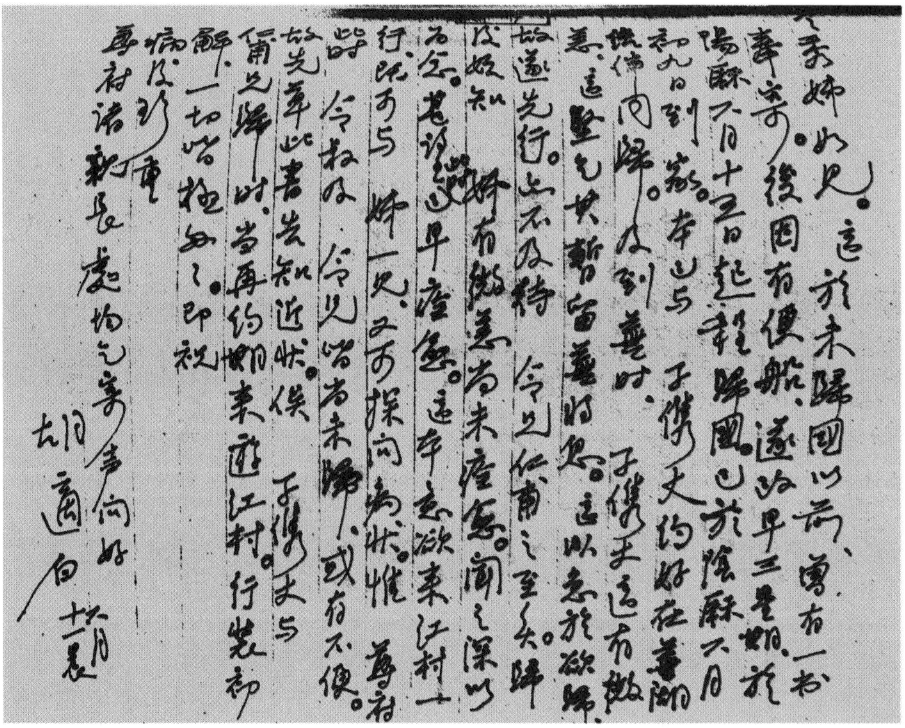

冬秀姊姊足下。适于未归国以前，曾有一书奉寄。后因有便船，遂改早三星期，于阳历六月十三日起程归国，已于阴历六月初九日到家。本当与 子隽丈约好在芜湖偕同归。及到芜时， 子隽丈适有微恙，适暂留芜湖数日。适以急于欲归，故遂先行，亦不及待 令兄偕前之至矣。归后始知 姊姊有微恙，尚未痊愈。闻之深以为念。甚望 姊姊早早痊愈。适本意欲来江村一行，既可与 姊姊一见，又可探问病状。惟 尊府时 令叔及 令兄皆尚未归，或有不便。故先草此书告知近状。俟 子隽丈与 令兄之归时，当再约期来游江村。行装初卸，一切皆极匆匆。即祝病后珍重

尊府诸亲长处均乞寄声问好

胡适白 六月十八晨

第[9]封 代邀

致江冬秀（二）

冬秀姊如见：

适到家后，即有书寄尊府，后以久不得尊府复书，不能久待，遂匆匆出外，周游各地，至廿九日始归。归时闻家慈言，始知尊府已有使者来过。又知姊病状尚未痊愈。适已定期七月初十左右出门。此时族中又有纷争之事，一时实未能来江村。因此，家慈特奉恳定达姑婆亲到尊府。一则代询病状，二则托其代邀姊来舍间小住二三日。如姊此时能胜轿行之劳，甚望勉强与姑婆同来。能于初三日来更好。若初三日不能来，初五日亦可。无论如何，终乞尊府即赐一回信。匆匆草此，不能尽所欲言。想姑婆定能面述一切也。

尊府诸亲长均此致意，不一一。

胡适敬白 七月初一日（8月18日）

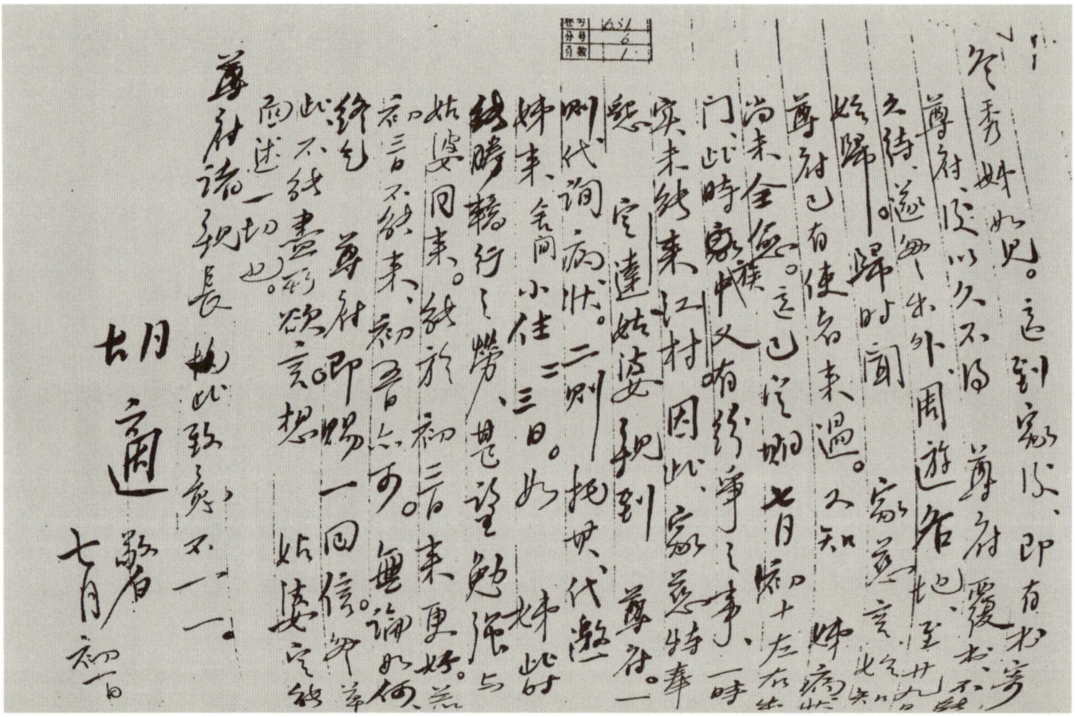
冬秀姊如见：适到家后，即有书寄尊府，后以久不得尊府覆书，不知姊病，遂无出外周游之意。至廿九日始知姊病，姑归。归时闻家慈言，始知尊府已有使者来过。又知姊病尚未全愈。适已定期七月初十左右出门，此时家中又有结婚之事，一时实未能来江村，因此家慈特奉恳定遂姑婆亲到尊府。一则代询病状，二则挽烦代邀姊来舍间小住二三日。如姊肯惠临，转行之劳，甚望勉强与姑婆同来。能于初二日来更好，初三不能来，初四亦可。无论如何，终乞尊府即赐一回信，并乞姑婆定能……此不能尽所欲言，想面述一切也。尊府诸亲长均此致意。不一一。

胡適敬启

七月初一日

第[10]封 · 未见

致江冬秀（三）

昨日之事，一则因欲与令兄一谈，二则欲一看姊病状。适以为吾与姊皆二十七八岁人，又尝通信，且曾寄过照片，或不妨一见。故昨夜请姊一见。不意姊执意不肯见。适亦知家乡风俗如此，决不怪姊也。

适已决定十三日出门，故不能久留于此，今晨即须归去，幸姊病已稍愈，闻之甚放心。望好好调养。秋间如身体已好，望去舍间小住一二月。适现虽不能定婚期，然冬季决意归来，婚期不在十一月底，即在十二月初也。匆匆将归去。草此问好。

适 七月初八（8月25日）

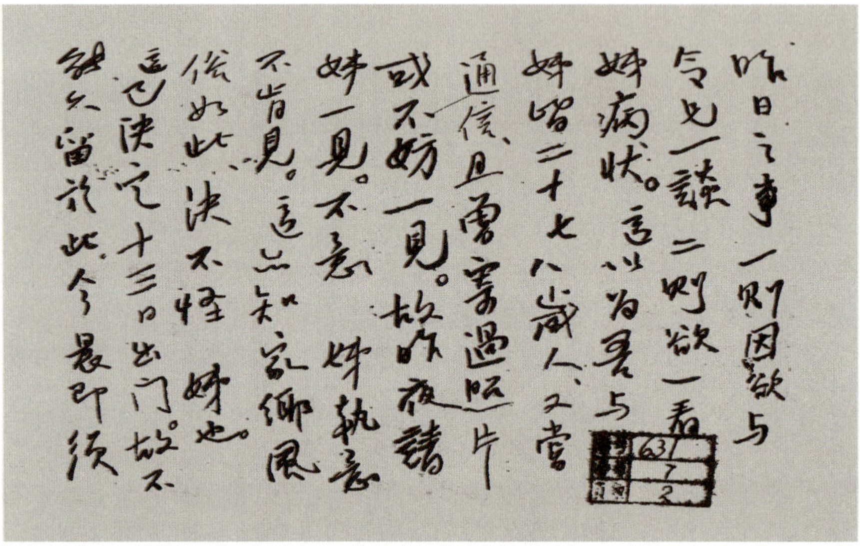
昨日之事，一則因欲與令兄一談，二則欲一看姊病狀。適以為吾與姊皆二十七八歲人，又嘗通信，且曾寄過照片，或不妨一見。故昨夜請姊一見。不意姊執意不肯見。適亦知家鄉風俗如此，決不怪姊也。適已決定十三日出門，故不能久留於此，今晨即須

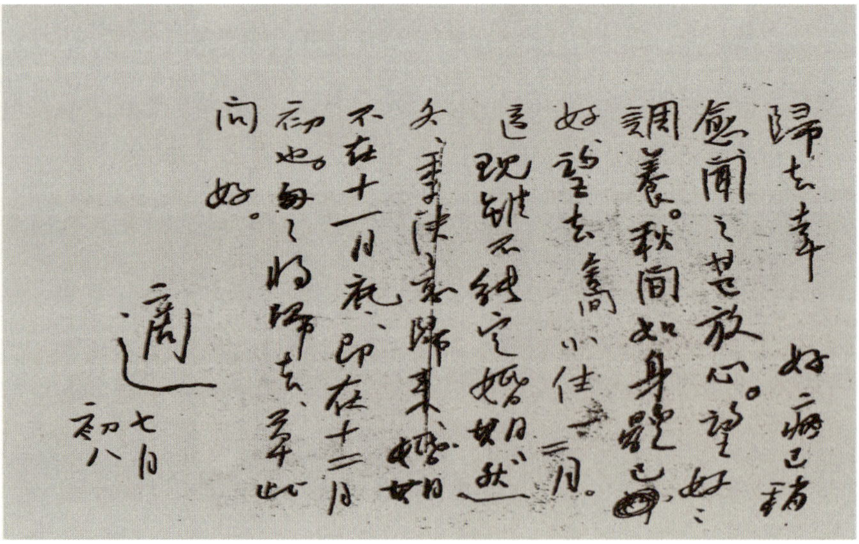
歸去，幸姊病已痊愈，聞之甚放心。望姊好好調養。秋間如身體已好，望去舍間小住一二月。適現雖不能定婚期，然冬季決意歸來，婚期不在十一月底，即在十二月初也。匆匆將歸去，草此問好。

適

七月初八

《第贰章》新婚久别诉相思

1917年底胡适和江冬秀完婚后，不久就离开家到北平去了。离家颇久的胡适，不仅担忧老母的饮食起居和身体健康，也对新婚的妻子有一些相思之情。『前度月来时，你我初相遇。相对说相思，私祝长相聚。』他俩的结合是民国史上的一件奇闻逸事。

在信中，胡适不仅寄托他的相思，而且鼓励江冬秀多学习，向她灌输开放的新思想；而江冬秀在信中除了时时向胡适汇报家中状况外，也秉持开放的心态，开始读书看报，提升自己的境界，开拓见识，努力追随胡适的脚步。

第[11]封 旌德

一九一八年
致江冬秀（一）

此信到时，铭哥想已动身了。如不曾动身，可把此信与他看。

途中因浩泽叔侄相争事，我们出为排解，担【耽】搁了大半点钟。到旌德县城时，天已大雨，轿夫全数不肯抬了。旌德县全城，因财政局改组事，有许多绅士往来，竟叫不出一顶轿子（耘甫与月波先生均以此事来城）。没有法子，只好住一夜，明日再赶路。现住大顺店内，大家都平安。此次轿夫大可恶，须叫六一来申斥一顿。他借的五百文也不曾扣除。他自己并没来。

适（1月下旬）

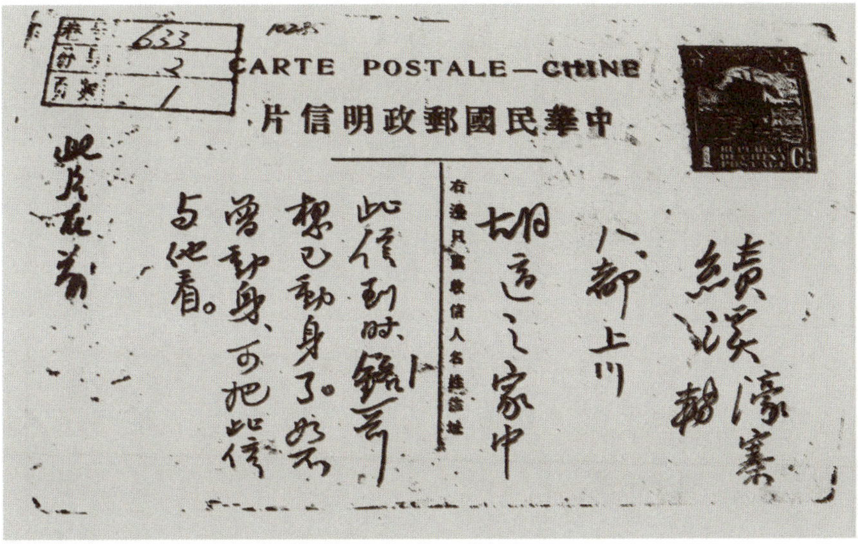
633
3
1
CARTE POSTALE—CHINE
中華民國郵政明信片
右邊只書收信人名姓住址

績溪濠寨
八都上川
胡适之家中
此信到时，鐘声標已動身了。如不曾動身，可把此信与他看。

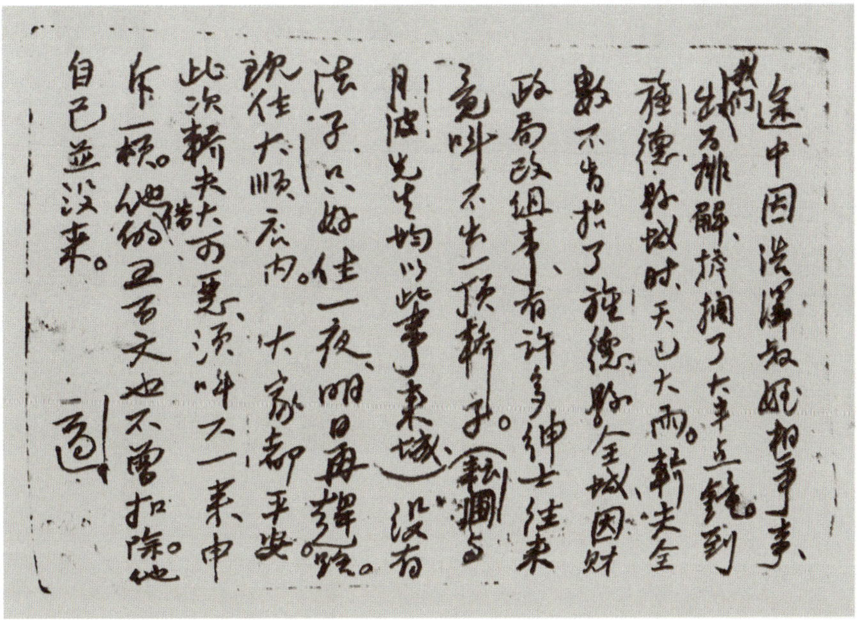
途中因法溪與姚相争事、出为排解，捺捕了大半点鐘，到旌德縣城时，天已大雨。新失全數不肯拔了旌德縣全城因財政局政组事，有許多绅士往来竟叫不出一顶轿子。(我們与月波先生均以此事来城)没有法子，只好住一夜，明日再擇路。讀住大順店内。大家都平安。此次轿夫大可惡，須叫大一素中你一頓。他備的五百文也不曾扣除。他自己並没來。

適

第[12]封 作词

致江冬秀（二）

昨夜（十二月十七）为新婚满月之期。在夜行船上，戏作一词，调名《生查子》，以寄冬秀。

前度月来时，你我初相遇。
相对说相思，私祝长相聚。
今夜月重来，照我荒洲渡。
中夜睡醒时，独觅船家语。

适（1月30日）

第[13]封 月经

致江冬秀（三）

冬秀如见：

今天早晨梦见母亲有病。我虽不迷信梦境，但心里总有点不放心。故写信与你，请你时时写一封信来，老老实实的【地】说母亲的身体如何，使我好放心。

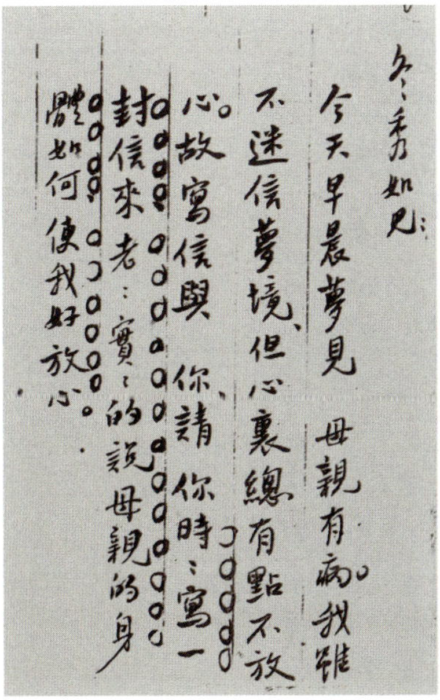
冬秀如見：
今天早晨夢見 母親有病。我雖不迷信夢境，但心裏總有點不放心。故寫信與 你，請你時時寫一封信來，老老實實的說 母親的身體如何，使我好放心。

你自己的病，可好了没有？昨天我看见一书上说，女子月经来时，切不可有发怒、忧郁、气恼诸事。我想你前两月不痛经，是因为心事宽了之故。本月又痛经，想是因为心事不宽之故。下月月经将来时，可先扫除一切心事，再看还痛不痛。无论如何，望你写信时，也细说自己身体如何。

千万要写信，不可忘记。

适 二月七日

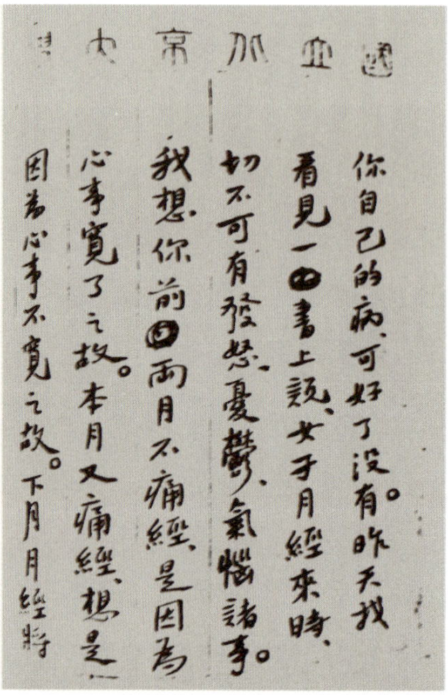
國立北京大學

你自己的病、可好了沒有。昨天我
看見一書上説、女子月經來時、
切不可有發怒、憂鬱、氣惱諸事。
我想、你前兩月不痛經、是因為
心事寬了之故。本月又痛經、想是
因為心事不寬之故。下月月經將

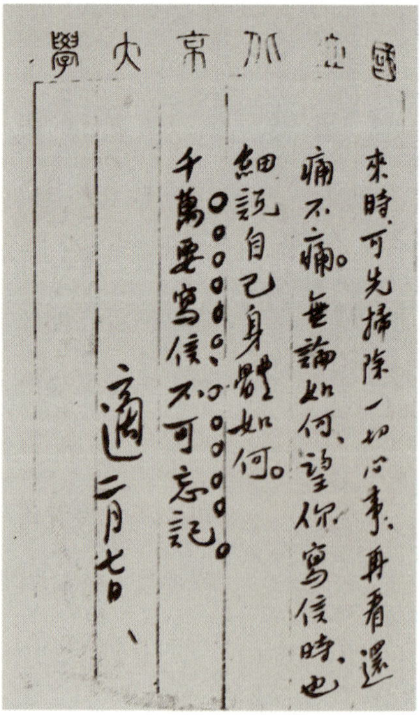
國立北京大學

來時、可先掃除一切心事、再看還
痛不痛。無論如何、望你寫信時、也
細説自己身體如何。
千萬要寫信。不可忘記。

適 二月七日、

第 [14] 封 写信

致江冬秀（四）

冬秀：

我从前有信要你写信与我，何以至今无信来？

这个月月经来时，还痛经吗？望你写信告我。

我那个病，现在正在医治。并不用药，只用外治的法子。这法子是很可靠的，你可放心。

千万写信寄来。

适 二月廿五日（元宵）

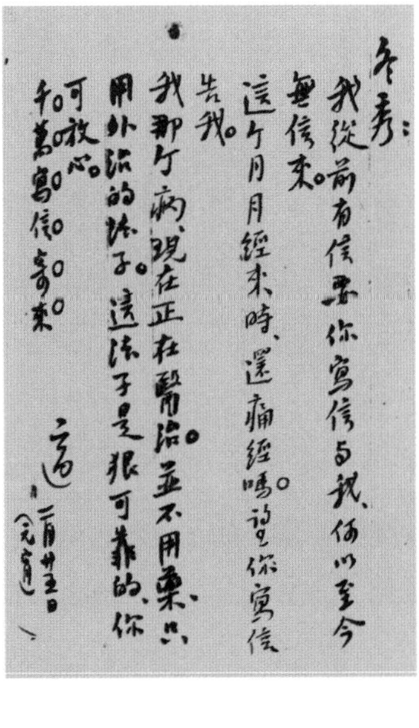
冬秀：
我從前有信要你寫信與我，何以至今無信來。
這个月月經來時，還痛經嗎。望你寫信告我。
我那个病，現在正在醫治。並不用藥，只用外治的法子。這法子是很可靠的，你可放心。
千萬寫信寄來。
適
二月廿五日
（元宵）

第 [15] 封 江村

致江冬秀（五）

冬秀：

前次写的信很好，我读了很喜欢。能多写几封，我更欢喜了。

你到江村以后，可以常常写信来与我。

名片尽可不用。怕旁人说你摆架子。

新坟清明诗也没有心思去做。我近来忙得很，常没有睡觉的工夫。

你看见你的照片了，可好不好？你多写几封信与我，我便替你多印几张回家去送人。

回江村时，请你代我致意问候子儁丈、仁甫兄，及益三、小轩诸位。

至于病的一层，你可放心。我听你的话，不医了。且等你我同来北京时，再说罢。

你自己要保重身体，莫想着我。

适　三月六日

你的照片现在我的书桌上，和母亲的照片装在一处。

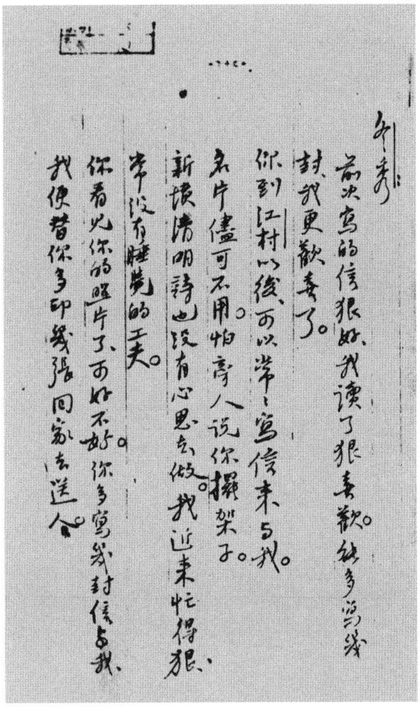

冬秀：

前次寫的信狠好，我讀了狠喜歡。能多寫幾封，我更歡喜了。

你到江村以後，可以常常寫信來与我。

名片儘可不用。怕旁人說你擺架子。

新填清明詩也沒有心思去做。我近來忙得狠，常沒有睡覺的工夫。

你看見你的照片了，可好不好。你多寫幾封信与我，我便替你多印幾張回家去送人。

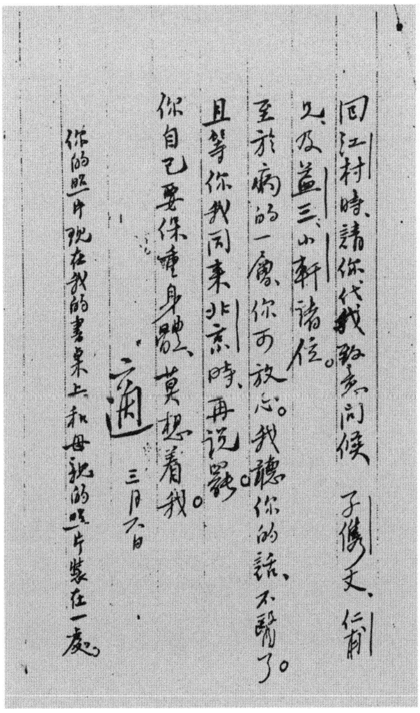

回江村時，請你代我致意問候子儁丈、仁甫丈，及益三、小軒諸位。

至於病的一層，你可放心。我聽你的話，不醫了。

且等你我同來北京時，再說罷。

你自己要保重身體，莫想着我。

適

三月六日

你的照片現在我的書桌上，和母親的照片裝在一處。

第 [16] 封 来京

致江冬秀（六）

冬秀：

昨天收到你的信，甚喜。信中有好几个白字，如“事”当作“是”。“座”当作“坐”。“记”当作“这”。又“你”字、“听”字也写错了。下回可改正。

你哥哥说五月间来游北京。他若真能来，可托他把你带来。若能这样办，我就可以不回家了。我今年夏天忙得很，能不回来最好。我已把这话同母亲及你哥哥说了。若是这样办，你可早点同你哥哥来，不用等到阴历五月底了，岂不更好吗？来往盘费须由我出，望你劝你哥哥不要客气。

今天我已看定了一所房子，共有十七间，地方离大学很近。我已付了定钱，大概二十日内可以搬进去住。

我听说你身体好了，心里很欢喜。我身体很平安，你不要挂念。

你在江村何时回去？没有事时，可以多多的【地】写几封信与我。

适　三月十三日

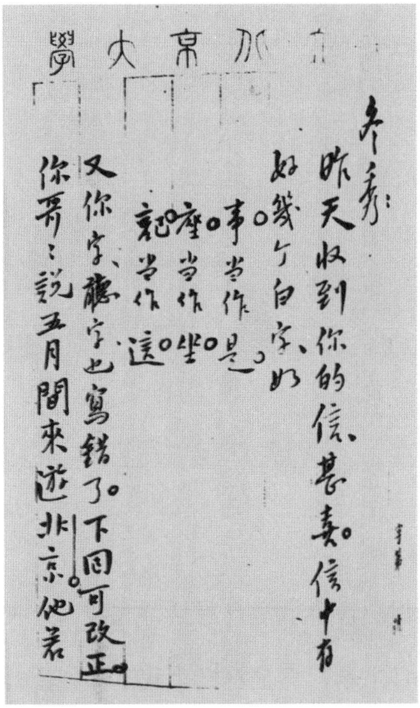
北京大學

冬秀：

昨天收到你的信，甚喜。信中有

好幾个白字。好

事。当作是。

座。当作坐。

記。当作這。

又你字、聽字也寫錯了。下回可改正。

你哥哥說五月間來遊北京。他若

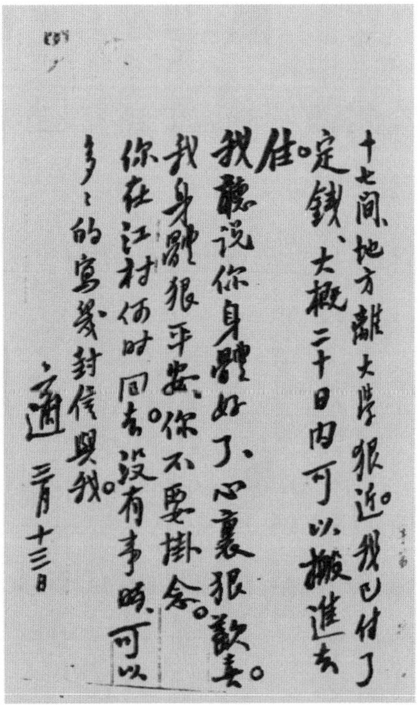
十七間，地方離大學很近。我已付了

定錢，大概二十日内可以搬進去

住。

我聽說你身體好了，心裏很歡喜。

我身體很平安，你不要掛念。

你在江村何时回去。沒有事時，可以

多多的寫幾封信與我。

適　三月十三日

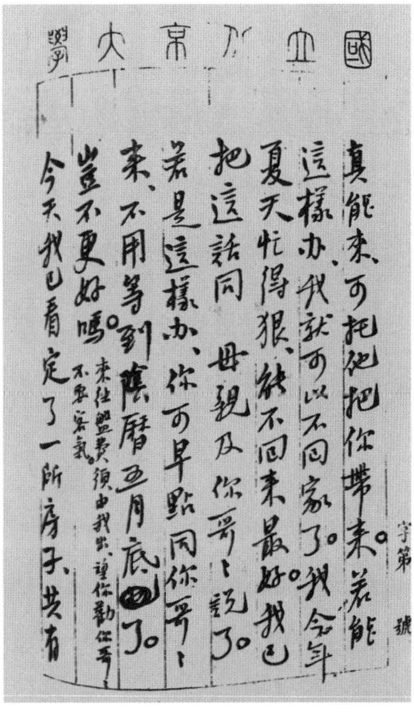
國立北京大學

真能來，可把他把你帶來。若能

這樣办，我就可以不回家了。我今年

夏天忙得很，就不回來最好。我已

把這話同母親及你哥哥說了。

若是這樣办，你可早點同你哥哥

來，不用等到陰曆五月底了。

豈不更好嗎。來往盤費須由我出。請你勸你哥哥不要客氣。

今天我已看定了一所房子，共有

第[17]封 思永

致江冬秀（七）

冬秀：

你为何不写信与我了？我心里很怪你。快点多写几封信寄来罢。今夜是三月十七夜，是我们结婚的第四个满月之期，你记得么？我不知你此时心中想什么。你知道我此时心中想的是什么？

我想你若来京，还该把思永带来。把他带了来，可使母亲与秠嫂在家格外要好些。若不带他来，秠嫂定然心中怪我与你，定使母亲在家不好过。我这话你看对不对？

我昨夜到四点多钟始睡，今天八点钟起来，故疲倦了，要去睡了。

适　三月十七日

窗上的月亮正照着我。可惜你不在这里。

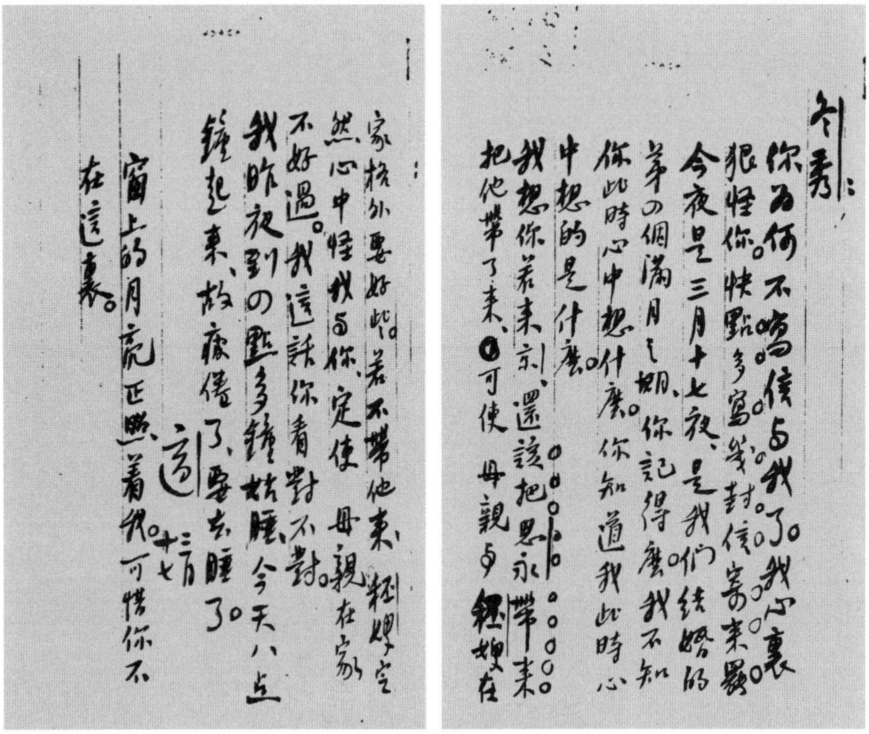
冬秀：

你爲何不寫信與我了。我心裏狠怪你。快點多寫幾封信寄來罷。今夜是三月十七夜，是我們結婚的第四個滿月之期，你記得麼。我不知你此時心中想什麼。你知道我此時心中想的是什麼。

我想你若來京，還該把思永帶來。把他帶了來，可使 母親與 經娘在家格外要好些。若不帶他來，經娘定然心中怪我與你，定使 母親在家不好過。我這話你看對不對。

我昨夜到四點多鐘始睡，今天八點鐘起來，故疲倦了，要去睡了。

適 三月十七

窗上的月亮正照着我，可惜你不在這裏。

第 [18] 封 医病

致江冬秀（八）

冬秀：

今日收到你的信，心里很欢喜。你为我医病心里着急。我早已依了你的话不去医了。医生也说我并没有病，养养就好了。你不用着急。

这几天很忙，昨晚写文章到三点半钟才睡，今天八点钟又起来了。

适　三月十七日

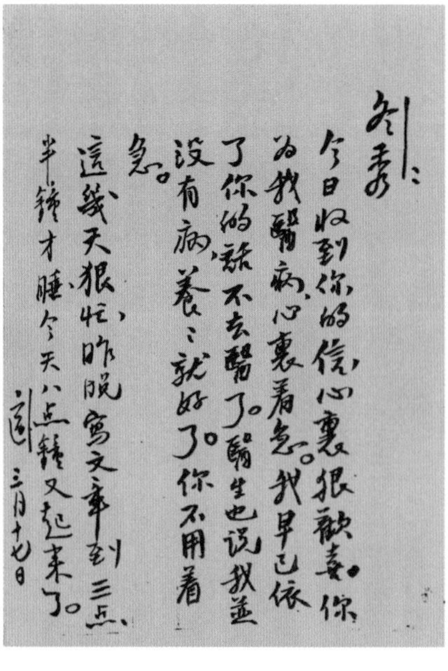

冬秀：

今日收到你的信，心裏很歡喜。你為我醫病心裏着急。我早已依了你的話不去醫了。醫生也說我並沒有病，養養就好了。你不用着急。

這幾天很忙，昨晚寫文章到三點半鐘才睡，今天八點鐘又起來了。

適　三月十七日

第[19]封 二嫂

致江冬秀（九）

冬秀：

昨夜二哥得川沙电报，说二嫂病危，已不能说话了。今天又得电报说二嫂已死了。二哥决定后天动身回南。

家门真正不幸。我回来之后，死了一个侄儿，又死了一位嫂嫂。最可怜的是二哥的三个小儿女，一个顶小的只有六岁，真不知如何安顿。

今天我在教育部演讲“墨子哲学”，来听的约有五六百人，内中有二百人是女学生。可见近来北京风气开了，比起十年前来，大不相同了。

下午到女子高等师范学校去看一位沈女士，谈了一点钟。这位沈女士是我的同学顾君的聘妻。现在师范学校教音乐。因有朋友介绍，故去看他【她】一次。

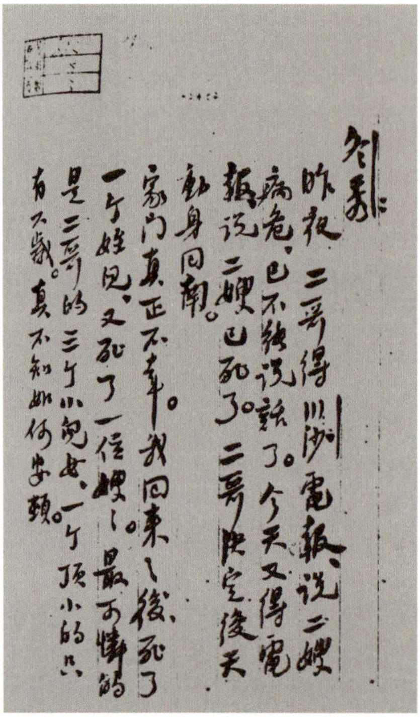

冬秀：

昨夜二哥得川沙電報，說二嫂病危，已不能說話了。今天又得電報，說二嫂已死了。二哥決定後天動身回南。家門真正不幸。我回來了後，死了一個姪兒，又死了一位嫂嫂。最可憐的是二哥的三個小兒女，一個頂小的只有六歲。真不知如何安頓。

寄上照片两张，一张送耘甫，一张送子儁叔。你自己的一张，我寄到家中去了。

适　三月廿一

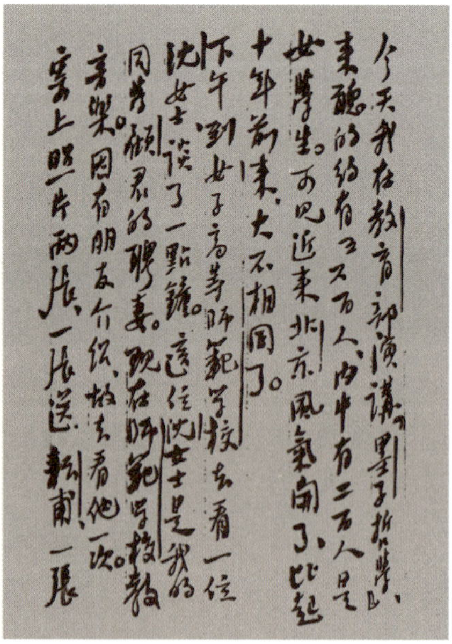

今天我在教育部演講"墨子哲學"，來聽的約有二三千人，內中有二百人是女學生。可見近來北京風氣開了，比起十年前來，大不相同了。下午到女子高等師範學校去看一位沈女士，談了一點鐘。這位沈女士是我的同學顧君的聘妻。現在師範學校教書，因有朋友介紹，故去看他一次。寄上照片兩張，一張送耘甫，一張

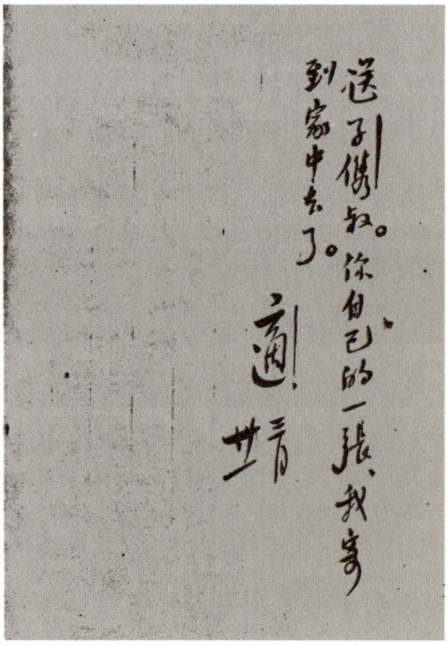

送子儁叔。你自己的一張，我寄到家中去了。

適

廿一

第 [20] 封 别字

致江冬秀（十）

冬秀：

今天收到你从江村寄的信，我很欢喜。信里有几个错字，“你”不是“伱”。“裏”不是“尘”。“是”不是“事”。“紧”不是“繁”。“谈”不是“淡”。“动身”不是“动生”。“叫轿”不是“教轿”。望你下回改正了。

你哥哥得了一子，可贺可贺，望你替我贺贺你哥哥嫂嫂。

我前次信中要想请你哥哥来京时把你送来。不知他真能来么。你若能同他来，便可不等到五月了。岂可【不】很好。

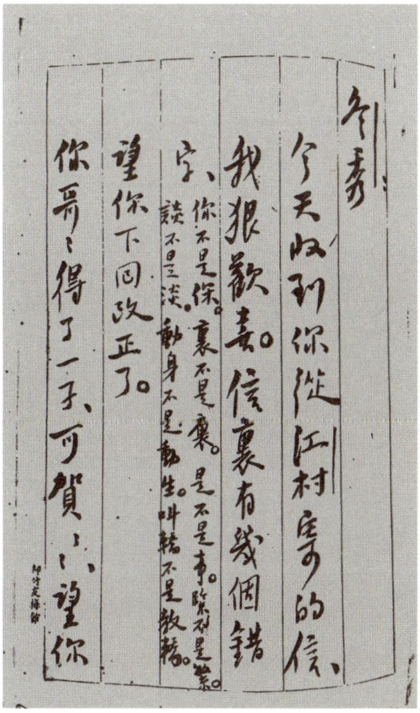
冬秀：
今天收到你從江村寄的信，
我狠歡喜。信裏有幾個錯
字，你不是保。裏不是裏。是不是事。緊不是繁。談不是淡。動身不是動生。叫轎不是教轎。
望你下回改正了。
你哥哥得了一子，可賀可賀，望你

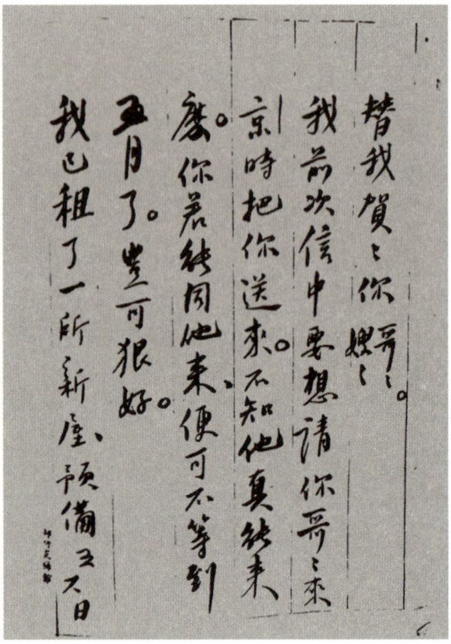

替我賀〻你哥〻嫂〻。

我前次信中要想請你哥〻來京時把你送來。不知他真能來麽。你若能同他來，便可不等到五月了。豈不很好。

我已租了一所新屋，預備五六日

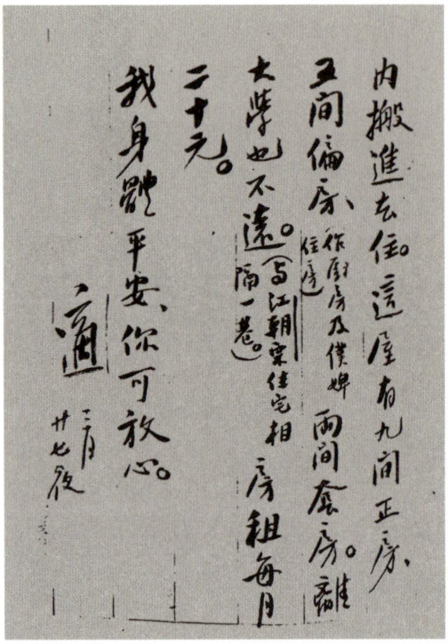

内搬進去住。這屋有九間正房，五間偏房（作廚房及僕婢住房），兩間套房。離大學也不遠（与江朝宗住宅相隔一巷）。房租每月二十元。

我身體平安，你可放心。

適 三月廿七夜

我已租了一所新屋，预备五六日内搬进去住。这屋有九间正房，五间偏房（作厨房及仆婢住房），两间套房。离大学也不远（与江朝宗住宅相隔一巷）。房租每月二十元。

我身体平安，你可放心。

适　三月廿七夜

第[21]封 · 叮嘱

致江冬秀（十一）

冬秀：

我上次有信与母亲，提起你出门时应带物件等事。想你已看见了。今天又想起几件事来：

（一）你须吩咐来发，教他小心服侍母亲，不可因为你不在家便放肆了。他若能小心做事，将来我回家带母亲时或可带他出来。

（二）子儁叔写了两次信来，提起泽涵弟毕业后进学堂的事。我看他的意思很想我们把泽涵弟带到北京。但是此时他还不曾毕业，怕不能与你同来。我已写信与子儁叔，说将来泽涵弟若能来北京，定可与我们同居。但你此时既不能带永侄，似乎不便带涵弟。只好让他随后出来了。

你见子儁叔婶时，可把我答应的话再告诉他（但不要把这封信给他看）。

适　五月十一

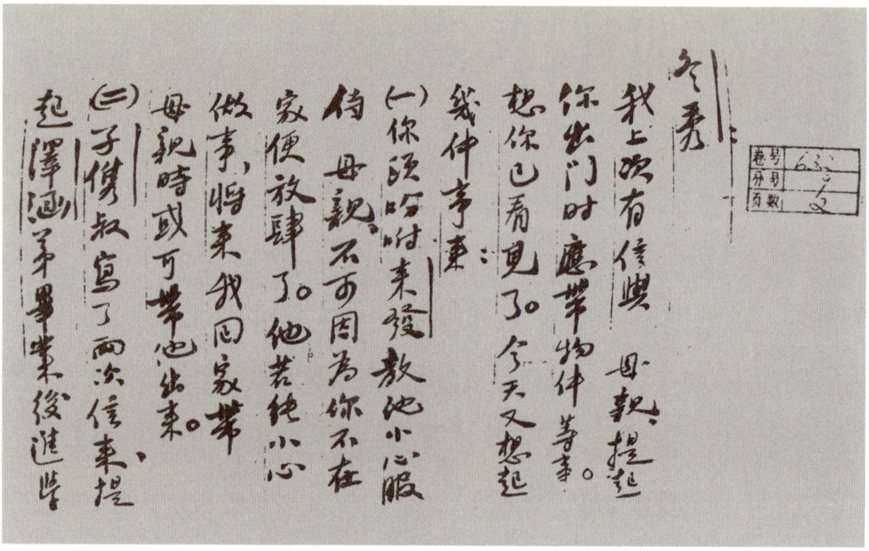
冬秀：
我上次有信與 母親，提起你出门时應帶物件等事。想你已看見了。今天又想起幾件事來：
(一)你須吩咐來發教他小心服侍 母親，不可因為你不在家便放肆了。他若能小心做事，將來我回家帶 母親時或可帶他出來。
(二)子儁叔寫了兩次信來，提起澤涵弟畢業後進

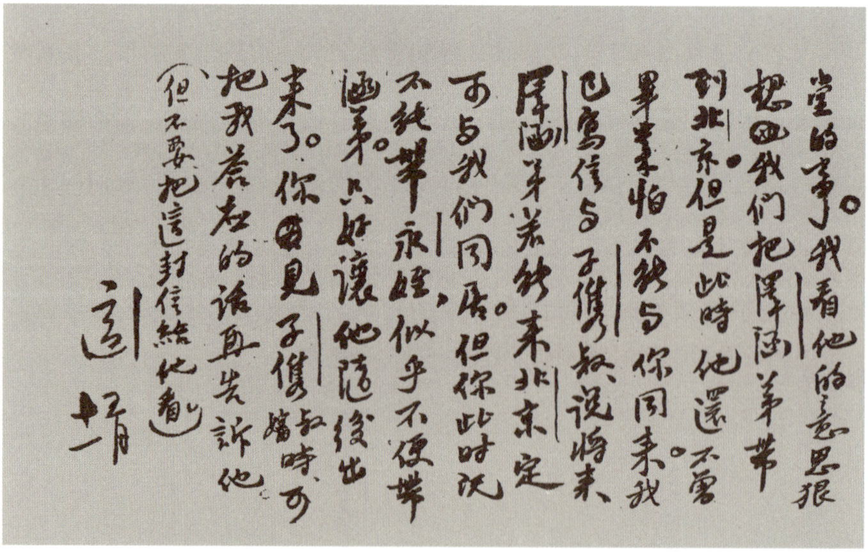
堂的事。我看他的意思很想(四)我們把澤涵弟帶到北京。但是此時他還不曾畢業，怕不能与你同來。我已寫信与子儁叔，說將來澤涵弟若能來北京，定可与我們同居。但你此時決不能帶永娃，似乎不便帶涵弟。只好讓他隨後出來了。你見子儁叔、嬸時，可把我着右的話再告訴他(但不要把這封信給他看)。
適
十一月

第[22]封 服药

致胡适（一）

适之足下：

新婚别后，心中挂念。接到一路来函，诗收到。一路安好，今日又接到京二函，收到深为欢喜。此诗从头细看一遍，〖再〗又看一遍，[当作]笑话。此诗只有夫妇说说笑话，千万不可与别人看，不可与近人老友看见。不过四、五个月，又要相见，何必挂念！你我不必挂念，夫妇同到北京，日夜相见，可多多说说笑话。你到京一路辛苦，望你保重身体要紧要紧，千万不可大意。

你在家睡到床上，说你身体已有毛病，到京请西医看，用专用电器皮条通。千万不可看，我心里着急，望你千万不要看。调养调养，身体要紧。你回来，与我到京再医，现今不可医。你是辛苦之过，不是别样。再，母亲病见好，咳嗽见好，不肯服药。天星姨夫，买来东洋参，吃吃见好。每日用参茸、桂圆十个，大人说，“我

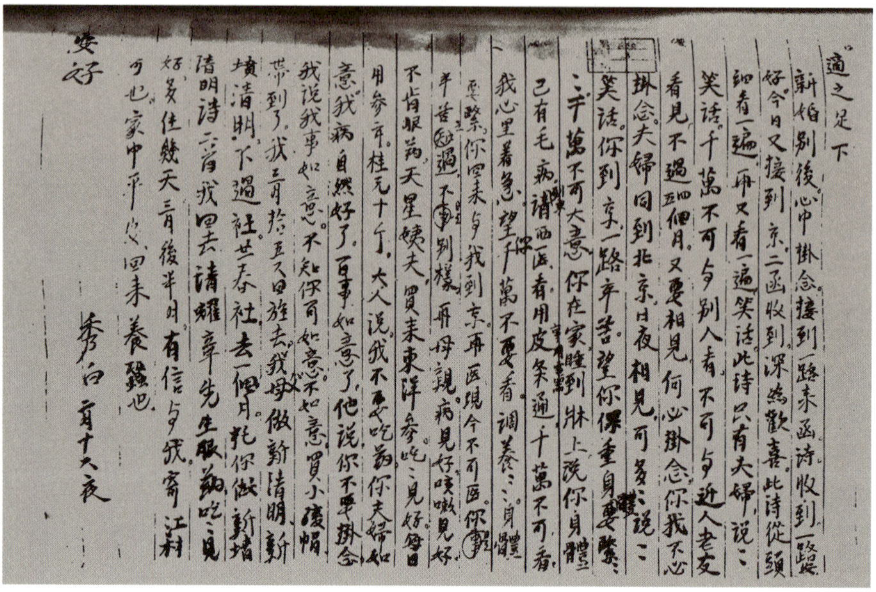
適之足下
新婚別後，心中掛念。接到一路來函詩，收到一路
好。今日又接到京二函，收到，深為歡喜。此詩從頭
細看一遍，再又看一遍，笑話。此詩只有夫婦說二
笑話，千萬不可与別人看，不可与近人老友
看見。不過四五個月，又要相見，何必掛念。你我不必
掛念。夫婦同到北京，日夜相見，可多說說二
笑話。你到京一路辛苦，望你保重身要緊，
二千萬不可大意。你在家睡到牀上，說你身體
已有毛病，請西医看，用皮笑通，千萬不可看，
我心里着急，望千萬不要看。調養二三身體
要緊。你回來与我到京，再医。現今不可医。你寫
半笛過，不事別樣，再母親病見好，咳嗽見好
不肯服藥，天星姨夫買來東洋參，吃二見好，每日
用參三桂元十个。大人說，我不要吃藥，你夫婦如
意，我病自然好了，百事如意了。他說你不要掛念。
我說我事如意，不知你可如意不如意。買小孩帽
帶到了。我三月十五六日旋去。我父母做新清明，新
墳清明，不過社。廿一春社，去一個月。托你做新墳
清明詩二首。我回去請耀章先生服藥，吃吃見
好，多住幾天。三月後半月有信与我，寄江村
可也。家中平安，回來養蠶也。
安好
秀白 二月十六夜

不要吃药，你夫妇如意，我病自然好了，百事如意了。”他说，你不要挂念。我说，“我事【是】如意，不知你可如意不如意？”买小孩帽，带到了。我三月十五六回旋去，我父母做新清明，新坟清明，不过社。廿一春社，去一个月，托你做新坟清明诗二首。我回去请耀章先生服药，吃吃见好，多住几天。三月后半月，有信与我，寄江村可也。家中平安，回来养蚕也。

安好

秀白 ［1918 年］二月十六夜

第[23]封 好笑

致胡适（二）

适之足下：

我到中村外婆家，住了几天，昨天回来了。怕天下雨，我心里急不过，又不得回来，幸得月桂外甥女廿六到我家拜年，昨天座【坐】轿子回去，轿子与我坐来。我到人家，夜上睡如意青布被、青布帐子。再两个人睡，不好。昨天来家，大家都安好。我到堂前坐了一刻，到母亲房内把你的信收出来看看，我有点好笑。母亲进房来，看见我好笑，教【叫】我把信说与他【她】听听。他【她】也好笑。我说，“你好笑，我们夫妇不好、不如意、不说笑话，你老人家心里又要着急了，又要来劝我，又要劝儿子了。”他老人家说，“我一个都不劝。”

再，你前次寄来信已收到了，一天共接六封，内有一封与我收。寄到时，近仁叔在我家写信与你，他把一切的事，说与大家、母亲听〖听〗，大家都欢喜。到夜上十点钟，大家进房，我到母亲房内坐。母说，“把信收出来，说与我听听。”再又教【叫】我的信，说与他【她】听听，一路寄来的诗、那一天晚上的事，也都说与他听听。他老人家又欢喜，又好笑我。

再，你对我说，梦见母有病，这是心里记挂，近来也没有寒热了，咳嗽时时见好，时时见发点。老毛病，春天气要见发点。这是老老实实的说。你问我的月经，今回来时不见得痛，十九来的都见好。家中一切的事你放心，家中平安。你说，朋友都说你胖了，气色也见好了，我有点不相信。你寄一个照相片，我看看。你在家，我对你说过买一斤顶好毛燕与母吃吃看，可见好点。你自己身体要紧，夜上不可出去，又有风又受寒气。再我劝你酒千万不可多吃，夜上早点睡不要太辛苦，养养身体要紧要紧，又没有人照应你，又没有人与你谈谈笑话，不过三、四个月苦。你说到大侄子左近找一所房屋，狠（很）好，如我的意了。越近越好，我心里狠（很）喜欢。昨天夜上狠（很）好睡了，今天又是下雨天，不知明天可下雨了？汝骐到余村进学堂，是前天开学的。

留心“是”字、“你”字、“听”字、“坐”字。①

秀白于夜十一点钟②

①此句为胡适提醒江冬秀需要注意的错字，标于江冬秀信末。②写信日期应为1918年2月下旬，待考。

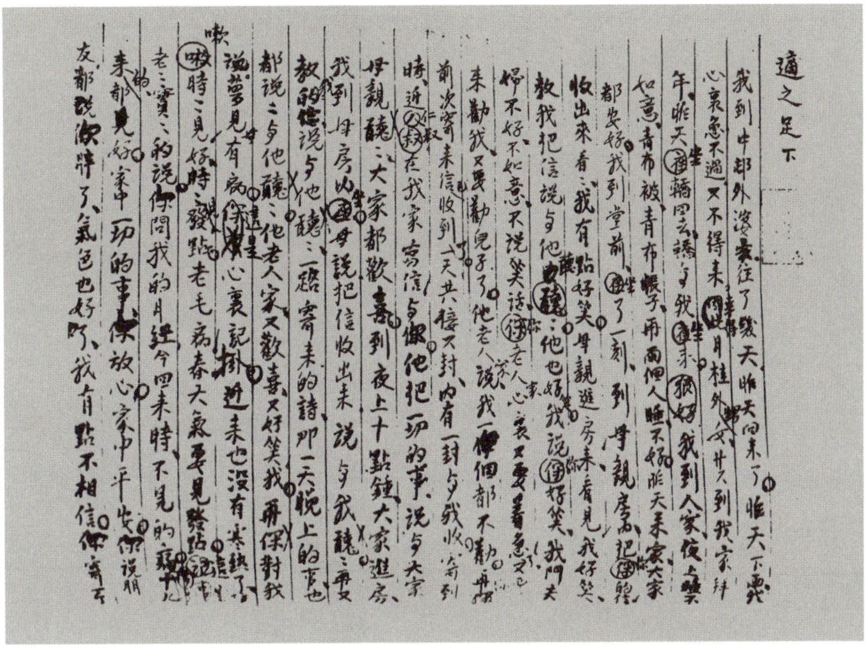

適之足下

我到中邨外婆家住了幾天，昨天回來了。昨天下雪，
心裏急不過，又不得來。[illegible]月桂外甥女廿六到我家拜
年，昨天坐轎回去，送了我坐來，狠好。我到人家夜上[illegible]
如意，青布被，青布帳子，兩個人睡不好，昨天未家大家
都安好。我到堂前坐了一刻，到母親房裏，把你的
收出來看看，我有點好笑，母親進房來，看見我好笑，
教我把信說與他聽聽，他也好，我說你好笑。我們夫
婦不好，不如意，不說笑話，你老人家心裏又要着急，又
來勸我，又要勸兒子了。他老人說我二個都不勸，再
前次寄來信收到，一共接了封，內有一封與我收，寄到
時，近在我家，寄信與你，他把一切的事，說與大家
母親聽聽，大家都歡喜。到夜上十點鐘，大家進房，
我到母房，以母說把信收出來，說與我聽聽，再
教的你說與他聽聽，一路寄來的詩，那一天晚上的，也
都說說與他聽聽，他老人家又歡喜又好笑，我再保對我
說，夢見有病，你心裏記掛，進來也沒有寒熱了，
嗽時時見好，時時發點老毛病，春天氣要見發點
老實實的說，你問我的月經，今回來時不見的
來，都見好。家中一切的事，你放心，家中平安，你說朋
友都說你胖了，氣色也好了，我有點不相信，你寄

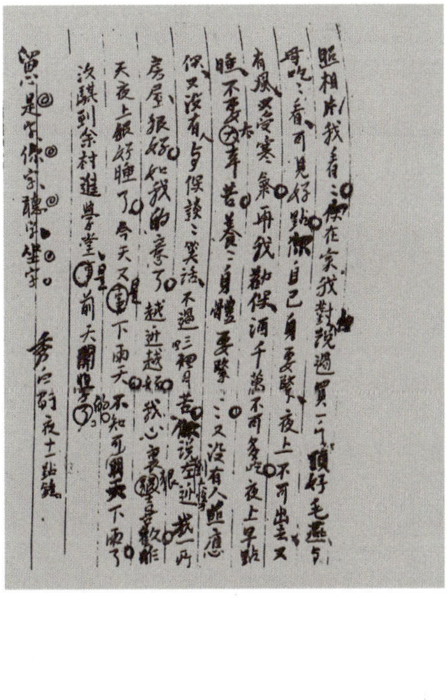

照相片與我看看。你在家我對你說過，買一些頂好毛[illegible]與
母吃吃，看可見好點。你自己身要緊，夜上不可出去，又
有風，又受寒氣。再我勸你酒千萬不可多吃，夜上早點
睡，不要太辛苦，養養身體要緊。又沒有人照應
你，又沒有與你談談笑話，不過三裡月，[illegible]說近一月
房屋狠好，如我的意了，越近越好。我心裏狠[illegible]
天夜上睡好了。今天又是下雨天，不知可明天下雨了。
汝騏到余村進學堂，是前天開學的。
[illegible]是你家，聽你坐家。
秀 [illegible]夜十二點鐘

第 [24] 封 忧心

致胡适（二）

适之：

昨日接到你的信上说失了贼，家中都知道，这都是要破财，没有法子想，只是一点小事，日后再小心点。你心里不要记念，夜上早点睡，不可太辛苦。再，你有信与我说你自己的病现在正医，我看见此话当时心里忧虑。我有信与你说过，千万不可医，想必没有寄到。我心里时刻不安，又不能对母亲说，恐怕他老人家要着急，又不好与别人说，只好劝你千万不可医。依我思想起来，恨不恨【得】飞来看看你，又不能如我自己的意，只好想劝你千万不可医，俟我出来再说。你可能依我的话，可以两下有照应点，望你不要性急。你看这个法子可好？可是日前说的严先生医？是何样医法，这位先生姓甚【什】么，叫甚【什】么，下次与我说明。母亲时常的【地】说你的身体弱，他叫我与你说那【哪】样吃得好便吃那【哪】样，培补身体要紧，我看气【起】来也是那【哪】样吃得好便吃，望你千万保重身体要紧要紧，不能大意。我要回旌了，你有信与我不要寄到江村，共怕【恐怕】与人看见不好，寄到家里由婆婆寄去便狠（很）好。母

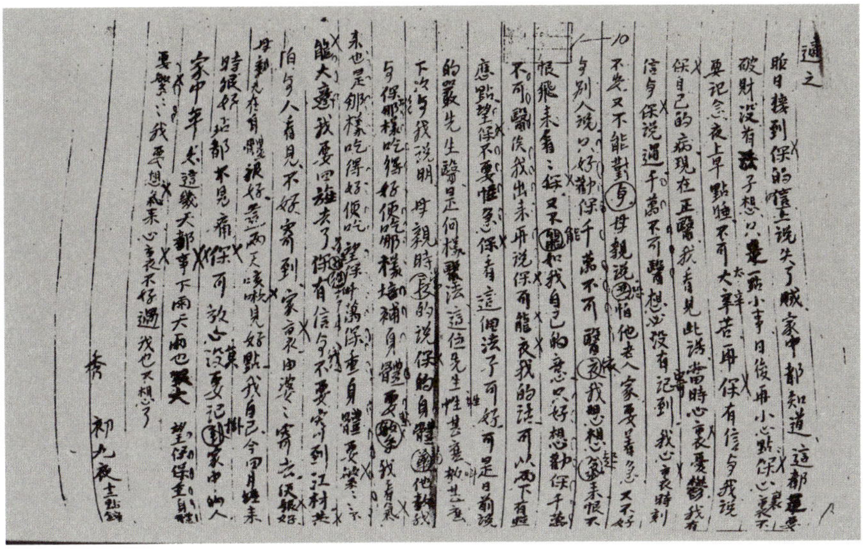

亲见【现】在身体狠（很）好，这两天咳嗽见好点。我自己今回月经来时狠（很）好，玷【一点】都不见痛。你可放心，莫要记挂家里的人。家中年□这几天都事【是】下雨天，雨也狠（很）大。望你保重身体要紧要紧，我要想气【起】来心里不好过，我也不想了。

秀　[1918 年 3 月] 初九夜十二点钟

第 [25] 封 安排

一九一九年
致江冬秀

昨寄一片，想收到了。

我们昨夜在旌德县只叫得出一把轿子。今晨我坐了先行。又向耘甫兄等借得两把轿子，一把抬永与敬，一把抬行李，其余二哥与聪等步行至三溪换轿。我先到三溪，会见子儁叔与泽涵弟。泽涵弟轿担都已齐备，就同行。今夜歇考坑，明夜可到平堂墈，后日（十一）可到芜湖。

适 （一月十三日）

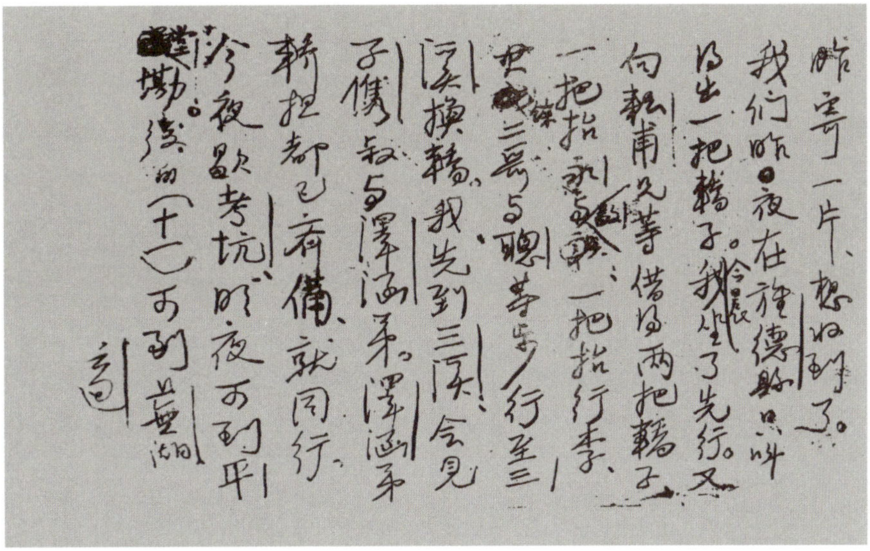
昨寄一片，想必到了。
我们昨夜在旌德縣。只叫
得出一把轿子。今晨我坐了先行。又
向執甫兄等借得两把轿子，
一把指[illegible]，一把指行李、
[illegible]三嫂与聪芬等步行至三
溪换轿。我先到三溪，会见
子隽叔与泽涵弟，泽涵弟
轿担都已齐备，就同行。
今夜歇考坑，明夜可到平
[illegible]（十一）可到[illegible]
适

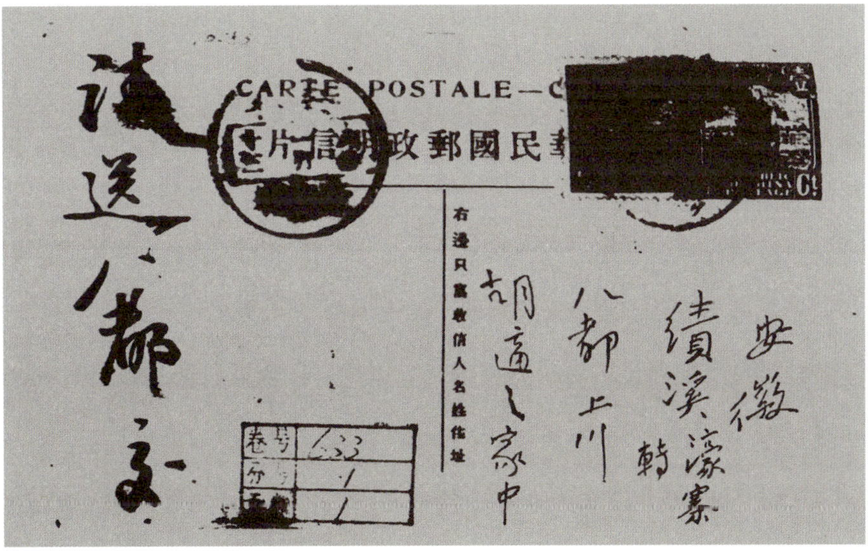
請送八都家
CARTE POSTALE—C
中華民國郵政明信片
右邊只寫收信人名姓住址
安徽
績溪濠寨 轉
八都上川
胡適之家中

卷号	633
分	1
[illegible]	1

第 [26] 封 汇款

致胡适（一）

适之郎君台鉴：

旬日前奉上一函，谅早投达左右矣，念念。顷接郎君四月二日来函，内开本年汇寄各款，兹照开如下：

1 芜湖寄来五元，本令还老铭，今由年奎取去。

2 赵振声汇五十元，为□还曹继法及风水价用去。

3 幼晴见子汇卅元，尚未收到。

4 赵家又汇七十元，仅收到四十元，均因生产及家用支去。

5 江致之汇廿元，为秾兄灵柩到家诸用（此函前三如信收到，尚未作复）。

所寄之阿胶等项、刻闻的信已寄至旺川，大约日内当可收到。矢秾兄灵柩闻去岁即在渔梁坝，今年不知何时始到临溪。日前闻信云柩被太阳晒久，盖缝均已开裂。昨日雇人前往抬回，想今晚当可抵里。一切安葬等事当托人妥为照料至新，放心为要。予母子均甚宁谧，郎君自可无庸挂念，惟中屯外婆近闻抱恙已及月余，其症虽轻，但老年人终不宜常病，且郎君自去腊出门后，亦久未有函致外婆。此时如能得暇，望即肃一函迳寄中屯一问老人起居为要。

思永亲事，伊母已为订定七都旺川曹锦泰之妹，现年十五岁，闻坯浪甚大[①]，苗条亦好。女家现订本年下季担鞋样，秠嫂意欲明春行聘，刻尚未议决，俟后有定期再行报告可也。合宅均甚安好，郎君在京亦乞随时珍重为要。再，嗣秔兄现已回家，其家内零用什物均托人脱售净，尽【近】日内闻又变卖某处产业，附此告知。又曹子才兄云，前首曾托郎君代伊族谱作序一篇已蒙慨许，现在伊此谱将次付印，请求郎君将序文样速拟就寄来，嘱为函达。郎君如得暇，望即收稿邮寄，免伊盼望可也。专此敬复，顺颂

请礼

冬秀上言

阴历三月十三日［1919年4月13日］

①原文如此。

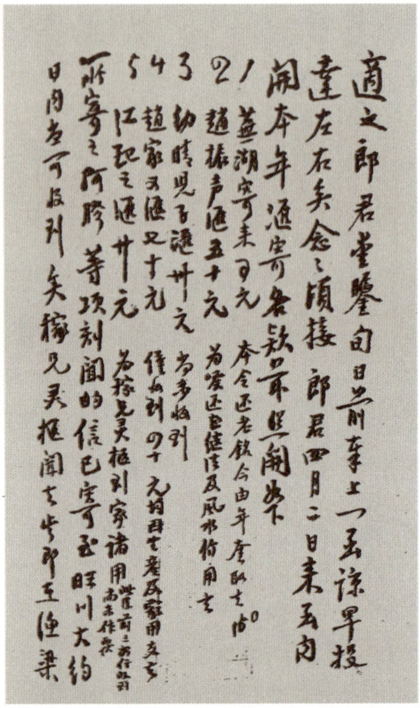
適之郎君臺鑒：旬日前寄上一函，諒早投
達左右矣。念念。頃接郎君四月二日來函内
開本年應寄各款，并照開如下：
1 蕪湖寄來百元　本今還老欽(?)會由年底取去的
2 趙振聲匯五十元　為償還自債及風水伯用去
3 紗時見子匯卅元　為多收到
4 趙家又匯又十元　僅收到四十元　均因母喪及家用去了
5 江昶之匯卅元　為稼兄吳樵到家諸用　此匯前三月行收到尚未作數
所寄之阿膠等項，剡聞的信已寄來，昨川大約
日内當可收到矣。稼兄吳樵聞之，未即至漁梁

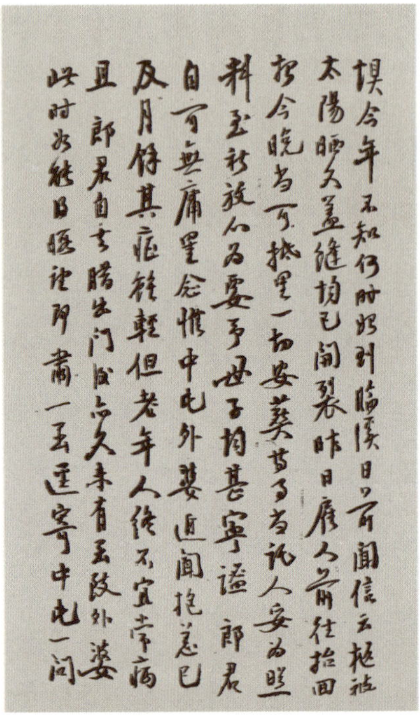
填今年不知何時始到臨溪。日前聞信云桂枝
太陽肺(?)久蓋縫損已開裂，昨日廣人前往拾回，
郎今晚當可抵里。一切安葬，當可為托人安為照
料。至於發(?)何為要事，母子均甚寧謐，郎君
自可無庸罣念。惟中屯外婆近聞抱恙，已
及月餘，其病雖輕，但老年人終不宜常病。
且郎君自去臘出門，迄今久未有函致外婆，
此時如能日(?)[illegible]即肅一函逕寄中屯一問

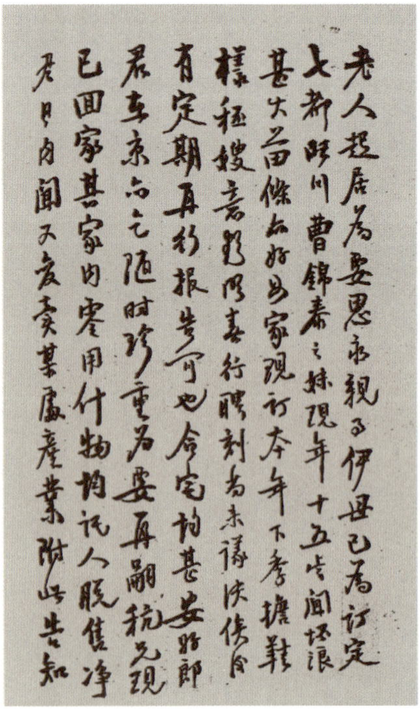
老人起居為要。恩永親子伊母已為訂定
七都旺川曹錦春之妹，現年十五歲，聞性很
甚大(?)，看條(?)女好出家，現訂本年下季擡親(?)。
樣極謙(?)，言[illegible]嫁行聘剡為未得洪(?)倩(?)，
有定期再行報告可也。今定均甚安。郎
君在京，向之隨時珍重為要。再，嗣(?)稼兄現
已回家，甚家内零用什物均託人脱售淨
盡，月内聞又交某處產業。附此告知

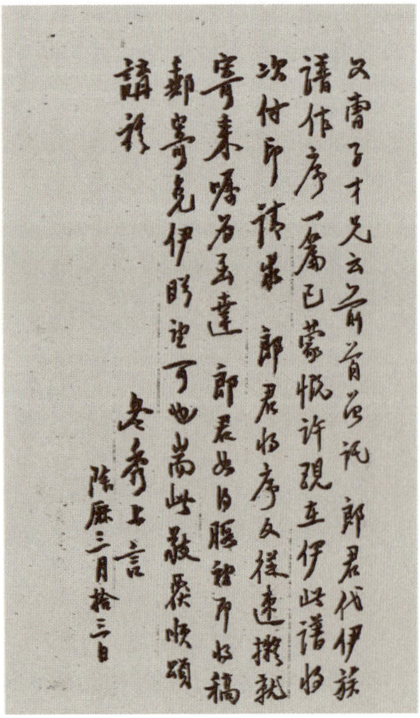
又曹子才先生前有函托郎君代伊族
譜作序一篇，已蒙慨許。現在伊此譜將
次付印，請郎君將序文從速撰就
寄來，囑為函達。郎君如有暇，請即將稿
郵寄，免伊盼望可也。肅此敬泉(?)順
請
安
冬秀上言
陰曆三月拾三日

第[27]封 · 核实

致胡适（二）

适郎台鉴：

不接来书者屈指已逾两星期矣，未审因何匆忙至此？近有人自申来里，说郎君日前曾由京至上海，欢迎美国教授，未卜确否？此教授岂非所谓杜威博士耶？郎君未暇泐函，岂即因舟车仆仆故致未遑耶？予因久未接到来函，心甚悬悬，得暇务乞草具一函，以解远念。

旌邑赵君第二次汇款，不卜究系四十抑系误写七十，乞即查明见示。予意如果汇数实属七十，何以至今尚不得未交之三十元缴来，实令人难解。上月曾因便人向赵家询问，据云只有四十，但此数目不符，或其中别有抵牾欤？函到乞即阐明，至要至要！

前次来函，曾云及汇款事，不卜是否已经汇出？心殊念念。

日前邮局曾递到打字英文信一函，信面不知谁人批云：此信已代问过，据述系性【姓】许者名字为岁普也，云云。前收原信附行呈上（据宇度云，此函系美国教授所寄，想系臆说），乞并察览。

稼兄灵柩现既已搬运到里安葬，所有自汉口起程，带到临溪一路费用理合筹备归还，闻此款系曹云卿兄垫出，数目为二十八千有零，但均记忆不清，望郎君先行具函至汉一问。（去年家书中曾载明数目，但恐无处检查）问明后，乞即如数筹还，以清纠葛，无任盼祷。

家内大小众人、并予与思祖等，均各平安，希勿远念，但请随时珍重身体为要。匆匆具此。即颂

教礼

冬秀敬肃

阴历四月十二日［1919年5月11日］

禹臣之母前于月朔进，世伊子茂灿即乘柩前结婚矣，附告。

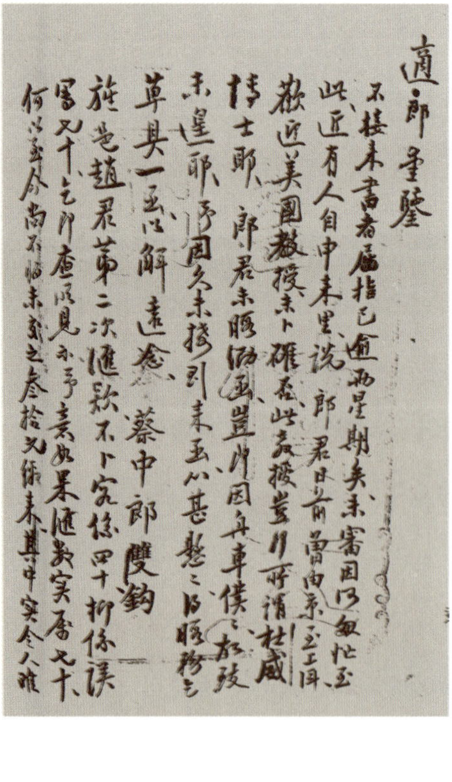
適郎 重鑒
不接來書者屆指已逾兩星期矣，未審因何匆忙至
此。近有人自中來里，說 郎君日前曾由京至上海
歡迎美國教授，未卜確否。此教授豈非所謂杜威
博士耶？ 郎君未暇函，豈非因與車僕僕於歡
未遑耶？予因久未接到來函，以甚懸懸，得暇務乞
草具一函以解遠念。 蔡中郎慶鈞
旌德趙君第二次匯款不卜究係四十抑係洪
圓又十文？即查明見示。予意如果匯數實屬七十、
何以至今尚不將未寄之叁拾元係來其中實令人難

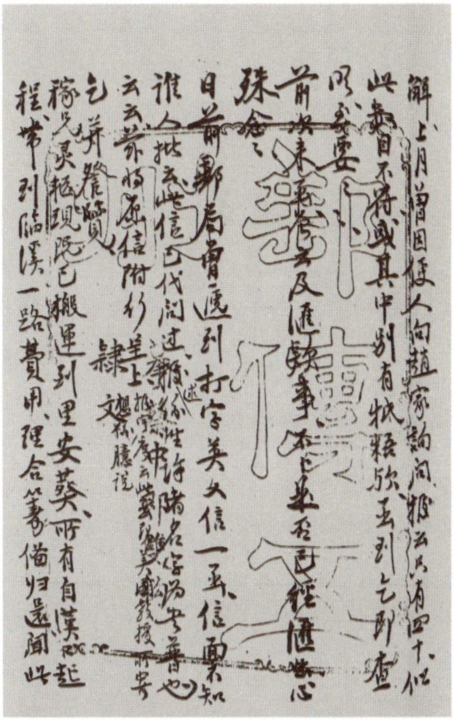

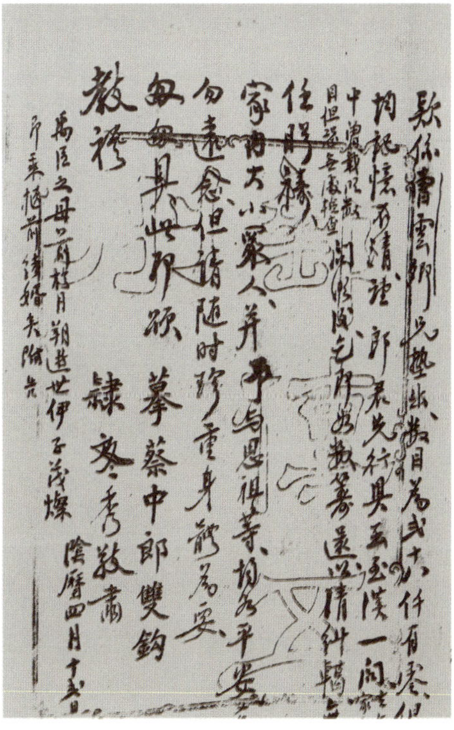

第 [28] 封 开销

致胡适（三）

适郎鉴：

顷接四月十二夜所发手书，备聆一是。承嘱家用收紧，自当遵命，但家用实未尝放宽。近芜湖幼晴处汇寄之卅元亦已收到，计本年造次收到寄款共二千元，内归承之五元，树石捐、曹继法、风水款三共支洋五元，稼兄灵柩到家，又支洋十六元，仅有余剩之洋供给家用，可见家用已属极紧，况生产支销在余剩之内，何能再事收紧？前函业收支账开列把郎君，当已了了，此后定能相谅也。

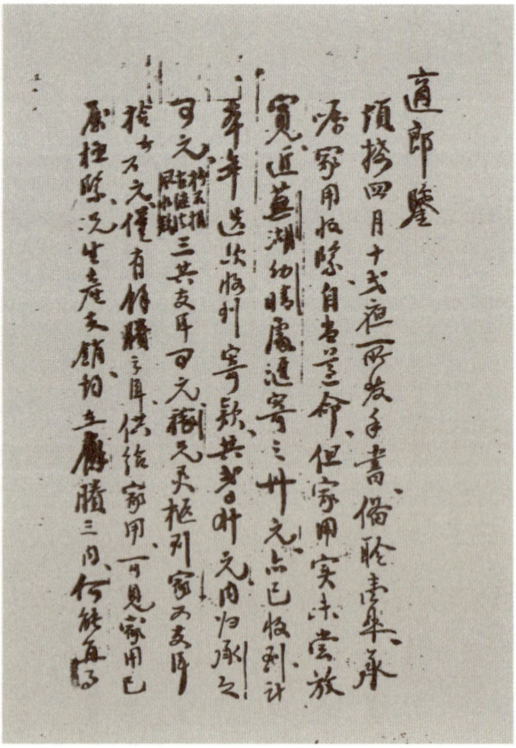
適郎鑒
頃接四月十弍夜所發手書，備聆壹是。承
囑家用收緊，自當遵命，但家用實未嘗放
寬。近蕪湖幼晴處匯寄之卅元亦已收到，計
本年造次收到寄款共弍仟元，內歸承之
五元，樹石捐、曹繼法、風水款三共支洋五元，稼兄靈柩到家，又支洋
拾六元，僅有餘剩之洋供給家用，可見家用已
屬極緊，況生產支銷在餘賸之內，何能再

旌西赵姓第二次汇款七十元，现只实收四十元，余洋尚未收到，合并

声明。旺川□寿芹信，客大约日内可以抵家，闻须俟蚕事后再行往汉。所嘱检寄《廿四史》一节，不卜可能稍延时日，待伊动身带去否？京城丸散药素来驰名，以故里中时常有人踵门索讨，此后望收“梅花点舌丹”“一笔勾”“万应锭”“藏药”“紫金丹”“千金丹”等著名应用之药，各买若干寄里，以便施行方便，至要至要。稼兄灵柩已安葬如式，望勿为念。予及思祖暨合宅人等，均各安好，乞纾远怀。刻值暮春，天气当寒暖不一，诸祈珍重，手此敬复。即颂

客礼

冬秀　四月廿三[1919年5月22日]

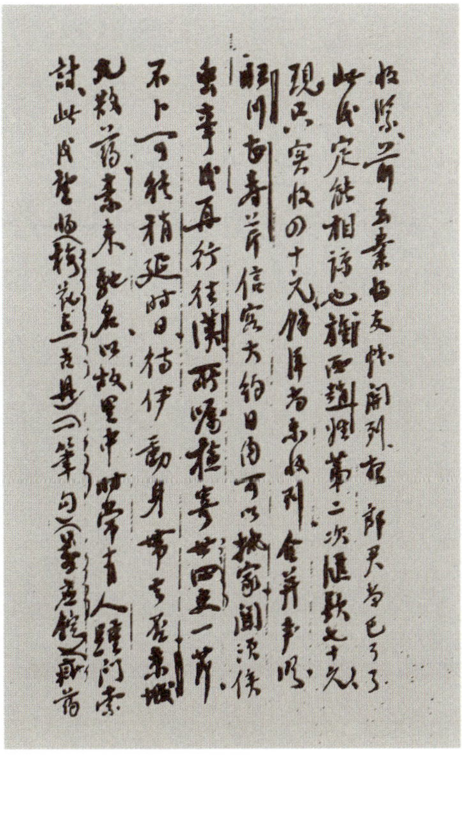

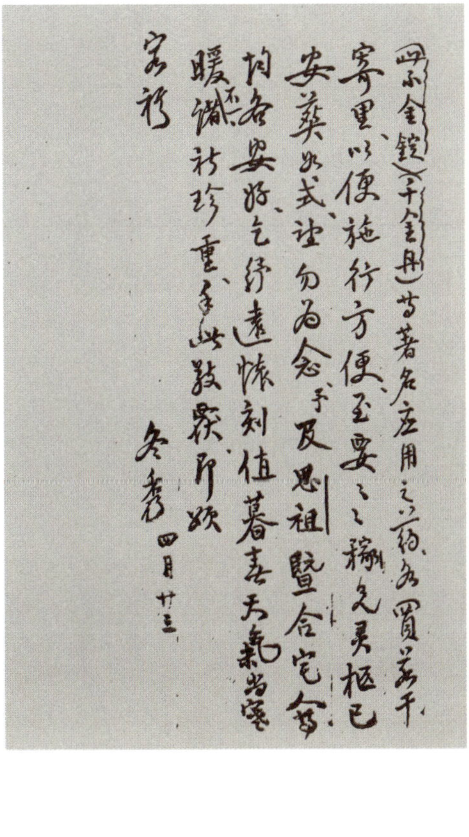
（万应锭）（千金丹）等著名应用之药，各买若干寄里，以便施行方便，至要至要。稼兄灵柩已安葬如式，望勿为念。予及思祖暨合宅人等，均各安好，乞纾远怀。刻值暮春，天气当寒暖不一，诸祈珍重，手此敬复。即颂
客礼
冬秀 四月廿三

第 [29] 封 外婆

致胡适（四）

适郎爱鉴：

前几天接到永侄寄来的信，知是“乳果”，不必寄了。永侄寄与伊母第十一、十三两号安笔亦多先后收到了，望勿为念。

中屯外婆自今岁以来即患病在床，饮食不进，我上次信中也曾约略说过，把郎君早已知道了，讵料外婆年纪已多，病状日渐沉笃。予因产后，又难前往省亲，昨夜予家均已酣睡，忽有人来敲门，始知外婆已于昨晚九句钟时（新历四月廿八）逝世，雇人前来抬取棺材衣衾。据来人说及，丧事已由儒度兄代为主张，决定阴历四月初三日出殡，日期急促，是以予家今日赶忙料理送吊仪等事（香烛外有挽幛挽联等）。窃思外婆年已七十六岁，近因所生子女相继沦丧，未免郁郁，窃闻家内亦大人照料，此番溘逝，亦属解脱，望郎君不必悲思为要。

京寓中不知张先生、高先生二人还□同居否？长班仍来旧人否？殊为念念。所穿之衣服，如未能得暇多晒，望多夹贮“樟脑丸”于箱内，庶可保存不坏，务乞郎君留意。

日来天气渐暖，蚕事亦收及三眠，现状尚佳，不卜京内近日天气[如]何？

予与思祖暨合宅大小均各安好，秠嫂在老屋饲蚕，曹姑婆尚在此间，附此并达。

郎君身体并永等想都安好？不胜念念，专此致函。顺颂

教礼

冬秀上　四月廿九日[1919年5月28日]

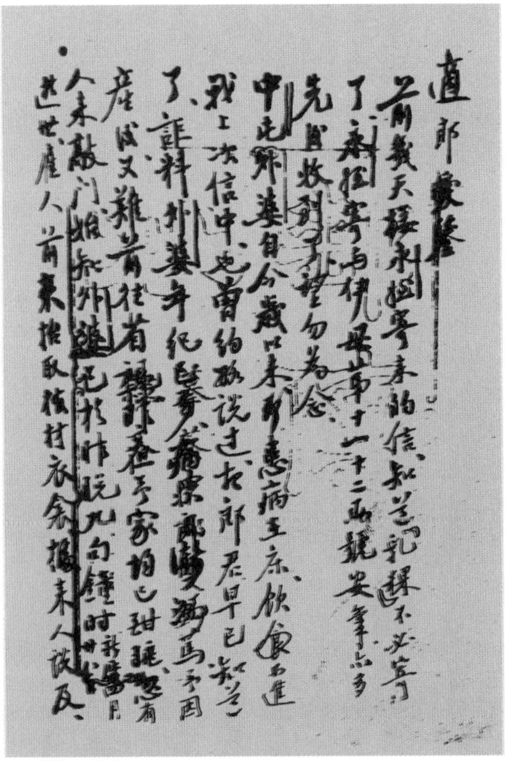

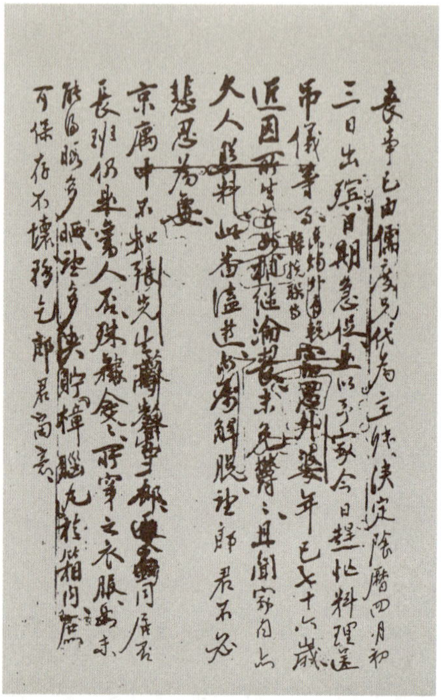

丧事已由儒彦兄代为主持，决定阴历四月初
三日出殡。日期急促，以予家今日赶忙料理送
帛仪等事。[illegible]家婆年已七十六岁
近因[illegible]继论[illegible]未免[illegible]且闻[illegible]内亦
大人[illegible]料此番远[illegible]服，望郎君不忍
悲恐为要。
京寓中不知张先生[illegible]同居否，
长班仍业寓人否，殊念念。所穿之衣服，为未
能[illegible]，多[illegible]于箱内，应
可保存不坏，务乞郎君留意。

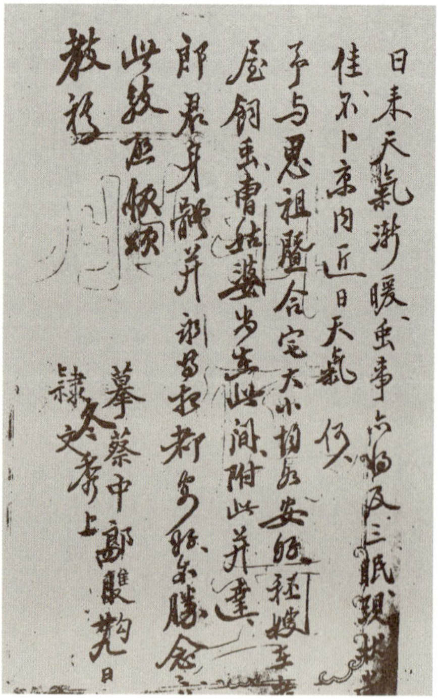

日来天气渐暖，蚕事亦已及三眠，现[illegible]
佳，不卜京内近日天气何如。
予与恩祖[illegible]合宅大小均各安好，[illegible]嫂李[illegible]
屋[illegible]姑婆[illegible]在此间，附此并达。
郎君身体[illegible]并[illegible]，殊念念。
此致，应[illegible]
教[illegible]
[illegible]蔡中郎[illegible]九日
隶[illegible]文孝上

第 [30] 封 劝侄

致胡适（五）

适郎爱鉴：

前于阴历四月十一日肃奉一函，想刻日当可收到了。近日接郎君自上海所发信片，始知郎君到申，果系欢迎杜威博士。信片内并云，五月五日决计回京，想京内奉界围打章、曹事情发生时，郎君谅还在途次，现在此项风潮不卜已平息否？教育界各教职员不卜有无更动，章氏声明如何？便中祈拨冗一谈。

永侄为前首定【订】亲一事曾致伊母两函，表示极端不赞成，伊母狠（很）为此事踌躇，不知郎君亦有所闻否？此事，礼单回单双方已经收了，小定亦已纳了，总算木已成舟，若永侄一定胶执成见，怕来此事实难布置，即云退婚亦须经曹姓同意，谈何容易？现在秠嫂已致永侄两函，说明意思，不知永侄接到两函后，可否能变通主张？秠嫂心内狠（很）为此事着恼，揣度秠嫂意思，似乎有点怪尔不帮倩【情】劝谕永侄，好在思永尚未作最后回复（伊母令永此次接到手谕后再复一信以定行止）。故，现在予颇望尔在永侄前晓谕一番，盖婚姻一事，现虽趋重自主，但亦当曲徇母意。得亲顺亲，自古所贵。惟予又知此等说话，恐怕郎君亦不大中听，第秠嫂面上，终不能不稍尽人事，此意想郎君，当能鉴谅也。

中屯外婆既不幸逝世，所有前首与吾家借款往来，自应作一结束，以免日后胶葛。惟据母亲遗折逐项抄下，总数仅有三百四十六元，而郎君前首写在家用簿上总数竟有四百二十八元，相差至八十二元，不知因何误舛（前郎往中屯面说闻亦为四廿八之数）？为此，抄列清单呈核意者，郎君所考之数连同利息统计在内耶，乞郎君详细核明，下次示复，以免龃龉，无任盼祷。

家内大小各位并予与思祖均各安好，乞释远念。秠嫂蚕事甚佳，本日已在旧屋开车天，匆匆即祝

教礼

冬秀肃

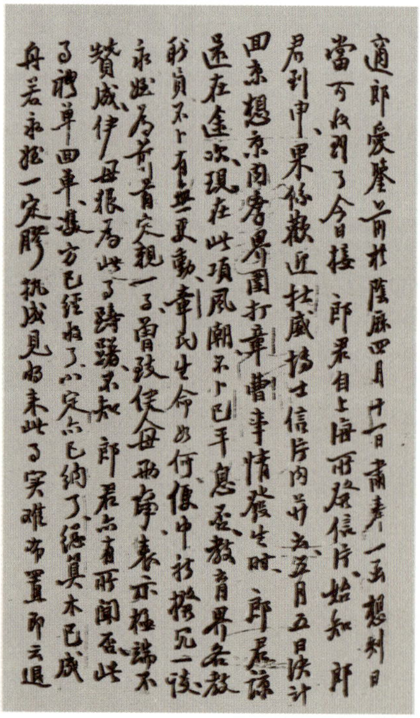

五月十五日［1919 年 6 月 12 日］

予因便利小孩吸乳，故常侧卧。不意因此反碍血脉流行，现在左边背部时觉疼痛，把【概】系血气积滞之过，乞郎代办上好膏药一二张，以便贴在背部（狗皮膏似不相宜，不中）。

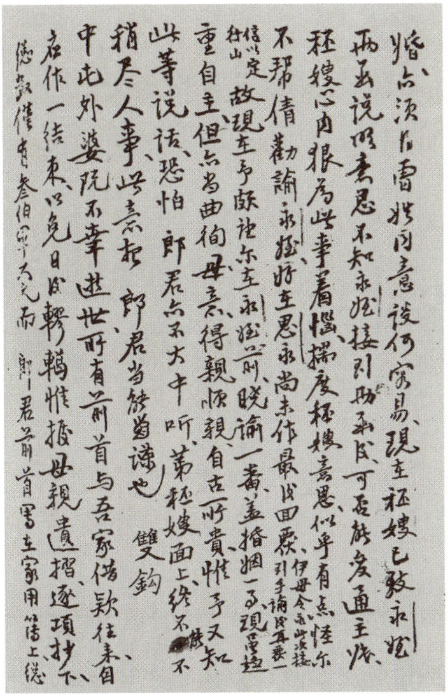

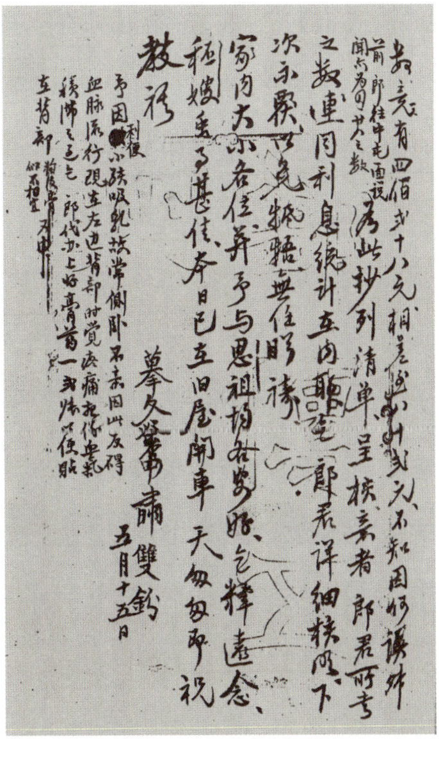

第 [31] 封 家用

致胡适（六）

适之：

前天接到你的信，你说蔡先生答应回来，也是好事。你说政局不定，教我不要出来，但不知现在如何？望你下次写信来，与我说清楚。我失在家里不能住，我现在到【倒】比[在]母亲面前的日子难过，故我决计要出来。我不要〖的〗细说。早日母亲在日都是那样，现在教【叫】我又过那过【种】日子，我是做不到的。教【叫】我天天来与人说道，我没有本事，只好样样事释人，没有法子想。你可放假没有？不知你可有功【工】夫来家吗？我现在狠（很）望你回来一下，甫今天收到芜湖汇来的四十元，前日收到赵家卅元，还有江配之家的款子没有送来，共计两比【笔】七十元。给了义记发家四十元，付守焕家会钱五元，前日问老名借的八元家用现在还了他，还有十几元。等配之家送来再把节娘家的利钱，半年要卅六元。还有多下来的，把七都姑婆那个廿元还他。姑婆现在还在我家，我留他多住住，看看门，照应小孩子，都狠（很）好。思祖狠（很）好玩了，已渐能说笑，就是也【野】的【得】狠（很）。立夏帮祖儿称称，有十二斤重了。端午节把他点酒吃吃，先是我把他点吃过了，他狠（很）喜欢吃，后来秠嫂又把他点吃吃，就吃了有点醉，就是好笑。后来睡着了，两个钟头再起来就好了。家中都狠（很）好，你说身体平安，我狠（很）欢喜，望你自己保重。

冬秀　六月十二日 [1919 年 7 月 9 日]

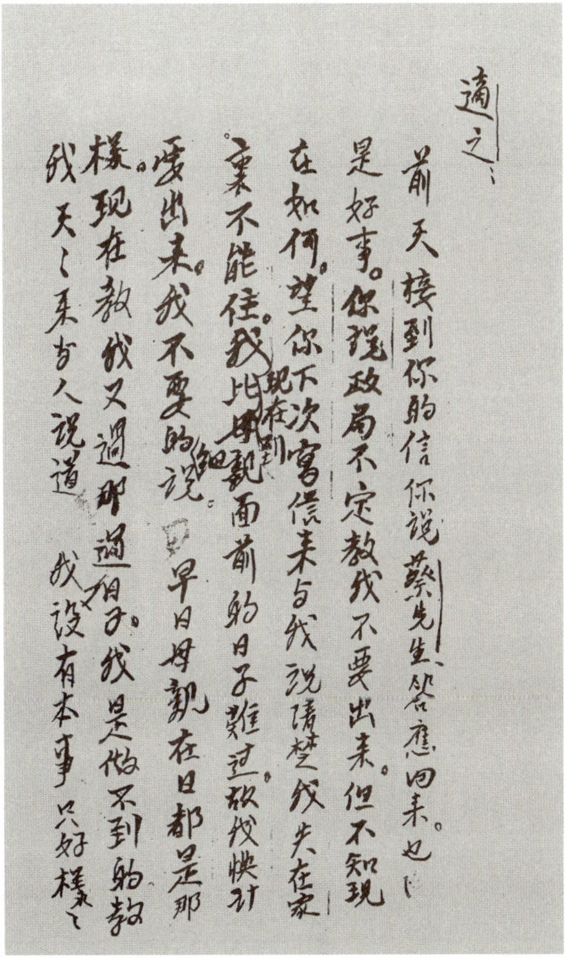
適之、
前天接到你的信 你說蔡先生答應回來。也〻
是好事。你說政局不定教我不要出來。但不知現
在如何。望你下次寫信來与我說清楚 我失在家
裏不能住。我比現在到母親面前的日子難过。故我快打
要出來。我不要的說細。早日母親在日都是那
樣。現在教我又過那過日子。我是做不到的教
我天〻來有人說道 我沒有本事 只好樣〻

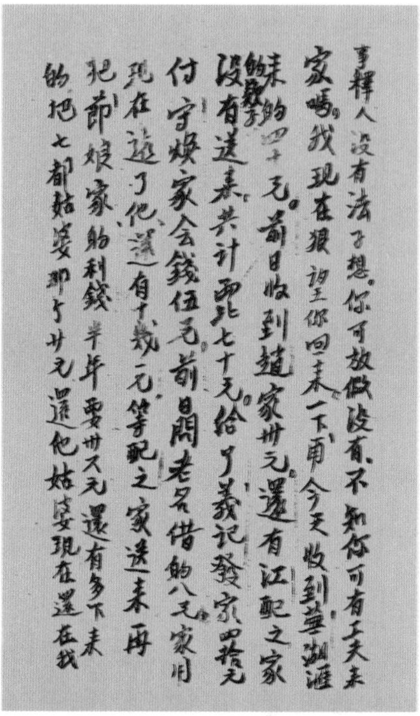
事释人没有法子想。你可放假没有，不知你可有工夫来
家吗。我现在很望你回来一下。两今天收到芜湖汇
来的四十元。前日收到赵家卅元，还有江配之家的款子
没有送来，共计两□七十元。给了义记發家四拾元，
付守焕家会钱伍元。前日問老吴借的八元家用，
现在還了他（還）有十几元，等配之家送来再
把节娘家的利钱半年要卅六元還，有多下来
的，把七都姑婆那个廿元還他。姑婆现在還在我

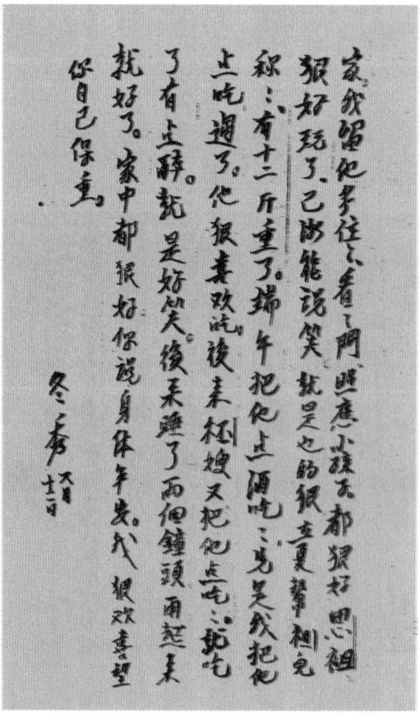
家。我留他多住几天，看看门，照应小孩子。都很好。思祖
很好玩了，已渐能说笑，就是他的银去累祖兄
称称，有十二斤重了。端午把他点点酒吃吃，先是我把他
点吃过了。他很喜欢。后来标嫂又把他点吃吃，就吃
了有点醉。就是好笑。后来睡了两个钟头，再起来
就好了。家中都很好，你说身体平安，我很欢喜，望
你自己保重。

冬秀 六月十一日

第叁章 两人互补，解后顾之忧

新婚后不久，胡适就离开家到北平去了。一年后，江冬秀来到北平与他团聚，从此，

『胡适大名重宇宙，小脚太太亦随之。』

两人虽然天壤之别，却也互补。胡适是当时的社会名流、新文化运动的倡导者，在外风度翩翩，但对于烦琐的家务事等无所适从；而江冬秀很会持家，对于小家以及大家族中的大小事务处理得井井有条，干练又不拖泥带水，很能解决胡适的后顾之忧。

第 [32] 封 速归

一九二〇年
致胡适（一）

适之：

前天你寄把张、高两位名片，我看见了，知道你由津浦车，又有包房。这好极了。就是那天动生【身】有十分的热，我那天心里狠（很）着急，后接到你的信，知道车上有茶水食物，我再【才】放心了。这两天北京的热，比前几天要除下二分了。昨天章先生动生【身】，今天想必你们见面了。一切的信件，你都看见了，昨今两天没有要紧的信件，都事【是】学堂□□两封开会的信和一封没用的信。我昨天把我睡的床搬到我外面房里来了。前天吕太太来了，我留他【她】住一夜，他【她】一夜不能睡。他说，这个房子大【太】热，做【坐】月子的人万不能住，赶紧搬到外房。我昨天到外房睡一夜，比教【较】要好一半。把思祖的床搬空了。床门对房门，两下都方便点。我把小厨搬开，把床放到那块，对着外面的房门，故此好多了。你到南京就开演【讲】了吗？我狠（很）想你演[讲]完了，速即到京。不知你可如我的意？我怨帕【恐怕】这个礼拜内外要生了，肚子狠（很）落下来了，他们都说快了。

昨天，五洲夫人来了去，我听他说好了，两三天内来我家住。他天里要回去的时候多，夜上来睡。他家五洲要他做饭，别人做的饭他吃不来，故此天里要回去。他回去不要紧，到低【底】早夜有个人照应，要好多了。思祖一天要早【找】你几次，可见自己的骨肉香。再，不知耘甫可到南京没有？要到了托你代我问问他“几个孩子可好吗？”望【往】后有紧要的信件，甫寄把你。你的照片洗出来了，不知你要寄来不要寄？我们都狠（很）好，望你身体要小心点，不能大意。

冬秀上 [1920 年 8 月] 四日

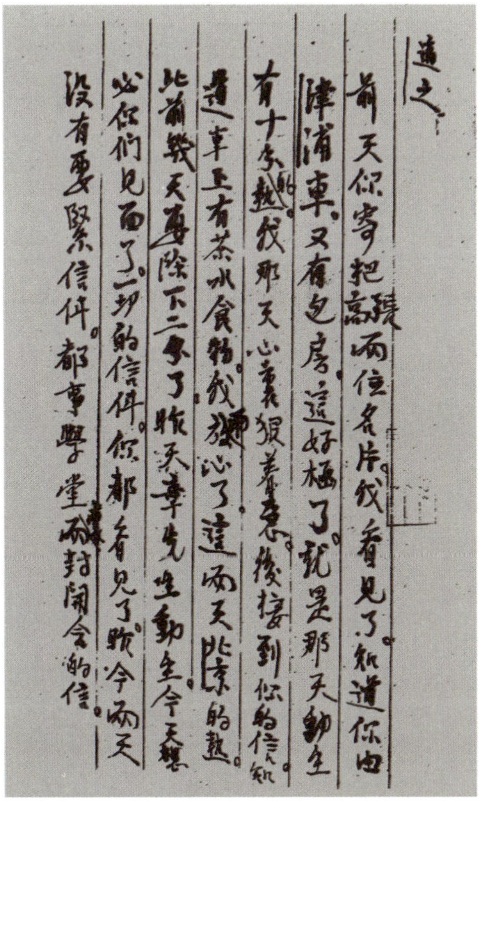
適之：

前天你寄把高孫兩位名片，我看見了。知道你由津浦車，又有包房，這好極了。就是那天動生有十分熱的，我那天心裏狠着急。後接到你的信，知道車上有茶水食物，我才放心了。這兩天北京的熱比前幾天減除下二分了，昨天尊先生動生，今天想必你們見面了。一切的信件，你都看見了。昨今兩天沒有要緊信件。都事學堂有兩封開會的信。

和一封没用的信。我昨天把我睡的床搬到我外面房里来了。前天吕大太太来了。我留他住一夜，他一夜不能睡，他说这个房太热，做月子的人万不能住。要紧搬到外房。我昨天到外房睡一夜，比较要好一半。把思祖的床搬空了。床门对门，两下都方便些。我把小厨搬开，把床放到那块，对着外面房门，故此好多了。你到南京就开读了。我很想你读完了速来到京。不知你可如我的意。我恐怕这个礼拜内要生了，肚子坠落下来了，他们都说快了。

昨天王洲夫人来了去。我听他说好了。两三日内来我家住。他天天要回去的时候多，夜上来睡。他家王洲要他做饭，别人的做饭他吃不来，故此天天要回去。他回去不要紧。到早夜有个照应，要好多了。思祖早你几次可见自己的肉香。两不知甚么有可到南京。没有。要到了，托你代我问问他几个孩子可好吗。望后有紧要的信件，两寄把你。你的照片没来了。不知你要来不要寄。我们都很好，望你身体要小心点，不能大意。

冬秀 四日

第 [33] 封 代理

致胡适（二）

适之：

前日接到你在上海与我的信，我狠（很）喜欢。昨天看见你把高、张两位的信，知道你在上海忙了许多的事。但和这一班人一块开会，我是狠（很）不赞成的，但我不敢说你不该这样做。我只能说你那【哪】有功【工】夫同这班人谈空话。你自己北京的事都忙不情【清】楚，何能再到上海去忙这许多的事体？我是这样糊糊涂涂的【地】瞎说，我要当面说你忙这个事做什么，又要被你骂“管【关】你什么事”。我你两个一定又要生气了。我希望你演讲完了，速即回来，免我心里时时念着你没回来这件事。我自己到今天还没有生产，故我格外望你即刻回来要紧。大概要等你回来再生了。我再过十天不生，你一定要回来。但无论什么事忙，那就定要你回来要紧要紧。我不是着急，我是想你回来的意事【思】，但不知你能依我吗？

五州的夫人来住了五夜了。天里回去，晚上来，人家都来候着我，我到今天还不生，也要成一个笑话了。今天接到老铭家里来的一封信。你小姨来信，说要教【叫】寄款把他【她】救急用，再教【叫】开账单把他【她】。他【她】时时多病，孤儿寡妇多小事件都不清楚。又说许多苦处的话，又说许多无理的话。我们也不能说他【她】，年老人。

我今天收了大学发来现洋800，前天收高师50。我明天寄汇现一百元本钱把他。再，李炳玲借的那四十元，我写把他去了，请他不要寄来了，托他寄芜湖开文柯先生收。再寄100也托柯先生代收转寄回去。我再写一封信把联奎兄，开账单子一张，请他细算罢。此时非比老铭在日，只怪你去年写信不说明白，也【惹】的人家说闲话。我当时说过，你还要怪我。到如今应我去年的话了罢。我只[能]好好的【地】安位【慰】他老人家，说要支钱请早点写信来通知，免得悮【误】他的事。几时要几时寄，不悮【误】他老人家的事，请他放心。那个四十元，把他算利钱。

再，今天接到佩声有信把永，信上说他母亲[贴]他五十元，他大哥帖【贴】他五十元，他二哥帖【贴】五十元。他母亲同他大哥的钱都付了他。他春天出来，路费[带]了近五十元，他依今【已经】都用了。他二哥的钱托朋友汇把他，那个朋友的父亲又病故了，一下没有钱规【归】还他，现在一个钱都没有了。眼见考期到了，没钱动生【身】去，又不好问他二嫂借。拿首饰去当，又不好意思的。他又住在二姊家里，他心里狠（很）着急，我就昨天汇了廿元去把他应用，教【叫】他赶快去考。不救【够】用再写信来，可应他点急，教【叫】他不要客气。这都是你的朋友，我事【是】代理做的事。

再，那个赵先生不久要结婚了，你到南京买两件袍料、两件马褂料来，好送他的礼物。到南京买至小【少】要比北京廉已【一】十元上下。再，你自己买一件皮袍料来、买一件马褂来，代我买一件衣料来。买到【与】你的皮袍料一样的。两件买到一块，不要剪开。这几件衣料要【在】南京买回来，比北京廉十五元。你没有工夫，可以托耘甫去买。你那块要没有钱，就写信来，我寄把你。你务必到南京买来，要紧。我们都好，请放心。我希望你赶快赶快回来，你可能许我吗？

冬秀 [1920年] 八月十五日

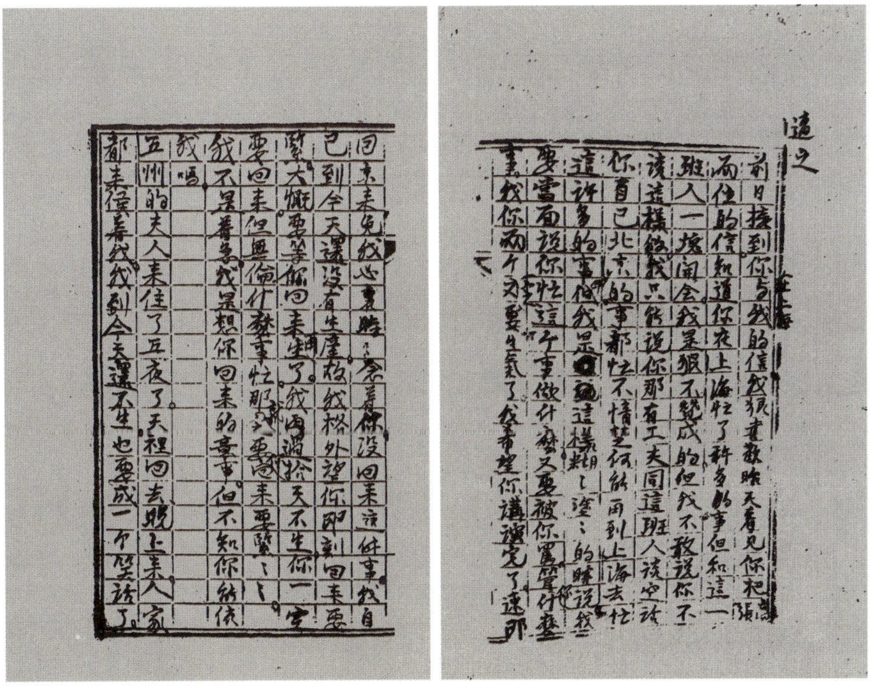

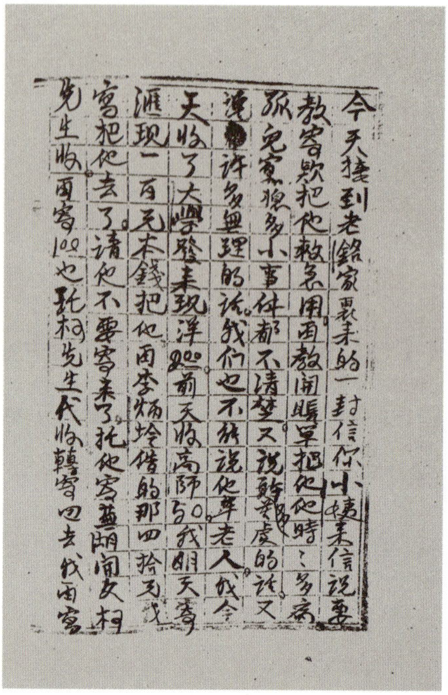
今天接到老铭家寄来的一封信你小姨来信说要
教家欺把他教气用两教闹账单把他时时多索
孤儿寡妇多小事件都不清楚又说欺负的话又
说许多无理的话我们也不能说他年老人我今
天收了大学发来现洋200前天收高师50我明天寄
汇现一百元本钱把他两季烟烩借的那四拾元我
寄把他去了请他不要寄来了托他寄芜湖同文村
先生收两寄100也托柯先生代收转寄回去我两寄

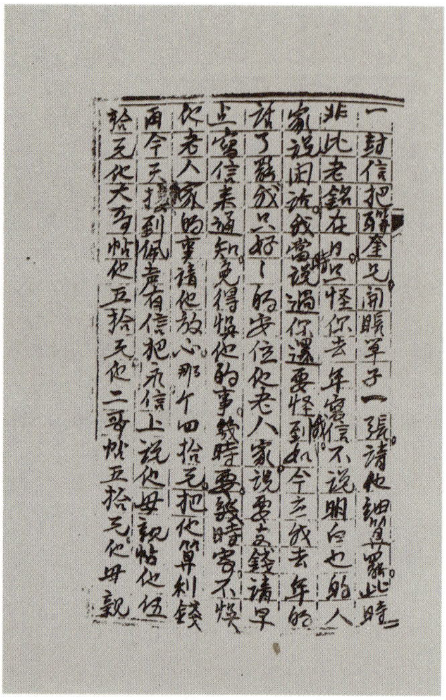
一封信把开全元开账单子一张请他细算算此时
非比老铭在日只怪你去年寄信不说明白也的人
家说闲话我当说过你还要怪到如今去我去年的
话了我只好了了的安位他老人家说要去钱请早
些寄信来通知免得恼他的事要钱时寄不烦
他老人家的要请他放心那个四拾元把他算利钱
两今天接到佩声有信把禾信上说他母亲帖他伍
拾元他大哥帖他五拾元他二哥帖五拾元他母亲

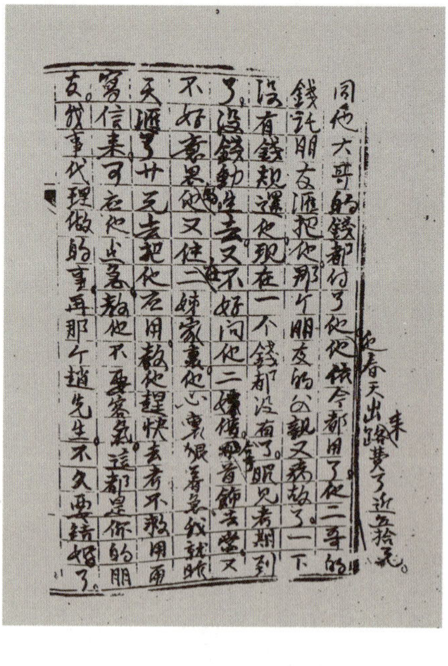
同他大哥的钱都付了他他如今都用了他二哥的
钱托朋友汇把他那个朋友的父亲又病故了一下
没有钱汇还他现在一个钱都没有了眼见考期到
了没钱动身去又不好问他三嫂借的首饰去当又
不好意思他又住二姊家里他心里狠着急我就
汇寄了廿元去把他应用教他赶快去考不够用再
寄信来了应他寄教他不要客气这都是你的朋
友我事代理做的事再那个赵先生不久要结婚了
他春天出路费了近五拾元

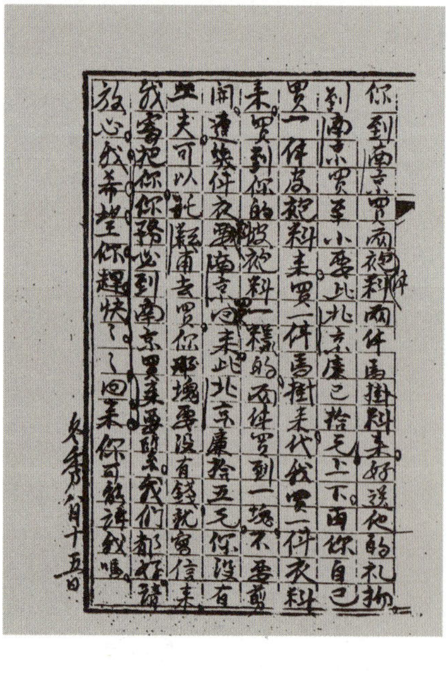
你到南京买两块衣料两件马褂料来好送他的礼物
到南京不买单小要此北京廉已拾元上下因你自己
买一件皮袍料来买一件马褂来代我买一件衣料
来买到你的皮袍料一样的两件买到一块不要贵
闸这些件衣料南京回来此北京廉拾五元你没有
工夫可以托人到南去买你那块要没有钱就寄信来
我寄把你你务必到南京买来要紧我们都好请
放心我希望你赶快了了回来你可能许我吗
冬秀 四月十五日

第 [34] 封 坐车

一九二一年

致江冬秀

冬秀：

我昨晚到上海，一切平安。车中我一个人独占一个包房，很舒服。车上又遇见许多朋友，很不寂寞。

今天大概可以移居汪宅。有信可仍寄亚东转。

二哥已去割治否？小孩子怎样？

请你谢谢一涵到车站送我。他也许已走了。

适 十，七，十七

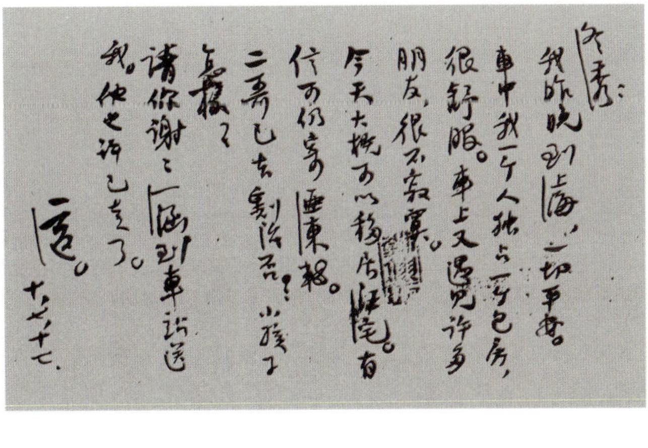
冬秀：
我昨晚到上海，一切平安。
車中我一个人独占一个包房，
很舒服。車上又遇見許多
朋友，很不寂寞。
今天大概可以移居汪宅。有
信可仍寄亞東轉。
二哥已去割治否？小孩子
怎樣？
請你謝謝一涵到車站送
我。他也許已走了。
適。
十，七，十七。

第[35]封 行程

一九二三年
致江冬秀

冬秀：

我廿一日在天津过夜，廿二日南下，车上遇着熟人，一路非常方便，睡觉也很好。车上一时大意，被房门轧伤了手指，去了两块皮，流了一点血。但车上有人带得橡皮膏，又有纱布，扎好了，便不妨事了。

廿三日晚十点半到上海，叔永、经农、高梦旦、王云五在车站接我。现住在叔永家中。一切平安，请勿念。

任太太的女孩子很好玩，他【她】很爱你送他【她】的罗汉。

适（4月28日）

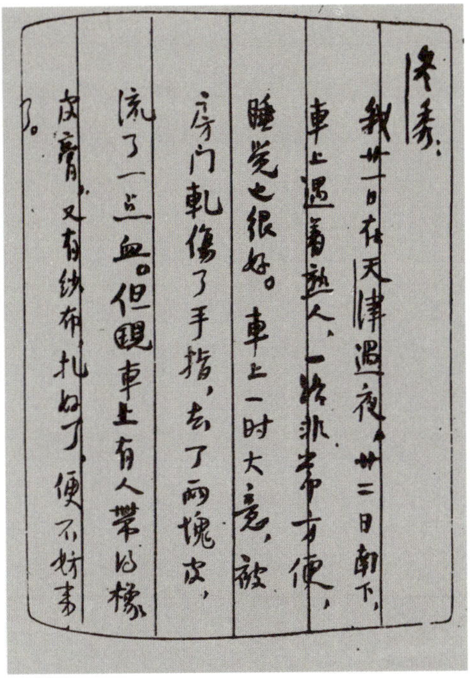

冬秀：

我廿一日在天津過夜，廿二日南下，車上遇着熟人，一路非常方便，睡覺也很好。車上一时大意，被房门軋傷了手指，去了兩塊皮，流了一点血。但现車上有人帶的橡皮膏，又有铁布扎好了，便不妨事了。

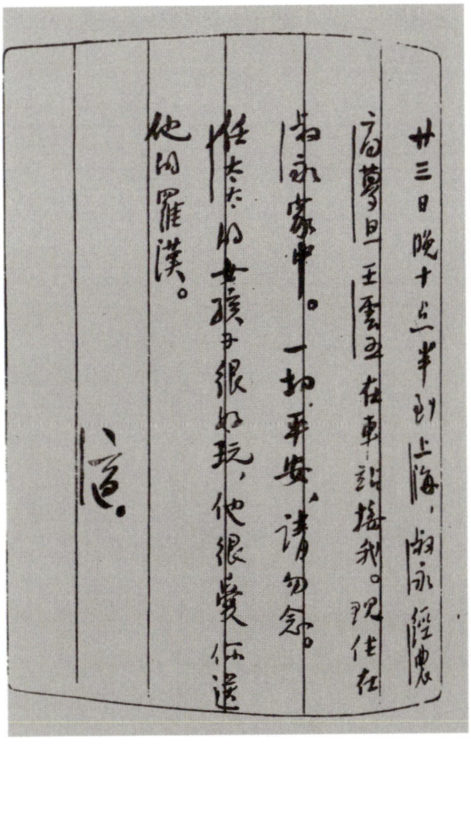

廿三日晚十点半到上海，叔永、經農、高夢旦、王雲五在車站接我。现住在叔永家中。一切平安，請勿念。任太太的女孩子很好玩，他很愛你送他的羅漢。

適。

第［36］封 挂念

致胡适（一）

之：

我前天有一信把你，想收到了。我有六天没有接到你的信了，到【倒】教我很有点不放心起来呢。你说请黄先生看，但不知你的脚〖还〗是从前的老肿病，还又是一样肿呢？请你写封长细【详细】信来，免我着急。但不知吃他的药如何？可见好点吗？望你多来信，告诉我要紧。

我前次与你说闫海到云南去的话，现在闫福不肯放他去。他说云南不太平，不把他去，这事不必写信把五洲去。

思聪再过几天就可全好了，他一好就南来。

二哥的事①有把握吗？千万纪【记】着罢。我看二哥狠（很）着急，他是没有说，我看他形容，故对你说

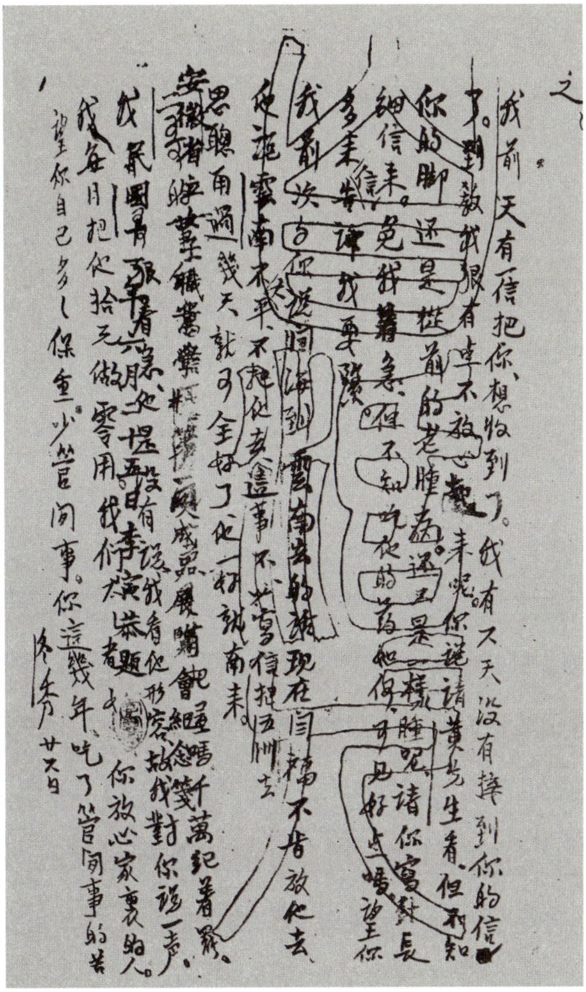

一声。我每月把他十元做零用，我们大人都好，你放心家里的人。望你自己多多保重，少管闲事，你这几年吃了管闲事的苦。

冬秀 廿六日[②]

①此处缺一行字，原信文字无法辨识，此句为其大意。②此信时间应为1923年，待考。

第 [37] 封 拔牙

致胡适（二）

适之：

昨天接到你的快信，知你赞成的是。不过思聪只几天不能南来，他前两天牙齿痛的【得】利【厉】害。他昨天到医院里去，拔了两个牙齿，那【哪】知道这位医生大不行，把他的牙齿连拔五次，再【才】拔下来。他当时就痛到用（晕）了过去，当时俭【脸】就肿起来了，来家就血出的【得】不止，到后半晚再【才】止血。今天肿病一点没有见好。他是新出的一个牙齿，不知怎么斜到里头，故此作痛。今天我打听李太太，他【她】去年拔了前面八个牙齿，一点都不痛。思聪去拔牙，我们都不知道他，不知去到个什么医院去看的。他的病好不好，我们问，他都不肯回答。我今天叶【叫】他到美国同仁医院去看看，他也不回答。李太太是这个医院里拔的。我竟不知道他们是什么心思，这样对与我。我自己想想狠（很）难受，我问心没有代【待】他们错了。就错了，也能青□我，□比不在人还要好点。我现在想想，他的弟妹暂时也不必带，不要好心变成不

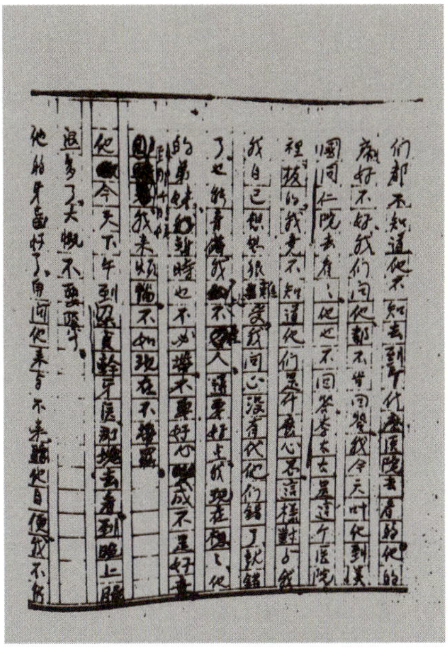

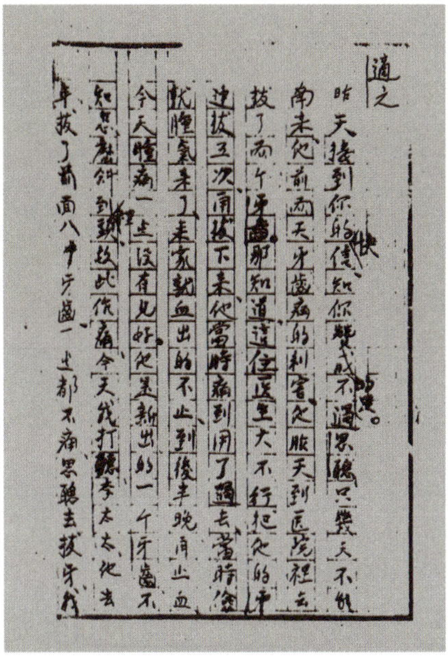

是好意，到那个时候我来烦恼，不如现在不带罢。

他今天下午到梁贞干牙医那块去看，到晚上睡【烧】退多了，大概不要紧了。

他的牙齿好了，再问他来与不来，听他自便。我不好勉强叶【叫】他来。再，他弟妹来，这样十三四岁的孩子，进【尽】淘气的时候，免不的不说他一【疑】心，要说他一【疑】心，也是这样行为。我狠（很）怕，我不是下流，要想【想要】他们的儿女，要那【拿】来我受用。我是看看二哥狠（很）可怜的，我是看上人，没有人多，当中的我还要带他们，还没有受个【过】知【滋】味吗？这一篇话，我心里十分有气再【才】对〖与〗你说，还也不能当话。我还是对你说进镜【正经】话罢。要去带他的弟妹，你要先写封信把洪安，对他说明白，不要把人家说话。

再，思齐在他那块，不要把惠平心气，只好与他们说好话，请他们

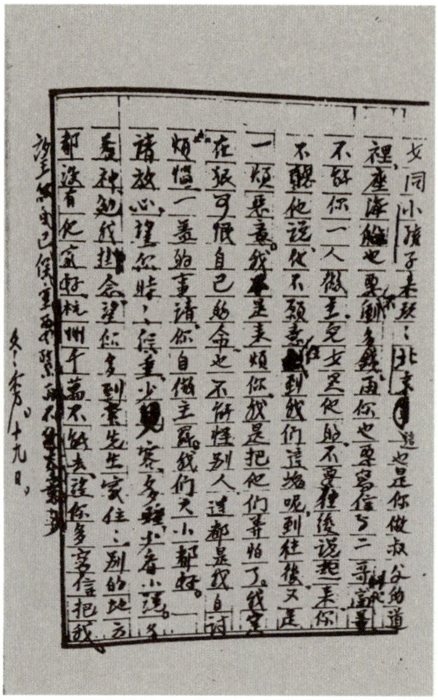

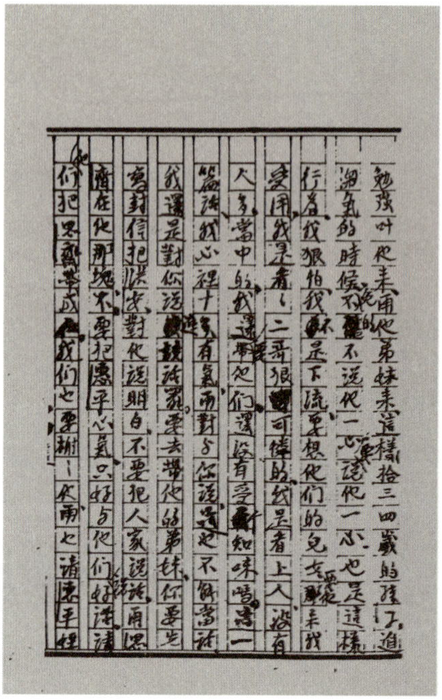

把思齐带成仁【人】。我们也要谢谢他。再，也请惠平侄女同小孩子来玩玩北京，这也是你做叔父的道里【理】，座【坐】海船也要不倒【到】多[少]钱。再，你也要写信与二哥，和他商量，不能你一人做主。女儿是他的，不要往后说起来，你不听他说，他不愿意住到我们这块呢，到往后又是一烦【番】恶意。我不是来烦你，我是把他们弄怕了，我实在狠（很）可恨自己的命，也不能怪别人，这都是我自讨烦恼。一盖【概】的事，请你自做主罢。我们大小都好。

请放心，望你时时保重，少见客，多睡，少看小说，多养神，勉【免】我挂念。望你多到索先生家住住，别的地方都没有他家好。杭州千万不能去，望你多写信把我，望你自己保重要紧，再不要大意了。

冬秀　十九日[1]

①写信时间应为1923年，待考。

第[38]封 杂事

致胡适（三）

适之：

今天接到你的信，我当时把一个礼拜来的急心都放开了。我这一礼拜，不曾接到你的信，〖我〗实在把我急死了。我、思聪南来大概一定来的，他的那个块现在又见大起来了。故二哥说，一来把黄先生看看，二来样【让】他换换水土。他到协和看也不见好，故他自己也想到南方来。

他说索先生夫妇六月都要出们【门】，我狠（很）赞成到西湖去。不要说你不能养病，我一天到夜就定【像】放小羊一样，一下子只槐【会】看祖[祸]害了一下那块、看杜[祸]害了这个，小的比大的淘气的【得】多呢。故你不来北京也好。我纪【记】念你，就是不知你的脚是怎样肿的，现在看见这封信上面我不着急了。

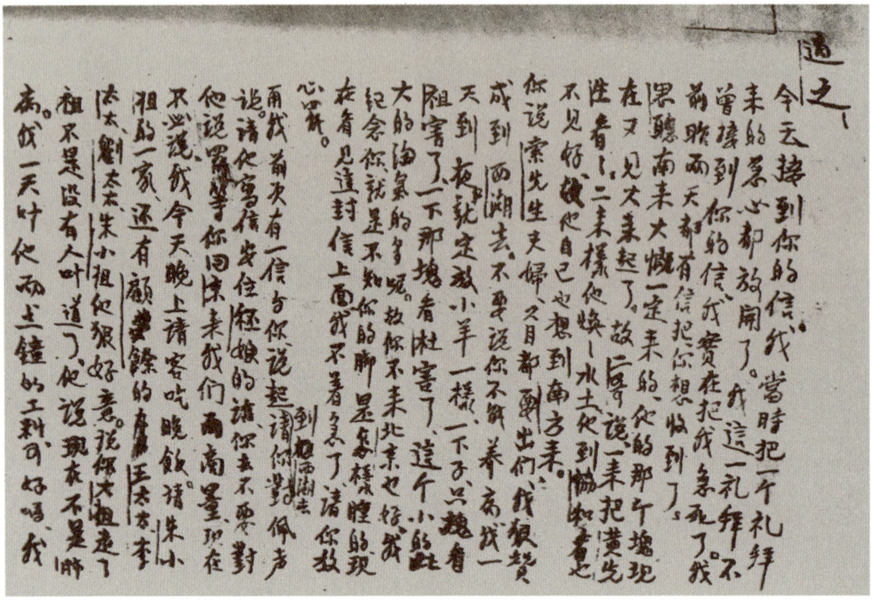
適之：
今天接到你的信，我當時把一个礼拜
来的累心都放開了。我這一礼拜不
曾接到你的信，我實在把我急死了。我
前兩天都有信把你，想收到了。
思聰南来大概一定来的，他的那个塲現
在又見大来起了。故号說一来把黄先
生看看，二来樣他換換水土，他到[illegible]
不見好，讓他自已也想到南方来。
你說索先生夫婦，又月都要出們，我狠贊
成到西湖去。不要說你不能養病，我一
天到夜就是放小羊一樣，一下子只曉看
阻害了，一下那塊看淋害了，這个小的跟
大的淘氣的多呢。故你不来北京也好，我
紀念你就是不知你的肺是怎樣的，現
在看見這封信上面我不着急了，請你放
心罷。
再我前次有一信与你說起到西湖去請你對佩声
說。請他寫信安位柸娘的話，你不要對
他說罷。等你回京来我們再商量，現在
不必說。我今天晚上請客吃晚飯，請朱小
祖的一家，還有顧費餘的太太、王太太、李
太太、劉太太。朱小祖他狠好意。說你大姐走了
祖不是没有人叶道了，他說現在不是肺
病。我一天叶他兩点鐘的工料可好嗎，我

请你放心罢。

再，我前次有一信与你说起到西湖去，请你对佩声说。请他写信安位【慰】柸嫂的话，你不要对他说罢。等你回京来，我们再商量，现在不必说。我今天晚上请客吃饭，请朱小担【姐】的一家，还有顾费余的太太、王太太、李太太、刘太太。朱小担【姐】他【她】狠（很）好意，说“你大担【姐】走了，祖不是没人叶道【教导】了，”他【她】说，“[我]现在不是肺病，我一天叶【教】他【她】两点钟的工料【功课】可好吗？”我都应

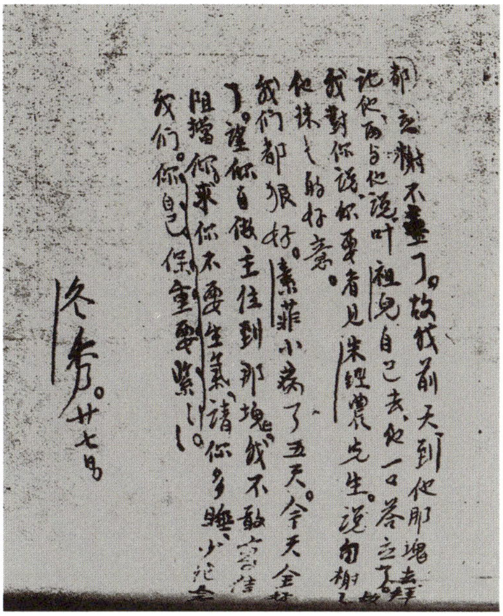

榭【谢】不尽了。故我前天到他【她】那块去拜托他【她】，再与他【她】说叶【叫】祖儿自己去。他一口答应了。故我对你说，你要看见朱经农先生，说句谢谢他妹妹的好意。

我们都狠（很）好，素菲小病了五天，今天全好了。望你自做土住到那块，我不敢写信阻挡你。求你不要生气，请你多睡少记念我们，你自己保重要紧要紧。

冬秀　廿七日①

①此信时间应为1923年，待考。

第 [39] 封 见瘦

致胡适（四）

适之：

今天上午惺农先生来，带来你给我的照片两张。我看了非常的高兴，但事【是】见瘦一点。洛声说不是瘦，衣服大的知【缘】故也。洛声先生今天下午动身回去了。泽涵昨天来京了，但这一次来，身体狠（很）不好，人狠（很）见瘦，味【胃】狠（很）不好，不能多吃饮食。章先生劝他赶紧去看医生。我想明天叶【叫】他到协和去念念【验验】看是味【胃】病吗。

前几天，胡先生南来，我托他带上夏布长衫两件，小褂子两件，谅以【已】收到了。我请他替我看看你同聪的病，胡君大概不日要到京了。我一定知你们的身体了。

惺农先生说，你的肛门那个东西还是天天洗，我问他可是没有好清吗。他说不狠（很）明白，我到【倒】有点不放心起来了。怎样呢，似前几次信都说收口好了，怎的限【现】在还是天天洗呢？望你下次来信与我

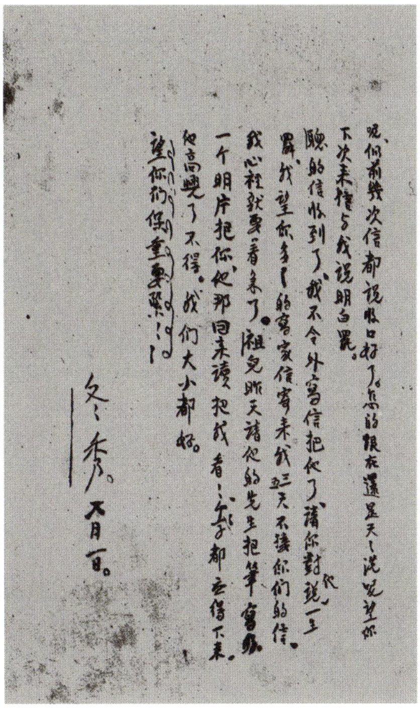

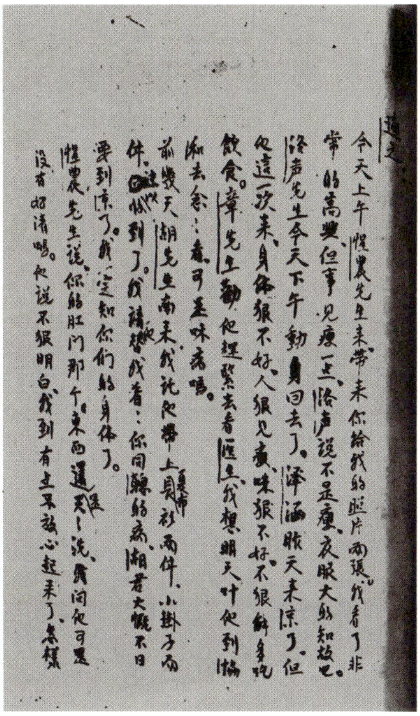

说明白罢。

聪的信收到了。我不令【另】外写信把他了，请你对他说一生【声】罢。我望你多多的【地】写家信寄来，我三五天不接你们的信，〖我〗心里就要着急了。祖儿昨天请他的先生把笔写的一个明片把你，他那【拿】回来读，把我看看，个个字都应【认】得下来，他高兴[得]了不得。我们大小都好。

望你们保重要紧要紧。

冬秀 [1923年] 六月一日

第[40]封 养病

致胡适（五）

适之：

四日接到你的信，知你肿处全收口了。我狠（很）高兴，但是好了又发，这是什么讲究呢？我狠（很）有点着急。你的身体怎样受的【得】了这个痛苦呢，往后再不能发了。这大概是你体弱的原【缘】故。

聪到[侄]身体可好吗？我怕他有病出路受苦又要不好，故我狠（很）念念。望你与他说，时时把服药后病见好的情形告诉我，免我时时记念你们出外的病。

你说丁先生劝你到西山去过夏，我狠（很）赞成，可以把闫海一同带去照应你。我家里杨妈狠（很）能做饭，可叶【叫】吴二做零事，杜儿一人狠（很）会走了。王妈专门带孩子，这样一来，我狠（很）高兴，狠（很）如我的意。这位刘家的房子，不知道可是杨太太的五叔家的房子吗？

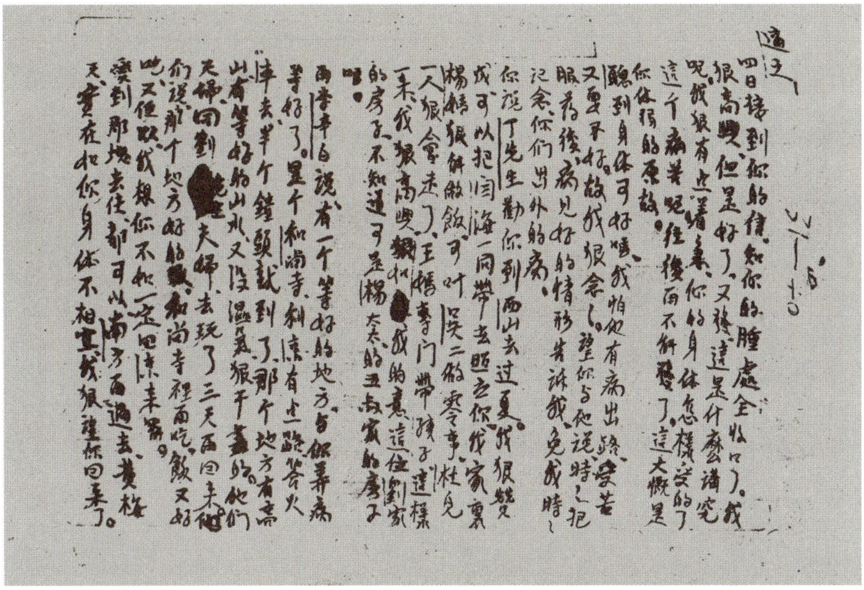

適之，
四日接到你的信，知你的腫處全收口了，我
狠高興，但是好了，又發這是什麼講究
呢？我狠有点着急，你的身体怎樣受的了？
這个病若是往後再不會發了，這大概是
你休得的原故。
聽到身体可好些，我怕你有病出路，要苦
又要不好，故我狠念念。望你与他說時時把
眼看後，病見好的情形告訴我，免我時時
記念你們出外的病。
你說丁先生勸你到西山去过夏，我狠贊
成。可以把闰海一同帶去照应你，我家裏
楊媽狠能做飯，可叫吳二做零事，杜兒
一人狠會走了，王媽專门帶孩子，這樣
一来我狠高興，如我的意。這位劉家
的房子，不知道可是楊太太的五叔家的房子
嗎？
再李辛白說有一个等好的地方与你養病
等好了。是个和尚寺，利京有点路，答火
車去半个鐘頭就到了，那个地方有高
山，有等好的山水，又沒濕氣，狠干盡的。他們
夫婦，同劉先生夫婦，去玩了三天再回来。他
們說那个地方好的狠，和尚寺裏面吃，飯又好
吃，又便以，我想你不如一定回京来罷。
愛到那塊去住都可以，南方再過去，黃梅
天，實在如你身体不相宜，我狠望你回来了。

再，李辛白说，有一个等【顶】好的地方与你养病等【顶】好了。是个和尚寺，利【离】京有点路，答【搭】火车去半个钟头就到了。那个地方有高山，有等【顶】好的山水，又没湿气，狠（很）干尽【净】的。他们夫妇，同刘先生夫妇，去玩了三天再【才】回来。他们说那个地方好的【得】狠（很）。和尚寺里面吃，饭又好吃，又便以【宜】。我想你不如一定回京来罢。

爱到那【哪】块地方去住都可以，南京再过去，黄梅天，实在如【和】你身体不相宜，我狠（很）望你回来了。

颜任光先生、黄桂芬女士与【于】六月十七行结婚礼，来请我们了。我不知送什么东西把他们好，教【叫】我想还是你买点东西送他们两位罢，还是送封子，随你。赶快办来，不能悮【误】事。

还有陆仲安医生，我们也要好好的【地】买点东西送他。五月节到了，我想你到南方买点物礼【礼物】来送罢，北方实在没有好东西，又贵的【得】狠（很）。我这两天咳嗽好多，前两天有点发寒热，大概是月经来的关希【系】，这两天着【差】不多要好了。祖儿前几天出水花，现在全好了。今天他自己一定要去上课，朱先生狠（很）爱他，他高兴的【得】不得了。他说一定想你回来了。我们大小都好，请勿念。望你多多保重要紧要紧。

冬秀 ［1923 年］六月七日

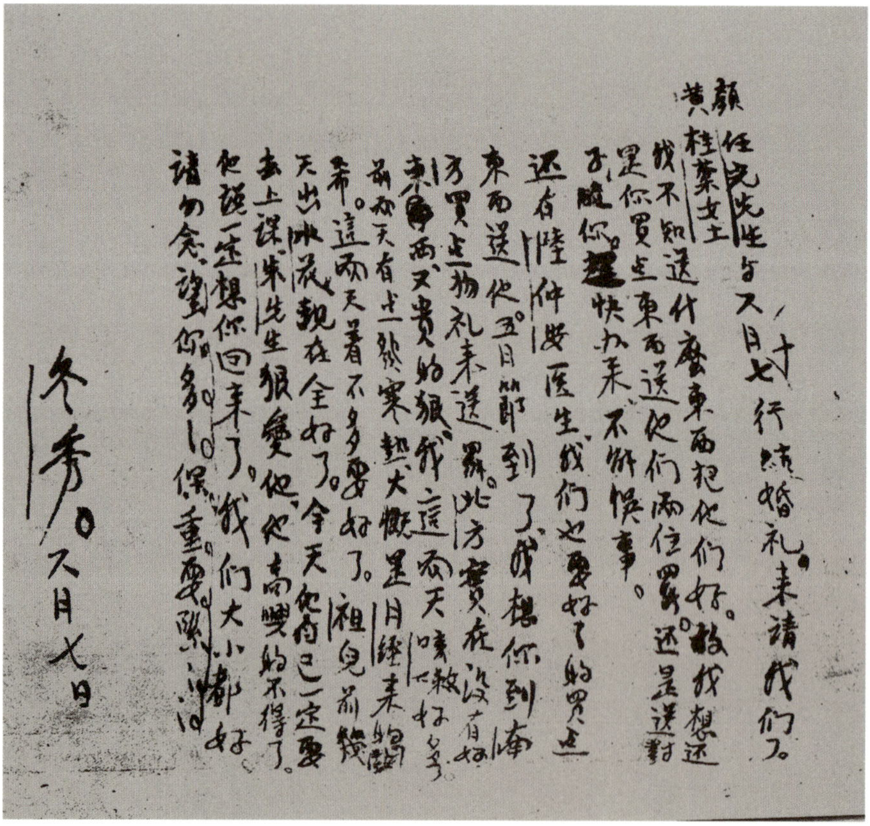
顏任光先生与六月十七行結婚礼。来請我們了。
黄桂葉女士
我不知送什麼東西把他們好。故我想还
是你買点東西送他們兩位罢。还是送對
于賤你趕快办来，不能誤事。
还有陸仲安医生我們也要好了的買点
東西送他，五月節到了，我想你到南
方買点物礼来送罢。北方實在沒有好
東西，又貴的狠，我這兩天咳嗽好多。
前兩天有点發寒熱，大概是月經来的関
希。這兩天着不多要好了。祖兒前幾
天出水花，現在全好了。今天他自己一定要
去上課，朱先生狠愛他，他高興的不得了。
他說一定想你回来了。我們大小都好，
請勿念。望你多多保重要緊要緊。
冬秀 六月七日

第[41]封 除根

致胡适（六）

适之：

前日接到你到杭州的信，一切都知道了。今早又接到你的信，说政局变动，市面头不安静，我一点都不惊怕，没有十分大的危险的，望你千万不要着急我们。我到京见过几次了，这一次我一点不急。你不在北京，我放心多了。你要在此地，做文章，出去走走，我还有点不放心呢。这我每天把门一关，带着小孩子在家里玩玩，北京很多拐子，故不敢样【让】他们出门玩了。你可以到南方多住住，孟邹先生有信把洛声，叶【叫】他与我说，叶【叫】我劝你到南方，把病看除根再回来。他说你不狠（很）爱惜身体，他说狠（很）望你多住一两月，把身体还【完】全养好，样【让】黄先生看除根再回来。我想这样也好，不过你要养个清净的地方住，不能住到旅馆里。人知道你的住处，都来早【找】你，那就与你病体[受]不了拉【啦】。

二哥十日动身，想你们一定见着面了。家中的情形，二哥都与你说了，我可不多说了。聪侄的病，现在服药可见好点吗？我狠（很）记念他

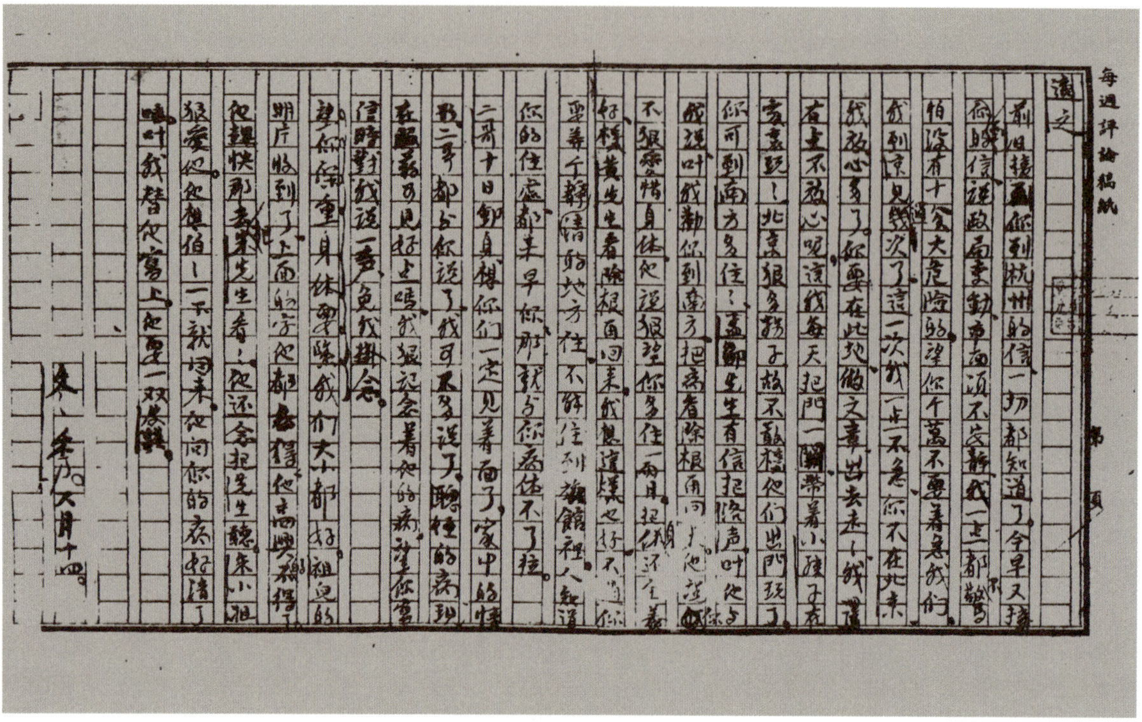

的病，望你复信的时候，对我说一声，免得挂念。

望你保重身体要紧。我们大小都好。祖儿的明片收到了，上面的字他都志【识】得，他高兴的【得】不得了。他赶快那【拿】去把朱先生看看，他还念把先生听。朱小担【姐】狠（很）爱他。他想伯伯一下就回来，他问你的病好清了吗，叶【叫】我替他写上，他要一双皮鞋。

冬秀 [1923 年] 六月十四

第[42]封 烟霞

致胡适（七）

适之：

昨天接到你的信，知你有烟霞洞这个好地方，我狠（很）赞成，望你与思聪能多多的【地】住住。难得有这个地方，我高兴的【得】狠（很）。你住西山不如这个地方好，西山暑期来往的人狠（很）多的，故我也不愿意你回来。住那个地方，望你千万不要记念家里。北京安静的【得】狠（很），一点变动都没有。我有好几天，没有写信把你。十六女儿发热，十七发出一身的红种【疹】子，狠（很）重的。十七晚上杜儿发热，也发一身红种【疹】子，杜儿狠（很）有点利【厉】害。还是请陆仲安来，吃了两付药，两个孩子都好了，请你放心罢。

你前次寄来二百元收到了，我把这二百元先还了章先生〖起〗，还欠他一百五十元。因此，学堂里发出一个月的泉（钱）来，他们还是送来的二百八十元。这是二月份的，我不肯全收。郑阳和先生说，大家都是全薪，你又和【何】必呢？我说适之说过。他说，说过也等他回来再说罢，这个你先收下来，不好那【拿】回去。我只好收下来。节下应用书账，都

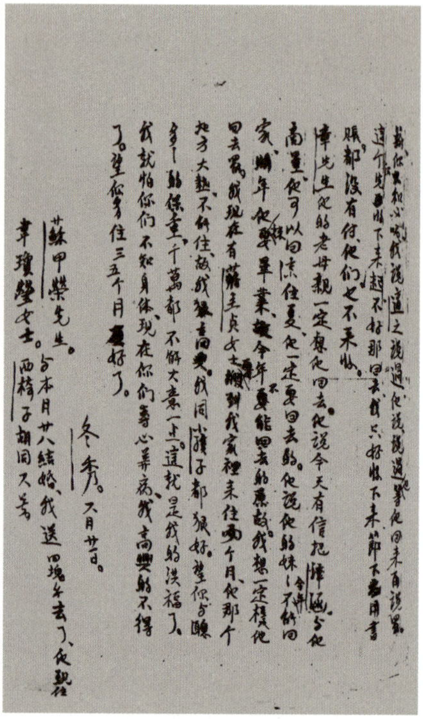

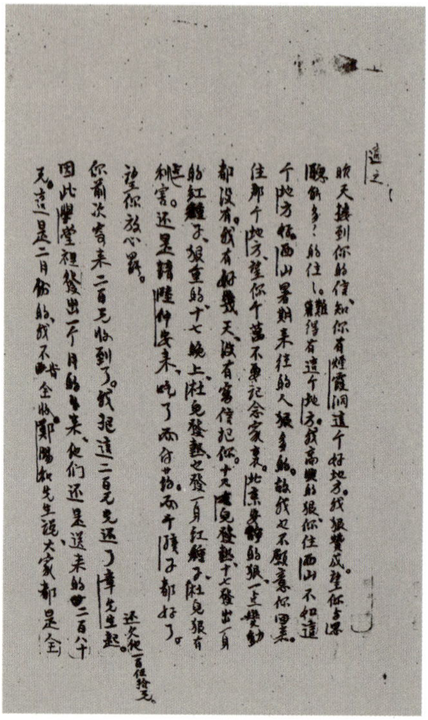

没有付，他们也不来收。

章先生的老母亲一定想他回去。他说今天有信把泽涵与他商量，他可以回京住夏，他一定要回去。他说他的妹妹今年不能回家，明年他妹要毕业，故今年不能回去的原【缘】故。我想一定样【让】他回去罢。我现在有蒋圭贞女士要搬到我家里来住两个月，他【她】那个地方大【太】热，不能住，故我狠（很）高兴。我同小孩子都很好，望你与聪多多的【地】保重，千万都不能大意一点。这就是我的洪福了。我就怕你们不知身体，现在你们专心养病，我高兴的【得】不得了。望你多住三五个月顶好了。

冬秀 ［1923 年］六月廿一日

苏甲荣先生、韦琼莹女士与【于】本月廿八结婚，我送四块泉（钱）去了，他现在住西椅子胡同六号。

第 [43] 封 二哥

致胡适（八）

适之：

今天接到你的信，知你很好，你的脚能走这许多的路都不要紧了。我非常的高兴。望你还要多养养，怕劳动狠了又要发，还是少走一点山路。恐怕路不平，不可多走。思聪到【倒】要叶【叫】他多多的【地】游山、多行动才好。如其你们两位要住的【得】好，可以多住几个月，千万不要记着我们。北京狠（很）安静的。小孩子全好了，我的咳嗽全好了。请你放心。

二哥他也狠（很）可怜的，我劝你不能过易【于】说他，他心里狠（很）难受的。他要有二嫂在，他的儿女不得东落西散的。他生气，他又想到这一从【宗】，怎么不哭吧。你往后写信把二哥，只能用好话安位【慰】他，不能由你的气。这一段话，是我劝你的，样【让】他日后可以定心努力做下去。

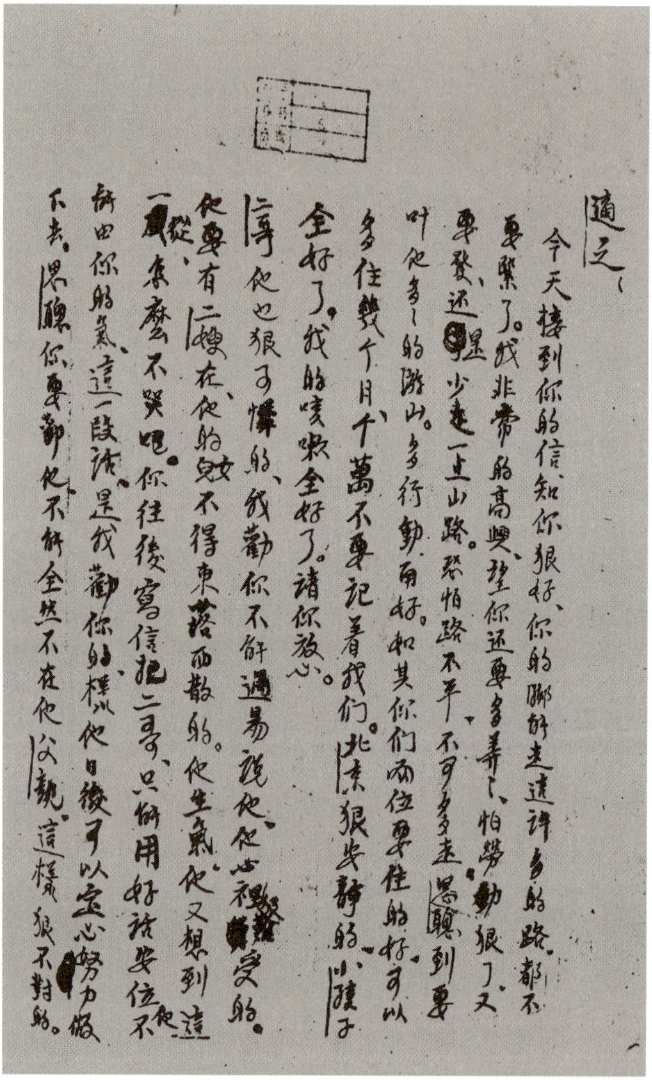

適之，

今天接到你的信，知你很好，你的腳的走這許多的路，都不要緊了。我非常的高興，望你還要多養養，怕勞動很了，又要發，還是少走一点山路。恐怕路不平，不可多走，還聽到要叫他多多的游山。多行動而好。和其你們兩位要住的好可以多住幾个月，千萬不要記着我們。北京很安靜的，小孩子全好了，我的咳嗽全好了。請你放心。

嫂他也很可憐的，我勸你不能過易說他，他心裡受的。他要有二嫂在，他的兒女不得東落西散的。他生氣，他又想到這一層，怎麼不哭呢。你往後寫信把二哥，只能用好話安位他，不能由你的氣，這一段話，是我勸你的。樣樣他日後可以安心努力做下去。思聰你要勸他，不能全然不在他父親，這樣很不對的。

思聪你要劝他，不能全然不在[乎]他父亲，这样狠（很）不对的。他那天零【临】走的时候，他父亲也在外面，他好相【像】没有看见这个人一样，都不说一声。那天晚上，二哥晚饭都没有狠（很）吃。他是没有说，我看他情形心里狠（很）难过，〖他〗第二天就病了。我并不是叶【教】下[辈]人怎样孝顺，[但]怎[么也]要叶【叫】别人看的【得】下去，也要〖也〗做父母的可以过的去。比如就是一个不应实【认识】的人，我出远路看见他也要说一声罢。

章先生大概不久要回去了。这两天北京天气狠（很）热，一点都不下雨，天天发【刮】大风，实在讨厌的【得】狠（很）。

泽涵不久要来京了。今天接到大姊来信说，他们写了好几次信与你，没有收到你的回信，伯母狠（很）着急你的病，伯母又着急我们在京政局。不如劝我【劝我不如】回南到南京去住。我有信把他们了，说北京一点都不要紧。你要有空时，请你写封信把他考（老）人家，免得他挂念着。我们大小平安，望你们保重。

冬秀 [1923年]六、廿四日

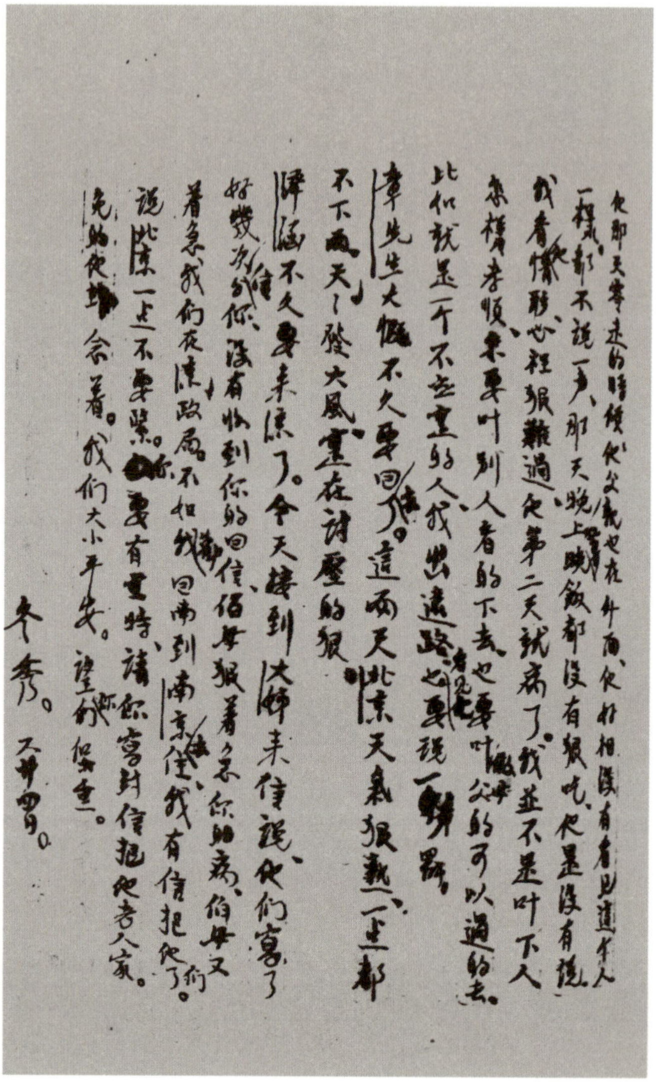

他那天要走的時候，他父親也在外面，他好相沒有看見這个人一樣，都不說一声，那天晚上晚飯都沒有很吃，他是沒有說。我看他形心裡很難過，他第二天就病了。我並不是叫下人來講孝順，要叫別人看的下去，也要叫他父親的可以過的去。比如就是一个不出靈的人，我出遠路，也要說一聲。

韋先生大概不久要回來了。這兩天北京天氣很熱，一点都不下雨，天天發大風，實在討厭的很。

澤涵不久要來京了。今天接到大姊來信說，他們寫了好幾次信給你，沒有收到你的回信，伯母很着急你的病，伯母又着急我們在京，政府不如我們回南到南京住，我有信把他們，說北京一点不要緊。你要有空時，請你寫封信把他老人家，免的使他念着。我們大小平安。望你保重。

冬秀。六廿四。

第[44]封·儿女

致胡适（九）

适之：

你的信和扇子都收到了。扇子，我狠（很）喜欢，谢谢你。朱女士的，叶【叫】祖儿送去了。

你的照片收到了。我前几天有两封信与你，都是由商务印书馆转，不知你收到没有。因〖此〗你前信没有住【注】明清河坊商务印书馆。如其没有收到，请问问看罢。蒋女士般【搬】到我这块来住了，家里狠（很）平安的，小孩子限【现】在一点病都没有了，身体全好了。请勿念。杜儿能上凳子，由凳子上桌子。他的身体等【顶】好了，他一天到晚，不狠（很）要人抱，还是女儿不行，长长【常常】的【地】要抱。祖儿也狠（很）爱去读书，找每大与他们坃坃，到【倒】也好的【得】狠（很）。

泽涵前天到协和医院去念念【验验】身体，医生说没有内病，这两天见好多了。他自己也说好了，请你不要记念。

冠英、干埏两位北来，我们现存【在】的房子狠（很）可以来住。我狠（很）想你有这个好地方，同聪两人多住几月。两人可以把身体都养

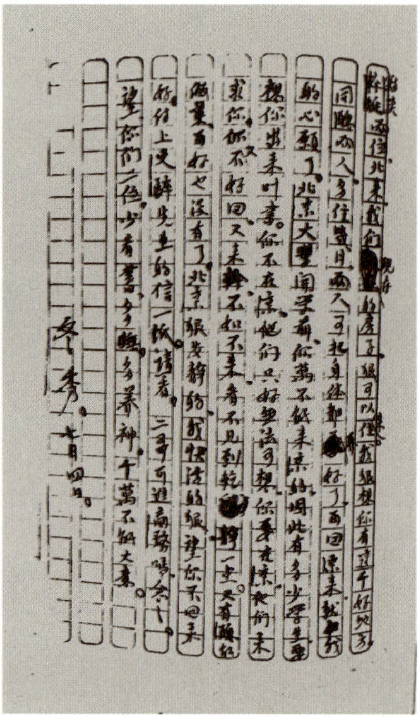
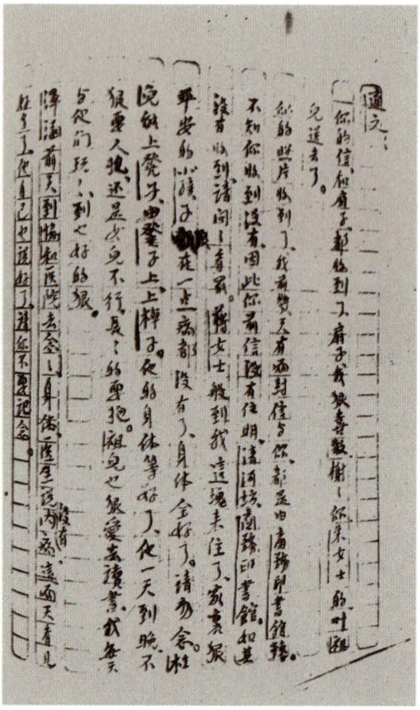

好了再回京来，就和【合】我的心愿了。北京大学开学前，你万不能来京的，因〖此〗有多少学生要想你出来叶【教】书。你不在京，他们只好无法可想；你要在京，他们来求你，你又不好回，又来干，不如不来。看不见到【倒】干静【净】一点。又有聪做菜，再好也没有了。北京狠（很）安静的，我快活的【得】狠（很），望你不回来好。付【附】上文骍先生的信一纸，请看。二哥可进商务印书馆吗？念念。

望你们二位，少看书多睡，多养神，千万不能大意。

冬秀 [1923 年] 七月四日

第[45]封 补牙

致胡适（十）

适之：

我有好几天没有接到你的信了，我记念的【得】狠（很），不知是怎么一回事，望你多寄信来要紧。你现在手脚的病，可见好了吗？狠（很）念念。虹【肛】门那个东西，都全好清了吗？聪儿的病，吃黄医生的药，可有点公【功】效吗？如不见好，还打听有好医生再唤【换】一看，他的病狠（很）为恨【狠】，你万不能大意。我狠（很）替他的病着急，望你时时留意。我们大小都好，请放心罢。我这一两天一定要去补牙齿，□了三个，破了两个，这回要不补，我的牙恐怕狠（很）不好的，故我不能再不去补了。泽涵他的牙也破两个，他也去补，我把牙补好了，再写信告诉你。

望你多多的【地】保重，少少的【地】看书，因

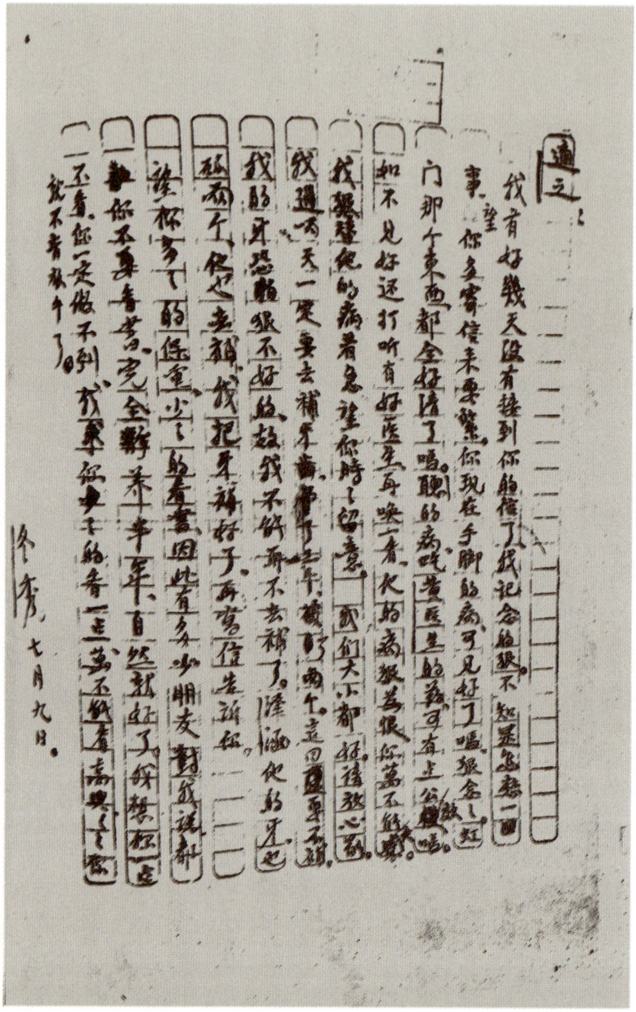

〖此〗有多少朋友对我说，都劝你不要多看书，完全静养半年，自然就好了。我想你一点不看，你一定做不到，我求你少少的【地】看一点。万不能看高兴，高兴你就不肯放手了。

冬秀 [1923 年] 七月九日

第[46]封 煎药

致胡适（十一）

适之：

今天接到你的七月六日的信，知你脚肿全好了，我非常的高兴。但是，去年那个常常的脓中【肿】出，这样一来，恐怕血脓出多了，你的身体狠（很）弱的，怕受不了。这样的痛苦，我看黄医生的药恐怕不行。这并不是虫【火】，这是身体弱的讲究。我看中国药也不能多吃，只【至】多吃一贴，我看不如用红枣、西洋参两样煎的吃，包你狠（很）好。可买来试试看，红枣事【是】补皮【脾】的，西洋参青【清】凉的。这两样多吃包你一定见好。不用狠（很）吃药，涂药要请人买顶好的西洋参要紧。这个两样，你上春发，不是这个吃好的吗！后来见好，你一定不肯吃呢！这一次一定要多吃，一回吃好免特【得】二回发。先把中药吃一贴，再

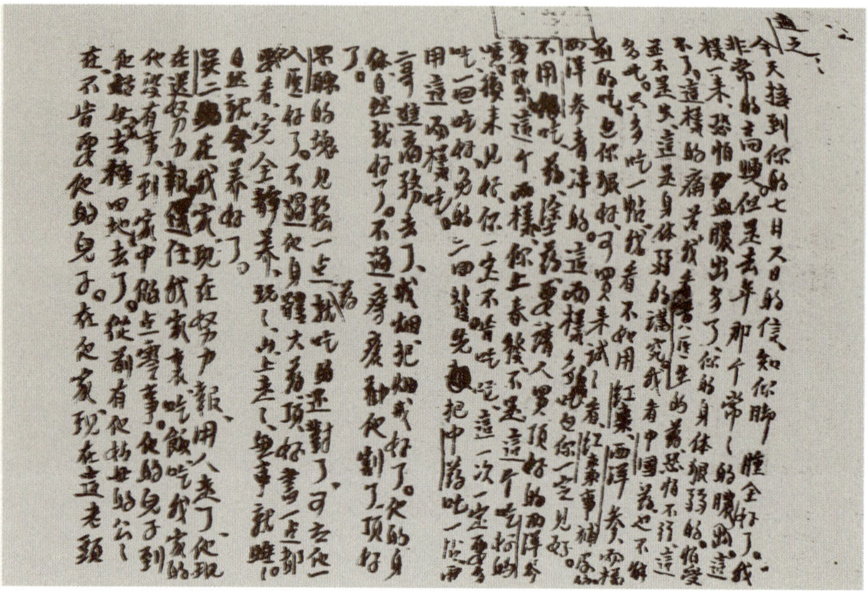

用这两样吃。

二哥进商务去了，戒烟，把烟戒好了，他的身体自然就好了。不过痔疮劝他割了，顶好了。

思聪的块儿见松一点，药就吃的【得】还对了，可把他一人医好了。不过他身体大药【太弱】，顶好书一点都不要看，完全静养，玩玩，山上走走，无事就睡睡，自然就会养好了。

吴二现在我家，现在《努力报》。用【佣】人走了，他现在送《努力报》，还住我家里，吃饭吃我家的。他没有事，到家中做点零事。他的儿子到他姑母家去种田地去了。从前有他姑母的公公在，不肯要他的儿子在他家，现在这老头儿死了，故他的姑母要他回去了。我家中现在不用【住】的流【留】人了，前几天有杨妈的儿妇来，我叶【叫】他替小孩子的棉衣做做，现在快做好了。他明后天要回去了，他不能出来多住。我，今年你不在家，我等【顶】清闲了。老三顶好，一天到地下玩玩，不狠

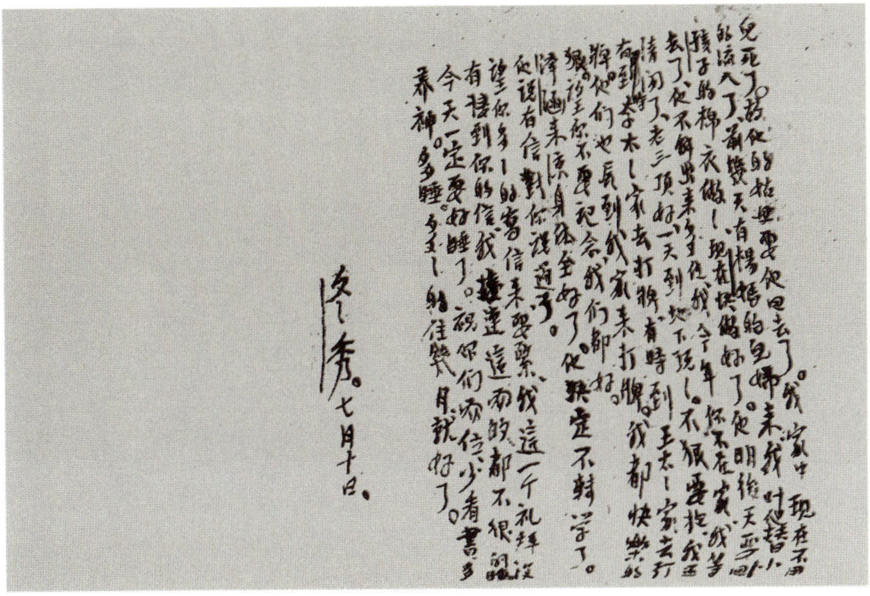

（很）要抱。我还有时到李太太家去打牌，有时到王太太家去打牌，他【她】们也长【常】到我家来打牌。我都快乐的【得】狠（很），望你不要记念，我们都好。

泽涵来京，身体全好了。他决定不转学了，他说有信对你说过了。

望你多多的【地】写信来要紧，我这一个礼拜，按【没】有接到你的信，我接连这两晚都不[能]狠（很）[好]的【地】睡，今天一定要好睡了。祝你们两位少看书，多养神。多睡。多多的【地】住几个月就好了。

冬秀 [1923 年] 七月十日

第 [47] 封 女孩

致胡适（十二）

适之：

你的十日信收到了，我看了非常高兴，我看了你们的照片，狠（很）高兴。睡眠好，我就放心了。肛门的肿还没有全好吗？不知红枣同西洋参两样煎了吃过了吗？我前几天有信与你说过，这两样顶好了。我想中药少吃一点，这个药狠（很）利害【厉害】，多知【至】吃一贴就得了，不能多吃，就用红枣西洋参两样多吃，自然就全好的。

陈百年先生的母亲去世了，还没有出殡。你北京大学开学不来，等【顶】好的事了。冠英同思敬来京，我狠（很）高兴。不过，阿翠一人放到上海，【服】侍二哥，我不狠（很）赞成：一来他【她】一个小女孩子放到那块，没人照应他【她】怎样行？[二来]二哥又要

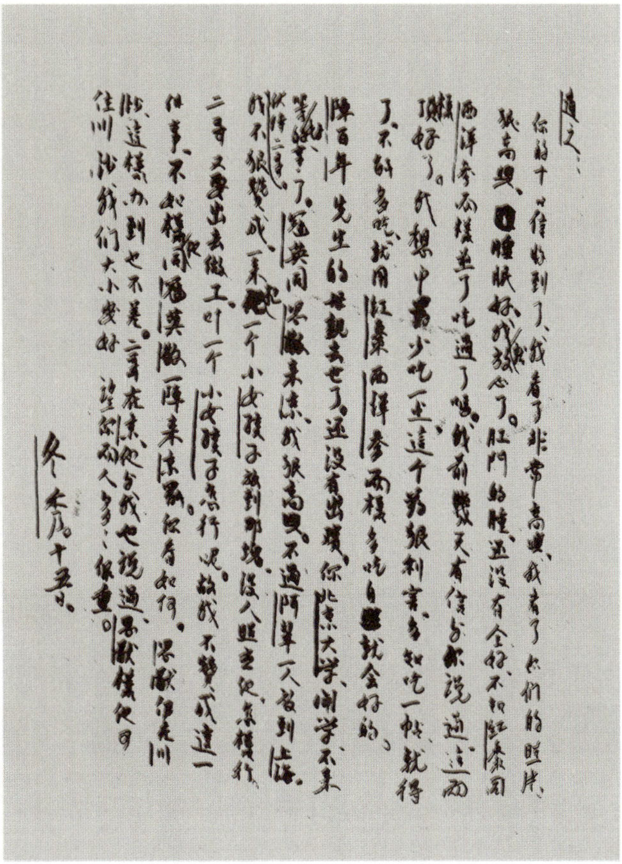

出去做工，叶【叫】一个小女孩子怎行呢？故我不赞成这一件事，不如样【让】他【她】同冠英、敬一阵来京罢。你看如何？思猷仍在川沙，这样办到【倒】也不差。二哥在京，他与我也说过，思猷样【让】他可住川沙。我们大小安好，望你两人多多保重。

冬秀 [1923年7月] 十五日

第 [48] 封 借钱

致胡适（十三）

适之：

昨天有一信与你，想收到了。今天上午，邵瞻涛先生叶【叫】长班送来一信与我。信上说他日内要回去，但是盘费无着，他说你叶【叫】他到报馆办事，许他每月外津贴五元，但事【是】你有四个月没有付他了。今天来问我取廿元，还另外问我借廿元，共四十元。他急等用。但我这一阵家用都没有泉（钱）〖用〗。我回他实在没有泉（钱），长班说，他说过要[不]就[从]会馆里那【拿】泉（钱）。我就说，“适之说过，无论什么人不可到会馆里借泉（钱）。”我不肯答应他，长班去不多工夫，邵先生亲自来与我说，非到会馆里借此泉（钱）不能走。他〖不〗离开北京不了，再三与我商量。

我一想，我不答应他，他没泉（钱）走不了；多到

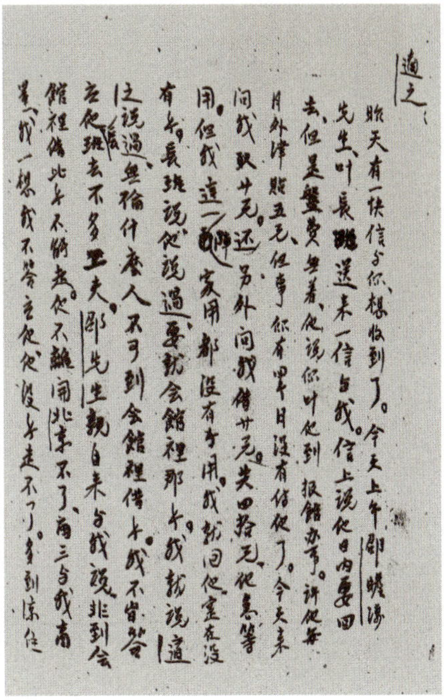

適之：
昨天有一快信与你，想收到了。今天上午邵明澍
先生、叶良[illegible]送来一信与我。信上说他日内要回
去，但是盘费無着，他说你叫他到报館办事，许他每
月外津贴五元，但事你有几日没有信他了。今天来
问我取廿元，还另外向我借廿元，共四十元。他急等
用，但我這个月家用都没有多用，我就回他，实在没
有多长。现说他说過要到会館那裡，我就说適
之说過，無论什么人不可到会館裡借钱。我不曾答
应他，跳去不多工夫，邵先生親自来与我说，非到会
館裡借些钱不能走，他不離开北京不了。两三与我商
量，我一想，我不答应他，他没钱走不了，要到京住

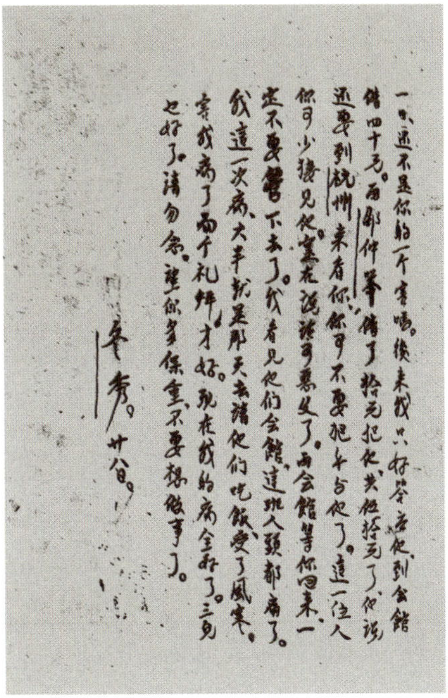

一日，还不是你的一个害吗。後来我只好答应他到会館
借四十元。再，邵仲举借了拾元把他，共伍拾元了。他说
还要到杭州来看你，你可不要把钱与他了。這一位人
你可少接见他，实在说话可恶及了。再会館等你回来一
定不要管下去了。我看见他们会館這班人，头都痛了。
我這一次病，大半就是那天去请他们吃饭，受了风寒，
害我病了两个礼拜才好。现在我的病全好了，三儿
也好了，请勿念。望你多保重，不要想做事了。
冬秀。廿八日。

京住一日，还不是你的一个害吗？后来，我只好答应他到会馆借四十元。再，邵仲举借了十元把他，共五十元了。他说还要到杭州来看你，你可不要把泉（钱）与【予】他了。这一位人你可少接见他，实在说话可恶及【极】了。再，会馆等你回来，一定不要管下去了。我看见他们会馆这般人，头都痛了。我这一次病，大半就是那天去请他们吃饭，受了风寒，害我病了两个礼拜才好。现在我的病全好了，三儿也好了，请勿念。望你多保重，不要想做事了。

冬秀 [1923 年 7 月] 廿八日

第[49]封 百合

致胡适（十四）

适之：

昨天接到你四日的信，你说天热极了，北京三号到七号，也热的【得】狠（很），八号下雨再【才】凉了。这两天狠（很）凉快。

你的肛门还没有全好，这狠（很）不好的，朋友说百合吃了好，我也狠（很）相信。百合是用【润】肺的，故此，我大姊前年来，不是带来送你吃，你那时不狠（很）相信这东西。紧好野百合等【顶】好。我问蒋女士，他说杭州[有]很多的野百合。他说写信把他的父亲，他家里有长工，叶【叫】他们到门口山上采点寄把你。我托[他]写信去了。

聪的病见好，我很高兴，望时时保重。再，佩声照应你们，我狠（很）放心，不过他的身体不狠（很）好，长【常】到炉子上去做菜，天气太热了，怕他的

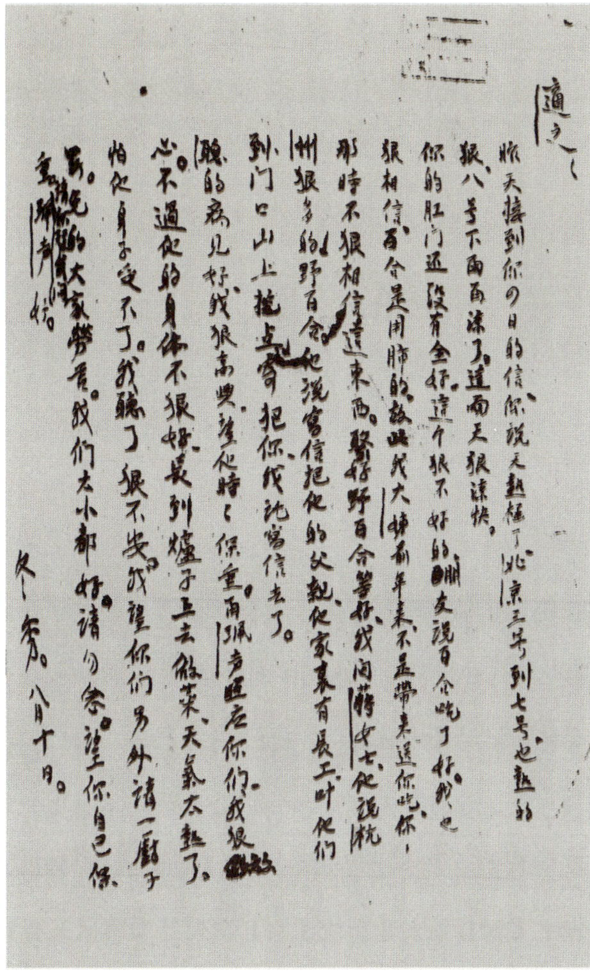

身体受不了。我听了狠（很）不安，望你们另外请一厨子罢，免得大家劳苦。我们大小都好，请勿念。望你自己珍重，请你替我问佩声好。

冬秀 [1923 年] 八月十日

第 [50] 封 帮忙

致胡适（十五）

适之：

前几天有两封快信与你，想必早收到了。你可去请王仲奇医生看过了吗？聪吃王先生的药，可见好点吗？我狠（很）念念。不过，我望聪要好好的【地】记记【忌忌】口才好呢。因〖此〗他吃东西大【太】随便了，望你劝他要听医生的话，要说不能吃的东西，千万不要胡吃。

我今天去看朱小担【姐】，他【她】的病见好点了。他【她】现在还是请榭【谢】大夫看。他【她】说朱经农明后天要到了。他【她】今天说笑狠（很）高兴的。他【她】告诉我，朱经农写了一封信去骂了那个人一顿，现在他【她】再【才】出了这口气，他【她】的病就见好多了。他【她】今天对我说，叶【叫】我千万不要告诉胡先生。我前次与你谈的那件事，我说没有对你说，他【她】说他【她】大哥出来骂了，这事就完了。医生劝他【她】先在家住一个月，把病养好一点，再到西山去住住去。他【她】说这一次一听到西山去住半年，他【她】等朱经农来，把他【她】母亲安顿一下，他【她】狠（很）不放心他【她】的老母亲没有人

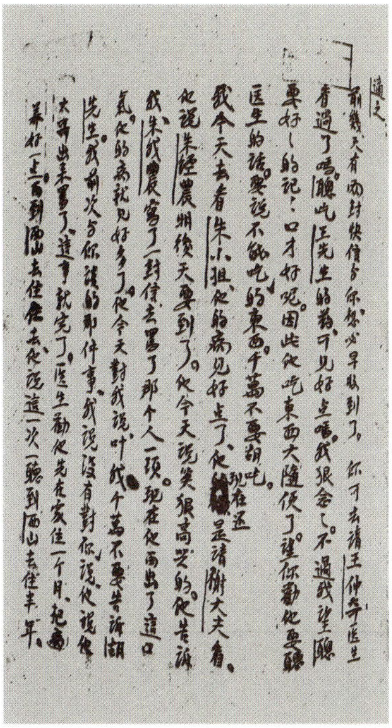

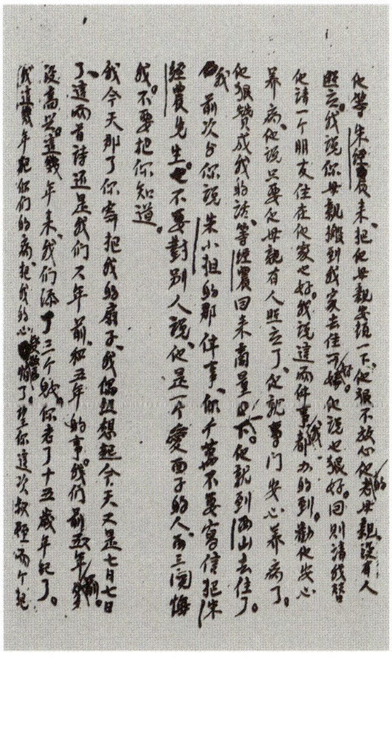

照应。我说你母亲搬到我家去住可好妈【吗】？他【她】说也很好，回则【或者】请我替他【她】请一个朋友住在他【她】家也好。我说这两件事我都办的到，劝他【她】安心养病。他【她】说只要他【她】母亲有人照应了，他【她】就专门安心养病了。他【她】狠（很）赞成我的话，等经农回来商量一下，他【她】就到西山去住了。我前次与你说朱小担【姐】的那件事，你千万不要写信把朱经农先生，也不要对别人说。他【她】是一个爱面子的人，再三关悔【关照】我，不要把【让】你知道。

我今天那【拿】了你寄把我的扇子，我偶尔想起今天又是七月七日了。这两首诗还是六年前和五年[前]的事。我们前五六年前多没【么】高兴。这几年来，我们添了三个儿女，你老了十【四】五岁年纪了。我这几年把【让】你们的病，把我的心受惊怕了，望你这次叔侄两个把病养好了。我们从此依

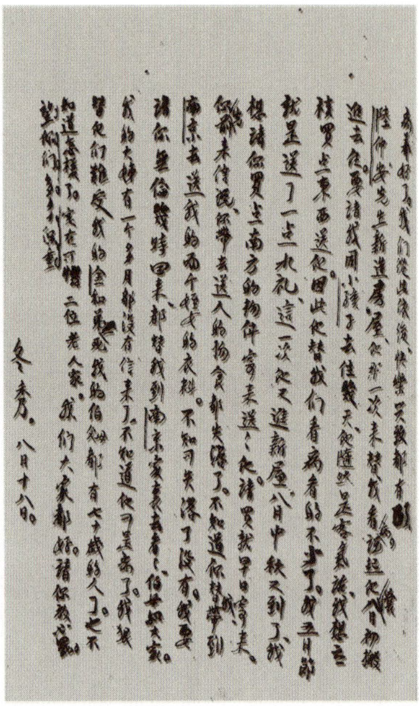

【以】后，快乐兴致都有了。

陆仲安先生新造房屋，他那一次来替我看病，说起他阴[历]八月初搬进去住，要请我同小孩子去住几天。他虽然是客气话，我想应核【该】买点东西送他，因〖此〗他替我们看病看的【得】不少了。我五月节就是送了一点水礼，这一次他又进新屋，八月中秋又到了，我想请你买点南方的物件寄来送送他。请买[好]就早日寄来。你先前来信说，你带去送人的物食【什】都失落了，不知道你替我带到南京去送我的两个侄女的衣料〖，不知〗可失落了没有？我要请你无论几时回来，都替我到南京家里去看看伯母和大家。我的大姊有一个多月都没有信来了，不知道他可是病了，我狠（很）替他们难受，我的金和弟一死，我的伯父母都有七十岁的人了，也不知道怎样了。实在可怜，二位老人家。我们大家都好，请你放心罢。望你们多多保重。

冬秀　[1923] 八月十八日

第 [51] 封 换医

致胡适（十六）

适之：

昨天接到你十七的信，知你现在吃王医生的药。我也看了，他这药狠【很】对的。我昨天把你寄来的药方，那【拿】给我的二位表兄看，吕世芳、吕世涛他们都替人家看病的，吕世涛兄说，他没有看过你病，不敢说。他说王医生的药方开的【得】狠【很】有道理，不过他觉德【得】份量大【太】轻了点，最好要请王医生把份量加重，还要添补阴亏的补品。他说肛门之肿，一下不能收口，要慢慢的【地】吃补阴贤【肾】两亏的药。病好了，肛门自然自己会收口的。吕君说买黄鱼肚吃，长【常】吃，吃淡的，这鱼肚狠【很】难切，可叶【叫】药店里去推下来那【拿】来煮德【着】吃。还有一样大海参，可买来常当菜吃。这个制【治】阴得【的】，我想这东西也不难吃，可买点吃吃看，再不可问问王先生，这东西吃了可有用吗？

杜儿这一次先泻红白痢，请陆医生看好了，后来杜儿泻肚一个多月，小孩吃玩睡都狠（很）好。不知道怎样牙发黄，慢慢的面皮变黄，我就不

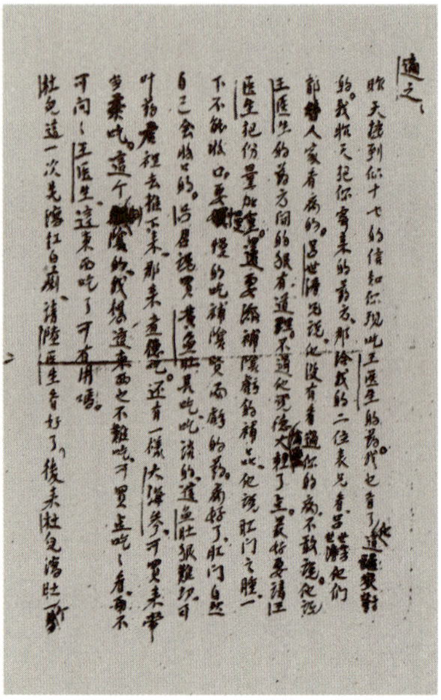

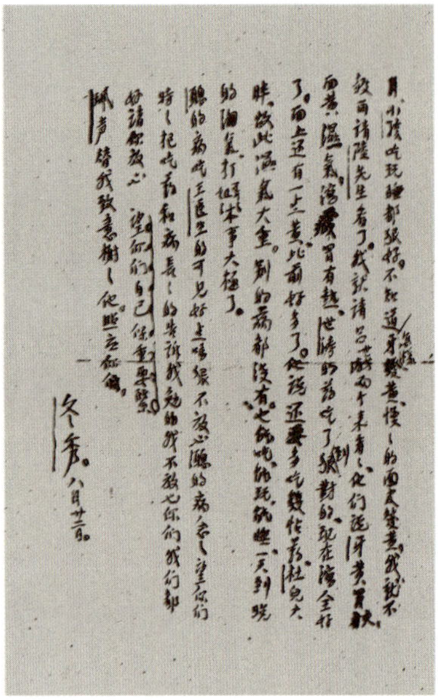

敢再请陆先生看了。我就请吕世芳、世涛两个来看看，他们说牙黄胃火、面黄湿气、泻藏胃有热[①]。世涛的药吃了到【倒】狠【很】对的，现在泻全好了，面上还有一点黄，比前好多了，他说还要多吃几贴药。杜儿大【太】胖、故此湿气大【太】重。别的病都没有，也能吃，也能玩，也能睡，一天到晚的【地】淘气，打哥哥、姐姐本事大极了。

聪的病吃王医生的[药]可见好点吗？狠【很】不放心聪的病，念念。望你们时时把吃药和病[的情形]，长长【常常】的【地】告诉我，勉【免】的【得】我不放心你们。我们都好，请你放心。望你们自己保重要紧。

佩声，替我致意，谢谢他照应你们。

冬秀 [1923] 八月廿二日

①原文如此。

第[52]封 分配

致胡适（十七）

适之：

昨天收到廿二号的信，一切都知道了。

商务的二百块泉（钱）收到了，[连]亚东两处共三百元。我付了房租一百〇贰元；付了戴岳先生六十元；付了泽涵廿元，医牙齿用的；付了党先生十五元。党先生欠了公寓里的房泉（钱），寓里不肯放他搬走，故此党先生来托泽涵问我借十五元，我只好借了把他。样【让】他就才搬开了。我又替他同陶先生说好了，搬到改进社里住，只出一个火【伙】食泉（钱），一月八块泉（钱）。这就方便多了。再，除[掉]这一尚【些】用费，还如【余】〖多〗五十多元，可以勉强到八月节之前。我还要家用二三百元，要买物送医生的节礼，节下又要多开消【销】，泽涵又要九十块泉（钱）的下半年的学费。泽涵家今年汇了一百廿元到上川。

我们家里，我们这泉（钱）的开消【销】：大嫂上半[年]用费十元，二姊七月讨三媳妇，我们送了他们的喜气卅元，付节娘和小姨两比【笔】的利泉（钱），差不多卅元。家中来信说，又买了张家雅风水后

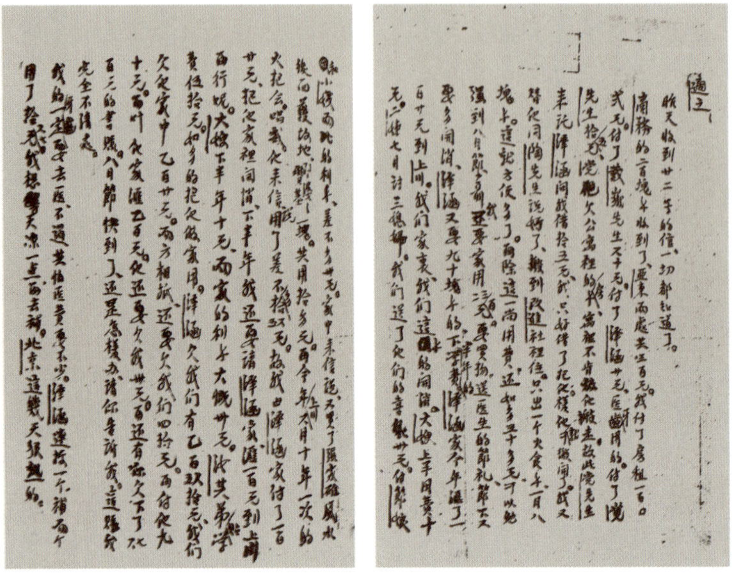

面护坟地（即婆婆殡基）一块，共用十多元。再，今年上川六月十年一次的火把会唱戏，他来信说用了差不多十五六元。故我由泽涵家付了一百廿元，把他家里开消【销】，下半年我还要请泽涵家汇一百元到上川再【才】行呢。大嫂下半年十元，两家的利泉（钱）大概卅元。汝其弟贴学费五十元，如多的把他做家用。泽涵欠我们有乙（一）百五六十元，我们欠他家中乙（一）百廿元。两方相抵，还要欠我们四十元。再付他九十元，再叶【叫】他家汇乙（一）百元，他还要欠我卅元。再还有你欠下了六七百元的书账。八月节快到了，还是怎样办，请你告诉我。这账我完全不清处【楚】。

我的牙齿一定要去医，不过共【恐】怕医费要不少。泽涵连拔一个，补两个用了十六七元，我想等天凉一点，再去补。北京这几天狠（很）热的。

聪现在还在吃王医生的药吗？可见好点吗？念念。他的病一下不容

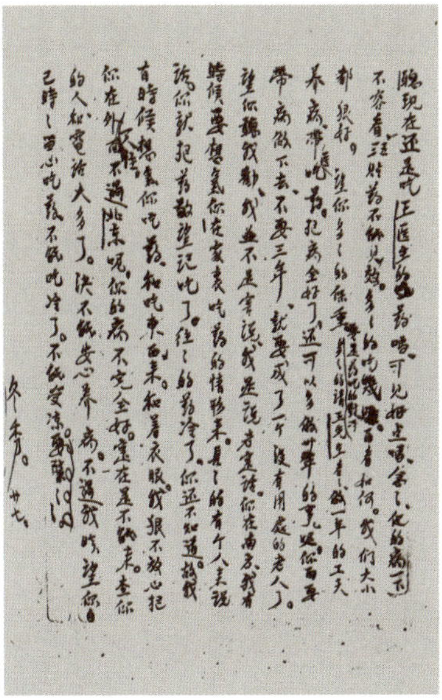

[易]看[好]，三五贴药不能见效，多多的【地】吃几贴，再看如何。我们大小都狠（很）好，望你多多的【地】保重。要是药吃的【得】对了，多多的【地】请王医生看看，做一年的工夫养病，带医吃药。把病养好了，还可以多做卅年的事呢。你再要带病做下去，不要三年就要成了一个没有用处的老人了。望你听我劝，我并不是害【瞎】说，我是说老实话。你在南方，我有时候要想气【起】你在家里吃药的情形来——长长【常常】的有个人来说话，你就把药敬【竟】忘吃了，往往的药冷了，你还不知道。故我有时候想气【起】你吃药和吃东西来，和穿衣服，我狠（很）不放心把你在外面一个人。不过，北京呢，你的病不完全好，实在是不能来。查你的人和电话大【太】多了，决不能安心养病。不过我盼望你自己时时留心吃药，不能吃冷了，不能受凉。要紧要紧。

冬秀　[1923 年 8 月] 廿七

第[53]封 鱼肚

致胡适（十八）

适之：

昨天收到你廿七的信，知你的身体[和]另【别】的都很好。还是狠（很）瘦，这都是平时劳苦过度，故此一下不能腹元【复原】，体子受伤过度，只好慢慢的【地】养息养息。望你千万不要烦心，把病体调养好了，自言【然】就会胖的。你可以买点黄鱼肚和大海参来吃吃，我记得近仁叔，有一次病了半年多，病的【得】狠（很）利害【厉害】，外面一点都不发热，就是怕寒冷。门都不能开，帐子都不能挂起来，手、足、头都用棉东西包起来。后来吃黄鱼肚狠（很）多，那时候我们家里有的都送去与他吃了。

吕世芳兄这一次病狠（很）利害【厉害】，他现在天天吃黄鱼肚。他说狠（很）补的。聪的牙病恐怕是病久了，虚火望【往】上，不能一听[就]说牙毒太重。我那年病的【得】利害【厉害】，牙齿也是痛的【得】利害【厉害】，头面都肿，牙更肿，牙长出来许多，吃药也不见好。后来，还是到你家来，婆婆把你带回国的花旗参和桂圆、麦冬煎了给我吃好

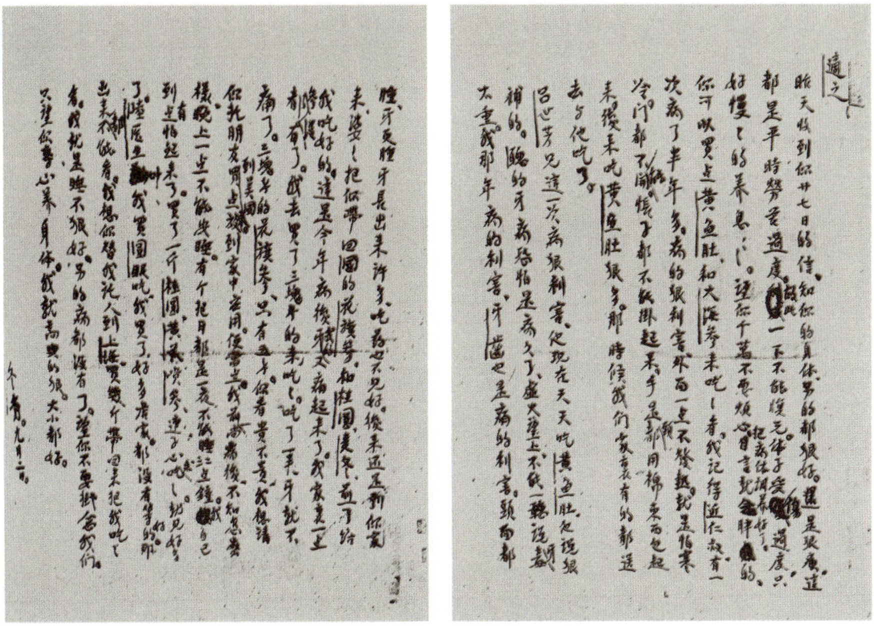

的。这是今年病后，我的牙齿又痛起来了。我家里一点参都没有了，我去买了三块泉（钱）的来吃吃，吃了一半牙就不痛了。三块泉（钱）的花旗参，只有五泉（钱），你看贵不贵？我想请你托朋友到美国买点来，放到家中应用，便当点。我前一尚【场】病后，不知怎么样，晚上一点不能安睡。有个把月都是一夜不能睡三二点钟。我自己到【倒】有点怕起来了，买了一斤桂圆、黄芪、党参、连【莲】子心来吃吃，就见好多了。陆医生叶【叫】我买圆眼吃，我买了好多店家，都没有等【顶】好的，那【拿】出来都不能看。我想你替我托人到上海买几斤带回来把我吃吃看。我就是睡不狠（很）好，另【别】的病都没有了。望你不要挂念我们，只望你专心养身体，我就高兴的【得】狠（很）。大小都好。

冬秀　[1923 年] 九月二日

第 [54] 封 静养

致胡适（十九）

适之：

昨天有一信把你，想已收到了。昨晚接你名片，知你新肿的还没有破，大概现在一定破了。望你千万要静养息为要。

你说回西湖去，我劝你千万不要去。一来西湖边的湿气太重，与【于】你的身体不能住；二来一[有]许多熟人来看你，你又不能不招乎【呼】人。故我一定不要你去，你就到索先生家静养几天，再上医院把疮割好了，再回京来。

陶先生夫妇、王文伯都到京了，请勿念。我们都好，请你放心，我挂念的心就是你会客同做事两样。你把这两件事，你要不见客、不做事、专心养病，那我一点都不着急。只要一

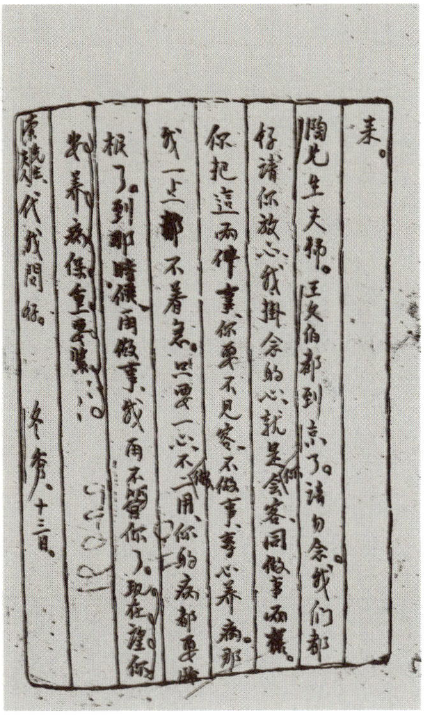
来。
陶先生夫婦，王文伯都到京了，請勿念，我们都
好，請你放心，我掛念的心就是會客同做事两樣，
你把這两件事，你乘不見客不做事，专心养病，那
我一心都不着急，只要一心不二用，你的病都要除
根了，到那時候再做事，我再不管你了，现在望你
安心养病，保重要紧，要紧。
索先生夫人，代我問好。
冬秀，十三日。

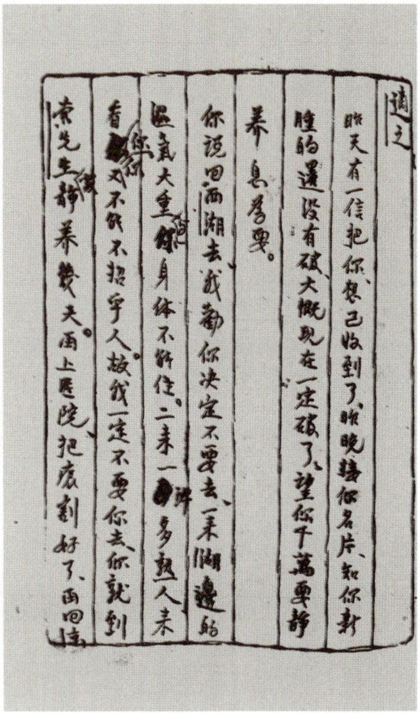
適之
昨天有一信把你，想已收到了，昨晚接你名片，知你新
膛的還没有破，大概现在一定破了，望你千萬要静
养息為要。
你說回西湖去，我勸你决定不要去，一来湖邊的
溼氣大重，你身体不好住，二来一定許多熟人来
看你，又不能不招乎人，故我一定不要你去，你就到
索先生静养幾天，再上医院把疾割好了，再回京

心不做二用，你的病都要除根了，到那时候再做事，我再不管你了。现在望你安[心]养病，保重要紧要紧。

索先生、夫人代我问好。

冬秀　十三日[1]

①此信应写于 1923 年，具体日期待考。

第 [55] 封 休息

致胡适（二〇）

适之：

今天冠英到了，你托他带来的小孩子的东西收到了。祖、菲两个都狠（很）高兴，但是杜儿一点东西都不送他〖一点〗，这是你心大【太】不公平了。我前几天接到你来信说替商务、亚东看稿子，又【有】时白天有客来，我看了反心里狠（很）难受的。这样你带病做工，怎能把病养好呢？等【顶】好你现在不〖能〗替他们用苦工，〖你〗专心养两个月的病，也不要会客，你的病自然就全好了。你这样带病做工，这都是我们要问你要泉（钱）过活，故害你不能不想到做工的口上去。我现在望你不要寄泉（钱）来把我，你不要收商务的泉（钱）了，万不能替他看稿子，还是把病养好再做【作】道理。你的带病做事，你的病再到和【何】时得好呢？到叶【倒叫】我心里狠（很）不放心。望你决计不能令【领】泉（钱），可不替他们两办【边】做事。

本当我接你的信，就要写回信。我病了一个多礼拜，先起是打摆子，我就吃金鸡纳霜，那【哪】知道越吃越〖吃〗利害【厉害】。到第四次热

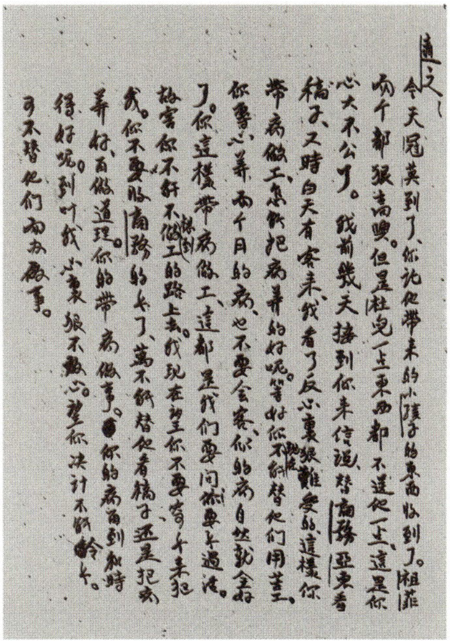

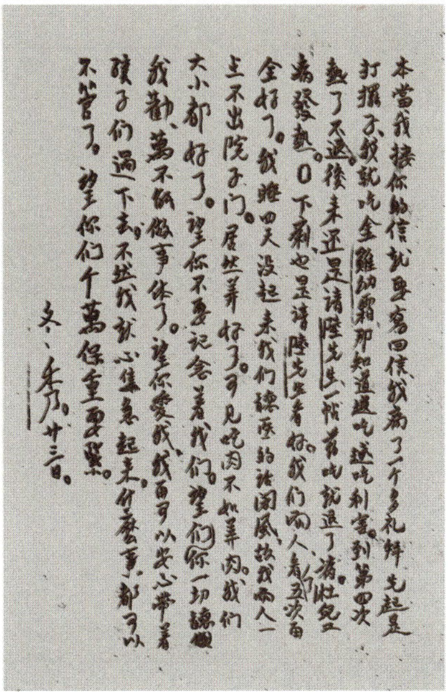

了不退，后来还是请陆先生一贴药吃就退了病。杜儿又病发热，〇下痢[①]，也是请陆先生一贴药看好。我们两【俩】人，看了五次再【才】全好了。我睡四天没起来，我们听医生的话，闭【避】风，故我两【俩】人一点不出院子门，居然养好了，可见吃肉不如养肉。我们大小都好了，望你不要记念着我们。望你们一切听我劝，万不能做事体了。望你爱我，我再【才】可以安心带着孩子们过下去，不然心焦急起来，什么事都可以不管了。望你们千万保重要紧。

冬秀　廿三日[②]

①原文如此。②此信应写于 1923 年，具体日期待考。

第 [56] 封 思聪

致胡适（二一）

适之：

快信和廿二日的信，都收到了。聪的病是狠（很）利害【厉害】的，不过无论怎么样，尽量的【地】替他医，一方面劝他吃东西务要小心。不能爱吃就吃大【太】多，这都是聪大【太】不能记【忌】口，等【顶】好样【让】他多住医院，少吃外面的东西，再看怎么样，回则来京再到协和去看。等【顶】好南方看的【得】对，还是样【让】他到南方医，有他的父亲照应。到北方来，他也是不狠（很）好好的【地】去看病，故我望他好好的【地】到南方医医。

思敬来京不来，样【让】二哥自己做主，我们不能一定叶【叫】他来。回则【或者】二哥还有别的意见，也位【未】可知。来如【和】不来，样

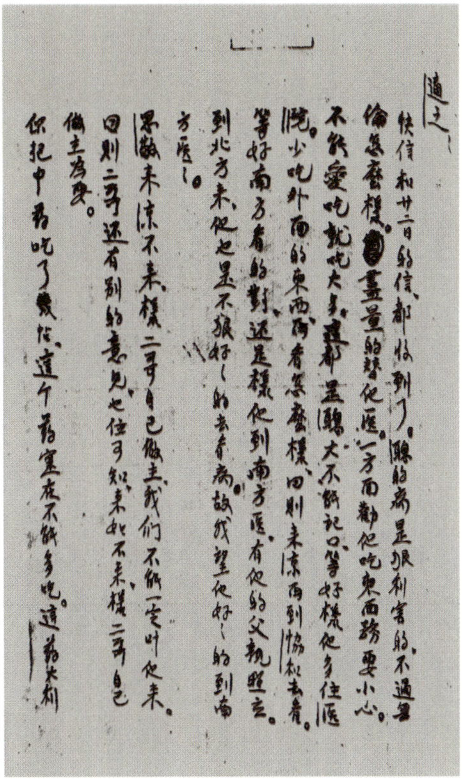
適之：
快信和廿二日的信，都收到了。聰的病是狠利害的，不過望
倫慈[illegible]樣，[illegible]盡量的替他医。一方面勸他吃東西務要小心。
不能愛吃就吃太多，這都是聰大不能記口。等好樣他多住医
院。少吃外面的東西，看怎麼樣。回則來涼而到協和去看。
等好南方看的對，還是樣他到南方医。有他的父親照应。
到北方來，他也是不狠好好的去看病。故我望他好好的到南
方医医。
果然來涼不來樣，二哥自己做主。我們不能一定叫他來。
回則二哥還有别的意見，也住可知，來也不來樣二哥自己
做主為要。
你把中药吃了幾帖，這个药實在不能多吃。這药大利

【让】二哥自己做主为要。

你把中药吃了几贴，这个药实在不能多吃，这药大利害【太厉害】，千万不能吃了。陆先生说过，不收口容易【容易收口】。他叶【叫】我选三个小孩子的剂【脐】带，〖他〗等你回来，他一定可以替你制好【治好】。我托闫海的母亲，他是产婆，可以选的【得】到这个东西。

学堂的薪水，我想一定叶【叫】他们改为半薪，你下学期决不能来京上稞【课】。我想劝你无论什么事，你都不要管，专门养病，把病养好。再多做事不为晚，又免了我替你们时时着急，天天但【担】忧你们的病。我现在什么心思都没有了，就盼望你叔侄把病养好。再照前五年的那个精

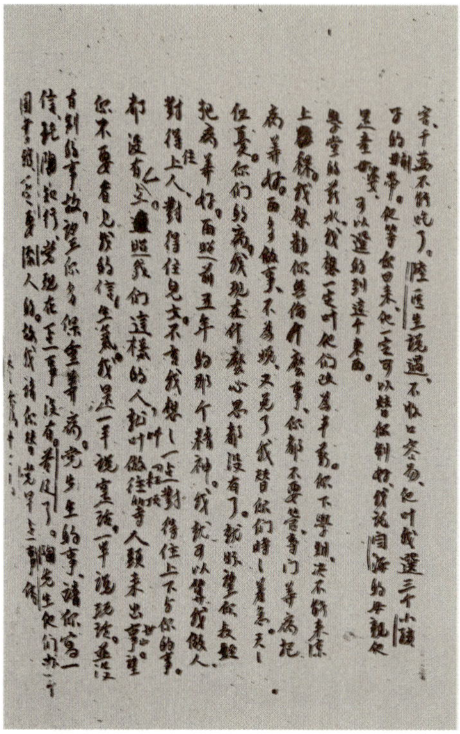

神，我就可以算我做人对得住上人，对得住儿女，不言【然】我想想一点对得住上下与你的事都没有〖一点〗。照我们这样的人，就叫做“枉顶人头来出世”。望你不要看见我的信生气，我是一半说实话，一半说玩[笑]话，并没有别的事故，望你多多保重养病。党先生的事，请你写一信托陶行知，党现在一点事没有，苦极了。陶先生他们办一个图书馆，一定要添人的。故我请你替党早【找】点事体。

冬秀　十二日[1]

①此信应写于 1923 年，具体日期待考。

第 [57] 封 割治

致胡适（二二）

适之：

前天下午接到你的信和诗，知你的肿处还没有破，大概现在一定破了。我想你这一次的痛苦，也不知道痛到什么样子。我在此地又不能来看你，我心里狠（很）不安。你说睡眠甚多，不狠（很）会客，我心里又狠【很】高兴，望你多睡少看小说，看多了，也难为人，故我要禁子【止】你了。

昨日朱小担【姐】来，他听说你要去割治，他说不能割。他有个朋友，也是这样的病。他割了五次都没有好，反来见利害【厉害】，后来还是一个医生开了一个药方，吃了两付药就好了，后来没有发过。他把这药方开来与你吃，我今把药方寄来，你看如何，请你自己作主罢。

昨天我的小姨来了。他【她】的母亲听说你在南方病

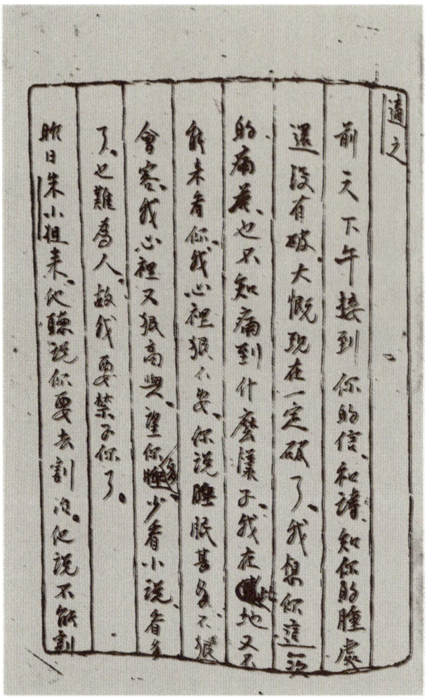
適之
前天下午接到你的信、和請、知你的腫處
還沒有破、大概現在一定破了、我很你這次
的痛苦、也不知痛到什麼樣子、我在此地又不
能來看你、我心裡很不安、你說睡眠甚多、不很
會客、我心裡又很高興、望你多少看小說、看多
了、也難為人、故我要禁子你了。
昨日朱小姐來、他聽說你要去割治、他說不能割

了，他【她】老人家狠（很）着急的，打了两次电话来问，他【她】听力不好，故叶【叫】他【她】女儿来问问。就是你去看他【她】的四老太太，他【她】同我母亲等【顶】要好的。上礼拜五，他【她】的儿子请你吃饭，我们回他【她】到南边去了。他们说你病了，故他【她】着急。

前天我说思聪要到上海来，他这两天没有说了，我也不一定叶【叫】他来，要是路上受了苦，回来身体养的【得】不好，我又着急。我前次与你说把他的弟、妹带来，我没有听他们说，先与你商量，你再听他们说，你要赞成，你就写信把二哥，你不赞成就罢。我们大小都平安，望你多多保重要紧要紧。

冬秀　十五日[1]

①此信应写于 1923 年，具体日期待考。

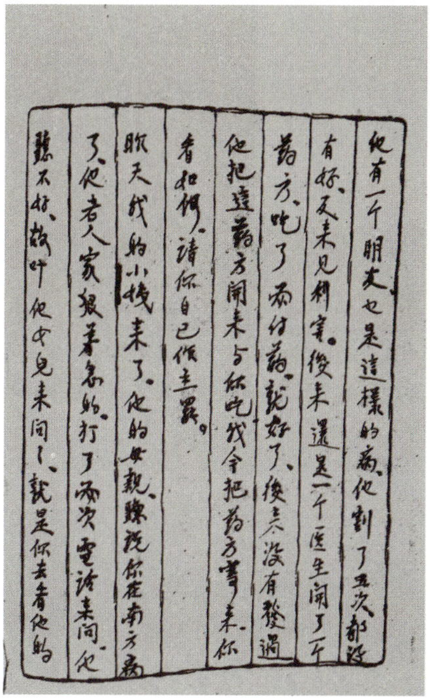

他有一个朋友也是這樣的病，他割了五次，都沒
有好，又來見利害。後來還是一个医生開了一个
葯方，吃了兩付葯，就好了，後來沒有發過。
他把這葯方開來与你吃，我今把葯方寄來你
看如何，請你自己作主罷。
昨天我的小錢來了。他的母親聽說你在南方病
了，他老人家狠着急的，打了兩次電話來問。他
聽不好，故叫他女兒來問問，就是你去看他的

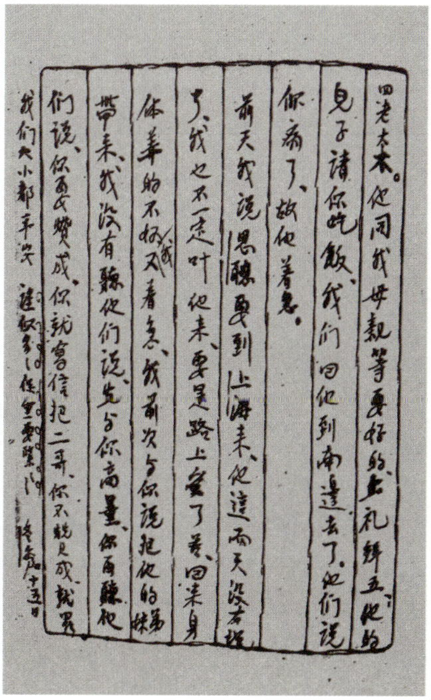

四老太太。他同我母親等要好的，去礼拜五，他的
兒子請你吃飯，我們回他到南邊去了。他們說
你病了，故他着急。
前天我說思聰要到上海來，他這兩天沒有說
了，我也不一定叫他來，要是路上受了寒，回來身
体弄的不好，又着急。我前次与你說把他的妹妹
帶來，我沒有聽他們說，先与你商量，你再聽他
們說，你要是贊成，你就寫信把二哥，你不贊成，就罷
我們大小都平安
祝你多多保重身體
[illegible] 十五日

第 [58] 封 生病

致胡适（二三）

适之：

昨天收到你快信，知你的肿处破了。我心里放开了，不过还要留意，不能样【让】他再起了，你的身体受不住这样的痛苦了。

黄先生说，心脏肺脏强多了。这是他看的【得】对，可以多服点药，一次调里【理】好了，免得病长了就难医了。

你说一涵讨人的话，说了这一大便【篇】，简直叶【叫】我莫名其妙。我问洛声，他说不狠（很）明白，你都贺起喜来了，实在冷【令】人可笑。这也不管他，我自己的事都管不了。我这几个礼拜都着急的【得】要命，前一相【向】聪的牙拔了，说［不］出不子【话了】，都险的【得】狠（很）了。

这一个礼拜，三个小孩都病了。现在全都好了。上礼拜三晚上杜儿发沙【痧】，肚痛的【得】利害【厉害】，冷汗子【直】出，小孩当时不狠（很）能笑，我用卧能丹、沙【痧】药吃下去，再把他一箝，后来再【才】好了。要是睡着了，小孩子一定要没有用【救】了。我的咳嗽病又发了，咳的【得】狠（很）利害【厉害】，我想过两天再不好，要去看医生了。不过，没有大病，这是小毛病，狠（很）不要紧的。祖儿叶【叫】我对你说，他去上了两天稞【课】了，朱先生狠（很）喜欢他。他要问你要一双皮鞋，还要玩的东西呢。他想你回来了，女儿也想你了。二哥昨天同我琰琰【谈谈】，他说把女孩子与思敬带到京来，女孩大了，川沙房屋大【太】小，不能住了。思口他往后自己在上海做事，再带到上海读书。我想也好，随他的意罢。聪侄可看黄医生了吗？说起他们着急，这样一来，病怎的养的【得】好呢？故样【让】他南来，把黄钟医生看看。一方面你还要好好的【地】劝劝他，千万要叶【叫】他安静养病，不能害【瞎】想。

里面股票一张，白纸条打的图章，都封在里面。还有一个电报一并寄上，请收。我们都好，请勿念，望你多多保重要紧。

冬秀　廿八日[①]

①此信应写于1923年，具体日期待考。

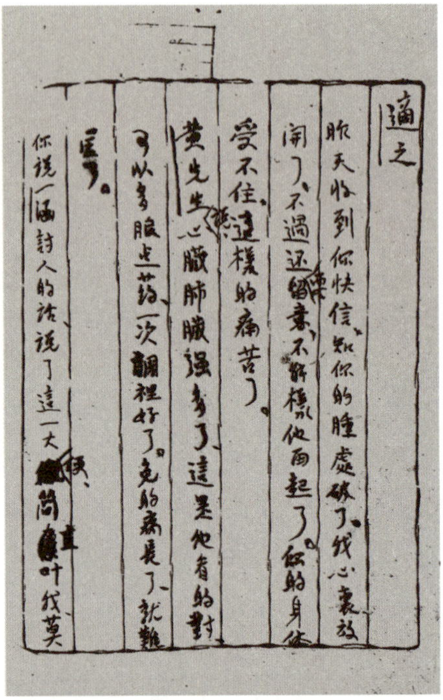

適之

昨天收到你快信，知你的腫處破了，我心裏放開了。不過还留意，不能穩他再起了。你的身体受不住。這樣的痛苦了。黄先生説心臟肺臟強多了，這是他看的對。可以多服些藥，一次調理好了。免的病長了，就難医了。

你説一個封人的話，説了這一大[illegible]便，簡直[illegible]叫我莫

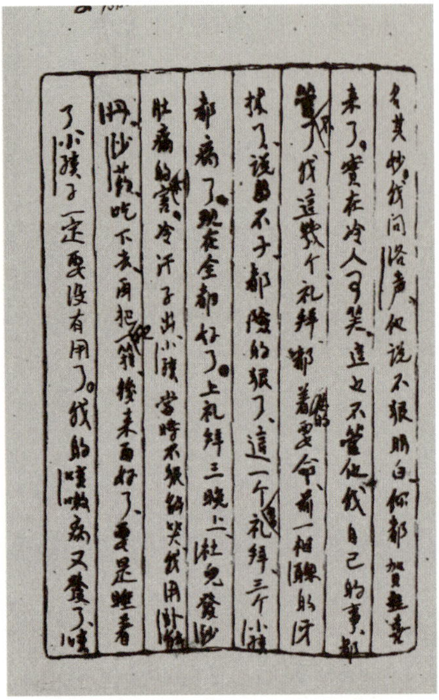

名其妙。我问路声，他説不狠明白。你都加無妻来了。實在冷人可笑。這也不管他，我自己的事，都管了。我這幾个礼拜，都着要命，前一個礼的牙拔了。説是不子都陰的狠了。這一个礼拜，三个小孩都病了。现在全都好了。上礼拜三晚上，杜兒發痧肚痛的要，冷汗了出。小孩當時不狠好，我用卅沙藥，吃下去再把痧擦出来再好了。要是瞌着了，小孩子一定要没有用了。我的咳嗽病又發了，咳

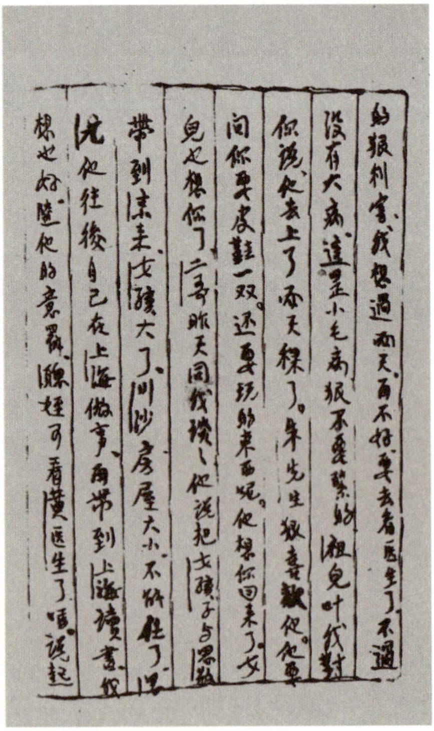

的狠利害。我想過兩天，再不好，要去看医生了。不過没有大病。這是小毛病，狠不要紧的，狠免叫我對你説。你去上了两天課了。朱先生狠喜歡他。他要问你要皮鞋一双。还要玩的东西呢。他想你回来了。女兒也想你了。二哥昨天同我談談，他説把女孩子与思猷帶到京来。女孩大了，川沙房屋太小，不能住了。思猷他往後自己在上海做事，再带到上海讀書。我想也好，随他的意思。猷姪可看黄医生了。唔，説起

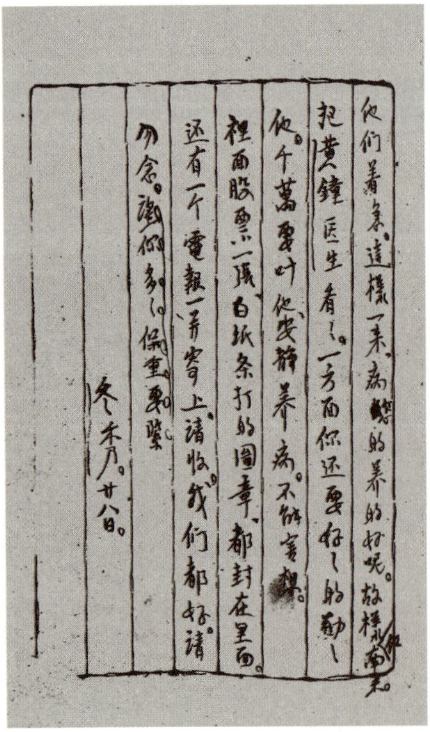

他們着急。這樣一来，病總的养的好呢。故樣你南来。把黄鍾医生看看。一方面你还要好好的勸勸他。千萬要叫他安静养病。不能害得。裡面股票一張，白紙条打的圖章，都封在里面。还有一个電報一并寄上，請收。我們都好。請勿念。望你多多保重要紧。

冬秀。廿八日。

第 [59] 封 租借

致胡适（二四）

适之：

九月十一、廿二两号的信，都收到了。还有画片，全收到了，请勿念。

你现在身体怎么样，我狠（很）念念。我有一次在蔚慈家玩，蔚慈夫人告诉我，说你大病一次，狠（很）危险。我问他【她】你究竟害的什么病，他【她】又不说明白。我问蔚慈，他又不好好的【地】告诉我，只说早好了。你究竟病到什么样子，你何必一定要不告诉我？我样【让】张太太一说，我心里到【倒】有点不放心起来了，望你写信仔细告诉我你是什么病，我好放心。

我伤风有一个多礼拜，现在还有点咳嗽，发了有三天寒热，就好了。小三面上黄见好了一

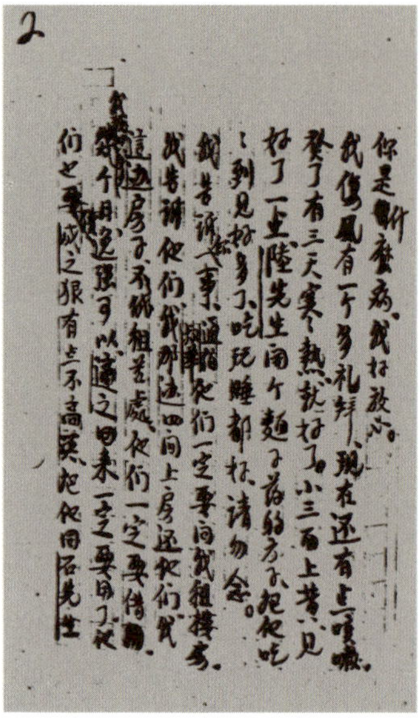

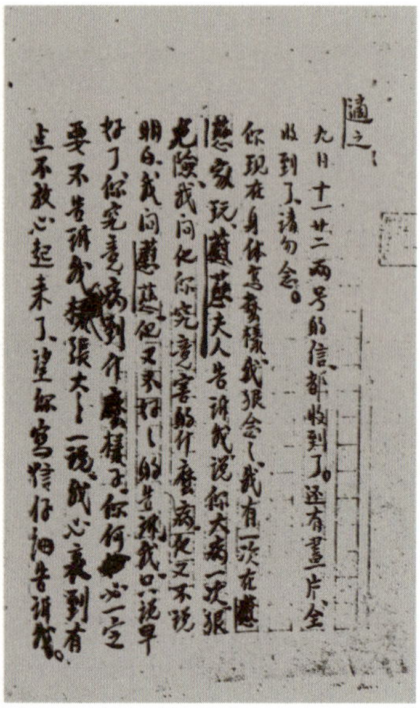

点，陆先生开个面子药的方子把他吃吃到【倒】见好多了。吃、玩、睡都好，请勿念。

我告诉你一事，通伯、叔华他们一定要问我租楼房，我告诉他们，我西单那边四间上房还他们，我这边房子不能租[的]苦处，他们一定要借用。我说，只多【至多】几个月逸【勉】强可以，适之回来一定要用了，他们也要借。成之狠（很）有点不高兴，把他同石先生劝到西边小屋里。也不怪他们呢，他问我汝骐他们回来住什么地方，他有朋友客来一点玩的屋子没有。故我托蔚慈去回他们，不能借。他们两位今天叫人来糊房子了，[竟]有这样的人，不故【顾】人家同意不同意，糊【胡】闹！我托丁太太告诉他，只能借三四个月可以，适之一有信回来，我一定要要[回来]。如其适之不回来，侄儿他们放假回来，住的房子且有多少的不便难处在

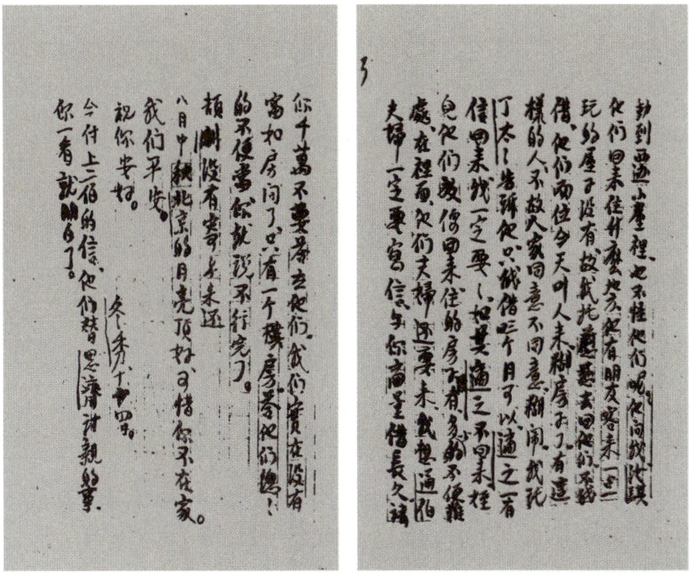

3

剛到西边小屋裡，也不怪他们呢。他问我沈[illegible]

他们回来住什麼地方，我有朋友客来[illegible]

玩的屋子没有，故我托通伯问他們不能

借，他们兩位今天叫人来翻房子了，有這

樣的人，不故大家同意不同意，翻开，我說

丁太々告訴他只能借些个月，可以通之一看

信回来找，一定要々相[illegible]通之不回来住

包他们教停回来住的房子，有多的不便難

處，在裡面。他们夫婦還要来。我想通伯

夫婦一定要寫信与你商量借長久，請

你千萬不要答应他们，我们實在没有富如房间了，只有一个樓房，答他们總々的不便當，你就說不行完了。

頡剛没有寄泉来还

八月中秋北京的月亮顶好，可惜你不在家。

我们平安。

祝你安好。

冬秀 十月四日

今付上二伯的信，他们替思齊討親的事，你一看就明白了。

里面。他们夫妇还要来。我想通伯夫妇一定要写信与你商量借长久，请你千万不要答应他们。我们实在没有富如【余】房间了，只有一个楼房，答（应）他们总总【种种】的不便当，你就说不行完了。

颉刚没有寄泉（钱）来还。

八月中秋北京的月亮顶好，可惜你不在家。我们安好。祝你安好。

冬秀 [1923 年] 十月四日

今付【附】上二伯的信，他们替思齐讨亲的事，你一看就明白了。

第 [60] 封 西湖

致胡适（二五）

适之：

今天接到你的信，知你没有别的病，我心里放下一大半了。医生劝你到西湖去玩玩，我也狠（很）赞成的，不过你自己要知道你是去养病的，不能同一班徽州小孩子在一个地方。他们长长【常常】来烦你，我就怕这个上头，叶【叫】你还不是白白的不能静养吗？故此，我不愿意你去。你这一次去能定【和】他们不在一块呢【吗】？我看你一定又是做不到，故我十分不放心。你往往〖的〗大【太】不知道自己的身体，专做烂好人。害了你自己身体，害了我时时着急。我有时候想想，心里狠（很）难受。我想现在的人，要就十分有本事，要就是呆子，到这个世界上到【倒】狠（很）好过。照我们样的人，说呆又不呆，又没有本事，做人大【太】没有意思，只能当一件没有用的物食【什】罢了。

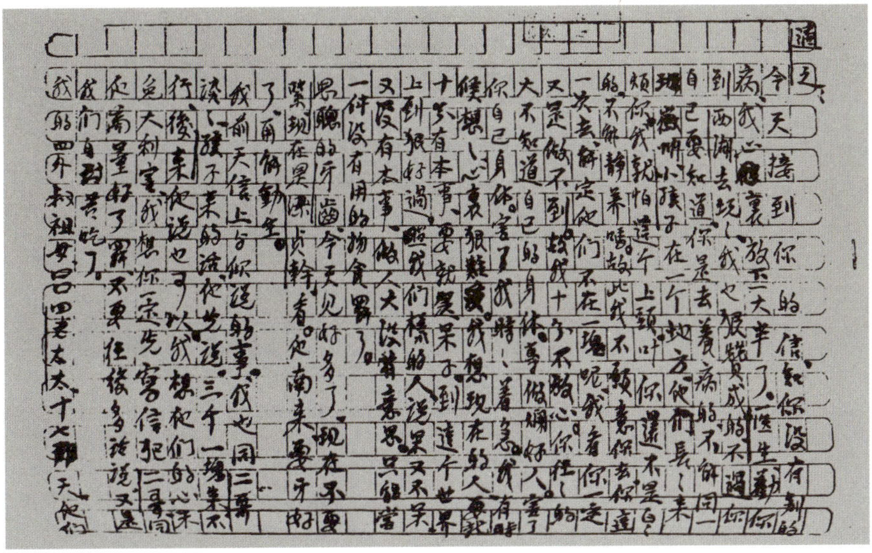

思聪的牙齿，今天见好多了，现在不要紧。现在是梁贞干看。他南来要牙好了，再【才】能动生【身】。

我前天信上与你说的事，我也同二哥谈谈。孩子来的话，他先说三个一块来不行，后来他说也可以。我想他们的心未免大利害【太厉害】，我想你一定先写信把二哥，同他商量好了罢，不要往后多话说，又是我们自讨苦吃了。

我的四外叔祖母、吕四老太太，十七那天他们都上我这里来，都来问你的病。他老人家要想在这块住两天，我的小姨叶【叫】我不要留他，说他上年纪的人了。他老人家吃了晚饭再【才】回去。我小姨、方太太、大嫂子的老太太，他们都说牌没有的好，后来他们不去，再【才】我们又来。我们头天下午三点钟打

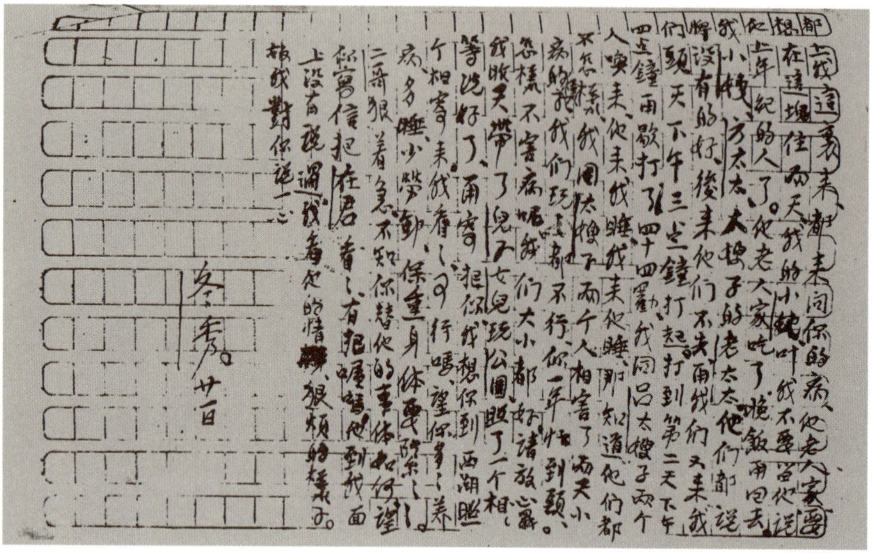

起，打到第二天下午四点钟再【才】歇，打了四十四劝【圈】。我同吕太【大】嫂子两个人唤【换着】来，他【她】来我睡，我来他【她】睡，那【哪】知道他们都不怎样，我同太【大】嫂子两个人相【像】害了两天小病的样子。我们玩小都不行，你一年忙到头，怎样不害病呢！

我们大小都好，请放心罢。我昨天带了儿子女儿玩公园，照了一个相，等洗好了再寄把你。我想你到西湖照个相寄来，我看看可行吗？望你多多养病，多睡，少劳动，保重身体要紧要紧。二哥狠（很）着急，不知你替他［办］的事体如何，望你写信把在君，看看有把喔【握】吗。他到【在】我面上【前】没有说过，我看他的情形，狠（很）烦的样子，故我对你说一心【声】。

冬秀 ［1923年10月］廿一日

第[61]封 杏花

致胡适（二六）

适之：

前后共来几次信，知你决定医好痔疮再回来。不过今早接到你来信，才知道你受多没【么】大的痛苦，望你要吃点补品，人的精神再【才】受的【得】了。千万不能大意。你请人替你买点等【顶】好的西洋参和桂圆著【煮】水吃，每天当茶吃，不能随便。你买个火酒炉来自己著【煮】，狠（很）容易。盼望你早日治好，少受点痛苦。

北京情行【形】，有战事没有战事，我们年年看贯【惯】了，我一点不怕。我们住的地方不在市面上，要好的【得】多，你不必挂念家中。

我的米面煤柴油都买的【得】多，可以

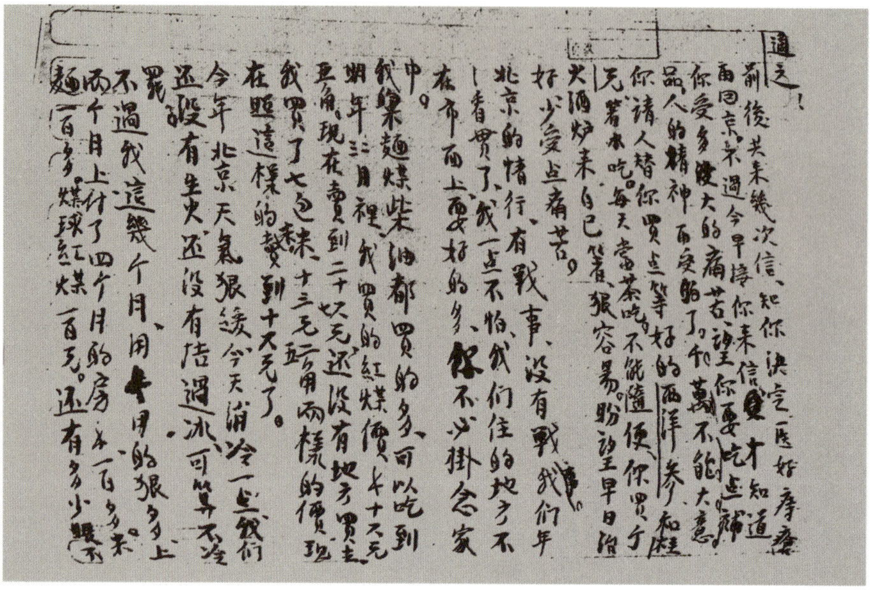

適之！
前後共來幾次信，知你決定一醫好痔瘻而回京，不過今早接你來信，才知道你受多麼大的痛苦。望你要吃點補品，人的精神而受夠了，千萬不能大意。你請人替你買點頂好的西洋參和桂元着水吃。每天當茶吃，不能隨便。你買個火酒爐來自己燉着，狠容易。盼望早日治好，少受點痛苦。

北京的情行，有戰事、沒有戰，我們年年看慣了，我一點不怕，我們住的地方不在市面上，要好的多，你不必掛念家中。

我家麵、煤、柴、油都買的多，可以吃到明年三、四月裡。我買的紅煤價七十六元五角，現在賣到二十八九元，還沒有地方買去。我買了七包米，十三元五角，兩樣的價，現在照這樣的賣到十九元了。

今年北京天氣狠暖，今天稍冷一點。我們還沒有生火，還沒有結過冰，可算不冷罷。

不過我這幾個月，用十月的狠多多，上兩個月上付了四個月的房子一百多元，麵一百多，煤球、紅煤一百元。還有多少眼不

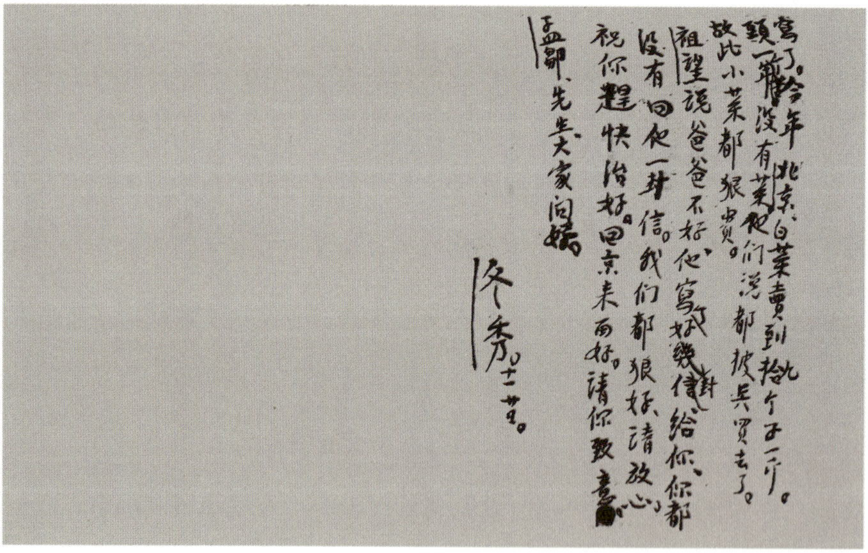

寫了。今年北京，白菜賣到拾九個子一斤。頭一樣沒有菜，他們說都被兵買去了。故此小菜都狠貴。

祖望說爸爸不好，他寫了好幾封信給你，你都沒有回他一封信。我們都狠好，請放心。

祝你趕快治好，回京來而好。請你致意孟鄒先生，大家問好。

冬秀 十一、廿五。

吃到明年二三月里。我买的红煤价泉（钱）十六元五角，现在卖到二十六七元还没有地方买去。我买了七包米，十三元二五角，两样的价，现在照这样的来，卖到十六元了。

今年北京天气狠（很）缓【暖】，今天消【稍】冷一点。我们还没有生火，还没有结过冰，可算不冷罢。

不过我这几个月，用泉（钱）用的【得】狠（很）多。上两个月付了四个月的房泉（钱）一百多，米面一百多，煤球红煤一百元，还有多少账不写了。今年北京白菜卖到九、十个子一斤，头一个苦年没有菜。他们说都披【被】兵买去了，故此小菜都狠（很）贵。

祖望说爸爸不好，他写了好几封信给你，你都没有回他一封信。我们都狠（很）好，请放心。祝你赶快治好，回京来再好。请你致意孟邹先生、大家问好。

冬秀 ［1923年］十一、廿日

第[62]封 缘故

致胡适（二七）

适之：

你前两个星期给我的信，你说十三四大概可以动生【身】。你叶【叫】我不必写信把你，故我就没写信把你，但是你到今天也没有回京，也没有信把我，叶【叫】我这四天心里着急的【得】不得了。还是你又发病了，还是有另[外]的原【缘】故？我日晚挂念和着急。你这一次离京，我没有一天心里不发愁，加只【之】你每次叶【叫】我盼望和着急，这是怎样说发【法】呢？

今天丁在君由天津赶来看你，叶【叫】我把人去打扫房子。前天王文

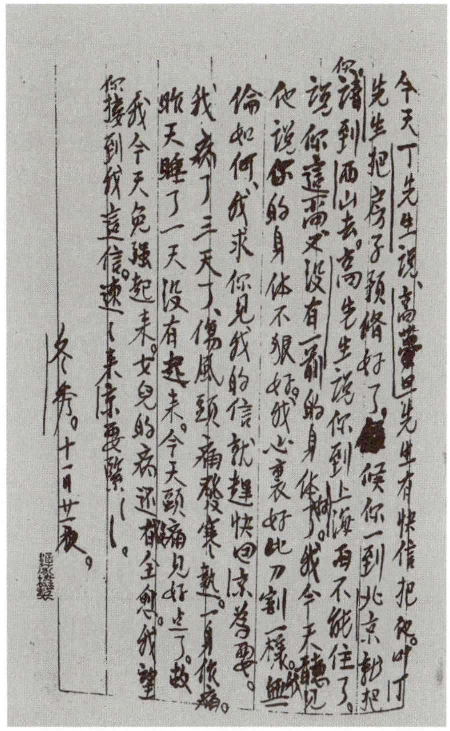
今天丁先生说，高梦旦先生有快信把他，叫丁
先生把房子预备好了，候你一到北京就把
你请到西山去。高先生说你到上海再不能住了。
说你这一向又没有一前的身体好了。我今天听见
他说你的身体不狠好，我心里好比刀割一样。无
论如何，我求你见我的信，就赶快回京为要。
我病了三天了，伤风头痛发寒热，一身很痛。
昨天睡了一天没有起来。今天头痛见好些了。故
我今天勉强起来。女儿的病还都全愈。我望
你接到我这信，速速来京要紧。
冬秀。十一月廿夜。

伯打电话来说，西山的房屋借好了。今天丁先生说，高梦旦先生有快信把他，叶【叫】丁先生把房子预备好了，候你一到北京就把你请到西山去。高先生说你到上海再不能住了，说你这一尚【向】又没有一【以】前的身体好了。我今天听见他说你的身体不狠（很）好，我心里好比刀割一样。〖我〗无论如何，我求你见我的信，就赶快回京为要。

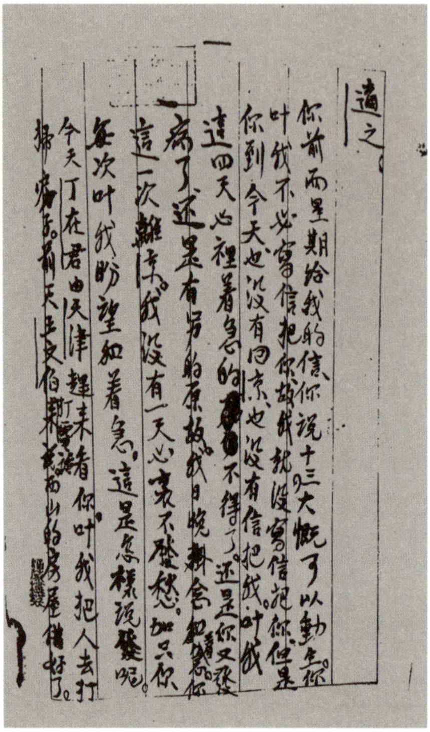
適之：

你前兩星期給我的信，你説十三大概可以動身。你叫我不必寫信把你，故我就没寫信把你。但是你到今天也沒有回京，也没有信把我。叫我這四天心裡着急的[illegible]不得了。还是你又發病了，还是有另的原故。我日晚都念着你，這一次離京，我没有一天心裏不發愁。加只你每次叫我盼望和着急，這是怎樣説法呢。

今天丁在君由天津趕来看你，叫我把人去打掃房。前天王文伯[illegible]西山的房屋借好了。

我病了三天了，伤风头痛发寒热，一身作痛。昨天睡了一天没有起来，今天头疼见好点了，故我今天免【勉】强起来。女儿的病还没有全【痊】愈，我望你接到我这信，速速来京要紧要紧。

冬秀 [1923年] 十一月廿一夜

第肆章 我负责赚钱，你负责花

婚后，江冬秀花钱开销很大，但她把钱并不是一味地用于挥霍、打牌浪费，而是除了日常生活开销外，还把钱捐给贫困的人，资助需要的人，捐给家乡父老，为胡适攒下好名声。这些义举让胡适也很敬佩。

许多人都说胡适是『妻管严』，胡适顺势推出了男人的『三从四德』：三从就是：太太出门要跟从、太太命令要服从、太太说错要盲从；四德就是：太太打骂要忍得、太太化妆要等得、太太生日要记得、太太花钱要舍得。

第[63]封 迎接

一九二四年
致江冬秀（一）

冬秀：

今早到了，一切平安。

昨晚七点十五分到奉天，有奉天的满铁事务所长吉武君来迎接，引到一家纯粹日本式的餐馆去吃饭，吃的是日本饭菜。吉武君知道我不懂日本情形，教我入门脱鞋，入室并脱拖鞋。吃饭时，他叫了一个日本艺妓来，作一种日本舞，有别一个妓女弹三弦琴和之。这还是中国古代唐宋朝代的遗风，在中国久没有了。九点二十分上车，今早八点半到大连。天气很凉快，一点都不痛苦。

在没有到大连之前的前四站，即有中国代表四人上车来欢迎；前二站又有二人上来欢迎，使我很不安。

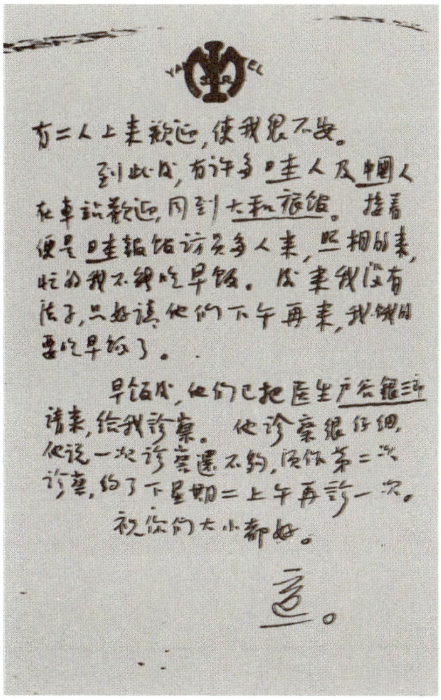

有二人上来欢迎，使我很不安。

到此后，有许多日本人及中国人在车站欢迎，同到大和旅馆。接着便是日本报馆访员多人来，照相的来，忙的我不能吃早饭。后来我没有法子，只好请他们下午再来，我饿的要吃早饭了。

早饭后，他们已把医生户谷银三郎请来，给我诊察。他诊察很仔细，他说一次诊察还不够，须作第二次诊察，约了下星期二上午再诊一次。

祝你们大小都好。

适。

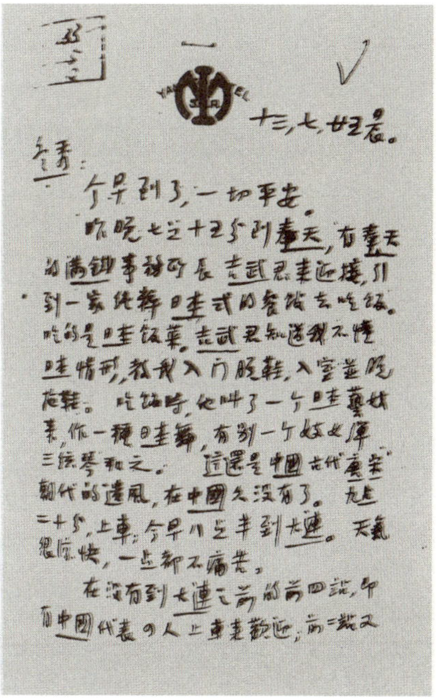

一

十三，七，廿三晨。

冬秀：

今早到了，一切平安。

昨晚七点十五分到奉天，有奉天的满铁事务所长志武君来迎接，引到一家很有名的日本式的餐馆去吃饭。吃的是日本饭菜。志武君知道我不惯日本情形，教我入门脱鞋，入室盘脚。吃饭时，他叫了一个日本艺妓来，作一种日本舞，有别一个妓女弹三弦琴和之。这还是中国古代唐宋朝代的遗风，在中国久没有了。九点二十分上车，今早八点半到大连。天气很凉快，一点都不痛苦。

在没有到大连之前的前四站，即有中国代表的人上车来欢迎，前二站又

到此后，有许多日本人及中国人在车站欢迎，同到大和旅馆。接着便是日本报馆访员多人来，照相的来，忙的【得】我不能吃早饭。后来我没有法子，只好请他们下午再来，我饿的【得】要吃早饭了。

早饭后，他们已把医生户谷银三郎请来，给我诊察。他诊察很仔细，他说一次诊察还不够，须作第二次诊察。约了下星期二上午再诊一次。

祝你们大小都好。

适　十三，七，廿五晨

第 [64] 封 邮票

致江冬秀（二）

冬秀：

今午寄一长信，但误用了中国邮票，不知收到否？据旅馆人说，寄是寄出的，但到时须加倍罚邮票。你若收到“欠资”信时，那是我寄的。我很平安。

适 十三，七，廿五，下午六时

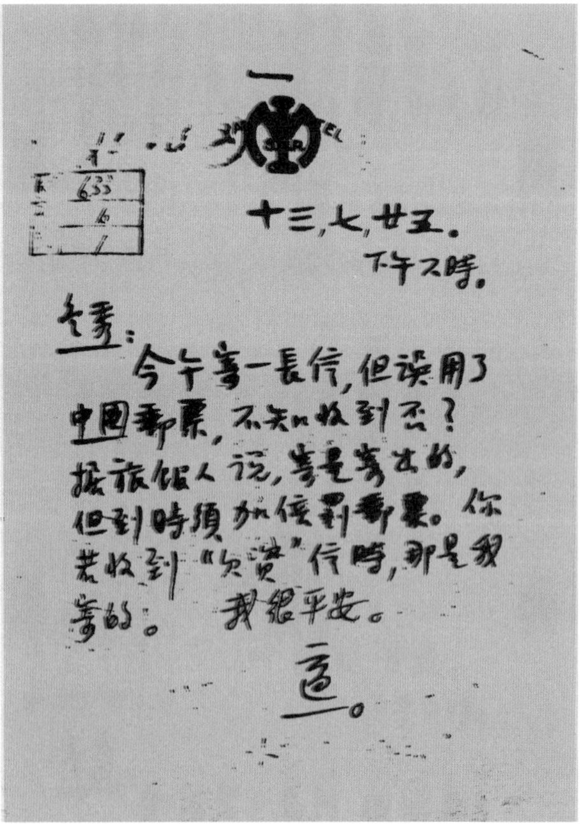
十三，七，廿五。
下午六時。

冬秀：
今午寄一長信，但誤用了中國郵票，不知收到否？據旅館人說，寄是寄出的，但到時須加倍罰郵票。你若收到“欠資”信時，那是我寄的。我很平安。

適。

第 [65] 封 平安

一九二五年
致江冬秀(一)

车上熟人甚多，颇不寂寞。请放心。此时一切平安。

你要留心你的病，我很担心。

有信寄武昌师范大学杨金甫先生转。

适之 1925 年 9 月 25 日

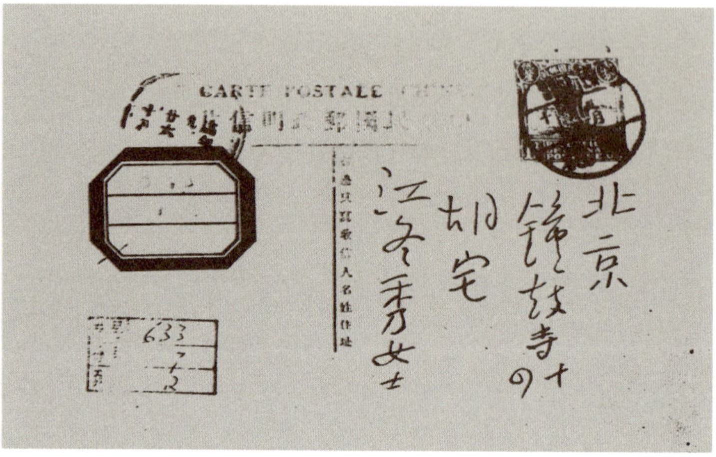
CARTE POSTALE
中華民國郵政明信片

北京
鍾鼓寺十四
胡宅
江冬秀女士

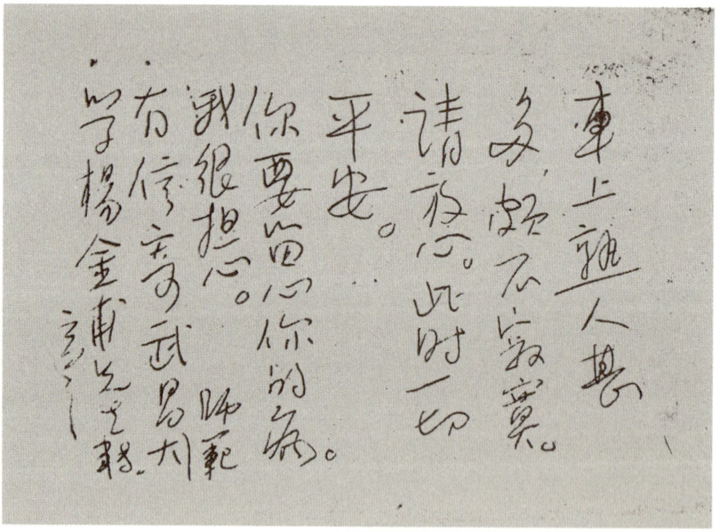
車上離人甚多，頗不寂寞。請放心。此時一切平安。

你要留心你的病。我很担心。

有信寄武昌大師範學楊金甫先生轉。

適之

第 [66] 封 汉口

致江冬秀(二)

今早九时到汉口，王雪艇、杨金甫等许多朋友都在车站接我们。十点过江，住在郭复初先生家里。一路平安。你好了吗？

适之 （9 月 25 日）

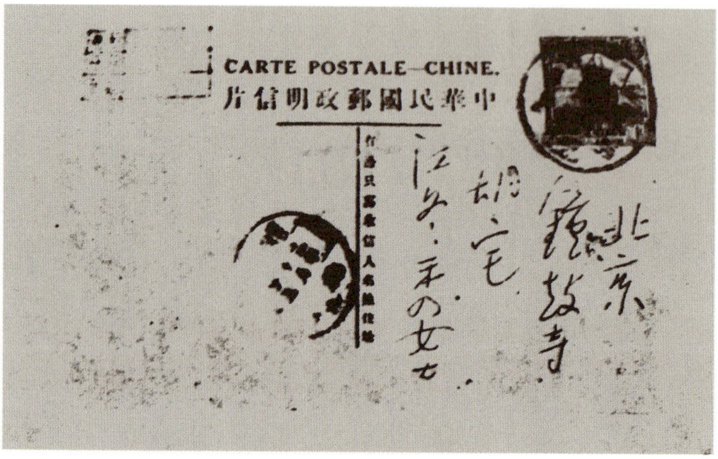

CARTE POSTALE—CHINE.
中華民國郵政明信片

北京
鐘鼓寺
胡宅
江冬秀女士

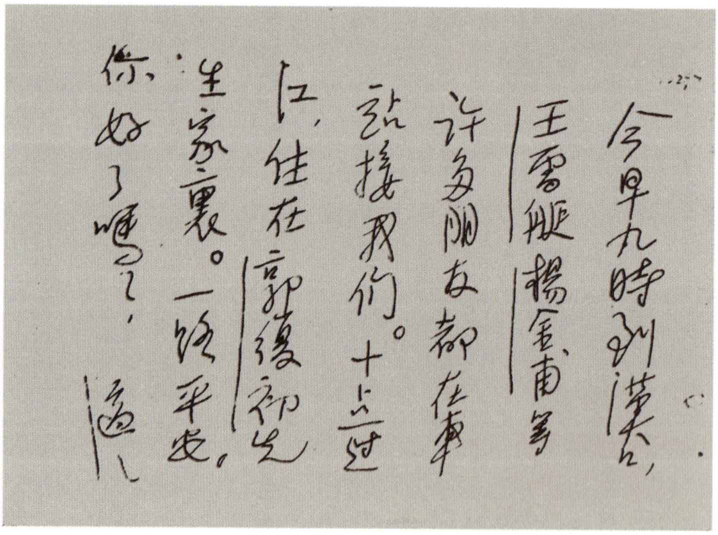

今早九時到漢口，王雪艇、楊金甫等許多朋友都在車站接我們。十点过江，住在郭復初先生家裏。一路平安。你好了嗎？

適之

第[67]封 告别

致胡适

适之：

二日的信收到了。上海过冬不如北京，什么地方都没有北京好。我们到京住惯了，我想别的地方过夏天也不好是【似】北京，早晚一点不热，都是狠（很）凉的。

你天天这样的受痛苦，怎样好呢？我看这样的外科医生恐怕是多要泉（钱）罢，因〖此〗我有一个姑姑，他【她】害栗疮，有廿多个，请外科医生致【治】，开口二百元，后来说好卅元包好。一个礼拜拔一个，医到十几个上头他不替取了〖出来〗。后来医生对人说，他把我泉（钱）大【太】少，故我慢慢的，后来又添了卅元，取的【得】狠（很）快，取到零了【临了】又还有两个慢慢的【地】不拔出来。医生说他身体不好，过几天这不容易拔，后来我叔婆狠（很）急了，当面对他说，你要多[少]泉（钱）给你多少泉（钱），不能不拔出来呢。他说的【得】狠（很）客气，好说。再托人与他说好，非一百元药本不行，就给一百元，两个礼拜全好了。我看你不如请人问他，可是药本不敷用。不如多加泉（钱），人

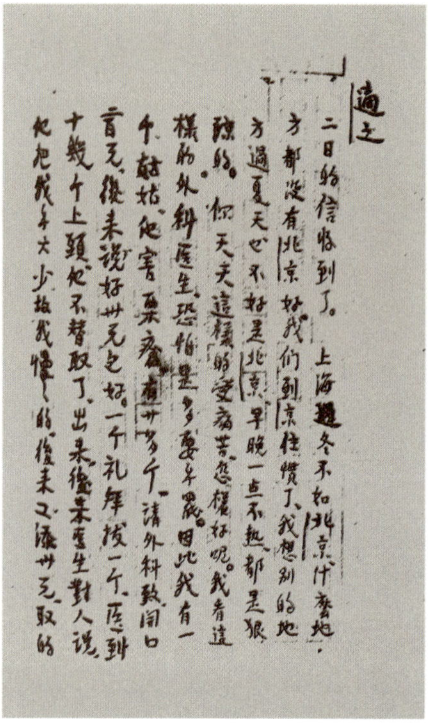
適之
二日的信收到了。上海過冬不如北京，什麼地
方都沒有北京好。我們到京住慣了，我想別的地
方過夏天也不好，是北京早晚一点不热，都是狠
舒的。你天天這樣的受痛苦，怎樣好呢。我看這
樣的外科医生恐怕是多要錢。因此我有一
个姑姑，他害瘰瘡有卅多个，請外科致開口
百元，後来說好卅元包好。一个礼拜拔一个，医到
十幾个上頭他不替取了。出来後来医生對人說
他包我不大少拔我懂懂的。後来又添卅元，取的

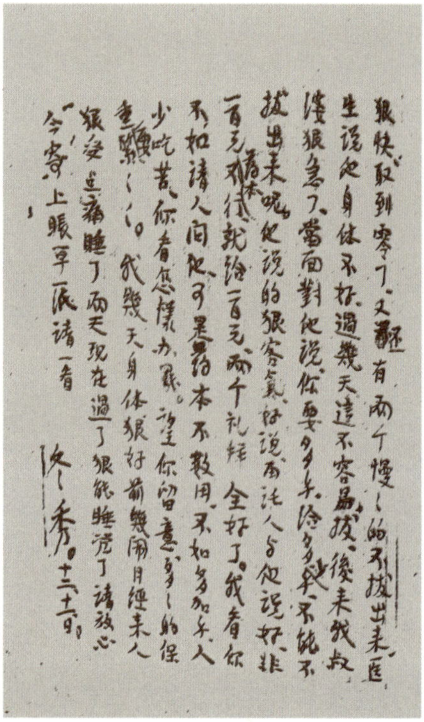
狠快，取到零了。又難有兩个慢慢的不拔出来。医
生說他身体不好，過幾天這不容易拔，後来我叔
婆狠急了，當面對他說，你要多多承錢，給多多錢，不能不
拔出来呢。他說的狠客氣，好說，再託人与他說好，非
一百元很就給一百元。兩个礼拜全好了。我看你
不如請人问他，可是錢本不數用，不如多加錢，入
少吃苦。你看怎樣办罷。望你留意多多的保
重要緊要緊。我幾天身体狠好，前幾鬧月經来，人
狠受点痛，睡了兩天，現在過了，狠能睡觉了。請放心
今寄上賬單一張，請一看
冬冬秀。十二、十一日

少吃苦。你看怎样办罢？望你留意，多多的【地】保重要紧要紧。我几天[来]身体狠（很）好，前几[天]闹月经来，人狠（很）受点痛，睡了两天，现在过了，狠（很）能睡觉了。请放心。今寄上账单一纸，请一看。

冬秀　[1925 年] 十二、十一日

第 [68] 封 · 说开

一九二六年
致江冬秀

冬秀：

走了一半路了。还有三天半就到莫斯科了。

今早睡不着觉，想到我们临分别那几天的情形。我忍了十天，不曾对你说；现在想想，放在心中倒不好，还是爽快说了，就忘记了。

你自己也许不知道我临走那时候的难过。为了我替志摩、小曼做媒的事，你已经吵了几回了。你为什么到了我临走的下半天还要教训我，还要当了慰慈、孟录的面给我不好过？你当了他们面前说，我要做这个媒，我到了结婚的台上，你拖都要把我拖下来。我听了这话，只装做没有听见，我面不改色，把别的话岔开去。但我心里很不好过。我是知道你的脾气的；我是打定主意这回在家决不同你吵的。但我这回出远门，要走几万里路，当天就要走了，你不能忍一忍吗？为什么一定要叫我临出国还要带着这样不好过的影象走呢？

我不愿把这件事长记在心里，所以现在对你说开了，就算完了。你不

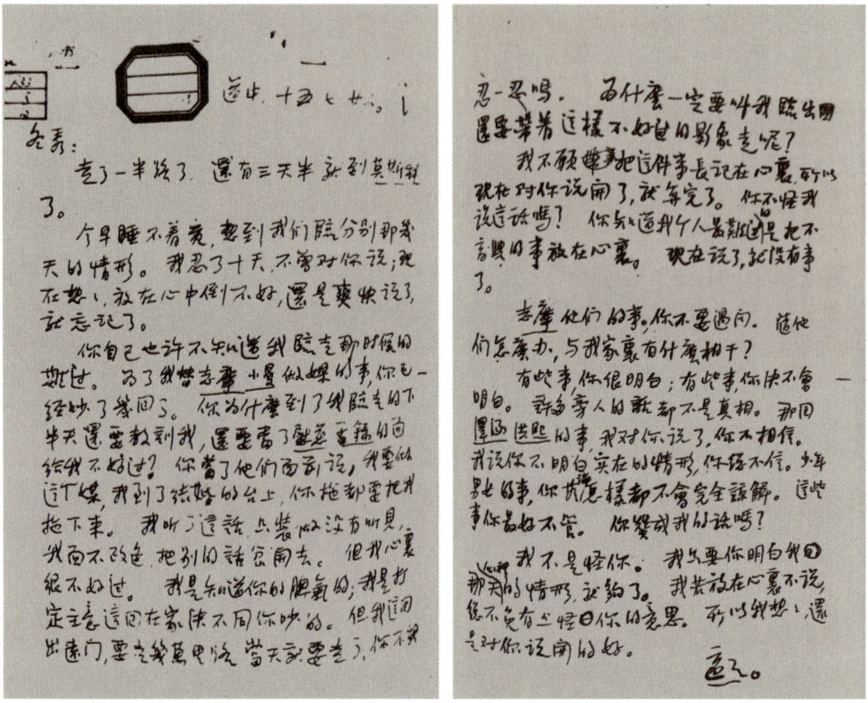

道中 十五，七，廿六

冬秀：

走了一半路了，還有三天半就到莫斯科了。

今早睡不着覺，想到我們臨分別那幾天的情形。我忍了十天，不曾對你說；現在想想，放在心中倒不好，還是爽快說了，就忘記了。

你自己也許不知道我臨走那時候的難過。為了我替志摩、小曼做媒的事，你已經吵了幾回了。你為什麼到了我臨走的下半天還要教訓我，還要當了慰慈、夢綠的面給我不好過？你當了他們面前說，我要做這個媒，我到了結婚的台上，你拖都要把我拖下來。我聽了這話，只裝做沒有聽見，我面不改色，把別的話岔開去。但我心裏很不好過。我是知道你的脾氣的；我是打定主意這回在家決不同你吵的。但我這回出遠門，要走幾萬里路，當天就要走了，你不能忍一忍嗎？為什麼一定要叫我臨出門還要帶着這樣不好過的影象走呢？

我不願意把這件事長記在心裏，所以現在對你說開了，就算完了。你不怪我說這話嗎？你知道我個人最難過的是把不高興的事放在心裏。現在說了，就沒有事了。

志摩他們的事，你不要過問。隨他們怎麼辦，與我家裏有什麼相干？

有些事，你很明白；有些事，你決不會明白。許多旁人的話都不是真相。那回澤涵、洪熙的事，我對你說了，你不相信。我說你不明白實在的情形，你總不信。少年男女的事，你無論怎樣都不會完全諒解。這些事你最好不管。你贊成我的話嗎？

我不是怪你。我只要你明白我那天心裏的情形，就夠了。我若放在心裏不說，總不免有點怪你的意思。所以我想想，還是對你說開的好。

適之。

怪我说这话吗？你知道我个人最难过的是把不高兴的事放在心里。现在说了，就没有事了。

志摩他们的事，你不要过问。随他们怎么办，与我家里有什么相干？

有些事，你很明白；有些事，你决不会明白。许多旁人的话都不是真相。那回泽涵、洪熙的事，我对你说了，你不相信。我说你不明白实在的情形，你总不信。少年男女的事，你无论怎样都不会完全谅解。这些事，你最好不管。你赞成我的话吗？

我不是怪你。我只要你明白我那天心里的情形，就够了。我若放在心里不说，总不免有点怪你的意思。所以我想想，还是对你说开的好。

适之　道中　十五，七，廿六

第 [69] 封 租房

致胡适（一）

适之：

昨晚写一信与你，我记不晴处【清楚】说的什么了。望你不要生气，昨晚酒吃大【太】多，今天害酒病了。今天加上月经来了，人难受的【得】狠（很），今天睡了一下午。

汝骐的泉（钱），把望祖和杜儿的泉（钱）罐打破了，两人有八十多块泉（钱），再到徽州会馆的泉（钱）借了五十六元，明日一共【同】寄去。杜儿生日，大家给了有卅多块泉（钱），这是和你一天的生日的好处，故他们有这么多的泉（钱）。你究竟几时回来，我连连要不来，我一定带着小三一块回家去，要不带杜儿一定把他想病了。这个他在一块，这怎【贼】东西专门害人，[为]弄几个泉（钱）花花什么不要脸的事都做的【得】出来。你，一名誉要紧，二老母儿子要养呀。

前天丁在君由天津来，昨天他打电话来找我，我不在

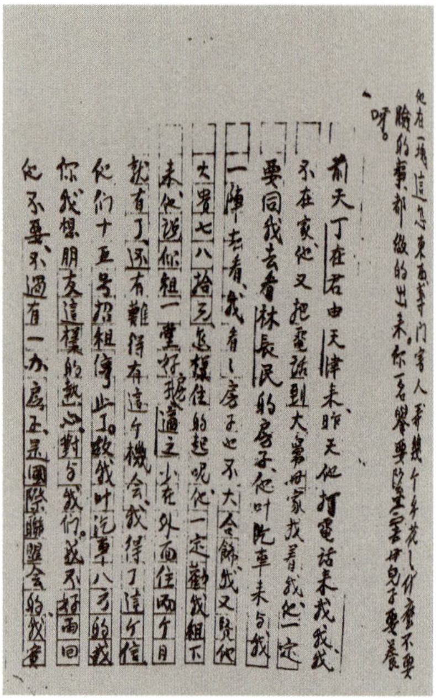
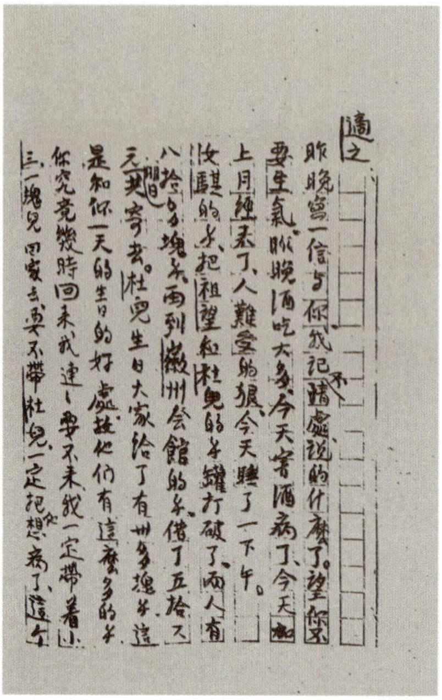

家，他又把电话到大舅母家找着我。他一定要同我去看林长民的房子，他叶【叫】汽车来与我一阵【起】去看。我看看房子也不大合飾【合适】，我又贤【嫌】他大【太】贵，七八十元怎样住的【得】起呢？他一定劝我租下来，他说："你租一堂好房子，适之少在外面住两个月就有了，还有难得有这个机会，我得了这个信，他们十五号招租停止了，故我叶【叫】汽车八方的【地】找你。"我想朋友这样的【地】热心对与【于】我们，我不好再回他不要，不过有一办【边】房子是国际联盟会的，我实在有点不情忌【愿】同人共住。不过，丁先生大好意劝我好多话，他昨天又去请叶先生吃饭，办交燮【接】，叶【叫】他们借几间房子把我们住人。他们说不能住人，只借做书房，可同【用】三间或六间都行。我们这办【边】连楼房、上房、厨房有廿多间，另外有三间下房，不过住一个月；这办【边】住两个月的租泉（钱）了，家用又要大一点了。我实在着急，照这

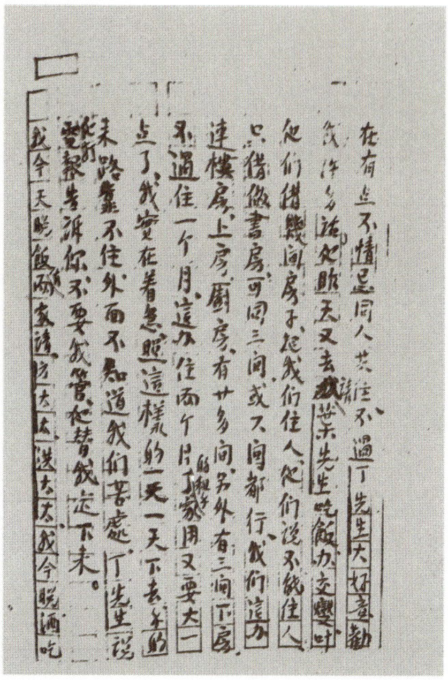

在有点不情愿同人共住不過，丁先生大好意勸我许多話，处朋天又去找葉先生吃飯，办交涉，叫他们借幾间房子，把我们住人，他们說不能住人，只借做書房，可同三间或又间都行，我们這办連樓房、上房、廚房，有廿多间，另外有三间下房，不過住一个月，這办住兩个月了，搬家用又要大一点了。我實在着急，照這樣的一天一天下去，泉的来路靠不住，外面不知道我们苦處，丁先生說他打電報告訴你，不要我管，他替我定下來。我今天晚飯兩家請，方太太、洪太太，我今晚酒吃

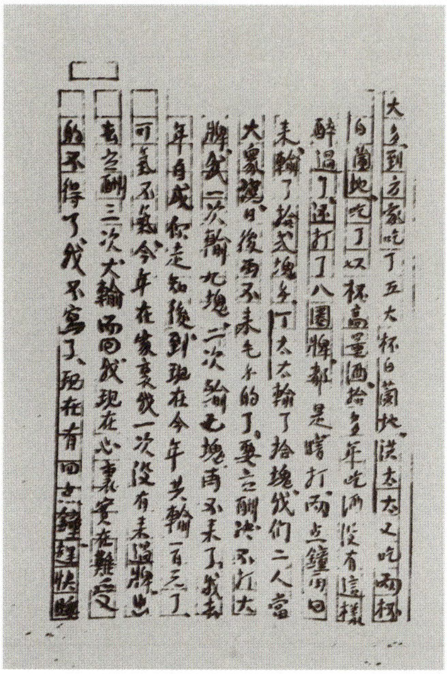

大多，到方家吃了五大杯白蘭地，洪太太又吃兩杯白蘭地，吃了六七杯高量酒，拾多年吃酒没有這樣醉過了，还打了八圈牌，都是瞎打，兩点鐘回来，輸了拾式塊泉，丁太太輸了拾塊，我们二人當大衆說，以後再不来毛泉的了，要应酬决不打大牌，我一次輸九塊，二次輸七塊，再不来了，我去年自成你走知後，到現在今年共輸一百元了，可氣不氣，今年在家裏我一次没有来過牌，出去应酬三次，大輸而回，我現在心裏實在難受的不得了，我不寫了，現在有四点鐘趕快睡

样的一天一天的下去，泉（钱）的来路靠不住，外面不知道我们苦处。丁先生说他打电报告诉你，不要我管，他替我定下来。

我今天晚饭有两家请，方太太、洪太太。我〖今晚〗酒吃大【太】多，到方家吃了五大杯白兰地，洪太太又吃两杯白兰地，吃了六、七杯高梁酒。十多年吃酒没有这样醉过了，还打了八圈麻将，都是瞎打。两点钟再【才】回来，输了十二块泉（钱）。丁太太输了十块，我们二人当大众说，以后再不来毛泉（钱）的了，要应酬决不打大牌。我一次输九块，二次输七块，再不来了。我去年自成【从】你走知【之】后，到现在今年共输一百元了，可气不[可]气？今年在家里我一次没有来过牌，出去应酬三次，大输而回。我现在心里实在难受的【得】不得了。我不写了，现在有四点钟，赶快睡觉了。

小三每天早上起来要找爸爸，晚上也要找你，长长【常常】的【地】

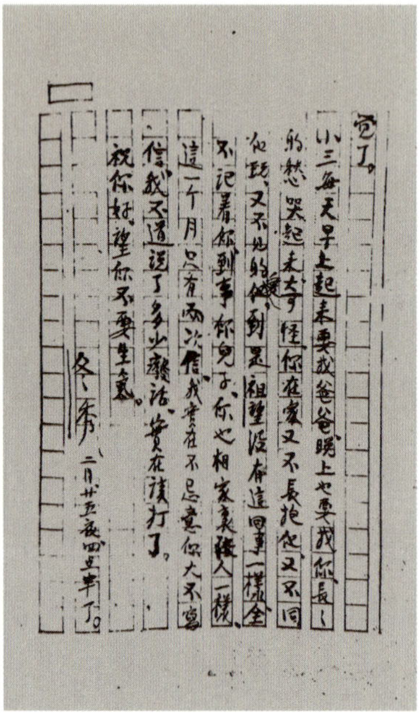
覺了。
小三每天早上起來要我爸爸晚上也要我你長長
的愁哭起來奇怪你在家又不長抱他又不同
他玩又不見的爱他到是祖望沒有這回事一樣全
不記着你到事你兒子你也相家裏没人一樣
這一个月只有兩次信我實在不忌意你大不寫
信我不道說了多少痴話實在該打了。
祝你好望你不要生氣。
冬秀 二月廿五夜四點半了。

愁哭起来。奇怪，你在家又不是长【常】抱他，又不同他玩，又不见的【得】爱他。到【倒】是祖望没有这回事一样，全不记着你，到事【倒是】你儿子。你也相【像】家里没人一样，这一个月只有两次信。我实在不忌【愿】意你大不写信。我不知道说了多少痴话，实在该打了。

祝你好，望你不要生气。

冬秀 ［1926 年］二月廿五夜，四点半了

第[70]封 前途

致胡适（二）

孩子不知道怎样[①]，他到今天想爸爸的【得】狠（很）呢。我要不带着他，我又放心不下，故我走非带杜儿不可。我看火车有一办【边】通呢，我就决定坐车；要是两办【边】都走不通，我就坐海船，不过吃苦一点。位【为】风水我非回去不可，不过又是要多用泉（钱）呀。我打算阴[历]二月低【底】三月初动生【身】，你看怎样办好？

祝你平安。我要睡了。

冬秀 [1926年]二月廿六日

①原信无抬头。

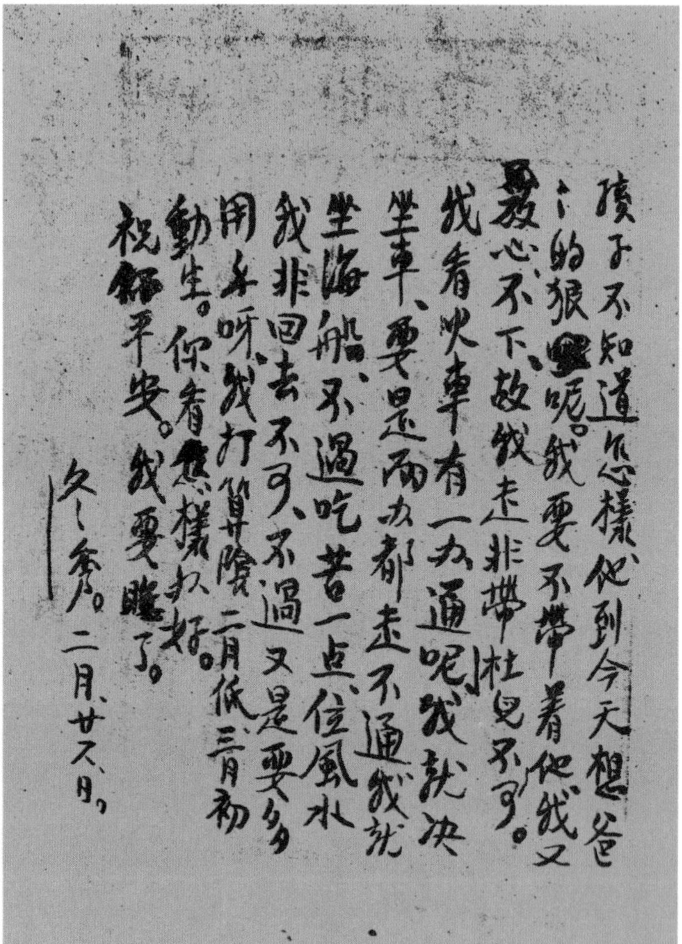
孩子不知道怎樣，他到今天想爸
爸的狠[illegible]呢。我要不帶着他，我又
[illegible]放心不下，故我走非帶杜兒不可。
我看火車有一办通呢，我就决
坐車、要是兩办都走不通，我就
坐海船，不過吃苦一点，但風水
我非回去不可，不過又是要多
用手呀，我打算陰二月低三月初
動生。你看怎樣好。
祝你平安。我要睡了。
冬秀。二月廿六日。

第 [71] 封 破产

致胡适（三）

适之：

你廿四的信收到了。你的痔漏全好了，我替你贺喜贺喜。不过，病后照这样吃辛苦，恐怕又要出别的病呢。我狠（很）替你但【担】心，望你千万不能赌泉（钱）了，赌泉（钱）狠（很）费精神的，再不要自讨苦吃，养养精神要紧要紧。我无论如何望你回来一趟要紧，我们预备七号搬家，这几天大家忙着收[拾]书，规着【整】东西，只有一人躲避了。这一次在君先生完全出力了，我狠（很）不安，我狠（很）对不住他。这次麻烦他多少事体，你会着他，请你替我谢谢他，我实在不会说客气话。

我初六给你的信收到了吗？前几天我又有两封信把你，不知你收到没有，我记【寄】把你的账单，你看过替我收启【起】来，不要失洛【落】了，我还留着呢。

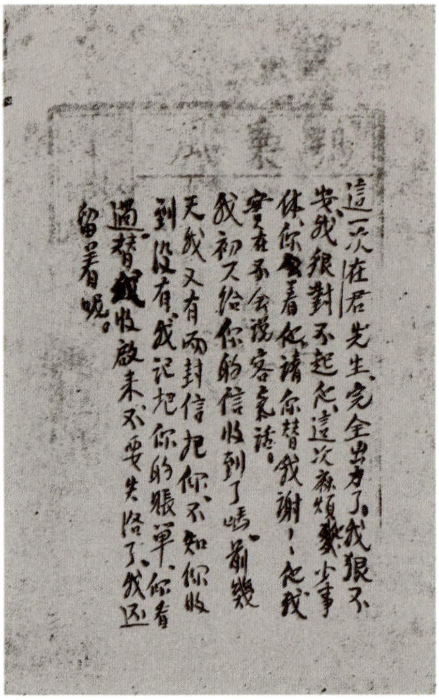
這一次在君先生完全出力了，我狠不安，我狠對不起他，這次麻煩多少事体，你替着他，請你替我謝謝他，我實在不会說客氣話。
我初九給你的信收到了嗎，前幾天我又有兩封信把你，不知你收到没有，我记把你的賬單，你看過替我收啟来，不要失落了，我还留着呢。

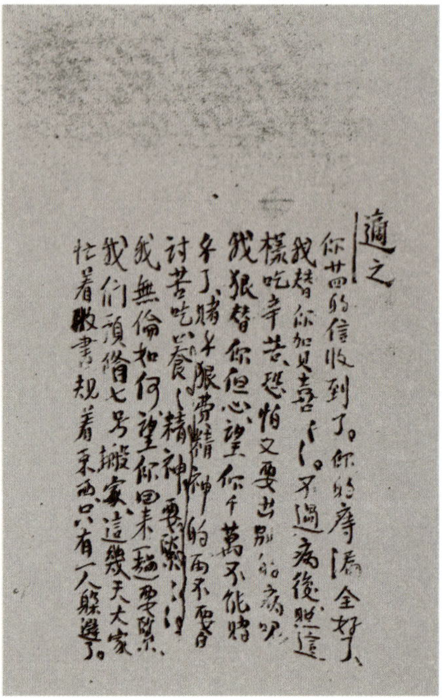
適之
你卅四的信收到了。你的痔瘡全好了，我替你加只喜喜。不過病後照這樣吃辛苦，恐怕又要出别的病呢，我狠替你担心，望你千萬不能賭多了，賭多了狠費精神的，而不要自討苦吃，飲食精神要緊要緊。我無論如何望你回来要緊。我們預备七号搬家，這幾天大家忙着收書規着东西，只有一人躲避了。

今天商务送泉（钱）来，我没有收，退还他了。

不过我现在穷的【得】不得了。我的单子寄把你看过，你一定知我用泉（钱）的数目。我存在邮局共有一千元，这几个月来，我实在不就【够】用，去取点，这一次取了三百元把秀之，再这一次买了林家一百七十元家用东西，我一看存款上面只有五十元泉（钱）了。我心里狠（很）有点心痛，好容易存了有一千块泉（钱），一下破产用光。我回想，用光也好，免得大家都说我有泉（钱）存银行，处处该苦别人，这样一来大家心都安平了。我搬家没有泉（钱），我那【拿】了几付金器去当了一百五十元来应用。我不愿意开口问人去借泉（钱），只怪自己不

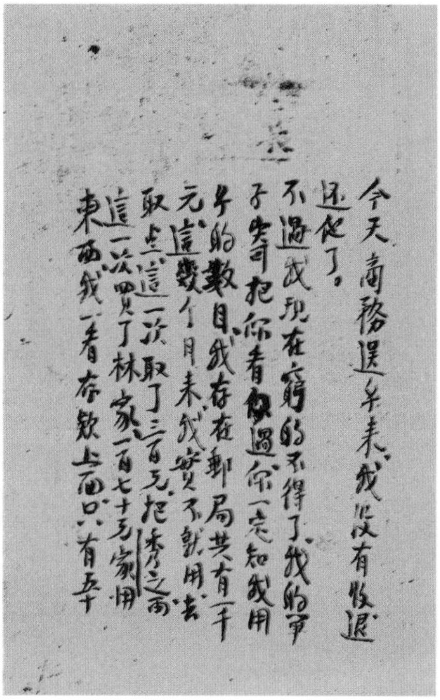

今天商務還錢来，我没有收還
還他了。
不過我現在窮的不得了，我的[illegible]
子寄把你看過，你一定知我用
錢的數目。我存在郵局共有一千
元，這幾个月来，我實不能用去
取点，這一次取了三百元，把秀之兩
這一次買了林家一百七十元，家用
東西，我一看存款上面只有五千

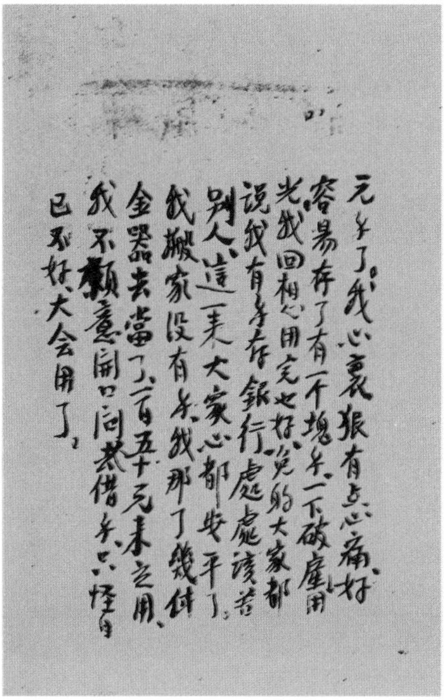

元了。我心裏很有点心痛，好
容易存了有一千塊錢，一下破屋用
光，我回想心用完也好，免的大家都
說我有錢存銀行，處處該著
別人，這一来大家心都安平了。
我搬家没有錢，我那了幾件
金器去當了，一百五十元来之用，
我不願意開口向[illegible]借錢，只怪自
已不好，大会用了。

好，大【太】会用了。

你徽州会馆快到交的日期了。你究竟怎样办，你要决定办法。绩溪会馆，又要到清客日期了，你究竟交不交？秀之走了，到天津去了，成之不敢到会馆去，我是不去。闫海母亲时时来说，这个要修房子，他个要做门，这个要裱糊。你这个会馆到底怎样办，我实在替你着急。我想我进你家的门，只故【顾】自己快乐，弄到人人忌狠【恨】，自己又不明白，还要爱管不相干的事。

我本想三月廿左右动身回家，不过杜儿我放心不下。他自从你走到现在，无日不想爸爸，长

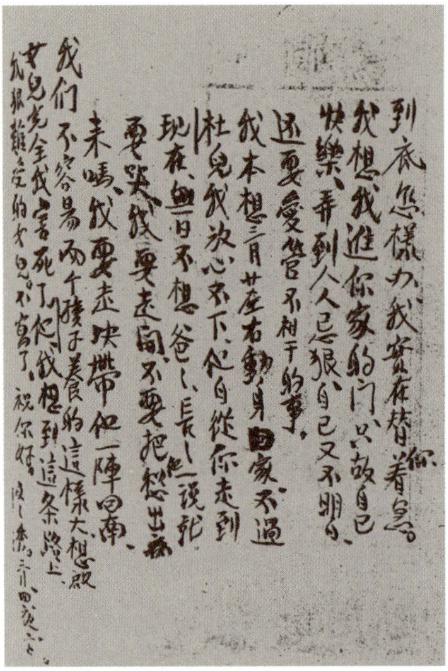

到底怎樣办、我實在替着急、你
我想我進你家的门、只故自己
快樂、弄到人々恨自己又不明白、
還要受管不相干的事、
我本想三月廿五右動身回家、不過
杜兒我放心不下、他自從你走到
現在、無日不想爸々、長々一說就
要哭、我要走開、不要把他愁出病
來嗎、我要走決帶他一陣回南、
我们不容易兩个孩子養的這樣大、想啟
女兒完全我害死了他、我想到這条路上、
我很難受的女兒、不写了、祝你好 冬秀 三月、四夜二点

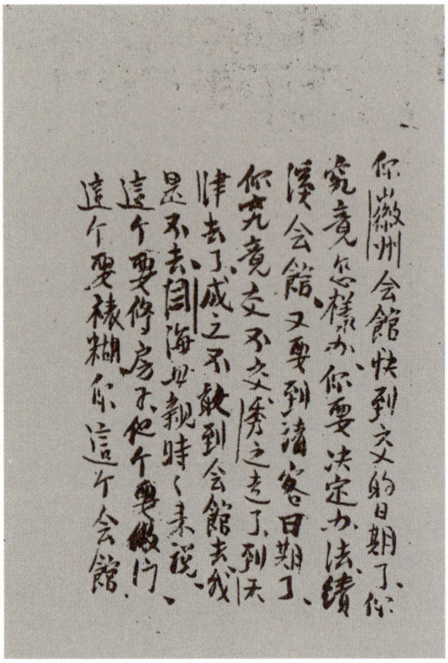

你徽州会館快到文的日期了、你
究竟怎樣办、你要决定办法、績
溪会館、又要到請客日期了、
你究竟交不交、秀之走了、到天
津去了、成之不肯到会館去、我
是不去同海州親時々来说、
這个要你房下他个要做门、
這个要様糊、你這个会館

长【常常】一说就要哭，我要走开，不要把他愁出病来吗？我要走决[意]带他一阵【起】回南。我们不容易，两个孩子养的【得】这样大，想启【起】女儿，完全（是）我害死了他【她】。我想到这条路上，我狠（很）难受的女儿。不写了，祝你好。

冬秀 [1926年]三月、四，夜二点

第 [72] 封 欠债

致胡适（四）

适之：

我廿日给你一信，想收到了。

今天接到保和弟来信说起，伯华伯父与【于】十二月廿六日死了。十二月廿八日的信，一直到今天再【才】到，信不通，实在可恶的【得】狠（很）。请你做一个祭樟【幛】，送十块泉（钱）做奠仪，你千万不要望【忘】记这件事，我实在没有泉（钱）办，请你代劳罢。

士范到天津去来，说起汝骐考的【得】太不行，英文、算学，每样一大穿[1]，另样考的【得】也是照样的情形。我看你又是劳而无功。我们决定明天动手搬家，大概四天可以搬完。

高一涵先生他也搬家，他搬到织染局，房子很好，每月廿五元，十六间房子。

我一个泉（钱）没有的用，望你想法借点泉（钱）寄来

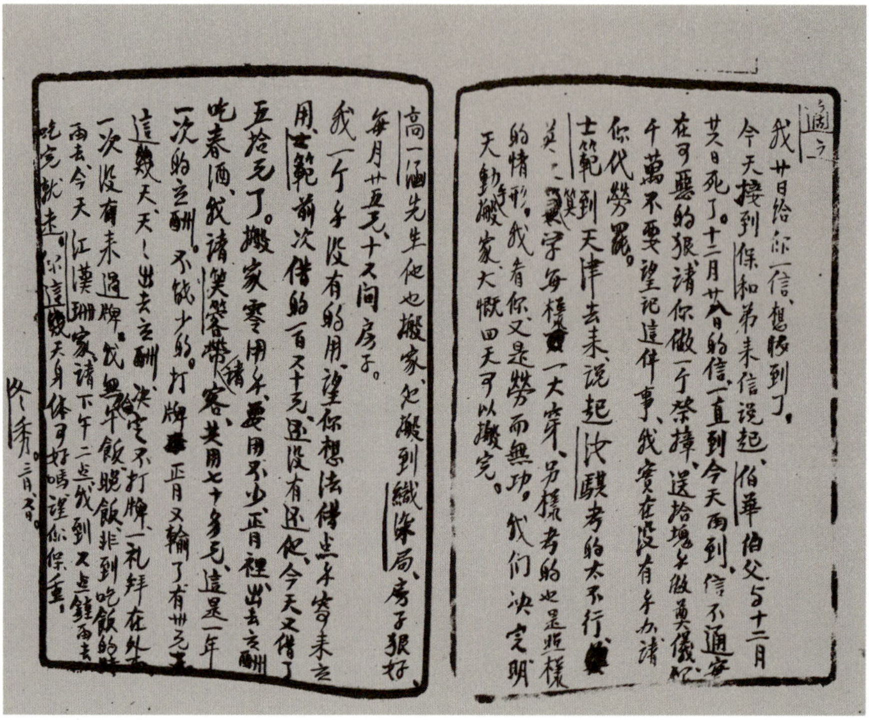
我廿日给你一信，想能到了。今天接到保和弟来信说起，伯华伯父与十二月廿八日死了。十二月廿八日的信，一直到今天两到。信不通实在可恶的狠，请你做一个祭幛，送给境子做奠仪。千万不要忘记这件事。我实在没有人办，请你代劳罢。士範到天津去来，说起汝骐考的太不行，英文、算学每样一大穿，另样考的也是这样的情形。我看你又是劳而无功。我们决定明天动搬家，大慨四天可以搬完。

高一涵先生他也搬家，他搬到织染局，房子狠好，每月廿五元，十六间房子。我一个人没有的用，望你想法借点子寄来应用。士範前次借的一百六十元，还没有还他，今天又借了五拾元了。搬家零用泉，要用不少。正月里出去应酬吃春酒，我请芙蓉带请客，共用七十多元，这是一年一次的应酬，不能少的。打牌正月又输了有卅元泉。这几天天天出去应酬，决定不打牌，一礼拜在外面一次没有来过牌。我无论午饭晚饭，非到吃饭的时再去。今天江汉珊家请下午二点，我到六点钟再去，吃完就走。你这几天身体可好吗？望你保重。

冬秀 三月六日

应用。士范前次借的一百六十元，还没有还他，今天又借了五十元了。搬家零用泉（钱），要用不少。正月里出去应酬吃春酒，我请芙蓉带【代】请客，共用七十多元，这是一年一次的应酬，不能少的。打牌，正月又输了有卅元泉（钱）。这几天，天天出去应酬，决定不打牌，一礼拜在外面一次没有来过牌。我无论午饭、晚饭，非到吃饭时再去。今天，江汉珊家请下午二点，我到六点钟再【才】去，吃完就走。你这几天身体可好吗？望你保重。

冬秀 [1926 年] 三月六日

①原文如此。

第[73]封 传言

致胡适（五）

适之：

三号的信收到了。

你的身体狠（很）好，我狠（很）高兴。不过我听见人说，你在上海同一班狠（很）阀【阔】的人在一块儿，天天赌泉（钱），阀【阔】老爷、太太、小姐门【们】，天天在一块大玩大赌，来狠（很）大的牌，狠（很）大的牌九，有狠（很）多朋友送你几千块泉（钱）把你过年用。这件事可是当真的吗？

别的事是真是假，只要你自己明白，不要把身体弄坏了。就是你一身的痛苦，害老婆儿子，到那个【时】日子就不容易过了。

我们十号搬进新房来了，房子大好，全靠丁先生邦【帮】忙。我狠（很）对他不住，这一次麻烦了丁先生不少的事，我实不安的【得】狠（很），你要谢谢他，他全爱你起见的。

今天徐先生来，说你一时不回北京，我前两天听见人告诉我，你不愿来北京了。但我不知道你究竟怎样的一个办法，请你老实告诉我，不必那

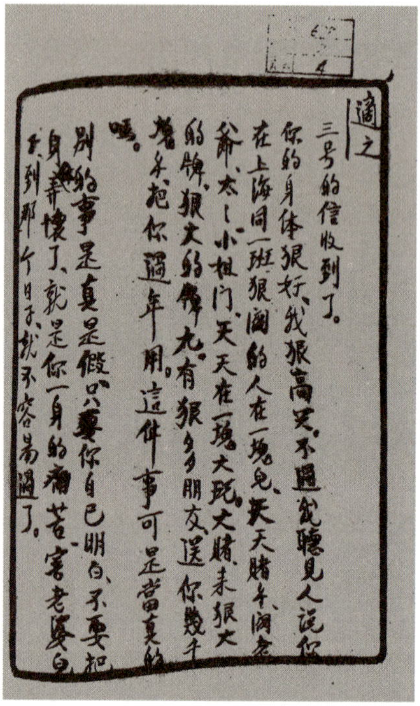

适之
三号的信收到了。
你的身体狠好，我狠高兴。不過我聽見人説你在上海同一班狠鬧的人在一塊兒，天天賭、鬧老爺太太小姐们，天天在一塊大玩、大賭，来狠大的牌，狠大的錢，有狠多多朋友，還你幾千塊錢来把你過年用。這件事可是當真的嗎。
别的事是真是假，只要你自己明白，不要把身弄懷了，就是你一身的痛苦，害老婆兒女。到那个日子就不容易過了。

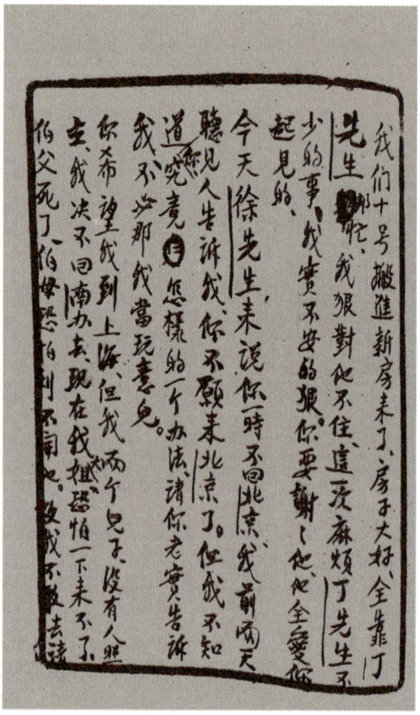

我们十号搬進新房来了，房子大好，全靠丁先生帮忙，我狠對他不住，這茨麻煩丁先生不少的事，我實不安的狠，你要謝謝他，他全愛你起見的。
今天徐先生来説你一時不回北京，我前兩天聽見人告訴我，你不願来北京了。但我不知道究竟怎樣的一个办法，請你老實告訴我，不必那我當玩意兒。
你希望我到上海，但我兩个兒子没有人照应，我決不回南办去。現在我大姐恐怕一下来不了，伯父死了，伯母恐怕利不開他，故我不敢去請

【拿】我当玩意儿。

你希望我到上海，但我两个儿子，没有人照应，我决【绝】不回南办【边】去。现在我大姐，恐怕一下子来不了，伯父死了，伯母恐怕利【离】不开他【她】，故我不敢去请他【她】来京。用人【佣人】是靠不住〖那办多〗，我家里房子大了，没有人照应一定要出危险的事，故我回家不能定。

你要是一时不来，我把房子租一年把别人住去，我们好少出点泉（钱），你看如何？

希望你把那几千块泉（钱），分千把寄来给我们用用。我当东西应用，可是穷的【得】不得了。我请你替我办祭仪十元、祭幛一个，送南京伯华伯父，你替我寄去没有？

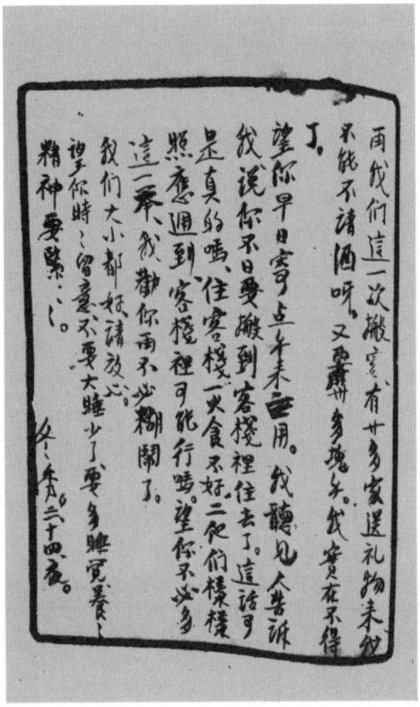

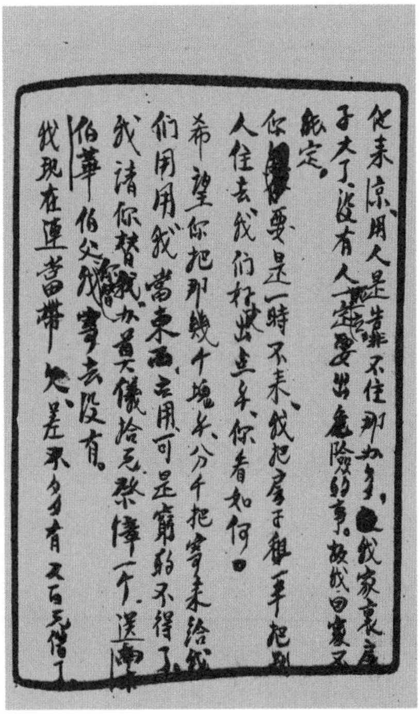

我现在连当带欠，差不多有六百元借了。再我们这一次搬家，有廿多家送礼物来，我不能不请酒呀，又要用卅多块泉（钱），我实在[穷得]不得了。

望你早日寄点泉（钱）来应用。我听见人告诉我说，你不日要搬到客栈里住去了。这话可是真的吗？住客栈，一、火【伙】食不好，二、他们样样照应［不］周到，客栈里可能行吗？望你不必多这一举，我劝你再不必糊【胡】闹了。

我们大小都好，请放心。

望你时时留意，不要大【太】睡少了，要多睡觉，养养精神要紧要紧。

冬秀　[1926年]三、十四，夜

第[74]封 缺钱

致胡适（六）

适之：

今天收到你轮船上的信，我现在什么话都不说了，只要你对的【得】住我，我什么话都[说]完了。

这两天北京闹飞机，昨天我们狠（很）受恐慌。昨天我们后房墙震动，土都吊【掉】下来了不少，流黄【硫磺】气味很重，今天飞机又从我们楼房过去，两架，我们也只好听天由命。北京城多少人烟呢，靠怕也没有用处，只有六老爷狠（很）恐慌，连来三天了，实在可恶的【得】狠（很）。我不狠（很）怕，请你放心。

我狠（很）心焦的是，我一个泉（钱）没有的用。一天一天开消【销】狠（很）大，自从去年十二月起我们添上四五个人吃饭，泽涵、石先生、程先生、程仰之，还有蒋女士有时候也在这块，仰

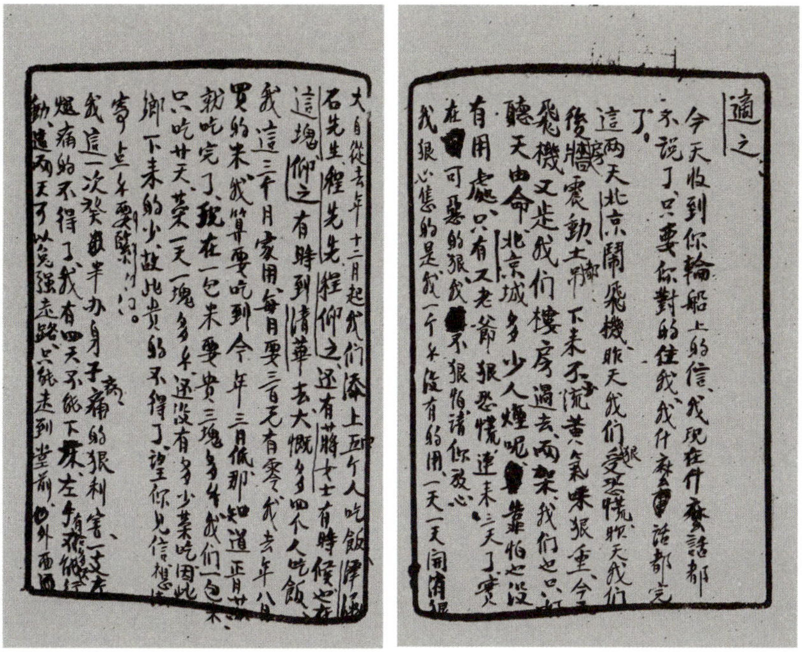
適之
今天收到你輪船上的信，我現在什麼話都
不說了，只要你對的住我，我什麼[illegible]話都完
了。
這兩天北京鬧飛機，昨天我們受很恐慌，昨天我們
後房牆震動，土都下來不少，流黃氣味很重，今天
飛機又走我們樓房過去，兩架，我們也只好
聽天由命，北京城多少人煙呢，[illegible]靠怕也沒
有用處，只有又老爺很恐慌，逃走三天了，實
在[illegible]可惡的很，我[illegible]不很怕，請你放心
我很心焦的是我一个人沒有的用，一天一天開消很
大，自從去年十二月起，我們添上五个人吃飯，律師
石先生、程先生、程仰之，還有蔣女士，有時候也在
這塊，仰之有時到清華去，大概多四个人吃飯。
我這三个月家用，每月要三百元有零，我去年八月
買的米，我算要吃到今年三月低，那知道正月廿六
就吃完了，現在一包米要貴三塊多泉，我們一包米
只吃廿天，菜一天一塊多泉，還沒有多少菜吃，因此
鄉下來的少，故此貴的不得了，望你見信想法
寄点泉要緊要緊。
我這一次發半辦身子痛，痛的很利害，一支左
腿痛的不得了，我有四天不能下床，左手有十多天不能行
動，這兩天可以免強走路，只能走到堂前，外面還

之有时候到清华去，大慨【概】多四个人吃饭。我这三个月家用，每月要三百元有零，我去年八月买的米，我算要吃到今年三月低【底】，那【哪】知道正月廿六就吃完了。现在一包米要贵三块多泉（钱），我们一包米只吃廿天，菜一天一块多泉（钱），还没有多少菜吃，因〖此〗乡下来的【得】少，故此贵的【得】不得了，望你见信想法寄点泉（钱）要紧要紧。

我这一次癸【发】半办【边】身休病，痛的【得】狠（很）利害【厉害】，一支【只】左腿痛的【得】不得了。我有四天不能下床，左手有十多天不能行动，这两天可以免【勉】强走路，只能走到堂前，外面还走不去，今天免【勉】强到厨房里去看看，腿痛见好多了，手还不见好。吃了睦【陆】仲安七付药，一点功效也没

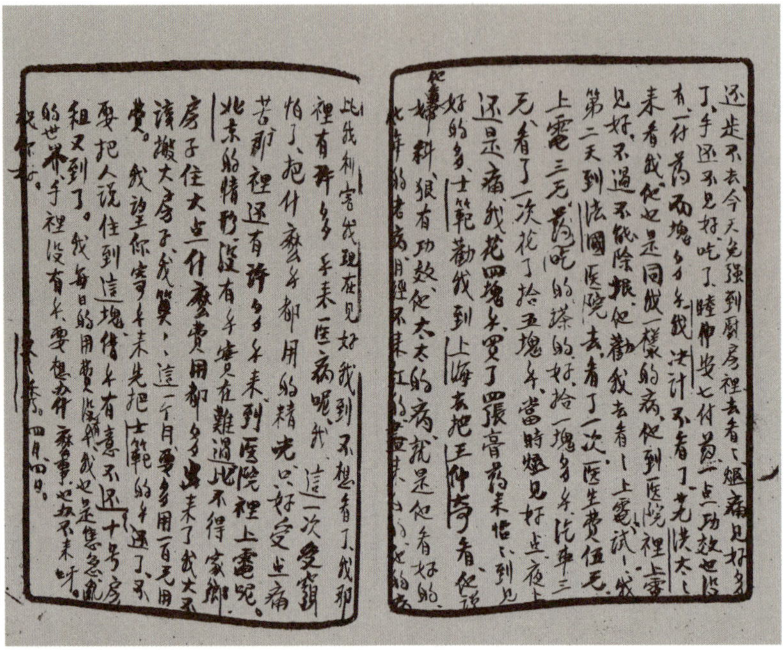

有，一付药两块多泉（钱），我决计不看了。廿九洪太太来看我，他【她】也是同我一样的病，他【她】到医院里上电见好，不过不能除垠【根】。他【她】劝我去看看上电试试。我第二天到法国医院去，看了一次，医生费五元，上电三元。药吃的搽的，好，十一块多泉（钱）！汽车三元，看了一次花了十五块泉（钱）。当时腿见好点，夜上还是痛，我花四块泉（钱）买了四张膏药来贴贴，到【倒】见好的【得】多。

士范劝我到上海去把王仲奇看，他说他看妇科，狠（很）有功效，他太太的病就是他看好的。□【多】年的老病，月经不来红的尽来白的，他的病比我利害【厉害】。我现在见好，我到【倒】不想看了，我那里【哪里】有许多泉（钱）来医病呢。我这一次受穷怕了，把什么泉（钱）都用的精光，只好受点痛苦，那里【哪里】

还有许多泉（钱）来到医院里来上电呢。北京的情形，没有泉（钱）实在难过，比不得家乡。房子住大点什么费用都多出来了，我大不该搬大房子，我算算这一个月要多用一百元用费。我望你寄泉（钱）来先把士范的泉（钱）还了，不要把人说住到这块，借泉（钱）有意不还。十号房租又到了，我每日的用费没有泉（钱），我也是焦急，乱的世界，手里没有泉（钱），要想办什么事也办不来呀。

祝你好。

冬秀 [1926年] 四月四日

第 [75] 封 避难

致胡适（七）

适之：

我昨天看见报上你们到杭州去了，你现在身体怎样，痔漏春天来可见癸【发】过吗？脚，春天来可发肿痛过没有？我怕你这样劳苦，各样病又要带动发病了。我狠（很）替你当【担】心事，望你时时留心，不要把他【它】发作起来就要赶快弄好，免的【得】人受苦。我，这一次可把我痛苦了，到现在左手还没有全好，还是狠（很）作痛，不过比先前见好多了。腿差不多全好了，请放心。前几天两个儿子都伤风，有点病，现在全好了。

前天晚上国军撤退北京城，大家都恐荒【慌】，狠（很）多朋友打电话来，劝我们暂避开家。我想，一来小孩子们都[在]睡觉，二来北京城多大地方，多少人烟，一个东交民巷能堆多少人，也不过是有泉（钱）的人、怕死的人赶到那块去受受罪罢。一间房住几十个人，你看受罪不受罪。仰南舅家，他们一共去了四个人，二位小姐，一位姨太太，一位媳妇，住了一晚上用了八九十块泉（钱），还是座【坐】一晚。他们自己

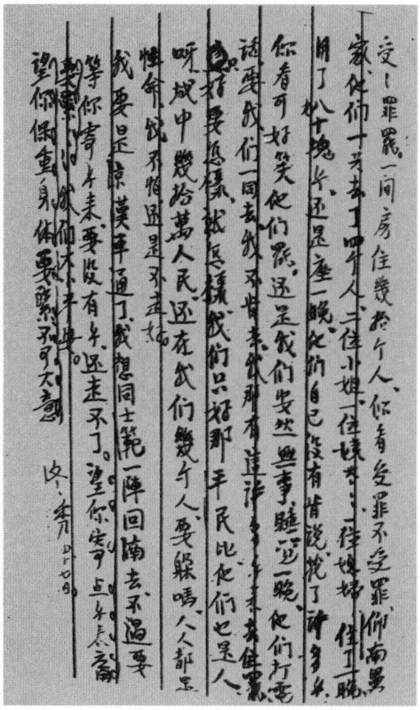

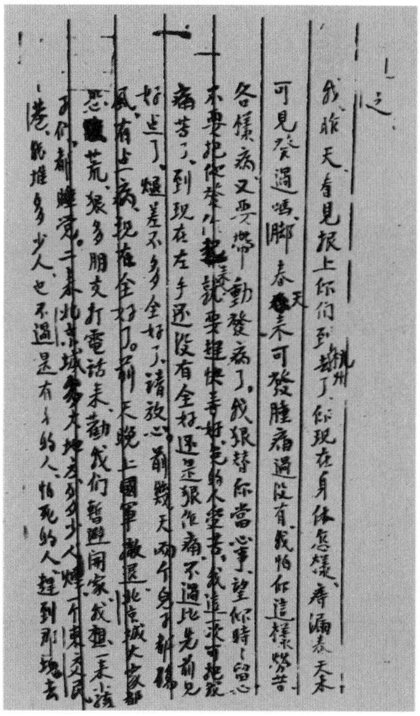

没有肯说，花了许多泉（钱），你看可好笑他们【他们可好笑】罢。还是我们安然无事，睡觉一晚。他们打电话，要我们一同去，我不肯去。我那【哪】有这许多泉（钱）来去住罢，只好要怎样就怎样，我们只好那【拿】平民比，他们也是人呀，城中几十万人民，还在我们几个人要躲吗？人人都是性命，我不怕，还是不走的好。

〖我〗要是京汉车通了，我想同士范一阵回南去，不过要等你寄泉（钱）来，要没有泉（钱）还走不了。望你寄点泉（钱）来应用，要紧要紧。我们大小平安。

望你保重身体要紧，不可大意。

冬秀 [1926年] 四、十七日

第 [76] 封 三句

致胡适（八）

适之：

这几天都没有接着你的信，收到你海拉尔为止[的]信，以后的信还没有到呢。我狠（很）有点不放心，我算算这几天一定到英国，我祝你平安到英国。多多给我两封平安信，免我时时挂念。我这一次不忌【愿】意坐火车。我这两天狠（很）着急，望你百忙中，都要写几字寄给我。这是我不放心，你在外几万里，全靠自己留心保重，晚上早点睡觉。这半年吃劳苦大【太】深了，不要照前几年，弄出病来那就不得了，你带去的补药，一路可吃过没有，望你早晚记着吃点，保养身体要紧要紧。我前天晚上帐子里不知道怎样弄着四个蚊子，咬的【得】我不能睡觉。我想着你在家好处，晚上有蚊子、白蛉子，你一定要椇【捉】着他【它】再来睡觉，故我一晚不能睡了。

我告诉你一件事。前天我们江村来了一位本家，到我这块座【坐】了两个钟头，他说耘甫叶【叫】他带个信把我，请他向我说三句话：一句，同包【胞】手足。二句，他的家境问我可知道。第三句，叶【叫】我不要

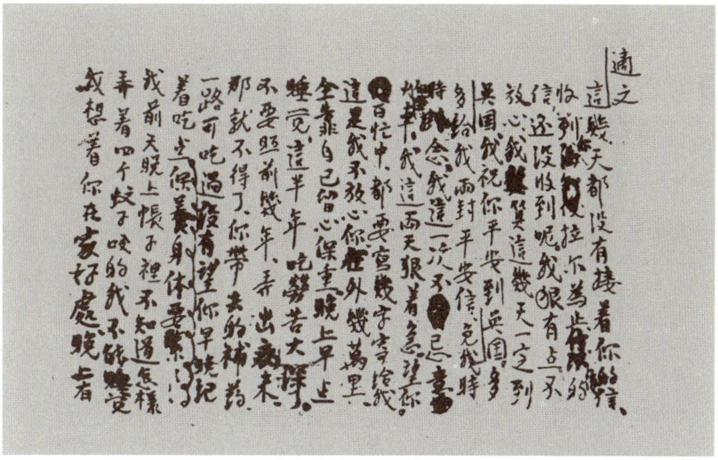
適之
這幾天都沒有接着你的信，
收到[illegible]拉爾為止[illegible]的
信，还沒收到呢。我狠有点不
放心。我[illegible]算這幾天一定到
英国。我祝你平安到英国。多
多给我兩封平安信，免我時
時[illegible]念。我這一次不[illegible]忌[illegible]
[illegible]。我這兩天狠着急，望你
[illegible]百忙中，都要寫幾字寄給我。
這是我不放心你在外幾萬里，
全靠自己留心保重。晚上早点
睡觉。這半年吃勞苦太[illegible]。
不要照前幾年，弄出病来，
那就不得了。你帶去的補藥，
一路可吃過沒有？望你早晚記
着吃点。保養身体要紧！
我前天晚上帳子裡不知道怎樣
弄着四个蚊子，咬的我不能睡觉，
我想着你在家好處，晚上有

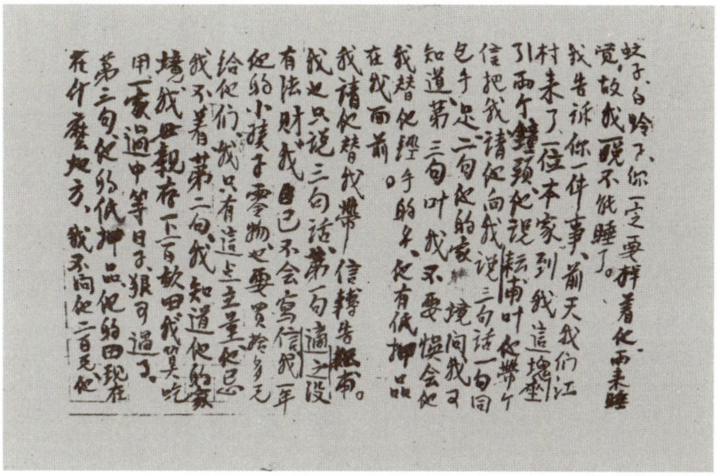
蚊子，白吟了，你一定要拌着他兩未睡
觉，故我现不能睡了。
我告訴你一件事，前天我们江
村来了一位本家，到我這塊坐
了兩个鐘頭，他說秠甫叫他帶个
信，把我請他向我說三句話，一句
包手足，二句他的家境，问我，又
知道第三句叫我不要悮会他，
我替他經手的泉，他有低押品
在我面前。
我請他替我帶信轉告秠甫。
我也只說三句話，第一句，適之沒
有法財，我自已不会寫信，我一年
他的小孩子零物也要買拾多元
給他们，我只有這点主量，他忌
我不着。第二句，我知道他的家
境，我母親存下一百畝田，我算算吃
用一家過中等日子，狠可過了。
第三句，他的低押品，他的田現在
在什麼地方，我不向他二百元他

悮【误】会他，我替他经手的泉（钱），他有低【抵】押品在我面前。

我请他替我带信转告秠甫。我也只说三句话：第一句，适之没有法【发】财，我自己不会写信。我一年他的小孩子零物也要买十多元给他们，我只有这点利【力】量，他忌【怨】我不着。第二句，我知道他的家境，我母亲存下一百亩田，我算[算]，吃用一家过中等日子，狠（很）可过了。

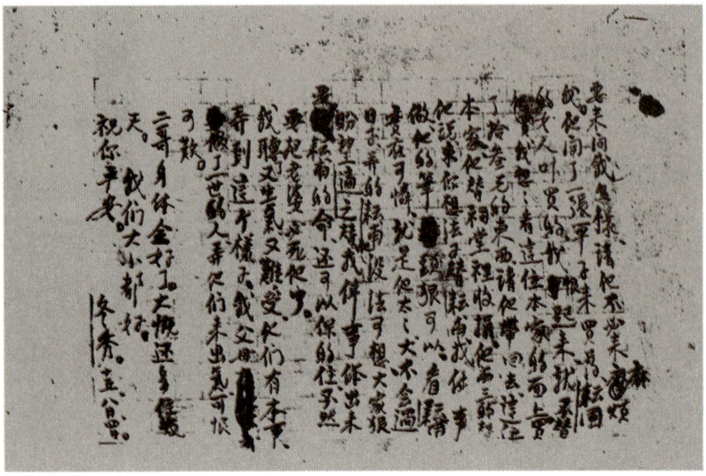

第三句，他的低【抵】押品——他的田现在在什么地方？我不问他二百元，他[反倒]要来问我怎样，请他不必来麻烦我。他开了一张单子来买药，耘甫的女人叶【叫】买的，我恨起来就不替他买。我想想，看这位本家的面上买了十三元的东西，请他带回去。这位本家，他替祠堂里收捐，[他]再三的替他说，求你想法子替耘甫找件事做，他的笔头狠（很）可以，看耘甫实在可怜，就是他太太大【太】不会过日子，弄的【得】耘甫没法可想，大家狠（很）盼望适之替他找件事体出来。要不耘甫的命还可以保住，不然要把老婆必【逼】死他了。我听了，又生气又难受，他们有本事弄到这个样子，我父母做了一世的人，弄他们来出气，可恨可叹。

二哥身体全好了，大概还多住几天。我们大小都好。

祝你平安。

冬秀　十五、八月四日

第[77]封 稿费

致胡适（九）

适之：

你廿六、廿七、廿九的信，都收到了。

你的喉痛都好了，我狠（很）高兴，望你时时留神呀，这都是劳苦结成的火气。望你把陆先生送的补药，那【拿】来长长【常常】吃点，也有去【祛】暑热的药可以照行单上服好了。

我自己想要一支【只】手表，一个皮包，但也不一定要买，因为你的泉（钱）也不宽如【余】，中国也买的【得】着，我又不考叶【考究】一定要到外国买好点的，你要没有多[余]泉（钱），千万不必买，再不要问人借泉（钱）买无用处的东西，你看可对吗？

我想到【倒】是你这一趟回来，好好的【地】买点东西送陆仲安先生要紧。你走知【之】后，我到他家去一趟，送点东西把他小孙子，再送廿元泉（钱）给他，替你配药泉（钱）。他一定不肯收，再三客气，故你回来，可带点物件送送他罢。

谢谢你的花，这花有点相【像】做酒曲的，花颜色狠（很）好。

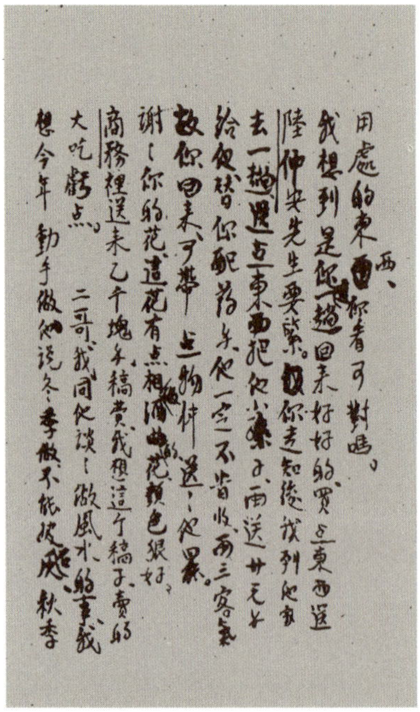

用處的東西，你看可對嗎？
我想到是你回来，好好的買点東西送
陸仲安先生要紧。你走知後，我到他家
去一趟，送点東西把他小孩子，兩送廿元
給他，替你配藥，他一定不肯收，兩三客氣
致你回来，可帶点物件送送他罢。
謝謝你的花，這花有点[illegible]的花，顏色狠好。
商務裡送来乙千塊泉稿费，我想這个稿子賣的
大吃虧点。二哥，我同他谈谈做風水的事，我
想今年動手做，他说冬季做不能[illegible]，秋季

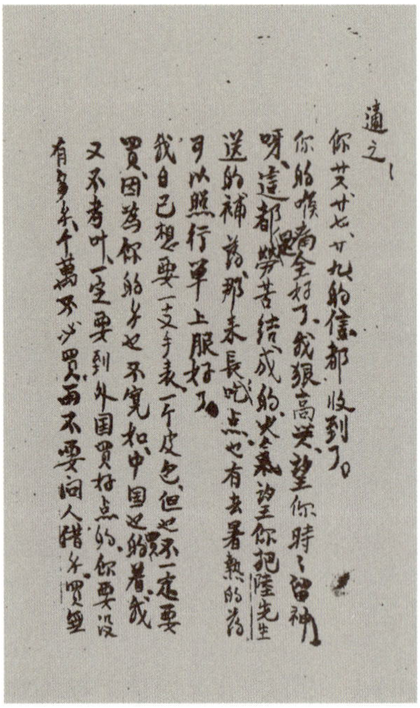

遹之：
你艾廿七、廿九的信都收到了。
你的喉病全好了，我狠高兴，望你時時留神
呀。這都是勞苦结成的。[illegible]望你把陸先生
送的補藥，那末長吃点，也有去暑熱的藥
可以照行单上服好了。
我自已想要一支手表、一个皮包，但也不一定要
買，因為你的手也不寛，知中国也的着。我
又不考[illegible]，一定要到外国買好点的。你要没
有多余，千萬不必買，兩不要向人借錢買。

商务里送来乙（一）千块泉（钱）稿费，我想这个稿子卖的【得】大【太】吃亏点。二哥，我同他谈谈做风水的事，我想今年动手做，他说冬季做不能披右风，秋季农人没有空工夫。我问他，明年春季呢？他现在不能定，等他回去再说。他说，我回去不回去，没有什么关稀【系】。我想，〖他〗照你走知【之】后的情形，他是什么事都办不来了，一天只多【至多】下楼吃餐晚饭、中饭，差不多都不下楼，一天要吃一块半泉（钱）的大烟，有时候连晚饭也不下来吃。现在病全好了，一天香烟、白兰地酒两样是我管，大烟我可管不了了。就是这两样，一天差不多要八毛大洋。照这样下去，我不回去他怎么办的【得】来事罢？我想等你回国来，你要在北京，我就小孩子全不带走。这一次洪太太回南去死了一个二儿子，不服水土。大姊不能来北京，他【她】现在教书，上一次有信来说大妈病了，昨天接了他【她】的信，说保和的儿子死了。我想他们一家，

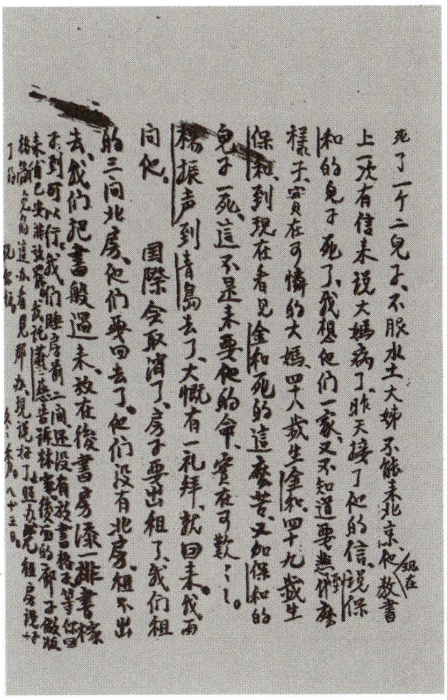
死了一个二儿子，不服水土，大姊不能来北京，他在教书
上一次有信来说大妈病了，昨天接了他的信，说保
和的儿子死了，我想他们一家，又不知道要悲到什么
样子，实在可怜的大妈，四十八岁生金和，四十九岁生
保和，到现在看见金和死的这么苦，又加保和的
儿子一死，这不是来要他的命，实在可叹可叹。
杨振声到青岛去了，大慨有一礼拜就回来，我再
问他。国际会取消了，房子要出租了，我们租
的三间北房，他们要回去了，他们没有北房，租不出
去，我们把书搬过来，放在後书房添一排书稼
倒可以行，我们睡房前二间还没有放书格子，等你回
来自己安排放罢，我托蔚慈告诉林家，後面的廊子做饭
格断，免的这办看见那办，现说好了，照办完租房说好
了的。祝你好。冬秀 八、十五日

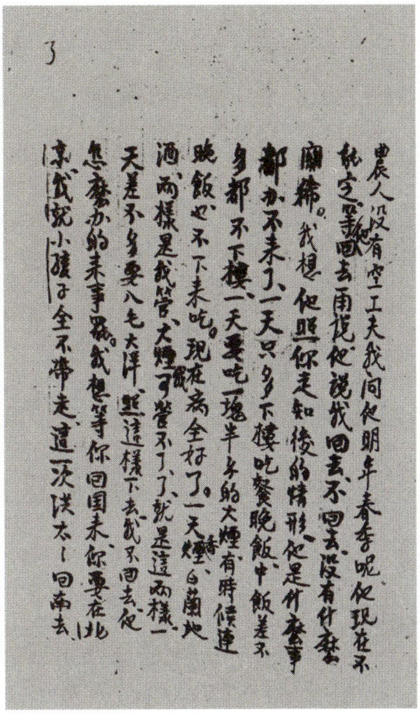
3
农人没有空工夫，我问他明年春季呢，他现在不
能定，等他回去再说，他说我回去不回去没有什么
麻烦。我想他照你走知後的情形，他是什么事
都办不来了，一天只多下楼吃餐晚饭，中饭差不
多都不下楼，一天要吃一塊半多的大烟，有时候连
晚饭也不下来吃。现在病全好了，一天烟、白兰地
酒，两样是我管，大烟可管不了，就是这两样，一
天差不多要八毛大洋，照这样下去，我不回去，他
怎么办的来事呢。我想等你回国来，你要在北
京，我就小孩子全不带走，这一次决定回南去

又不知道要悲到什么样子，实在可怜的大妈，四十八岁生金和，四十九岁生保和，到现在看见金和死的【得】这么苦，又加保和的儿子一死，这不是来要他的命！实在可叹可叹。

杨振声到青岛去了，大慨【概】有一礼拜就回来，我再问他。国际会取消了，房子要出租了，我们租的三间北房他们要回去了，他们没有北房租不出去。我们把书搬过来，〖放〗在后书房添一排书稼【架】子到【倒】可以行，我们睡[的]房前二间还没有放书格子，等你回来自己安排放罢。我托蔚慈告诉林家，后面的廊子做饭格【隔】断，免的【得】这办【边】看见那办【边】，现说好了，照办完租房说好了的。

祝你好。

冬秀 [1926年] 八、十五日

第[78]封 出租

致胡适（十）

适之：

收到你十四号的信，知你伤风还没有全好，我狠（很）有点不放心。盼望接到你下次的信，你伤风全好了。

亚东的泉（钱），八月份全寄来了，请勿念。二哥九月一日动生【身】回南去了。

你信内告诉我的话，我看了非常的高兴，我又狠（很）惭愧，不能帮助你做一点事的地方。现在别的话都不说，我将来一定要把应酬、打牌减少。

你动身知【之】后，我出们【门】看了狠（很）多朋友、亲戚，到朋友处打了几次牌，黄子美家打过四次。亲戚家打牌你是知道的，我是等【顶】不愿意打的，有时实在是没有法子

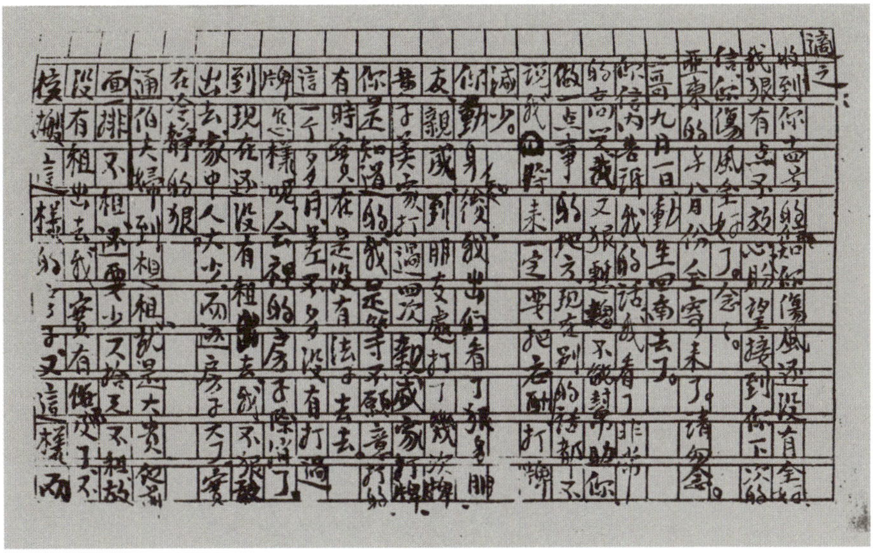

［就］去去。

这一个多月，差不多没有打过牌，怎样呢？会里的房子，除消【取消】了，到现在还没有租出去。我不狠（很）敢出去，家中人大【太】少，两边房子大了，实在冷静的【得】狠（很）。

通伯夫妇到【倒】想租，就是大【太】贵。他前面一排不租，还要少六十元不租，故没有租出去。我实在有侮【悔】不及了，不该搬这样的房子，又这样两家共大门出口，将来不知租个什么好坏人家，多吗【么】麻烦不好的地方。通伯本来，你同他们都说好了，梦麟的房子租六十元一月吗？还有东西借给他用，后来通伯由青岛来信，叶【叫】我去问问蒋太太几时动生【身】，他们回来好搬进去住。我去看看，他家都口东西尽了，书房、客房一件东西都没有了。后来，我同蒋太太谈起来，蒋先生答应过借点东西把陈先生，他没有接下句，只说蒋先生同于先生说好了，房租要

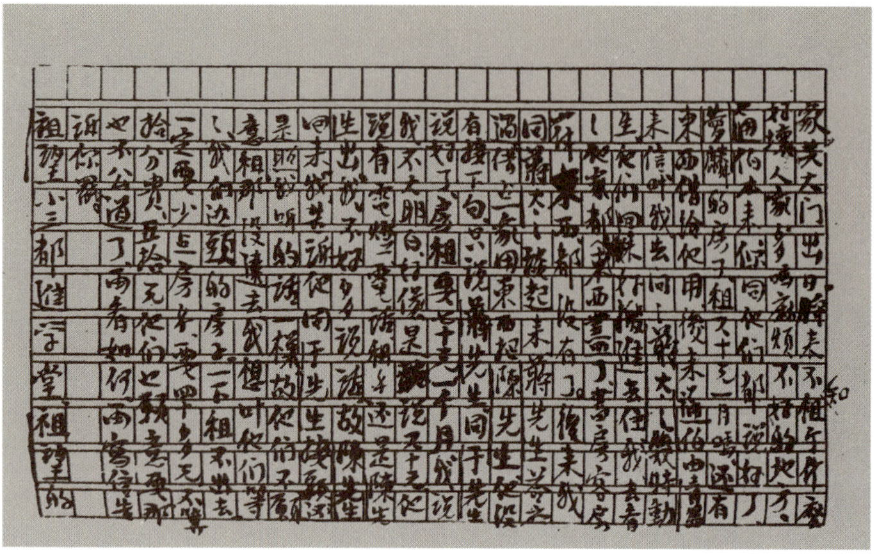
家英大门出口[illegible]来不知租个什么
好坏人家多麻烦，不好的地方了。
通伯夫妇来，你同他们都说好了，
梦麟的房子，租六十元一月，[illegible]还有
东西借给他用，[illegible]
来信时我去问了我太太，[illegible]
生他们回来，[illegible]搬进去住，我去看
了他家都来东西书画了，书房客房
[illegible]来西都没有了。后来我
同蒋太太谈起来，蒋先生[illegible]
[illegible]之一家，因东西[illegible]陈先生[illegible]
有接下[illegible]只说着蒋先生同于先生
说起了房租要七十元一个月，我说
我不大明白，好像是说六十元。他
说有电灯、电话，租泉还是陈先
生出。我不好多说话，故陈先生
回来我告诉他同于先生接头，
还是照我听的话一样，故他们不愿
意租那没远去。我想，叶他们等
等，我们边头的房子，一下租不出去，
一定要少点房泉，要四十多元，不算
十分贵，五十元他们也愿意要，那
也不公道了。再看如何，再写信告
诉你罢。
祖望、小三都进学堂，祖望的

七十元一个月。我说，我不大明白，好像是说六十元。他说有电灯、电话，租泉（钱）还是陈先生出。我不好多说话，故陈先生回来，我告诉他同于先生接头，还是照我听的话一样，故他们不愿意租那没【么】远去。我想，叶【叫】他们等等，我们边头的房子，一下租不出去，一定要少点房泉（钱），要四十多元。不算十分贵，五十元他们也愿意要，那也不公道了。再看如何，再写信告诉你罢。

祖望、小三都进学堂，祖望的书房现在清禁【静】了，衣箱全搬在汝骐住的边首那向【间】房里，就是你的两个稿子柜子，祖【儿】每天自己收拾的【得】狠（很）好，有时候我帮助他一点，他现在一人睡在铁床上面，也不要人看他，自己铺被，都是自己做，比上半年进步多了。小三也好多了，你回来再看看可进步没有。

我这一个多月的生活，前一向，每天早上七点钟带两个小孩子上北海，九点回来做点衣鞋，因〖此〗王妈今年娶媳妇，有两个月没有做针

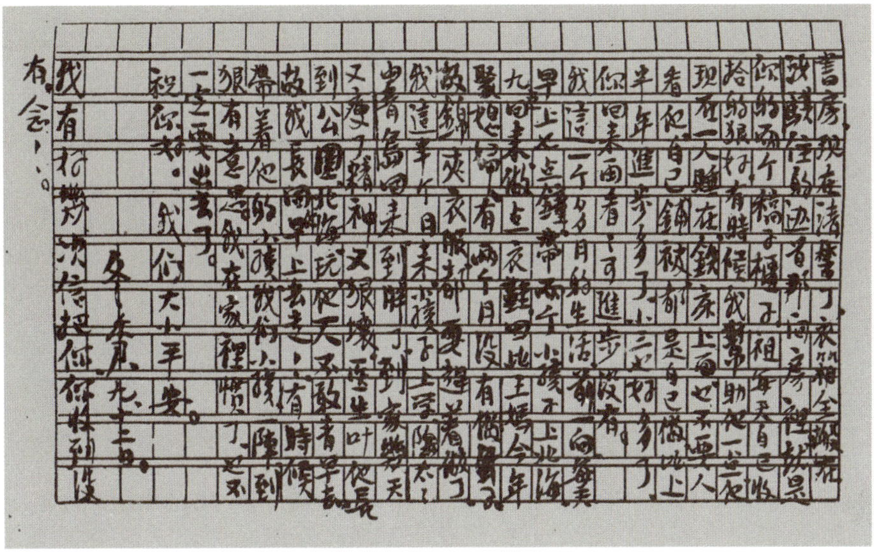

書房現在清楚了，我們全搬[illegible]
[illegible]後的边首那間房，就是
你的兩个[illegible]子[illegible]每天自己收
拾的狠好。有時候我幫助他一点。
現在一天[illegible]在鋪家上面也不要人
看他自己鋪被，都是自己[illegible]上
半年進步多了，小三也好多了
你回来面看，可進步没有。
我這一个多月的生活，前一向為
早上七点鐘帶兩个小孩子上北海
九点回来做点衣裳，因此王媽今年
要回家，有兩个月没有做衣[illegible]了
故錦夹衣服都要趕着做了。
我這半个月来，小孩子上学，陶太太
由青島回来到胖了，到家幾天
又瘦了，精神又狠壞。医生叶他長
到公園北海玩，他一人不敢青早
去，故我長同他早上去走走，有時候
帶着他的小孩，我們小孩，一陣到
狠有意思。我在家裡慣了，也不
一定要出去了。
祝你好。我們大小平安。
冬秀 九、十二日
我有好幾次信把你，你收到没
有？念念。

子，故锦【棉】、夹衣服都要赶着做了。我这半个月来，小孩子上学，陶太太由青岛回来到【倒】胖了，到家几天又瘦了，精神又很坏。医生叶【叫】他【她】长【常】到公园北海玩，他【她】一人不敢青【清】早去，故我长【常】同他【她】早上去走走，有时候带着他【她】的小孩我们［的］小孩，一阵【起】到【倒】狠（很）有意思。我在家里惯了，也不一定要出去了。

祝你好。我们大小平安。

冬秀 [1926] 九、十二日

我有好几封信把你，你收到没有？念念。

第[79]封 人少

致胡适（十一）

适之：

前几天有一信与你，想必收到了。

我有两礼拜，没有接着你的信了。心里很不放心，因〖此〗你前次信上说伤风还没完全好，但不知道你现在可全好了吗？念念。

我想你现在一定又要忙着开会了。故我又想是你没有工夫写信，往后还是请你长长【常常】写个明片寄来，只写一两句话，免我挂念着急。

前日的信告诉你，梦麟的房子，我听通伯说，他租给马素住了。

现在大慨【概】我们边头会里的房子可以租定，林家也忌【愿】意少要点房租，因〖此〗林家还有好多物什在里面，故此差不多的人，不往外租，现在通伯不敢做主，等凌老太爷来看，合意再定下来。叔华也狠

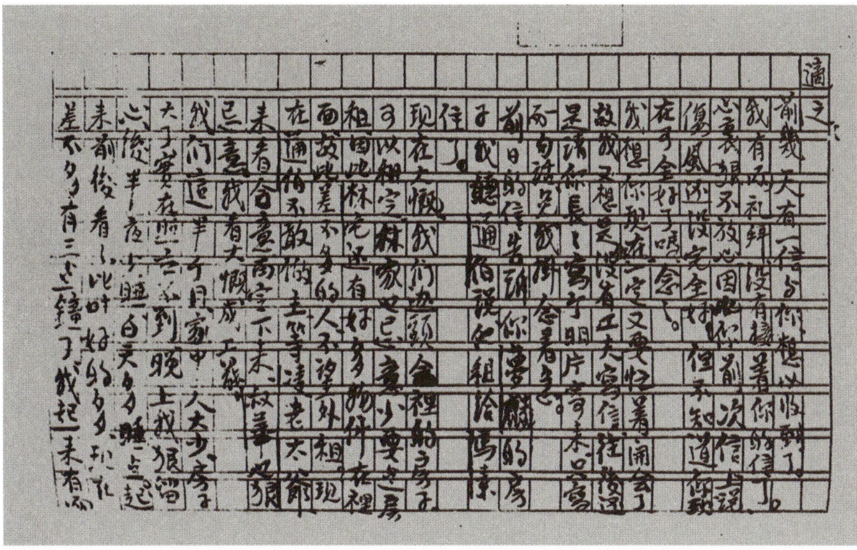

（很）忌【愿】意，我看大慨【概】成工【功】罢。

我们这半个月，家中人大【太】少，房子大了实在照应不到，晚上我狠（很）留心，后半夜少睡，白天多睡一点，起来前后看看，比叫【比较】好的【得】多。现在差不多有三点钟了，我起来有两个钟头了。我看了一点多钟小说，想着好久没接到你的信，故我做此信与你。两个儿子都很好，小三昨天又想爸爸又哭起来了。他们那【拿】他说了玩，爸爸不回来了。后来祖望告诉他，“爸爸不是上次有名片把你吗？说就回来。他到英国去开会，会开完了一定要回来的，你不要哭。我同你去玩罢。”说的【得】大家大笑，小三乂大笑了。

我们寄给你的信，你可收到没有？还有一个相片，都收到了吗？望你下次写信告诉我。

亚东九月前半个月的泉（钱），还没有寄来，大慨【概】是节下开消【销】不过来。我没有写信去问，等过节再说罢。

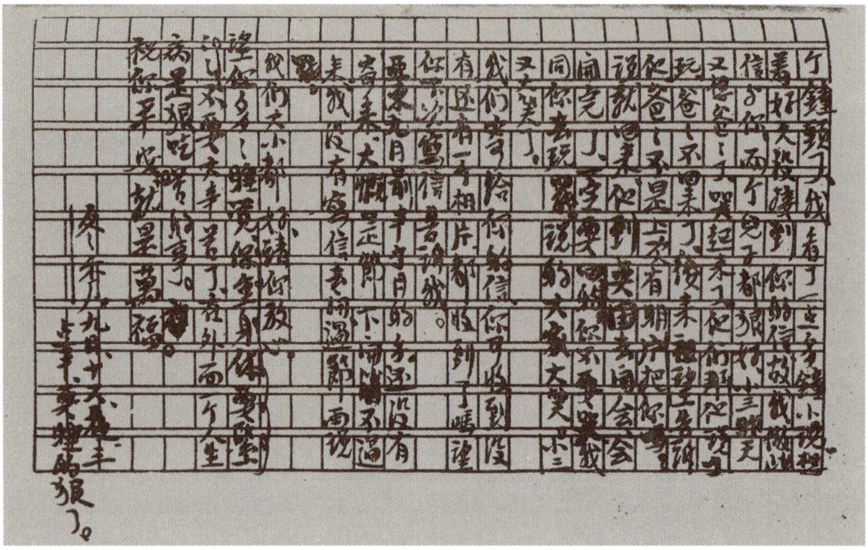

我们大小都好，请你放心。

望你多睡觉，保重身体要紧要紧，不要大【太】辛苦了，在外面一个人生病是狠（很）吃苦的事。

祝你平安，就是万福。

冬秀　[1926] 九月、十六、夜三点半，

要睡的狠（很）了

第 [80] 封 叔华

致胡适（十二）

适之：

五号、十二两信，都收到了，请物【勿】念。

我看了你十二的信上说，要把鼻子与小舌割去一大[①]，我听了狠（很）可怕，你这样病，我看恐怕不是别的病，人身体不好和辛苦狠（很）了，就会在这上面出的。我想劝你，千万不必去割，万一割怀【坏】了收不来口，弄的【得】不能吃东西，那就晚了。可以不割居好，我实在听了都怕的【得】狠（很），望勿去割为要。

杜威夫人病了，你到美国去玩玩、去看看他们到【倒】行，千万到那块不要开割这事要紧要紧，并还请你替我致意，问他们的好。

我现在晚上一点都不怕了。这边的兵全开走了，这边现在狠（很）安尽【静】的，上一两个月前兵住满了。

通伯叔华他们把楼房修好了，叔华东西全搬来了，白天晚上他们长长【常常】来，家中到【倒】见热闹一点，不过你要回来了，我们【家】就大【太】小了。他说春天要搬到燕京大学去，陈小姐搬到学堂里去住了，

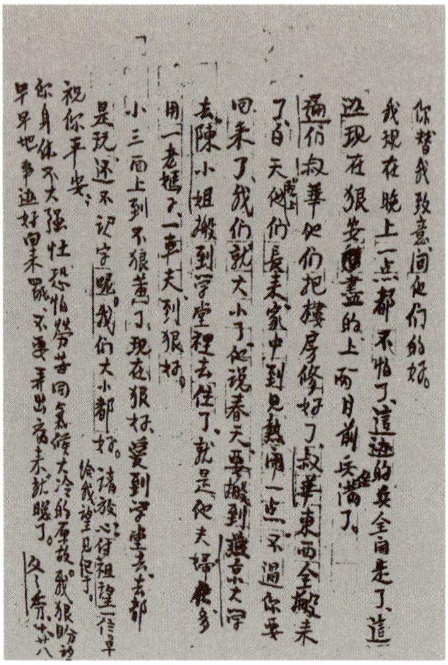
你替我致意问他们的好。
我现在晚上一点都不怕了，这边的兵全回走了，这
边现在狠安静，尽的上两月前兵满了。
通伯叔华他们把楼房修好了，叔华东西全搬来
了，白天他们长来家中，到见热闹一些，不过你要
回来了，我们就大小了，他说春天要搬到燕京大学
去，陈小姐搬到学堂里去住了，就是他夫妇住，多
用一老妈子、一车夫，到狠好。
小三面上到不狠黄了，现在狠好，爱到学堂去，去都
是玩，还不记字呢，我们大小都好。请放心，付祖望一信早
写好给我，望见纪于。
祝你平安。
你身体不大强壮，恐怕劳苦同气候太冷的原故，我狠盼望你
早早把事边好回来罢，不要弄出病来就晚了。
冬秀 十、廿八

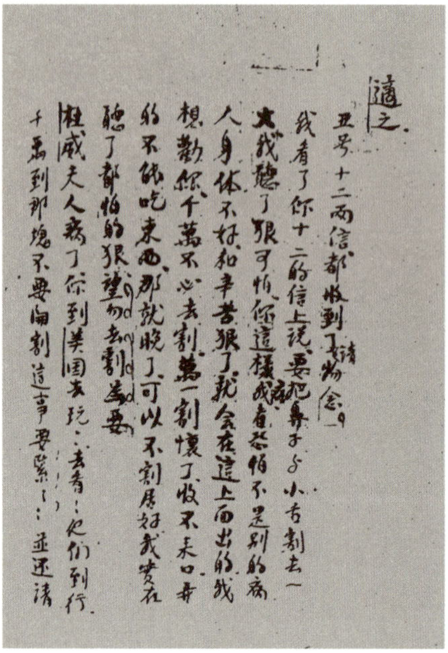
适之
五号十二两信都收到了，请勿念。
我看了你十二的信上说，要把鼻子与小舌割去一块，
我听了狠可怕，你这样我看恐怕不是别的病，
人身体不好，和辛苦狠了，就会在这上面出的，我
想劝你千万不必去割，万一割坏了，收不来口，弄
的不能吃东西，那就晚了，可以不割，还是好，我实在
听了都怕的狠，望你切莫去割，万要

就是他夫妇住，多用一老妈子、一车夫，到【倒】狠（很）好。

小三面上到【倒】不狠（很）黄了，现在狠（很）好，爱到学堂去，去都是玩，还不记字呢。我们大小都好。请放心。付祖望一信，早写好给我，望见纪于【忘记寄了】。

祝你平安。

你身体不大强壮，恐怕劳苦同气候大【太】冷的原故【缘故】，我狠（很）盼望你早早把事边【办】好回来罢，不要弄出病来就晚了。

冬秀 [1926] 十、廿八日

①原文如此。

第[81]封 手术

致胡适（十三）

适之：

十六、廿九两信都收到了。

你的腿肿现在可全好了没有，我狠（很）有点不放心，盼望你的讲演可以辞掉一点，把事〖弄〗弄清楚，望你早日回来罢。

我昨天到春明医院去，看赵元任太太的病，他是子宫病。说起你的身子和舌的病要开割，有两位医生说这病不宜开割，依他们说这是湿气，要到空气好的地方，自然就不发了。我那天与陶太太说起你要开割鼻子小舌病，他也说不宜开割。他有 边鼻子不通的病，从小就有，他小就开割一次，后来到日本又开割两次，又到北京开割一次，痛苦受狠（很）多，血流狠（很）多，到现在还没有好。这一次又发了，他再不敢去开割了。望你自己作亮【主】罢。你要到美国去玩玩到【倒】行，

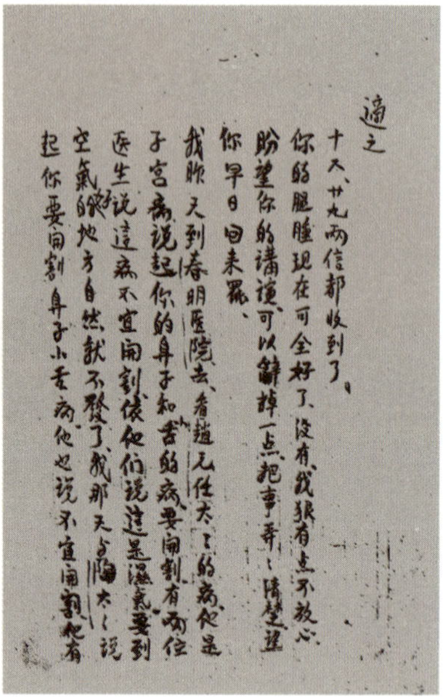
適之
十八、廿九兩信都收到了。
你的腿腫現在可全好了，沒有，我狠有点不放心，
盼望你的講演可以辭掉一点，把事弄弄清楚，望
你早日回來罷。
我昨天到春明医院去，看趙元任太太的病，他是
子宮病，說起你的身子和舌的病要開割，有兩位
医生說這病不宜開割，依他們說這是濕氣，要到
空氣好的地方自然就不發了，我那天與陶太太說
起你要開割身子小香病，他也說不宜開割，他有

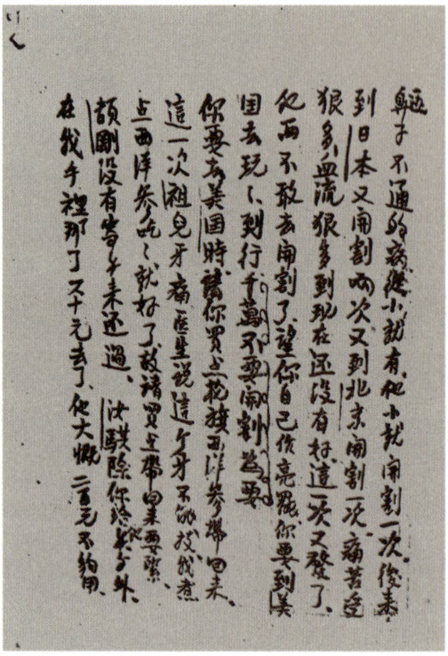
鼻子不通的病，從小就有，他小就開割一次，後來
到日本又開割兩次，又到北京開割一次，痛苦受
狠多，血流狠多，到現在還沒有好，這一次又發了，
他再不敢去開割了，望你自己仔細罷，你要到美
国去玩玩，到行千萬不要開割為要。
你要去美国時，請你買点花旗西洋參帶回來，
這一次祖兒牙痛，医生說這个牙不能拔，我煮
点西洋參吃吃就好了，故請買点帶回來要緊。
頡剛沒有寄手來還過，汝騏除你給他手以外，
在我手裡那了六十元去了，他大概二百元不夠用。

千万不好开割为要。

你要去美国时，请你买点花旗西洋参带回来。这一次祖儿牙痛，医生说这个牙不能拔，[让]我煮点西洋参吃吃就好了，故请买点带回来要紧。

颉刚没有寄泉（钱）来还过，汝骐除你给他泉（钱）与【以】外，在我手里那【拿】了六十元去了，他大慨【概】二百元不够用。二哥在此地与汝骐说明白，你手里没有泉（钱），如叶【叫】他问他家中要二百元，来添补用费，他家每年利泉（钱），恒生泰的利泉（钱）、缫丝的泉（钱），都把他母舅那【拿】去，他母亲要用一点去取一点，现在他母亲答应，由十一日起寄五十元来，明年春季寄五十元来把他。

猷，我手里付了卅四元，猷去的时候多廿六元把他带去。依成之说，可以做两个半月的费用，他不到半个月用完了，又到开文借五元。开文写信来要泉（钱），成之再【才】知道。成之没有法子办，与我商量，我只

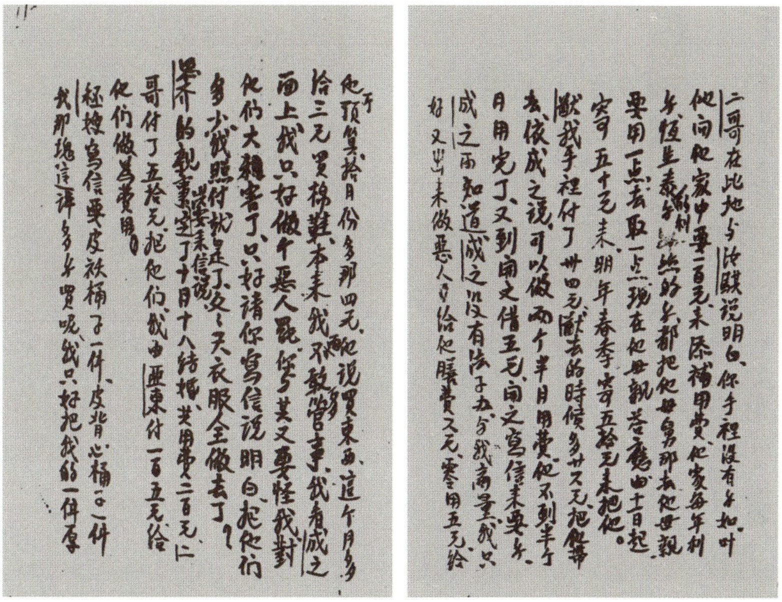

好又出来做恶人，给他膳费六元，零用五元，给他一个预算，十月份多那【拿】四元。他说买东西，这个月多给三元买棉鞋。本来我不敢多管事，我看成之面上，我只好作个恶人罢。你与其又要怪我对他们大【太】杀害[1]了，只好【不如】请你写信说明白，把他们多少我照付就是了。冬天衣服全做去了？

思齐的亲事，洪安来信说定了十月十八结婚，共用费二百元，二哥付了五十元把他们，我由亚东付一百五十元给他们作为费用。

秠嫂写信要皮袄桶子一件，皮背心桶子一件，我那【哪】块[有]这许多泉（钱）买呢？我只好把我的一件厚皮袄拔【扒】下〖下〗来，送他做背心，再买一件皮袄桶子把他。一件女袄桶与【于】他不够大，不够长，还要添皮子。

我算算七月份起，我家用用了乙（一）千四百七十元了，七月份的

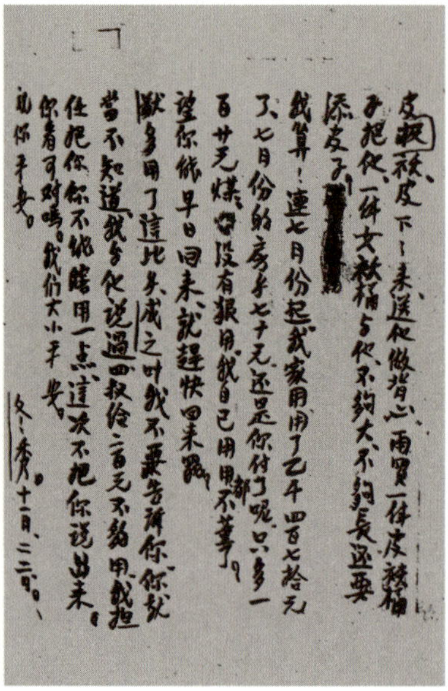

房泉（钱）七十元还是你付了【的】呢，只多一百廿元煤，没有狠（很）用，我自己用用都不董了？②

望你能早日回来，就赶快回来罢。

猷多用了这比【笔】泉（钱），成之叶【叫】我不要告诉你，你就当不知道。我与他说过，四叔给二百元不够用，我担任【负责】把你，你不能瞎用一点，这次不把你说出来。你看可对吗？我们大小平安。

祝你平安。

冬秀 [1926] 十一月、二二日

①原文如此。②“？”为收件人在原信处所加。

第[82]封 婚宴

致胡适（十四）

适之：

十一[月]十一、十六的信收到了，你没有病我狠（很）高兴，不过这样忙苦，我看你一定要不得，不过现在十二月八日过了，但不知道你现在要预备到什么地方去，还是到美国去呀？我这几天狠（很）望你有一定的决定主意的信来，但是这几天老没有信，故我迟至三礼拜都没写信把你。我怕你着急，故不董（等）你的信来了，但不知此信到时，你离开英国没有？

隔壁的房子，叔华与一位廉先生租定了，他把北房三间、耳房一间与我焕【换】楼房，现在以焕【已换】好了。他夫妇还住老房子里。廉先生全放书，也不住人，到【倒】相【像】我一家住一样，比先还好的【得】多呢。

思齐结婚后，他们来信说新夫妇狠（很）和气，

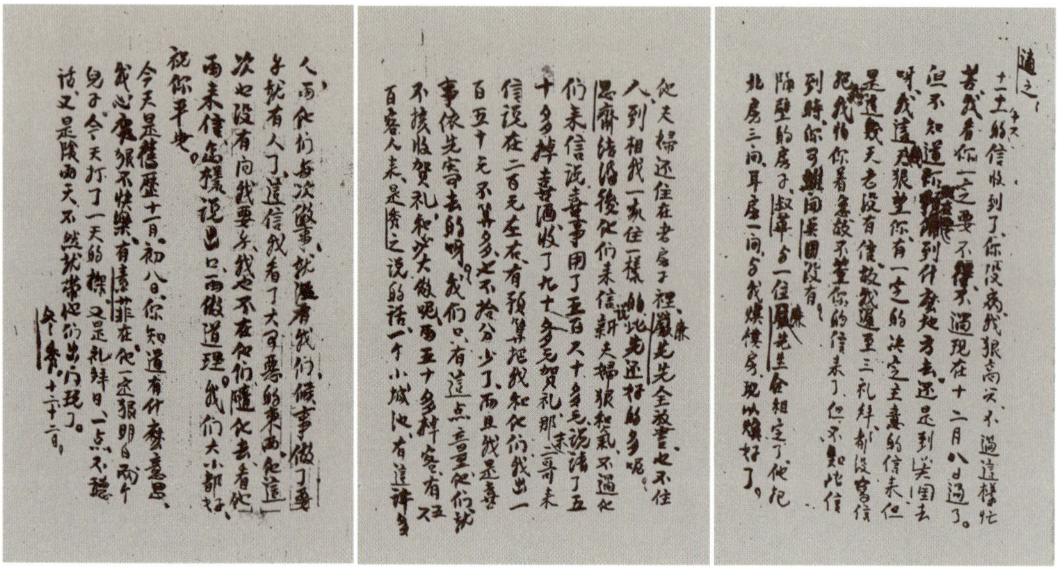

不过他们来信说喜事用了五百六十多元，说请了五十多桌喜酒，收了九十多元贺礼。那末（么）二哥来信说在二百元左右有预算把我和他们，我出一百五十元不算多也不十分少了，而且我是喜事依【以】先寄去的呀。我们只有这点立【力】量，他们就不核【该】收贺礼，和必【何必】大做呢！再五十多桌客，有五六百客人来，是秀之说的话，一个小城池有这许多人？再，他们每次做事就没有我们，候事做了要泉（钱）就有人了。这信我看了，[真是]大可恶的东西。他这一次也没有问我要泉（钱），我也不在，[他们]随他去，看他再来信怎样说出口，再做道理。我们大小都好，祝你平安。

今天是旧历十一月初八日，你知道有什么意思？我心里狠（很）不快乐，有素菲在，他一定狠（很）明白。两个儿子，今天打了一天的架，又是礼拜日，一点不听话，又是阴雨天，不然就带他们出门玩了。

冬秀 [1926] 十二、十二日

第[83]封 生日

致胡适（十五）

适之：

十一月廿八的信，收到了。

贺锡夫人的信，请你替我谢谢他【她】的好意，他【她】都是说你的好，赞你的本事和精神好。我又不会写信，只有托你[这]忙人，同【眷】点工夫写几句回复他【她】的好意〖思〗。

顾颉刚还来二百元，收到了。袁同礼先生[的]泉（钱）照来信付去了。

你，现在我想一定到了美国，〖你〗见着杜威夫妇和他一家，请你替我致意问好。

你到美国时，一定买点花旗西洋参带回来。

今年你的生日，客人来的【得】狠（很）多，两位纪【寄】女儿家都送很多物件，任太太、陶太太全都到了，狠（很）热闹。可惜，寿星老儿不在家。月亮又大又好，

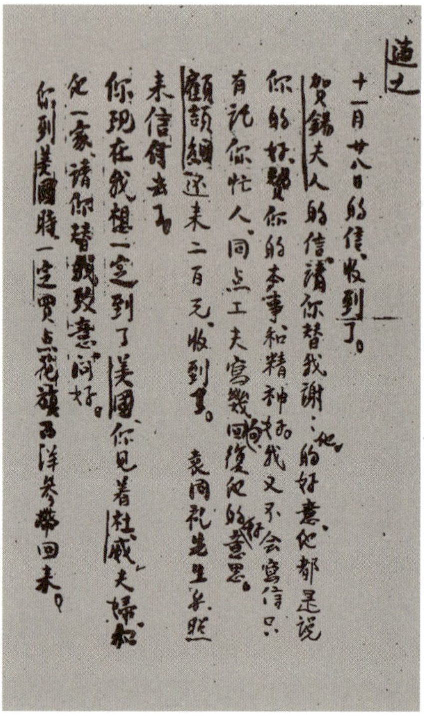
適之
十一月廿八日的信，收到了。
賀錫夫人的信，請你替我謝謝她的好意，她都是說
你的好，贊你的本事和精神好。我又不会寫信，只
有託你忙人，同点工夫寫幾句回復她的好意思。
顧頡剛還來二百元，收到了。袁同礼先生來照
來信付去了。
你現在我想一定到了美國，你見着杜威夫婦和
她一家，請你替我致意問好。
你到美國時一定買点花旗西洋參帶回來。

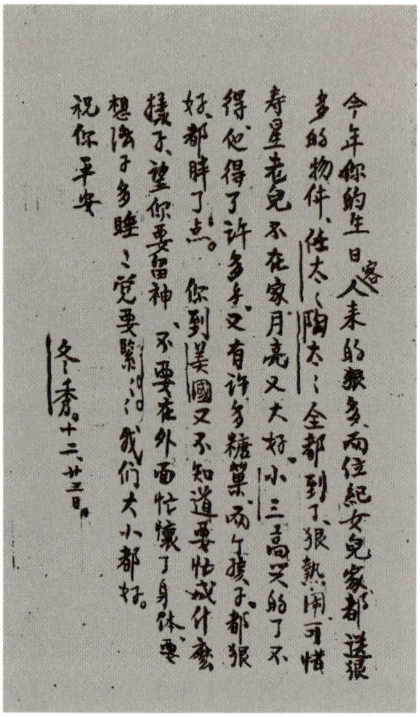
今年你的生日，客人來的很多，而住紀女兒家都送很
多的物件。住太太、陶太太全都到了，很熱鬧。可惜
壽星老兒不在家，月亮又大好。小三高興的了不
得，他得了許多錢，又有許多糖果。兩个孩子都很
好，都胖了点。你到美國又不知道要忙成什麽
樣子，望你要留神，不要在外面忙壞了身体，要
想法子多睡睡覺要緊要緊。我們大小都好。
祝你平安
冬秀。十二、廿三日。

小三高兴的【得】了不得，他得了许多泉（钱），又有许多糖果。两个孩子都狠（很）好，都胖了点。你到美国又不知道要忙成什么样子，望你要留神，不要在外面忙坏了身体，要想法子多睡睡觉要紧要紧。我们大小都好。

祝你平安。

冬秀 [1926] 十二、廿三日

第伍章 我做学问你管家

胡适之所以能够从琐碎的杂务中脱身，静下心来做学问，被称为一代大师，归根结底离不开家有贤妻。

先不说别的，光家里和家族内外那些事情已经多如牛毛，相互缠绕：比如三个孩子的教育、头疼脑热生病问题；比如给祖先修坟地、立碑、写碑文；还有家里亲戚的事；比如把地收租的事情给秠嫂、稼嫂怎么分配，等等。一桩桩一件件，复杂的关系等都足以让胡适这个洋博士抓狂，然而江冬秀处理起来却驾轻就熟。正是由于江冬秀在背后的默默付出和支持，胡适才能安心地做学问，成为中国文化圈里的一颗耀眼的明星。

第 [84] 封 女儿

一九二七年
致江冬秀

冬秀：

我今天哭了女儿一场，你说奇怪不奇怪。

我这几天睡少了，今天下午无事，睡了半点钟。梦里忽然看见素斐，脸上都是面【病】容。一会儿就醒了。醒来时，我很难过，眼泪流了一枕头；起来写了一首诗，一面写，一面哭。忍了一年半，今天才得哭她一场，真想不到。

我想我很对不住她。如果我早点请好的医生给她医治，也许不会死。我把她糟掉了，真有点罪过。我太不疼孩子了，太不留心他们的事，所以有这样的事。今天我哭她，也只是怪我自己对她不住。

我把这首诗写给你看看。

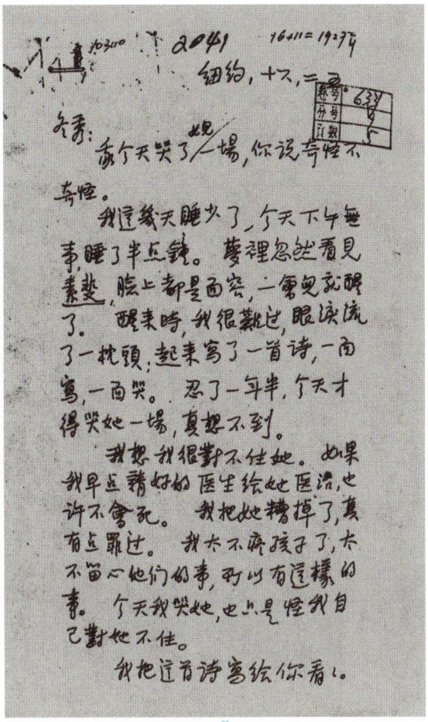

纽约，十八，二，三

冬秀：

今天哭了她一場，你說奇怪不奇怪。

我這幾天睡少了，今天下午無事睡了半点鐘。夢裡忽然看見素斐，臉上都是病容，一會兒就醒了。醒來時，我很難过，眼淚流了一枕頭，起来写了一首诗，一面写，一面哭。忍了一年半，今天才得哭她一場，真想不到。

我想我很對不住她。如果我早点請好的医生给她医治，也許不會死。我把她糟掉了，真有点罪过。我太不疼孩子了，太不留心他们的事，所以有這樣的事。今天我哭她，也只是怪我自己對她不住。

我把這首诗寫给你看看。

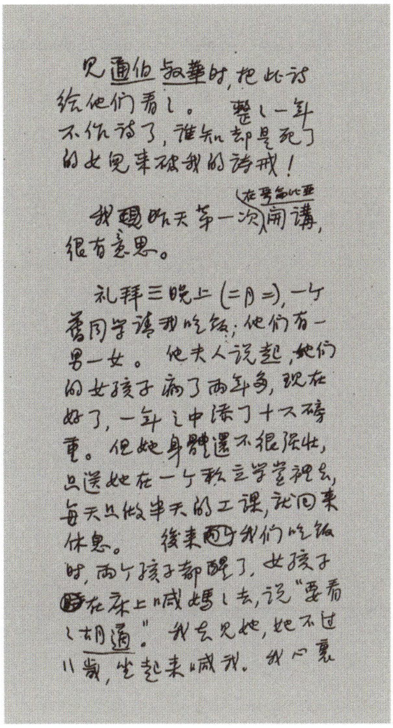

見通伯、叔華时，把此诗给他们看看。整整一年不作詩了，誰知却是死了的女兒來破我的詩戒！

我昨天第一次（在哥倫比亚）開講，很有意思。

礼拜三晚上（二月二），一个舊同学請我吃飯；他们有一男一女。他夫人說起，他们的女孩子病了两年多，现在好了，一年之中添了十六磅重。但她身體還不很强壮，只送她在一个私立学堂裡去，每天只做半天的工课，就回来休息。後来我们吃飯时，两个孩子都醒了。女孩子在床上喊媽媽去，說"要看看胡適"。我去见她，她不过八岁，坐起来喊我。我心裏

见通伯、叔华时，把此诗给他们看看。整整一年不作诗了，谁知却是死了的女儿来破我的诗戒！

我昨天第一次在哥仑比亚开讲，很有意思。

礼拜三晚上（二月二），一个旧同学请我吃饭，他们有一男一女。他夫人说起，他们的女孩子病了两年多，现在好了，一年之中添了十六磅重。但她身体还不很强壮，只送她在一个私立学堂里去，每天只做半天的工课，就回来休息。后来我们吃饭时，两个孩子都醒了。女孩子在床上喊妈妈去，说“要看看胡适”。我去见她，她不过八岁，坐起来喊我。我心里很感动。大概今天梦里见着女儿，也是那天留下的影象。

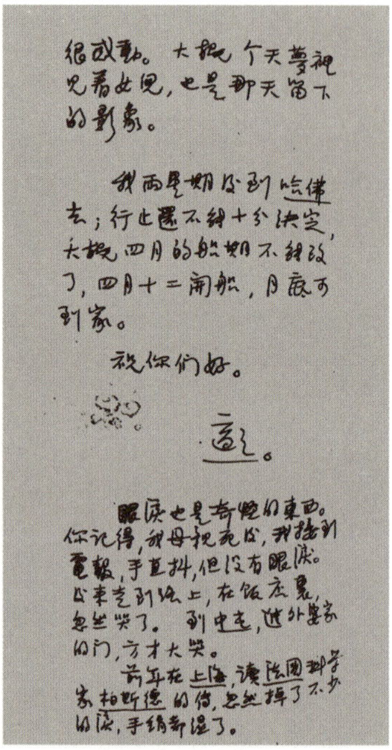
很感动。大概今天梦裡见着女儿，也是那天留下的影象。

我两星期后到哈佛去；行止还不能十分决定，大概四月的船期不能改了，四月十二开船，月底可到家。

祝你们好。

適。

眼泪也是奇怪的东西。你记得，我母亲死后，我接到电报，手直抖，但没有眼泪。后来走到路上，在饭店裡，忽然哭了。到中屯，进外婆家的门，方才大哭。

前年在上海，读法国科学家柏斯德的传，忽然掉了不少的泪，手绢都湿了。

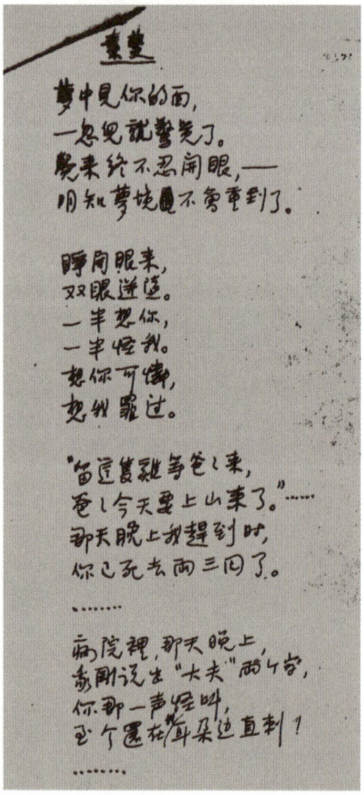
素斐

梦中见你的面，
一忽儿就惊觉了。
觉来终不忍开眼，——
明知梦境不会重到了。

睁开眼来，
双眼迸堕。
一半想你，
一半怪我。
想你可怜，
想我罪过。

"留这只鸡等爸爸来，
爸爸今天要上山来了。"……
那天晚上我赶到时，
你已死去两三日了。
……

病院裡，那天晚上，
我刚说出"大夫"两个字，
你那一声怪叫，
至今还在我耳朵边直刺！
……

我两星期后到哈佛去，行止还不能十分决定。大概四月的船期不能改了，四月十二开船，月底可到家。

祝你们好。

适之　纽约，十六，二，五

眼泪也是奇怪的东西。你记得，我母亲死后，我接到电报，手直抖，但没有眼泪。后来走到路上，在饭店里，忽然哭了。到中屯，进外婆家的门，方才大哭。

前年在上海，读法国科学家柏斯德的传，忽然掉了不少的泪，手绢都湿了。

素　斐

梦中见你的面，

一忽儿就惊觉了。

觉来终不忍开眼〖，〗——

明知梦境不会重到了

睁开眼来，

双眼迸堕。

一半想你，

一半怪我。

想你可怜，

想我罪过。

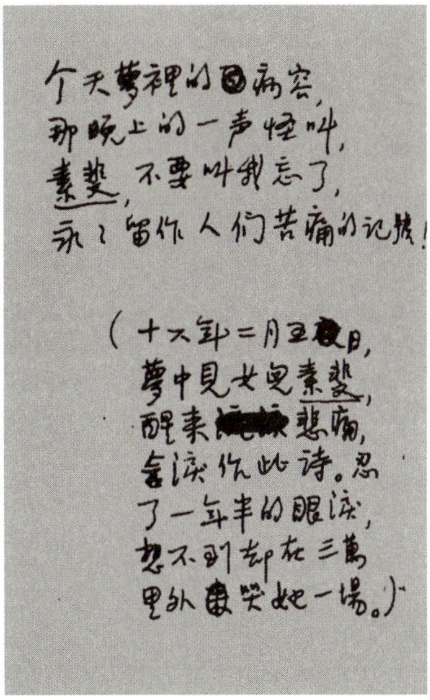

今天夢裡的[redacted]病容，
那晚上的一声怪叫，
素斐，不要叫我忘了，
永永留作人們苦痛的記號！

（十六年二月五[redacted]日，
夢中見女兒素斐，
醒来[redacted]悲痛，
含淚作此詩。忍
了一年半的眼淚，
想不到却在三萬
里外[redacted]哭她一場。）

“留这只鸡等爸爸来，
爸爸今天要上山来了。”……
那天晚上我赶到时，
你已死去两三回了。

……

病院里，那天晚上，
我刚说出“大夫”两个字，
你那一声怪叫，
至今还在我耳朵边直刺！

……

今天梦里的病容，
那晚上的一声怪叫，
素斐，不要叫我忘了，
永永留作人们苦痛的记号！

（十六年二月五日，梦中见女儿素斐，醒来悲痛，含泪作此诗。忍了一年半的眼泪，想不到却在三万里外哭她一场。）

第 [85] 封 账表

致胡适（一）

适之：

十九日的信收到了。你的生日，我们在家狠（很）热闹，不想你一个人在那里想多小【少】事体，竟不能睡。我劝你依后【以后】千万睡觉不要想事体，一天忙到晚，那竞的【哪经得】起晚上不睡呢。

你多着点泉（钱）存起来，很好，到不得以【已】的时候有个如【余】泉（钱）那【拿】来救急用用。我这几年来，你有时在京有时在外面，我是没有问朋友、问亲戚借过一个泉（钱），还长长【常常】有亲朋问我借泉（钱）呢。你也没有多少泉（钱）把我，我们欠的借【债】还清了。经过几个病死人，用去好几千元。家里的人要东西，相【像】思永官才【棺材】带回去，连安土是三百多元，这希【些】地方恐怕只有我肯出这样的泉（钱）。你只不忌【愿】意带走，我等【顶】忌【愿】意对的【得】起駜【秠】嫂，对的【得】起上人。相【像】思齐这次亲事，我随【虽】然泉（钱）是出去了，〖我〗老实说他们的行为我是不满意[的]——鬼头鬼脑的做事。

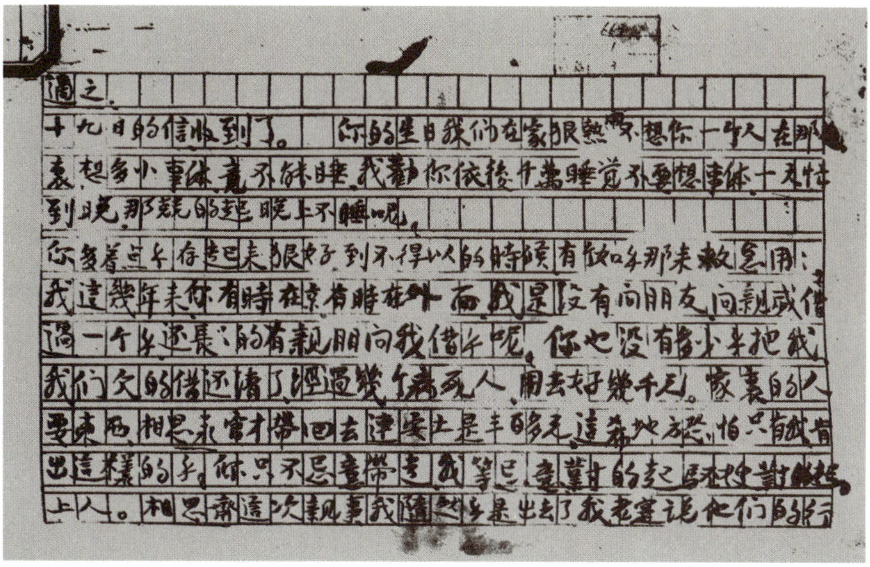
适之
十九日的信收到了。你的生日我们在家很热闹，不想你一个人在那
里想多少事体，竟不能睡。我劝你以后千万睡觉不要想事体，十点
到晚，那能的起，晚上不睡呢。
你多着点钱存起来很好，到不得以的时候有做个那来救急用。
我这几年来你有时在京有时在外，而我是没有向朋友向亲戚借
过一个钱，还长长的有亲朋向我借钱呢。你也没有多少钱把我
我们欠的债还清了，经过几个病人，用去好几千元。家里的人
要东西，相思永会才带回去，运安上是丰够了。这种地方，恐怕只有我肯
出这样的钱。你只不愿意带些，我等已意对的起得起对
上人。相思斋这次亲事我随然是出了，我老实说他们的行

我这次用泉（钱）狠（很）多，我抄了一张账单子，请你看看就知道我〖不〗用的不少泉（钱）了。你商务里那乙（一）千元，我存银行一年的长期，我现在银行里头还有二百三十多块泉（钱），加过年要多用一百元，还多乙（一）百多元，恐怕过年知【之】后，猷、祖、杜开学费外〖没有钱〗多不着多少[钱]了。但不知道顾先生同泽涵可有泉（钱）寄来还没有，如没泉（钱）寄来还，恐要借泉（钱）用了。每月靠二百元，无论怎样不就【够】用。我望纪【忘记】告诉你：蒋圭贞十月就到厦门去读书，依【以】先全不告诉我，到那天动生【身】再【才】告诉我，下午火车，动生【身】没有泉（钱）向我借七十元。我想想也不说他，借了四十元把他，还有一节的学费没给他，送他卅元，里外不是亲兄弟我也不来生无味【谓】的气了。我这次有好多时没有信把你，因我重伤风十天，这三天全好了。我没有请医生看，我自己买点药吃吃，到【倒】好[了]，寒热有八天，不狠（很）利害【厉害】。现在全好了，请勿念。

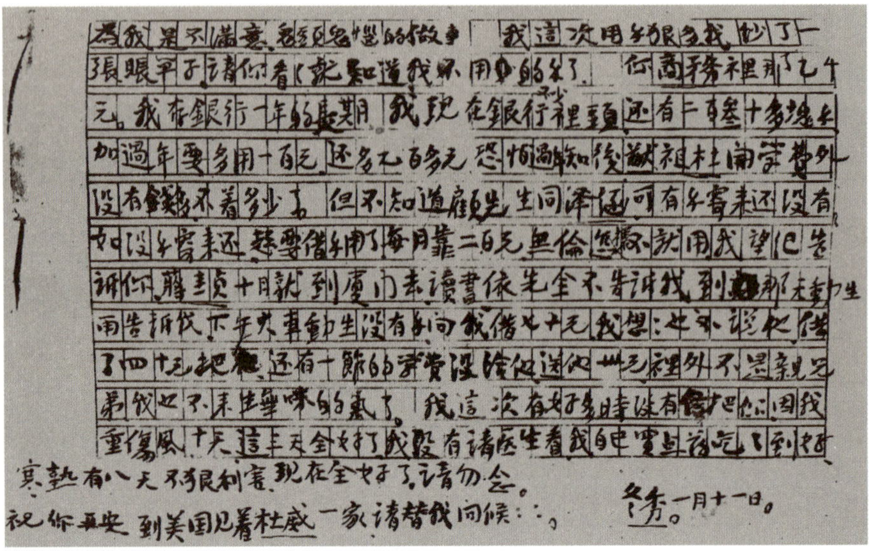

祝你平安。到美国见着杜威一家请替我问候。

冬秀　[1927] 一月十一日

付出账目表

付泽涵一百五十元。付蒋小姐两季学金六十元，又动身时借四十元。江绍原借廿五元。江配之借卅元。程万宗借廿元。我自己买了两粒珠子七十九元。付适之动身和买物共廿六元。什【付】耘甫买物十元。付觉之买物和火车票十三元。觉之生日十一元。付汝骐六十元。付木厂成衣铺廿元。送闫海小孩读书费五元。大妈生日买物和[给]泉（钱）十六元。王妈讨媳妇借四十元，送七元。付表【裱】糊梨膏酒零物四十元。适之生日四十元。付适书费五元。付适买书五十六元六角。付修理洋车廿四元。付駓【秠】嫂买皮桶子廿二元。定米六包面〖买〗共一百乙（一）十元。成之借卅元。共付出九百三九元六角。收进来亚东八、九、十、

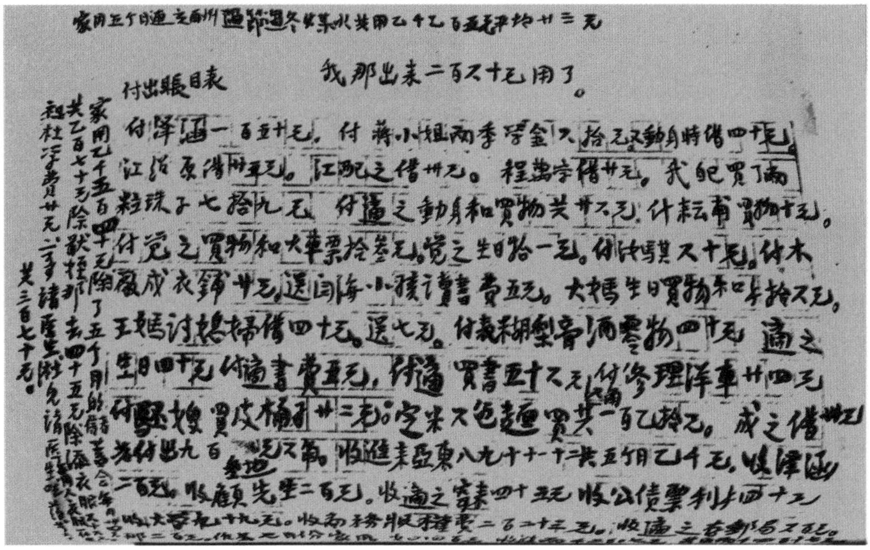
家用五个月连应酬过节过冬煤水共用乙千乙百五元平均廿三元

付出账目表

我那出来二百六十元用了。

付泽涵一百五十元。付蒋小姐两季学金六拾元又动身时借四十元。

十一、十二共五个月乙（一）千元。收泽涵二百元。收顾先生二百元。收适之寄来四十五元。收公债票利四十元。收大学九十九元。收商务版权费二百二十三元。收适之存邮局六百元，那【拿】二百元作为七月份家用，如【余】四百元。收进两千二百〇七元，共用两千四百十七元。

家用五个月连应酬、过节、过冬、煤、水，共用乙（一）千乙（一）百五元，平均廿三元。

家用乙（一）千五百四十元。除了五个月的储蓄，合每月卅四元，共乙（一）百七十元。除猷侄那【拿】去四十五元，除添衣服六十元（每月人衣服一件在内），祖、杜学费廿元，二哥请医生、杜儿请医生吃药等六十多。共三百七十元。

我那【拿】出来二百六十元用了。

第 [86] 封 闫海

致胡适（二）

适之：

十二月卅日信收到了。我看了你的信，你知道我今晚心里怎么样？你不说起，我到【倒】把卅日的纪念全望纪【忘记】了。我知道你卅日那天，一定想着新婚别离的知【滋】味，但是利【离】十年的结婚纪念日不远了，我想今年你在京，我们好好的【地】请点朋友来吃吃酒饭，热闹热闹。我们两人亲蜜【密】一下，回复十年前的兴味，你可赞成吗？一笑。前天成之有一信把你，想知道了。闫海死的情形，现在全办好了。我给他二百元，决存胡开文长期，只许那【拿】利不能动本。再有人忌【愿】出一点的吧，替他专【赚】一点。收点款子就交给他家里，样【让】他放零借，收着有廿多元了。还有蔚慈、一涵两人没有见着，过两天等天晴

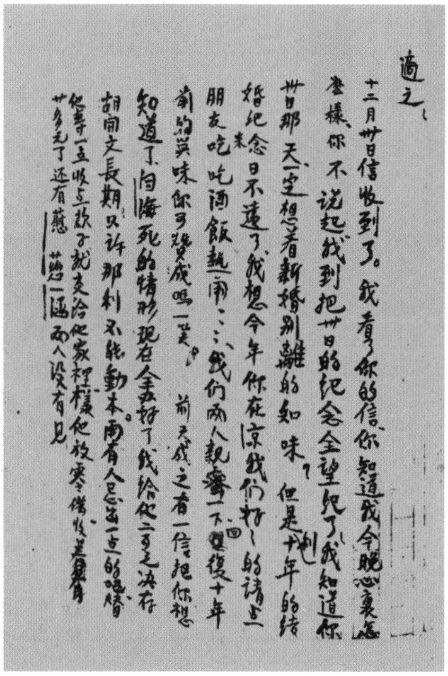

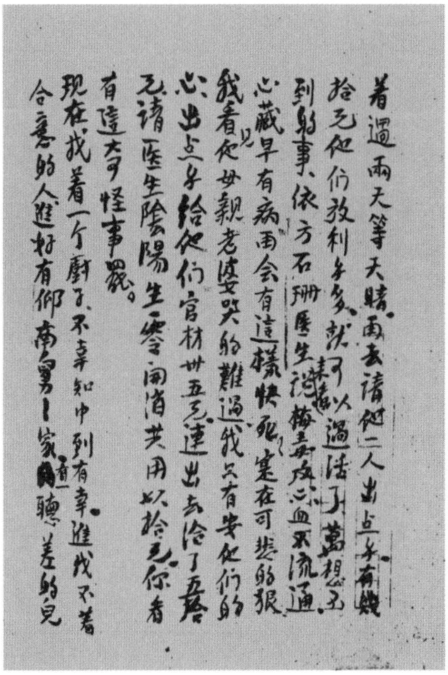

再去请他一人出点泉（钱），有几十元他们放利泉（钱），多[半]就可以过活了。万想不到的事，依方石珊医生来看，说梅毒攻心，血不流通，心藏【脏】早有病再【才】会有这样快死。实在可悲的【得】狠（很）。我看见他母亲老婆哭的【得】难过，我只有安他们的心，出点泉（钱），给他们官才【棺材】[泉（钱）]卅五元，连出去给了五十元请医生、阴阳生、零开消【销】共用六七十元，你看有这奇怪的事罢。

现在找到〖着〗一个厨子，不幸知【之】中到【倒】有幸，进【正】找不着合意的人，进好【正好】有仰南舅舅家[有]一听差的儿子在老半斋才出师，今夏老半斋店关门了，他父亲托舅舅姨太太做保来我家。年纪狠（很）小，只有廿一岁，小孩子狠（很）好，他父亲在舅舅家十年了。做菜狠（很）好，酒席点心都能做。昨天上工，我晚上请几位客吃新厨子

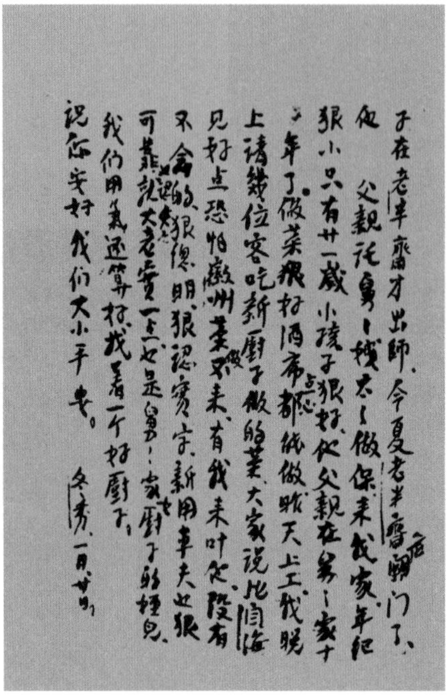

子在老半齋才出師、今夏老半齋歇门了、
他父親託舅〻嬸太〻做保来我家、年紀
狠小、只有廿一歲、小孩子狠好、他父親在舅〻家十
〻年了。做菜飛好、酒席都能做、昨天上工、我晚
上請幾位客吃新厨子做的菜、大家说比闫海
見好点、恐怕徽州菜做不来、有我来叶他、沒有
不會的、狠聰明、狠認实字、新用車夫也狠
可靠、就大老实一点、也是舅〻家女厨子的姪兒、
我们用氣还算好、找着一个好厨子、
祝你安好、我们大小平安。
冬秀、一月、廿日

做的菜，大家说比闫海见好点。恐怕徽州菜做不来，有我来叶【教】他，没有不会的。狠（很）聪明，狠（很）认实【识】字。新用车夫也狠（很）可靠，也认识字，就[是]大【太】老实一点。也是舅舅家女厨子的侄儿，我们用气【运气】还算好，找着一个好厨子。

祝你安好。我们大小平安。

冬秀 [1927] 一月、廿日

第 [87] 封 汝骐

致胡适（三）

适之：

一月六日的信收到了。王家的房子我决计不要，搬个家实在[是]不容易的事，朋友都闹穷。那个地点也不大好，利【离】玩的地方太远，到西南城不大方便，故不容易租，只好回他罢。

你到美国的信，我还没接到呢。我算算你到美国有一个月零五天，不知怎样一回事，我这几天盼望你的信不得了。你远在万里，加只【之】长远不来信，要把我急死。望你时时写信要紧!!!

家用一事，我前信同你说过，不过这一次汝骐年假后开学费付五十元，先拿过一百八十元，共连你一百元外，我付过一百三十元。他家里先答应好了，每年给他一百元，到现在一文不给。他家务全都是俞度管银泉（钱），但是对与【于】汝骐全不管，实在大可恶。思

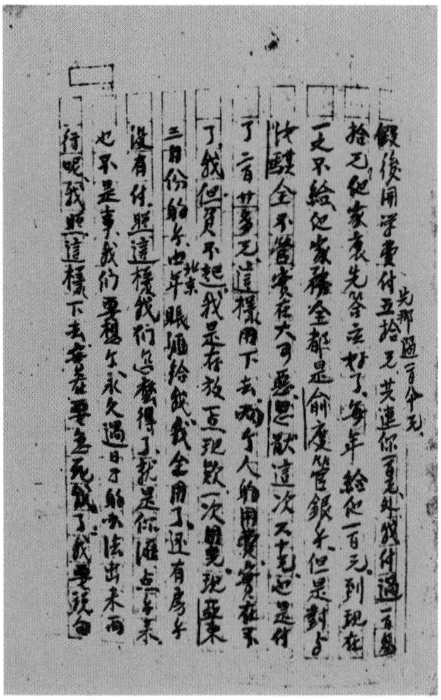

假後用学费付五拾元，先那还一百廿元，共連你[illegible]外我付過一百幾
拾元，他家袁先签应好了，每年给他一百元，到現在
一文不給他，家務全都是俞慶管銀子，但是對子
收麟全不管，實在大可惡。思猷這次又要六十元，也是付
了二百廿多元，這樣用下去，兩个人的用費實在不
了，我但負不起，我是存放一点現款，一次用光，現亞東
三月份的泉由北京年賬匯給我，我全用了，还有房泉
沒有付，照這樣我們怎麼得了，就是你匯点泉來
也不是事，我們要想个永久過日子的办法出來再
行呢。我照這樣下去，实在要急死我了，我要說句

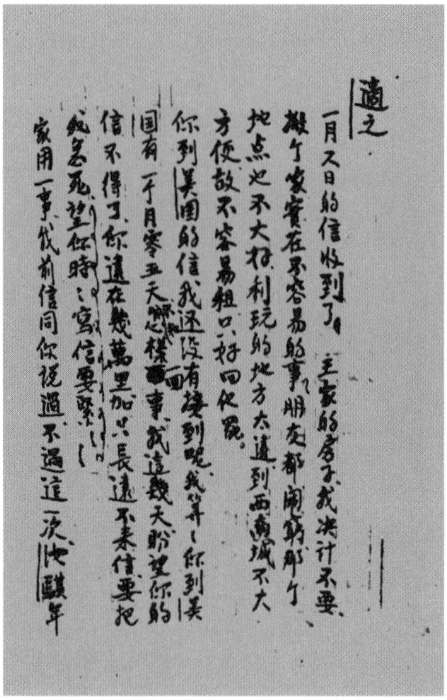

適之
一月又日的信收到了。主家的房子我决计不要，
搬个家實在不容易的事，朋友都闹搬那个
地点也不大狠利玩的地方太遠，到西商城不大
方便，故不容易租，只好回他罷。
你到美国的信我还没有接到呢，我算算你到美
国有一千月零五天，[illegible]事，我這幾天盼望你的
信不得了，你遠在幾萬里加以長遠不來信，要把
我急死，望你時時寫信要緊。
家用一事，我前信同你說過，不過這一次收麟年

猷这次六十元，也是付了二百廿多元。这样用下去，两个人的用费实在〖不了〗[是]我但【担】负不起。我是存放一点现款，一次用光。现亚东三月份的泉（钱）由北京年账汇给我，我全用了，还有房泉（钱）没有付。照这样我们怎么得了？就是你汇点泉（钱）来，也不是事，我们要想个永久过日子的办法出来再【才】行呢。〖我〗照这样下去，实在要急死我了，我要说句没有泉（钱），你们家中的人都不想性【相信】〖我〗。存他们的情，把我当财神爷，弄到我没有说话的地步，我自己都对不住自己了。两个儿子都出疹子，大儿子狠（很）重，有三个礼拜。这次全亏陆先生看好，全好了，请放心。你应该写封信谢谢陆先生，他的老太爷病重，有三个月了，有九十多岁了。

商务里有三百元版权棁【税】还没有寄来，一经【已经】把图章盖去

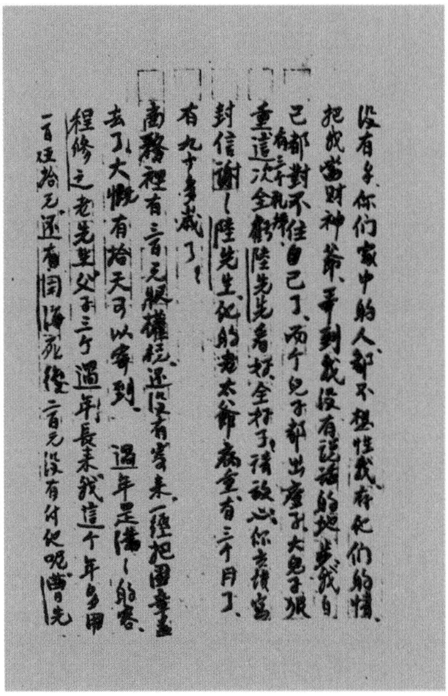

没有多你们家中的人都不体惜我，存他们的情，
把我当财神爷、弄到我没有说话的地步。我自
已都对不住自己了，两个儿子都出产了，大儿子娘
重这次全靠陆先生看护全好了，请放心。你去信写
封信谢谢陆先生。他的老太爷病重，有三个月了、
有九十多岁了。
商务里有二百元股权，说还没有寄来，一经把图章盖
去了，大概有拾天可以寄到。过年是满满的客、
程修之老先生父子三个过年长来。我这个年多用
一百五十元，还有闫海死后二百元没有付他呢。曹先

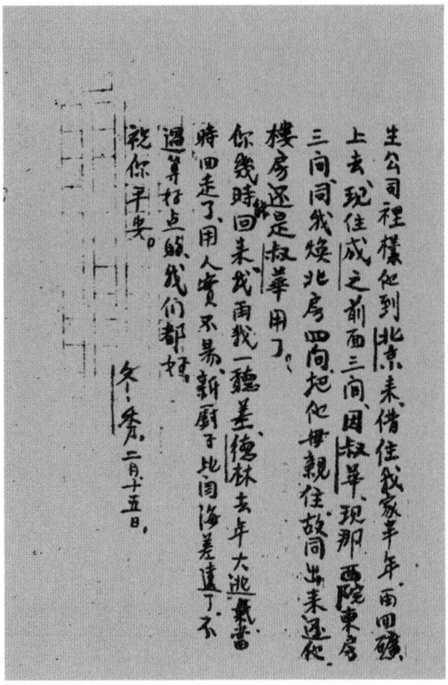

生公司里样他到北京来，借住我家半年，再回矿
上去。现住成之前面三间，因叔华现那西院东房
三间同我换北房四间把他母亲住，故同出来还他。
楼房还是叔华用了。
你几时回来，我再找一听差。德林去年大逃气，当
时回走了。用人实不易，新厨子比闫海差远了。不
过算好点的，我们都好。
祝你平安。
冬秀 二月十五日

了，大慨【概】有十天可以寄到。过年是满满的客，程修之老先生父子三个，过年长【常】来。我这个年多用一百五十元，还有闫海死后二百元没有付他呢。曹先生公司里样【让】他到北京来，借住我家半年，再回矿上去。现住成之前面三间，因叔华现那【拿】西院东房三间同我焕【换】北房四间把他母亲住，故同【腾】出来还他，楼房还是叔华用了。

你几时回来，我再我【找】一听差，德林去年大逃气【太淘气】，当时回走了。用人实在不易，新厨子比闫海差远了，不过算好点的。我们都好。

祝你平安。

冬秀　[1927] 二月十五日

第 [88] 封 寄单

致胡适（四）

适之：

十三、廿三两信都收到了，但两信同时收到，邮局太悮【误】事，我算算早就有信到，被邮局悮【误】我瞎焦急了十多天。老没有信来，实【使】我盼的【得】不得了。

你的书还没寄到货单，外国的收到了，天津的货单还没有来。句【据】他们说，外国运货狠（很）不容易，要几月再德【才得】到呢。

依你来信说，四月可到家，我们大家都说，五月都不得到，恐怕还有地方请你呢，不是一时来不了吗？

杜威夫人的病见好，我听了狠（很）高兴，望他保重早日全俞【痊愈】。我狠（很）想要问你要点泉（钱），但是汇费恐大【太】贵大不合算一

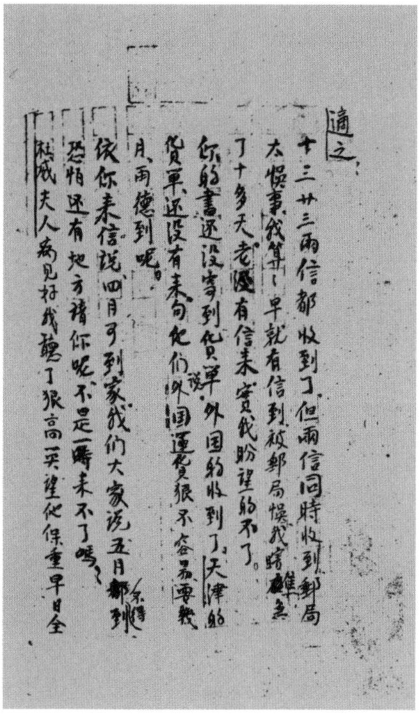

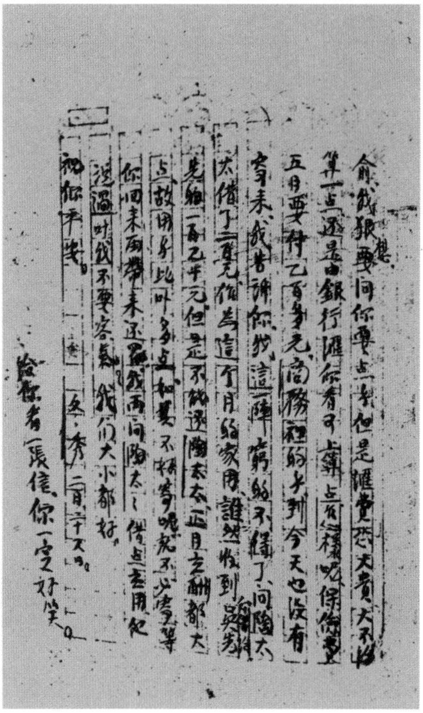

点，还是由银行汇，你看可上算点，怎样呢？保险费五月要付乙（一）百多元，商务里的泉（钱）到今天也没有寄来。我告诉你，我这阵穷的【得】不得了，问陶太太借了一百元作为这个月的家用，谁【虽】然收到你借给吴先生的一百乙（一）十元，但是不能还陶太太，正月应酬都大点，故用泉（钱）比叶【比较】多点。如其不好寄呢，就不必寄，等你回来再带来还罢。我再问陶太太借点去应用，他【她】说过叶【叫】我不要客气。我们大小都好。

祝你平安。

冬秀 [1927] 二月二十六日

给你看一张信，你一定好笑。

第 [89] 封 风水

致胡适（五）

适之：

前后收到你路上共有五封信了，失【使】我又高兴，又焦急，又难受。一路受热，又还讲演，我望你再下去少答应点讲演和演会，你远在几万里，不要弄出病来，那可不是玩的。

望你多多保重身体，就是等【顶】爱我的一件痛快事了。

泉（钱）全收到了，今天成之去换出来了。我想泉（钱）不多，不必去麻烦蔚慈去。换了廿七（元）七毛四分，吃亏乙（一）毛八分泉（钱），不算坏。

风水的事，前几天我同二哥谈过一次，他的意思，父母那边要做好点，要四百元，要造一条上山去的路大慨【概】要二百元，祖父母那边堆进去三四尺可做四官【棺】，要不动进去可做两官【棺】，别人四棺，共六棺。我想决计进去，做四棺，将来稼嫂可用一官【棺】。我看觉之也不得长久了，可预备一官【棺】做着，你看如何？

觉之说，要做好点，这边要八九百元，他们不知可能出二百元，还恐

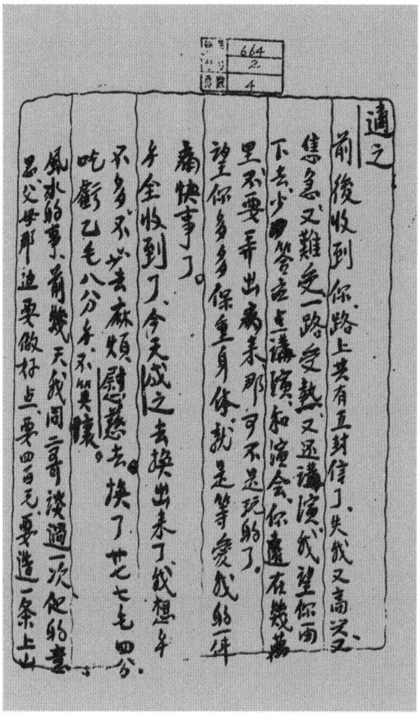

適之
前後收到你路上共有五封信了，先我又高興又焦急，又難受，一路受熱，又还講演，我望你兩下去少答应去講演和演会，你遠在幾萬里不要弄出病来，那可不是玩的了。望你多多保重身体，就是等爱我的一件痛快事了。
乎全收到了，今天成之去換出来了，我想乎不多不少，去麻烦慰慈去，換了廿七元四分。吃虧乙毛八分，本不算錢。
風水的事，前幾天我同三哥談過一次，他的意思父母那边要做好点，要四百元，要造一条上山

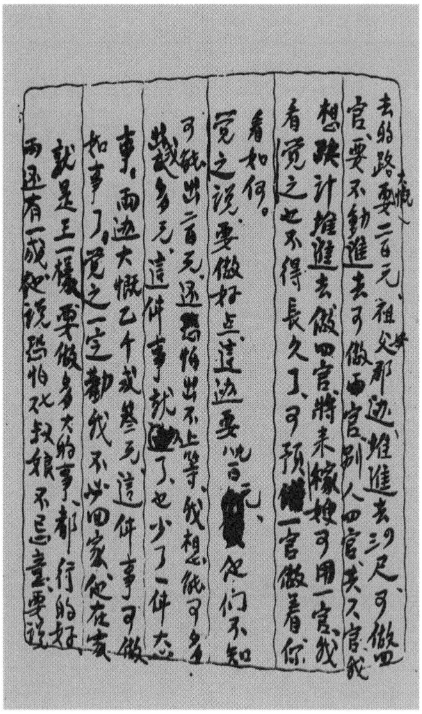

去的路要二百元，祖父那边，堆進去三四尺，可做四官，要不動進去，可做兩官，別人四官共六官，我想路計堆進去做四官，將来嫁娘可用一官，我看觉之也不得長久了，可預備一官做着，你看如何。
觉之说，要做好点，這边要四百元，他们不知可能出六百元，还要怕出不上等，我想能可多出二百多元，這件事就办了，也少了一件态事。兩边大概乙千二三元，這件事可做如事了，觉之一定劝我不必回家，他在家就是王一樣，要做多大的事，都行的好，再还有一成，他说恐怕六七叔娘不忌意，要说

怕出不上等，我想能【宁】可多出二百多元，这件事就办了，也少了一件态事。两边大慨【概】乙（一）千二三元，这件事可做如事了。觉之一定劝我不必回家，他在家就是王一样，要做多大的事，都行的好。再还有一成，他说恐怕六七叔娘不忌【愿】意，要说话。我说叶【叫】成之、秀之二人写信回去，商量好了，我再回去。我看这件事样【让】觉之〖一定〗去办，一定办不好，我非回家不可。他只成【自从】你动身知后【之后】就泻痢疾，这两天算好了，一天到晚除了大烟就是洋烟，一大睡到晚，一晚吃到天亮，叶【叫】儿子陪着谈天，白天儿子也起不来。成之只对我说，孩子从来不读英文，什么书都不读了怎么去考罢？他父亲宽儿子的心，二年级不必去考，去考一年级。我现在也不做呆子，我也不说他们，随他去。有他父亲在此地，我们也管不着。你看可是吗？不过，这两部书

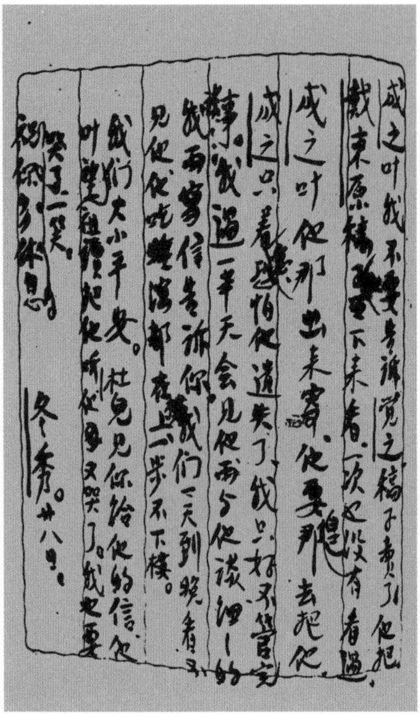

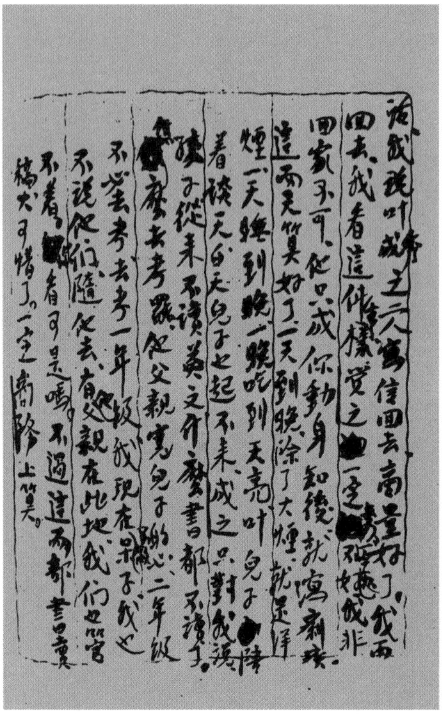

卖稿，大可惜了，一定商务上算。

成之叶【叫】我不要告诉觉之，稿子卖了。他把戴东原稿子□□下来看，一次也没有看过。成之叶【叫】他那【拿】出来寄，他要是那【拿】去把他，成之只着急，恐怕他遗失了，我只好不管完事。我过一半天会见他，再与他谈。细细的【地】谈谈，我再写信告诉你。我们一天到晚看不见他，他吃、睡、泻都再【在】楼上，一步不下楼。

我们大小平安。杜儿见你给他的信，他叶【叫】祖望读把他听，他又哭了，我也要哭了。一笑。

祝【望】你多休息。

冬秀 [应为 1927 年 2 月] 廿八日

第 [90] 封 祖望

一九二八年
致江冬秀（一）

冬秀：

洪安回来，说起你们吃的苦，我很不好过。希望你们一路上顺顺溜溜的【地】到家，没有这样的困苦了。

这几天天气很好，我很替你们高兴。

钱已托卓林先汇两百，由石恒春送上。

慰慈送了乙（一）百元来，连桌子在内，我收了。

丁太太又来请我去讲演，我已答应了，定廿五日与祖望去苏州，廿六(星期)下午回来。

从你走后，我把那篇《红楼梦》写好了，共写了乙（一）万六千字，三夜都到两三点钟才睡，真对不住太太。昨夜早睡了。

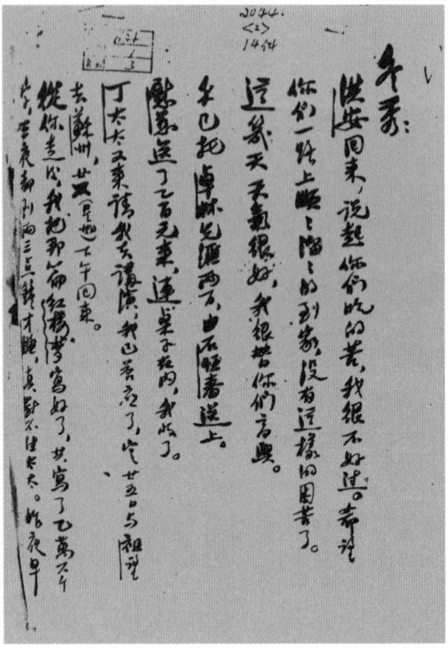

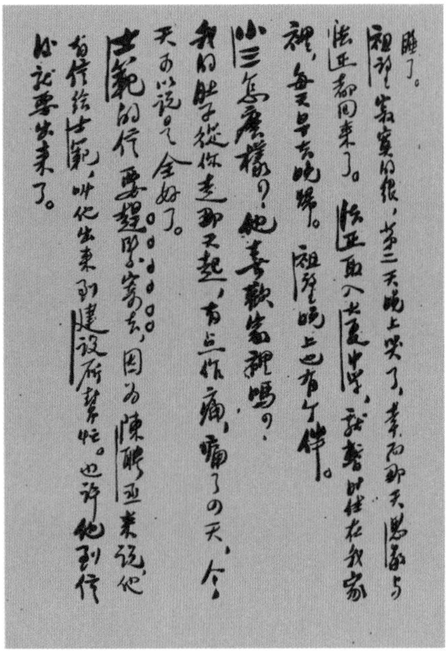
睡了。
祖望寂寞的很，第二天晚上哭了，幸而那天思敬与法正都回来了。法正取入大夏中学，就暂时住在我家里，每天早去晚归。祖望晚上也有个伴。
小三怎么样？他喜欢家里吗？
我的肚子从你走那天起，有点作痛，痛了四天，今天可以说是全好了。
士范的信要赶紧寄去，因为陈聘丞来说，他有信给士范，叫他出来到建设厅帮忙。也许他到信后就要出来了。

祖望寂寞的【得】很，第二天晚上哭了，幸而那天思敬与法正都回来了。法正取入大夏中学，就暂时住在我家里，每天早去晚归。祖望晚上也有个伴。

小三怎么样？他喜欢家里吗？

我的肚子从你走那天起，有点作痛，痛了四天，今天可以说是全好了。

士范的信要赶紧寄去，因为陈聘丞来说，他有信给士范，叫他出来到建设厅帮忙。也许他［收］到信后就要出来了。

如士范不能来，你可以同近仁商量决定图样。如新买的地可以葬四棺，那就把祖父母与父母合葬，也好。合葬可以省不少的钱与工夫。

千万不要请什么风水先生。如果六婶七婶要请风水先生，只好让他

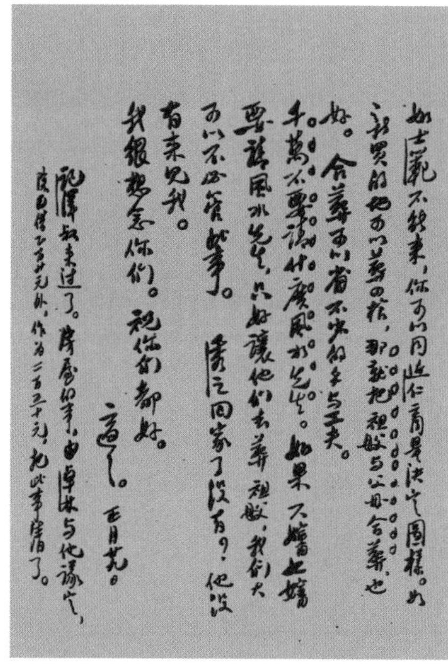
如去葬不能来，你可以同近仁商量决定怎样。如
家里的地方可以葬四棺，那就把祖父母与父母合葬，也
好。合葬可以省不少的钱与工夫。
千万不要请什么风水先生。如果大嫂[illegible]嫂
要请风水先生，只好让他们去葬祖父母，我们大
可以不必管此事。秀之回家了没有？他没
有来见我。
我很想念你们。祝你们都好。
适之 正月廿九日
记泽叔来过了。房屋的事，由卓林与他议定，除已借乙百廿元外，作为二百五十元，把此事清了。

【她】们去葬祖父母，我们大可以不必管此事。秀之回家了没有？他没有来见我。

我很想念你们。祝你们都好。

适之　正月廿九日

记泽叔来过了。房屋的事，由卓林与他议定，除已借乙（一）百廿元外，作为二百五十元，把此事清了。

第[91]封 汇报

致江冬秀（二）

冬秀：

老杭今天回来了，我们有菜吃了。徐太太与你家小姨，怕我们饿死在替工厨子手里，常常送菜来吃，可感之至。

我这几天肚子好了，饮食如常了。

明早与慰慈、祖望同去苏州，大后天（廿六）回来。

祝你们都好。

小三喜欢徽州吗？

适之 十七，二，廿三（二月初三）

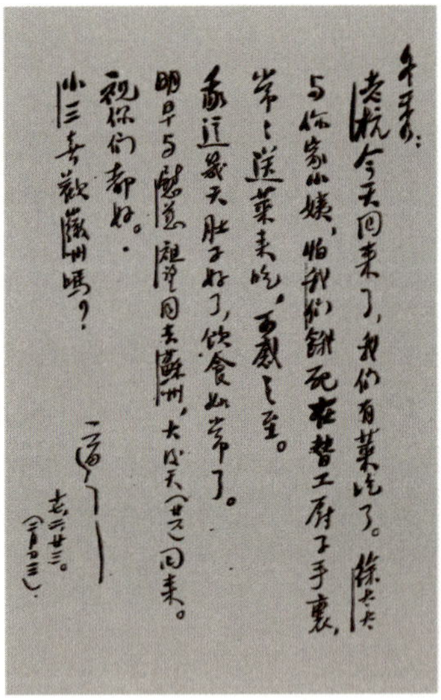
冬秀：

老杭今天回来了，我们有菜吃了。徐太太与你家小姨，怕我们餓死在替工厨子手裏，常常送菜来吃，可感之至。

我這幾天肚子好了，飲食如常了。

明早与慰慈、祖望同去蘇州，大後天（廿六）回来。

祝你们都好。

小三喜歡徽州嗎？

適之 十七，二，廿三（二月初三）

第 [92] 封 苏州

致江冬秀（三）

冬秀：

路上发的三个邮片，都收到了。但还不曾收到你到家的信。

运棺材的水客名胡成德，是宅坦人。他今天来取了六十元去，后天动身，到家后再向你取六十元。一切都在内，包抬送到家。

秀之今天到了。他不久就要回家。他想独立做生意，要我借他一点资本。我告诉他，我绝对不能帮忙。

圭贞也来了，她明晚动身回北京去，入京师大学理科，明年可毕业。

耘圃有信来，说希望我替丕莹在商务寻个事，又替他自己寻个事。我回了一信，劝他把丕莹送入绩溪县立中学读两三年书。我没有说起帮

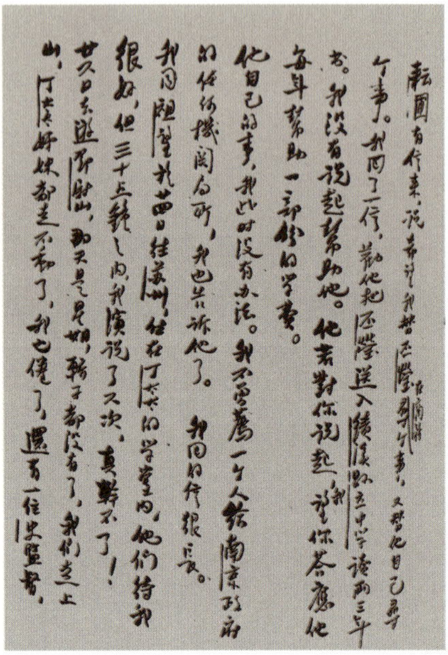

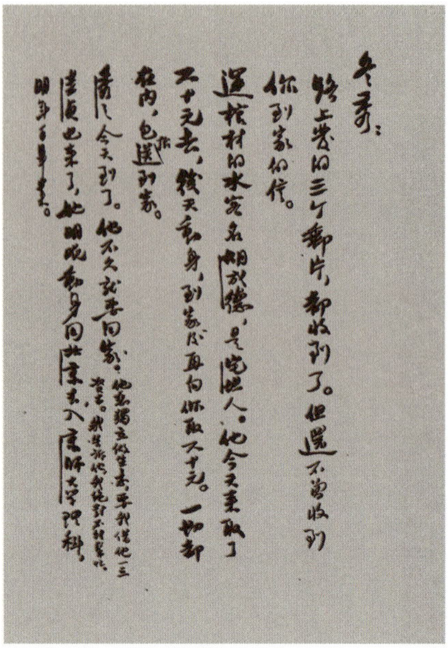

助他。他若对你说起，我望你答应他，每年帮助一部份【分】的学费。

他自己的事，我此时没有办法。我不曾荐一个人给南京政府的任何机关局所，我也告诉他了。我回的信很长。

我同祖望于廿四日往苏州，住在丁太太的学堂内，他们待我很好。但三十点钟之内，我演说了六次，真干不了！

廿六日去游邓尉山，那天是星期，轿子都没有了。我们□上山，丁太太姊妹都走不动了，我也倦了。还有一位史监督，也倦了。在元墓山的庙里等候轿子，直到天黑，轿子方才回来。抬到光福镇，一家旅馆都找不到，后来住在一家坏旅馆，勉强过了一夜。廿七日，汽油船来了，赶回苏州，下午回上海。这回总算吃了三天苦头。

新六的老太爷病的【得】很利害，恐怕不好。

祖望很好，这回游苏州，我吃了苦，他却很高兴。廿五日他跟丁大哥

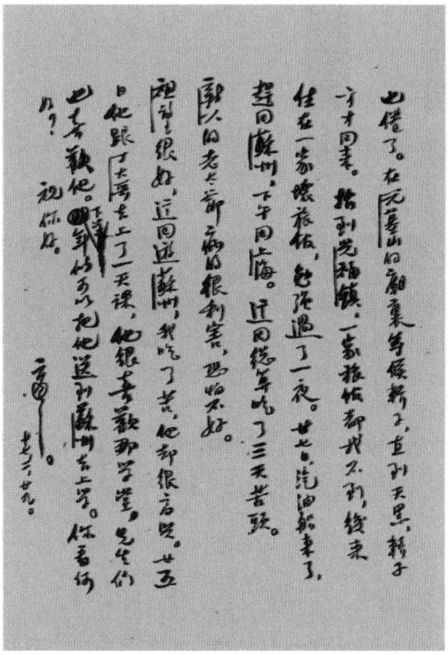
也借了。在元墓山的廟裏等候轎子，直到天黑，轎子方才回來。抬到光福鎮，一家旅館都找不到，後來住在一家壞旅館，勉強過了一夜。廿七日汽油船來了，趕回蘇州，下午回上海。這回總算吃了三天苦頭。
鄉下的老太爺病的很利害，恐怕不好。
祖望很好，這回送蘇州，我吃了苦，他卻很高興。廿五日他跟了大學去上了一天課，他很喜歡那學堂，先生們也喜歡他。下學年似可以把他送到蘇州去上學。你看何如？
祝你好。
適
十七，二，廿九

去上了一天课，他很喜欢那学堂，先生们也喜欢他。下学年似可以把他送到苏州去上学。你看何如？

祝你好。

适之　十七，二，廿九

第 [93] 封 葬礼

致江冬秀（四）

冬秀：

到家后的信收到了。

我已有三封信给你了，都收到了吗？

汇款实在有点不方便，已托亚东设法再汇二百元。如不得已时，可先借钱用。屯溪向有交通银行，现在已收歇了。

徐老太爷于十一日死了，十三日大殓，我去吊过。他们家事很复杂，妇女之间很多问题，不容易收拾。老头子由肾病死的，其实是花柳病的根子，他不肯直说，故后来没有法子了。（我听陈叔通说的。不可告他人。）

孟录搬进新房之后，也大病了，是伤寒病。今天我打电话去问，说好一点了。

丁太太来信说，陪我们游山回来之后，也病了。

寄上游邓尉山照相二张。内中有王小姐，杨荫榆，

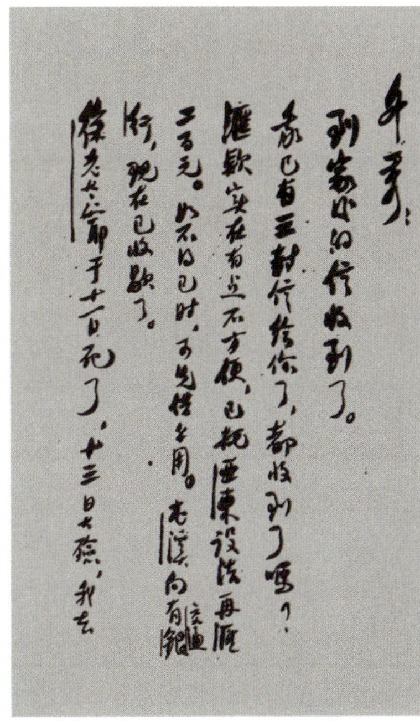

冬秀：

到家以后的信收到了。前已有三封信给你了，都收到了吗？汇款实在有点不方便，已托亚东设法再汇二百元。如不够用时，可先借个用。志滨向有铺行，现在已收歇了。

徐志摩于十九日死了，十三日大殓，我去

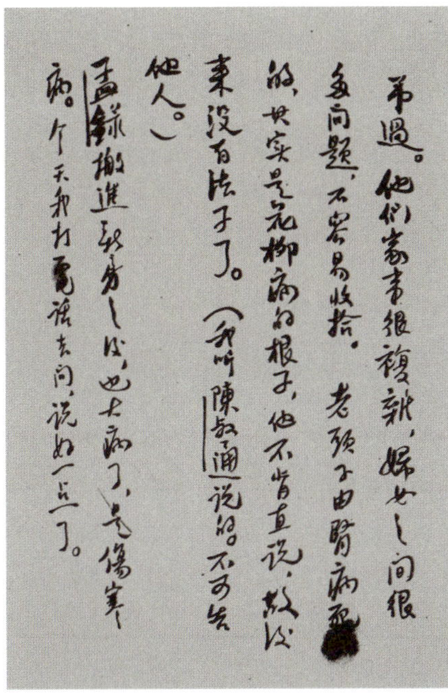

吊过。他们家里很复杂，妇女之间很多问题，不容易收拾。老头子由肾病死的，其实是花柳病的根子，他不肯直说，故以来没有法子了。（我听陈叔通说的，不可告他人。）

孟录搬进医院以后，也大病了，是伤寒病。今天我打电话去问，说好一点了。

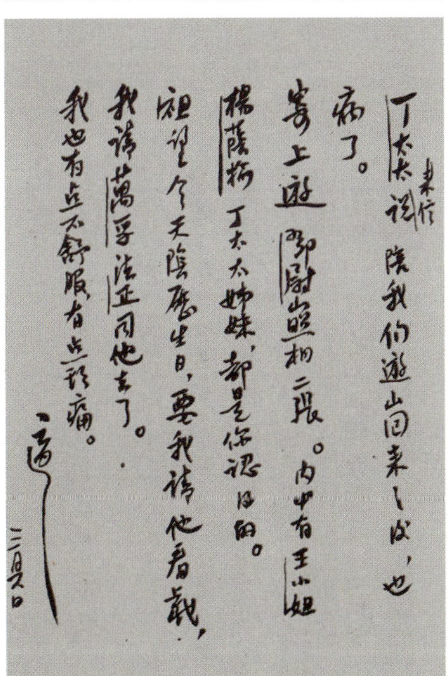

丁太太来信说陈我们游山回来以后，也病了。

寄上游邓尉山照相二张。内中有王小姐、杨荫榆、丁太太姊妹，都是你认得的。

祖望今天阴历生日，要我请他看戏，我请万孚、法正同他去了。

我也有点不舒服，有点头痛。

适

三月六日

丁太太姊妹，都是你认得的。

祖望今天阴历生日，要我请他看戏，我请万孚、法正同他去了。

我也有点不舒服，有点头痛。

适之　三月六日

第 [94] 封 做碑

致江冬秀（五）

冬秀：

士范的图样收到了，我看很好。请你照这样子做，就行了。

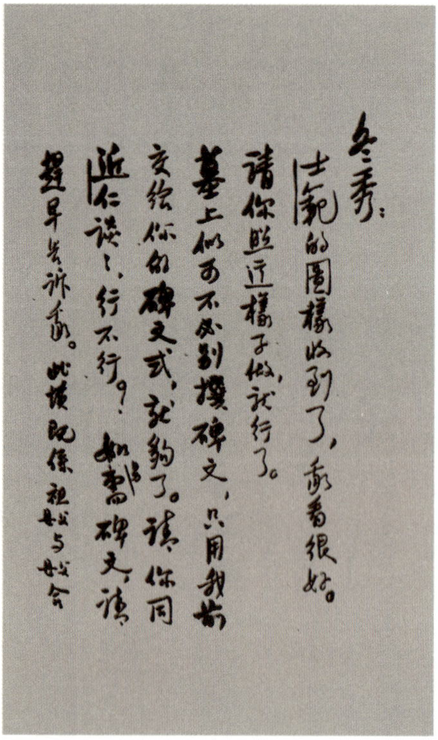
冬秀：
士範的圖樣收到了，我看很好。
請你照這樣子做，就行了。
墓上似可不必別撰碑文，只用我前交給你的碑文式，就夠了。請你同近仁談談，行不行？如另需碑文，請趕早告訴我。此墳既係祖父母與父母合

墓上似可不必别撰碑文，只用我前交给你的碑文式，就够了。请你同近仁谈谈，行不行？如另需碑文，请赶早告诉我。此坟既系祖父母与父母合葬，碑文不大好做，倒不如用我那种简单的碑志格式。

阿翠的事，请你自己斟酌看。我在外面，有什么法子可以决定？你也不必为他生气。年轻的人不懂世事，请你劝劝他。这

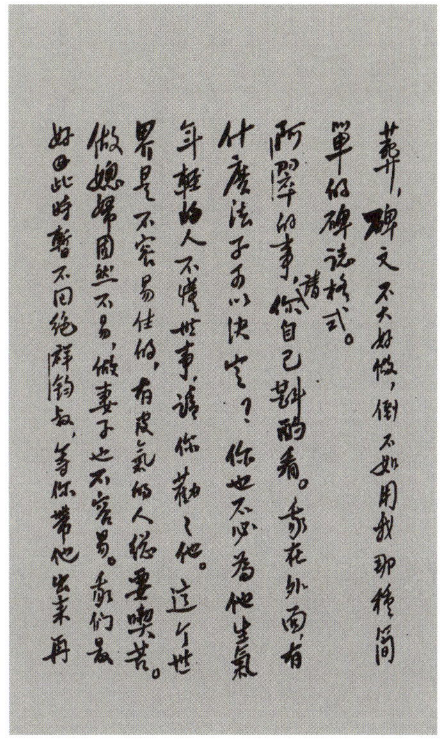
葬，碑文不大好做，倒不如用我那种简单的碑志格式。阿翠的事，请你自己斟酌看。我在外面，有什么法子可以决定？你也不必为他生气，年轻的人不懂世事，请你劝劝他。这个世界是不容易住的，有皮气的人总要吃苦。做媳妇固然不易，做妻子也不容易。我们最好此时暂不回绝祥钧叔，等你带他出来再

个世界是不容易住的，有皮【脾】气的人总要吃苦。做媳妇固然不易，做妻子也不容易。我们最好此时暂不回绝祥钧叔，等你带他出来再谈，你看如何？

我的肚子早好了；喉痛了两天，我托万孚去买了一瓶福美明达，一盒六神丸，两样同时吃下去，明天就好了。这几天，天天下雨，昨天脚背上又发风气，我勉强穿了皮鞋去看新

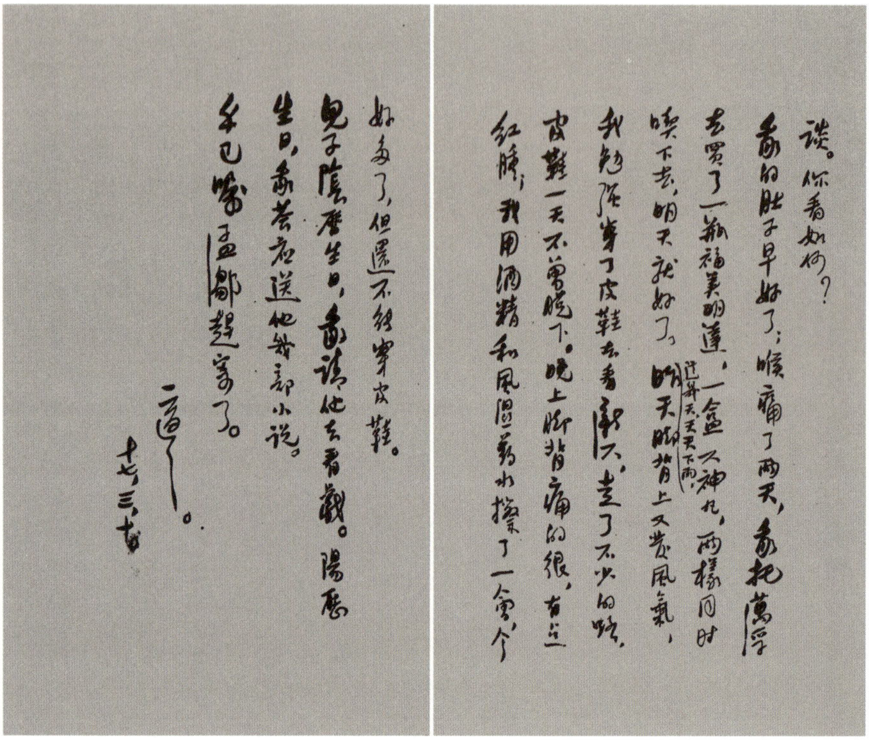

说。你看如何？
我的肚子早好了；喉痛了两天，我托万学
去买了一瓶福美明达，一盒人神丹，两样同时
吃下去，明天就好了。（这几天天天下雨。）昨天脚背上又发风气，
我[illegible]穿了皮鞋去看房子，走了不少的路，
皮鞋一天不曾脱下。晚上脚背痛的很，有点
红肿；我用酒精和风湿药水擦了一会，今
好多了，但还不能穿皮鞋。
儿子阴历生日，我请他去看戏。阳历
生日，我答应送他几部小说。
钱已嘱孟邹赶寄了。
适。
十七，三，十

六，走了不少的路，皮鞋一天不曾脱下。晚上脚背痛的【得】很，有点红肿；我用酒精和风湿药水擦了一会，今好多了，但还不能穿皮鞋。

儿子阴历生日，我请他去看戏。阳历生日，我答应送他几部小说。

钱已嘱孟邹赶寄了。

适之 十七，三，十

第[95]封 送钱

致江冬秀、胡思杜（六）

冬秀：

昨天孟邹说，已写信到绩溪县，叫啸青(姓陈，亚东芜湖分店管事，现在家)专人送贰百元给你了。收到之后，请回一信。

士范说，他路过石恒春，已嘱他们先送乙（一）百元给你应用。

士范昨天来，谈了半天。今晚我请他们在我家吃便饭。仰之烧了一只锅，亚东来了五个人。他们刚走了不多一会。

我的脚背红肿，前天(礼拜六)我怕是肿毒，请黄钟先生来看，他说可以消去，不叫他出头。他打了一针，又开了一样外敷的药。昨天(礼拜)肿消了不少。今天是孙中山生日，故不用去上课。明天大概可以出门上课了。你不要挂念。

适之 十七，三，十二

小三：

家乡好玩不好玩？

你玩了什么地方？

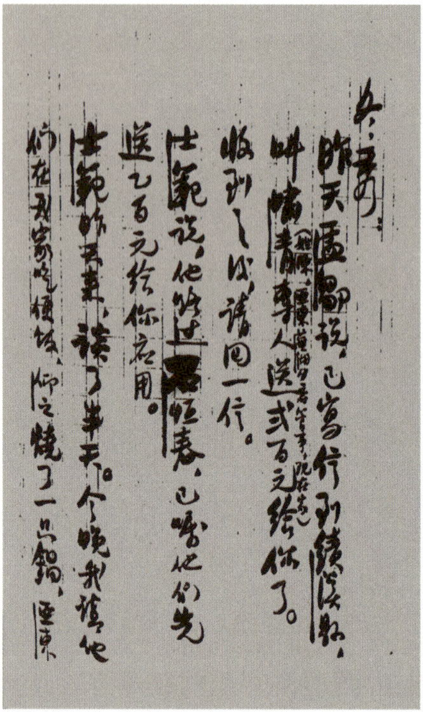
冬秀：
昨天匯卿說，已寫信到績溪，
叫晴青（[illegible]）專人送弍百元給你了。
收到了嗎，請回一信。
士範說，他[illegible]恆春，已囑他們先
送七百元給你應用。
士範昨天來，談了半天。今晚我請他
們在我家吃便飯，[illegible]燒了一只鍋，匯東

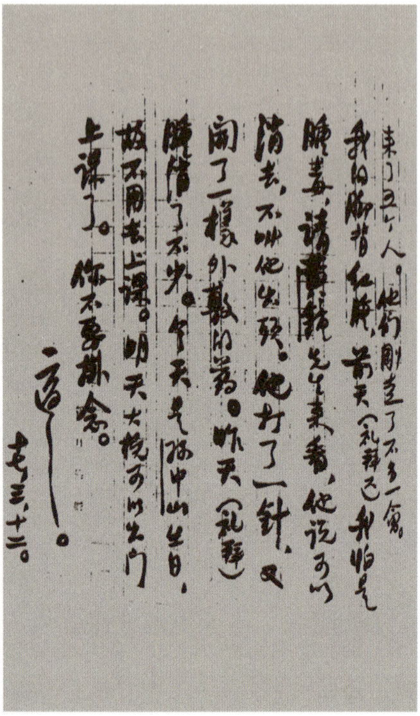
來了五六人。他們剛走了不多一會。
我的腳背紅腫，前天（禮拜三）我怕是
腫毒，請[illegible]先生來看，他說可以
消去，不必他出頭。他打了一針，又
開了一樣外敷的藥。昨天（禮拜
腫消了不少。今天是孫中山生日，
故不用去上課。明天大概可以出門
上課了。你不要掛念。
適
十七，三，十二。

你想我吗？想哥哥吗？

景山东街的李伯母带了李妹妹到上海了。你早点出来看李妹妹。

爸爸　十七，三，十二

第[96]封 阿翠

致江冬秀（七）

冬秀：

三月十一日的信收到了。

阿翠的事真怪。信收到的时候，正好黄钟先生在我家里，我就告诉他阿翠的事。他也说不出什么道理来。你说是“时症”，家乡有别家人害此病死的吗？如外间无此病，那就不是时症。时症总起于贫苦小户人家。我们家中比较要算清洁空敞的了，除非大瘟疫，不容易传染。

黄先生说，小孩子最容易传染，千万要加倍留意。

我问他要几种预防的药。他说，不知是何种病，如何能配药？

我竟没有胆子告诉思敬，迟几天再说。

陈啸青的二百元，已送到否？

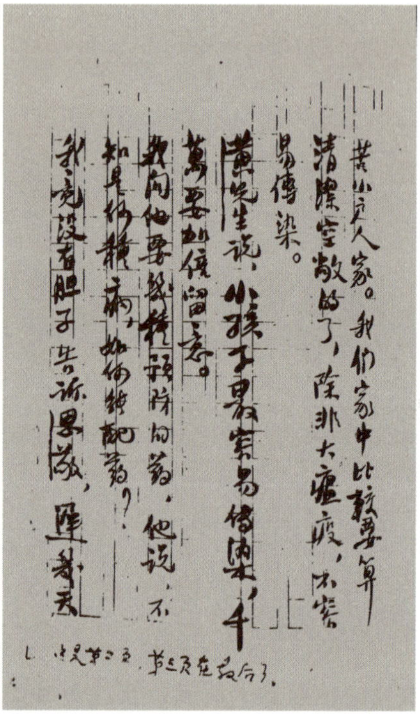

苦小户人家。我们家中比较要算
清洁些的了，除非大瘟疫，不容
易传染。
黄先生说，小孩子最容易传染，千
万要当心留意。
我向他要些预防的药，他说，不
知是什么病，如何能配药？
我竟没有胆子告诉思敬，
适

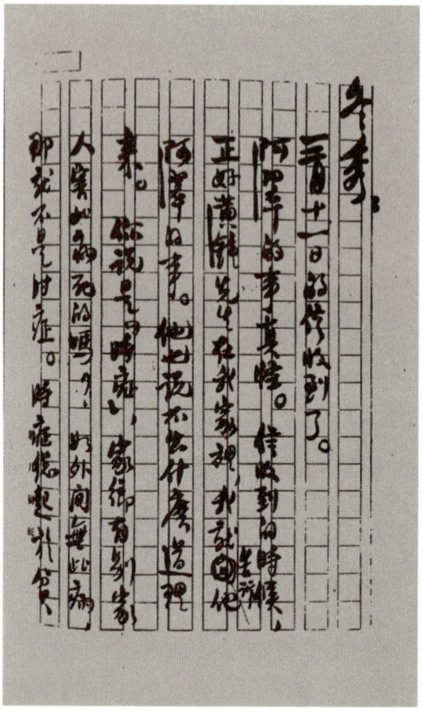

冬秀：
一月廿一日的信收到了。
阿洋的事真险。信收到的时候，
正好黄钟先生在我家里，我就告诉他
阿洋的事。他也说不出什么道理
来。你说是口疮，家乡有别家
人家也有死的吗？此外向无此病，
那就不是时症。时症总是先从贫

卓林说，也是由绩溪县送上贰百元，已收到否？

石恒春取的乙（一）百，我已告诉卓林了，也算代我汇的。

共五百元。还差多少，请你早点告诉我。

我美国的钱还没有来，已有信去催了。我大概有法子想。

我的脚上肿痛，上星期六(十一号)请黄钟打了一针，本已好了，到昨天(十八)又大肿起来。白天要去做证婚人，只好勉强出去，吃力了，回来便走不动了。

今早睡下不敢起来，请黄钟先生来看。他说，还是上回的余毒。上回像要出两个头，现在只有一处了。他给我又打了一针，想把他消去，不让他出头。明天他还要来，再要打一针。

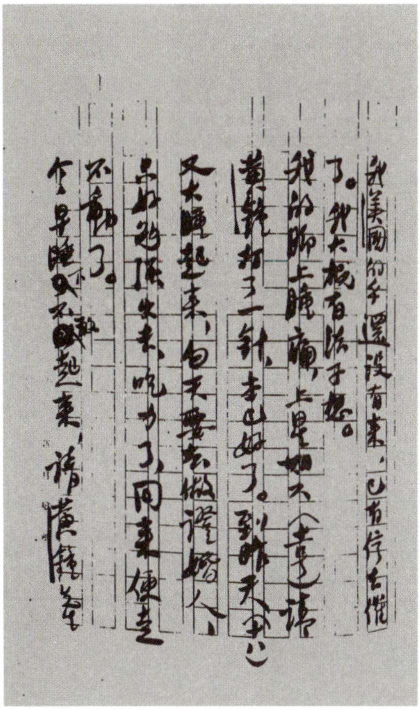 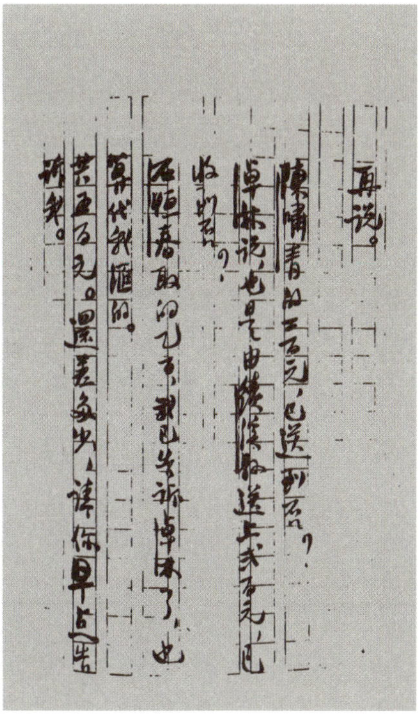

自从你走后，我没有好过一天。先是肚痛，后是头颈左边痛，后是喉痛，现在又是脚痛。

我在外边，医药便当，决不要紧。但愿你们在家十分小心，保重身体。

你同小三最好是住楼上。楼上干净宽敞的【得】多。

老实说，我看了阿翠的事，身上发抖，千万小心。

适之　三月十九日。

坐在床上写的。

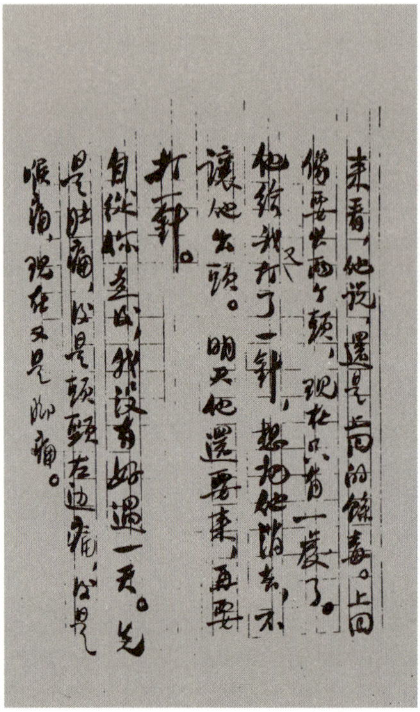

來看，他說，還是上回的餘毒。上回腳要出兩個頭，現在只有一處了。他給我又打了一針，想把他消去，不讓他出頭。明天他還要來，再要打針。

自從你去後，我沒有好過一天。先是肚痛，後是頭頸右邊痛，後是喉痛，現在又是腳痛。

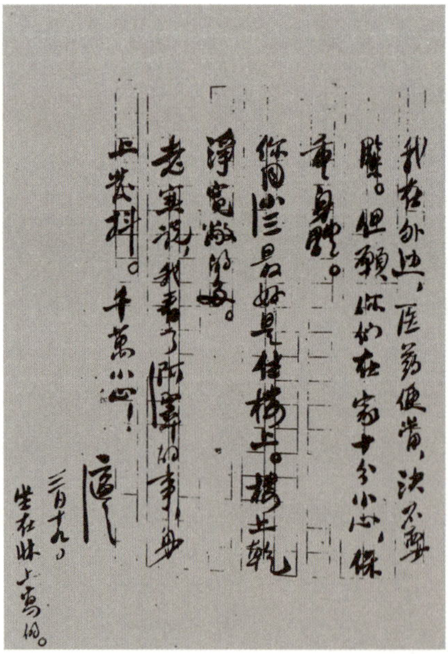

我在外邊，醫藥便當，決不要緊。但願你們在家十分小心，保重身體。

你們[illegible]最好是住樓上。樓上乾淨寬敞的多。

老實說，我看了隔壁的事，每上發抖。千萬小心！

適

三月廿九

坐在床上寫的。

第 [97] 封 家事

致江冬秀（八）

冬秀：

孟邹说，绩溪有信来，那二百元已送去了。卓林的二百元送到了没有？

汝齐的七十元，我已告知卓林，由我送去。

我脚上的病好了，黄钟来打了四针，现在完全没有事了。

你上回信上说，想把坟事交给秀之，早点出来。此事须请你自己斟酌情形，然后决定。如可以早点出来，那是很好的事。如托别人办不了，还是多住几天，把事体办妥再走。

北京的会，改期到六月，我一时不去了。

家中的事，我想起一两件，请你替我办理。

（1）我自己名下的田，请你托几个本家来谈谈，分作两份，一份归稼嫂收租，一份归秠嫂收

(2)

冬秀：

孟邹说，績溪有信来，那二百元已送去了。卓林的二百元送到了没有？海齋的七十元，我已告知卓林，由他送去。

[附上]

我的病好了，黄鐘来打了四针，现在完全没有事了。

你上回信上说，要把墳事交给秀儿，早点出来。此事须慎，你自己斟酌情形，然後决定。如可以早点出来，那是很好的事。如托别人办不了，還是多住几天，把事体办妥再走。

北京的會，改期（到）六月，我一时不去了。

家中的事，我想起一两件，请你替我办理。

(1)我自己来下的田，请你把几个本家来谈谈，分作两份，一份归務嫂收租，一份归秋嫂收租。田虽不多，於他们两家總有点小补。

(2)滕瑩田仍照普通（由他们）轮年收租。

(3)書田也輪年收租。但我的意思，最好与滕瑩田不同年輪收。今年秋嫂收滕瑩，則務嫂收書田。明年秋嫂收書田，則務嫂收滕瑩。

(4)我家老佃户，都同我家有感情，不必更换。

墳上的墓碑，我不知道尺寸。请你把我寄回家的（墳墓）图樣寄来，或者把两块碑的尺寸钞了寄来。愈快愈好。

惠平又生了一个兒子，今天第五天了。思永知道了阿翠的死信，哭的不得了。我看了十分難过。

適

十三，廿九夜

租。田虽不多，于他们两家总有点小补。

（2）膳莹田仍照旧由他们轮年收租。

（3）书田也轮年收租。但我的意思，最好与膳莹田不同年轮收。今年秠嫂收膳莹，则稼嫂收书田。明年秠嫂收书田，则稼嫂收膳莹。

（4）几家老佃户，都同我家有感情，不必更换。

坟上的墓碑，我不知道尺寸。请你把我寄回家的坟墓图样寄来，或者把两块碑的尺寸钞了寄来。愈快愈好。

惠平又生了一个儿子，今天第五天了。

思敬知道了阿翠的死信，哭的【得】不得了。我看了十分难过。

适之　十七，三，廿九夜

第 [98] 封 早回

致江冬秀（九）

冬秀：

江村寄的邮片收到了。

明天（四月二日）当令亚东赶汇两百元。

祖望近来似有病，我晚上常常看见他出大汗，连看了多少次，心里决定【得】这不是怕热，必是一种根本的病。明天我要送他去，给一个有名外国医生细细一验。

我怕他是肺病。

阿翠死后，家乡出了许多奇怪谣言。前天近仁说，有人说阿翠吞金死的，我听了当作笑话。今天去看祥钧叔，他也说，听见人说阿翠吞金。我把你信上说的病症告诉他。大概外面总还有不少的怪话。这种话不知如何造出来的。可不必告诉秠嫂，也不必同外人谈。不去理他，谣言自消

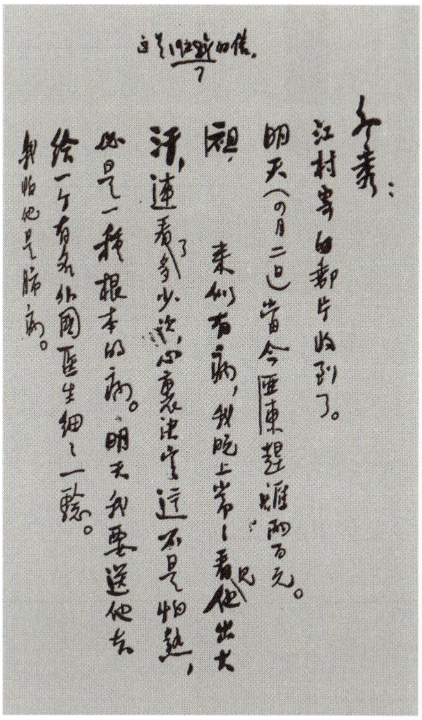

适之1928致冬信

冬秀：

江村寄的邮片收到了。

明天（四月二日）当令亚东提汇两百元。

祖望来的有病，我晚上常常看见他出大汗，连看了多少次，心里很疑心这不是怕热，也是一种根本的病。明天我要送他去给一个有名外国医生细细一验。我怕他是肺病。

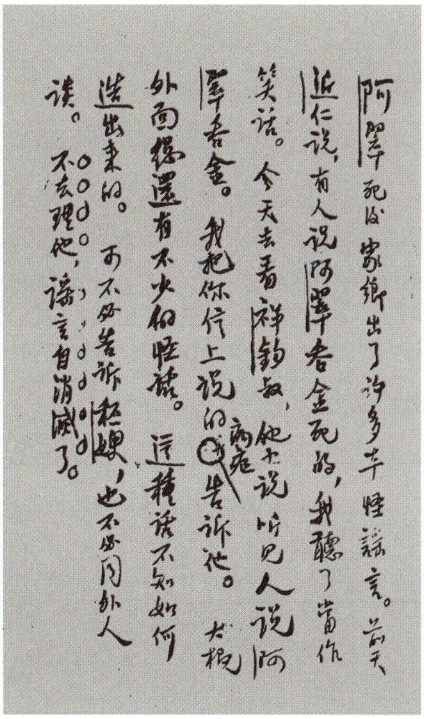

阿翠死后，家乡出了许多奇怪谣言。前天近仁说，有人说阿翠吞金死的，我听了当作笑话。今天去看祥钧叔，他才说听见人说阿翠吞金。我把你信上说的病症告诉他。大概外面总还有不少的怪话。这种谣言不知如何造出来的。可不必告诉嫂，也不必同外人谈。○○○○。不去理他，谣言自消灭了。

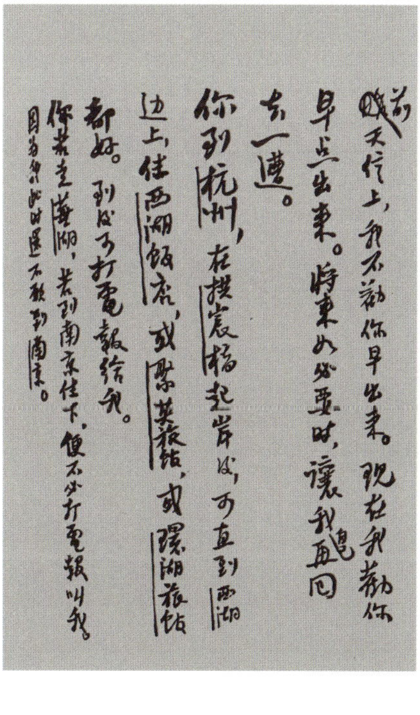

前天信上，我不劝你早出来。现在我劝你早点出来。将来如必要时，让我再回去一遭。

你到杭州，在拱宸桥起岸后，可直到西湖边上，住西湖饭店，或聚英旅馆，或环湖旅馆都好。到后可打电报给我。你若走芜湖，先到南京住下，便不必打电报叫我，因为我此时还不能到南京。

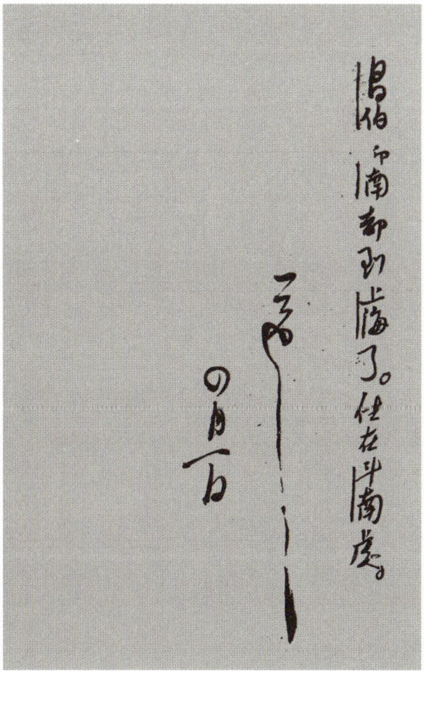

慰慈、仰南都到上海了。住在斗南处。

骍

四月一日

灭了。

前天信上，我不劝你早出来。现在我劝你早点出来。将来如必要时，让我自己再回去一遭。

你到杭州，在拱宸桥起岸后，可直到西湖边上，住西湖饭店，或聚英旅馆，或环湖旅馆都好。到后可打电报给我。

你若走芜湖，若到南京住下，便不必打电报叫我。因为我此时还不愿到南京。

昌伯、仰南都到上海了。住在斗南处。

适之　四月一日

第 [99] 封 西医

致江冬秀（十）

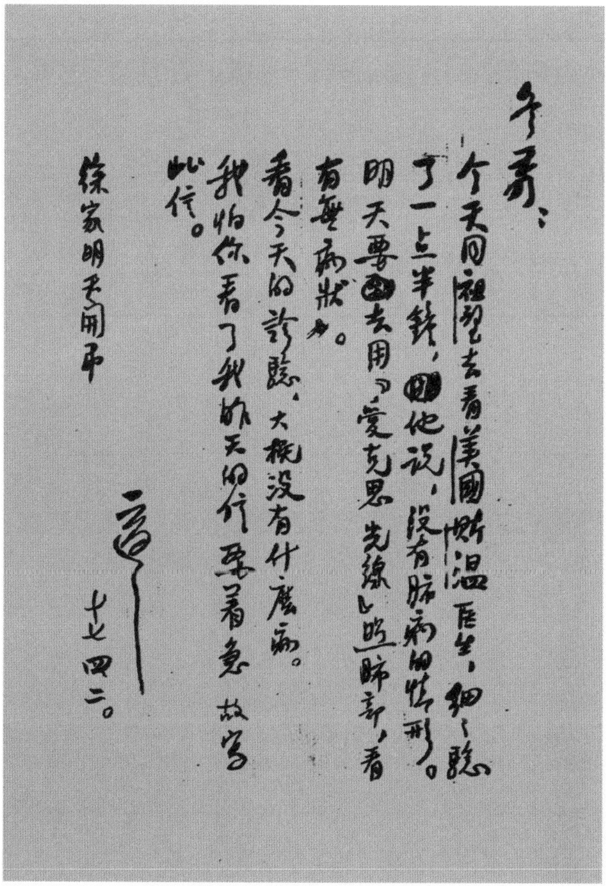

冬秀：

今天同祖望去看美国斯温医生，细细验了一点半钟。他说，没有肺病的情形。明天要去用“爱克思光线”照肺部，看有无病状。

看今天的诊验，大概没有什么病。

我怕你看了我昨天的信要着急，故写此信。

适之 十七，四，二

徐家明天开吊。

第 [100] 封 看病

致江冬秀（十一）

冬秀：

昨天早上高梦旦与沈昆三来说，他们决定趁春假期内去游庐山，今晚动身，问我去不去。我连日不能睡眠，也想出去休息几天，遂答应同去。昨晚他们便把船票送来了。

今晚上船，与祖望同去，可以让他换换空气。半夜后开船。同行的还有陈叔通先生，蒋竹庄先生。

昨天早上到医院，医生用“爱克思光”给祖望照了几次。昨天下午去看斯温医生，今天下午又去看一次。今天去时，“爱克思光”的报告也到了。医生同我细细谈了一会，他说，祖望的左肺不很好，但完全没有危险。此时须加倍留意。你可以放心。

亚东已汇了二百元。

士范在我家中吃夜饭，同车出来。

我七日后可以回到上海。

适之　四月四日夜

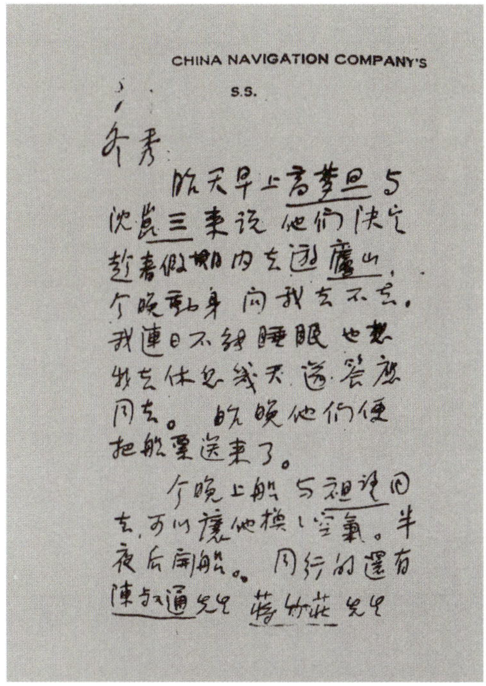

CHINA NAVIGATION COMPANY'S

S.S.

冬秀：

昨天早上高梦旦与沈昆三来说他们决定趁暑假期内去游庐山，今晚动身，问我去不去。我连日不得睡眠，也想找去休息几天，遂答应同去。昨晚他们便把船票送来了。

今晚上船，与祖望同去，可以让他换换空气。半夜后开船。同行的还有陈叔通先生、蒋竹庄先生。

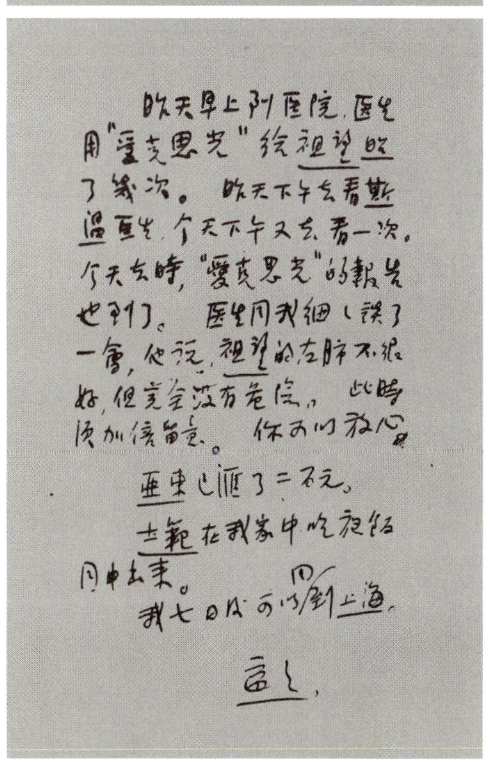

昨天早上到医院，医生用"爱克思光"给祖望照了几次。昨天下午去看斯温医生，今天下午又去看一次。今天去时，"爱克思光"的报告也到了。医生同我细细谈了一会，他说，祖望的左肺不很好，但完全没有危险。此时须加倍留意。你可以放心。

亚东已汇了二百元。

士範在我家中吃夜饭，同申去来。

我七日以后可以回到上海。

适之，

第 [101] 封 庐山

致江冬秀（十二）

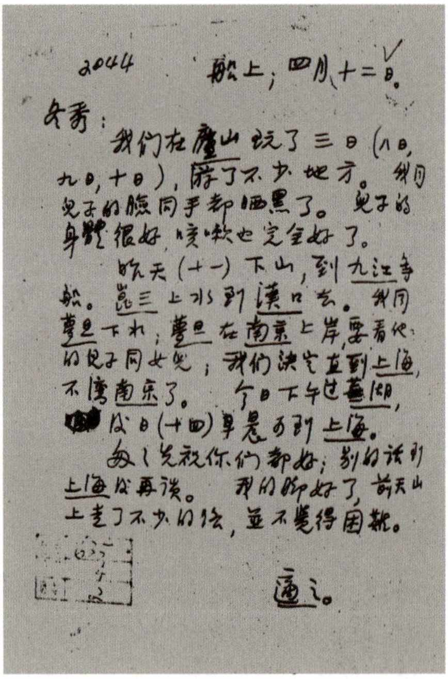
2044　　船上；四月十二日。

冬秀：

我们在庐山玩了三日（八日，九日，十日），游了不少地方。我同儿子的脸同手都晒黑了。儿子的身体很好，咳嗽也完全好了。

昨天（十一）下山，到九江等船。昆三上水到汉口去。我同梦旦下水；梦旦在南京上岸，要看他的儿子同女儿；我们决定直到上海，不湾南京了。今日下午过芜湖，后日（十四）早晨可到上海。

匆匆先祝你们都好；别的话到上海后再谈。我的脚好了，前天山上走了不少的路，并不觉得困难。

适之。

冬秀：

我们在庐山玩了三日（八日，九日，十日），游了不少地方。我同儿子的脸同手都晒黑了。儿子的身体很好，咳嗽也完全好了。

昨天（十一）下山，到九江等船。昆三上水到汉口去。我同梦旦下水。梦旦在南京上岸，要看他儿子同女儿。我们决定直到上海，不湾南京了。今日下午过芜湖，后日（十四）早晨可到上海。

匆匆先祝你们都好；别的话到上海后再谈。我的脚好了，前天山上走了不少的路，并不觉得困难。

适之　四月十二日　船上

第 [102] 封 · 代笔

致江冬秀（十三）

冬秀：

我因为明天有个英文演讲，今天要预备，实在忙，这封信是叫万孚代写的。

三封信都收到了。

这一个月之内，一定要汇给你一千块钱。石恒春的账，也由我这边寄去。

坟上的字，我因为等家里寄尺寸来，所以没有写。现在同近仁商量，决计先写前面的墓碑。碑心作二尺高，三尺五寸阔，大概不差多少了罢？字是请郑孝胥先生写的，写好后就寄给你。

我同祖望都很好，你可勿念。

适之　四月十八日（孚代）

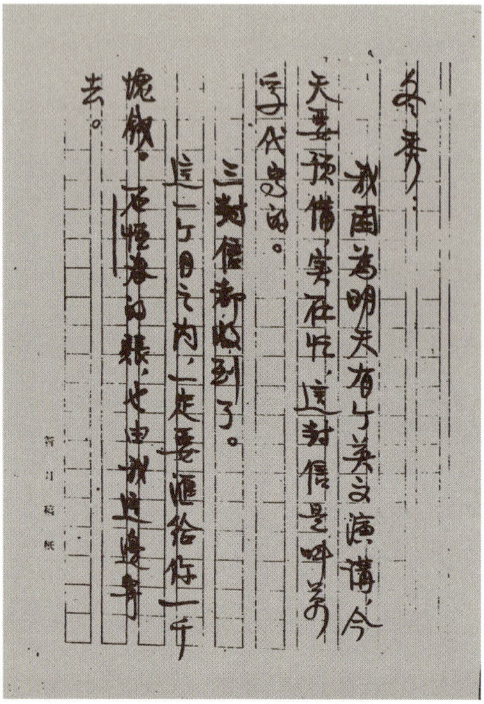

冬秀：

我因為明天有个英文演講，今天要預備，實在忙，這封信是呼美寫代的。

三封信都收到了。

這一个月之內，一定要匯給你一千塊錢。石悟海的賬，也由我直接寄去。

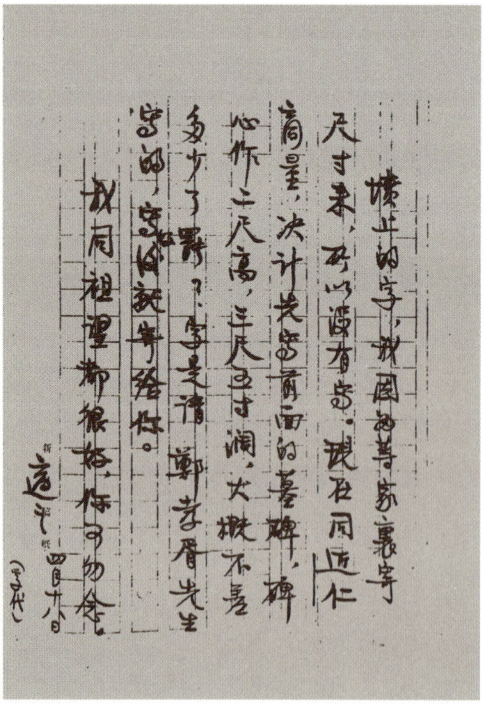

墳上的字，我因為等家裏寄尺寸來，所以還有寫。現在同近仁商量，决計先寫前面的墓碑，碑心作二尺高，三尺五寸潤，大概不要多少錢了。字是請鄭孝胥先生寫的，寫好就寄給你。

我同祖望都很好，你可勿念。

適 四月十八日

（呼美代）

第[103]封 题碑

致江冬秀（十四）

冬秀：

今日亚东打电话来说，绩溪来信，第二次的贰百元已送给你了。

卓林说，石恒春的两百元，也早汇去了。他先由徽州府汇，后来因为那边要每百元加五元汇水，故又退回，改由石恒春，故延迟了。

我明天送六百元给卓林，请他汇给你。这回大概不会迟（俟决定由何家汇，即通知你）。

你信上说的墓碑尺寸，士范来看了，又算了一次。他说，恐怕你把四边镶嵌的地位都算足了。我们商量了尺寸，仍用长三尺五，高二尺。小一点不妨，可以加一道线。太大了便没有法子了。

墓碑已送给郑孝胥先生写，明后天大概可写好（他的夫人新丧，故不好催逼他，只好托梦旦去说）。

适之　四月廿二

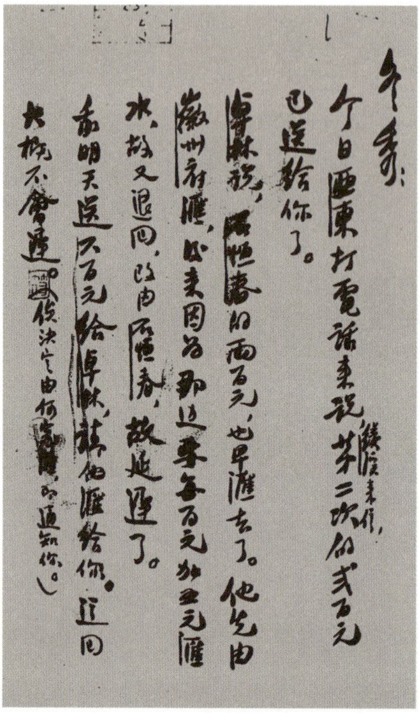
冬秀：
今日西东打电话来说，(铁岩来信，)第二次的贰百元已送给你了。
卓林说，恒春的两百元，也早汇去了。他先由徽州府汇，后来因为那边要每百元加五元汇水，故又退回，改由恒春，故延迟了。
我明天送三百元给卓林，请他汇给你。这回大概不会迟。(随后决定由何处寄，再通知你。)

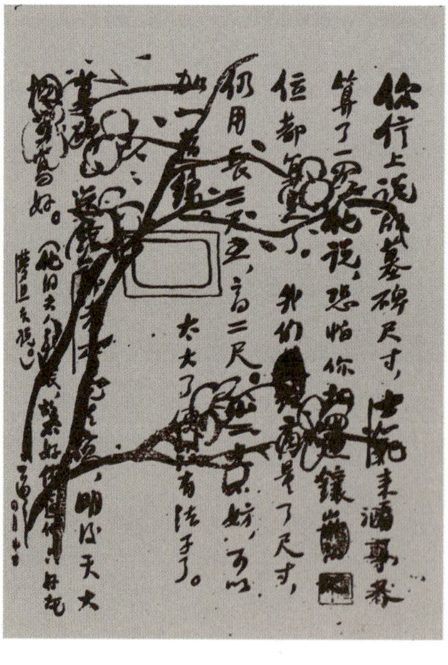
你信上说的墓碑尺寸，[illegible]来[illegible]事务算了一算，[illegible]说，恐怕你[illegible]镶[illegible]位都算错了。
我们[illegible]算了尺寸，仍用长三尺五，高二尺，[illegible]才好，可以[illegible]太大了[illegible]有法子了。
[illegible]明后天大[illegible]好。
(他的夫人[illegible])
适之[illegible]

第 [104] 封 嘱托

致江冬秀（十五）

冬秀：

墓碑字今日送来，请即付刻。字系名人之笔，刻工望特别注意。如碑大字小，请四边留余地，便好了。

卓林说，已嘱汝昌送六百元给我家应用，请向汝昌取款。

仍缺多少，请早日告我。我这几天睡眠不足，有点辛苦了。但没有病。

你们都好吗？何时可以出来？

适之　四月廿四日

第[105]封 母校

致江冬秀（十六）

冬秀：

士范刚从安庆回来，我问过他了，他说，墓碑四面须有麻石架子。

我的美国钱还不曾到，大概下月可到。

我把祖望的一千元存款单向银行借了乙（一）千元。大概我的钱到就可还此款。

汝祺处七十元，我已还了。

我前天做了一件事，你一定要怪我。吴淞中国公学是我的“母校”，近来起了风潮，收拾不下来。一班校董，云五、经农、但怒刚等三番五次逼我出来维持此校。我被他们包围，

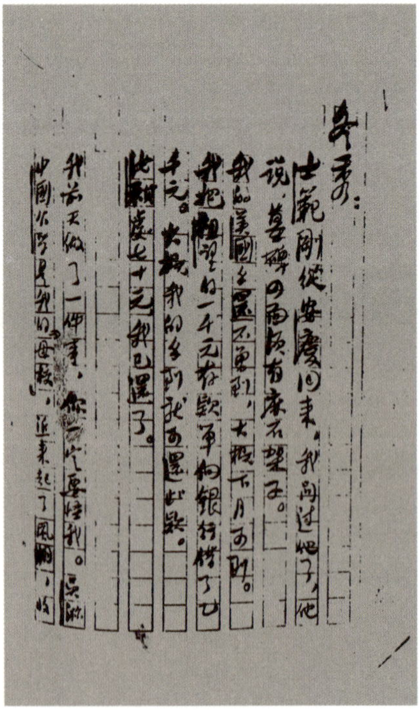

冬秀：

士範刚從安慶回來，我問過他了，他說，墓碑四面須有麻石架子。

我的美國錢还不曾到，大概下月可到。

我把祖望的一千元存款单向银行借了乙千元。大概我的钱到就可还此款。

汝祺處七十元，我已還了。

我前天做了一件事，你一定要怪我。吴淞中國公學是我的母校，近來起了風潮，收

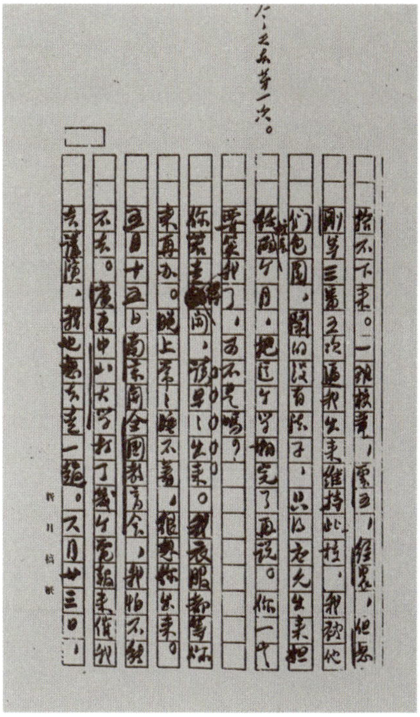

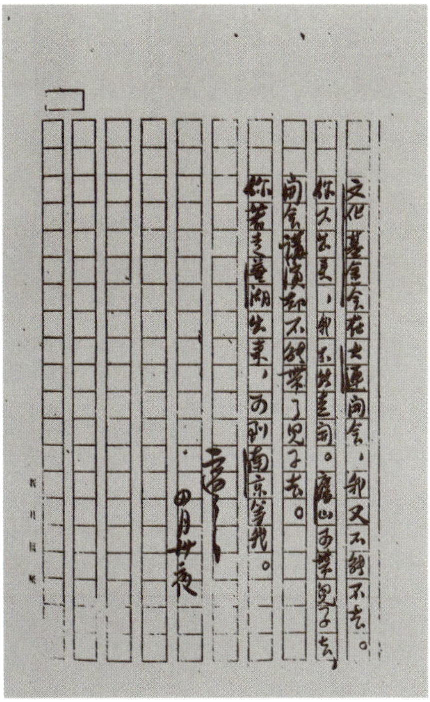

闹的没有法子，只得应允出来担任校长两个月。今天去第一次，把这个学期完了再说。你一定要笑我了，可不是吗？

你若走得开，请早早出来。我衣服都等你来再办。晚上常常睡不着，很想你出来。

五月十五日南京开全国教育会，我怕不能不去。广东中山大学打了几个电报来催我去讲演，我也想去走一趟。六月廿三日，文化基金会在大连开会，我又不能不去。

你不出来，我不能走开。庐山可带儿子去，开会讲演却不能带了儿子去。

你若走芜湖出来，可到南京等我。

适之　四月卅夜

第 [106] 封 推脱

致江冬秀（十七）

冬秀：

今日又托亚东汇上四百元。

我昨发一电给傅斯年，广东决定不去了。南京的教育会议，大概也不去了。忙的要死，只有摆托一切外事再说。

身体还不算坏，每天只能睡七个钟头。

你何时出来。若能离开，望早日出来。

适之 十七，五，三夜

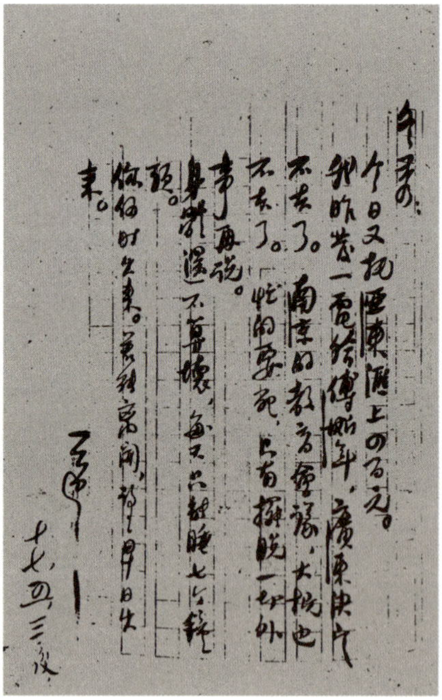
冬秀：
今日又托亞東匯上四百元。
我昨發一電給傅斯年，廣東決定不去了。南京的教育會議，大概也不去了。忙的要死，只有擺脫一切外事再說。
身體還不算壞，每天只能睡七個鐘頭。
你何時出來。若能離開，望早日出來。
適之
十七，五，三夜

第[107]封 捐书

致江冬秀（十八）

冬秀：

家中有《四史》一部，请交近仁叔捐与毓英学校。

适之　十七，五，四

第［108］封 转付

致江冬秀（十九）

冬秀：

昨寄一信，说又托亚东汇四百元。今天亚东的人来说，家乡划付四百元很不容易；问我有别的法子汇没有。我已教他们交邮局汇寄旌德县石恒春转付了。你得信可教【叫】人去问一声，如钱已到，可留乙（一）百元还石恒春。

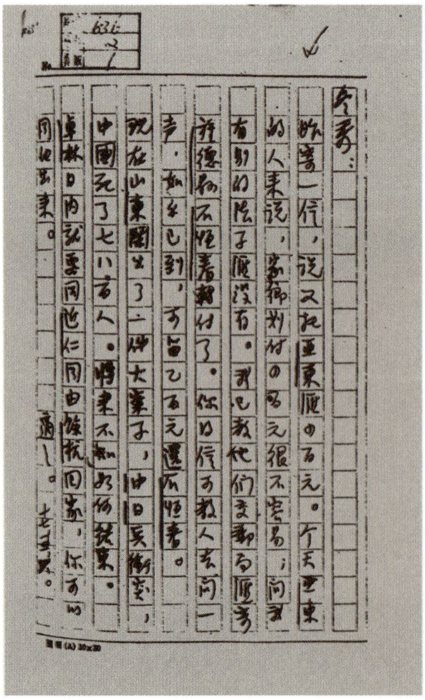
冬秀：
昨寄一信，說又托亞東匯四百元。今天亞東
的人來說，家鄉划付四百元很不容易；問我
有別的法子匯沒有。我已教他們交郵局匯寄
旌德縣石恒春轉付了。你得信可教人去問一
声，如錢已到，可留乙百元還石恒春。
現在山東鬧出了一件大案子，中日兵衝突，
中國死了七八百人。將來不知如何結束。
卓林日內就要同近仁同由餘杭回家，你可以
同他出來。
適之。十七，五，六。

现在山东闹出了一件大案子，中日兵冲突，中国死了七八百人。将来不知如何结束。

卓林日内就要同近仁同由余杭回家，你可以同他出来。

适之　十七，五，六

第[109]封 刻字

致江冬秀（二〇）

冬秀：

今天士范来了。我们谈过。纪念碑可以不用石头镶边。纪念碑此时可以不刻字。将来若有碑文，再刻不迟。墓山碑可请家中学校先生写一块，不必在此托人写了。墓山碑上可刻“上川锄月山房墓地”八个字。

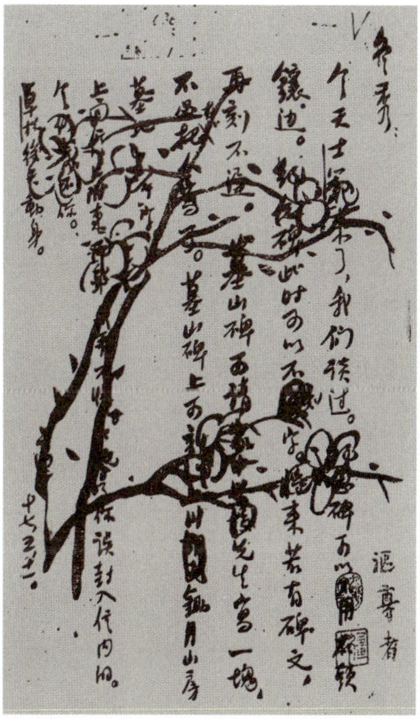
冬秀：今天士范来了，我们谈过。纪念碑可以不用石头镶边。纪念碑此时可以不刻字。将来若有碑文，再刻不迟。墓山碑可请家中学校先生写一块，不必在此托人写了。墓山碑上可刻上川锄月山房墓地八个字。上回信上附来两纸，我看不懂，大概是你误封入信内的。今仍寄还你。卓林后天动身。

十七，五，十一

上回信上附来两纸，我看不懂。大概是你误封入信内的。今仍寄还你。

卓林后天动身。

适之 十七，五，十一

第 [110] 封 辞信

致江冬秀（二一）

冬秀：

五月六日的信收到了。

信寄欠六十元，并不错。先付的二十元是会馆租钱。

墓碑字决计不刻了，留着空碑，将来要刻也不难。

南京的事，我去信辞职。蔡先生至今不曾回信，大概是很不高兴。但今天报上说，胡适之辞职，已补了廖茂如。我可以不去南京了。广东也不去了。武汉方面也打电来请我去，也回掉了。

汇款事，我当同卓林接洽。卓林明后天可动身回家，你要款可问他划。近仁也要同他回家。他的儿子的病还不见好。

真正对不住你，我心里真不安。但这件事非你办不了，我同绍之都不行。等你回来，好好的【地】谢谢你。你们都安好吗？

适之　十七，五，十二

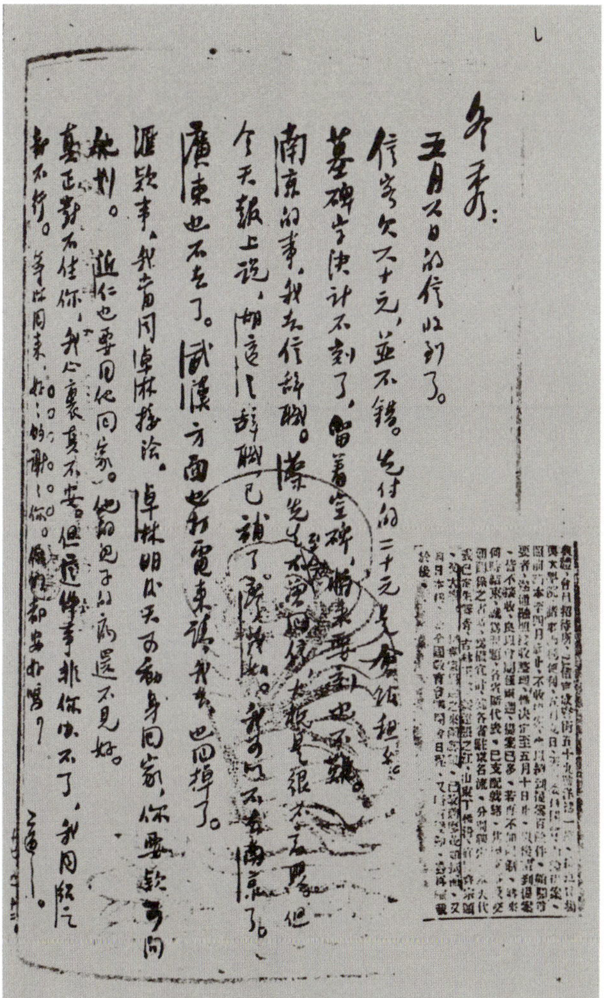

冬秀：

五月六日的信收到了。

信寄欠六十元，並不錯。先付的二十元是會館[illegible]

墓碑字決計不刻了。留著空碑，將來要刻也不難。

南京的事，我去信辭職。陳先生不肯[illegible]很不高興。但

今天報上說，胡適之辭職已補了。我可以不去南京了。

廣東也不去了。武漢方面也有電來請我去，也回掉了。

匯款事，我當同卓林接洽。卓林明後天可動身回家，你要款可向[illegible]

[illegible]。近仁也要同他回家。他的兒子的病還不見好。

真正對不住你。我心裏真不安。但這件事非你辦不了。我因[illegible]

都不行。等你回來，好好的謝謝你。[illegible]都安好嗎？

適

第 [111] 封 南京

致江冬秀（二二）

冬秀：

十七（星期四）夜搭夜车往南京去了一趟，住了三夜，昨(廿一)夜仍搭夜车回来。我虽然辞了“专家”委员，又辞了公开讲演，但经农、端升、云五都写信来，说至少须以“大学委员会”名义到一次会，免得“太露相”了，一班朋友不好相见。所以我决定去走一次，开了两次大会，陪蔡先生、夫人玩了一天（星期）山，始终不曾在会场上开口一次。只在两次宴会席上说了几句话，总算不曾得罪人。

星期六上午的审查会我没有去，偷空去下浮桥看了大嫂一家。保和憔悴的【得】很，去年两个儿子都死了，家中凄惨的【得】很。大嫂头发全白了，大姊精神很好。我已托文伯为保和觅一

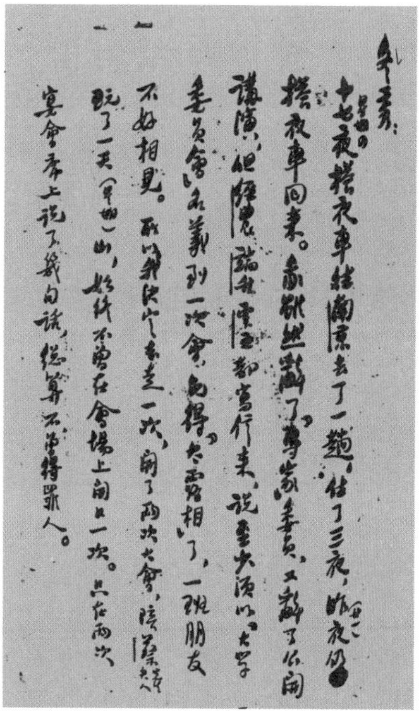
冬秀：
（星期四）十七夜搭夜車往南京去了一趟，住了三夜，昨夜（廿二）
搭夜車回來。我辭掉了專家委員，又辭了公開
講演，但[illegible]諸先生都寫信來，說至少須以大學
委員會名義到一次會，免得太露相了，一班朋友
不好相見。所以我決定去走一次，開了兩次大會，陪蔡夫人
玩了一天（星期一），始終不曾在會場上開口一次。只在兩次
宴會席上說了幾句話，總算不曾得罪人。

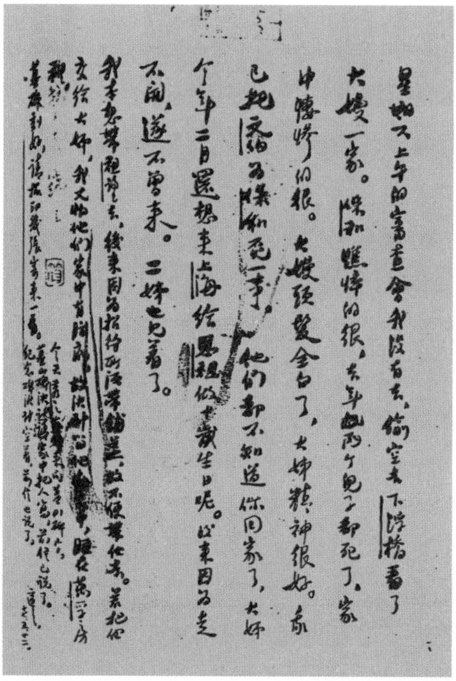
星期六上午的審查會我沒有去，偷空去下浮橋看了
大嫂一家。[illegible]憔悴的很，去年他兩個兒子都死了，家
中[illegible]的很。大嫂頭髮全白了，大姊精神很好。亦
已[illegible]一事。他們都不知道你回家了，大姊
今年二月還想來上海給思祖做十歲生日呢。後來因為走
不開，遂不曾來。二姊也見着了。
我本想帶祖望去，後來因為招待所須帶鋪蓋，故不便帶他去。若把他
交給大姊，我又怕他們家中有肺病，故決計留他在家中，睡在萬孚房
裡。
墓碑刻好，請拓印幾張寄來一看。
今天秀之有信來問墓山碑字。墓山碑決計請家中托人寫，前信已說了。紀念碑決計空着，前信也說了。
適之 十七，五，廿二

事。他们都不知道你回家了。大姊今年二月还想来上海给思祖做十岁生日呢。后来因为走不开，遂不曾来。二姊也见着了。

我本想带祖望去，后来因为招待所须带铺盖，故不便带他去。若把他交给大姊，我又怕他们家中有肺病。故决计留他在家中，睡在万孚房里。

墓碑刻好，请拓印几张寄来一看。今天秀之有信来问墓山碑字。墓山碑决计请家中托人写，前信已说了。纪念碑决计空着，前信也说了。

适之 十七，五，廿二

第 [112] 封 碑文

致江冬秀（二三）

冬秀：

十八日的信收到了。

你这封信是有气的时候写的，有些话全是误会。纪念碑文当初我本不曾想着要做。士范既留此碑地位，我起初就决定留着空碑，后来再补刻。此墓乃是四人合葬，碑文最不易说话；祖父的事实，我很模糊了；借来一本族谱，不料连他死的年月日都没有，真是奇怪。所以我上回写信给你说碑文不必刻了。

这是实在情形，你说我“不拿你当人”，又说我“害”你，都是想错了。

士范今天也在我家中，他谈到此碑，他说此碑斜平在上，将来不妨补刻。如嫌空碑不雅观，可以不用碑，全用灰泥盖顶，将来有碑时再立不迟。

你此次替我做了这件大事，我心中只有感激，一百二十分的感激。你若怪我害你，那就是太多心了。千万不要往坏处想，我不是一个没有心肝的人。这话是我挖出心肝来同你说的。

我时时刻刻想你回来。卓林回家时，我还托他想法子托个人照应，请他同你回来。

昨天想做两条灰色哔叽单裤，托徐太太去买材料，她叫新六来说，她叫人去做罢。

祖望身体还好。夏天到了，小孩子在这个空气干净地方，总还没有大危险。

祝你们好。

适之　十七，五，廿五

信写成了，我想了一想，也许能自己写一篇空泛的碑文。你等我三天，若三天之后，碑文不寄到，请决计不用碑了。

适之　半夜后两点钟

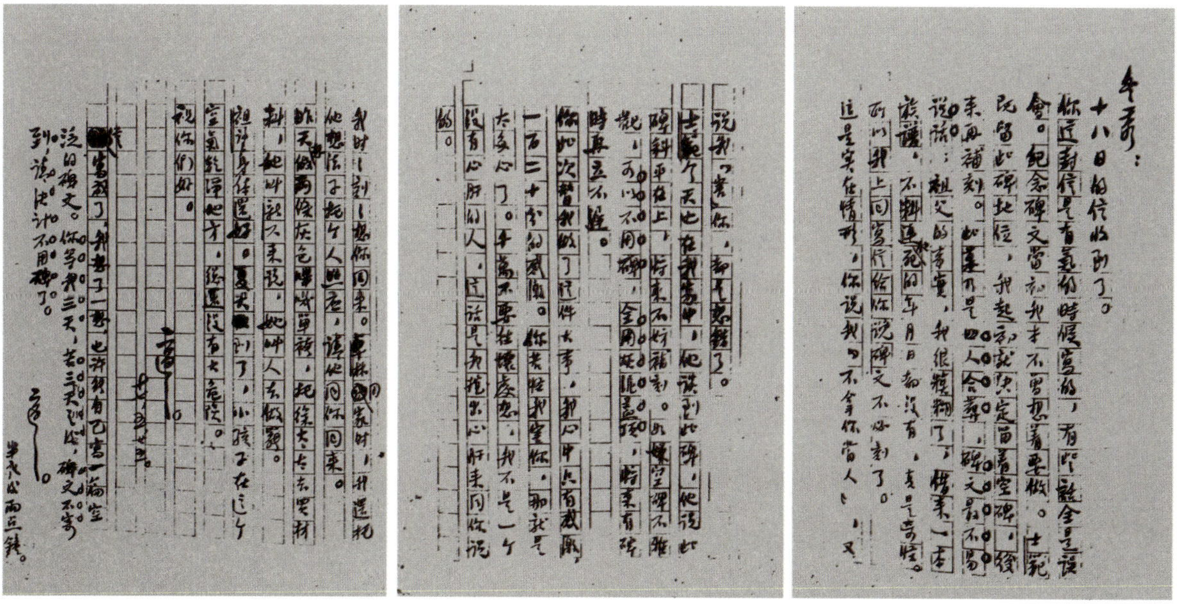

第[113]封 办法

致江冬秀（二四）

冬秀、秀之：

昨寄一信与冬秀，说明纪念碑不做的缘故，并说两条办法：（1）不刻字，先安上去；（2）先不要安碑，用灰盖顶。

但我在信尾上又说：我想试试看，做一篇短碑文。如三日内做成，便寄来。

今天做了一篇，总做不好。下午又得秀之的信，说“或者不要纪念碑也可”。

我想，还是决计不要纪念碑罢。先用灰盖顶。把碑石留在家中，把尺寸量准，除去镶边，共有若干尺寸（我同士范算的是长二尺，阔一尺八寸。除去镶边，长一尺七，阔一尺四寸半）。最好用纸比量，因为尺长不同。这样便可从容托人做碑文了。也许我自己做了，托名家写，将来

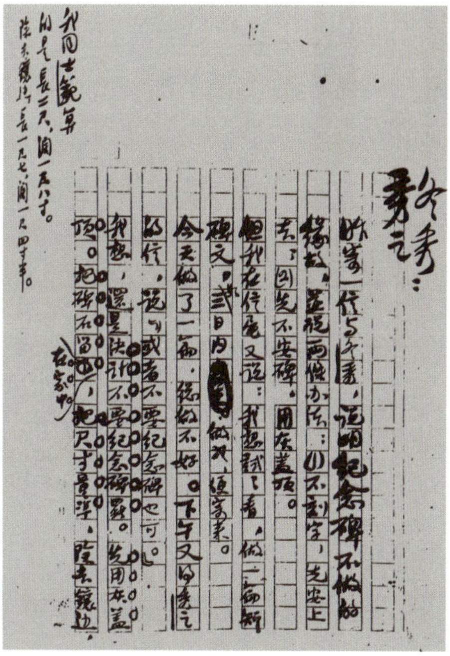

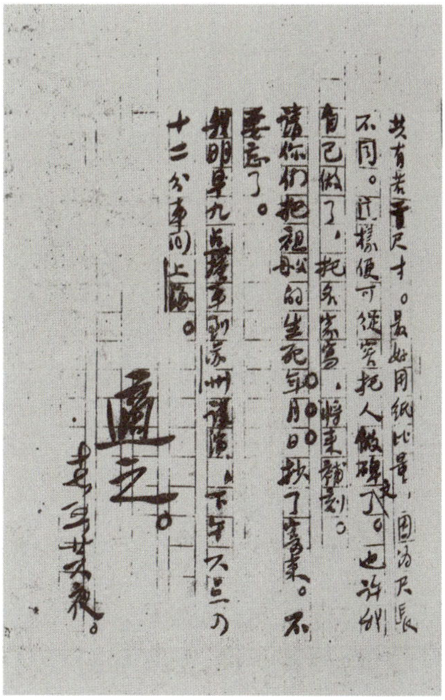
共有若干尺寸。最好用纸比量，因为尺长不同。这样便可使窑里人做碑了。也许我会自己做了，托家乡人将来补刻。请你们把祖父母的生死年月日抄了寄来。不要忘了。我明早九点搭车到苏州讲演，下午六点四十二分车回上海。

适之

十七年五月廿六夜。

补刻。

请你们把祖父母的生死年月日抄了寄来。不要忘了。

我明早九点搭车到苏州讲演，下午六点四十二分车回上海。

适之　十七，五，廿六夜

第 [114] 封 丁太

致江冬秀（二五）

冬秀：

星期日我到苏州去讲演，早车去，晚车回来。丁太太病了一场，至今没有好完全。她胆子里面有三块小石头，叫做胆石，肚痛的要命，每回肚痛，就想自杀。那天她还勉强出来听我的讲演。她瘦了许多，但气色还好。

文伯要出洋去了。

孟和到上海来了。知行一家也来了。

我近来身体很好，只是过劳一点，有时觉得背脊痛。

祖望身体不坏。他们的李先生找到了事情，忽然走了。现在还没有请到先生。

今天是五月卅日，我有一处讲演，要出门了。今天各地戒严，但大概不会有暴动。

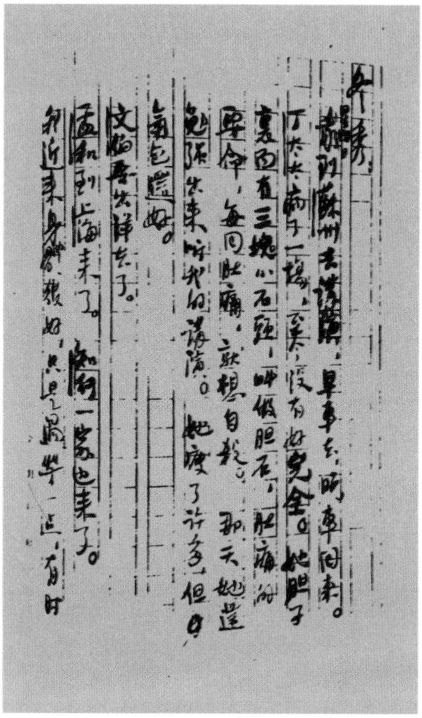

冬秀，

前日到苏州去讲演，早车去，晚车回来。

丁太太病了一场，医生说没有好完全。她肚子里面有三块小石头，叫做胆石。肚痛的要命，每回肚痛，就想自杀。那天她还勉强出来听我的讲演。她瘦了许多，但气色还好。

文瑞要出洋去了。

孟和到上海来了。胡二嫂一家也来了。

我近来身体很好，只是忙些，有时

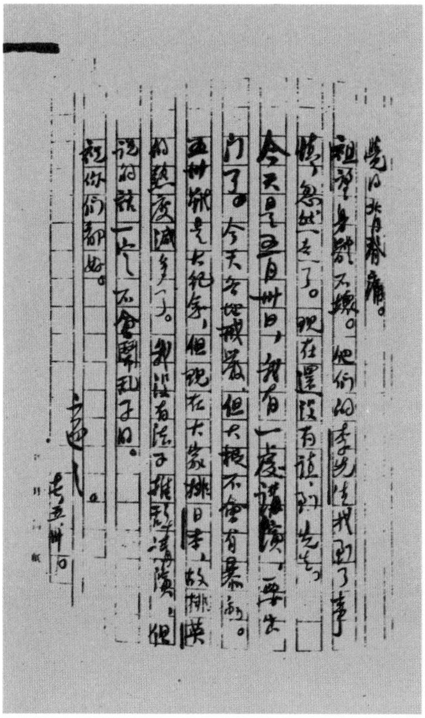

觉得背痛。

祖望身体不坏。她们的学校借我回了事情，忽然去了。现在还没有消息，孙先生

今天是五月卅日，我有一度讲演，要出门了。今天各地戒严，但大概不会有暴动。

五卅虽是大纪念，但现在大家排日本，故排英的热度减多了。我没有法子推辞讲演，但说的话一定不会闹乱子的。

祝你们都好。

适 十七，五，卅日

五卅虽是大纪念，但现在大家排日本，故排英的热度减多了。我没有法子推辞讲演，但说的话一定不会闹乱子的。

祝你们都好。

适之 十七，五，卅

第 [115] 封 刻碑

致江冬秀（二六）

冬秀：

卓林到了，他说你仍旧要刻纪念碑，我今天勉强做成一篇空泛的碑，写了一天一夜，到半夜才写成一幅，大概勉强可用了。字的**笔画很细**，**刻时请留意**。

红线的格子都不要刻。**外面也不必刻线边**，只须四边排的平均就是了。

千万早早出来。皖南有土匪，我很着急。

祖望的出汗，我告诉南京大姊。大姊说，你的祖父有个方子，用浮麦与红枣两味可治。

我回来就买给祖望吃，果然很有效。

我的身子还好，只是睡觉不够。

适之　六月四夜

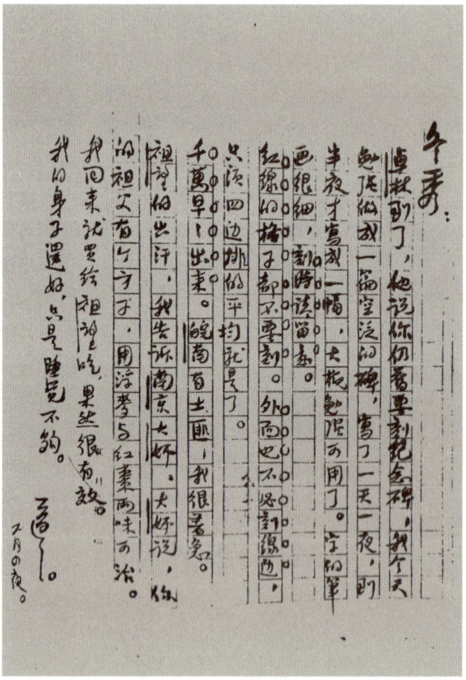
冬秀：

卓林到了，他說你仍舊要刻紀念碑，我今天勉強做成一篇空泛的碑，寫了一天一夜，到半夜才寫成一幅，大概勉強可用了。字的筆畫很細，刻時請留意。紅線的格子都不要刻。外面也不必刻線邊，只須四邊排的平均就是了。

千萬早早出來。皖南有土匪，我很着急。

祖望的出汗，我告訴南京大姊。大姊說，你的祖父有個方子，用浮麥與紅棗兩味可治。

我回來就買給祖望吃，果然很有效。

我的身子還好，只是睡覺不夠。

適。

六月四夜。

第[116]封 土匪

致江冬秀、胡思杜（二七）

冬秀：

碑文已收到否？

皖南土匪的消息使我很担心事；有时候晚上替你们设想，使我不能睡着。千万请你时时寄信，告诉我家乡的情形。

如事可以托汝昌管理，千万早早出来，使我放心。

儿子身体还好，只是晚上还有时出汗。

我的身子平安，但太忙一点。

祝你们好。

适之

小三：

听说你会说徽州话了，我很高兴。你不要忘了北京话。早点出来。爸爸同哥哥都很想你。

爸爸　六月十三

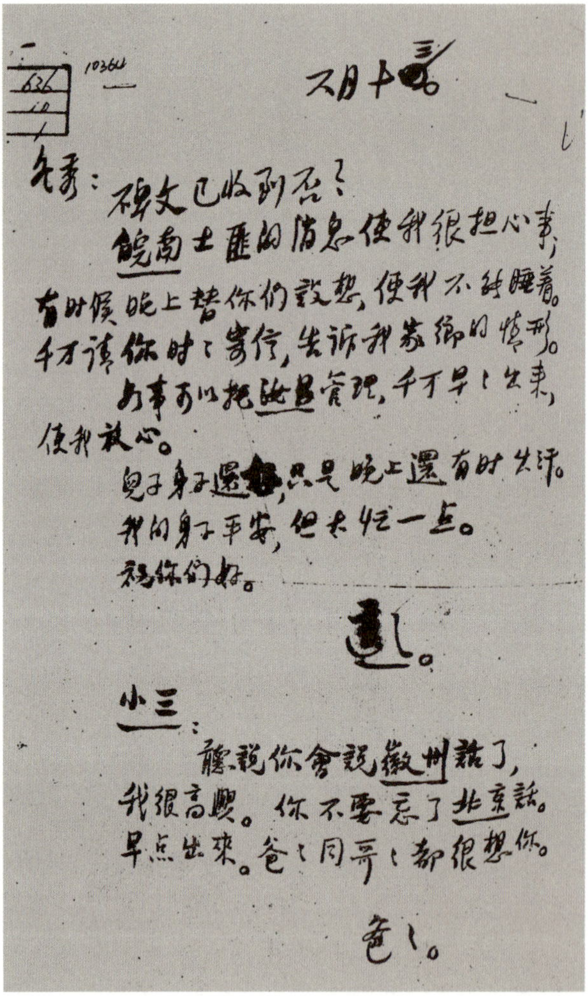
六月十三

冬秀：

碑文已收到否？

皖南土匪的消息使我很担心事，有时候晚上替你们设想，使我不能睡着。千万请你时时寄信，告诉我家乡的情形。

家事可以托近仁管理，千万早早出来，使我放心。

儿子身子還[illegible]，只是晚上還有时出汗。

我的身子平安，但太忙一点。

祝你们好。

适。

小三：

聽說你會說徽州話了，我很高興。你不要忘了北京話。早点出来。爸爸同哥哥都很想你。

爸爸。

第[117]封 开会

致江冬秀（二八）

冬秀：

久不得你信，实在挂念。

今天见报上说绩溪一带无危险，我心稍安。千万望你早日出来。使我放心。

北京基金会来了许多电报，催我去开会。会期本是六月廿一，因为我不能去，改在六月廿八。我还不能去，一来因为你不在家，二来因为中国公学没有人接手。今天已去电，请他们再改期五日或七日。如他们真改期，我便不能不去走一趟了。

中国公学的事，再三辞不掉。校董会没有法子，特设副校长一人，代我住校办事。我已寻得一位杨亮功君来做副校长。七月以后，我可以不必每星期到吴淞去了。

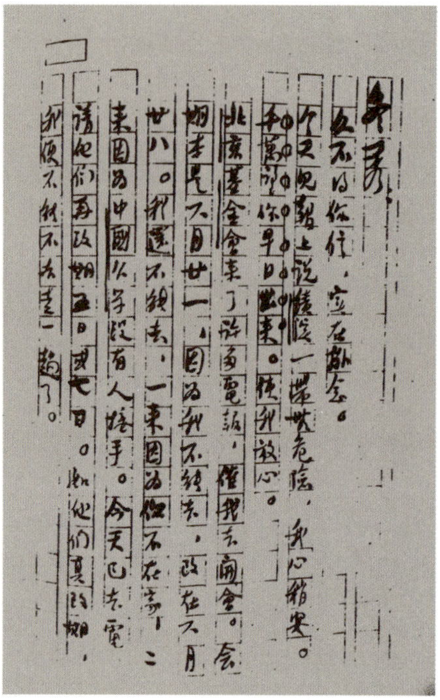

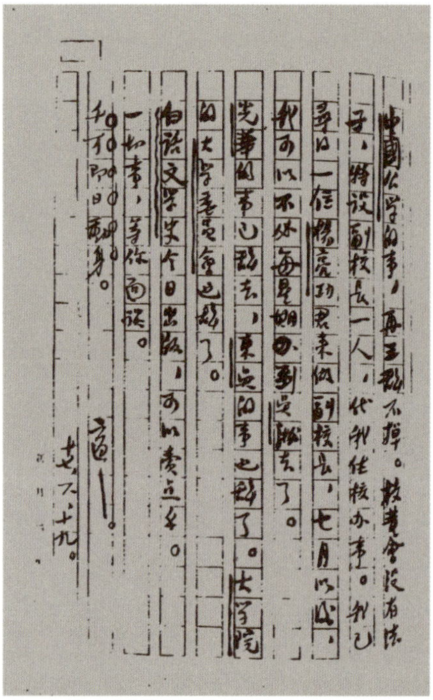

光华的事已辞去，东吴的事也辞了，大学院的大学委员会也辞了。

《白话文学史》今日出版，可以卖点钱。

一切事，等你面谈。

千万即日动身。

适之　十七，六，十九

第[118]封 坟地

致胡适、胡祖望（一）

适之：

我一日晚八时平安到家，请勿念。我左眼前、昨两天红的【得】狠（很）利害【厉害】，今天好多了。写此片，风水上卖地那家，还有官【棺】材放在里面，要等他家台【抬】走再动工，大慨【概】几天要决[定]好，再告诉你。老杭回来没有？如不回来，你叫人到新同路廿一号张先生□□【派人】找我小姨，请一用【佣】人□□□，我狠（很）不放心你们。士范叶【叫】人去请了，大把【概】一定会来的。祝你平安。

冬秀　[1928年2月]四日

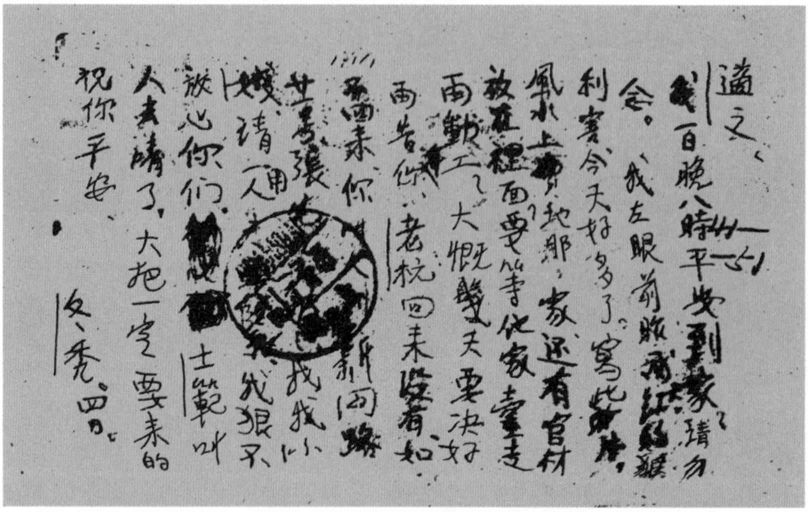

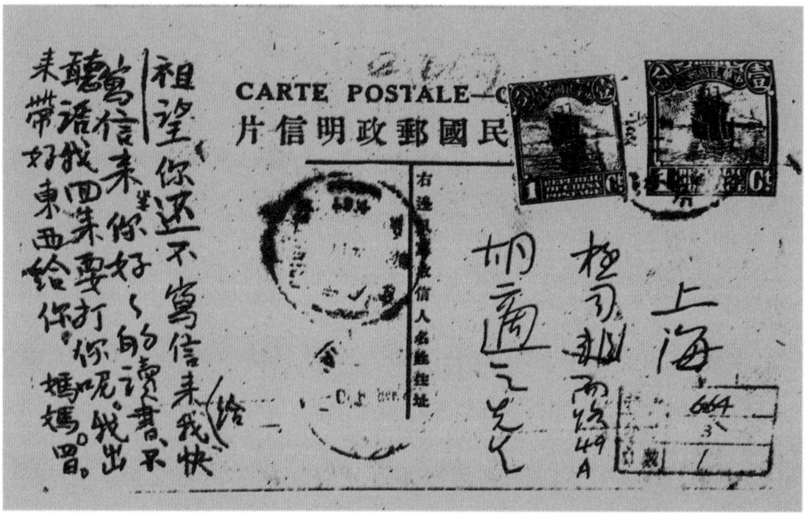

上海极司非而【尔】路49A 胡适之先生[1]

祖望：

你还不写信来给我，给快写信来，你好好的【地】读书，不听话我回来要打你呢。我出来带好东西给你。

妈妈　四日

①此信为同日江冬秀寄长子祖望的明信片。

第[119]封 修坟

致胡适（二）

适之：

三月六号的信收到了。汝仁处汇款还没有收到，前有信给你说起阿翠死的事——想以【已】收到——同汝其【汝骐】的妻舅母汇泉（钱）的事，想两信都收到了。坟地定了十一日闰二月进墎，望你和近仁把碑上的字商量写好，速寄回来。我把坟明塘【堂】看着做好。顶盖和石匠做八字，一盖【概】包工把他们去做。托秀之照应，我可以早出来。家庭决不开门户，要走听人自便，不走的也随人自便，我决不叶【叫】他不要搬走。

你有点伤风，好了没有。我狠（很）替你着急，千万不能害病。我不在身边，你晚上一定不知道睡觉吃的东西，也不见得有的【得】吃。故我有种种的[缘故]想早日动身了。

祥棣公于本月死了。他家的人托吉娘来同我说，要请你替他老人家题几个字，在计【祭】文□也不知道怎样用法，

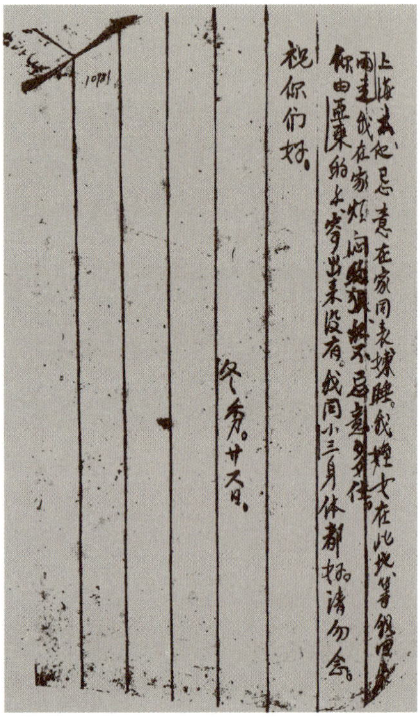
上海去，他忌意在家同表姊睡。我姪女在此地等我回来再走。我在家烦闷的狠，也不忌意多住。
你由亚东的泉，寄出来没有。我同小三身体都好，请勿念。
祝你们好。
冬秀。廿六日。

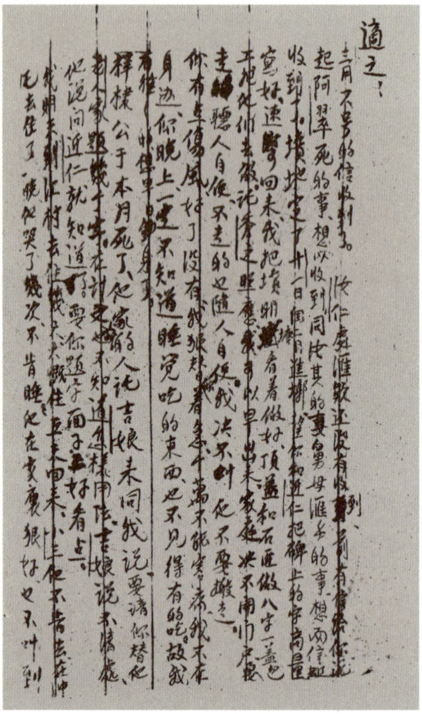

吉娘说不清处【楚】，他【她】说问近仁就知道了。要你题字，面子上好看点。

我明天到江村去住几天，大慨【概】住五天回来，小三他不肯去，在中村去住了。晚他哭了几次不肯睡，他在家里狠（很）好，也不叶【叫】到上海去，他忌【愿】意在家同表姊睡。我侄女在此地等我回来再走。我在家烦闷的【得】狠（很），也不忌【愿】意多住。

你由亚东的泉【钱】，寄出来没有？我同小三身体都好，请勿念。

祝你们好。

冬秀　[1928 年 3 月] 廿六日

第 [120] 封 秠嫂

致胡适（三）

适之：

四月廿二日的信收到了。

墓碑尺寸是把四边镶嵌都算在内，照你写的尺寸，狠（很）好，望你速寄回来。我昨天问仲之夫人，借来乙（一）百元应用，连日石匠支工泉（钱），连你寄来六百元，我来家还多乙（一）百三十元，泽涵家汇乙（一）百元，把圭贞都用下去了。还有汝其【汝骐】夫人的嫂子七十元和石恒春后借到乙（一）百元，共用去乙（一）千元了。觉之的风水，秠嫂一听不肯折【拆】开，只好靠边从【重】做，多用六十元左右。替稼嫂买了一付材板廿九元，大慨【概】做好在四十元左右。秠嫂买料做寿衣，大慨【概】要用五十元。秠嫂大【太】能吵闹了，替稼嫂买了一付板，他【她】吵了两天，他【她】自己买好有现存，只有他【她】自己，别人没有饭吃等【顶】好。同我吵闹好几次，我一点没有回他【她】一句过，我是替上代做事来的，我回他【她】一句就要气死他【她】，我只有随他【她】吵去，我做我的事。你放心，我不同他【她】吵闹。不过田租的

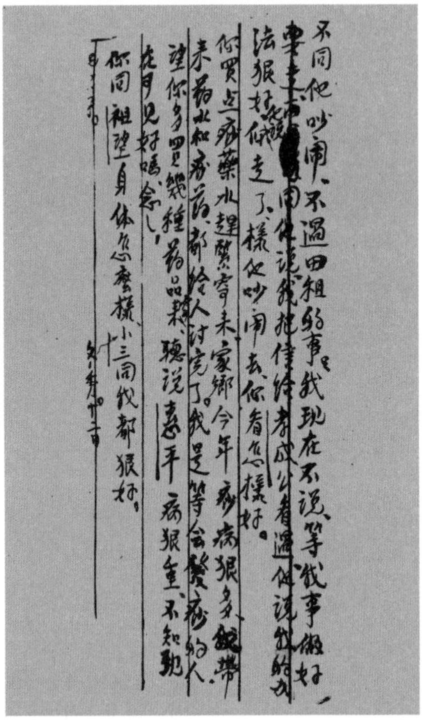

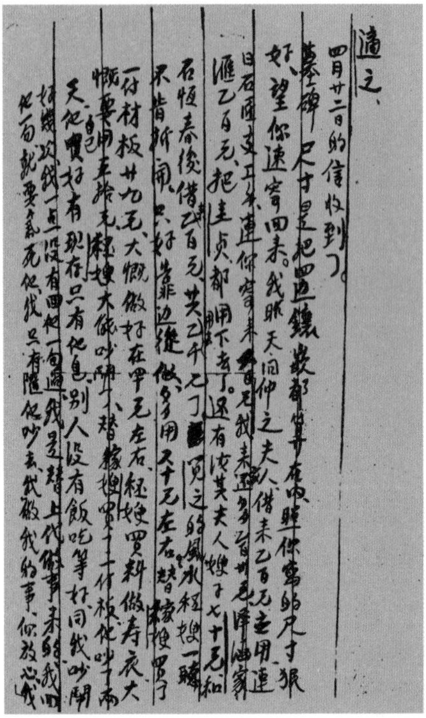

事，我现在不说，等我事做好，要走再同他【她】说。我把信给孝成公看过，他说我的办法狠（很）好，他说你走了，样【让】他【她】吵闹去，你看怎样好？

你买点痧药水赶紧寄来，家乡今年痧病狠（很）多，我带来的药水和痧药都给人讨完了。我是等【顶】会发痧的人，望你多买几种药品寄来。听说惠平病狠（很）重，不知现在可见好吗？念念。

你同祖望身体怎么样？小三同我都狠（很）好。

冬秀　[1928 年 5 月] 十二日

胡適

情书全集

【图文珍藏本】

［下］

胡适 江冬秀 著
陈漱渝 李致 编
张瑞霞 整理

中国青年出版社

图书在版编目（CIP）数据

胡适情书全集：图文珍藏本 / 胡适，江冬秀著；陈漱渝，李致编；张瑞霞整理.
—北京：中国青年出版社，2020.7

ISBN 978-7-5153-6014-0

Ⅰ.①胡… Ⅱ.①胡…②江…③陈… ④李…⑤张… Ⅲ.①胡适（1891－1962）—书信集
Ⅳ.①K825.4

中国版本图书馆 CIP 数据核字（2020）第 076490号

书　　名：胡适情书全集（图文珍藏本）
著　　者：胡　适　江冬秀
编　　者：陈漱渝　李　致
整　　理：张瑞霞
责任编辑：庄　庸　陈　静
特约编辑：于晓娟
出版发行：中国青年出版社
社　　址：北京东四十二条 21号
邮　　编：100708
网　　址：www.cyp.com.cn
门 市 部：(010)57350370
印　　刷：北京中科印刷有限公司
经　　销：新华书店

开　　本：787mm×1092mm　1/16
插　　页：1
印　　张：44
字　　数：458千字
版　　次：2020年11月北京第1版
印　　次：2020年11月北京第1次印刷
印　　数：0,001~5,000册
定　　价：98.00元(上、下)

《第陆章》我去游学，你守住大后方

20世纪20年代后，胡适一度放弃了『二十年不干政论，二十年不谈政治』的誓言，开始办报议政。1926年，胡适开始到国外游历，先后到过英国、法国、美国、日本等国。期间先后被国外和香港地区的多所大学授予荣誉博士学位。

胡适游历期间，家中大小事务江冬秀一一打理得井井有条。胡适在信中分享自己沿途旅行的情况，同时也关注着国内动态。江冬秀在信中除了讲一些家中琐事，还在为未来战乱的到来筹备着，尤其是那70箱子被胡适视为『命根子』的藏书。

第[121]封 惠平

一九三二年
致江冬秀

冬秀：

八日开会一天，会事完了。

在北京饭店住的那位美国美术家贺福曼夫妇也来了，住在礼查饭店。他们给我塑像，塑了两天半才完功。十二日我搬出饭店，搬到滄洲饭店和文伯同住一房，可以不出房钱。

惠平带了三个孩子出来看我。她的身体好像很好。我交她六十元，作为还款。新月书店没有给我钱，但我还有余钱，所以还了她六十元。

志摩家的事，谈来谈去，没有多大结果，仍是每月贰百五十元，外加版税。这件事明天大概可以结束了。

叔永今夜从杭州回来，明天约开一次会，商量基金会的事。大概他星期六可以走了。我大概是星

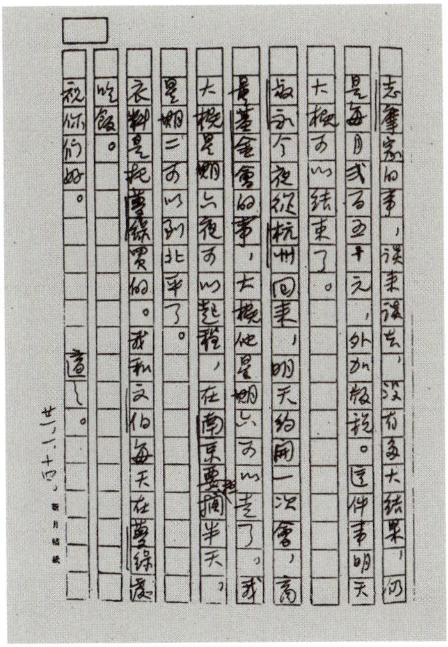

志摩家的事，談來談去，沒有多大結果，仍
是每月弍百五十元，外加版稅。這件事明天
大概可以結束了。
叔永今夜從杭州回來，明天約開一次會，商
量基金會的事，大概他星期六可以走了。我
大概星期六夜可以起程，在南京要擔擱半天，
星期二可以到北平了。
衣料是托夢綠買的。我和文伯每天在夢綠處
吃飯。
祝你們好。
適之。
廿一，一，十四
新月稿紙

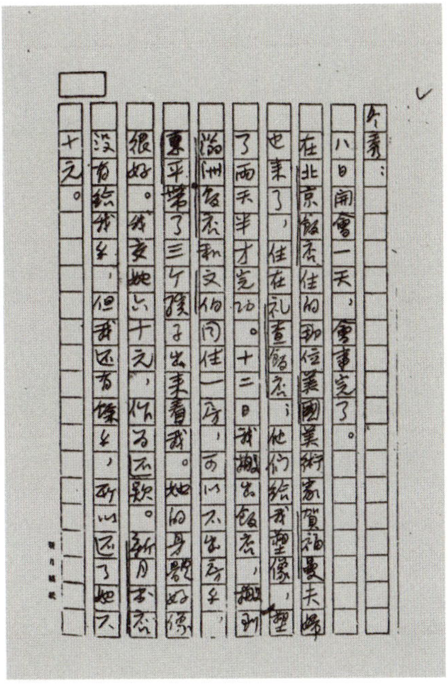

冬秀：
八日開會一天，會事完了。
在北京飯店住的那位美國美術家賀福曼夫婦
也來了，住在禮查飯店；他們給我塑像，塑
了兩天半才完功。十二日我搬出飯店，搬到
滄洲飯店和文伯同住一房，可以不出房錢。
惠平帶了三個孩子出來看我。她的身體好像
很好。我交她六十元，作為還款。新月書店
沒有給我錢，但我還有錢，所以還了她六
十元。
新月稿紙

期六夜可以起程，在南京要担搁半天。星期二可以到北平了。

衣料是托梦绿买的。我和文伯每天在梦绿处吃饭。

祝你们好。

适之　廿一，一，十四

第 [122] 封 元旦

一九三五年
致江冬秀（一）

冬秀：

这是“元旦开笔”的信。我今早八点上船了。慰慈来送我。我的香港住址是由香港大学转。

祝你们好。

适之　元旦

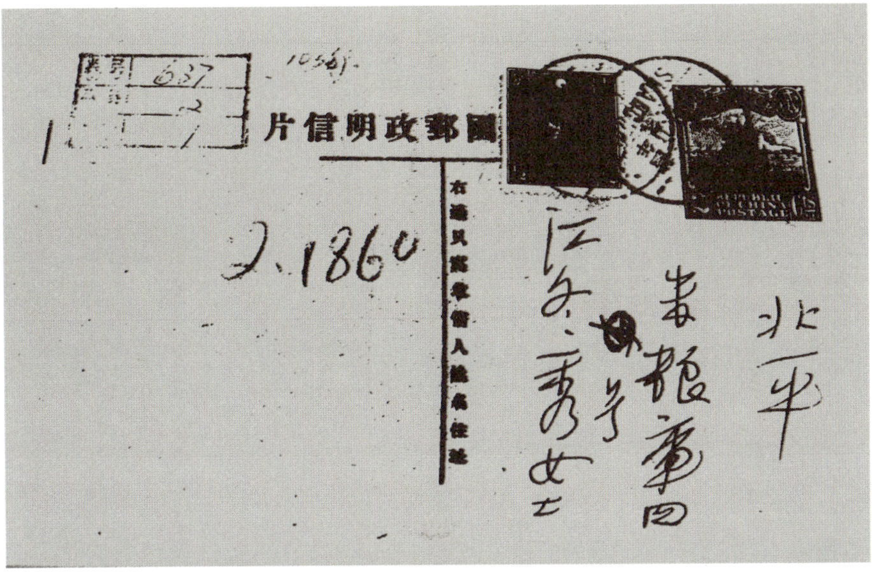

國郵政明信片

右邊只寫收信人姓名住址

北平

米粮库四号

江冬秀女士

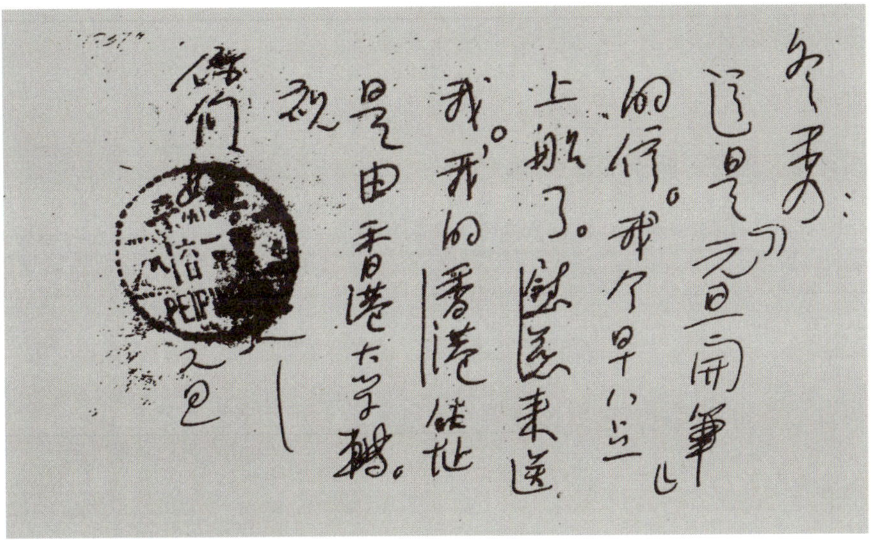

冬秀：

这是元旦开笔的信。我今早八点上船了。懿慈来送我。我的香港住址是由香港大学转。

祝

你们好

适之

第 [123] 封 香港

致江冬秀（二）

冬秀：

元旦早上七点半上渡船，九点半大船开行。在船上三天，舒服极了。睡觉的时候多，每天差不多睡十二三点钟。

船上只有一位画家周廷旭，是我认得的，余人都不认得，所以没有人可谈，我也不去寻人谈话。

一二两天下雨，昨天天晴，海上风景好的【得】很。

今天（四日）一早，天还没有亮，船就进口了。现在六点钟，船停在港里。这是我第一次看见香港，风景确是很好。

这回单夹衣带的太少了，恐怕有困难。今早天亮时，我穿薄衬绒袍子，一点不觉得

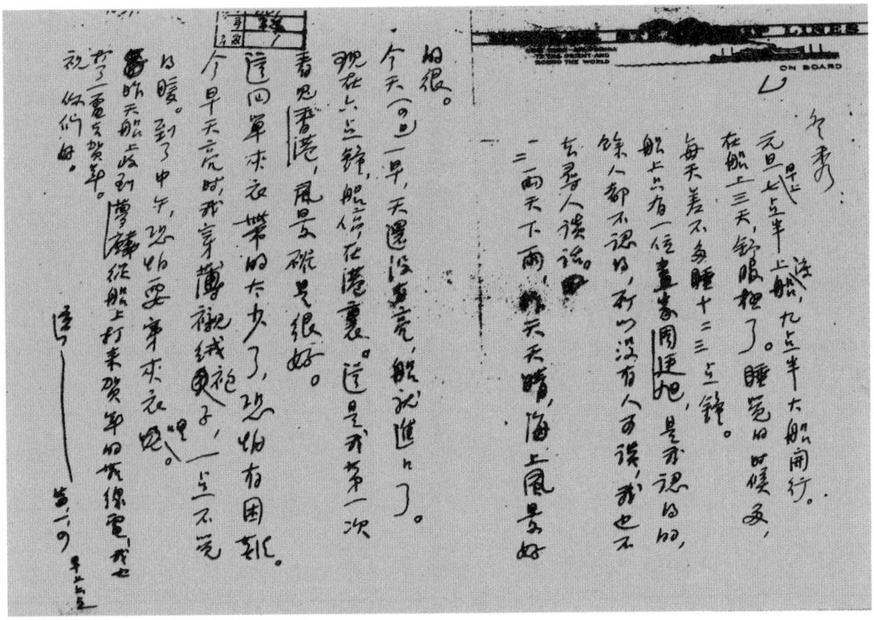
冬秀：

元旦早上七點半上船，九點半大船開行。在船上三天，舒服極了。睡覺的時候多，每天差不多睡十二三點鐘。船上只有一位[illegible]，是我認得的，餘人都不認得，所以沒有人可談，我也不去尋人談話。一兩天下雨，今天天晴，海上風景好的很。

今天（四日）一早，天還沒有亮，船就進港了。現在六點鐘，船停在港裏。這是我第一次看見香港，風景確是很好。

這回帶來衣服太少了，恐怕有困難。今早天亮時我穿薄棉袍子，一點不覺的暖。到了中午，恐怕要穿夹衣哩。

昨天船上收到夢麟從船上打來賀年的無線電，我也打了一電去賀年。

祝你們好。

適　廿四，一，四 早上六點

暖。到了中午，恐怕要穿夹衣哩。

昨天船上收到梦麟从船上打来贺年的无线电，我也打了一电去贺年。

祝你们好。

适之　廿四，一，四早上六点

第 [124] 封 签名

致江冬秀（三）

冬秀：

四号早晨到香港，在这里已住了四天了。忙极了。

香港是一个海岛，风景好极了，非常使我诧异。

今天下午是香港大学给我学位的日子，行礼在下午，所以上午我稍有空闲。

此间的人待我很好。昨天我在“华人教育会”演讲，听的人是三四百中国中小学教员，讲完后他们抢着拿小册子来叫我签个名字在上面做纪念，又拿了许多纸来请我写字。我写的【得】手都酸了。但我心里觉得很感动。他们敬重我，使我心里觉得我不会说他们的话是很对不住他们的。

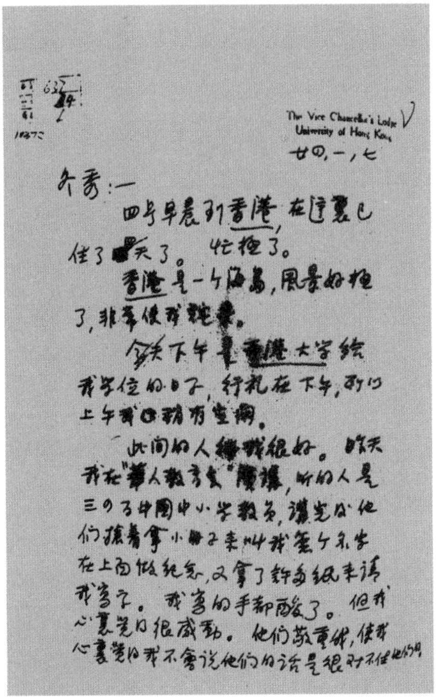

The Vice Chancellor's Lodge
University of Hong Kong
廿四，一，七

冬秀：——

四号早晨到香港，在这里已住了[illegible]天了。忙极了。

香港是一个海岛，风景好极了，非常使我惊异。

今天下午香港大学给我学位的日子，行礼在下午，所以上午我稍有空闲。

此间的人待我很好。昨天我在"华人教育会"演讲，听的人是三四百中国中小学教员，讲完了他们拿着小册子来叫我签个名字在上面做纪念，又拿了许多纸来请我写字。我写的手都酸了。但我心里觉的很感动。他们敬重我，使我心里觉的我不会说他们的话是很对不住他们的

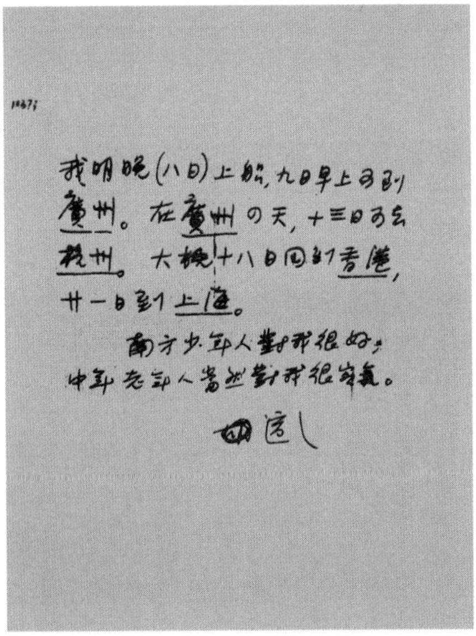

我明晚（八日）上船，九日早上可到广州。在广州四天，十三日可去梧州。大概十八日回到香港，廿一日到上海。

南方少年人对我很好；中年老年人当然对我很客气。

适

我明晚（八日）上船，九日早上可到广州。在广州四天，十三日可去梧州。大概十八日回到香港，廿一日到上海。

南方少年人对我很好，中年老年人当然对我很客气。

适之　廿四，一，七

第 [125] 封 旅美

一九三六年
致江冬秀

冬秀：

在约瑟米岱山中凡二十天，每天日夜忙碌，竟不能写信给你们。

九月一日早晨回到旧金山，两天之中有三处讲演，出了三次大汗，一身都湿透了。今日晚上八点动身往东部去，七日上午可到哈佛大学，在那边有十二天的担【耽】搁，就回来了。路上要往加拿大去三天，十月中赶到旧金山上船。十月十六日林肯总统船回国。十一月六日到上海。

我此次所以早点回国，是因为医生不许我多演说，多旅行。医生劝我早点开刀，把病除去，就可以没有后患了。

有几天小肚子颇不好，高起的地方竟收不进去。现在每晚上睡下就把高处揉进去，进去很容易，医生说不要紧了。

头上白发添了不止一倍了。

祝你们都好。

适之　廿五，九，三

第[126]封 电报

一九三七年
致江冬秀（一）

冬秀：

十二日我收到泽涵的电报，同时，逵羽和祖望也到了。我很高兴，即发一电云：

暂留津待电，逵羽、祖望今日到京均安。

十三日上海战事爆发了。十四日我又发一电云：

沪路阻，可试胶济路转京，否则暂留津。可往访开滦总局陈廷均兄，请其指示。

十七日得你的电报说：

余等留津均安。冬。

我很高兴，因为南行实在太苦了。我因想到开滦总局的陈少云先生，所以十四日电报上要你去看他，又另打一电报给他，请他指导你。后来他也有回电来了。我才知道你住在朱继圣兄家，我更放心了。

周枚荪太太到了，陶孟和也到了，朱光潜也到了。杨今甫等六人今天（廿六）到了。他们都平安，路上都很辛苦。陶希圣太太带了六个孩

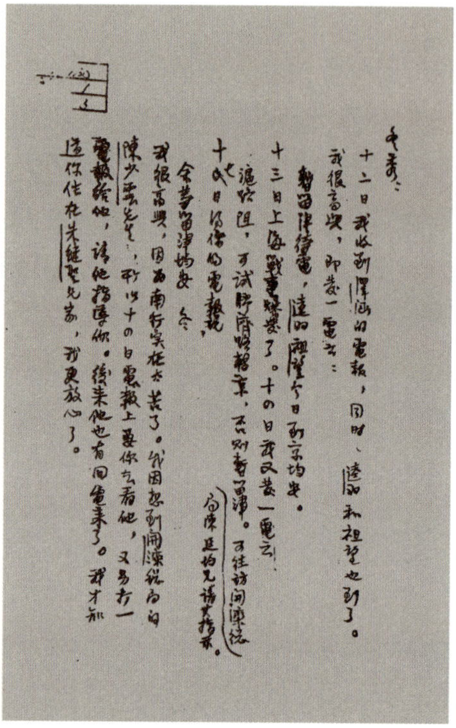

冬秀：

十二日我收到譯成的電報，同時，思杜和祖望也到了。

我很高興，即發一電云：

暫留津待電，思杜祖望今日到京均安。

十三日上海戰事緊要了。十四日我又發一電云：

滬路阻，可試將行李暫寄，否則暫留津。可往訪問陳總向陳廷均兄請其指示。

十七日得你的電報說，

全家留津均安 冬

我很高興，因為南行實在太苦了。我因想到開灤總局的陳少雲先生，所以十四日電報上要你去看他，又另打一電報給他，請他指導你。後來他也有回電來了。我才知道你住在朱繼聖先生家，我更放心了。

子，走了九天才到，七个人都只各有一身衣服。希圣说，就像七个叫化子一样！他们的一岁半的孩子病倒了，至今未好。

周太太今天上庐山去了。光潜今天回安徽去了。

我本来住在教育部，共住了二十多天。祖望住在汪敬熙家，与小汪作伴。后来汪家搬走了，祖望与我同住北平路六十九号中英文化协会内。

从八月十五日起，南京天天有“空袭”，到昨夜（廿五）止，共总有了二十一次。都没有大损害。人口搬走了一半。朋友家的家眷都走了。

自从七月廿八日到京，快一个月了，我们全是寄食在朋友家。现在想在寓所开饭，从明天起，可以有饭吃了。

我从廿一日起，肚子不大好，到中央医院来验看了几天，证明不是痢疾，我才放心，现在差不多全好了。

你最后的电报我也收到了。我托马幼渔先生的儿子马巽伯兄代发一电，告诉你祖望到了很久了。失去的物件不重要，只要人安全就好了。商务股票，我当嘱他们“挂失”。图章与折子都更不重要了。你不必担心。

李固【国】钦事，我当设法请美国大使帮忙，因为他生在美国，是

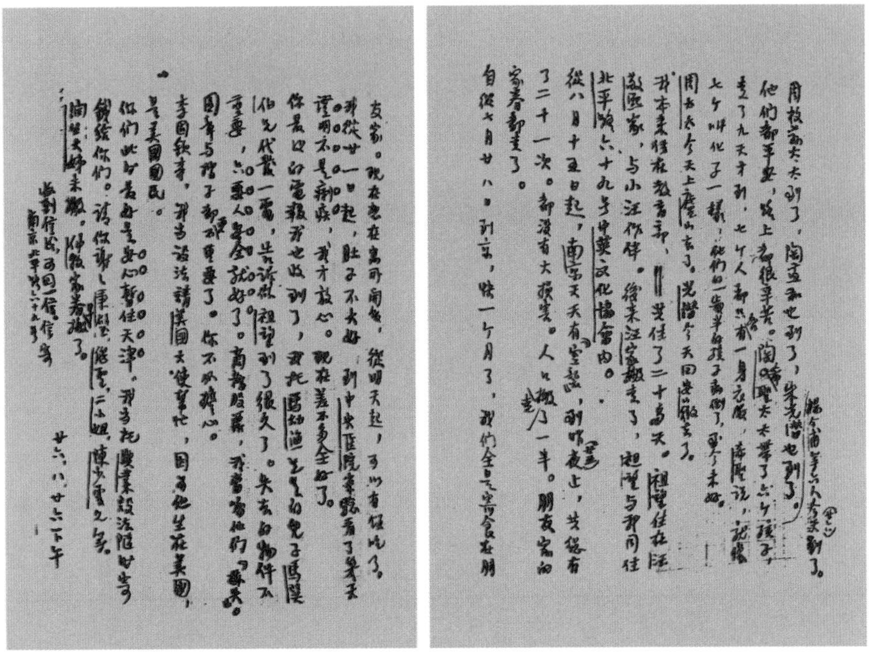

美国国民。

你们此时最好是安心暂住天津。我当托兴业设法随时寄钱给你们。请你谢谢秉璧、继圣、二小姐、陈少云兄等。

润生大姊未搬。仲牧家眷早搬了。

收到信后，可回一信。信寄南京北平路六十九号。

廿六，八，廿六下午

第 [127] 封 主意

致江冬秀（二）

冬秀：

我廿六日有信给你，收到了吗？

前天儿子写信给你，想已知道了。

我日内就要出门，走万里路，辛苦自不用说，但比较国内安全多了。一切我自保重，你可放心。同行的伙计有端升、子缨。

祖望，我要带到武汉去，想交与武汉大学的王抚五或陈通伯，等候二次招考，或作旁听生。他很能照管自己，你可放心。

小三，我只好交给你安排了。

此时山东尚无事，你若有妥伴，可以早点南来，到济南换车南下，到南京可先住旅馆，再打电话（三二四六〇，32460）给周枚荪和傅孟真。他们一定能招呼你。你可以回徽州去住。

你若南行，须自己决定主意。泽涵、圭贞都是不能自己决定主意的，不如让他们住在天津。

你若决定住天津，也是一个法子。

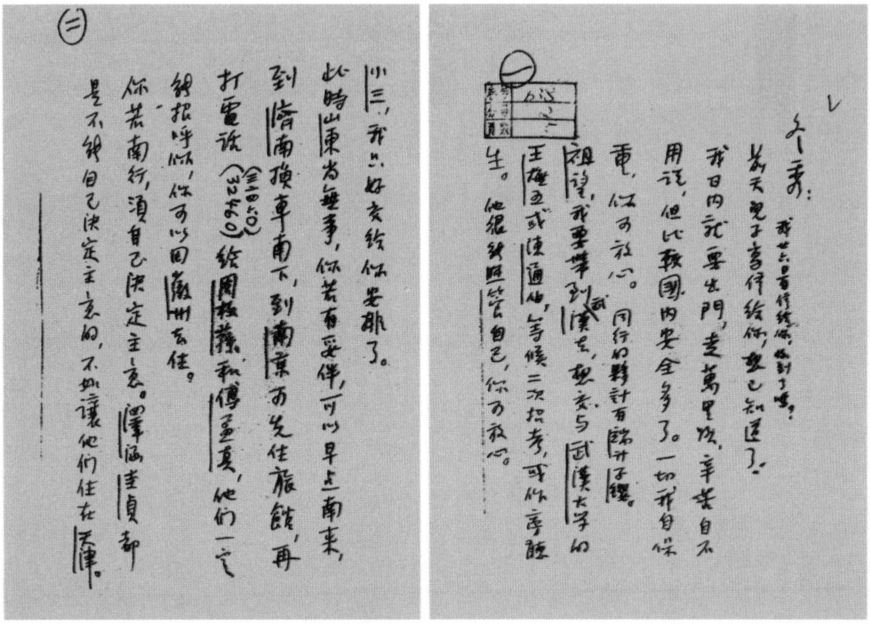
冬秀：

前天儿子寄信给你，想已知道了。（我也另有信给你，你收到了吧？）

我日内就要出门，走万里路，辛苦自不用说，但比较国内要安全多了。一切我自保重，你可放心。同行的[illegible]有端升、子缨。

祖望我要带到汉去，想交与武汉大学的王雪艇或陈通伯，等候二次招考，可仍作学院生。他很能照管自己，你可放心。

（二）

小三，我只好交给你安排了。

此时山东尚无事，你若有妥伴，可以早点南来，到济南换车南下，到南京可先住旅馆，再打电话（[illegible]）给周枚荪、和傅孟真，他们一定能招呼你，你可以回徽州去住。

你若南行，须自己决定主意。泽涵、圭贞都是不能自己决定主意的，不如让他们住在天津。

固【国】钦是美国籍，我今天去见美国大使，请他告知天津美国领事，为他想想法子。他的伯父李得庸，住汉口德托美领事街廿三号。

（T. Y. Li，23 Road Dantremer，Hankow）（电报挂号 中文“1661”西文“TYLI”）

他的叔父李兆南，住上海北京路国华大楼同昌公司。（电报挂号6115）

我托兴业送六百元给你，你可问天津兴业行长朱振之先生取。我起身时，当另留一笔钱给你。一切事，请你自己作主，我完全放心。我知道你是最能决断的。最要紧的是保重身体。

我在医院住了五天半，验得不是痢疾，只是小肠有点发炎，养了六天，就完全好了。廿八日出院，现在饮食如常了。

请你代我致意谢谢朱继圣兄嫂。

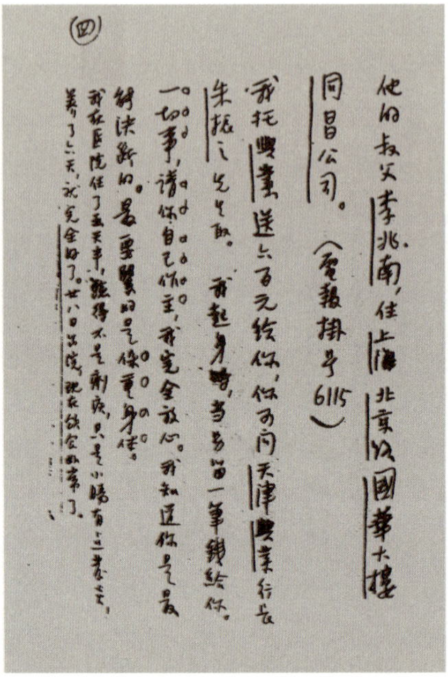
四

他的叔父李兆南，住上海北京路国华大楼同昌公司。（电报挂号6115）

我托兴业送六百元给你，你可问天津兴业行长朱振之先生取。我起身时，当另留一笔钱给你。

一切事，请你自己作主，我完全放心。我知道你是最能解决问题的。最要紧的是保重身体。

我在匡庐住了五天半，听得不是刺痰，只是小肠有点毛病，养了六天，就完全好了。廿八日出院，现在就全无事了。

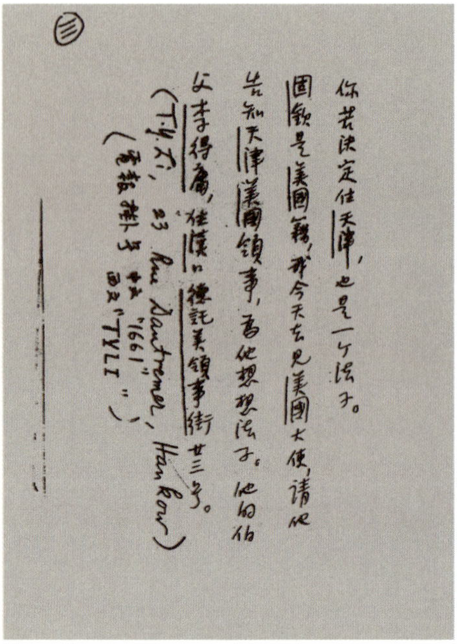
三

你若决定住天津，也是一个法子。固然是美国籍，我今天去见美国大使，请他先知天津美国领事，为他想想法子。他的伯父李得庸，住汉口德託美领事街廿三号。

（T.Y.Li, 23 Rue Dautremer, Hankow）

（电报挂号"1661"或"TYLI"）

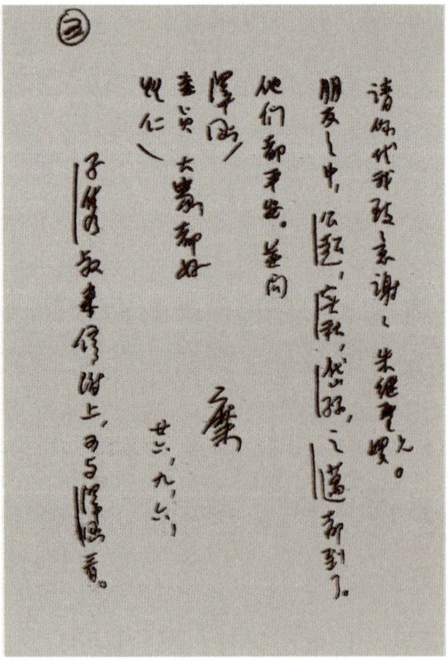
二

请你代我致意谢谢朱继圣先生。

朋友之中，公超，实秋，岱孙，之迈都到了。他们都平安。并问泽涵/圭贞/性仁大家都好

麋 廿六，九，六，

子隽叔来信附上，可与泽涵看。

朋友之中，公超，实秋，岱孙，之迈都到了。他们都平安。并问泽涵、圭贞、性仁大家都好。

麋　廿六，九，六

子隽叔来信附上，可与泽涵看。

第[128]封 父子

致江冬秀（三）

天津英界伦敦道永定里二号江冬秀：今日同祖望赴汉口平安。适。庚印。

（9月9日）

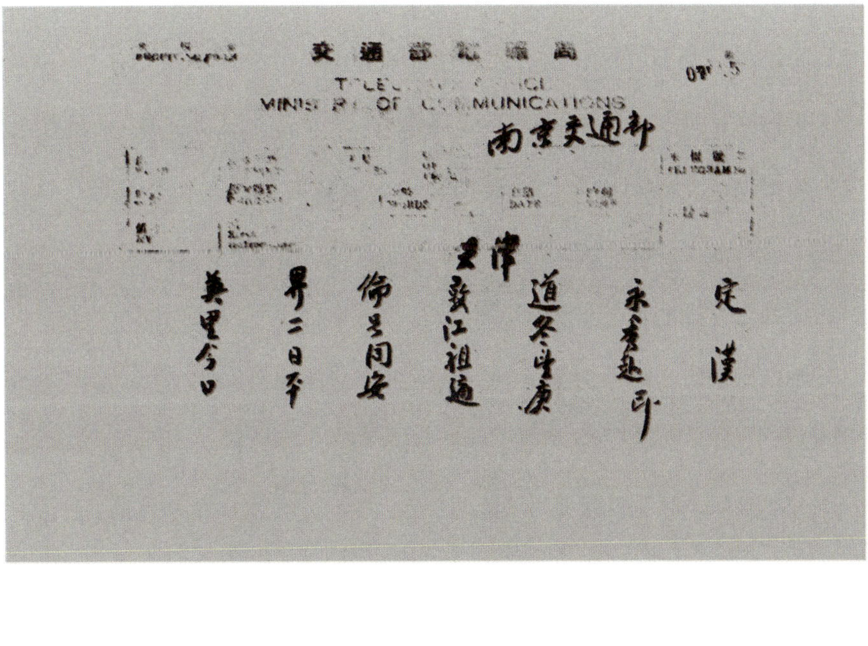

第 [129] 封 小三

致江冬秀（四）

冬秀：

我八夜上船，今天下午到了汉口。同行的有七个人，只寻得两间房，祖望与我同住一间房。我后天（十三）要走了。

明天到珞珈山去，要带祖望同去，大概他可以住下。他的事办定后，他自己会告诉你。

今天我一到就打电话给固【国】钦的伯父，始知固【国】钦已有人带到香港了。明天可见着他伯父，可问知详细。

你们究竟如何？如果天津租界上学堂可以开学，小三可以留在天津吗？

最好是你们早日南下，走青岛转济南，转到南京。现在有许多南京的中学堂，都搬到徽州去开学。小三到徽州，可以上学。不然，就把小三留在南京，托朋友把他带到湖南去上学。你自己可以回到家乡去住。

到南京时可打电寻慰慈，他住在颜任光家（电话32323），住西康路五号。

一切事体，可问慰慈和周枚荪两个人，他们一定可以帮助你决定行止。

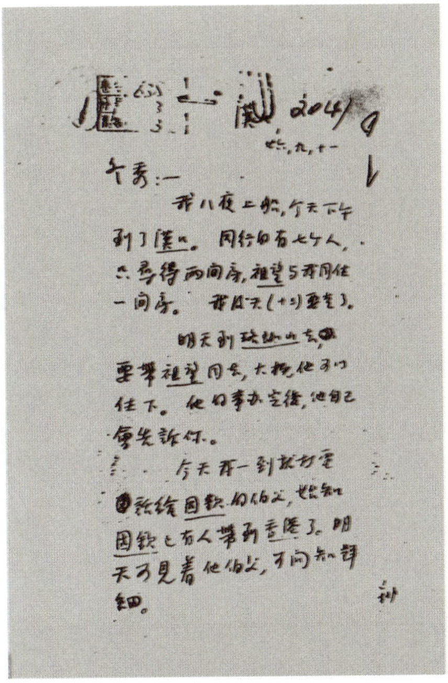
汉口 2041
廿六，九，十一

冬秀：—

我八夜上船，今天下午到了汉口。同行的有七个人，六个住两间房，祖望与我同住一间房。我后天（十三）要走了。

明天到珞珈山去，要带祖望同去，大概他可以住下。他的事办定后，他自己会先告诉你。

今天我一到就打电话给思杜的伯父，然知思杜已有人带到香港了。明天可见着他伯父，可问知详细。

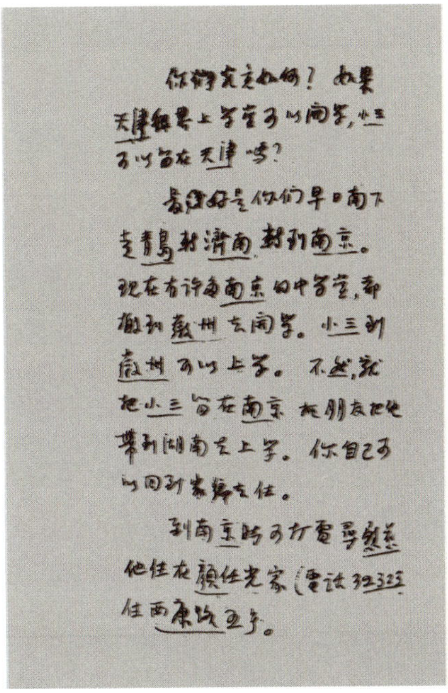
你们究竟如何？如果天津租界上学堂可以开学，小三可以留在天津吗？

最好是你们早日南下，走青岛转济南转到南京。现在有许多南京的中学堂，都搬到徽州去开学。小三到徽州可以上学。不然，就把小三留在南京，托朋友把他带到湖南去上学。你自己可以回到家乡去住。

到南京时可打电话寻慰慈，他住在颜任光家（电话31323）住西康路五号。

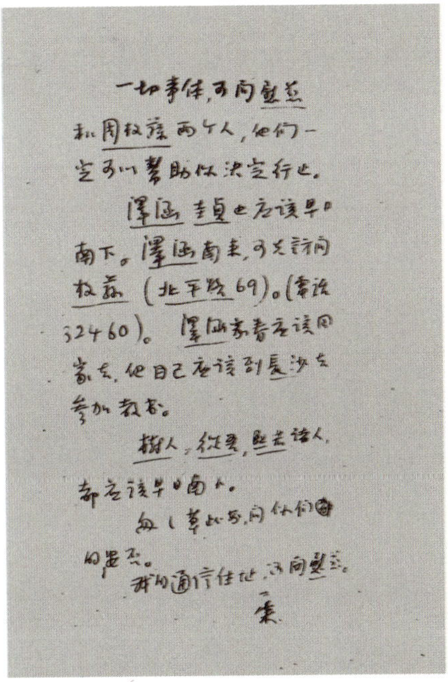
一切事体，可问慰慈和周枚荪两个人，他们一定可以帮助你决定行止。

泽涵、圭贞也应该早日南下。泽涵南来，可先访问枚荪（北平路69）。（电话32460）。泽涵家眷应该回家去，他自己应该到长沙去参加教书。

树人，从吾，熙若诸人，都应该早日南下。

匆匆草此书，问你们的安否。

我的通信住址，可问慰慈。

糜

泽涵、圭贞也应该早日南下。泽涵南来，可先访问枚荪（北平路69）。（电话32460）。泽涵家眷应该回家去，他自己应该到长沙去参加教书。

树人，从吾，熙若诸人，都应该早日南下。

匆匆草此书，问你们的安否。

我的通信住址，可问慰慈。

糜 廿六，九，十一

第 [130] 封 飞行

致江冬秀（五）

冬秀：

我们在香港住了一个星期，本定十六日起飞，因有台风预报，故改期了四次，直到廿日始起飞。

廿日下午到了吕宋，住了一晚，次早一点半起来，两点吃早饭，三点半赶到飞机场，四点半起飞。那天早晨我在飞机场有小诗一首：

棕榈百扇静无声，
海上中秋月最明。
如此海天如此夜，
鸡声催我起飞行。

廿一日飞了一千五百多英里，夜宿“关岛”。廿二日飞了一千五百英里，夜宿“醒岛”。

今天仍是廿二日（在太平洋的中间，东去的多得一

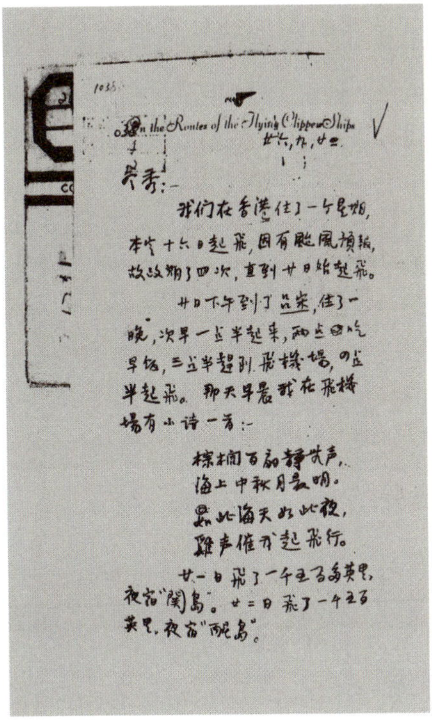
On the Routes of the Flying Clipper Ships

廿六，九，廿二

冬秀：—

我们在香港住了一个星期，本定十六日起飞，因有飓风预报，故改期了四次，直到廿日始起飞。

廿日下午到了吕宋，住了一晚，次早一点半起来，两点吃早饭，三点半赶到飞机场，四点半起飞。那天早晨我在飞机场有小诗一首：—

棕榈百扇静无声，
海上中秋月最明。
最是海天如此夜，
鸡声催我起飞行。

廿一日飞了一千五百多英里，夜宿"关岛"。廿二日飞了一千五百英里，夜宿"威克岛"。

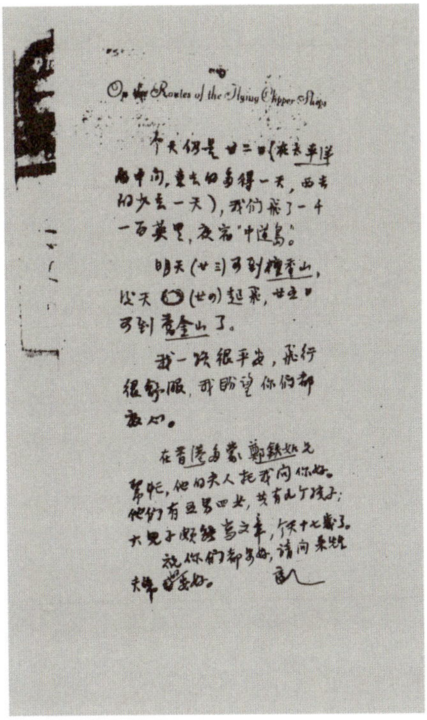
On the Routes of the Flying Clipper Ships

今天仍是廿二日（往东半洋面中间，东去的多得一天，西去的少去一天），我们飞了一千一百英里，夜宿"中道岛"。

明天（廿三）可到檀香山，后天（廿四）起飞，廿五日可到旧金山了。

我一路很平安，飞行很舒服，我盼望你们都放心。

在香港多蒙郑铁如兄帮忙，他的夫人托我问你好。他们有五男四女，共有九个孩子。大儿子颇能写文章，今天十七岁了。

祝你们都安好，请问朱先生夫妇的安好。

适之

天，西去的少去一天），我们飞了一千一百英里，夜宿“中道岛”。

明天（廿三）可到檀香山，后天（廿四）起飞，廿五日可到旧金山了。

我一路很平安，飞行很舒服，我盼望你们都放心。

在香港多蒙郑铁如兄帮忙，他的夫人托我问你好。他们有五男四女，共有九个孩子。大儿子颇能写文章，今天十七岁了。

祝你们都安好，请问朱先生夫妇的安好。

适之　廿六，九，廿二

第 [131] 封 美国

致江冬秀（六）

冬秀：

我九月廿六飞到美国，在西岸住了八天，又飞到美国东部。在华盛顿住了七天，现在到纽约，要住一两个月。

一路上都很好。现在预备寻个牙医，把牙齿补好；又寻个眼科，把眼镜重配过。眼镜现在不适用了，有时候看报上小字，有点吃力。

张忠绂先生昨天赶到纽约。现在我们同伴有三个人了。

听人说你的小箱子找到了。商务股票，我已有人托王云五挂失票。如股票尚在，我想你可以通知商务一声。

我寄的两笔钱，你都收到了吗？以后北大的钱，我托周枚荪代收。你是否南行，可以通知他，或通知垚生。

这一回出门，十分辛苦，前天晚上翻电报，到四点才睡。十月一日，我预备一篇演说，到五点半才睡。事体并不多，有时候很有空工夫，可以和朋友谈天。有时候连睡觉的工夫也没有。

身体胖了一点，有一百三十二磅了。

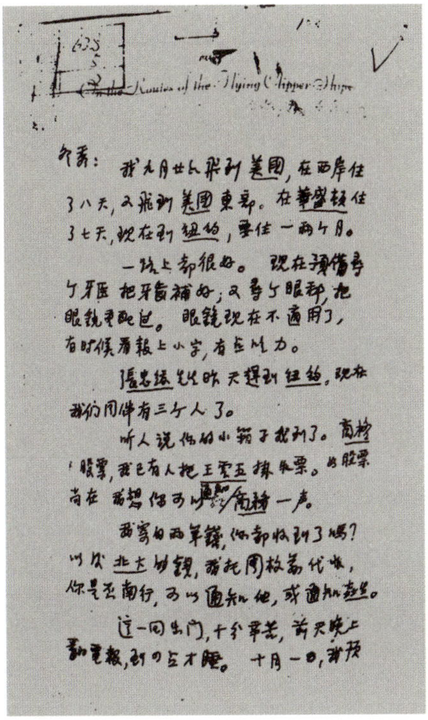
On the Routes of the Flying Clipper Ships

冬秀：我九月廿六飞到美国，在西岸住了八天，又飞到美国東部。在華盛頓住了七天，現在到紐約，要住一兩个月。

一路上都很好。現在預備尋个牙医把牙齒補好；又尋个眼科把眼鏡重配过。眼鏡現在不適用了，有时候看報上小字，有点吃力。

張忠紱先生昨天趕到紐約，現在我們同伴有三个人了。

听人说你的小箱子找到了。商務股票，我已有人把王雲五換來票。此股票尚在，我想你可以通知商務一声。

我寄的兩筆錢，你都收到了嗎？以後北大的錢，我托周枚蓀代收，你是否南行，可以通知他，或通知孟真。

這一回出門，十分辛苦，前天晚上動電報，到四点才睡。十月一日，我預

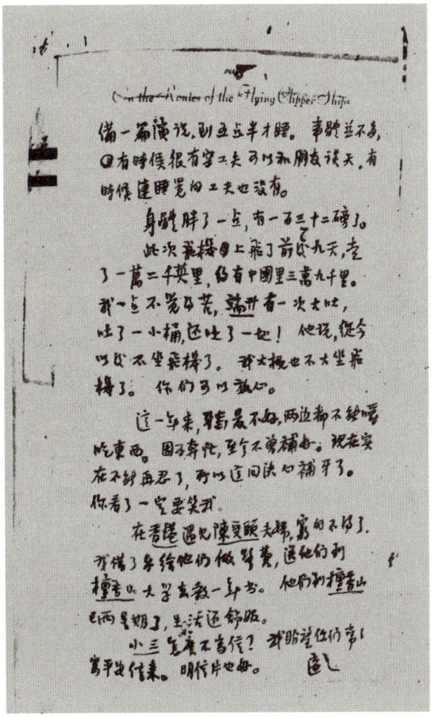
On the Routes of the Flying Clipper Ships

備一篇演說，到五点半才睡。事體並不多，有時候很有空工夫可以和朋友談天，有時候連睡覺的工夫也沒有。

身體胖了一点，有一百三十二磅了。

此次飛機上飛了前後九天，走了一萬二千英里，約有中國里三萬九千里。我一点不覺得苦，端升有一次大吐，吐了一小桶，还吐了一地！他說，從今以後不坐飛機了。我大概也不大坐飛機了。你們可以放心。

這一年來，牙齒最不好，兩边都不能嚼吃東西。因為奔忙，至今不曾補好。現在实在不能再忍了，所以這回決心補牙了。你看了一定要笑我。

在香港遇見陳受頤夫婦，窮的不得了。我借了錢給他們做路費，送他們到檀香山大学去教一年书。他們到檀香山已兩星期了，生活还舒服。

小三怎麼不寫信？我盼望你們常常寫平安信來。明信片也好。 適之

此次飞机上飞了前后九天，走了一万二千英里，约有中国里三万九千里，我一点不觉得苦。端升有一次大吐，吐了一小桶，还吐了一地！他说，从今以后，不坐飞机了。我大概也不大坐飞机了。你们可以放心。

这一年来，牙齿最不好，两边都不能嚼吃东西。因为奔忙，至今不曾补好。现在实在不能再忍了。所以这回决心补牙了。你看了一定要笑我。

在香港遇见陈受颐夫妇，穷的【得】不得了。我借了钱给他们做路费，送他们到檀香山大学去教一年书。他们到檀香山已两星期了，生活还舒服。

小三怎么不写信？我盼望你们常常写平安信来。明信片也好。

适之　廿六，十，十九

第 [132] 封 演讲

致江冬秀（七）

冬秀：

月亮快圆了，大概是十二三夜。我在旅馆的十四层楼上看月亮，心里想着你，所以写这信给你。

我到外国已是五十天了，什么事都没有做，只是忙来忙去，一天没得休息。

前天礼拜六，有一次大演说会，听的人有一千多人。那天早起，我觉得不大舒服，吃了早饭，全吐出了。午刻到了宴会上，全无胃口，所以没有吃中饭。到了两点钟，轮到我演说，我站起来，病也没有了，演说的【得】很有力量，也不觉吃力。说完了，又答复了许多问题。人多，外面大雨，窗不能开，所以屋子里很热。我出了力，出了一身大汗，里衣全湿了。回到旅馆里，我不敢脱衣服，也不敢洗澡。但这一身汗出来之后，我的小病全好了。到了五点钟，肚子觉得饿了，我才叫了点东西来吃。吃了之后，精神完全好了。

五点一刻李固【国】钦的父母来接我下乡去，在他家里换礼服，八

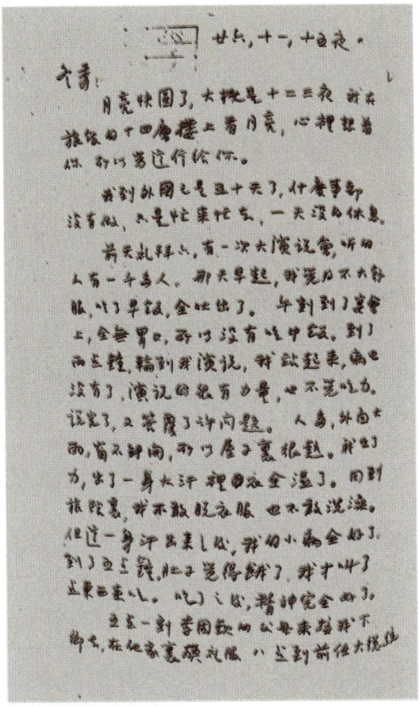

廿六，十一，十五夜。

冬秀：

月亮快圓了，大概是十二三夜。我在旅館的十四層樓上看月亮，心裡想着你，所以寫這信給你。

我到外國已是五十天了，什麼事都沒有做，只是忙來忙去，一天沒有休息。

前天禮拜六，有一次大演説會，聽的人有一千多人。那天早起，我覺的不大舒服，吃了早飯，全吐出了。午刻到了宴會上，全無胃口，所以沒有吃中飯。到了兩點鐘，輪到我演説，我站起來，病也沒有了，演説的很有力量，也不覺吃力。說完了，又答覆了許多問題。人多，外面大雨，窗不能開，所以屋子裏很熱。我出了力，出了一身大汗，裡面衣全濕了。回到旅館裏，我不敢脫衣服，也不敢洗澡。但這一身汗出來之後，我的小病全好了。到了五點鐘，肚子覺得餓了，我才叫了點東西來吃。吃了之後，精神完全好了。

五點一刻，李國欽的公母來接我下鄉去，在他家裏換禮服，八點到前任大總統

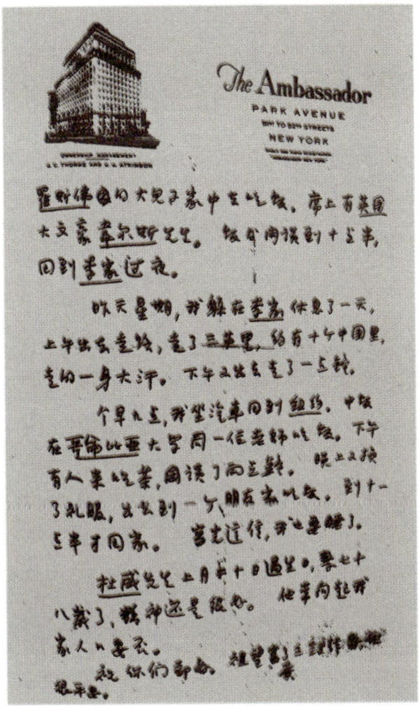

羅斯福的大兒子家中去吃飯。席上有英國大文豪韋爾斯先生。飯後閒談到十點半，回到李家過夜。

昨天星期，我躲在李家休息了一天，上午出去走路，走了三英里，約有十個中國里，走的一身大汗。下午又出去走了一點鐘。

今早九點，我坐汽車回到紐約。中飯在哥倫比亞大學同一位老師吃飯。下午有人來吃茶，談了兩點鐘。晚上又換了禮服，出去到一個朋友家吃飯。到十一點半才回家。寫完這信，我也要睡了。

杜威先生上月廿日過生日，整七十八歲了，精神還是很好。他常問起我家人口安否。

祝你們都好。祖望寫了三封信來，很平安。

穈

点到前任大总统罗斯福的大儿子家中去吃饭，席上有英国大文豪韦尔斯先生。饭后闲谈到十点半，回到李家过夜。

昨天星期，我躲在李家休息了一天。上午出去走路，走了三英里，约有十个中国里，走的一身大汗。下午又出去走了一点钟。

今早九点，我坐汽车回到纽约。中饭在哥伦比亚大学同一位老师吃饭。下午有人来吃茶，谈了两点钟。晚上又换了礼服，出去到一个朋友家吃饭。到十一点半才回家。写完这信，我也要睡了。

杜威先生上月二十日过生日，整七十八岁了，精神还是很好。他常问起我家人口安否。

祝你们都好。祖望写了三封信来，他很平安。

穈 廿六，十一，十五夜

第[133]封 夸奖

致江冬秀（八）

冬秀：

收到你十月廿八日的信，我高兴极了。

我的书都运到了天津，我很放心。

这时候，南方也不安静，你们最好还是暂时住天津再说。书也不必搬走，存在垚生分行库里最妥当。

请你代我谢谢元美、洪芬诸人的帮忙。

你信上说，你病了几天，我很挂念。现在你好了吗？

你这封信写的【得】很好，我念了几段给钱端升、张子缨两位听，他们都说，“胡太太真能干，又有见识。”你信上说，“请你不要管我，我自己有主张。你大远的路，也管不来的。”他们听了都说，“这是很漂亮的白话信。”

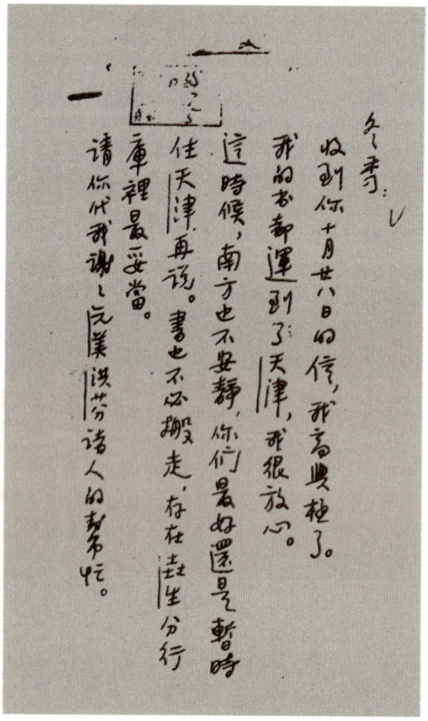
冬秀：
收到你十月廿八日的信，我高興極了。
我的書都運到了天津，我很放心。
這時候，南方也不安靜，你們最好還是暫時住天津再說。書也不必搬走，存在垚生分行庫裡最妥當。
請你代我謝謝元美洪芬諸人的幫忙。

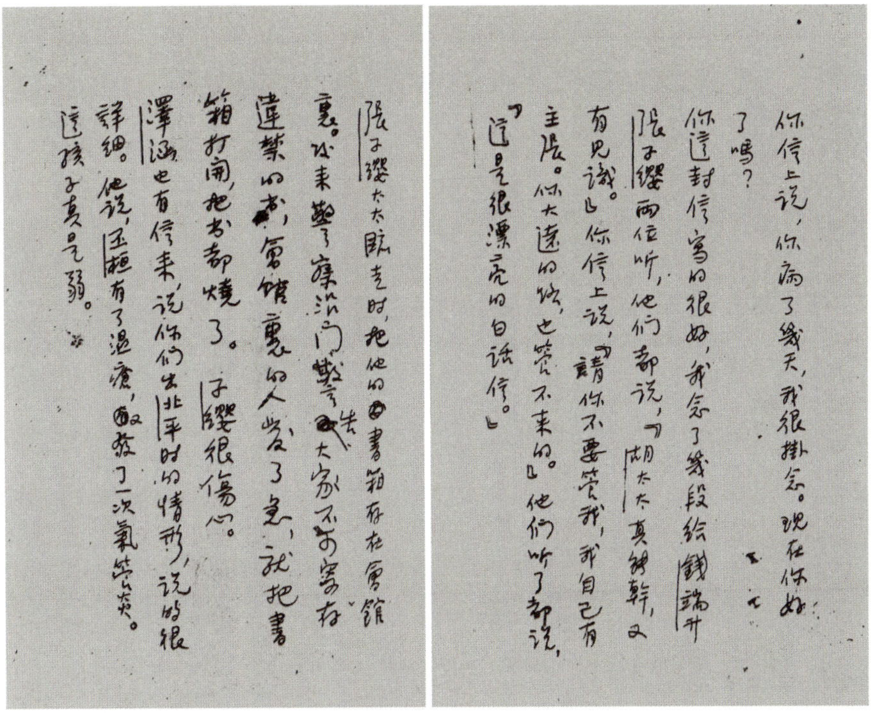
你信上说，你病了几天，我很掛念。現在你好了嗎？
你這封信寫的很好，我念了幾段給錢端升張子纓兩位听，他们都說，"胡太太真能幹，又有見識。"你信上說，"請你不要管我，我自己有主張。你太遠的地，也管不來的。"他们聽了都說，"這是很漂亮的白话信。"

張子纓太太臨走时，把他的書箱存在會館裏。後來警察沿门警告大家不可寄存違禁的书，會館裏的人發了急，就把書箱打開，把书都燒了。子纓很傷心。
澤涵也有信来，說你们出北平时的情形，說的很詳細。他說，丕桓有了濕瘡，又發了一次氣管炎。這孩子真是弱。

张子缨太太临走时，把他【她】的书箱存在会馆里。后来警察沿门警告大家不可寄存违禁的书。会馆里的人发了急，就把书箱打开，把书都烧了。子缨很伤心。

泽涵也有信来，说你们出北平时的情形，说的【得】很详细。他说，丕桓有了湿疮，又发了一次气管炎。这孩子真是弱。

祖望已到了长沙，算是南开的正式第一年级学生。长沙比武昌平安，你可放心。

小三应该写信给我，怎么一封都没有？

我前几天到一位茂飞先生家吃饭，茂飞太太说她认得我的儿子祖望，我很奇怪。原来她同祖望一块儿出北平，一路都同行，直到上海。

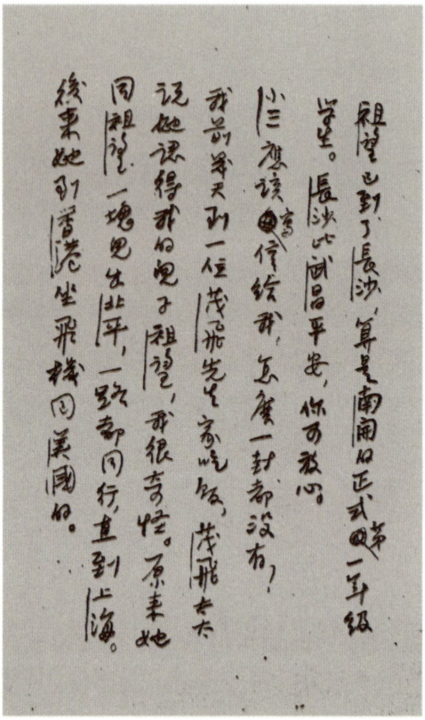

祖望已到了長沙，算是南開的正式的第一年級學生。長沙也還平安，你可放心。
小三應該寫信給我，怎麼一封都沒有？
我前幾天到一位茂飛先生家吃飯，茂飛太太說她認得我的兒子祖望，我很奇怪。原來她同祖望一塊兒出北平，一路都同行，直到上海。後來她到香港坐飛機回美國的。

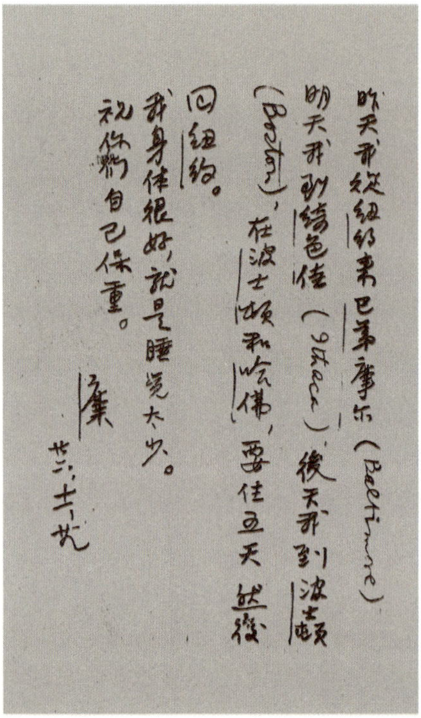

昨天我從紐約來巴第摩爾（Baltimore），明天我到綺色佳（Ithaca），後天我到波士頓（Boston），在波士頓和哈佛，要住五天，然後回紐約。
我身体很好，就是睡觉太少。
祝你們自己保重。
糜
廿六，十一，廿九

后来她到香港坐飞机回美国的。

昨天我从纽约来巴弟摩尔（Baltimore），明天我到绮色佳（Ithaca），后天我到波士顿（Boston），在波士顿和哈佛，要住五天，然后回纽约。

我身体很好，就是睡觉太少。

祝你们自己保重。

糜　廿六，十一，廿九

第 [134] 封 庆生

致江冬秀（九）

冬秀：

十一月廿九日发一封信，想已收到了。

今天是我的生日，所以最想家，偷空写这封信给你。现在是晚上十一点，我在大雨中回旅馆，一个人坐在房里，冷清的【得】很。张忠绂先生还没有回来。

昨晚我睡的【得】很迟，同张先生谈到一点多钟。他回房去睡了，我同于先生（韩权华小姐的未婚夫）又谈到两点多。我上床后又看书，直到四点才睡。

今早九点醒来，门缝里有信，看了才知道是钱先生的家信，没有你们的信。（钱先生出门旅行了）

我又睡了一会，十点半起来，叫了点心来

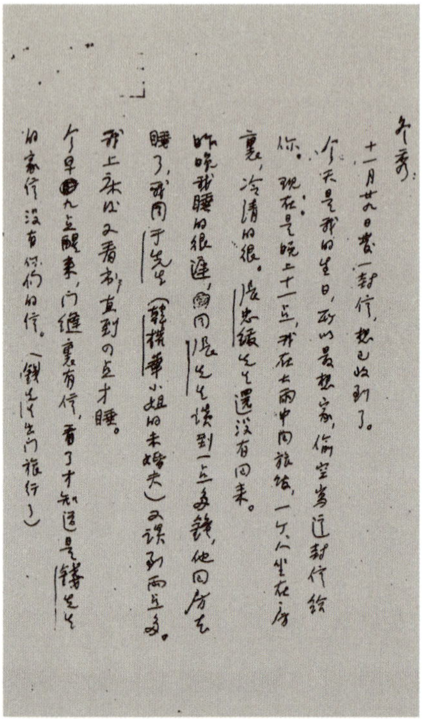
冬秀：

十一月廿日发一封信，想已收到了。

今天是我的生日，所以最想家，偏写这封信给你。现在是晚上十一点，我在大雨中回旅馆，一个人坐在房里，冷清的很。张忠绂先生还没有回来。

昨晚我睡的很迟，因同张先生谈到一点多钟，他回房去睡了，我同于先生（横华小姐的未婚夫）又谈到两点多。

我上床以后又看书，直到四点才睡。

今早九点醒来，门缝里有信，看了才知道是钱先生的家信，没有你们的信。（钱先生出门旅行了）

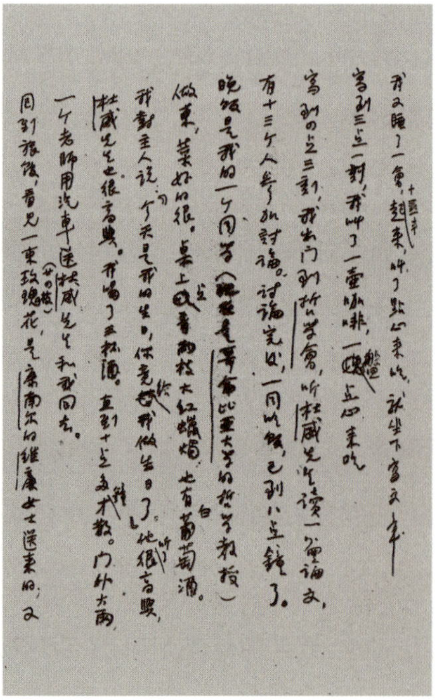
我又睡了一会，十点半起来，叫了点心来吃，就坐下写文章。写到三点一刻，我叫了一壶咖啡，一盘点心来吃。

写到四点三刻，我出门到哲学会，听杜威先生读一篇论文，有十三个人参加讨论。讨论完后，一同吃饭，已到八点钟了。晚饭是我的一个同学（现在是哥仑比亚大学的哲学教授）做东，菜好的很。桌上点着两枝大红蜡烛，也有白葡萄酒。我对主人说，今天是我的生日，你竟给我做生日了。他听了很高兴，杜威先生也很高兴。我喝了三杯酒。直到十点多钟才散。门外大雨，一个老师用汽车送杜威先生和我回去。

回到旅馆，看见一束玫瑰花（廿四枝），是康南尔的维廉女士送来的，又

吃，就坐下写文章。写到三点一刻，我叫了一壶咖啡，一盘点心来吃。

写到四点三刻，我出门到哲学会，听杜威先生读一篇论文，有十三个人参加讨论。讨论完后，一同吃饭，已到八点钟了。晚饭是我的一个同学（现在是哥仑比亚大学的哲学教授）做东，菜好的【得】很。桌上点着两枝大红蜡烛，也有白葡萄酒。我对主人说：“今天是我的生日，你竟给我做生日了。”他听了很高兴，杜威先生也很高兴。我喝了三杯酒。直到十点多钟才散。门外大雨，一个老师用汽车送杜威先生和我回去。

回到旅馆，看见一束玫瑰花（廿四枝），是康南尔的维廉女士送来的，又电气剃胡子刀一盒，是陈翰笙夫妇两人送的。

这是我的生日记载，你们看

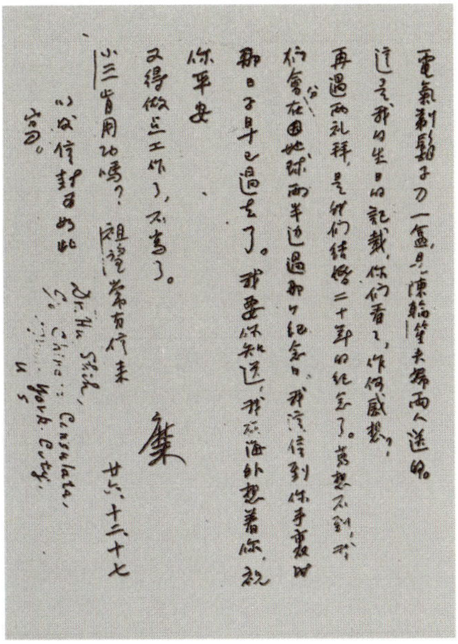
電氣刮鬍子刀一匣，是陳輪笙夫婦兩人送的。
這是我的生日的記載，你們看了，作何感想？
再過兩礼拜，是我們結婚二十年的紀念了。萬想不到，我們會分在地球兩半邊過那個紀念日。我這信到你手裏時那日子早已過去了。我要你知道，我在海外想着你，祝你平安
又得做点工作了，不寫了。
小三肯用功嗎？ 祖望常有信來
糜 廿六，十二，十七
以後信封可如此寫。
Dr. Hu Shih, c/o Chinese Consulate, New York City, U.S.

看，作何感想？

再过两礼拜，是我们结婚二十年的纪念了。万想不到，我们会分在地球两半边过那个纪念日。我这信到你手里时，那日子早已过去了。我要你知道，我在海外想着你，祝你平安。

又得做点工作了，不写了。

小三肯用功吗？祖望常有信来。

糜　廿六，十二，十七

以后信封可如此写。

Dr. Hu Shih

c / o Chinese Consulate,

New York City,

U. S.

第 [135] 封 想你

致江冬秀（十）

冬秀：

许久不得信，今晨从华盛顿回来，得你十二月一日的信，才知道你们已经南下了。你的小病好了吗？

我有两封信，一封寄你住处，一封寄朱寓，你大概都没有收到，可以写信问问他们。最后一封是我生日写的。

今天是十二月卅日，是我们结婚二十年的纪念。我写这封信给你，要你知道我时时想念着你。

我在外国，虽然没有危险，虽然没有奔波逃难的苦痛，但心里时时想着国家的危急，人民的遭劫，不知何日得了。我有时真着急，往往每天看十种报纸，晚上总是睡的【得】很晚，白天又是要奔走。二十七早七点，我去费城赴会，住了两天，昨天到华盛顿，今早赶回纽约，来往共是四百五十三英里。这样的奔

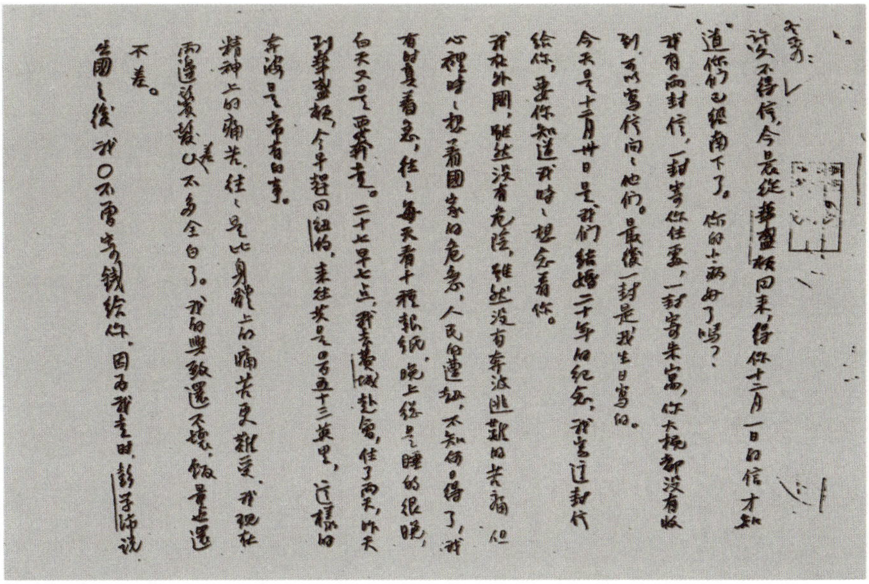
冬秀：
许久不得信，今晨从华盛顿回来，得你十一月一日的信，才知
道你们已经南下了。你的小病好了吗？
我有两封信，一封寄你住处，一封寄朱家，你大概都没有收
到。前几天写信问问他们。最后一封是我生日写的。
今天是十二月卅日，是我们结婚二十年的纪念。我写这封信
给你，要你知道我时时想念着你。
我在外国，虽然没有危险，虽然没有奔波逃难的苦痛，但
心里时时想着国家的危急，人民的遭劫，不知你们怎样了，我
有时真着急，往往每天看十种报纸，晚上往往睡的很晚，
白天又是要奔走。二十七早七点，我去费城赴会，住了两天，昨天
到华盛顿，今早才回纽约。来往共是四百五十三英里，这样的
奔波是常有的事。
精神上的痛苦，往往是比身体上的痛苦更难受。我现在
两边鬓发差不多全白了。我的兴致还不坏，饭量也还
不差。
去国之后，我不曾寄钱给你，因为我走时，彭学沛说

波，是常有的事。

精神上的痛苦，往往是比身体上的痛苦更难受。我现在两边鬓发差不多全白了。我的兴致还不坏，饭量也还不差。

去国之后，我不曾寄钱给你，因为我走时，彭学沛说，他按月送钱给周枚荪。大概后来兵慌马乱，老彭也没有送钱，枚荪也没有寄钱给你。

本来我们这回出来，除了每人一千五百元国币作安家费之外，我们都预备实支实销，此外不支薪水。后来我看张先生家中有病母病妻，钱太太又要生产了，所以我决定每人每月支两百美金的薪水，可以寄作家用。他们都寄了一点钱回去了。我因为你久没有信来，所以没有寄钱。现在我要汇四百美金给你。由新六或良才转。不够的时候我再多寄。

你信上提起惠平夫妇和法正，我很高兴。他们川沙的店全毁了吗？

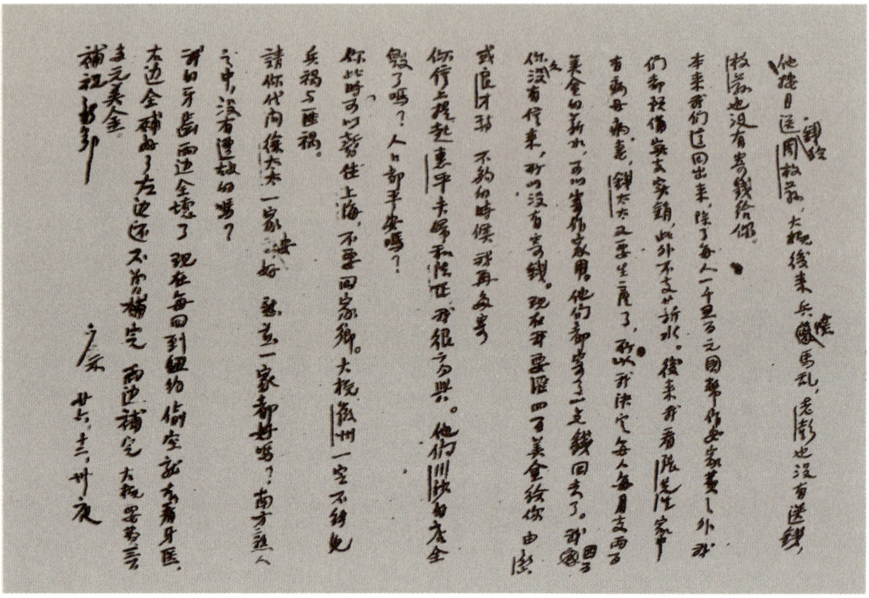

人口都平安吗？

你此时可以暂住上海，不要回家乡。大概徽州一定不能免兵祸与匪祸。

请你代问徐太太一家安好。慰慈一家都好吗？南方熟人之中，没有遭劫的吗？

我的牙齿两边全坏了，现在每回到纽约，偷空就去看牙医。右边全补好了，左边还不曾补完，两边补完大概要费三百多元美金。

补祝新年

糜　廿六，十二，卅夜

第[136]封 去留

致胡适（一）

穈：

你六号、十一号的信都收到了，九号电报收到，知你平安。

我是十二号晚上接到你六号信，就写信去平，叫章、胡两位来同回家乡。我离平后，就有十封信叫他们来同走。等到信，他们来回写信问情形，一直到九月十九日他们来津，我早把船票买好预备走。章、胡、秀之夫妇同老太太女儿一块来津同回乡。顺天船，南京有飞机，徐州一路不太好走，陈少云、黄国聪、朱继圣诸先生[共]同决意不劝我走，他们都是顺天船走的。章、胡是我买两张船票送他们，与【以】外送他们一百元。他们只到报馆那【拿】了二百元，用去五六十元了，故我替你补报他们点泉（钱）。秀之夫妇他们船票四人乙（ ）百元，一路费用乙（一）百六十元，他还闹着不答应，成之给他五十元，给老太太乙（一）百元。我这次同他说明白，当我死了，成此【从此】不来往，他再【才】走开。

罗尔纲夫妇走，我又给他乙（一）百五十元，吴春晗走又乙（一）

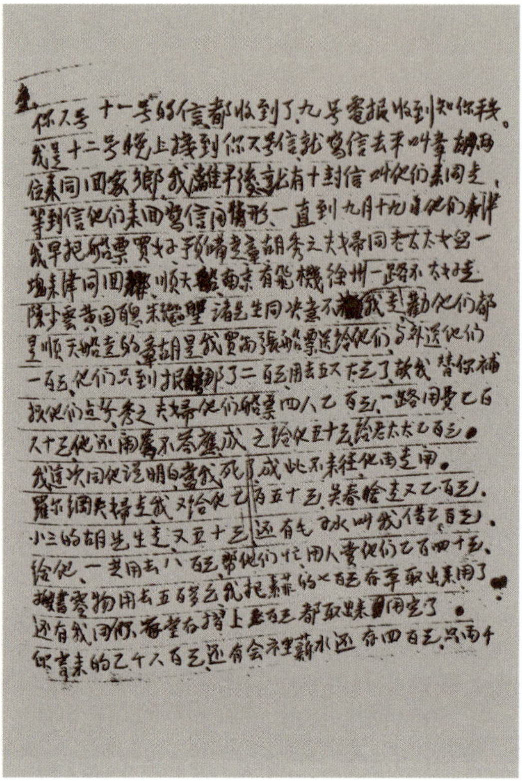
你八号、十一号的信都收到了，九号电报收到，知你[illegible]。
我是十二号晚上接到你八号信，就写信去叫章、胡两
位来同回家乡。我离开后还有十封信叫他们来同走，
等到信他们来回写信的情形，一直到九月十九日他们来津。
我早把船票买好，预备走。章、胡秀之夫妇同老太太、女儿一
块来津同回[illegible]。顺天[illegible]、南京有飞机，徐州一路不太好走。
陈少云、黄国聪、朱继圣诸先生同决意不[illegible]我走，劝他们都
是顺天船走的。章、胡是我买两张船票送给他们，另外送他们
一百元。他们只到[illegible]了二百元，用去五六十元了，故我替你补
给他们。这秀之夫妇他们船票四人一百元，一路用费一百
六十元。他还[illegible]不够，[illegible]成之给他五十元，给老太太一百元。
我这次同他说明白，[illegible]我死了，成此不来往他两走开。
罗尔纲夫妇走，我又给他一百五十元，吴春晗走又一百元。
小三的胡先生走又五十元，还有毛子水叫我借一百元。
给他。一共用去八百元。帮他们忙，用人赏他们一百四十元。
搬书、零物用去五百多元，我把素菲的七百元存单取出来用了。
还有我同你存堂存折上七百元都取出来用完了。
你寄来的一千六百元，还有会里薪水，还存四百元，只两千

百元。小三的胡先生走又五十元，还有毛子水叫我借乙（一）百元给他。一共用去八百元。帮他们忙，用人【佣人】赏他们乙（一）百四十元，搬书、零物用去五百多元。我把素菲的七百元存单取出来用了。还有我同你存堂存折上七百元都取出来用完了。

你寄来的一千六百元，还有会里薪水，还存四百元，只两千元。我想买美金存放不动，孙洪芬先生回来，也是劝我不走。他说，他们全家走，叫我同他家一块，不要离开走，你可放心罢。还有郑秉璧的丈人，房秩五老先生，他是要回安徽去的，叫我同他一块去。他是大通人，人太好。我现在就住在他家，吃饭、住房出六七十元一个月，同小三。因他们是柳江煤公司经理，给人那【拿】去了，现在结完了，只有三位老

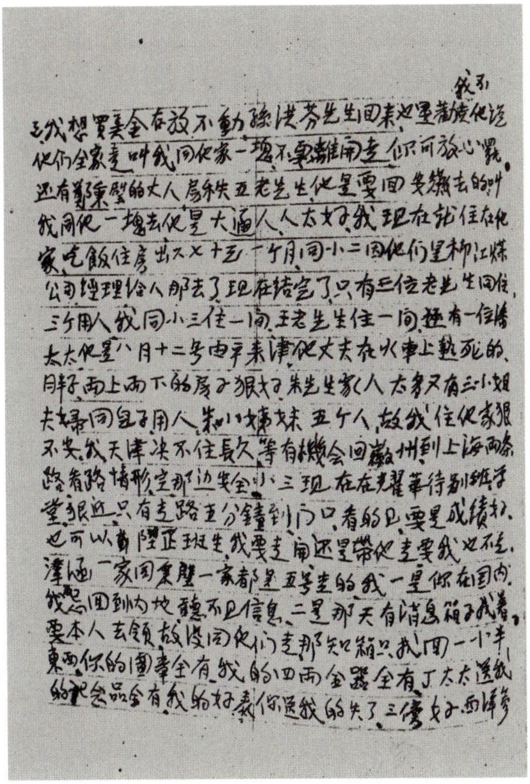
[illegible]想买美金存放不动 孙洪芬先生回来[illegible]
他们全家走，叫我同他家一块，不要离开走，你可放心罢。
还有[illegible]的丈人[illegible]老先生，他是要回[illegible]去的，叫
我同他一块去，他是大通人，人太好。我现在就住在他
家，吃饭住房[illegible]一个月，同小三回他们是柳江煤
公司经理给人那去了，现在请定了，只有三位老先生同住，
三个用人，我同小三住一间，王老先生住一间，还有一位潘
太太，他是八月十二号由平来津，他丈夫在火车上热死的，
胖子。两上两下的房子狠好。朱先生家人太多，又有三小姐
夫妇同儿子、用人、朱小姨妹五个人，故我住他家狠
不安。我天津决不住长久，等有机会回徽州到上海两条
路，看路情形定那边安全。小三现在在耀华待别班学
堂，狠近，只有走路五分钟到门口，看的见，要是成绩好，
也可以升正班生。我要走开还是带他走，要我也不走。
泽涵一家同秉璧一家都是五号走的，我一是你在国内，
我恐回到内地听不见信息，二是那天有消息箱子找着，
要本人去领，故没同他们走。那知箱只找回一小半
东西，你的图章全有，我的四两金器全有，丁太太送我
的纪念品全有，我的好表你送我的失了，[illegible]

先生同住。三个用人【佣人】，我同小三住一间，王老先生住一间。

还有一位潘太太，他【她】是八月十二号由平来津，他【她】丈夫在火车上热死的，胖子。两上两下的房子狠（很）好。朱先生家人太多，又有三小姐夫妇同儿子、用人【佣人】、朱小姨妹五个人，故我住他家狠（很）不安。我天津决【绝】不住长久，等有机会回徽州[或]到上海两条路，看路情形定那【哪】边安全。小三现在在耀华待别【特别】班学堂，很近，只有走路五分钟到门口，看的【得】见。要是成绩好，也可以升正班生。我要走开还是带他走？要[不]我也不走。

泽涵一家同秉璧一家都是五号走的，我一是你在国内，我忌【恐】回到内地听不见信息，二是那天有消息，箱子找着要本人去领，故没同

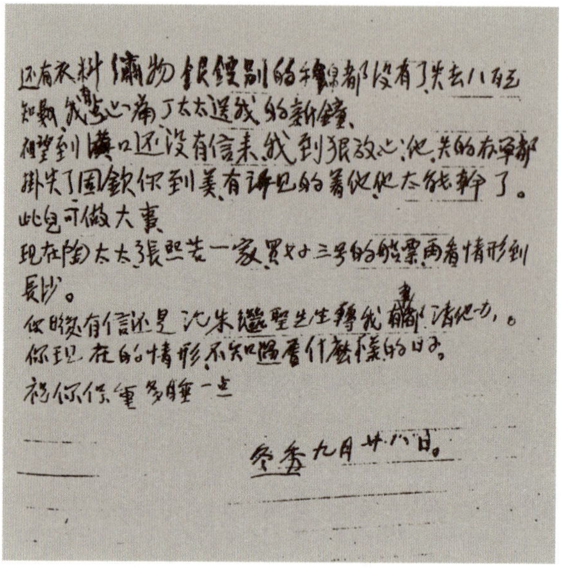
还有衣料 繡物 銀錠 别的手錦都没有了失去八百元
知數 我有点心痛丁太太送我的新鐘。
祖望到漢口还没有信来 我到狠放心他 失的存单都
掛失了 固欽你到美有許也的着他 他太能幹了。
此兒可做大事
现在陶太太張照若一家買好三号的船票再看情形到
長沙。
你日後有信还是託朱繼聖先生轉我 有事都請他办。
你现在的情形不知過着什麽樣的日子。
祝你保重多睡一点
冬秀 九月廿八日。

他们走。那【哪】知箱只找回一小半东西，你的图章全有，我的四两金器全有，丁太太送我的记念品全有。我的好表，你送我的失了，三傍【镑】好西洋参还有衣料、绣物、银锭，别的手锦都没有了，失去八百元知【之】数。我有点心痛丁太太送我的新钟。

祖望到汉口还没有信来，我到【倒】狠（很）放心他，失的存单都挂失了。固【国】钦，你到美有许【也许】见的着他，他太能干了，此儿可做大事。

现在陶太太、张照若一家买好三号的船票，再看情形到长沙。

你日后有信还是托朱继圣先生转我，有事都请他办。

你现在的情形不知过着什么样的日子。祝你保重，多睡一点。

冬秀　[1937] 九月廿八日

第[137]封 天津

致胡适（二）

适之：

收着你廿二日的信，我狠（很）放心。梅荪也有信来，说你廿六日到旧金山了。同时报上也有你了。我是上月廿七日有一快信给你，你接着没有？那信上是告诉你，我还是想回徽州，泽涵到家来信，他说你要是没有动身呢，不来家也好。淑秀是七月廿二动身回去的，到家不多特【待】，逃过一次土匪反，他们到家里看看，还不如前三年的情形。

我现在决[定]在天津多住住，等你有回来的信，我回则【或者】去上海[或者]去香港，那时再定，我住在此地用费又不大。儿子有信来说，他就要去长沙进学校。实秋来津，他是顺天轮来，在船上三个礼拜。他来知【之】后，樊际昌来电又要来，一直等到两个多星期再【才】到。他是坐飞机到香港，到香港

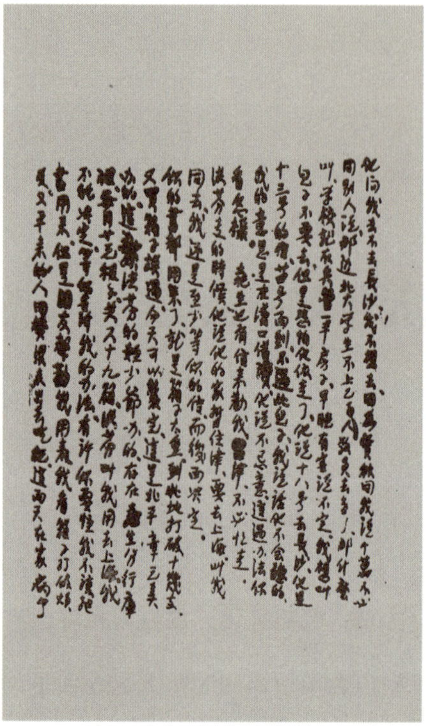

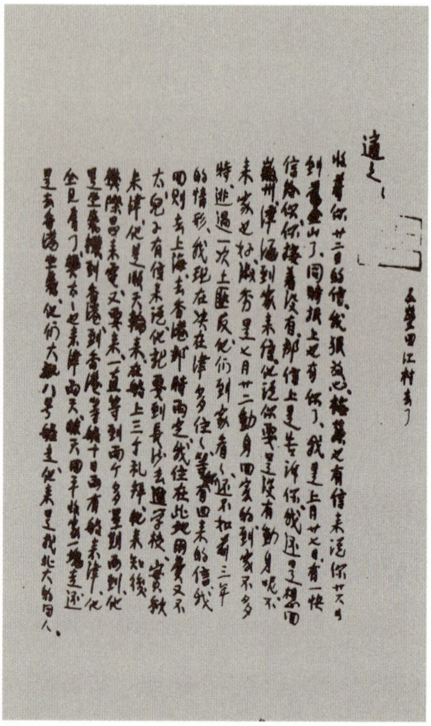

等船十日再有船来津。他全见着了。樊太太也来津两天，昨天回平收家一块走，还是去香港坐船，他们大概八号船走。他来是找北大的同人，他问我去不去长沙，我不想去，因为实秋同我说，千万不必同别人说，那边北大学生不上乙（一）百人，教员去多了那【拿】什么叫【教】？学校就在兵营[里有]一半房子。早晚有客说不定，我想叶【叫】儿子不要去，但是恐怕他依【已】走了。他说十八号去长沙，他是十三号的信，廿四号再【才】到。不过，此儿子我说话他不会听的。我的意思是在汉口借读，他说不忌【愿】意。这过【个】办法你看怎样？尧生也有信来劝我留津，不必忙走。洪芬走的时候，他说他的家暂住津，要去上海叫我同去。我还是至少等你的信，而后再决定。

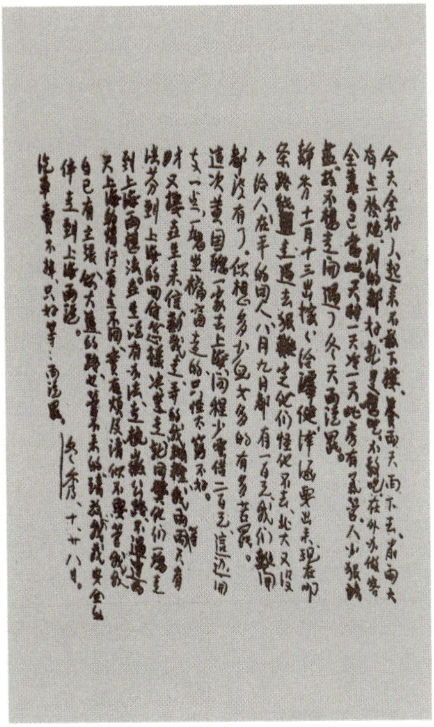

你的书都用【运】回来了，就是箱子太重，到此地打破十几支【只】。又买箱子换过，今天可以装完。这是北平章元美办的，这边系洪芬的侄少爷办的，存在寿生分行库里，每月廿元租泉（钱），共六十九箱。洪芬叫我用【运】去上海，我不能决定，等你告诉我的办法。有许【也许】你要怪我不该把书用【运】来，但是朋友帮助我用【运】来。我看箱子打破烦及【极】。又，平来的人回樊。洪来，出去吃纪【饭】。这两天在家病了，今天全好了，起来不敢下楼，养两天再下去。前两天有点发烧，别的都好，就是想吃不敢吃。在外办【边】做客，全靠自己当心，天时一天冷一天，此房有气管，人少狠（很）晴尽【清静】。故不想走开，过了冬天再说罢。

静芬十一月十三出嫁，嫁给谭健。泽涵要出来，现在那条路能通，走过去狠（很）难走。他们怪他不去，北大又没泉（钱）给人，在平的同人，八月九月都有一百元，我们离开都没有了。你想多少儿女多的有多苦罢。

这次黄国聪一家去上海，问程少云借二百元，这边开支一点，一块坐木痛窗【统舱】走的，只怪太穷不好。

才又接垚生来信，劝我走。弄的【得】我糊涂，我再等两天看洪芬到上海的回信怎样决定，走就同樊他们一块走到上海再想法。垚生说有办法，走杭徽公路，不过这两天上海的情形有点不同。实在烦及【极】，请你不要管我，我自己有主张，你大远的路也管不来的，请放心我，找安全的伴走到上海再说。

冬秀　[1937] 十、廿八日

汽车卖不掉，只好等等再说罢。

丕莹回江村去了[①]。

①此句话在原信的抬头右边空白处。

第 [138] 封 外人

致胡适（三）

洪骍：

我同小三十八号抵沪，在船上八天，是支【只】货船，在天津见着樊际昌夫妇。北大同人，我同船的有毛子水、陈寅恪夫妇、袁敦礼，他们都在青岛上岸去长沙。我因要来上海想法去老家，[谁知]来此又无法可走。在船上与见【遇见】一位美国老小姐庞女士，他狠（很）照应我，他是【在】联邦保险公司做事。我在青岛要上岸去看看胡□溪先生，他一定要同我一块去，我请他吃饭，他请我吃咖啡。到上海他同我一块上岸，看我同徐太太上车，他再【才】上车走，我心里狠（很）难受。外人对我们有这样的热心，看我们在船上无有熟人，他一个也不应得的来同我做朋友。他在中国十八年，在上海十六年，在平一年半多，他不忌【愿】在平住，来上海。随【谁】知我们上船，他也同我们一样，我是六点多钟黑了到的。第二天就下雨，第三天就伤风，一直到今天再【才】补写这半张信，留了十一天了。

我在沧州住了七天，化了八十元，现同林伯遵先生同住。我租他两

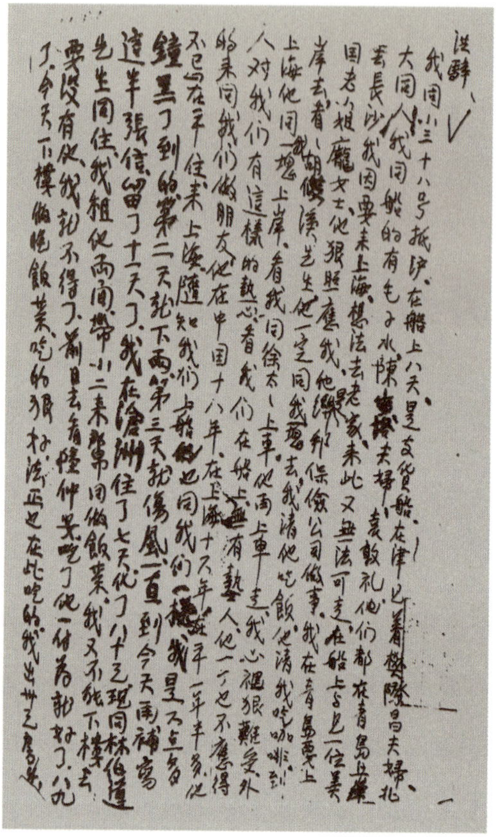
洪骍、
我同小三十八号抵沪，在船上八天，是支货船，在津已看见隆昌夫妇、北大同人，我同船的有毛子水、陈□□夫妇、袁敦礼，他们都在青岛上岸去长沙，我因要来上海，想法去老家，未此又无法可走。在船上只一位美国老小姐庞女士，他很照应我，他在□□保险公司做事。我在青岛要上岸去看，胡□溪先生他一定同我要去，我请他吃饭，他请我吃咖啡，到上海他同一□上岸，看我同徐太太上车，他两上车走。我心里很难受，外人对我们有这样的热心，看我们在船上无有熟人，他一个也不应得的，来同我们做朋友。他在中国十八年，在上海十六年，一年半多，他不已在平住，来上海，随知我们上船，他也同我们一样，我是下午五点多钟黑了到的，第二天就下雨，第三天就伤风，一直到今天雨补满
这半张信，留了十天了。我在沧洲住了七天，化了八十元，现同林伯遵先生同住，我租他两间，带小二来帮同做饭菜。我又不能下楼去，要没有他，我就不得了。前日去看陆仲安，吃了他一付药就好了八九了。今天下楼做晚饭菜，吃的很好，法正也在此吃的。我出卅元房泉

间，带小二来帮同做饭菜。我又不能下楼去，要没有他，我就不得了。前日去看陆仲安，吃了他一付药就好了八九[分]了。今天下楼做晚饭菜，吃的【得】狠（很）好，法正也在此吃的。我出卅元房泉（钱）一月，说明住四五个月或要回家，到津也是伤风，还没全好，在船上就都好了。有两天大风浪，我都狠（很）好，小三动都不能动，现在都不管，只要静养两天，不敢出门。小三依【已】进大同中学，应谊替他补英文，别样都行。

惠平夫妇力劝我不要回家乡，怕匪。我想等你的回信，因我上次信告诉你，我多两千元，因大家分用多半，后来也没有买成美金，现在

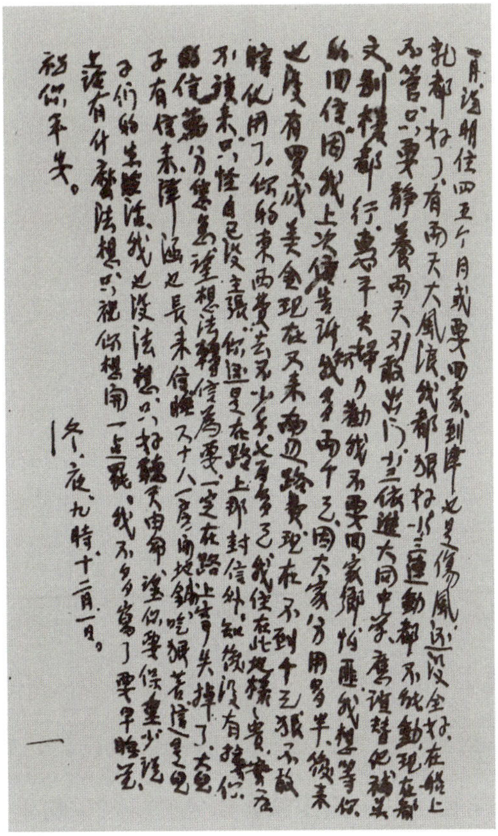
育治明住四五个月或要回家，到津一也是伤风，还没全好，在船上就都好了，有两天大风浪，我都狠好，一些运动都不能动，现在都不管，只要静养两天可以出门，出门依旧进大同中学，应谨督促补英文，别样都行。惠平来极力劝我不要回家乡，怕匪，我想等你的回信，因我上次信告诉你我多两千元，因大家分用多半，后来也没有买成美金，现在又来南边路费，现在不到千元，狠不敢瞎化用了，你的东西费去不少泉，七百多元，我住在此地样样贵，实在不该来，只怪自己没主张，你还是在路上那封信外，知后没有接你的信，万分焦急，望想法写信为要，一定在路上寄失掉了，大儿子有信来，泽涵也长来信，睡六十人一房间地铺，吃狠苦，这是儿子们的生活，我也没法想，只好听天由命，望你要保重，少说点话，有什么法想，只祝你想开一点罢，我不多写了，要早睡觉。祝你平安。

冬，夜九时，十二月一日。

又来南边路费，现在不到千元，狠（很）不敢瞎化用了。你的东西费去不少泉（钱），七百多元；我住在此地样样贵，实在不该来，只怪自己没主张。你还是在路上那封信外，知【之】后没有接你的信，万分焦急，望想法写信为要。一定在路上寄失掉了。大儿子有信来。泽涵也长【常】来信，睡六十人一房间地铺，吃狠（很）苦，这是儿子们的生活，我也没法想，只好听天由命。望你要保重，少说点话。有什么法想？只祝你想开一点罢，我不多写了，要早睡觉。祝你平安。

冬　夜九时，[1937] 十二月一日。

第[139]封 打牌

致胡适（四）

洪骍：

十月十九日的信收到了，一直到十二月十七日再【才】收到，他【那】天是你的生日，孙洪芬夫妇同叶良才夫妇、林伯贞夫妇都在孙家，把我骗去，放到牌子上。上午十点他们回我说，孙大太太请我打牌，头一次你一定要去的，那【哪】知他们早预备吃面，晚上酒席小儿子做寿星，我代你吃酒。周寄梅夫人、郭太太、陈宗贤夫人、孙太太，太【打】两桌牌。我一天心里狠（很）难受，眼泪只【直】要掉，晚上回来收到你这封信，望了多时。五十八天再【才】收着。

我寄了两封忼【航】快，一封从上海写的平信，都收着否？我们家乡又不得了，旌、绩、徽都有战事，我现在只好不动了。家中人还不知道怎样，心中狠（很）不安。大儿子那边又不知道要怎样走的【得】出来，狠（很）难说。你的保险费到期了，我同徐先生商量，他说还是付对。我这次搬家，泰山的保险单没有找着，华安的有，我托徐先生去问竹先生去了，竹先生生病重伤风，一个多礼拜没有出门。我现在两比

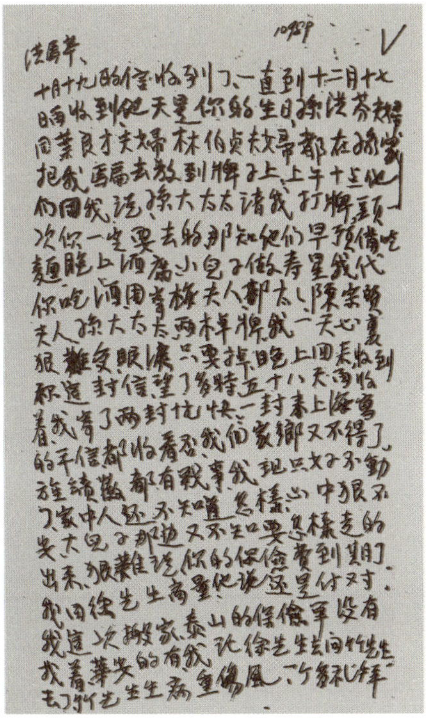

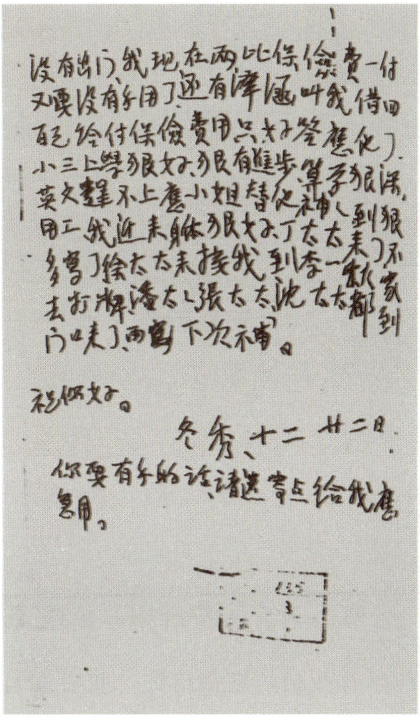

【笔】保险费一付，又要没有泉（钱）用了。还有泽涵叫我借四百元给[他]付保险费用，只好答应他了。

小三上学狠（很）好，狠（很）有进步，算学狠（很）深，英文赶不上，应小姐替他补补，到【倒】狠（很）用工【功】。我近来身体狠（很）好，丁太太来了，不多写了。徐太太接我到李一秋家去打牌，潘太太、张太太、沈太太都到门口来了，再写下次补。

祝你好。

冬秀　[1937] 十二 廿二日

你要有泉（钱）的话，请速寄点给我应急用。

第[140]封 战乱

致胡适（五）

洪骍：

前几天有一信给你，想以【已】收到了。我在津有两封航空信给你，收着没有？我只收到你的十月十五的信知【之】后，还没有接着知【之】后的信，想必在路上罢。狠（很）不放心，望平安。昨天接泽涵来信，说儿子要去考航空，他极力阻止他，他已答应他了。但是他还决定去考航机械训练班，他只好定【让】他自由去。他劝我不要阻止他，我也没法管他。那时同毛子水同船到青岛，他劝我同他去长沙，我因害怕朋友和儿子逃难起来还有带着我走，故我回说我想回家去久住的，那知【哪知】现在家又[回]不得了。

前日程伯辉由老家里来，他是由江西工【公】路回家去看看，一到家两星期就无法出来了，动身

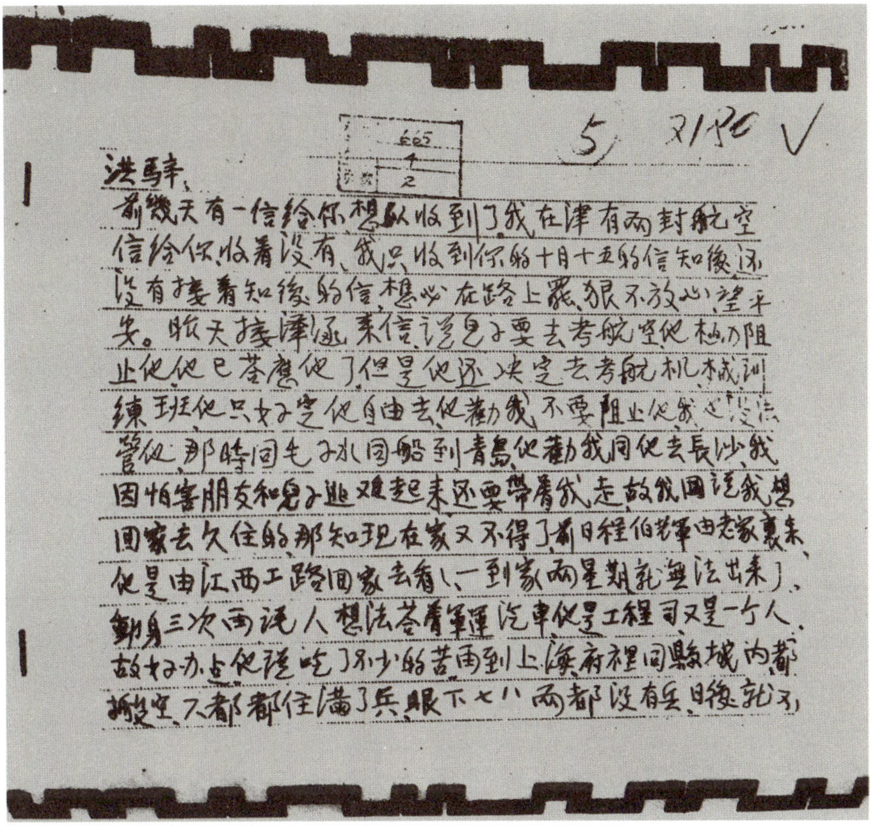

5　又1.5c

665
4
2

洪騫、
前幾天有一信給你想必收到了我在津有兩封航空
信給你收着沒有、我只收到你的十月十五的信知後还
沒有接着知後的信想必在路上罢狠不放心望平
安。昨天接澤涵来信说兒子要去考航空他極力阻
止他他已答應他了但是他还决定去考航机械训
練班他只好定他自由去他勸我不要阻止他我也沒法
管他、那時同毛子水同船到青島他勸我同他去長沙、我
因怕害朋友和兒子逃难起来还要帶着我走故我回说我想
回家去久住的那知現在家又不得了前日程伯光由老家裏来、
他是由江西工路回家去看看、一到家兩星期就無法出来了、
動身三次再託人想法答着軍運汽車他是工程司又是一个人、
故好办点他说吃了不少的苦再到上海府裡同縣城内都
搬空、六都都住滿了兵眼下七八兩都沒有兵日後就不、

三次再【才】托人想法答【搭】着军运汽车。他是工程司【师】，又是一个人，故好办点。他说吃了不少的苦，再【才】到上海，府里同县城内都搬空，六都都住满了兵，眼下七八两都设有兵①，日后就不[此处疑有脱字]有家没有了。他出来的时候，看见大家都上山答【搭】毛【茅】棚那【拿】来住，怎样得了？

泽涵来信说，他赶到汉口想搭下水船，在汉口住了四天，无有法子走，只好忍痛回到长沙去，他说他们又要搬家了。圭贞带了三个孩子都回到老家里去了，他说日后不知还有见面的日子没有了。我看了心里狠（很）难受，那【哪】家不是东西四散，不知四五个月的工夫弄成

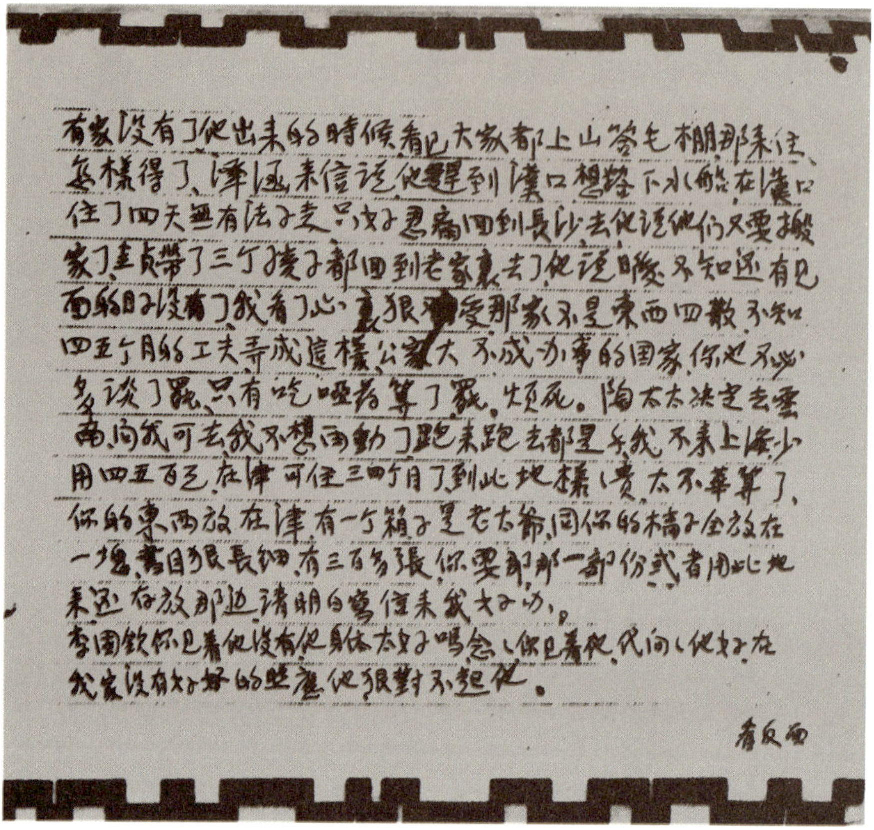
有家没有了，他出来的時候看見大家都上山搭毛棚那來住，
怎樣得了。澤涵來信説他趕到漢口想路下水船在漢口
住了四天無有法子走，只好忍痛回到長沙去。他説他們又要搬
家了，幸虧帶了三個孩子都回到老家裏去了。他説暖不知還有見
面的日子沒有了。我看了心裏狠難受。那家不是東西四散，不知
四五個月的工夫弄成這樣。公家太不成办事的國家，你也不必
多談了罷，只有吃啞藥算了罷。煩死。陶太太决定去雲
南，問我可去，我不想再動了，跑來跑去都是泉。我不來上海少
用四五百元，在津可住三四個月了，到此地樣樣貴，太不華算了。
你的東西放在津，有一個箱子是老太爺同你的稿子全放在
一塊，書目狠長細，有三百多張，你要那一部份或者用此地
來，还存放那边，請明白寫信來，我好办。
李國欽你見着他沒有，他身体太好嗎？念念。你見着他，代問問他好，在
我家沒有好好的照應他，狠對不起他。
看反面

这样。公家大【太】不成为办事的国家，你也不必多谈了〖罢〗，只有吃哑药算了罢。烦死。陶太太决定去云南，问我可去，我不想再动了，跑来跑去都是泉（钱）。我不来上海少用四五百元，在津可住三四个月了，到此地样样贵，太不华算【划算】了。你的东西放在津，有一个箱子是老太爷同你的稿子，全放在一块，书目狠（很）长细【详细】，有三百多张，你要那【哪】一部分或者用【运】此地来，还[是]存放那边，请明白写信来，我好办。

李固【国】钦你见着他没有，他身体太【大】好吗？念念。你见着他，代问问他好，再【在】我家没有好好的【地】照应他，狠（很）对

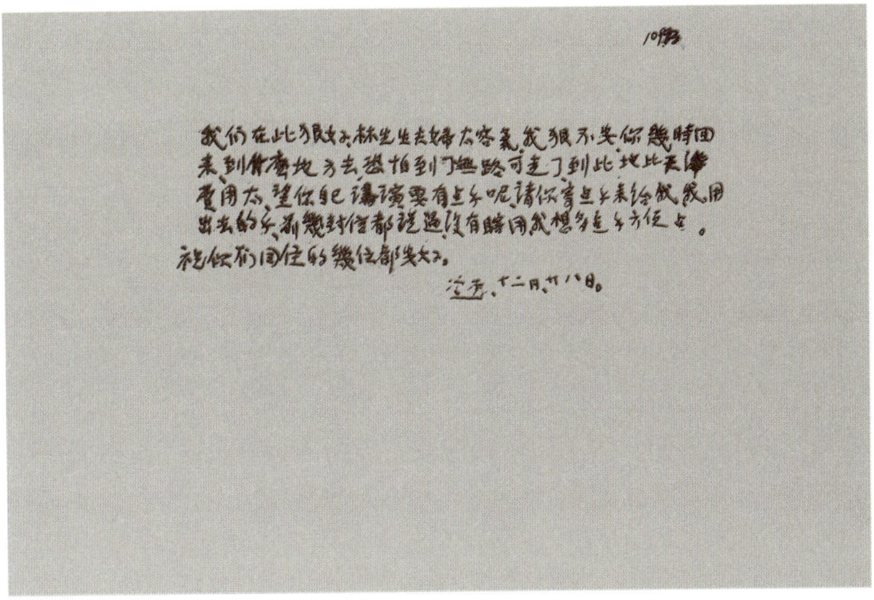
我们在此狠好，林先生夫婦太客氣，我狠不安。你幾時回来，到什麽地方去，恐怕到了無路可走了。到此地比天津費用太，望你自己講演要有点泉呢，請你寄点泉来給我。我用出去的泉前幾封信都說過，沒有瞎用，我想多点泉方便点。
祝你们同住的幾位都安好。
冬秀，十二月廿八日。

不起他。（看反面）②

我们在此很好，林先生夫妇太客气，我狠（很）不安。你几时回来，到什么地方去，恐怕到了无路可走[的地步]了。到此地比天津费用太【大】，望你自己讲演要有点泉（钱）呢，请你寄点泉（钱）来给我。我用出去的泉（钱）前几封信都说过，没有瞎用，我想多点泉（钱）方便点。

祝你们同住的几位都安好。

冬秀 [1937] 十二月廿八日。

①原文如此。②江冬秀原注，因后面的文字是写在前一张信纸的背面。

1938年，胡适被国民政府任命为驻美大使，直到1942年辞去。期间胡适在海外，大儿子飞到美国留学，独留下江冬秀和小儿子在国内。在信中，胡适不断担忧着妻儿的安全和生活，而江冬秀除了向他汇报国内的情况：无休止的战乱导致房租飞涨，物价飞涨，被迫到处搬家，还时不时应胡适要求寄一些茶叶、刺绣等物品到美国，让胡适作为礼物送人。更重要的是，她想尽办法把胡适收藏的70箱藏书等珍贵物品保住了。这让胡适不仅感动，而且愈加敬佩她。

第[141]封 旅行

一九三八年
致江冬秀（一）

冬秀：

我一月廿四夜离开纽约，往西行，一直到太平洋岸上的西雅图；又沿岸南行，直到洛杉机；再沿岸北去，进入加拿大境内；一直东去，到三月半左右可回到纽约。这次旅行，共走九千英里，差不多有三万中国里了，共费日子五十一天。

这几天走的都是冰天雪地，今天火车上洛奇山，风景好的【得】很！

你寄的两封信都收到了（十二月廿二，廿八）。我寄的四百美金，是电汇的，由中基会转，你已收到了吗？

家乡不能去，是意中的事，不必着急。大概徽州多山，一时不会有大战事，但兵队必要守徽州，那也是自然的。你不要去云南，且住上海。

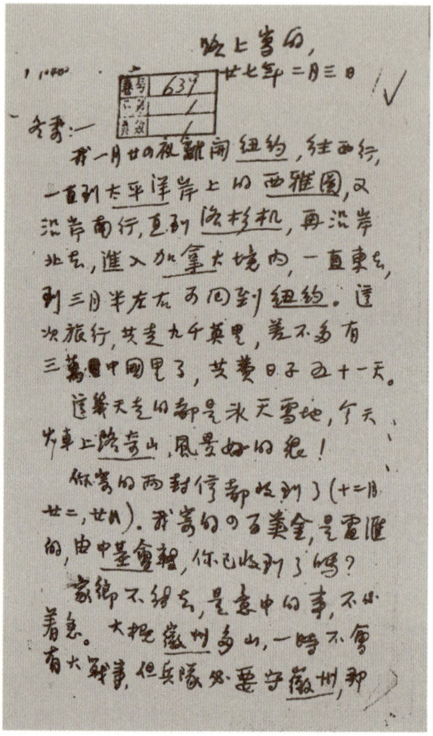

路上寄的，
廿七年二月三日

冬秀：——

我一月廿四夜離開紐約，往西行，一直到太平洋岸上的西雅圖，又沿岸南行，直到洛杉机，再沿岸北去，進入加拿大境內，一直東去，到三月半左右可回到紐約。這次旅行，共走九千英里，差不多有三萬中國里了，共費日子五十一天。

這幾天走的都是冰天雪地，今天火車上路奇山，風景好的很！

你寄的兩封信都收到了（十二月廿二，廿八）。我寄的四百美金，是電匯的，由中基會轉，你已收到了嗎？

家鄉不能去，是意中的事，不必着急。大概徽州多山，一時不會有大戰事，但兵隊必要守徽州，那

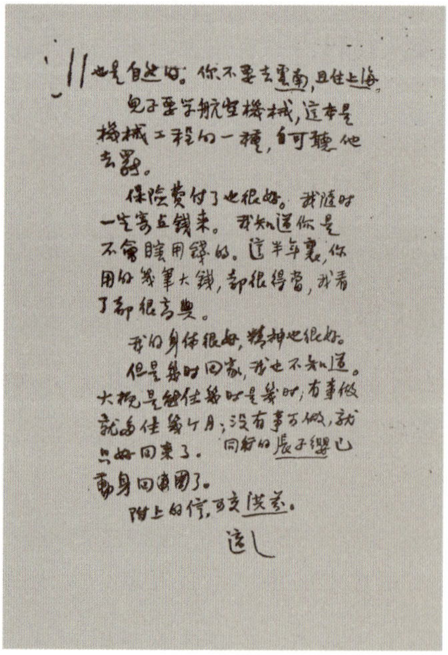

也是自然的。你不要去雲南，且住上海。

兒子要學航空機械，這本是機械工程的一種，自可聽他去罷。

保險費付了也很好。我隨時一定寄點錢來。我知道你是不會瞎用錢的。這半年裏，你用的幾筆大錢，都很得當，我看了都很高興。

我的身體很好，精神也很好。但是幾時回家，我也不知道。大概是能住幾時是幾時；有事做就多住幾个月；沒有事可做，就只好回來了。同行的張子纓已動身回國了。

附上的信，可交洪芬。

適

儿子要学航空机械，这本是机械工程的一种，自可听他去罢。

保险费付了也很好。我随时一定寄点钱来。我知道你是不会瞎用钱的。这半年里，你用的几笔大钱，都很得当，我看了都很高兴。

我的身体很好，精神也很好。但是几时回家，我也不知道。大概是能住几时是几时；有事做就多住几个月；没有事可做，就只好回来了。同行的张子缨已动身回国了。

附上的信，可交洪芬。

适之　廿七年二月三日

路上写的

第[142]封 两事

致江冬秀（二）

冬秀：

你和小三的信都收到了。

我在路上写了一封给你，想已收到了吧。

我昨天离开西雅图（Seatlle），在那地住了五天，天天忙的【得】不得了。辛苦虽然辛苦，但朋友真好，他们费钱费功【工】夫陪我，使我真感激。

昨夜在一家吃饭，见着“本家太太”（胡惟德太太）的儿子世勋，他在西雅图读书，住在一家慈善人家，他们很说他好。

昨夜上火车，今早到钵仑（Portland）住了，一天就要南行。明晚可到旧金山了。

你信上问我两事：

（1）我冬天脚不痛吗？

我今年没有脚疼的病，身体更好。

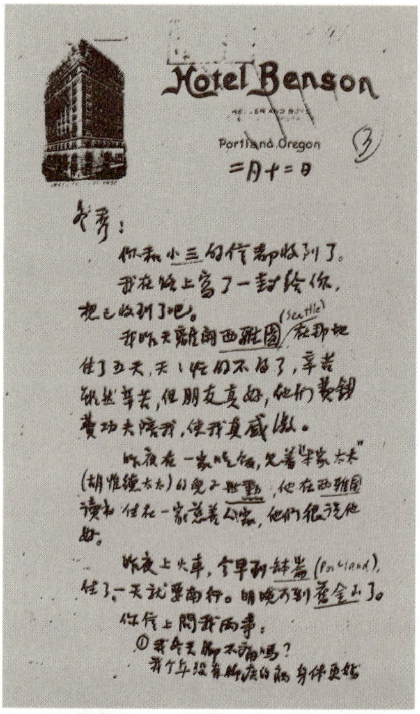
Hotel Benson
Portland, Oregon
二月十二日 ③
冬秀：
你和小三的信都收到了。
我在路上寫了一封給你，想已收到了吧。
我昨天離開西雅圖（Seattle）在那裡住了五天，天天忙的不得了，辛苦雖然辛苦，但朋友真好，他們費錢費功夫陪我，使我真感激。
昨夜在一家吃飯，見着"牢家太太"（胡惟德太太）的兒子胡㽦，他在西雅圖讀書，住在一家慈善人家，他們很待他好。
昨夜上火車，今早到缽崙（Portland），住了一天就要南行。明晚可到舊金山了。
你信上問我兩事：
①我身體胖不胖嗎？
我今年沒有物候的病，身體更好

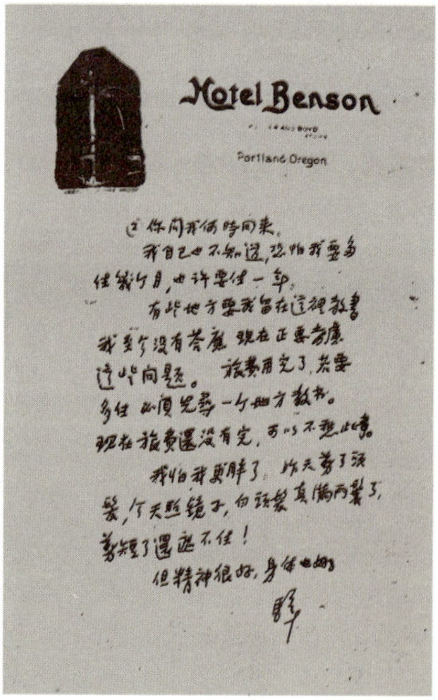
Hotel Benson
Portland, Oregon
(2)你問我何時回來。
我自己也不知道，恐怕我要多住幾個月，也許要住一年。
有些地方要我留在這裡教書，我至今沒有答應，現在正要考慮這些問題。旅費用完了，若要多住，必須先尋一個地方教書。現在旅費還沒有完，可以不愁此事。
我怕我更胖了。昨天剪了頭髮，今天照鏡子，白頭髮真滿兩鬢了，剪短了還遮不住！
但精神很好，身體也好。
騂

（2）你问我何时回来。

我自己也不知道，恐怕我要多住几个月，也许要住一年：

有些地方要我留在这里教书，我至今没有答应，现在正要考虑这些问题。旅费用完了，若要多住，必须先寻一个地方教书。现在旅费还没有完，可以不愁此事。

我怕我更胖了。昨天剪了头发，今天照镜子，白头发真满两鬓了，剪短了还遮不住！

但精神很好，身体也好。

骍 二月十二日

第[143]封 书目

致江冬秀（三）

冬秀：

一路上曾有信给你，想已收到了。

我现在不回国，大概还得住好几个月，也许住一年，此时全无把握。有两三个大学要留我在美国教书，我不曾答应，但允许他们仔细考虑。我决定后再告诉你。

你说我的书有一个书目，有三百页之多。请你雇一个人把这书目抄一本，寄给我，我就可以用这书目了。单有一本书目是不够用的。抄书目的事，可以同洪芬兄商量，或伯遵兄商量，不必惜费，越快越好。

你们听说我二月回来，那是谣言。基金会四月底开会，我本想赶回来，但实在走不开，只好不去了。

你们同伯遵兄同住，一定有照应。但天气暖热时，如有合式【适】房子，最好还是自己租一所小房子。

我将来回国，也不回上海，一定先到香港，直到长沙或汉口。这是后话，将来如何变化，谁也不知道。

书籍存在天津，没有搬来上海吗？如没有搬来上海，可不必搬了，一切可听竹垚生兄料理。

我这回出行，共须走一万多英里，现在已走了六千英里了。昨夜离开洛杉机（即好莱坞所在地），明天回到西雅图，后天（二月廿三）出美国境，到加拿大。在加拿大本定住十四天，现在改成十八天，三月十三日回到美国境内。英国人要我五月去讲演，现在暂时决定不去。

我身体很好，人都说我胖了。去年九月做的衣服都觉得紧了。

祝你们都好。

骍　廿七，二，廿一（火车上）

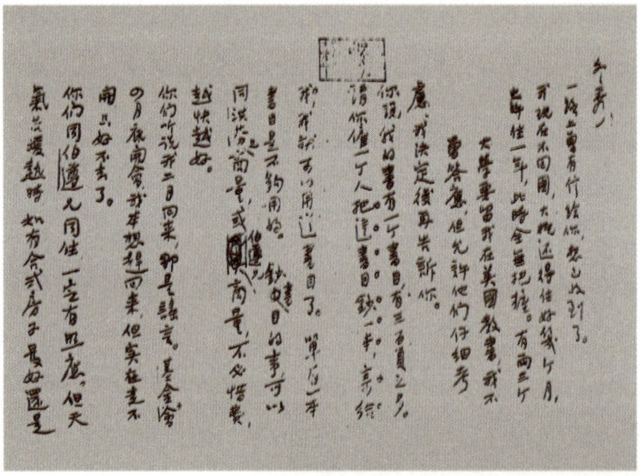

冬秀：

一號上寄有竹垚信給你，想已收到了。

我現在不回國，大概還得住好幾個月，也許住一年。此時全無把握。有兩三個大學要留我在美國教書，我不曾答應，但允許他們仔細考慮。我決定後再告訴你。

你說我的書有一個書目，有三百多頁之多。請你僱一個人把這書目鈔一部，寄給我，我就可以用這書目了。單位一本書目是不夠用的。鈔書目的事可以同洪芬商量，或僱人商量，不必怕費，越快越好。

你們聽說我二月回來，那是謠言。去年四月夜南會我本想趕回來，但實在走不開，只好不去了。

你們同伯遵九同住，一定有照應。但天氣漸漸熱時，如有合式房子，最好還是

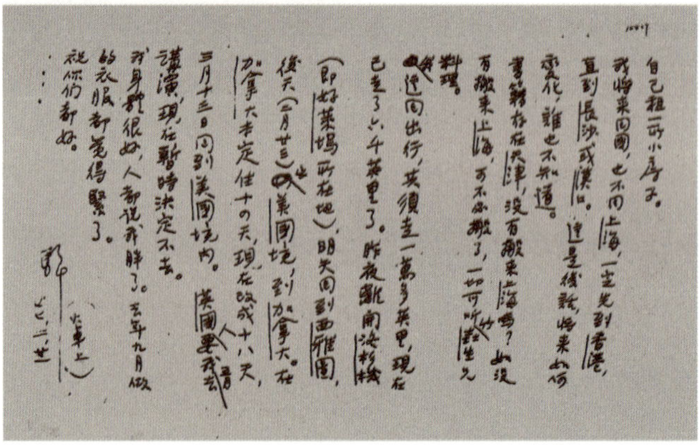

自己租一所小房子。

我將來回國，也不回上海，一定先到香港，直到長沙或漢口。這是後話，將來如何變化，誰也不知道。

書籍存在天津，沒有搬來上海嗎？如沒有搬來上海，可不必搬了，一切可聽竹垚生兄料理。

我這回出行，共須走一萬多英里，現在已走了六千英里了。昨夜離開洛杉機（即好萊塢所在地），明天回到西雅圖，後天（二月廿三）出美國境，到加拿大。在加拿大本定住十四天，現在改成十八天，三月十三日回到美國境內。英國人要我去講演，現在暫時決定不去。

我身體很好，人都說我胖了。去年九月做的衣服都覺得緊了。

祝你們都好。

騂

廿七，二，廿一（火車上）

第 [144] 封 行规

致江冬秀（四）

冬秀：

我自从一月廿四日出行，走了一万一千里，三月十八日回到纽约，休息了几天，又出去走了五天。现在总算可以稍稍休息了。

我这回出门，虽然很辛苦，但身体很好，竟没有病。

林行规先生带来的信，两个儿子寄的信，都收到了。我因为太忙，所以许久没有回信，一定叫你们不放心，我真不安。以后真要多写信了。

同行的两位，张先生一月底回去了，钱先生昨天上船往英国去了。昨天忽然大冷，有雪，下午下了五六寸雪。四月雪中送客，我很觉得寂莫。同行三人，现在只剩我一个人了。

林先生带来茶叶三瓶，都收到了。茶叶很好，我有工夫在旅馆，总泡一小壶喝喝。

林先生现在也到纽约了，我们同住在一个旅馆，常有见面谈天的机会。

你托他带来的口信，也寄到了。

他虽然很近视，眼力不方便，但还是单身旅行，住最便宜的旅馆，

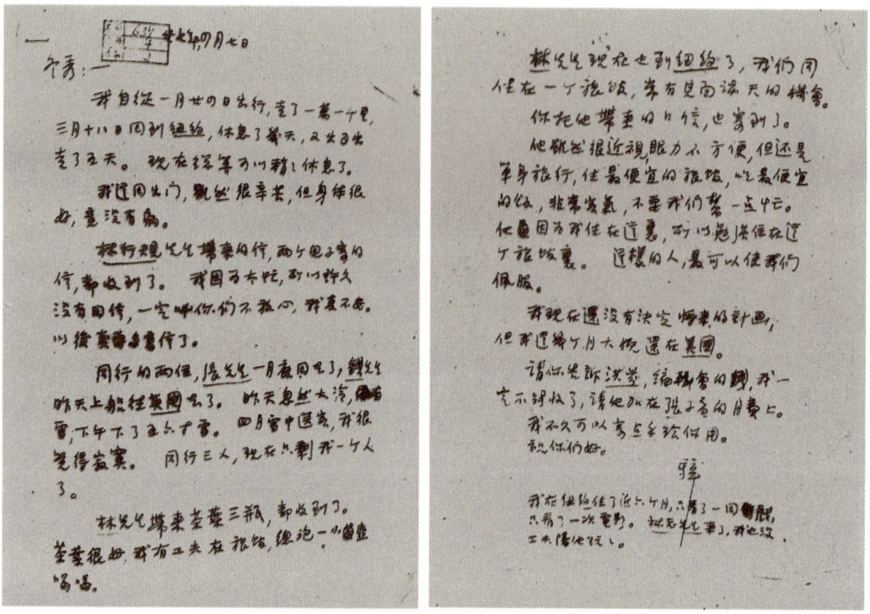
廿七年四月七日

冬秀：

我自從一月廿四日出行，走了一万一千里，三月十八日回到紐約，休息了幾天，又出去走了五天。現在總算可以稍稍休息了。

我這回出门，雖然很辛苦，但身体很好，竟沒有病。

林行規先生帶來的信，兩个兒子寄的信，都收到了。我因為太忙，所以許久沒有回信，一定叫你們不放心，我真不安。以後要常常寫信了。

同行的兩位，張先生一月底回去了，錢先生昨天上船往英國去了。昨天忽然大冷，風很重，下午下了五六寸雪。四月當中還有，我很覺得寂寞。同行三人，現在只剩我一个人了。

林先生帶來茶葉三瓶，都收到了。茶葉很好，我有工夫在旅館，總泡一小壺喝喝。

林先生現在也到紐約了，我們同住在一个旅館，常有見面談天的機會。

你托他帶來的片信，也寄到了。

他雖然很近視，眼力不方便，但還是單身旅行，住最便宜的旅館，吃最便宜的飯，非常客氣，不要我們幫一点忙。他因為我住在這裏，所以勉強住在這个旅館裏。這樣的人，最可以使我們佩服。

我現在還沒有決定將來的計画，但我這幾个月大概還在美國。

請你告訴洪芬，編輯會的錢，我一定不能收了，請他加在張子高的月費上。

我不久可以寄点錢給你用。

祝你們好。

騂

我在紐約住了近六个月，只看了一回戲，只看了一次電影。林老先生來了，我也沒工夫陪他玩玩。

吃最便宜的饭，非常客气，不要我们帮一点忙。他因为我住在这里，所以勉强住在这个旅馆里。这样的人，最可以使我们佩服。

我现在还没有决定将来的计画【划】，但我这几个月大概还在美国。

请你告诉洪芬，编辑会的钱，我一定不能收了，请他加在张子高的月费上。

我不久可以寄点钱给你用。

祝你们好。

骍　廿七年四月七日

我在纽约住了近六个月，只看了一回戏，只看了一次电影。林老先生来了，我也没工夫陪他玩玩。

第[145]封 劝诫

致江冬秀（五）

冬秀：

三月十八，三月廿八日的信，都收到了。

我始终没有去英国，报上的话是误传。

你们应该搬家，我盼望你此时已寻着地方了。

我盼望你不要多打牌。第一，因为打牌最伤神，你的身体并不是那么结实，不要打牌太多。第二，我盼望你能有多一点时候在家照管儿子；小儿子有一些坏习气，我颇不放心，所以要你多在家照管照管儿子。第三，这个时候究竟不是整天打牌的时候，虽然不能做什么事，也应该买点书看看，写写字，多做点修养的事。

这话并不是责怪你，只是我一时想到，写给你想想。

昨天在火车站上候车，把外套脱下，上一个天平称称看，恰是一百三十八磅半，连衣服皮鞋在内。

近来我身体很好，就是忙一点，有时候饭食不按时候，睡觉也不很规则。前天我坐火车去东方一个女子大学（威尔斯女子大学）讲演，

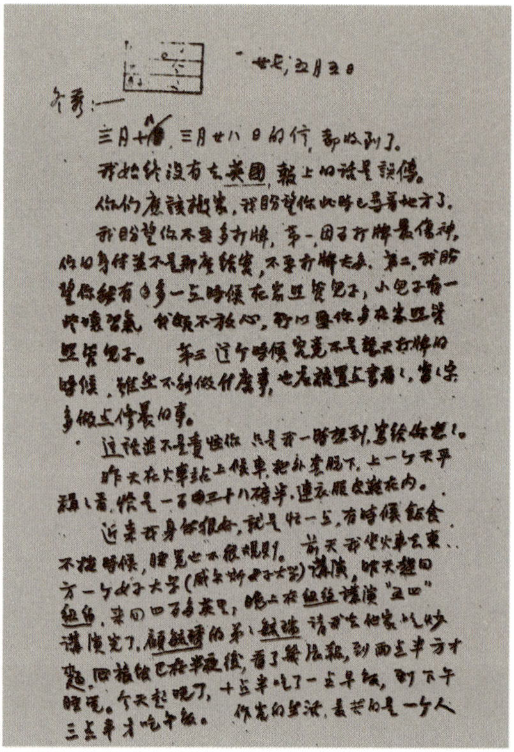

冬秀：——

三月十四、三月廿八日的信，都收到了。

我始终没有去英国，报上的话是误传。

你们应该搬家，我盼望你此时已寻着地方了。

我盼望你不要多打牌，第一，因为打牌最伤神，你的身体并不是那么结实，不要打牌太多。第二，我盼望你能有功夫多一点时候在家照管儿子，小儿子有一些坏习气，我很不放心，所以要你多在家照管儿子。第三，这个时候究竟不是整天打牌的时候，虽然不能做什么事，也应该读点书看看，多做点正经的事。

这话并不是责怪你，只是我一时想到，写给你想想。

昨天在火车站上候车，把外套脱下，上一个天平称称看，你是一百四十八磅半，连衣服皮鞋在内。

近来我身体很好，就是忙一点，有时候饭食不按时候，睡觉也不很规则。前天我坐火车去东方一个女子大学（威尔斯女子大学）讲演，昨天赶回纽约，来回四百多英里，晚上在纽约讲演"五四"。讲演完了，顾毓琇的弟弟毓瑞请我去他家吃炒面。回旅馆已在半夜后，看了几张报，到两点半方才睡觉。今天起晚了，十点半吃了一些早饭，到下午三点半才吃午饭。作客的生活，最苦的是一个人

昨天赶回纽约，来回四百多英里。晚上在纽约讲演"五四"。讲演完了，顾毓琇的弟弟毓瑞请我去他家吃炒面。回旅馆已在半夜后，看了几张报，到两点半方才睡觉。今天起晚了，十点半吃了一些早饭，到下午三点半才吃午饭。

作客的生活，最苦的是一个人出去吃中饭夜饭。从前有张先生、钱先生在此，后来钱先生走了，有林行规先生在此，常常一块吃饭。现在他们都走了，我常常一个人出去寻便宜馆子吃饭。有一天我到近边一处俄国小饭馆，名叫"俄国熊"。我一个吃饭，想起林先生常同我来这里吃饭，我心里想念他，就写了一首小诗寄给他：

孤单客子最无聊，

独访"俄熊"吃"剑烧"。（剑头上烧的羊肉）

急鼓哀弦灯影里，

无人会得我心潮。

写这故事，叫你们知道，我在客中的情形。我在美国半年多，只看过两次戏，一次电影。

我的行止计画【划】，现在还不能定。教书的事，我很费踌躇，后

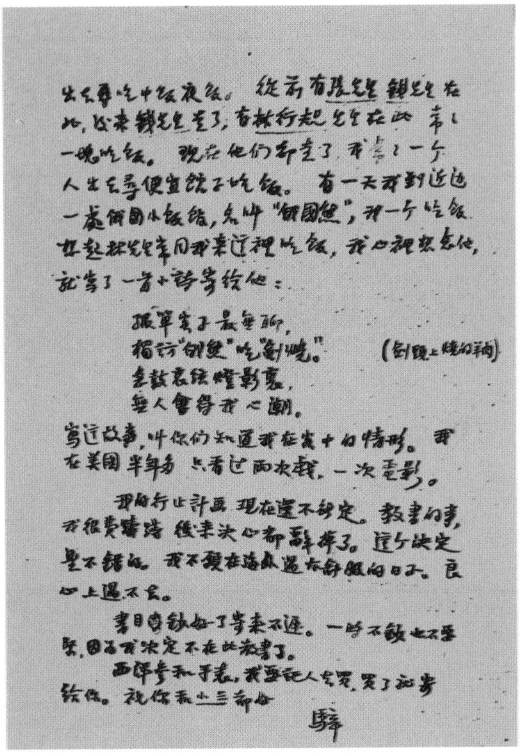
出去尋吃中飯夜飯。從前有張先生錢先生在此，後來錢先生走了，有林行規先生在此常常一塊吃飯。現在他們都走了，我常常一個人出去尋便宜館子吃飯。有一天我到近邊一處俄國小飯館，名叫“劍橋”，我一個吃飯，想起錢先生常同我來這裡吃飯，我心裡想念他，就寫了一首小詩寄給他：

孤單客子最無聊，
獨訪“劍橋”吃“劍燒”。（劍橋上燒的羊肉）
急鼓哀絃燈影裏，
無人會得我心潮。

寫這故事，叫你們知道我在客中的情形。我在美國半年多，只看過兩次戲，一次電影。

我的行止計畫，現在還不能定。教書的事，我很躊躇，後來決心都辭掉了。這個決定是不錯的。我不願在海外過太舒服的日子。良心上過不去。

書目鈔好了寄來不遲。一時不鈔也不要緊，因為我決定不在此教書了。

西洋參和手表，我要託人去買，買了就寄給你。祝你和小三都好。

騂

来决心都辞掉了。这个决定是不错的。我不愿在海外过太舒服的日子。良心上过不去。

书目抄好了寄来不迟。一时不抄也不要紧，因为我决定不在此教书了。

西洋参和手表，我要托人去买，买了就寄给你。祝你和小三都好。

骍　廿七，五月　五日

第[146]封 牙痛

致江冬秀（六）

冬秀：

许多时没有写信了。

你寄的两信，都收到了。

五月十二日电汇美金三百元，收到了吗？

我近来牙齿不好，有一些时候常常作痛。从去年十二月到今年五月底，牙医的钱费去了三百多，工夫也总有不少了。不料上月右边下面坐牙时时发痛，每天早上醒过来总觉得牙痛。前天（五月卅一）去看一次，昨天又去看一次。因为坐牙已拔了一个，这一个不可再拔了，所以要医生医治，不要再拔。昨天上麻药，把病牙里的神经弄死。今天稍稍好一点，下午不痛了，我希望这一次可以治好了。

牙痛并不伤人，但使人坐立不安宁，什么事

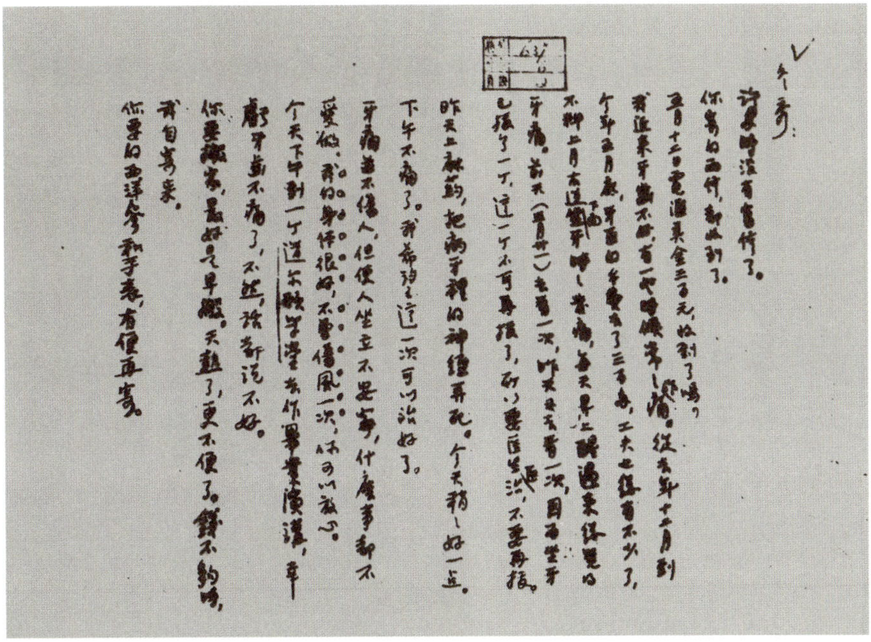
冬秀：

許久沒有寫信了。

你寄的兩件，都收到了。

五月十二電滙美金三百元，收到了嗎？

我近來牙齒不好，有一兩個常常作痛。從去年十二月到今年五月底，牙醫的手費去了三百多，工夫也糟蹋不少了，不料上月末這個下面牙時時發痛，每天早上醒過來總覺得牙痛。前天（五月廿二）去看一次，昨天去看一次，因為這牙已拔了一个，這一个不可再拔了，所以要醫生把他治，不要再拔。

昨天上麻藥，把病牙裡的神經弄死。今天稍稍好一点。下午不痛了。我希望這一次可以治好了。

牙痛並不傷人，但使人坐立不安，什麼事都不愛做。我的身体很好，不曾傷風一次，你可以放心。

今天下午到一个道尔頓學堂去作畢業演講，幸虧牙齒不痛了，不然，話都說不好。

你要搬家，最好是早搬。天熱了，更不便了。錢不夠時，我自寄來。

你要的西洋參和手表，有便再寄。

都不爱做。我的身体很好，不曾伤风一次，你可以放心。

今天下午到一个道尔顿学堂去做毕业演讲。幸亏牙齿不痛了，不然，话都说不好。

你要搬家，最好是早搬。天热了，更不便了。钱不够时，我自寄来。

你要的西洋参和手表，有便再寄。

我四月中决定把美国教书的事都辞掉了。请我教书的，共有四五处，我仔细想想，索性全辞谢了。

书目的事，此时不必抄了。存在天津最好，不必去搬了。我现在决定七月十三日动身，坐船去英国。在英国大概有两个半月或三个月的勾留。写信可寄：

Dr. Hu Shih,

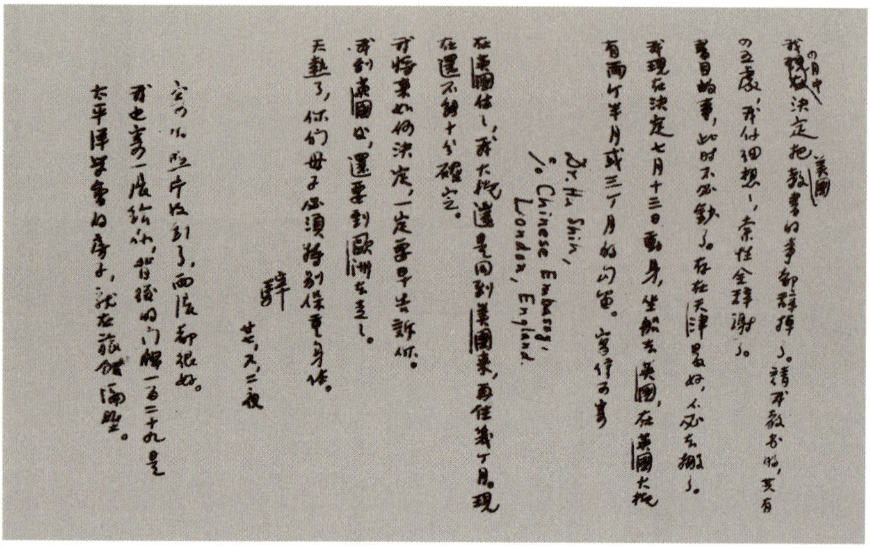
我六月中决定把美国的事都辞掉了。请你放心吧，若有
心立受，我仔细想了，索性全辞谢了。
书目的事，此时不必动了。存在天津最好，不必去搬了。
我现在决定七月十三日动身，坐船去英国，在英国大概
有两个半月或三个月的勾留。寄信可寄
Dr. Hu Shih,
c/o Chinese Embassy,
London, England.
在英国住住，我大概还是回到美国来，再住几个月。现
在还不能十分确定。
我将来如何决定，一定要早告诉你。
我到英国后，还要到欧洲去走走。
天热了，你们母子必须特别保重身体。
骍
廿七，六，二夜
寄的照片收到了，两张都很好。
我也寄一张给你，背后的门牌一百二十九是
太平洋学会的房子，就在旅馆隔壁。

c / o Chinese Embassy,

London, England.

在英国住住，我大概还是回到美国来，再住几个月，现在还不能十分确定。

我将来如何决定，一定要早告诉你。

我到英国后，还要到欧洲去走走。

天热了，你们母子必须特别保重身体。

骍　廿七，六，二夜

寄的照片收到了，两张都很好。

我也寄一张给你，背后的门牌一百二十九是太平洋学会的房子，就在旅馆隔壁。

第[147]封 捐学

致江冬秀（七）

冬秀：

你怪我三个月不写信，此中必有收不到的信。我写信虽不勤，但不至于三个月不写信。

我很赞成你捐二百元给周先生的学堂。我到欧洲之后，也还要设法寄点钱捐给他。

你在患难中，还能记得家中贫苦的人们，还能寄钱给他们，真是难得。我十分感激。你在这种地方，真不愧是你母亲的女儿，不愧是我母亲的媳妇。

我七月十三日早晨上船，一路上无风无浪，天气也不热，比纽约的九十度热天，真可以说是避暑了。

我在船上每天睡觉，睡了三天，休息够了，昨天才动手做事。

这一阵子真忙的可以。前月（六月）廿九日从纽约出门，跑了一个大圈子，三千多英里。七月四、

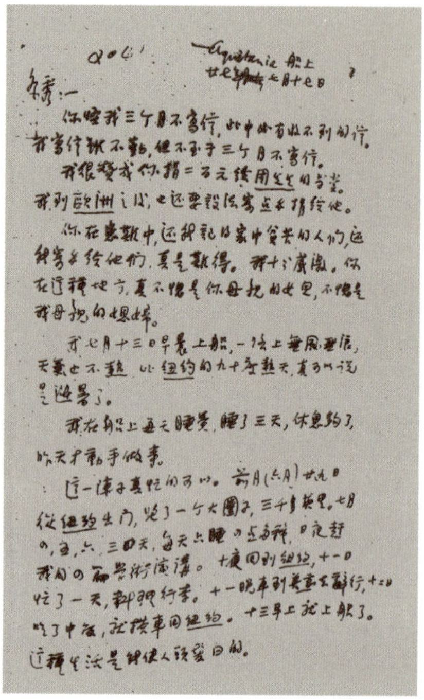
Aquitania 船上
廿七年七月十七日

冬秀：

你怪我三个月不写信，此中必有收不到的信。我写信诚不勤，但不至于三个月不写信。

我很赞成你捐二百元给周先生的学堂。我到欧洲之后，也还要设法寄点钱给他。

你在患难中，还能记得家中贫苦的人们，还能寄钱给他们，真是难得。我十分感激。你在这种地方，真不愧是你母亲的女儿，不愧是我母亲的媳妇。

我七月十三日早晨上船，一路上无风无浪，天气也不热，比纽约的九十多度热天，真可以说是避暑了。

我在船上每天睡觉，睡了三天，休息够了，昨天才动手做事。

这一阵子真忙的可以。前月（六月）廿九日从纽约出门，跑了一个大圈子，三千多英里。七月四，五，六，三天，每天只睡四点多钟，日夜赶我的四篇学术演讲。十夜回到纽约，十一日忙了一天，料理行李。十一晚车到美京去辞行，十二日吃了中饭，就搭车回纽约。十三早上就上船了。这种生活是能使人头发白的。

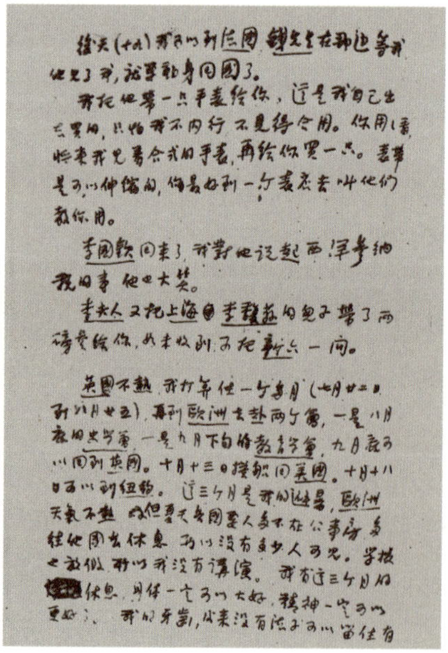
后天（十九）我可以到法国，钱先生在那边等我，他见了我，就要动身回国了。

我托他带一只手表给你，这是我自己出去买的，只怕我不内行，不见得合用。你用用看，将来我见着合式的手表，再给你买一只。表带是可以伸缩的，你最好到一个表店去叫他们教你用。

李国钦回来了，我对他说起西洋参纳税的事，他也大笑。

李夫人又托上海的李馥荪的儿子带了两磅参给你，如未收到，可托新六一问。

英国不热，我打算住一个多月（七月廿二日到八月廿五），再到欧洲去赴两个会，一是八月底的史学会，一是九月下旬的教育学会，九月底可以回到英国。十月十三日搭船回美国，十月十八日可以到纽约。这三个月是我的避暑。欧洲天气不热，但暑天各国要人多不在公事房，多往他国去休息，所以没有多少人可见。学校也放假，所以我没有讲演。我有这三个月的休息，身体一定可以大好，精神一定可以更好了。我的牙齿，从来没有法子可以留住有

五、六，三天，每天只睡四点多钟，日夜赶我的四篇学术演讲。十夜回到纽约，十一日忙了一天，料理行李。十一晚车到美京去辞行，十二日吃了中饭，就搭车回纽约。十三早上就上船了。这种生活是能使人头发白的。

后天（十九）我可以到法国，钱先生在那边等我。他见了我，就要动身回国了。

我托他带一只手表给你，这是我自己出去买的。只怕我不内行，不见得合用。你用用看，将来我见着合式【适】的手表，再给你买一只。表带是可以伸缩的，你最好到一个表店去叫他们教你用。

李国钦回来了，我对他说起西洋参纳税的事，他也大笑。

李夫人又托上海李馥荪的儿子带了两磅参给你，如未收到，可托新六一问。

英国不热，我打算住一个多月（七月廿二日到八月廿五），再到

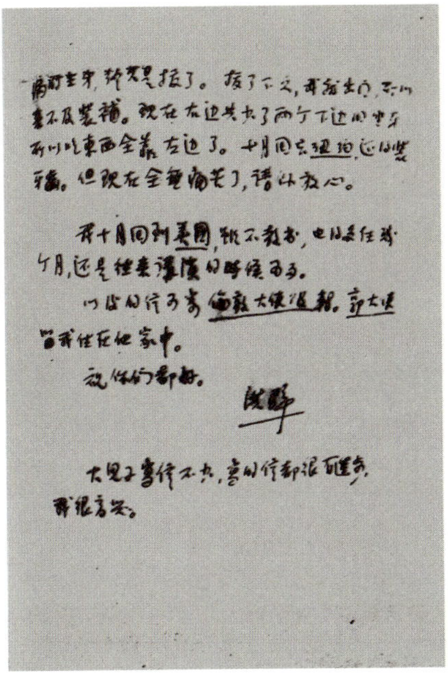
有病的坐牙，终久是拔了。拔了不久，我就出门，所以来不及装补。现在右边共少了两个下边的坐牙，所以吃东西全靠左边了。十月回去纽约，还得装牙齿。但现在全无痛苦了，请你放心。

我十月回到美国，虽不教书，也得多住几个月，还是往来讲演的时候为多。

以后的信可寄伦敦大使馆转。郭大使留我住在他家中。

祝你们都好。

洪骍

大儿子写信不少，写的信都很有进步，我很高兴。

欧洲去赴两个会，一是八月底的史学会，一是九月下旬的教育学会，九月底可以回到英国。十月十三日搭船回美国。十月十八日可以到纽约。这三个月是我的避暑，欧洲天气不热。但夏天各国要人多不在公事房，多往他国去休息，所以没有多少人可见。学校也放假，所以我没有讲演。我有这三个月的休息，身体一定可以大好，精神一定可以更好了。我的牙齿，后来没有法子可以留住有病的坐牙，终久【究】是拔了。拔了不久，我就出门，所以来不及装补。现在右边共少了两个下边的坐牙，所以吃东西全靠左边了。十月回去纽约，还得装牙齿。但现在全无痛苦了，请你放心。

我十月回到美国，虽不教书，也得多住几个月，还是往来讲演的时候为多。

以后的信可寄伦敦大使馆转。郭大使留我住在他家中。

祝你们都好。

洪骍　Aquitania 船上　廿七年七月十七日

大儿子写信不少，写的信都很有进步，我很高兴。

第 [148] 封 被逼

致江冬秀（八）

冬秀：

我七月十九到法国，廿四日到伦敦。

你七月三日的长信，我昨天（廿九）收到，茶叶还没有到。

我在这十几天遇见了一件“逼上梁山”的事。我知道你听了一定很不高兴，我心里也觉得很对不住你。这事我已写在给新六的信里，我请他把这事向你当面说明。

我去年七月九日离平，十一日的飞机被人包去了，十二日才上飞机，飞上九江。我在飞机上忽然想起今天是七月十二日，在二十年前的七月十二日，我从外国回来后，在上海的新旅社里发下一愿，决定二十年不入政界，二十年不谈政治。那二十年中，“不谈政治”一句话是早就抛弃的了。“不入政界”

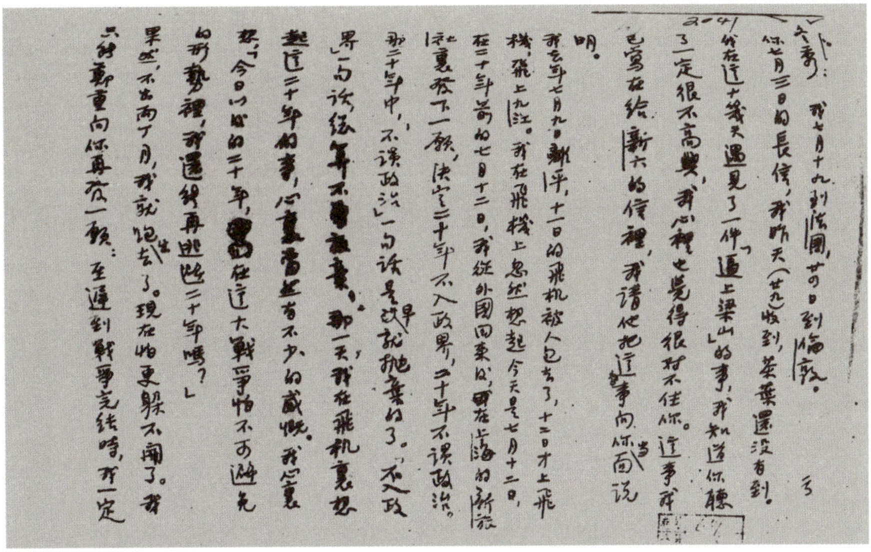

冬秀：

我七月十九到法國，廿四日到倫敦。你七月三日的長信，我昨天（廿九）收到，茶葉還沒有到。

你在這十幾天遇見了一件「逼上梁山」的事，我知道你聽了一定很不高興，我心裡也覺得很對不住你。這事我已寫在給新六的信裡，我請他把這事向你當面說明。

我去年七月九日離北平，十一日的飛機被人包去了，十二日才上飛機，飛上九江。我在飛機上忽然想起今天是七月十二日，我在二十年前的七月十二日，我從外國回來，到在上海的新旅館裏發下一願，決定二十年不入政界，二十年不談政治。那二十年中，「不談政治」一句話是早就拋棄的了。「不入政界」一句話，總算不曾拋棄。那一天我在飛機裏想起這二十年的事，心裏當然有不少的感慨。我心裏想，「今日以後的二十年，在這大戰爭怕不可避免的形勢裡，我還能再逃避二十年嗎？」

果然，不出兩個月，我就跑出去了。現在怕更躲不開了。我只能鄭重向你再發一願：至遲到戰爭完結時，我一定

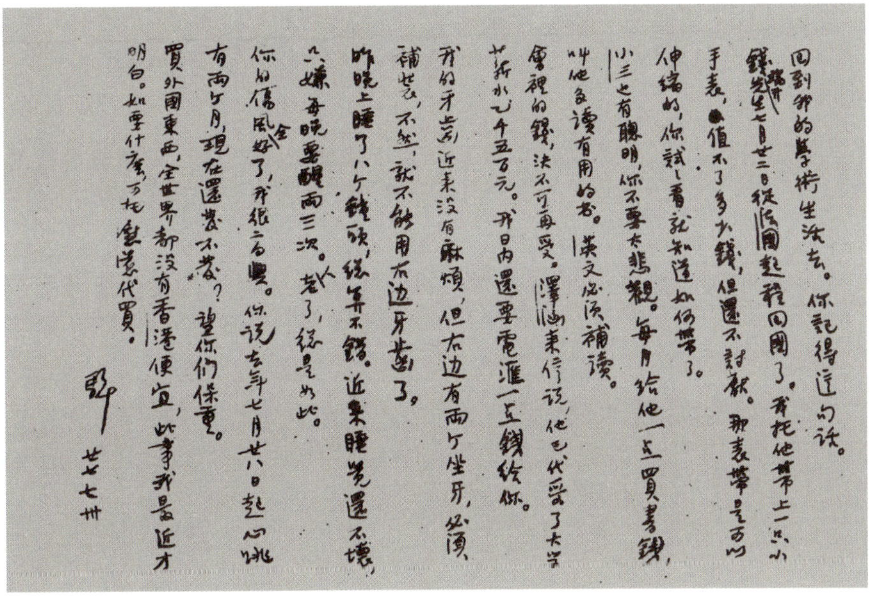

回到我的學術生活去。你記得這句話。

錢端升先生七月廿三日從法國起程回國了。我托他帶上一只小手表，值不了多少錢，但還不討厭。那表帶是可以伸縮的，你試試看就知道如何帶了。

小三也有聰明，你不要太悲觀。每月給他一點買書錢，叫他多讀有用的書。英文必須補讀。

澤涵來信說，他已代受了大學會裡的錢，決不可再受。[illegible]七千五百元。我日內還要電滙一點錢給你。

我的牙齒近來沒有麻煩，但右边有兩個坐牙，必須補也，不然，就不能用右边牙齒了。

昨晚上睡了八個鐘頭，總算不錯。近來睡覺還不壞，只嫌每晚要醒兩三次。老人了，總是如此。

你的傷風全好了，我很高興。你說去年七月廿八日起心跳有兩個月，現在還發不發？望你們保重。

買外國東西，全世界都沒有香港便宜，此事我最近才明白。如要什麼，可托[illegible]代買。

適

廿七七卅

一句话，总算不曾放弃。那一天我在飞机里想起这二十年的事，心里当然有不少的感慨。我心里想，“今日以后的二十年，在这大战争怕不可避免的形势里，我还能再逃避二十年吗？”

果然，不出两个月，我就跑出去了。现在怕更躲不开了。我只能郑

重向你再发一愿：至迟到战争完结时，我一定回到我的学术生活去。你记得这句话。

钱端升先生七月廿二日从法国起程回国了。我托他带上一只小手表，值不了多少钱，但还不讨厌。那表带是可以伸缩的，你试试看就知道如何带了。

小三也有聪明，你不要太悲观。每月给他一点买书钱，叫他多读有用的书。英文必须补读。

会里的钱，决不可再受。泽涵来信说，他已代受了大学薪水乙（一）千五百元。我日内还要电汇一点钱给你。

我的牙齿近来没有麻烦，但右边有两个坐牙，必须补装，不然，就不能用右边牙齿了。

昨晚上睡了八个钟头，总算不错。近来睡觉还不坏，只嫌每晚要醒两三次。人老了，总是如此。

你的伤风全好了，我很高兴。你说去年七月廿八日起心跳有两个月，现在还发不发？望你们保重。

买外国东西，全世界都没有香港便宜，此事我最近才明白。如要什么，可托慰慈代买。

骍　廿七，七，卅

第[149]封 新六

致江冬秀（九）

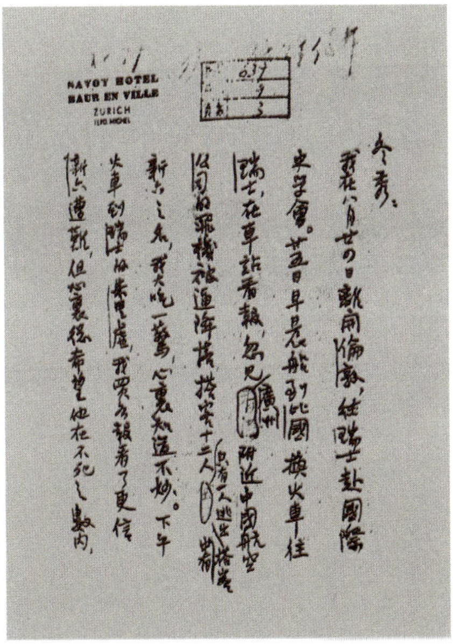
SAVOY HOTEL
BAUR EN VILLE
ZURICH

冬秀，
我在八月廿四日離開倫敦，往瑞士赴國際史學會。廿五日早晨船到比國，換火車往瑞士，在車站看報，忽見廣州附近中國航空公司的飛機被逼降落，搭客十二人只有一人逃出，搭客中有新六之名，我大吃一驚，心裏知道不妙。下午火車到瑞士的朱里虛，我買各報看了，更信新六遭難，但心裏總希望他在不死之數內，

冬秀：

我在八月廿四日离开伦敦，往瑞士赴国际史学会。廿五日早晨，船到比国，换火车往瑞士。在车站看报，忽见广州附近中国航空公司的飞机被逼降落，搭客十二人只有一人逃出。搭客中有新六之名，我大吃一惊，心里知道不妙。下午火车到瑞士的朱里虚，我买各报看了，更信新六遭难。但心里总希望他在不死之数内，故发电报去问铁如。廿六早七点，得铁如回电，知道新六果然死了！我这三天（廿五，廿六，廿七）真不好过。自从志摩死后，在君、新六相继而去，真使人感觉孤凄寂寞。新六的性情最忠厚，心思最细密，天资最聪明，在朋友之中，最

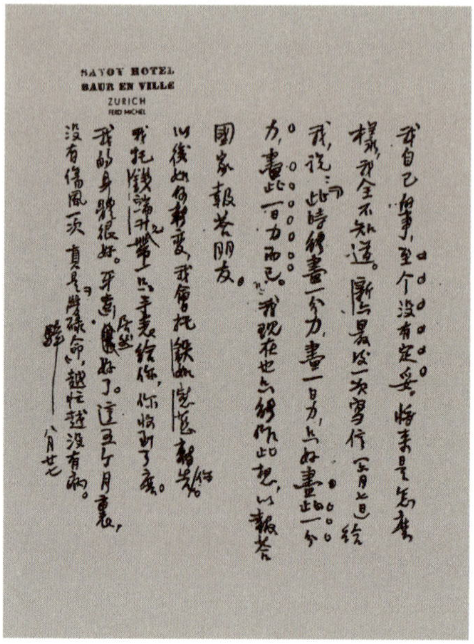
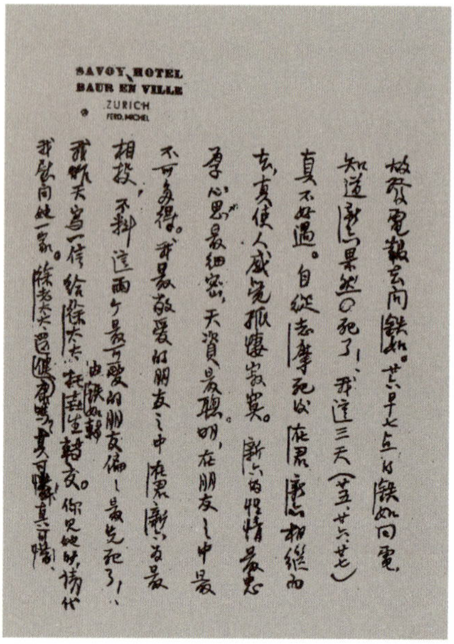

不可多得。我最敬爱的朋友之中，在君、新六为最相投，不料这两个最可爱的朋友偏偏最先死了！我昨天写一信给徐太太，由铁如转托垚生转交。你见她时，请代我慰问她一家。徐老太太还康健吗？真可怜！真可惜！

我自己的事，至今没有定妥。将来是怎么样，我全不知道。新六最后一次写信（六月七日）给我，说："此时能尽一分力，尽一日力，只好尽此一分力，尽此一日力而已。"我现在也只能作此想，以报答国家，报答朋友。

以后如何转变，我会托铁如、慰慈转告你。

我托钱端升兄带一只表给你，你收到了么？

我的身体很好，牙齿居然好了。这五个月里，没有伤风一次。真是"劳碌命"，越忙越没有病。

骍　八月廿七

第[150]封 瑞士

致江冬秀（十）

昨日临行时得振飞八月廿三日手书，才知道我的七月廿九日的信他不曾交给你。所以你得我八月廿七日的信，一定看不明白。我在瑞士赴史学会，昨日完毕。今日明日稍作游历，后日到瑞京，十二日到日内瓦。

此片为今日所到之处，本可望阿尔布山的少妇峰（一万三千六百多尺）。但今日大雪，毫无所见。

骍　廿七，九，六寄于 Luce

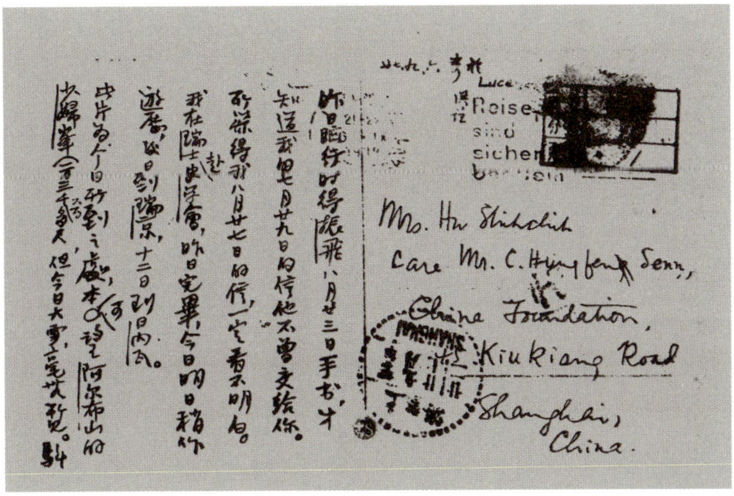

第[151]封 遗信

致江冬秀（十一）

冬秀：

九月四日的信收到了。我八月廿七有信给徐太太，不知香港转去否？九月四日我收到新六的信，是他最后的一封信，是他上飞机之前一晚写了寄出的，以后他就没有写信了。我收到此信，哭了一场，写了一首诗追念他：

拆开信封不忍看，
信尾写着“八月二十三”！
密密的两页二十九行字，
我两次三次读不完。
……
“此时当一切一切以国家为前提”，
这是信里的一句话。
可怜这封信的墨迹才干，

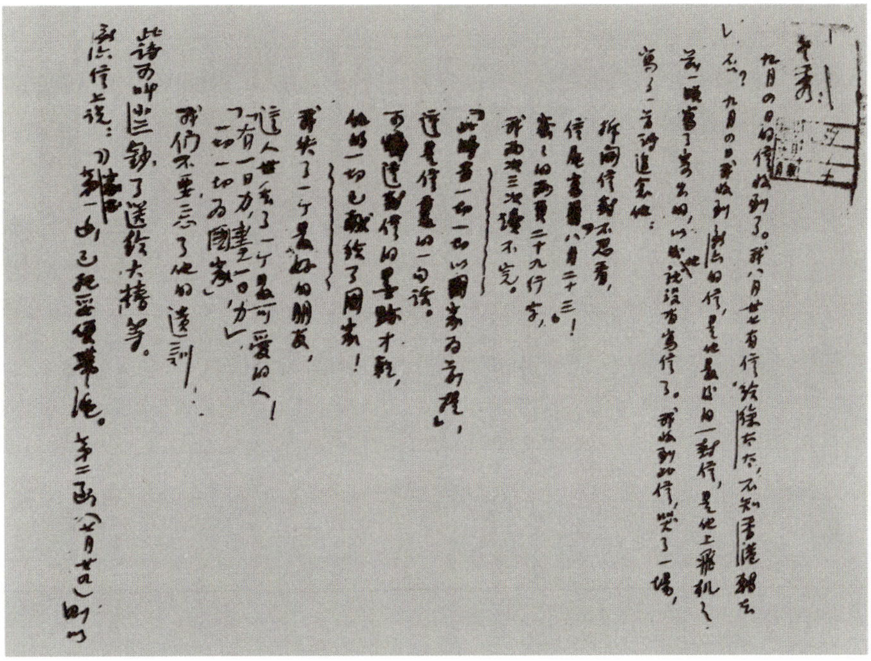
冬秀：

九月四日的信收到了。我八月廿七有信給徐太太，不知香港轉去了沒？九月四日我收到新六的信，是他最後的一封信，是他上飛機之前一晚寫了寄出的，以後他就沒有寫信了。我收到此信，哭了一場，寫了一首詩追念他：

拆開信封不忍看，

信尾寫着"八月二十三"！

密密的兩頁二十九行字，

我兩遍三遍讀不完。

「此時當一切一切以國家為前提」，

這是信裏的一句話。

可憐這封信的墨跡才乾，

他的一切已獻給了國家！

我失了一個最好的朋友，

這人世丟了一個最可愛的人！

「有一日力，盡一日力」，

「一切一切為國家」，

我們不要忘了他的遺訓！……

此詩可叫小三鈔了送給大椿等。

新六信上說："家書第一函已託妥便帶滬。第二函（七月廿九）則以

他的一切已献给了国家！

……

我失了一个最好的朋友，

这人世去了一个最可爱的人！

“有一日力，尽一日力”，

“一切一切为国家”，

我们不要忘了他的遗训！

此诗可叫小三抄了送给大春等。

新六信上说：“家书第一函已托妥便带沪。第二函（七月廿九）则以兄使美事，已有挫折，故拟俟弟返沪面交。想兄不至责弟之延迟也。”信后又说他也许要来美国，故说：“弟如果行，当将兄致嫂夫人

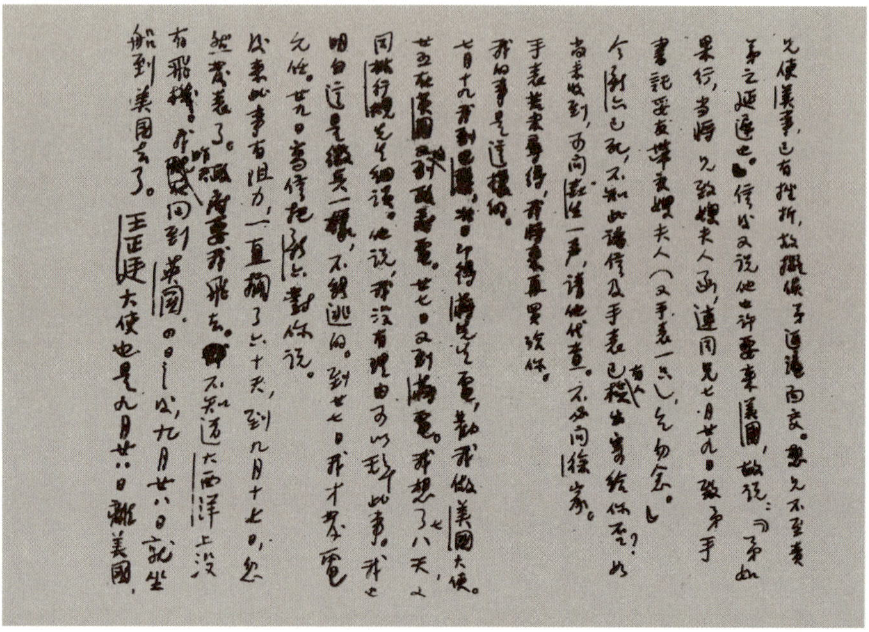
兄使美事已有挫折，故撤侯子遁迹而去。想兄不至责弟之延逗也。信中又说他也许要来美国，故说："弟如果行，当将兄致嫂夫人函，连同兄七月廿九日致弟手书托妥友带交嫂夫人（又手表一只），乞勿念。"

今新六已死，不知此诸信及手表已有人检出寄给你否？如尚未收到，可问垚生一声，请他代查。不必问徐家。

手表若未寻得，我将来再买给你。

我的事是这样的。

七月十九我到巴黎，次日即得蒋先生电，劝我做美国大使。廿五在英国又得到政府电。廿七日又到蒋电。我想了七八天，又同林行规先生细谈。他说，我没有理由可以辞此事。我也明白这是征兵一样，不能逃的。到廿七日我才发电允任，廿九日写信托新六对你说。

后来此事有阻力，一直搁了六十天，到九月十七日，忽然发表了。政府要我飞去。不知道大西洋上没有飞机。我昨天回到英国。四日之后，九月廿六日就坐船到美国去了。

王正廷大使也是九月廿六日离美国。

函，连同兄七月廿九日致弟手书托妥友带交嫂夫人（又手表一只），乞勿念。”

今新六已死，不知此诸信及手表已有人检出寄给你否！如尚未收到，可问垚生一声，请他代查。不必问徐家。

手表若未寻得，我将来再买给你。

我的事是这样的。

七月十九我到巴黎，次日即得蒋先生电，劝我做美国大使。廿五在英国又得到政府电。廿七日又到蒋电。我想了七八天，又同林行规先生细谈。他说，我没有理由可以辞此事。我也明白这是征兵一样，不能逃的。到廿七日我才发电允任，廿九日写信托新六对你说。

后来此事有阻力，一直搁了六十天，到九月十七日，忽然发表了。政府要我飞去。不知道大西洋上没有飞机。我昨天回到英国。四日之

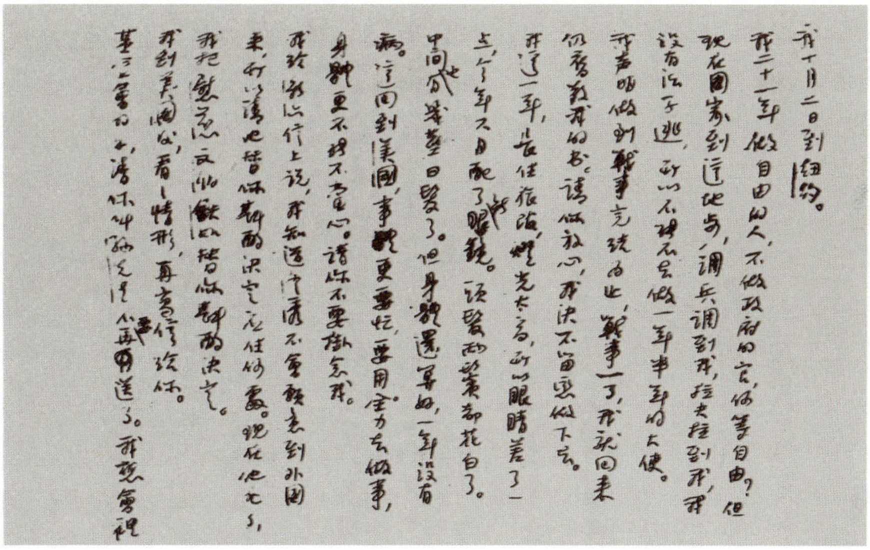
我十月二日到纽约。
我二十一年做自由的人，不做政府的官，何等自由？但现在国家到这地步，调兵调到我，拉夫拉到我，我没有法子逃，所以不能不去做一年半年的大使。
我声明做到战事完结为止，战事一了，我就回来仍旧教我的书。请你放心，我决不留恋做下去。
我这一年，长住旅馆，灯光太高，所以眼睛差了一点。今年六月配了新眼镜。头发两鬓都花白了，中间也有几茎白发了。但身体还算好，一年没有病。这回到美国，事体更要忙，要用全力去做事，身体更不能不当心。请你不要挂念我。
我给新六信上说，我知道冬秀不会愿意到外国来，所以请他替你斟酌决定应住何处。现在他死了，我托慰慈、文伯、铁如替你斟酌决定。
我到美国后，看看情形，再写信给你。

后，九月廿八日就坐船到美国去了。王正廷大使也是九月廿八日离美国，我十月二日到纽约。

我二十一年做自由的人，不做政府的官，何等自由？但现在国家到这地步，调兵调到我，拉夫拉到我，我没有法子逃，所以不能不去做一年半年的大使。

我声明做到战事完结为止，战事一了，我就回来仍旧教我的书。请你放心，我决不留恋做下去。

我这一年，长住旅馆，灯光太高，所以眼睛差了一点。今年六月配了新眼镜。头发两鬓都花白了，中间也有几茎白发了。但身体还算好，一年没有病。这回到美国，事体更要忙，要用全力去做事，身体更不能不当心。请你不要挂念我。

我给新六信上说，我知道冬秀不会愿意到外国来，所以请他替你斟酌决定应住何处。现在他死了，我托慰慈、文伯、铁如替你斟酌决定。

我到美国后，看看情形，再写信给你。

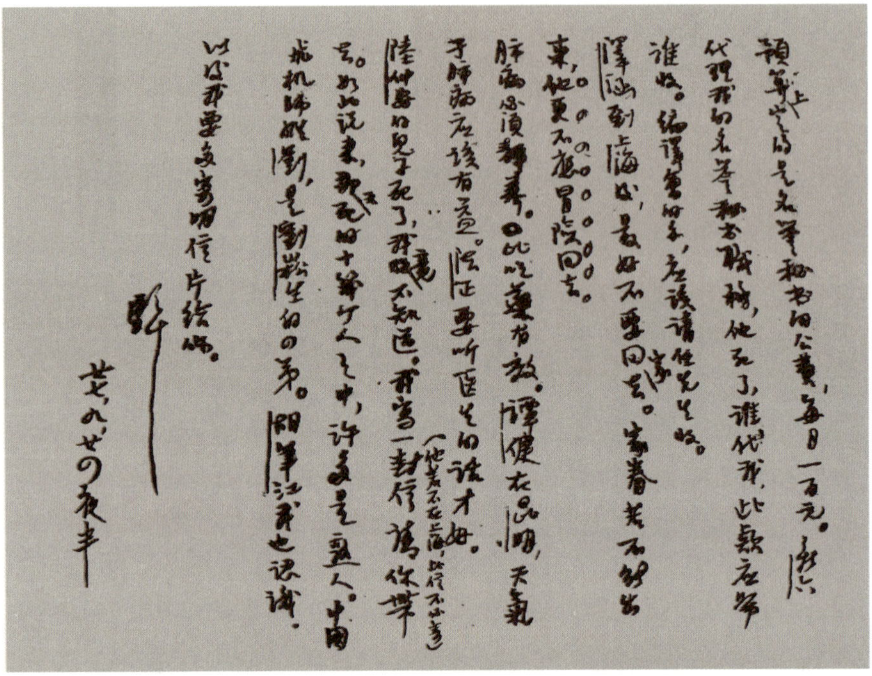
预算上定的是名誉秘书的公费，每月一百元。新六
代理我的名誉秘书职务，他死了，谁代我，此款应归
谁收。编译会的钱，应该请任先生收。
泽涵到上海后，最好不要回家去。家眷若不能出
来，他更不应冒险回去。
肺病必须静养，比吃药有效。谭健在昆明，天气
于肺病应该有益。法正要听医生的话才好。
陆仲安的儿子死了，我竟不知道。我写一封信，请你带（他若不在上海，此信不必寄）
去。如此说来，那天死的十几个人之中，许多是熟人。中国
飞机师姓刘，是刘崧生的四弟。胡笔江我也认识。
以后我要多寄明信片给你。
骍
廿七，九，廿四夜半

基金会的钱，请你叫孙先生不要再送了。我想会里预算上定的是名誉秘书的公费，每月一百元。新六代理我的名誉秘书职务，他死了，谁代我，此款应归谁收。编译会的钱，应该请任先生收。

泽涵到上海后，最好不要回家去。家眷若不能出来，他更不应冒险回去。

肺病必须静养，比吃药有效。谭健在昆明，天气于肺病应该有益。法正要听医生的话才好。

陆仲安的儿子死了，我竟不知道。我写一封信，请你带去（他若不在上海，此信不必寄）。如此说来，那天死的十几个人之中，许多是熟人。中国飞机师姓刘，是刘崧生的四弟。胡笔江我也认识。以后我要多寄明信片给你。

骍　廿七，九，廿四夜半

第 [152] 封 · 杜威

致江冬秀（十二）

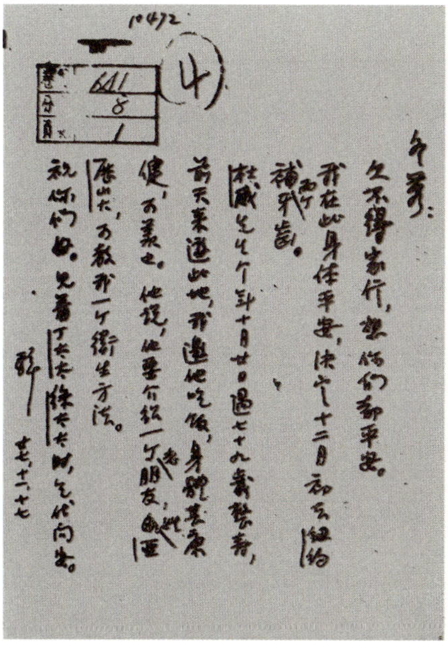
10472
(4)
641
8
1
冬秀：久不得家信，想你們都平安。我在此身體平安，決定十二月初去紐約補兩個牙齒。杜威先生今年十月廿日過七十九歲整壽，前天來遊此地，我邀他吃飯，身體甚康健，可羨也。他說，他要介紹一個老朋友，姓亞歷山大，可教我一個衛生方法。祝你們好。見着丁太太徐太太時，乞代問安。騂 廿七，十一，十七

冬秀：

久不得家信，想你们都平安。

我在此身体平安，决定十二月初去纽约补两个牙齿。

杜威先生今年十月廿日过七十九岁整寿。前天来游此地，我邀他吃饭，身体甚康健，可羡也。他说，他要介绍一个老朋友，姓亚历山大，可教我一个卫生方法。

祝你们好。见着丁太太、徐太太时，乞代问安。

骍　廿七，十一，十七

第[153]封 使馆

致江冬秀（十三）

冬秀：

你十月十三夜的信收到了。

泽涵的信也收到了。

祖望我想明年夏天带他出来，叫他进一个好的大学，可以安心读书。

你的身体要保重。泽涵说你时常心跳，我很不放心。

我读你信上说："但愿你给我信上的一句话，'我一定回到学术生活上去'，我恨自己不能帮你助一点力，害你走上这条路上去的。"我将来要做到这一句话。现在我出来做事，心里常常感觉惭愧，对不住你。你总劝我不要走上政治路上去，这是你的帮助我。若是不明大体的女人，一定巴望男人做大官。你跟我二十年，从来不作这样想，所以

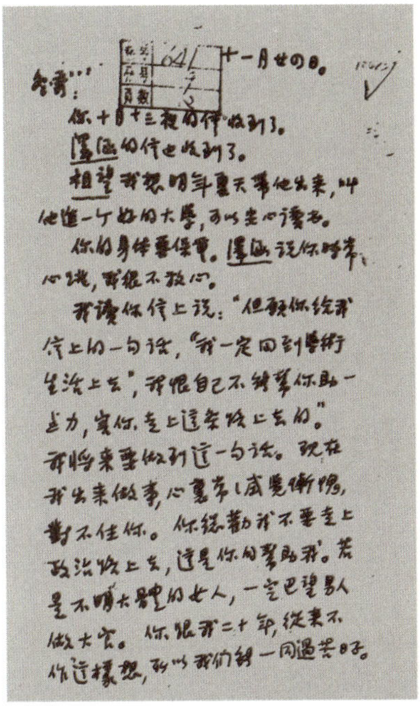
冬秀：

十一月廿四日。

你十月十三夜的信收到了。
溪涵的信也收到了。
祖望我想明年夏天带他出来，叫他进一个好的大學，可以安心讀书。
你的身体要保重。溪涵說你時常心跳，我很不放心。
我讀你信上說："但願你能我信上的一句話，'我一定回到學術生活上去'，我恨自己不能幫你助一点力，使你走上這条路上去的。"我將來要做到這一句話。現在我出来做事，心裏常常感覺慚愧，對不住你。你總勸我不要走上政治路上去，這是你的幫助我。若是不明大體的女人，一定巴望男人做大官。你跟我二十年，從來不作這樣想，所以我們能一同過苦日子。

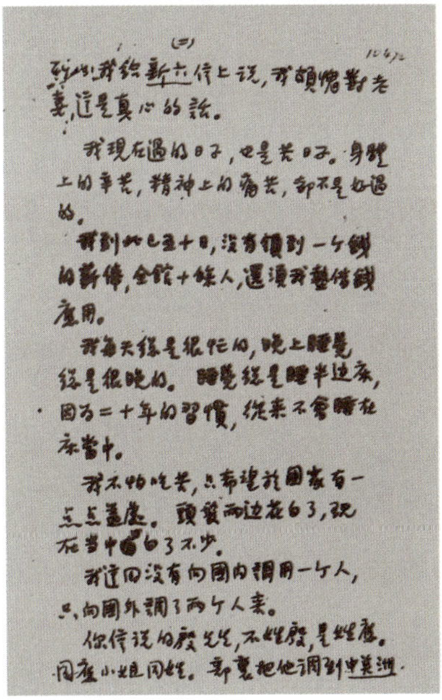
(二)

所以我給新六信上說，我頗愧對老妻，這是真心的話。
我現在過的日子，也是苦日子。身體上的辛苦，精神上的痛苦，都不是好過的。
我到此已五十日，沒有領到一个錢的薪俸，全館十餘人，還須我墊借錢應用。
我每天總是很忙的，晚上睡覺總是很晚的。睡覺總是睡半边床，因为二十年的習慣，從來不會睡在床當中。
我不怕吃苦，只希望於國家有一点点益處。頭髮两边花白了，現在當中也白了不少。
我這回沒有向國內調用一个人，只向國外調了两个人来。
你信說的殷先生，不姓殷，是姓應。同應小姐同姓。部裏把他調到中美洲

我们能一同过苦日子。所以我给新六信上说，我颇愧对老妻，这是真心的话。

我现在过的日子，也是苦日子。身体上的辛苦，精神上的痛苦，都不是好过的。

我到此已五十日，没有领到一个钱的薪俸。全馆十余人，还须我垫借钱应用。

我每天总是很忙的，晚上睡觉总是很晚的。睡觉总是睡半边床，因为二十年的习惯，从来不会睡在床当中。

我不怕吃苦，只希望于国家有一点点益处。头发两边花白了，现在当中也白了不少。

我这回没有向国内调用一个人，只向国外调了两个人来。

你信说的殷先生，不姓殷，是姓应。同应小姐同姓。部里把他调到中美洲去了。他的太太是五十三岁的人，带着一个儿子，一个女儿，留在此地。我因住的大屋，无女人照应，很不方便。所以我请应太太一家住在

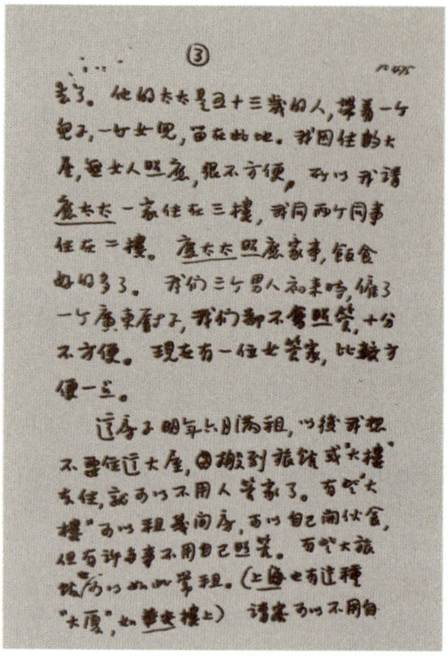
③

去了。他的太太是三十三歲的人，帶着一個兒子，一個女兒，留在此地。我因住的大屋，無女人照應，很不方便，所以我請應太太一家住在三樓，我同兩個同事住在二樓。應太太照應家事，飯食好的多了。我們三個男人初來時，僱了一個廣東廚子，我們都不會照管，十分不方便。現在有一位女管家，比較方便一點。

這房子明年六月滿租，以後我想不要住這大屋，搬到旅館或"大樓"去住，就可以不用人管家了。有些"大樓"可以租幾間房，可以自己開伙食，但有許多事不用自己照管。有些大旅館可以如此常租。（上海也有這種"大廈"，如華安樓上） 請客可以不用自

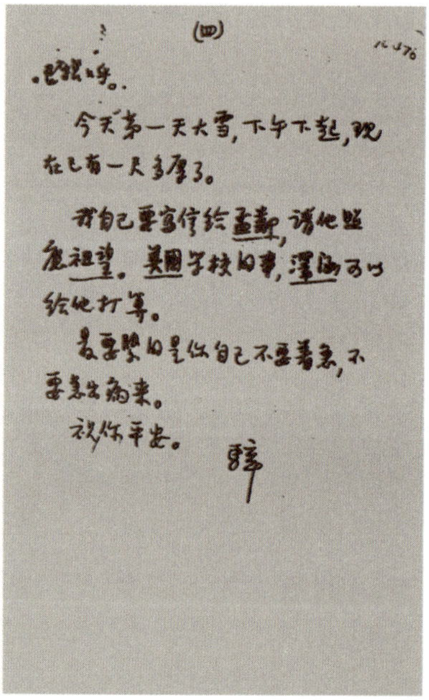
（四）

己招呼。

今天第一天大雪，下午下起，現在已有一尺多厚了。

我自己要寫信給孟鄰，請他照應祖望。美國學校的事，澤涵可以給他打算。

最要緊的是你自己不要着急，不要急出病來。

祝你平安。

騂

三楼，我同两个同事住在二楼。应太太照应家事，饭食好的【得】多了。我们三个男人初来时，雇了一个广东厨子，我们都不会照管，十分不方便。现在有一位女管家，比较方便一点。

这房子明年六月满租，以后我想不要住这大屋，搬到旅馆或“大楼”去住，就可以不用人管家了。有些“大楼”可以租几间房，可以自己开伙食，但有许多事不用自己照管。有些大旅馆也可以如此常租（上海也有这种“大厦”，如华安楼上）。请客可以不用自己招呼。

今天第一天大雪，下午下起，现在已有一尺多厚了。

我自己要写信给孟邻，请他照应祖望。美国学校的事，泽涵可以给他打算。

最要紧的是你自己不要着急，不要急出病来。

祝你平安。

骍　十一月廿四日

第 [154] 封 六不

致江冬秀（十四）

冬秀：

前四天电汇美金五百元由中基会转，想已收到了。此款可留作家用。

你托田成之先生转交的书目一本，茶叶六瓶，都早已收到了。我不曾早提及，使你挂念，是我之过。

我十二月四夜有点不舒服，四五两日我演说两次，医生说我太辛苦了，要我休息。我从五夜搬进医院，至今九日，一切大有进步。在院中无药吃，只绝对静养。九天不吸香烟，不看报，不读书，不见客，不办公事，不起床（此信是偷写的）。

医生说我大有进步，再静养十几天，就可以全好了。你看了此信，可以一切放心。

今年生日，新年，都得在医院里过。

骍　十二月十四夜

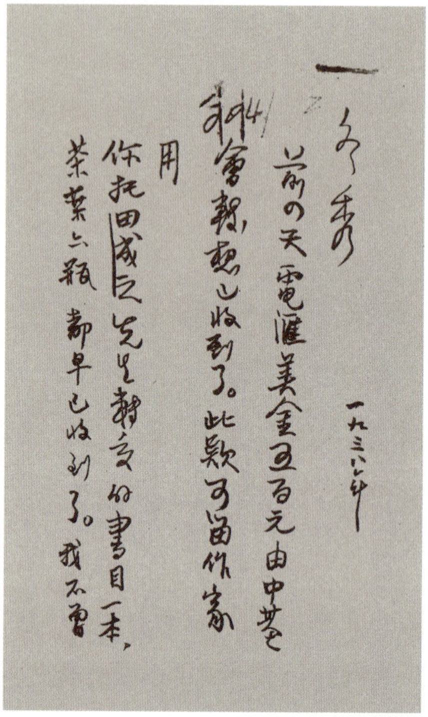
一

冬秀：

前日天電匯美金五百元由中基會轉，想已收到了。此款可留作家用。

你托田成之先生轉交的書目一本，茶葉六罐，都早已收到了。我不曾

一九三八年

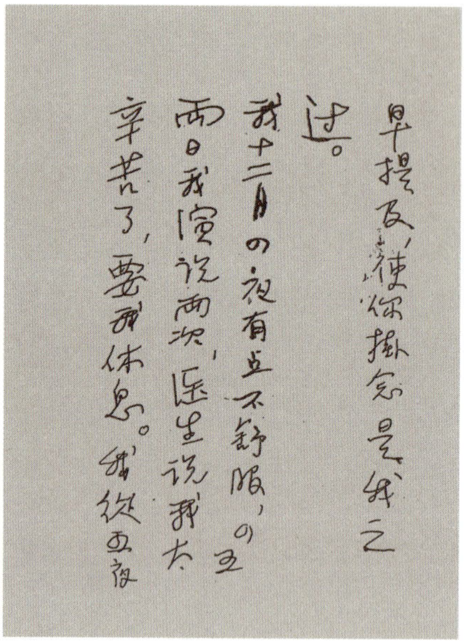
早提及，使你掛念，是我之過。

我十二月四夜有點不舒服，四五兩日我演說兩次，醫生說我太辛苦了，要我休息。我從五夜

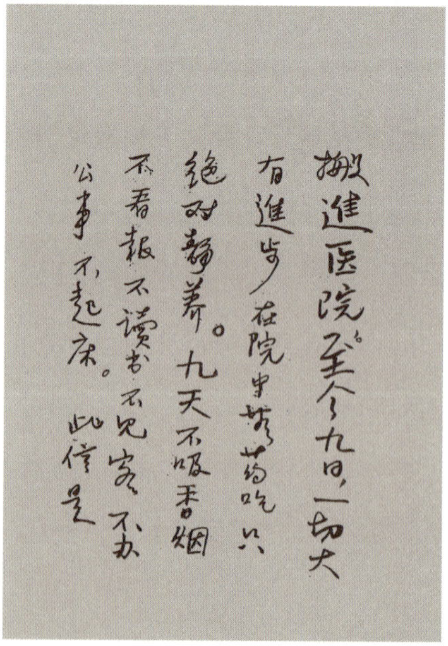
搬進醫院，至今九日，一切大有進步。在院中無藥吃，只絕對靜養。九天不吸香烟，不看報，不讀書，不見客，不辦公事，不起床。此信是

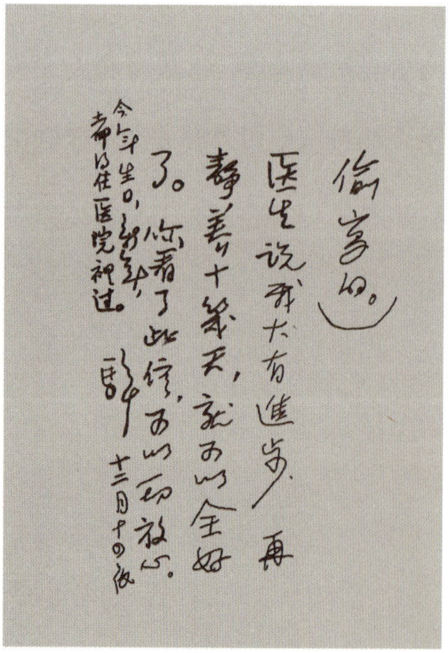
偷寫的。

醫生說我大有進步，再靜養十幾天，就可以全好了。你看了此信，可以放心。

騂

十二月十四夜

今年生日，就是這樣，都住醫院裡過。

第[155]封 开箱

致胡适（一）

洪骍：

前日由沈太太带到香港的信，想以【已】早收到了。今天是蒋仁宇订婚，前日来请我去吃晚饭，没有礼节，就是两桌客。他的客只有两对张先生、张夫人和我。女家的客人多点，黄小姐是湖南人。上信你叫我钞书目寄给你，因我同孙、林商量，他们都主张□【早】点想安全办法，因箱子在天津，现在查的【得】狠（很）紧，外人上船也照样查，竹先生也说不能随便，〖因〗我那时不该存放在天津。

孙洪芬夫妇，六月要去天津，他的二小姐出嫁，他们把箱子开开，想法子那【拿】点出来。你不能等急用，一定替你寄到的。儿子前日来电，叫我电汇五十元泉（钱），只好电汇去。这几天我们的大盛天天有，人心又高笑【兴】。我的房子还没有找着，此地人满。牧天川沙[的人]都逃走出来了，聋子也来，小鬼行人身上有三角洋泉（钱）都要。

冬秀　[1938年1月]十一日

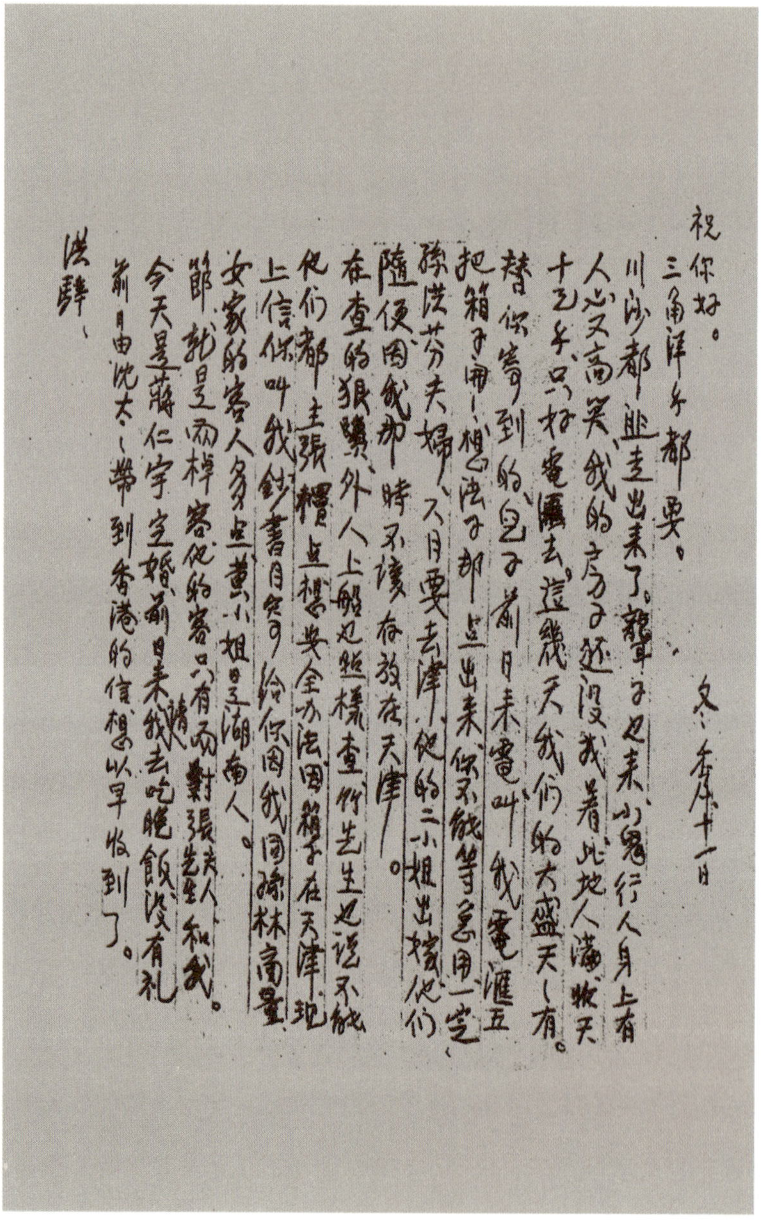

祝
你好。
冬秀 十一日

三角洋子都要。
川沙都能走出來了。龍子也來，小鬼行人身上有
人必又高笑，我的房子還沒找着，此地人滿，牧天
十乞千，只好電滬去。這幾天我們的大盛天天有。
替你寄到的包子前日來電叫我電滬五
把箱子開開，想法子都点出來，你不能等急用一定
孫洪芬夫婦，下月要去津，他的二小姐出嫁，他們
隨便因我那時不讓存放在天津。
在查的狠緊，外人上船也照樣查，竹先生也說不能
他們都主張禮點想要全办法因箱子在天津地
上信你叫我鈔書目寄給你因我同孫林商量
女家的客人多点，董小姐是湖南人。
節就是兩桌客，他的客只有兩對，張先生夫人和我。
今天是蔣仁宇定婚，前日來請我去吃晚飯，沒有礼
前日由沈太太帶到香港的信，想以早收到了。

洪騂

第 [156] 封 卖车

致胡适（二）

洪骍：

十一月廿九的信，在一礼拜前再【才】收到，由泽[涵]转来的这封信，连路上一共只收到了你三封信。又，上三礼拜前收到一笔四百美金，由会里转来的，我不知道是不是你寄来的。洪芬先生说一定不会差的，由他代存花旗银行。又，临时大学由泽涵寄来五百元，这五百元存在兴业，还有六百元留给祖儿做旅费用。这是到十二月止，日后怎样不得而知。这是泽涵来信说的。

昨天接儿子来信说，舅舅回家接舅妈和表弟，他到绩溪有电报给他。现在早到家了，但是现在出来实在不容易，这几天大不好走，不知安否？信要走一个多月再【才】到，圭贞前天有一信给我，在路上走了一个多月，我给他的信也是四十天再【才】到。南京大姐到今天一无信息，不知生死。保和到江西去了，四姐一家、二姐一家、保和弟媳同小孩侄女全回江村，泽涵家丕莹家全住满，还有芜湖本家、宣城本家都回老家。叔父说，每天要开四桌子饭，要外面寄泉（钱）回去。四路不

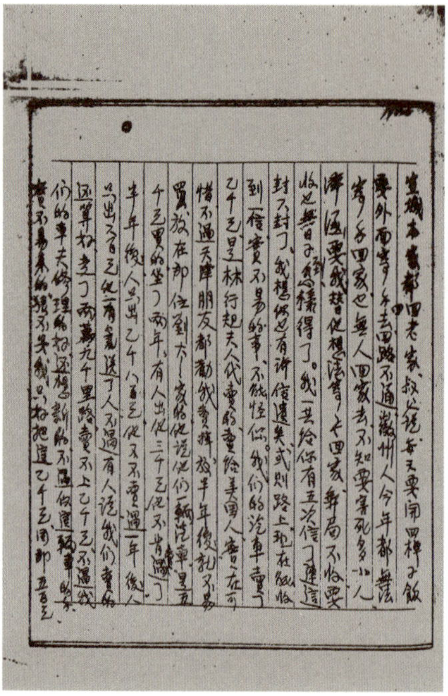
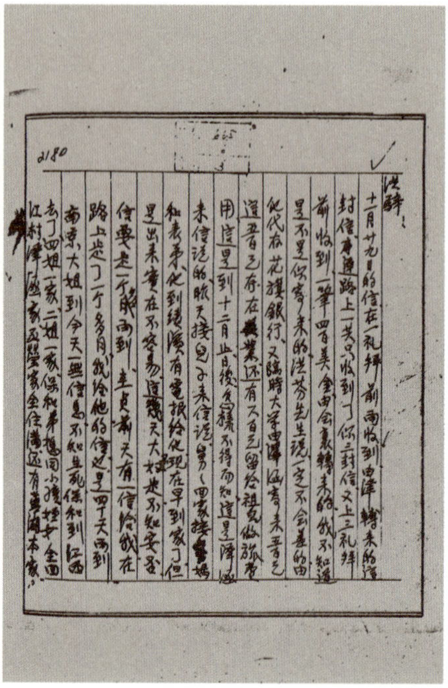

通，徽州人今年都无法寄泉（钱）回家，也无人回家去，不知要害死多少人。泽涵要我替他想法寄泉（钱）回家，邮局不收，要收也无日子到，怎样得了。我一共给你有五次信了，连这封六封了。我想你也有许【许有】信遗失，或则【或者】[在]路上。现在能收到一信，实[在是]不易的事，不能怪你。

我们的汽车卖了乙（一）千元，是林行规夫人代卖的。卖给美国人，实在可惜，不过天津朋友都劝我卖掉，放半年后就不易买【卖】。放在那位刘太太家的，他【她】说他们一辆汽车是五千元买的，坐了两年，有人出他【她】三千元他【她】不肯卖；过了半年后，人只出一千八百元，他【她】又不卖；过一年后，人只出六百元，他【她】一有气，送了人。不过，有人说我们卖的还算好，走了两万九千里路，卖

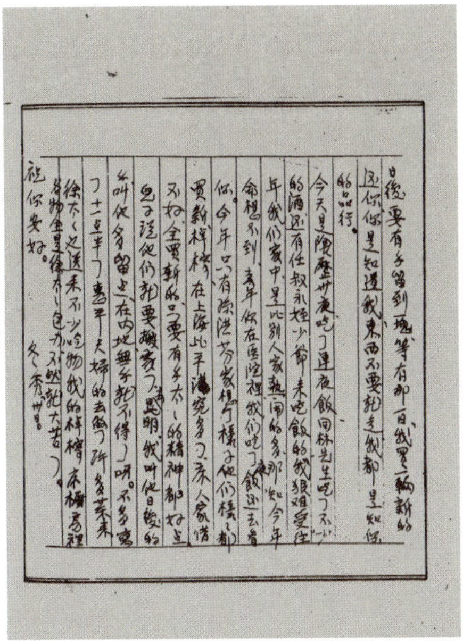

不上一千元，不过我们的车夫修理的好，还想【像】新的。不过你这辆车的泉（钱），实不易来的，狠（很）不安。我只好把这乙（一）千元，同那五百元，日后要有泉（钱）留到一块，等有那【哪】一日，我买一辆新的还你。你是知道我，东西不要就走，我都是知你的品行。

今天是阴历卅夜，吃了连【年】夜饭，同林先生吃了不少的酒，还有任叔永侄少爷来吃饭的。我狠（很）难受，往年我们家中是比别人家热闹的【得】多，那知【哪知】今年命想不到。去年你在医院里，我们吃了夜饭还去看你，今年只有孙洪芬家想【像】个样子，他们样样都买新[的]，桌、椅在上海比平讲究多了，床[向]人家借不好，全买新的，只要有泉（钱）太太的精神都好点。儿子说他们就要搬家了，去昆明。我叫他日后的泉（钱）〖叫他〗多留点，在内地无泉（钱）就不得了呀。不多写了，十一点半了。惠平夫妇〖的去〗做了许多菜来，徐太太也送来不少吃物，我的桌椅床厨、房里各物全是徐太太包办，不然就大【太】苦了。

祝你安好。

冬秀　[1938年1月]卅日

第 [157] 封 泽涵

致胡适（三）

洪骍：

昨夜由徐先生转来十二月卅日的信和十二月十七日的[信]都收到了。钱早收到了，由孙洪芬交来四百元美金。我阴历卅夜，有一信给你题【提】及此事了。你的生日，孙、叶、林三对夫妇替你做寿，祝你生日。那日我狠（很）不好过，一天我有一信告诉你过，但不知收着没有？前年，我们十九年阴阳历共一天，斯年在我家，是怎样高兴。去年这一天，我也不忌【愿】意说出来，你也不必太悲了，我们自己太坏，施【痴】心人太多。

什么是国？就是害了人民遭的太苦，不能听看了。昨天泽涵有信来，说起他廿八日同圭贞老二到长沙了，老大老三放在老家，家中狠（很）平安，路上是朋友介绍他四川军的车，七日动身，十三日到家。

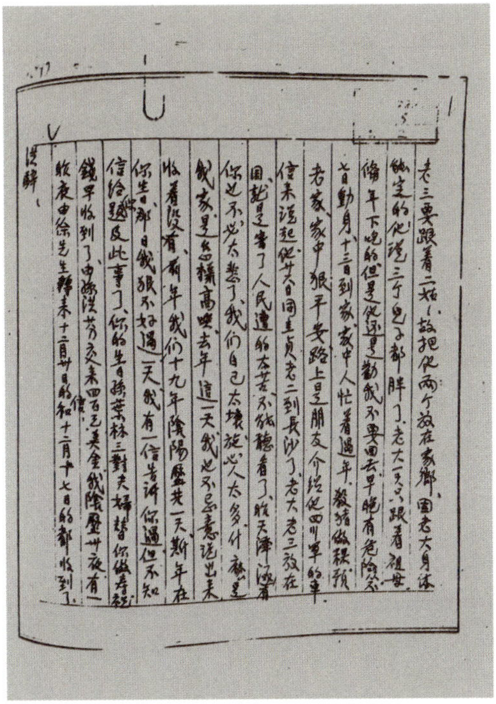
老三要跟着二姑，故把他两个放在家乡，因老大身体
能定的，他说三个儿子都胖了，老大一天只跟着祖母
备年下吃的，但是他还是劝我不要回去，早晚有危险，不
首动身，十三日到家，家中人忙着过年，杀猪做粿预
老家，家中很平安，路上是朋友介绍他四川军的车
信来说起他廿六日同王贞老二到长沙了，老大老三放在
回起是害了人民，遭的太苦，不能听着了，晚天津没有
你也不必太悲了，我们自己太坏，现在心人太多，什么都是
我家是怎样高兴，去年这一天我也不愿意说出来
收着没有，前年我们十九年阴阳历共一天，新年在
你生日那日我很不好过，一天我有一信告诉你过，但不知
信给过及此事了，你的生日孙叶林三对夫妇替你做寿，祝
钱早收到了，由孙洪芬交来四百元美金，我阴历廿夜有一
昨夜由徐先生转来十二月廿日的和十二月十七日的信都收到了。
洪騂

家中人忙着过年，杀猪做粿【糕】，预备年下吃的。但是，他还是劝我不要回去，早晚有危险，不能定的，他说三个儿子都胖了，老大一天只跟着祖母，老三要跟着二姑，故把他两个放在家乡。因老大身体不好，愁他吃不了四天长途汽车的苦，他又狠（很）难过，不放心日后能聚会。这样的日子，实在难过。你等【顶】好多住外面，不回来我还放心点，此地你是不能来的。

昨日林行规先生带他大少爷去美国，故我托他带这封信给你。周、彭连信都没有，还要说泉（钱）呢。基金会存【从】八月起，每月给我三百元。我也同孙先生推过，那一百元不能要的原故【缘故】，他说你先收着，日后再说。廿七年一月，我又与他说过，你不在此地，那泉（钱）不好意思，还是暂时不那【拿】好。他又说你不要管他，先那

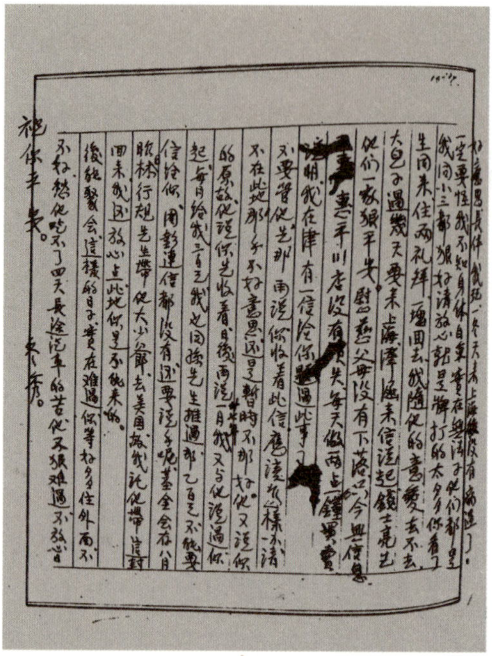

【拿】再说。你收着此信，应该怎样办，请说明。我在津有一信给你，题【提】过此事了。

因□□惠平川店没有损失，每天做两点钟买卖。他们一家狠（很）平安。蔚慈父母没有下落，只【至】今无信息，大儿子过几天要来上海。泽涵来信说起，钱士亮先生同来，住两个礼拜一块回去。我随他的意，爱去不去。我同小三都狠（很）好，请放心，就是牌打的【得】太多，你看了一定要怪我不知身体自重。实在无法子，他们都是好意思，长【常】伴我玩，一冬天来上海后，没有病过了。

祝你平安。

冬秀　[1938年2月10日]

第[158]封 难租

致胡适（四）

适之：

我上月十号托林先生带上信和茶叶，想以【已】见着他了。昨天接到你二月三日的信，知你出门走这许多的地方，我早知道你不在纽约，是徐新六先生告诉我的，他是翁先生信上说起，你到英国去了。但是一个半月没有接着你的信，实在不放心，故我到处打听消息。你寄来的泉（钱）早收着了，我有两封信都说过，想现在知道了。我连日到处托人找房子，都没有找着。因林先生三楼只有一简【间】，他家有三个小孩子，两个大人住一简【间】，我狠（很）不安。天气要热了，上海添了好几万人来了，就是这一个月罢，房子等费开口上千，乙（一）千多〖两〗，只好想办法。儿子回来住了两个礼拜，到【倒】狠（很）好，化【花】了我五百多元，连来回去云南旅费在内。

我想买一支【只】好点的表和西洋参，你要有宽如【余】泉（钱）就买来，你要是没有泉（钱）不必勉强，借泉（钱）千万不必买，此物又不是一定非要不可。

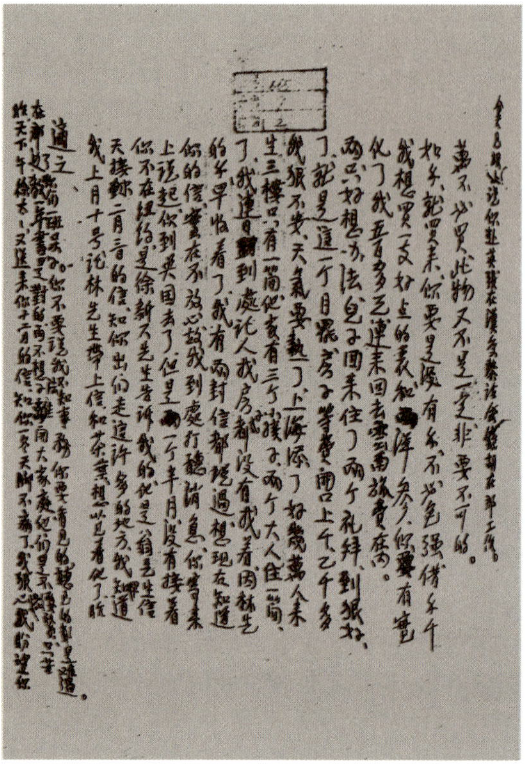

今天见报上说你赴英，张在汉受茶话会，钱、胡在那工作。

昨天下午徐太太又送来你十二日的信，知你一冬天脚不痛了，我狠（很）心安，我盼望你在那边教一年书是对的，再不想法子离开大家庭，他们是不要紧，只苦了你们一班呆子。你不要说我不知事务【不识时务】，你要看见的、听见的都是难过。

日后的日子还不知怎样过法呢，要物和用罢。陶太太同小芳去广西杨【阳】朔中央研究院工作站，大家朋友东跳西走，就是苦了你们同下一代的儿女，再小的也无所为【谓】。

孙洪芬先生说过几次，你一点不通[信与]朋友，你这次有信给他，狠（很）好。丁太太也是找房子没有找着，还有赵季云太太来上海也是找

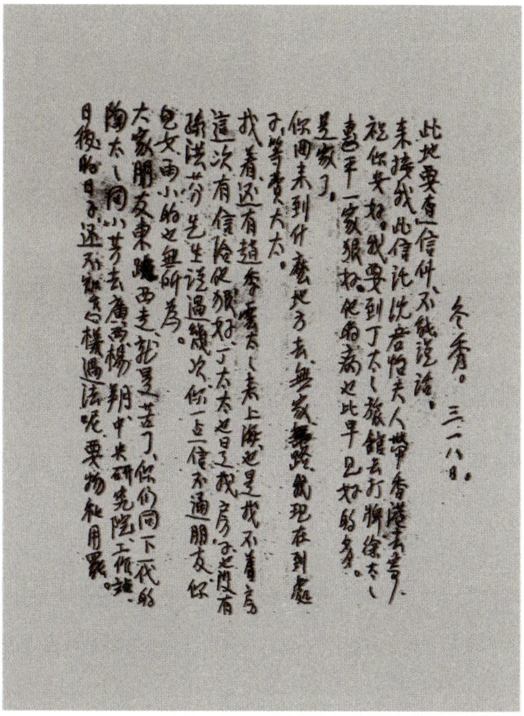

日後的日子还不知怎樣過法呢，要物和用罷。
陶太太同小芳去廣西，楊朔中央研究院工作。
大家朋友東跑西走，就是苦了你們同下代的
兒女，兩小的也無所為。
孫洪芬先生說過幾次，你一点信不通朋友，你
這次有信給他狠好。丁太太也是找房子也沒有
我着，还有趙季雲太太來上海，也是找不着房
子，等費太太。
你回來到什麽地方去，無家無路，我現在到處
是家了。
惠平一家狠好，他病也比早見好的多。
祝你安好。我要到丁太太旅館去打牌，徐太太
來接我。此信託沈君怡夫人帶香港去寄，
此地要查信件，不能說話。
冬秀。三、一八日。

不着房子，等费太太。

你回来到什么地方去，无家无路？我现在到处是家了。

惠平一家狠（很）好，他的病也比早[先]见好的【得】多。祝你安好。我要到丁太太旅馆去打牌，徐太太来接我。此信托沈君怡夫人带香港去寄，此地要查信件，不能说话。

冬秀　[1938 年] 三、一八日

第[159]封 看望

致胡适（五）

洪骍：

二月廿一日在火车上寄来的信，昨日收到了。谢谢你。

你叫我把书钞给你，我因你自己手写的东西同要紧的物件，化【花】了十八元泉（钱）买了一支【只】樟木箱子装好，存在花旗天津，每月五元保存费。此物那时我预备回家乡，故存放一个安全地方，樟木不会生虫，你的东西没有少化【花】泉（钱），怎样安全怎样好。我上月说友人来沪，托过孙先生，请他四月开合托走津带来，这处朋友大慨【概】要好点。托人钞容易，汪原放他们狠（很）方便，恐怕寄到要五月底了，只好请你多等几时，一到就钞来寄出。

你说胖多了，到【倒】要当心〖就〗虚亏，千万要保重要吃点知【滋】补品，帮助〖他〗身体不要吃亏。望保重点，夫妇分离，儿子分开，不能想了，糊里糊涂的过了。昨天同徐太太去看钱太太、陶太太妹妹，他【她】自己睡下伤风，有个不能走路的儿子，生肺痰病，同我的女儿快要死的情形差不多的样子。我掉下泪来了。看看朋友都是不能在

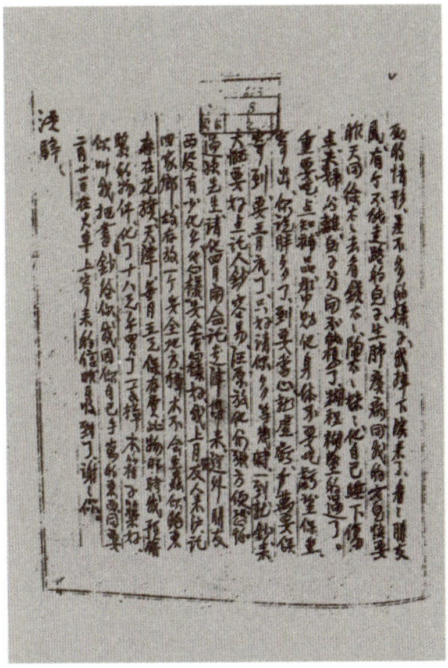

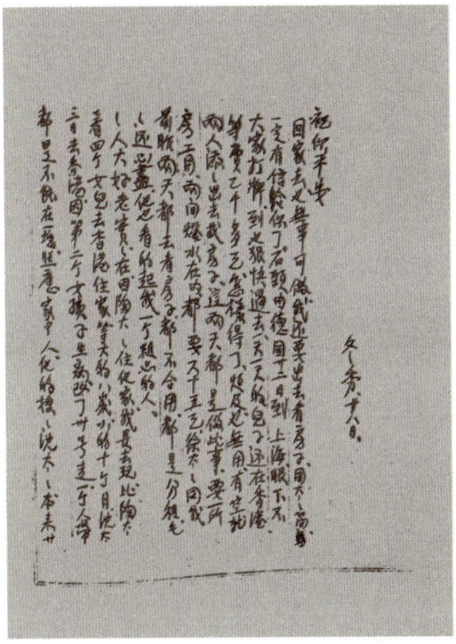

一块照应家中人，他【她】的嫂嫂沈太太，本来廿三日去香港，因第二个女孩子生病，改了卅号走。一个人带着四个女儿去香港住家，等【顶】大的八岁，小的十个月。沈太太人大好，老实，实在，因陶太太住他【她】家，我长【常】去玩，比陶太太还心尽【精细】，他【她】也看的【得】起我一个粗心的人。

前昨两天都去看房子，都不合用，都是分租，毛房工【茅房公】用，两间，灯水在内都要六十五元。徐太太同我两人添添【天天】出去找房子，这两天都是做此事。要一所等费要乙（一）千多元，怎样得了。烦及【极】也无用，有空就大家打牌，到【倒】也狠（很）快过去，一天一天的。儿子还在香港，一定有信给你了。石头由德国廿二日到上海，眼下不回家去，也无事可做。我还要出去看房子、周太太简【等】。

祝你平安。

冬秀　[1938 年 3 月] 廿八日

第 [160] 封 大钱

致胡适（六）

适之：

前几天托林先生带去香港寄给你的信，明天张蔚慈夫人去香港，托他【她】带上此信给你。他【她】是去玩一月回来，我实在长远【久】没有接着你的信，狠（很）有点不放心你，盼望你在外平安两字。我算算林行规先生带给你的信，应该收到有回信来了。他是二月十日动身的，今天十月廿六日了，也没有回信。你知道丈夫在外，太太们总时时有点纪念着，我有时心乱如麻，一个家没有了，住人家三楼，还要化【花】大泉（钱）再【才】有的【得】住，这都是一部分的人心黑弄出来的，害了多少人命、多少无家可住，太伤心了。我候林先生回来再搬，他请我照应他太太和小孩。前信说过，要问你讨点泉

（钱）那【拿】来应用。昨天章元美先生来，同我商量带箱子的办法。我请他怎样安全怎样好，泉（钱）多化【花】点不要紧。我交给他五十元了，不敷用请代付。

儿子来信说，十二日又没有走成，因叶恭超先生叫他等着，他样【让】那班住旅馆的先走。我托张太太带去火腿二支，十三元七角价洋，买了二个新茶九元泉（钱），送郑铁如夫妇。儿子住在人家快两个月了，你是知道我的皮【脾】气，人家对我来往上头，我不忌【愿】大尖光【太沾光】了。今回朱先生继圣来，我也买两支火腿送他，都是逃难在人家住住，不还点礼，心里过意不去。我是自己吃穿上缄【减】省点可以，人成【人情】事故该【改】不了的。我前次同你说，有许到云南去照的相片寄给你，你看见小三又大多了。

应小姐说他太懒了，生字不好好的【地】查写，我也没有法子管叫【教】他，你写信怎样叫【教】他听话罢。大儿子也没法管叫【教】的【得】好，都是不用功，怎没【么】办法罢。

祝你安好。

冬秀　[1938 年 10 月] 廿六日

第[161]封 肝病

致胡适（七）

骍:

今早见报上说，你因身体不适进某医院疗养，我看吓我一大跳，盼望你不是大病，但是你要没几分病，不会进医院，〖是〗我狠（很）不放心，盼望天老爷开眼就病好罢。是不是牙痛病见凶了？我只有靠天福保佑你，祝你康健。我实在不能回想了，你一次两次的病，大半我都在身边多，回则【或者】在国内信、电都方便。现在心想打个电报都不敢，可怜到我们这个地步的人太难过了。

我怕是你的肝病，要[是]起来就不容易好，一个人身上肝病就不能生气。在这样的世界，怎样想开过活，就是肝病也会养好的，只要事事不生气，当病养养。丁太太的病十四年没有吃过一粒药，他【她】现在吃一碗半饭了，能打卅二圈牌，明天还是一样的好。你的皮气【脾气】好胜，我一晚不睡觉，望你平身【心】气和修养修养罢。你的师姊师妹要把我们的全全送掉，也是前世里的遭系【际】，现世除了这一班宝贝，想开点罢，未必完了。

你现在好比他们叫你进虎口，就是说贾【假】话，他们现在就爱这一套。你在大会上说老实话，你就是坏人了。我劝你早日下台罢，总受他们这一班没有信用的加你的罪，何苦呢？

住在我家的小李的父亲，你千万不要那【拿】他当好人，我们大家的泉（钱）他落了不少，不少在心【身】边买来的东西全都是旧坏的多，他同你的师姊夫姊妹连党的。你这次出马，有他在内工为【恭维】上台的罢。你对人太忠厚，上这个当把你送掉名誉。不能说了，他们就少一人说破他们的穿衣镜子了。

你看了我这封信又要怪我瞎听来的，望你不见怪我罢，我对〖的〗你至少没有骗你过说话呀。

望你好好养息养息，此信不知道赶的【得】上你的生日否，替你拜寿祝福。祝你平安。

冬秀　[1938 年] 十二月八日

或来飞信，回【或】来电报，免我焦急，我信取好，长【详】细写来。

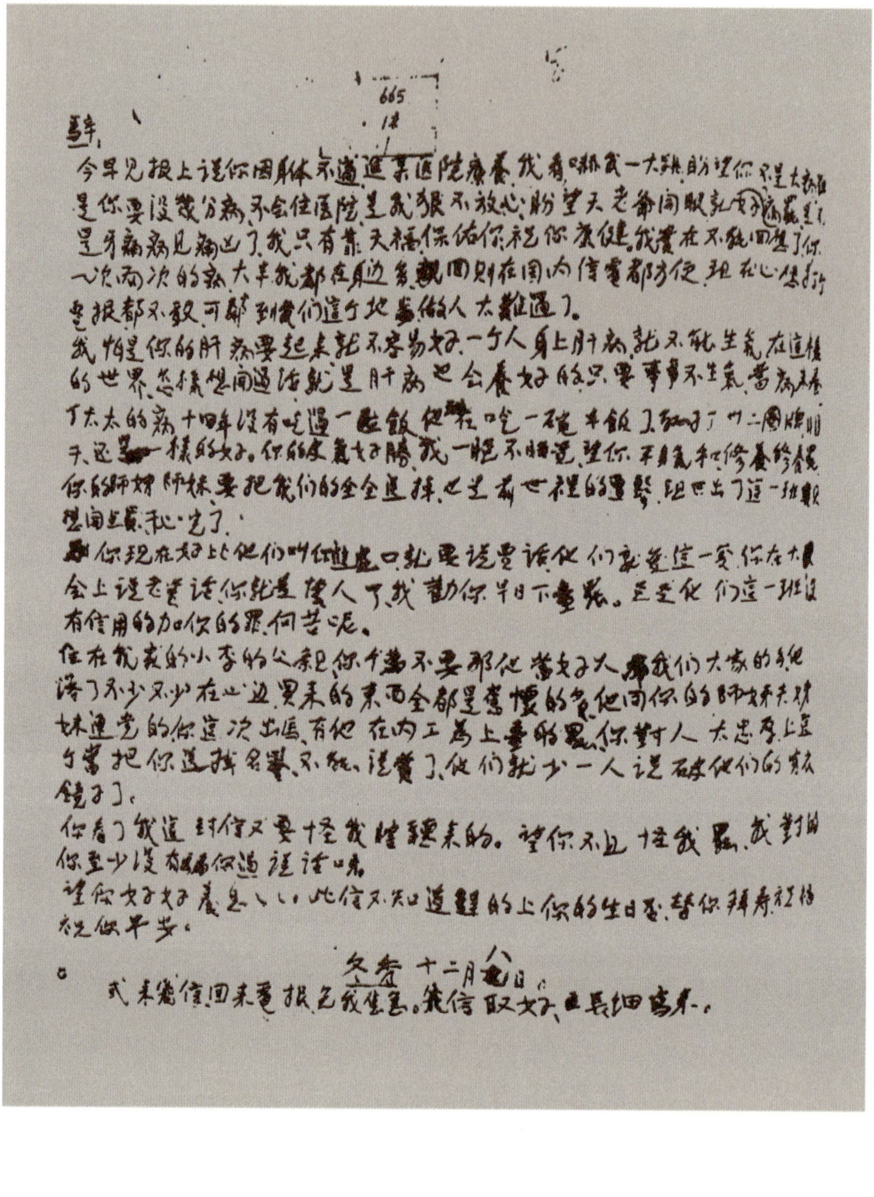
665
18

骍：
今早见报上说你因身体不适，进某医院疗养，我看了吓我一大跳，盼望你不是大病，
是你要设法分病，不会住医院，是我很不放心，盼望天老爷开眼，就是小病就是
是牙痛病见痛出了，我只有靠天福保佑你，祝你康健。我实在不能回想了你
一次两次的病，大半我都在身边多亲，回则在国内，信电都方便，现在心想打
电报都不敢，可都到我们这个地方做人太难过了。
我怕是你的肝病要起来就不容易好，一个人身上肝病，就不能生气，在这样
的世界，怎样想开过活，就是肝病也会养好的，只要事事不生气。当病瘫
了太太的病十四年没有吃过一点饭，但现在吃一碗半饭了，打了廿二圈牌，明
天还同一样的好。你的度气好胜，我一听不睡觉，望你平心静气修养修养。
你的师姊师妹要把我们的全全送掉，也是前世里的冤孽，现在出了这一班
想闲无聊心思了。
你现在好比他们叫做进口，就要说要请他们来坐这一天，你在大
会上说老实话，你就是坏人了，我劝你早日下台。是些他们这一班没
有信用的加你的罪，何苦呢。
住在我处的小李的父亲，你千万不要那位当好人，我们大家的钱
落了不少又少，在这边买来的东西全都是旧货的，他同你的师姊夫、师
妹连党的，你这次出马，有他在内，工为上台的罪，你对人太忠厚，上这
个当。把你这样名誉不能送了，他们就少一人说破他们的黑
镜了。
你看了我这封信又要怪我胡说来的。望你不必怪我罢，我对你
你至少没有骗你过这话呢。
望你好好养息，此信不知道几时的上你的生日，替你拜寿，祝
你平安。

冬秀 十二月八日

我来信回来要报知我生日。此信取好，要长细写来。

第 [162] 封 劝辞

致胡适（八）

骍:

你十一月十七日的信，由孙先生转来的，你寄来的五百元，也收着了，谢谢你。但是你说久没有接得我的信，你收着我十一月十六日的信，你就知道了。我自从得着你上台的消息，我就难过万分，那【拿】笔就要流泪，多少日子晚上不好睡觉，瘦了七八磅。加徐先生死，这两件事，我长长【常常】的不好过，你要不相信，可问问竹先生。这两个月，心跳好多了，人也胖的【得】同先差不多了，我狠（很）想丌了，不管什么，都不去想了，比如我死了，你的机会又多一个了。

不过我还是要劝你，能早日离开的好，亏空想法子教书，或想别的法补助，要做下去你的性命都糟了。我一想起来就替你焦心，请你不要见怪我多

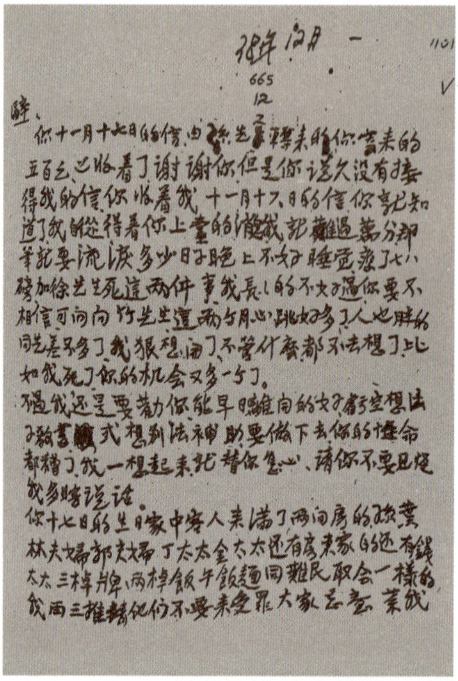

卅八年12月一
665
12
2
1101
V

騂、
你十一月十七日的信由徐先生轉来的你寄来的
五百元已收着了谢谢你但是你許久没有接
得我的信你收着我十一月十八日的信你就知
道了我自從得着你上臺的消息我說離過萬分那
筆就要流淚多少日子晚上不好睡覺瘦了七八
磅加徐先生死這兩件事我長長的不大了過你要不
相信可問問竹先生這兩个月心跳好多了人也胖的
同先差不多了我狠想開了不管什麼都不去想了比
如我死了你的机会又多一个了。
過我还是要勸你能早日離開的好[illegible]想法
了教書[illegible]式想到法[illegible]要做下去你的性命
都糟了我一想起来就替你急心、請你不要见怪
我多瞎說話
你十七日的生日家中客人来滿了兩间房的孫葉
林夫婦郭夫婦丁太太金太太还有房东家的还有錢
太太三桌牌兩桌飯午飯麵同難民取会一樣的
我再三推請他们不要来受罪大家忌意来我

瞎说话。

你十七日的生日，家中客人来满了两间房的，孙、叶、林夫妇、郭夫妇、丁太太、金太太，还有房东家的，还有钱太太，三桌牌两桌饭，午饭面同难民取会【聚会】一样的。我再三推请他们不要来受罪，大家忌【愿】意来【向】我恭贺新年。

同小二还有思齐来帮忙，他们都说狠（很）好吃，但是不知道你个人怎样过生日，又不能告诉别人，太可怜了。我十一月九日托泽涵带去寄给你信，想早到了。我十二月八日托姜立天先生寄的飞机信，你收到没有？望你来一封[详]细信，说明白茶叶同书目、信都收着否。你是家信取【不】多的人，廿年来出外没有叫我挂心的，就是现在不方便的话也好，香港狠（很）便[于]人来往呀。望你还是想法费三分钟一礼拜，明片

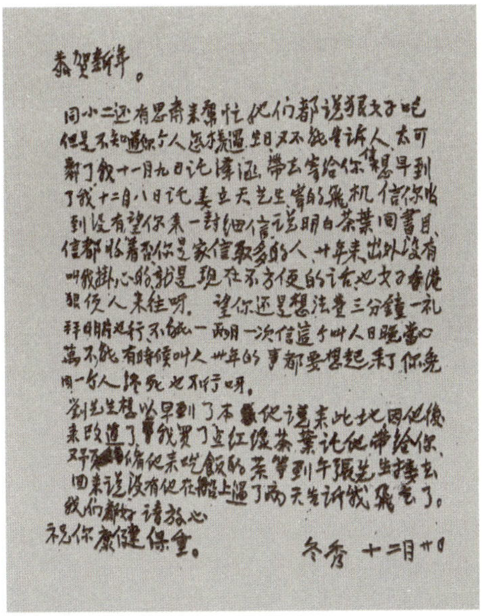
恭贺新年。
同小二还有思齐来帮忙，他们都说很好吃
但是不知道你个人怎样过生日，又不能告诉人，太可
怜了。我十一月九日托谭函带去寄给你信，想早到
了。我十二月八日托姜立夫先生寄的飞机信你收
到没有？望你来一封细信说明白茶叶同书目、
信都收着否。你是家信最多的人，廿年来出外没有
叫我挂心的，就是现在不方便的话也要了香港
那便人来往呀。望你还是想法每三分钟一礼
拜明晴也行，不能一两月一次信，这个叫人日晚当心，
万不能有时候叫人卅年的事都要想起来了。你免
回一个人，终死也不行呀。
刘先生想以早到了。本他说来此地，因他后
来改道了。我买了点红绿茶叶托他带给你，
又预备他来吃饭的菜。等到午，张先生接去，
回来说没有他在船上，过了两天告诉我飞去了。
我们都好，请放心。
祝你康健保重。
冬秀 十二月廿日

也行，不能一两月一次信，这个叫人日晚当心【担心】。万不能有时候叫人卅年的信都要想起来了。你免回一个人，终死也不行呀[①]。

刘先生想以【已】早到了。本[来]他说来此地，因他后来改道了，我买了点红绿茶托他带给你，又预备他来吃饭的菜。等到午，张先生接去，回来说没有他在船上，过了两天告诉我飞去了。我们都好，请放心。

祝你康健保重。

冬秀　[1938年]十二月廿日

①原文如此。

第[163]封 多写

致胡适（九）

洪骍:

昨天接到你电汇来美金四百元，孙先生替我去取出代存花旗，暂时不换也不动，日后不得泉（钱）用再那【拿】他用。你自己的用费可有否？念念。自十月十六信到十二月十七再【才】收着知【之】后，还没有第二次信呢，狠（很）不放心，望想法多来两次信要紧。但不知你到冬天可发脚痛病没有，我自陆大夫看好后，身体狠（很）好。小三每天下午上四点钟稞【课】，在家功课也不少，应小姐现在是一、三、五来三天，每次两个钟头。他就是不改吃零东西，比先要听话一点了，一个人去学校要焕【换】两次车，早十一点半动身去，一点上稞【课】，下午五点下稞【课】，六点到家，十点睡觉，倒狠（很）好。

祖望同泽涵，昨天接着他们来[信]，说就要搬到

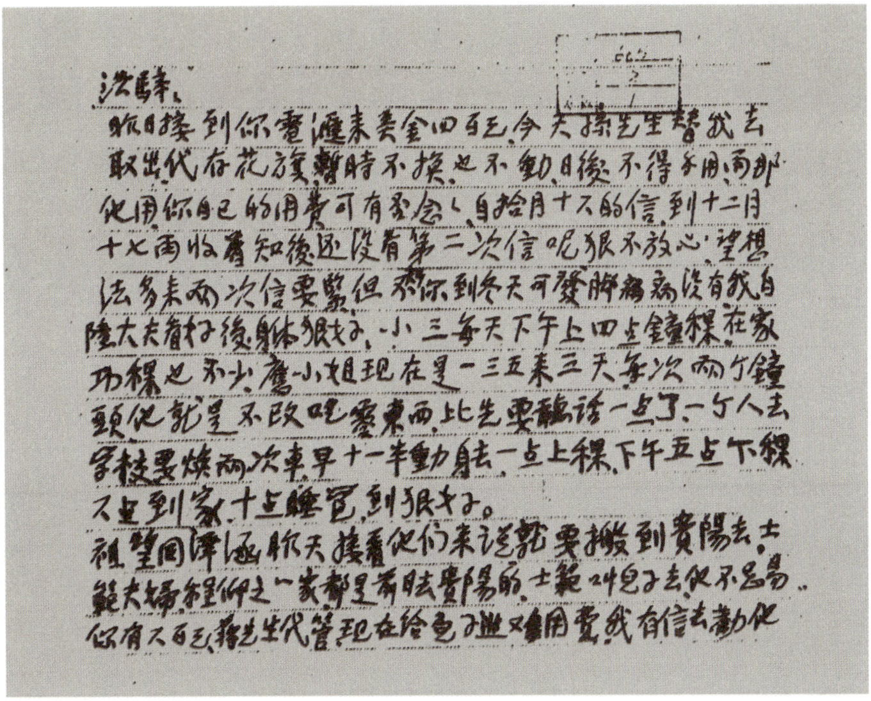

洪骍：
昨日接到你汇沪来美金四百元，今天孙先生替我去
取出代存花旗，暂时不换，也不动，日后不得不用，而那
他用你自己的用费可有要念。自拾月十六的信到十二月
十七两收着，知后还没有第二次信呢，很不放心，望想
法多来两次信要紧。但恐你到冬天可发脚病，病没有。我自
陆大夫看好后身体很好。小三每天下午上四点钟课，在家
功课也不少。詹小姐现在是一三五来三天，每次两个钟
头。他就是不肯吃零东西，比先要听话一点了。一个人去
学校要换两次车，早十一半动身，一点上课，下午五点下课，
六点到家，十点睡觉，到很好。
祖望同泽涵昨天接着他们来说就要搬到贵阳去。士
钰夫妇、程仰之一家都是前往贵阳的。士钰叫思子去，他不容易。
你有六百元，胡先生代管，现在给思子逃难用费，我有信去劝他

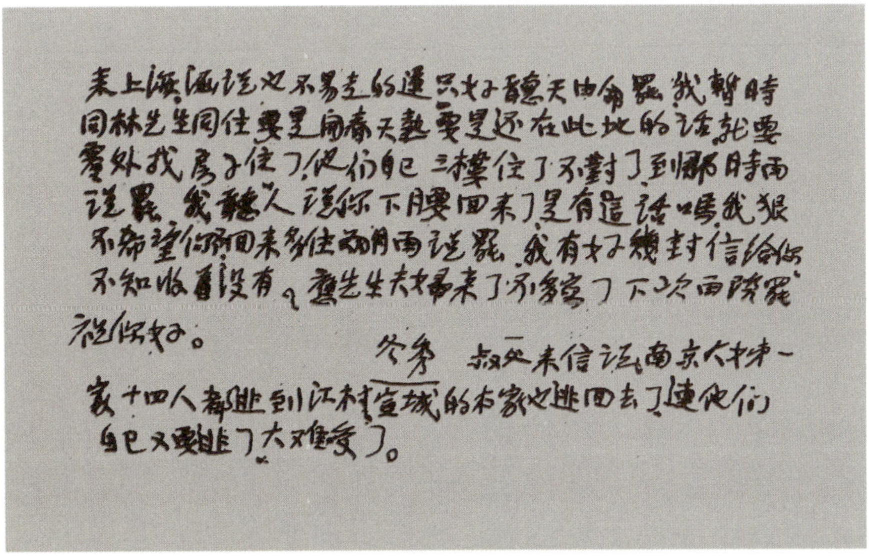

来上海。涵说也不易走的通，只好听天由命罢。我暂时
同林先生同住，要是开春天热，要是还在此地的话，就要
另外找房子住了，他们自己三楼住了不对了，到那时再
说罢。我听人说你下月要回来了，是有这话吗？我很
不希望你回来，多住两月再说罢。我有好几封信给你，
不知收着没有。孙先生夫妇来了，不多写了，下次再谈罢。
祝你好。
冬秀
一叔来信说，南京大姊一
家十四人都逃到江村、宣城的本家，也逃回去了，连他们
自己又要逃了，太难受了。

贵阳去，士范夫妇、程仰之一家都是前日去贵阳的，士范叫儿子去，他不忌易【愿意】。你有六百元蒋先生代管，现在给儿子[做]逃难用费。我有信去，劝他来上海，涵说也不易走的【得】通，只好听天由命罢。我暂时同林先生同住，要是开春天热〖要是〗[我]还在此地的话，就要零【另】外找房子住了。他们自己三楼住了不对了，到那时再说罢。我听人说，你下月要回来了，是有这话吗？我狠（很）不希望你又回来，多住两个月再说罢。我有好几封信给你，不知收着没有？应先生夫妇来了，不多写了，下次再谈罢。祝你好。

冬秀　[1938 年 12 月]

叔父来信说，南京大姊一家十四人都逃到江村，宣城的本家也逃回去了，连他们自己又要逃了，大【太】难受了。

〖第捌章〗远隔重洋，彼此牵挂情更深

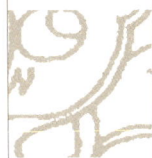

胡适1938年出任中华民国驻美大使后，有四年的时间夫妻两人没见面，但即使远隔重洋，也挡不住彼此挂念的潮水。江冬秀一直挂念着胡适的身体健康，担心他吃不消，一直劝他多注意休息，多保养，实在不行就辞去大使职位，专心教书。胡适在大洋彼岸时刻关注着国内动荡的战局，为四处逃难的江冬秀担忧着，还时不时买一些东西赠送给她，以宽慰她的心。

此时的两人，经过二十年的婚姻生活磨合，当初『不般配』的婚姻有了越来越多的心灵默契。她懂胡适在乎什么，胡适了解她的脾味。

第[164]封 概说

一九三九年
致江冬秀（一）

冬秀：

我真对不住你，这许多时都没有信给你。我因为写信费力，故每月打电报给你，报告我的消息。（我在医院每天只许坐起很短的时候，所以我总不得写信的工夫。）

我二月二十日出医院，当天就回华盛顿来了。昨天满三星期，才把看护送回去。这三星期中，我每天只见一个客，只看一点钟的公事，下午吃了午饭总睡一点多钟，晚上十点半就上床。身体很好了，现在我不穿衣服，有一百三十八磅重，颈膊子壮了，去年的领子都不能戴了。

医生许我喝葡萄酒，许我看书，只不许我做三件事：

（1）不许爬楼梯，

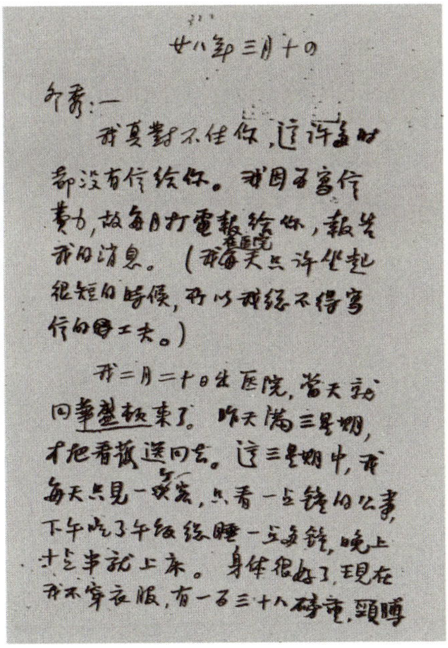

廿八年三月十四

冬秀：—

我真對不住你，這許多时都沒有信給你。我因寫信费力，故每月打電報給你，報告我的消息。（我每天只許坐起很短的時候，所以我總不得寫信的工夫。）

我二月二十日出医院，當天就回華盛頓來了。昨天满三星期，才把看護送回去。這三星期中，我每天只見一次客，只看一点鐘的公事，下午吃了午飯總睡一点多鐘，晚上十点半就上床。身体很好了，現在我不穿衣服，有一百三十八磅重，頸脖

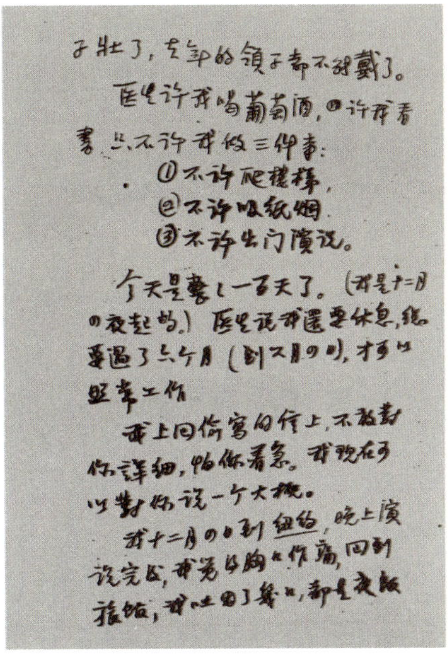

子壯了，去年的領子都不能戴了。

医生許我喝葡萄酒，也許我看書。只不許我做三件事：

①不許爬樓梯，

②不許吸紙烟，

③不許出门演说。

今天是整整一百天了。（我是十二月四夜起的。）医生說我還要休息，總要過了六个月（到六月四日），才可以照常工作。

我上回偷寫的信上，不敢對你詳細，怕你着急。我現在可以對你說一个大概。

我十二月四日到紐約，晚上演說完後，我覺得胸口作痛，回到旅館，我吐出了幾口，都是夜飯

（2）不许吸纸烟，

（3）不许出门演说。

今天是整整一百天了。（我是十二月四夜起的。）医生说我还要休息，总要过了六个月（到六月四日），才可以照常工作。

我上回偷写的信上，不敢对你详细，怕你着急。我现在可以对你说一个大概。

我十二月四日到纽约，晚上演说完后，我觉得胸口作痛。回到旅馆，我吐了几口，都是夜饭吃的甜东西。我想是“不消化”。叫了一壶热茶来喝了，就睡了。

睡下之后，胸口的痛觉得好了一点，但总觉得胸口不舒服。每闭着眼，就出大汗。汗出了一夜，睡衣都湿了。

第二天（五日）早晨，我把上午的约会都辞掉了，睡到十一点才起

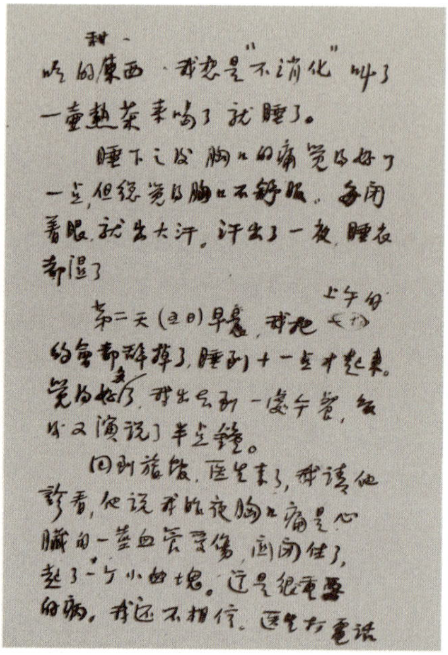
甜一
吃的东西，我总是"不消化"，叫了
一壶热茶来喝了就睡了。
睡下之后，胸口的痛觉的好了
一点，但总觉的胸口不舒服。每闭
着眼，就出大汗，汗出了一夜，睡衣
都湿了。
第二天（三日）早晨，我把上午的（之）
约会都辞掉了，睡到十一点才起来。
觉的好多了，我出去到一处午餐，饭
后又演说了半点钟。
回到旅馆，医生来了，我请他
诊看，他说我昨夜胸口痛是心
脏的一茎血管受伤，关闭住了，
起了一个小血块。这是很重要
的病。我还不相信。医生打电话

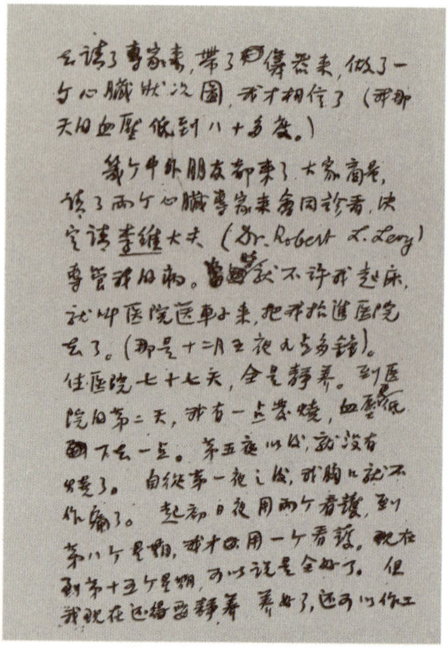
去请了专家来，带了仪器来，做了一
个心脏状况图，我才相信了。（我那
天的血压低到八十多度。）
几个中外朋友都来了，大家商量，
请了两个心脏专家来会同诊看，决
定请李维大夫（Dr. Robert L. Levy）
专管我的病。当时就不许我起床，
就叫医院送车子来，把我抬进医院
去了。（那是十二月五夜九点多钟）。
住医院七十七天，全是静养。到医
院的第二天，我有一点发烧，血压更
低下去一点。第五夜以后，就没有
烧了。自从第一夜之后，我胸口就不
作痛了。起初日夜用两个看护，到
第八个星期，我才用一个看护。现在
到第十五个星期，可以说是全好了。但
我现在还得要静养，养好了，还可以作工

来。觉得好多了，我出去到一处午餐，饭后又演说了半点钟。

回到旅馆，医生来了，我请他诊看。他说我昨夜胸口痛是心脏的一茎血管受伤，关闭住了，起了一个小血块。这是很重要的病。我还不相信。医生打电话去请了专家来，带了仪器来，做了一个心脏状况图，我才相信了。（我那天的血压低到八十多度。）

几个中外朋友都来了。大家商量，请了两个心脏专家来会同诊看，决定请李维大夫（Dr. Robert L. Levy）专管我的病。当时就不许我起床，就叫医院送车子来，把我抬进医院去了（那是十二月五夜九点多钟）。住医院七十七天，全是静养。到医院的第二天，我有一点发烧，血压更低下去一点。第五夜以后，就没有烧了。自从第一夜之后，我胸口就不作痛了。起初日夜用两个看护，到第八个星期，我才用一个看护。现在到第十五个星期，可以说是全好了。但我现在还得要静养，养

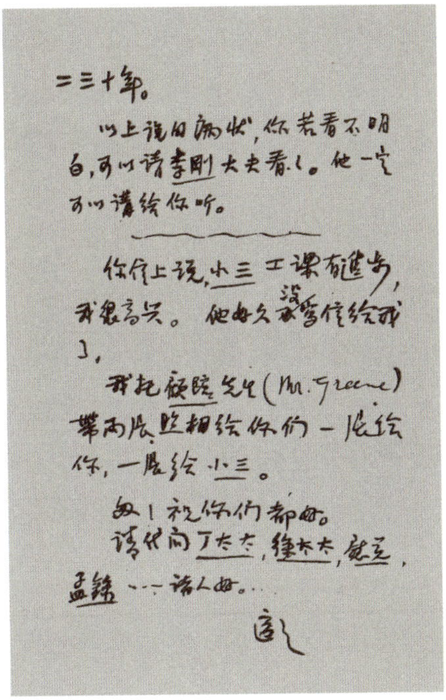

二三十年。

以上说的病状，你若看不明白，可以请李刚大夫看看。他一定可以讲给你听。

你信上说，小三工课有进步，我很高兴。他好久没写信给我了，

我托顾临先生(Mr. Greene)带两张照相给你们，一张给你，一张给小三。

匆匆祝你们都好。

请代问丁太太，徐太太，慰慈，孟录……诸人好。

适之

好了，还可以作工二三十年。

以上说的病状，你若看不明白，可以请李刚大夫看看。他一定可以讲给你听。

你信上说，小三功课有进步，我很高兴。他好久没写信给我了。

我托顾临先生带两张照相给你们，一张给你，一张给小三。匆匆祝你们都好。请代问金太太、徐太太、慰慈、孟录……诸人好。

适之　廿八年三月十四日

第[165]封 养病

致江冬秀（二）

冬秀：

四月七日我接到翁先生的电报，说，你托慰慈发电，劝我辞职养病。我看了此电，当然十分感激你的好意。我此时的情形，当然不能辞职，翁先生也明白此意。你也得原谅我不得已的苦心。

我的病现在完全好了。三月卅一日，医生给我一封信，报告我的情形。现在我把他信上说的情形抄在下面，你可以请李刚大夫讲给你听：

①Sedimentation Rate $6\frac{1}{2}$m. in 1 hour.

② White blood Count 6350

我不懂得医学，但学医的人都说这是顶好的进步。

我完全听医生说话，每天只做两三点钟的工作，完全不吸纸烟（一百三十天不吸烟了），晚上睡觉不得过十一点，下午总睡一小觉。

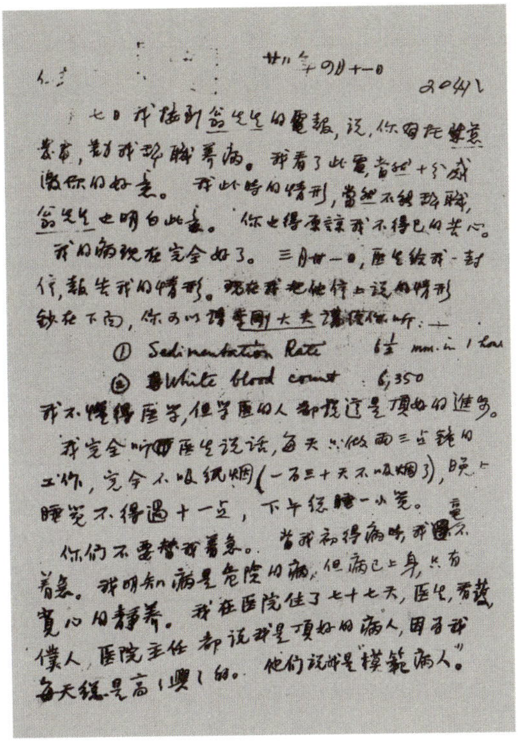

廿八年四月十一日
2041

七日我接到翁先生的電報，說，你因此焦急，勸我辭職養病。我看了此電，當然十分感激你的好意。我此時的情形，當然不能辭職，翁先生也明白此意。你也得原諒我不得已的苦心。

我的病現在完全好了。三月廿一日，醫生給我一封信，報告我的情形。現在我把他信上說的情形鈔在下面，你可以請劉大夫講給你聽：

① Sedimentation Rate 6½ mm. in 1 hour

② White blood count 6,350

我不懂得醫學，但學醫的人都說這是頂好的進步。

我完全聽醫生說話，每天只做兩三點鐘的工作，完全不吸紙烟（一百三十天不吸烟了），晚上睡覺不得過十一點，下午總睡一小覺。

你們不要替我着急。當我初得病時，我毫不着急。我明知病是危險的病，但病已上身，只有寬心的靜養。我在醫院住了七十七天，醫生，看護，僕人，醫院主任都說我是頂好的病人，因為我每天總是高高興興的。他們說我是"模範病人"。

你们不要替我着急。当我初得病时，我毫不着急。我明知病是危险的病，但病已上身，只有宽心的【地】静养。我在医院住了七十七天，医生、看护、仆人、医院主任，都说我是顶好的病人。因为我每天总是高高兴兴的。他们说我是“模范病人”。

我现在还在“六个月”养病期中，所以不出去赴大宴会，也不演说。

现在身休胖了，衣服脱光了，还有一百卅七磅。饭量很好，但我不愿意多吃，恐怕太胖了，恐怕肚子太大。

吕伯威舅舅要的单子，我已开了寄往北平去。

昨天收到应谊小姐结婚的报单，我写了一封信到香港去贺他们。

小三的信收到了。谢谢他。

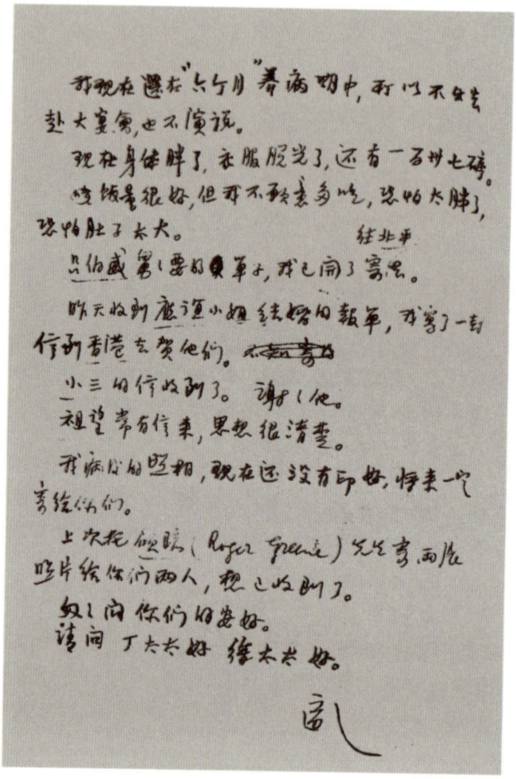
我现在还在"六个月"养病期中，所以不能去赴大宴会，也不演说。
现在身体胖了，衣服胀完了，还有一百卅七磅。
吃饭量很好，但我不敢太多吃，恐怕太胖了，恐怕肚子长大。
六伯威男要的鞋子，我已买了寄往北平去。
昨天收到鹿璉小姐结婚的报单，我写了一封信到香港去贺他们。
小三的信收到了。谢谢他。
祖望常有信来，思想很清楚。
我病后的照相，现在还没有印好，将来一定寄给你们。
上次托顾临（Roger Greene）先生寄两张照片给你们两人，想已收到了。
匆匆问你们的安好。
请问丁太太好 徐太太好。
适

祖望常有信来，思想很清楚。

我病后的照相，现在还没有印好，将来一定寄给你们。

上次托顾临（Roger Greene）先生寄两张照片给你们两人，想已收到了。

匆匆问你们的安好。

请问丁太太好，徐太太好。

适之　廿八年四月十一日

第[166]封 康复

致江冬秀（三）

冬秀：

你怪我三个月不写信。我因为不容易写信，所以打电报给你，报告我平安。在医院里写信，是很不容易的。每天三顿饭，擦两次澡，灌一次肠子，还有多少时候可做别的事呢？有一点空时，我当然还得办点事。我盼望你现在明白了，不怪我了。

我二月廿日回馆，现在两个月了。我身体很好。

上次报告你医生的话。本月十五，医生给我一个最近的报告，说我已复元了。这报告我寄一份给你，你去请李刚大夫讲给你听，更可以放心了。

我自从十四岁出远门，总是自己照管自

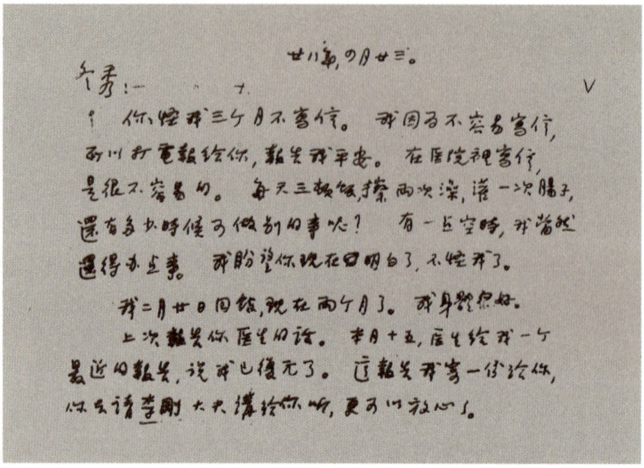

廿八年，四月廿三。

冬秀：——

你怪我三个月不寄信。我因为不容易寄信，所以打電報給你，報告我平安。在医院裡寄信，是很不容易的。每天三頓飯，擦两次澡，灌一次腸子，還有多少時候可做別的事呢？有一点空時，我當然還得办点事。我盼望你現在也明白了，不怪我了。

我二月廿日出院，現在两个月了。我身體很好。

上次報告你医生的話。本月十五，医生给我一个最近的報告，說我已復元了。這報告我寄一份給你，你可以請李大夫講給你听，更可以放心了。

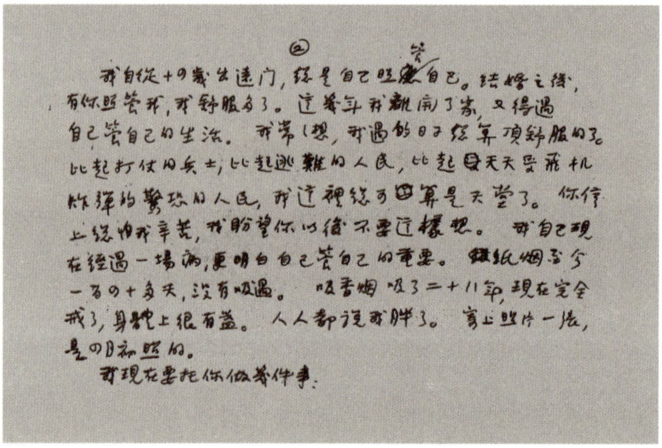

②

我自從十四歲出遠门，總是自己照管自己。結婚之後，有你照管我，我舒服多了。這幾年我離開了家，又得過自己管自己的生活。我常常想，我過的日子總算頂舒服的了。比起打仗的兵士，比起逃難的人民，比起天天受飛机炸彈的驚恐的人民，我這裡總可算是天堂了。你信上總怕我辛苦，我盼望你以後不要這樣想。我自己現在經過一場病，更明白自己管自己的重要。紙烟至今一百四十多天，沒有吸過。吸香烟吸了二十八年，現在完全戒了，身體上很有益。人人都說我胖了。寄上照片一張，是四月初照的。

我現在要托你做幾件事：

己。结婚之后，有你照管我，我舒服多了。这几年我离开了家，又得过自己管自己的生活。我常常想，我过的日子总算顶舒服的了。比起打仗的兵士，比起逃难的人民，比起天天受飞机炸弹的惊恐的人民，我这里总可算是天堂了。你信上总怕我辛苦，我盼望你以后不要这样想。我自己现在经过一场病，更明白自己管自己的重要。纸烟至今一百四十多天，没有吸过。吸香烟吸了二十八年，现在完全戒了，身体上很有益。人人都说我胖了。另寄上照片一张，是四月初照的。

我现在要托你做几件事：

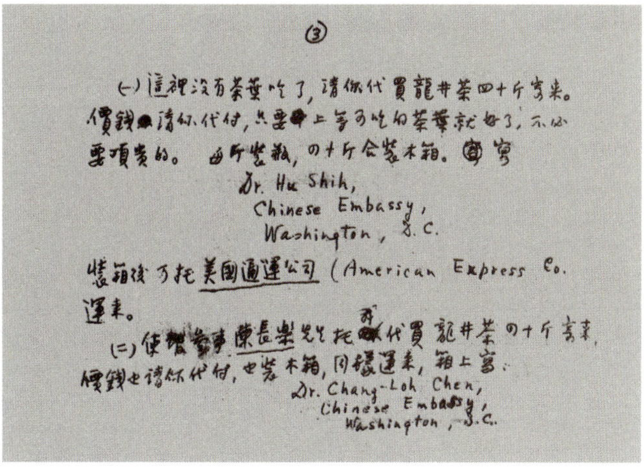
③

(一)這裡沒有茶葉吃了，請你代買龍井茶四十斤寄來。價錢請你代付，只要上等可吃的茶葉就好了，不必要頂貴的。每斤裝瓶，四十斤合裝木箱。寫

Dr. Hu Shih,
Chinese Embassy,
Washington, D.C.

裝箱後可托美國通運公司（American Express Co.）運來。

(二)使館參事陳長樂先生托我代買龍井茶四十斤寄來，價錢也請你代付，也裝木箱，同樣運來，箱上寫：

Dr. Chang-Loh Chen,
Chinese Embassy,
Washington, D.C.

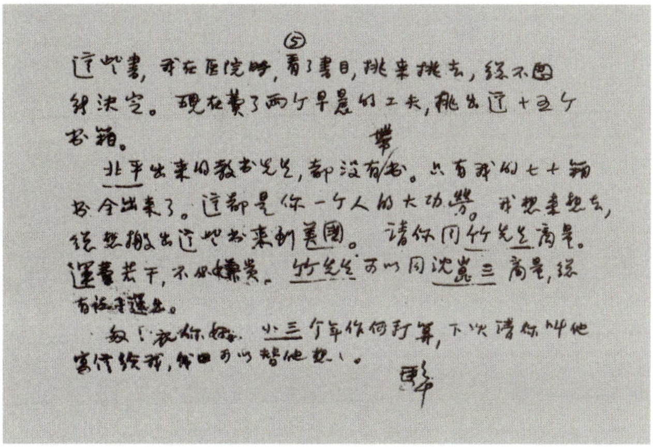
⑤

這些書，我在医院時，看了書目，挑來挑去，總不能決定。現在費了兩个早晨的工夫，挑出這十五个书箱。

北平出来的教书先生，都沒有带书。只有我的七十箱书全出来了。這都是你一个人的大功勞。我想来想去，总要搬出這些书来到美國。請你同竹先生商量。運费若干，不必嫌贵。竹先生可以同沈燕三商量，总有法子運出。

[illegible] 小三今年作何打算，下次請你叫他寫信給我，我可以帮他想想。

騂

（一）这里没有茶叶吃了，请你代买龙井茶四十斤寄来。价钱请你代付，只要上等可吃的茶叶就好了，不必要顶贵的。每斤装瓶，四十斤合装木箱。写

Dr. Hu Shih

Chinese Embassy，

Washington，D. C.

装箱后可托美国通运公司（American Ex-press CO.）运来。

（二）使馆参事陈长乐先生托我代买龙井茶四十斤寄来，价钱也请

你代付，也装木箱，同样运来，箱上写：

Dr. Chang-Lohchen，

Chinese Embassy，

Washington，D. C.

(中缺)

这些书，我在医院时，看了书目，挑来挑去，总不能决定。现在费了两个早晨的工夫，挑出这十五个书箱。

北平出来的教书先生，都没有带书。只有我的七十箱书全出来了。这都是你一个人的大功劳。我想来想去，总想搬出这些书来到美国。请你同竹先生商量。运费若干，不必嫌贵。竹先生可以同沈昆三商量，总有法子运出。

匆匆祝你好。小三今年作何打算，下次请你叫他写信给我，我可以替他想想。

骍　廿八年，四月廿三

第[167]封 改变

致江冬秀（四）

冬秀：

今天收到你四月十日的信。

你托慰慈打电报给翁先生的事，我并不怪你，我十分感激你。只可惜我此时没有法子可以听你的话。

李刚大夫的话，同我的医生说的话差不多。我自己知道这一场病是不可儿戏的，所以我很当心。一百五十天没吸烟了。以后也不会吸烟了。五个月没有演说了。

睡觉我现在改早多了。平常是十点半到十一点去睡。每天下午睡一点钟。

今天医生来看我一次。他说心脉很好，血压是一百二十度（120／86），是很好的。

六月初我要到纽约去，请原来的医生再替我诊断一次，使我自己更放心一点。

你上回信上说起陆大夫的儿子的事，请你对仲安先生说，美国医科最难，决不会有这种文凭可得。请你代我问候他一家。

我上回寄信说起书籍装来美国的事，你已接到了吗？小三的工【功】课有进步，我很高兴。

祝你和小三都好。

骍　廿八年五月八日

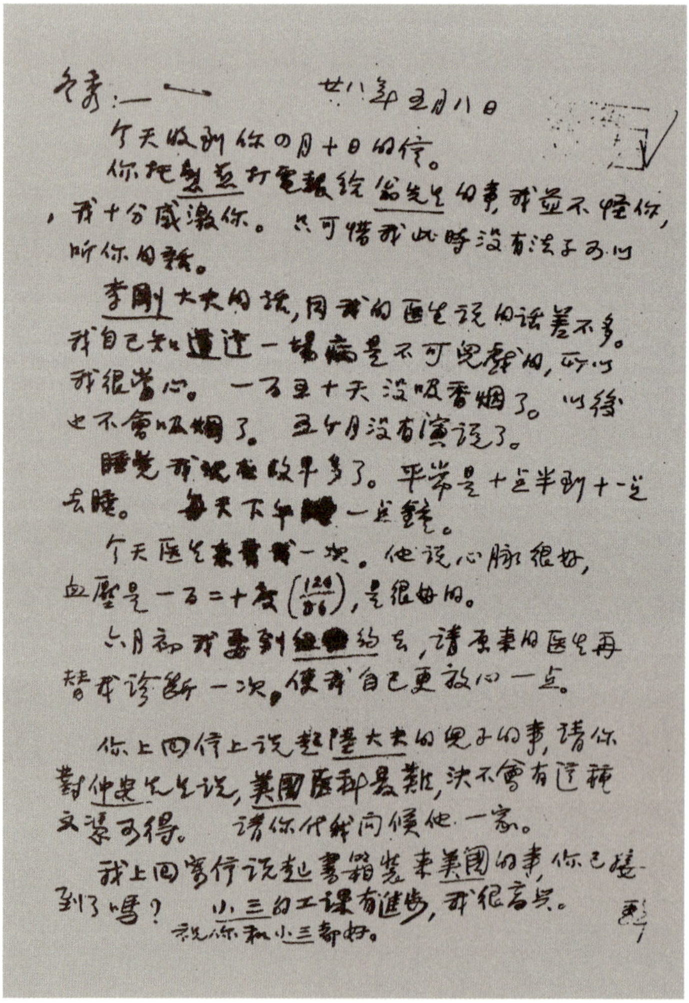

冬秀：——　　廿八年五月八日

今天收到你四月十日的信。

你把慰慈打电报给翁先生的事，我并不怪你，我十分感激你。只可惜我此时没有法子可以听你的话。

李刚大夫的话，同我的医生说的话差不多。我自己知道这一场病是不可儿戏的，所以我很当心。一百五十天没吸香烟了。以后也不会吸烟了。五个月没有演说了。

睡觉我现在改早多了。平常是十点半到十一点去睡。每天下午一点钟。

今天医生来看我一次。他说心脏很好，血压是一百二十度（120/80），是很好的。

六月初我要到纽约去，请原来的医生再替我诊断一次，使我自己更放心一点。

你上回信上说起陆大夫的儿子的事，请你对仲安先生说，美国医科最难，决不会有这种文凭可得。请你代我问候他一家。

我上回寄信说起书籍装来美国的事，你已接到了吗？小三的工课有进步，我很高兴。

祝你和小三都好。

骍

第[168]封 · 出门

致江冬秀（五）

这是华盛顿故宅的书房，架上有他用过的书。

我的身体完全好了，再过几天，要出门走走，作病后第一次旅行。六月初五出门，十八回来。祝你们平安。

骍　五月廿七

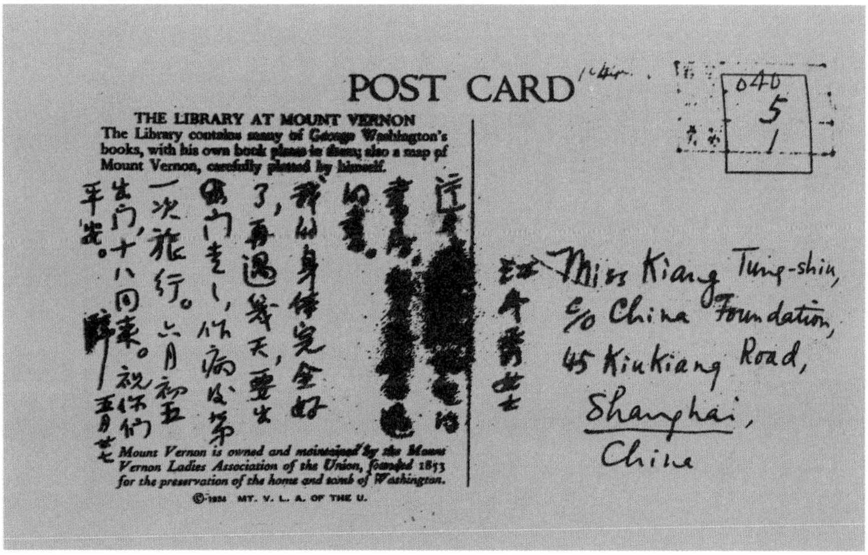

第[169]封 安排

致江冬秀（六）

去年十二月四夜得病，今天六月四日，整整半年了。明天第一次出行，先到纽约，得一个法学博士学位，再到芝加哥，得一个法学博士学位，再回到康南尔，赴我的同班毕业后廿五年“回家”纪念会。

我现在身体很好，请勿念。

这邮片上的船是我去年七月去欧洲坐的船。祝你们都好。

骍 廿八，六，四日

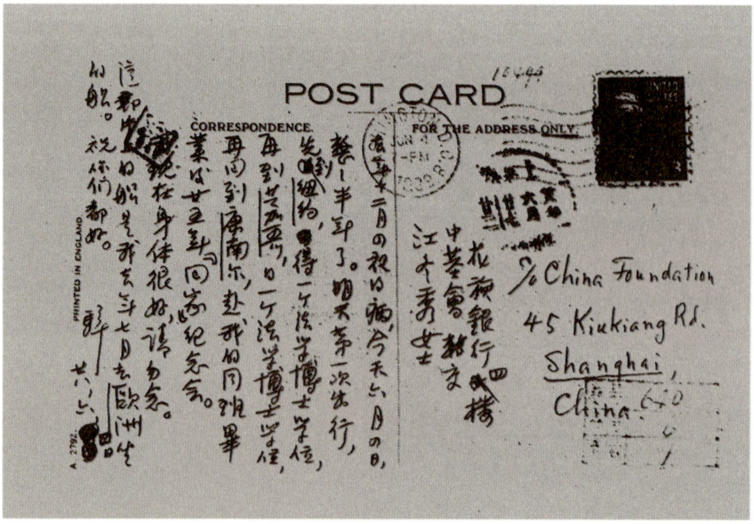

第[170]封·计划

致江冬秀（七）

我六月五日到纽约，六日在哥伦比亚大学受名誉学位。七日回来。九日又出门演说一次，十日回来。六月六日上午请我的纽约医生验我的身体，血压一百十六度，其余也都好。我现在很能保重。

骍　六月十日

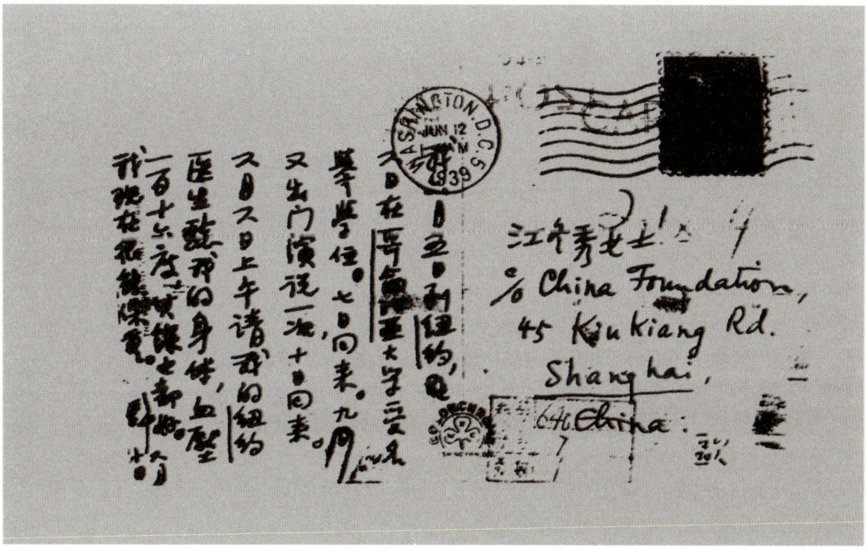

第[171]封 运书

致江冬秀（八）

冬秀：

五月廿四的信收到了。

现在天津的书怕没有法子搬了。我已托竹先生的朋友C.V. Starr想法子。

第一要紧，把书运到上海。

第二，把我的稿子、日记，老太爷的日记、稿子，全托人带到美国来。

第三，我要的那十五箱书，可托竹先生去设法。能运来美国，也是保全的一个法子。可交转运公司用freight装来，运费不至太贵。

我不是要用这些书，只是因为你费了心血把书救出北平，我总想搬一部分到美国来，免得一齐毁了。其实我那有工夫用这些书。我的意思是，能保全多少，就是多少。

运书的方法，最好是托竹先生的朋友Starr的公司去

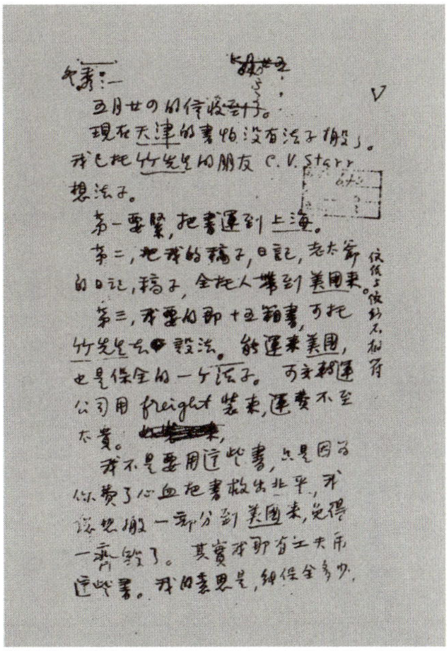

冬秀：
五月廿四的信收到了。
現在天津的書怕沒有法子搬了。我已托竹先生的朋友C. V. Starr想法子。
第一要緊，把書運到上海。
第二，把我的稿子，日記，老太爺的日記，稿子，全托人帶到美國來。
第三，我要的那十五箱書，可托竹先生去設法。能運來美國，也是保全的一个法子。可交輪運公司用freight裝來，運費不至太貴。
我不是要用這些書，只是因為你費了心血把書救出北平，我很想搬一部分到美國來，免得一齊毀了。其實我那有工夫用這些書。我的意思是，能保全多少，

办，最可靠。千万不可叫小二去办。

你把此信给竹先生，他就明白了。

你信上说，我桌上堆的信件，装了两箱子。我当然不要这些信件搬来。

祖望的旅费，我已电汇了三百元美金给郑铁如转给刘驭万。如不够，刘先生自会代我设法。

祖望如何走，我在这里如何能出主意？请张先生与刘先生商量决定，就是了。不必问我。

我六月五日出门，六月廿一早上回来，走了不少路，身体很好，没有坏影响。六月六日请医生验一次，六月十九日又请他验一次，两次都很好。大概我现在是完全复元了。

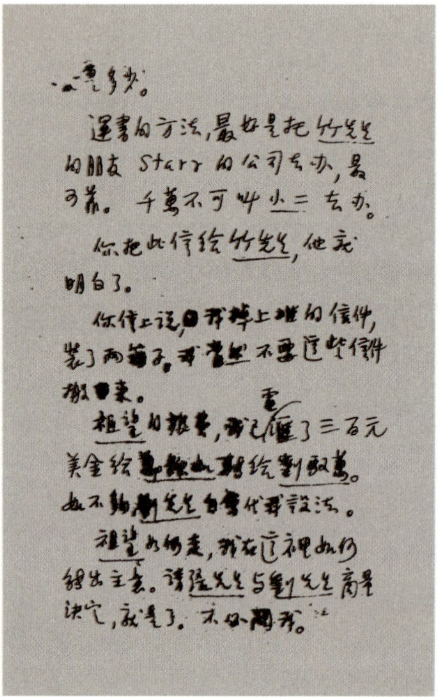
……要多些。

運書的方法，最好是托竹先生的朋友Starr的公司去辦，最可靠。千萬不可叫小三去辦。

你把此信給竹先生，他就明白了。

你信上說，我桌上堆的信件，裝了兩箱子。我當然不要這些信件搬來。

祖望的旅費，我已匯了三百元美金給劉馭萬。如不夠，劉先生自會代我設法。

祖望如何走，我在這裡如何能出主意。請徐先生與劉先生商量決定，就是了。不必問我。

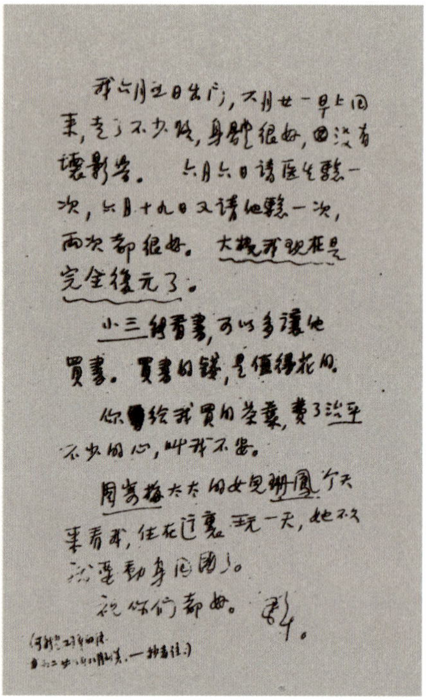
我六月廿日出院，六月廿一早上回來，走了不少路，身體很好，也沒有壞影響。六月六日請醫生驗一次，六月十九日又請他驗一次，兩次都很好。大概我現在是完全復元了。

小三能看書，可以多讓他買書。買書的錢，是值得花的。

你給我買的茶葉，費了治平不少的心，叫我不安。

周寄梅太太的女兒珊鳳今天來看我，住在這裏玩一天，她不久就要動身回國了。

祝你們都好。騂。

小三能看书，可以多让他买书。买书的钱，是值得花的。

你给我买的茶叶，费了治平不少的心，叫我不安。

周寄梅太太的女儿珊凤今天来看我，住在这里玩一天。她不久就要动身回国了。

祝你们都好。

骍　六月廿五

第[172]封 毛笔

致江冬秀（九）

冬秀：

许久不用毛笔写信了。今晚有人要我写字，我一时高兴，就用毛笔写这信给你。

此信到时，祖望想已动身了。大春想是同行的。他们进什么学堂，我还没有决定。等他们到了再决定，也还不迟。

我现在身体很好，每天下午小睡，晚上睡七点多钟。天气近来很凉快，昨天下午只有七十多度，半夜后六十四度。昨天秤得一百三十五磅半。

祝你们都好。

骍　廿八，七，廿三

第[173]封 孩子

致江冬秀（十）

冬秀：

六月廿七日的信收到了。

你这封信用格纸写，所以清楚多了。

此信发出之日，祖望、大春都要动身了。此信寄到时，他们也许已到了此地了。

小三要学政治，也不要紧。小孩子学什么，说不定后来都改变了。我初学农，后来改了多少次。你不用着急！

周寄梅先生的小姐珊凤回国了，你见了没有？她的功课成绩很好。她来我这里玩了一天，我托她带照片回去给你和周先生、周太太。

慰慈就要出来，你可以托他把我的单衣、夹衣、棉衣都各带一两件出来。皮衣全用不着。单袍、夹袍、棉袍颇有用处。不必做新的，只拣现成的旧衣服

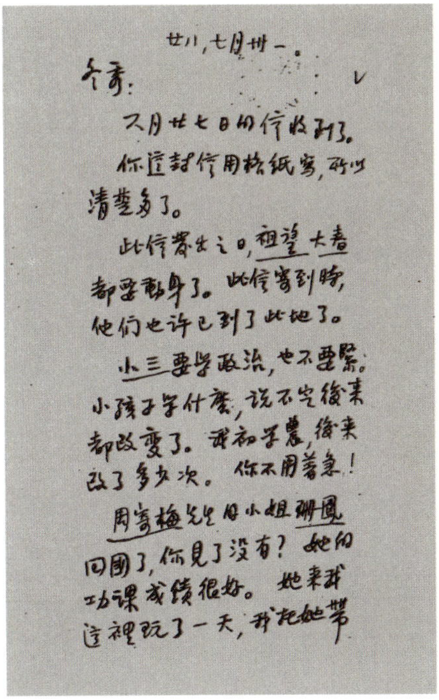

廿八，七月卅一。

冬秀：

六月廿七日的信收到了。

你这封信用格纸写，所以清楚多了。

此信寄出之日，祖望、大春都要动身了。此信寄到时，他们也许已到了此地了。

小三要学政治，也不要紧。小孩子学什么，说不定后来都改变了。我初学农，后来改了多少次。你不用着急！

周寄梅先生的小姐珊凰回国了，你见了没有？她的功课成绩很好。她来我这里玩了一天，我托她带

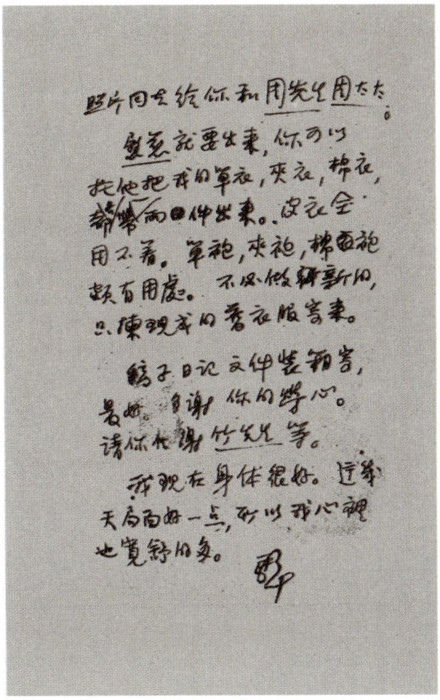

照片回去给你和周先生周太太。

宣恩就要出来，你可以托他把我的单衣，夹衣，棉衣，都带出来。皮衣全用不着。单袍，夹袍，棉袍颇有用处。不必做新的，只捡现成的旧衣服寄来。

稿子日记文件装箱寄，最好。多谢你的劳心。请你代谢竹先生等。

我现在身体很好。这几天局面好一点，所以我心里也宽舒的多。

骍

寄来。

稿子、日记、文件装箱寄，最好。多谢你的劳心。请你代谢竹先生等。

我现在身体很好。这几天局面好一点，所以我心里也宽舒的【得】多。

骍　廿八，七月卅一

第[174]封 大儿

致江冬秀（十一）

冬秀：

我又出门一次回来了。

这回到米西干大学去讲演，住了三天，今早回来。

再过三天（十七），儿子与大春可以到美国了。他们大概八月二十三可以到我这里。

你寄的茶叶寄到了，多谢多谢。陈先生也要谢谢你。

我这一次讲演，并不觉得太辛苦。人都说我身体更好了，精神也更好了。

我这一个夏天，也没有休息。现在打算明天去一块地方，叫做“青山顶”（Blue Ridge Summit），在那里休息三五天，什么事也不管。地方若是很好，我想以后再去住几个星期。

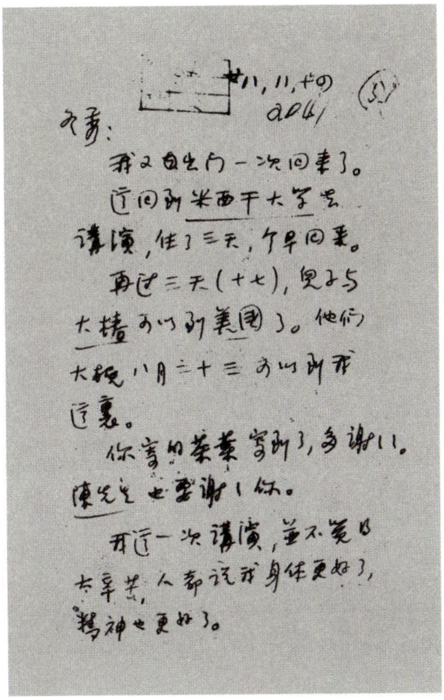
冬秀：

我又出了一次门回来了。

这回到米西干大学去讲演，住了三天，今早回来。

再过三天（十七），儿子与大椿就可以到美国了。他们大概八月二十三可以到我这里。

你寄的茶叶寄到了，多谢谢。陈先生也要谢谢你。

我这一次讲演，并不觉得太辛苦，人都说我身体更好了，精神也更好了。

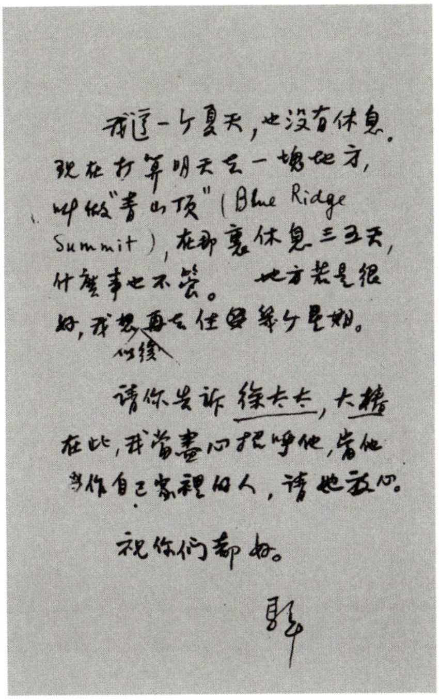
我这一个夏天，也没有休息。现在打算明天去一块地方，叫做"青山顶"（Blue Ridge Summit），在那里休息三五天，什么事也不管。地方若是很好，我想再去住几个星期。

请你告诉徐太太，大椿在此，我当尽心招呼他，当他作自己家里的人，请她放心。

祝你们都好。

骍

请你告诉徐太太，大椿在此，我当尽心招呼他，当他作自己家里的人，请她放心。

祝你们都好。

骍　廿八，八，十四

第[175]封 入学

致江冬秀（十二）

冬秀：

儿子和大春八月十八日到美国的旧金山，但他们被一些朋友留住了，一直到九月一日才到我这里。他们都很好。现在我正和他们商量将来入学校的问题。儿子和大春到我的母校（康南尔大学）去看了一次，今天才回来。

大概儿子要到康南尔去。大春我劝他进一个没有中国人的大学，大概明天可以决定。这些事我可以帮忙，你可以请徐太太放心。

他们带的箱子两只，都收到了。两箱内的文件，都点过了。现将原单寄回，其中缺少：

1．唐人写本降魔变文。

2．吴越刻经残卷。

这二卷是贵重的文件，如留在家，请将来交慰

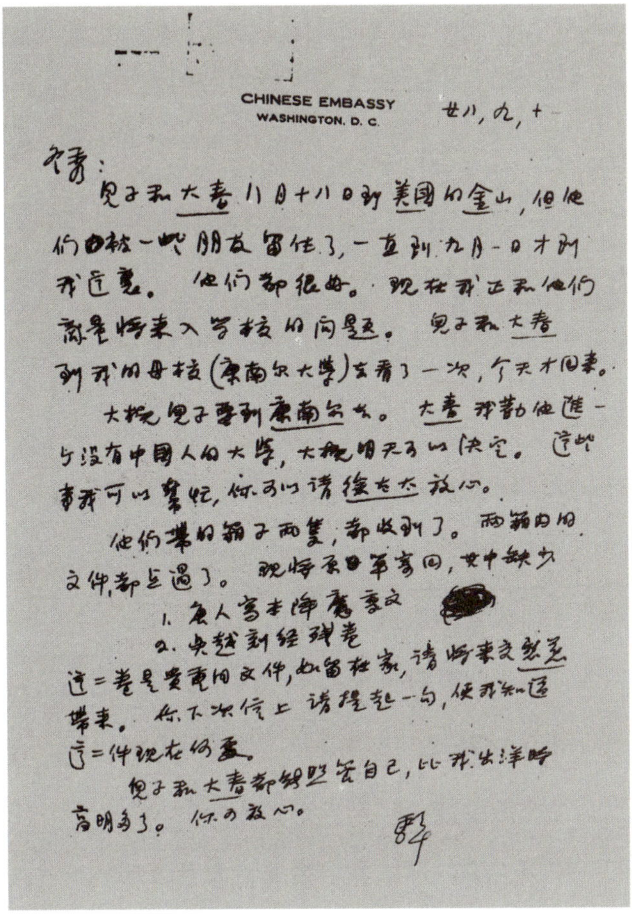
CHINESE EMBASSY
WASHINGTON, D. C.

廿八，九，十一

冬秀：

儿子和大春八月十八日到美国的金山，但他们被一些朋友留住了，一直到九月一日才到我这里。他们都很好。现在我正和他们商量将来入学校的问题。儿子和大春到我的母校（康南尔大学）去看了一次，今天才回来。

大概儿子要到康南尔去。大春我劝他进一个没有中国人的大学，大概明天可以决定。这些事我可以筹划，你可以请绩之太太放心。

他们带的箱子两只，都收到了。两箱内的文件，都点过了。现将原单寄回，其中缺少

1. 先人写本律赋书文
2. 先哲新经理卷

这二卷是贵重的文件，如留在家，请将来交[illegible]慈带来。你下次信上请提起一句，使我知道这二件现在何处。

儿子和大春都能照管自己，比我出洋时高明多了。你可放心。

骍

慈带来。你下次信上请提起一句，使我知道这二件现在何处。

儿子和大春都能照管自己，比我出洋时高明多了。你可放心。

骍　廿八，九，十一

第[176]封 大春

致江冬秀（十三）

冬秀：

上星期儿子同大春到康南尔大学去住了三天。上星期五，我同他们去看赫维福大学。这个学堂很小，只有三百廿五个学生，规矩最好，工【功】课也很严，校长是我的老师。我要大春先从一个人少的大学读起。中国人少，可以多学英文。大春愿意进这个大学，我们玩了半天才回来。

今天（九月十九）上午十点送大春走了，下午七点又送祖望走了。大春到赫维福大学去了。祖望到康南尔大学去了。

这两个学堂都有我的熟人，可以放心。大春离我只有两点半钟，祖望离我有十二点钟。

你可告诉徐太太，大春很听话，身子很好，一切可放心。

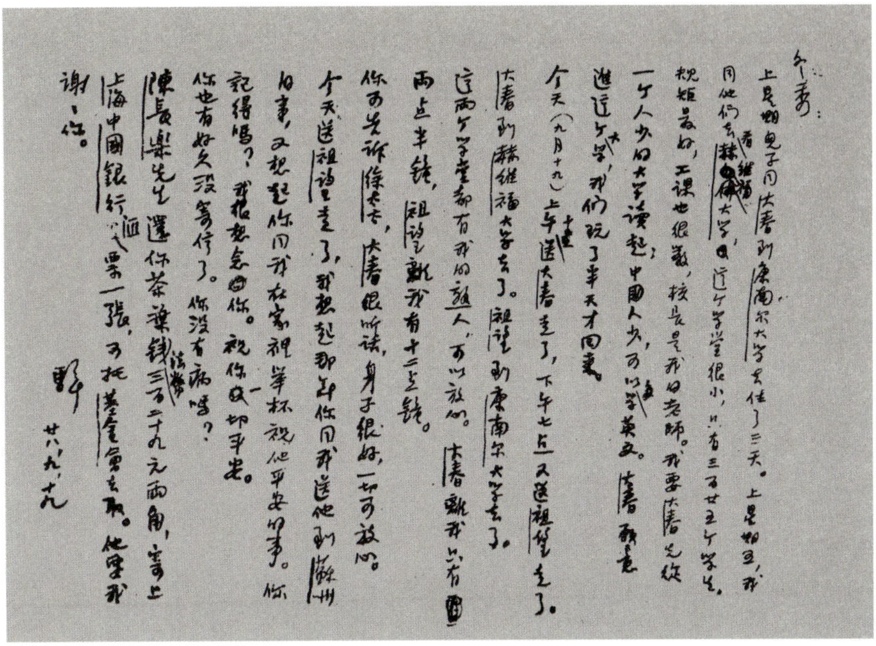
冬秀：

上星期思杜同大春到康南尔大学去住了三天。上星期五，我同他们去看林继福大学，这个学堂很小，只有三百廿五个学生，规矩最好，功课也很严，校长是我的老师。我要大春先从一个人少的大学读起，中国人少，可以多学英文。大春愿意进这个大学，我们玩了半天才回来。

今天（九月十九）上午送大春走了，下午七点又送祖望走了。大春到林继福大学去了。祖望到康南尔大学去了。这两个学堂都有我的熟人，可以放心。大春离我只有两点半钟，祖望离我有十二点钟。

你可告诉徐太太，大春很听话，身子很好，一切可放心。

今天送祖望走了，我想起那年你同我送他到苏州的事，又想起你同我在家里举杯祝他平安的事。你记得吗？我很想念你。祝你一切平安。你也有好久没寄信了。你没有病吗？

陈长乐先生还你茶叶钱法币三百二十九元两角，寄上上海中国银行汇票一张，可托基金会去取。他要我谢谢你。

骍

廿八，九，十九

今天送祖望走了，我想起那年你同我送他到苏州的事，又想起你同我在家里举杯祝他平安的事。你记得吗？我很想念你。祝你一切平安。你也有好久没寄信了。你没有病吗？

陈长乐先生还你茶叶钱法币三百二十九元两角，寄上上海中国银行汇票一张，可托基金会去取。他要我谢谢你。

骍　廿八，九，十九

第［177］封 解释

致江冬秀（十四）

冬秀：

昨天刚寄信给你，说你好久没有信了。今天就接到你的信了。（八月十四的）

谢谢你劝我的话。我可以对你说，那位徐小姐，我两年多，只写过一封规劝他【她】的信。你可以放心，我自问不做十分对不住你的事。

我从来没有对谁说过叫你不要问我要钱。这大概是朋友们知道我没有钱，才如此说。我这一次病了，单是医院，七十七天，就是三千多美金（医院特别优待，给我打六折）。医生是最有名的医生（他来看了我七十次）。起码开帐可以开五千元，但他只开了乙（一）千元的诊费。这两笔就是四千多元。我每月只有五百四十元美金，这一场病就去了我八个月的俸金。但我从不对人叫穷。孔庸之

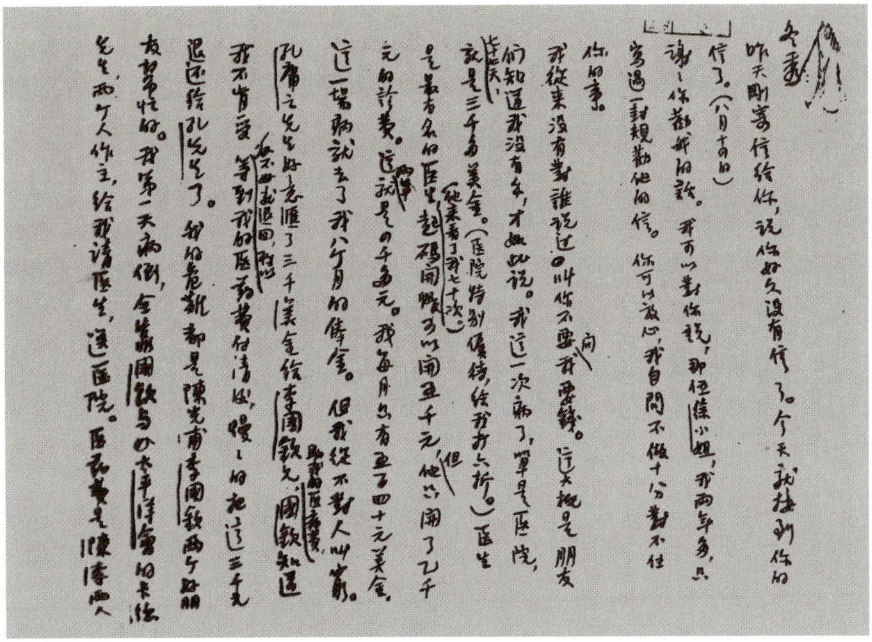

冬秀：

昨天刚寄信给你，说你好久没有信了。今天就接到你的信了。（八月十日）

谢谢你劝我的话。我可以对你说，那位徐小姐，我两年多只寄过一封规劝他的信。你可以放心，我自问不做十分对不住你的事。

我从来没有对谁说过，叫你不要向我要钱。这大概是朋友们知道我没有钱，才如此说。我这一次病了，单是医院，就是三千多美金。（医院特别优待，给我打六折。）医生是最有名的医生，（他来看了我七十次）起码开账可以开五千元，但他只开了乙千元的诊费。这就是四千多元。我每月只有五百四十元美金，这一场病就去了我八个月的俸金。但我从不对人叫穷。

孔庸之先生好意汇了三千美金给李国钦兄，助我的医药费。国钦知道我不肯受，又不好就退回，所以等到我的医药费付清后，慢慢的把这三千元退还给孔先生了。我的危难都是陈光甫李国钦两个好朋友帮忙的。我第一天病倒，全靠国钦与太平洋会的卡德先生两个人作主，给我请医生，送医院。医药费是陈李两人

先生好意汇了三千美金给李国钦兄助我的医药费。国钦知道我不肯受，又不好就退回，所以等到我的医药费付清后，慢慢的【地】把这三千元退还给孔先生了。我的危难都是陈光甫、李国钦两个好朋友帮忙的。我第一天病倒，全靠国钦与太平洋会的卡德先生，两个人作主，给我请医生，送医院。医药费是陈、李两人借的居多。他们都是好朋友，我借了他们的钱，慢慢的【地】还他们，不要紧。你也不必替我着急。

我是为国家的事来的。吃点苦不要紧。我屡次对你说过，“留得青山在，不怕没柴烧”。国家是青山，青山倒了，我们的子子孙孙都得做奴隶了。

我的日用不需多少钱，所以每月还可以余点钱买书。房子不用我出钱，汽车汽油都是公家开支。所以我可以供给儿子读书。还可以还一

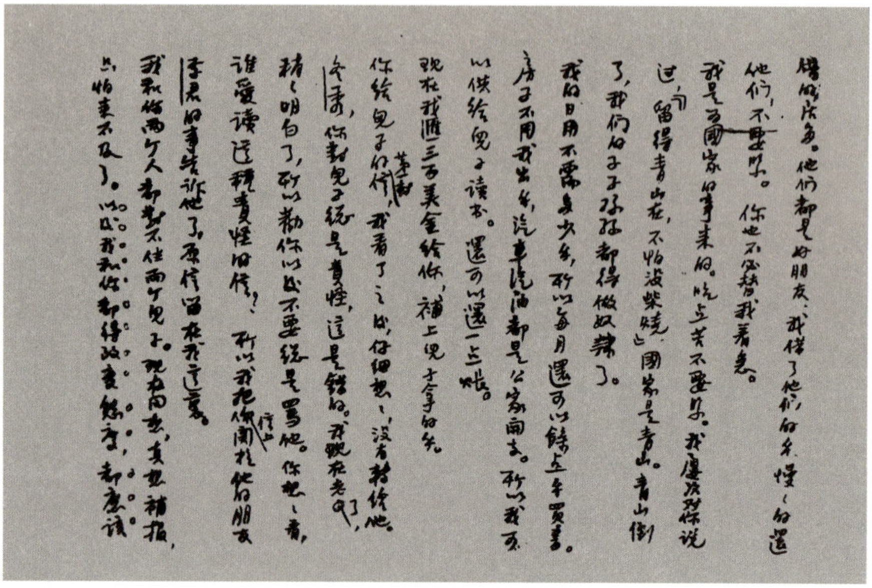
债的东西。他们都是好朋友，我借了他们的东西，慢慢的还
他们，不要紧。你也不必替我着急。
我是为国家的事来的。吃点苦不要紧。我屡次对你说
过，"留得青山在，不怕没柴烧"。国家是青山。青山倒
了，我们的子子孙孙都得做奴隶了。
我们日用不需要多少钱，所以每月还可以储点钱买书。
房子不用我出钱，汽车汽油都是公家的钱。所以我可
以供给儿子读书。还可以还一点账。
现在我汇三百美金给你，补上儿子拿的钱。
你给儿子的第一封信，我看了之后，仔细想想，没有转给他。
冬秀，你对儿子总是责怪，这是错的。我现在老了，
稍稍明白了，所以劝你以后不要总是骂他。你想想看，
谁爱读这种责怪的信？所以我把你信上关于他的朋友
李君的事告诉他了，原信留在我这里。
我和你两个人都对不住两个儿子。现在回想，真想补报，
只怕来不及了。以后我和你都得改变态度，都应该

点账。

现在我汇三百美金给你，补上儿子拿的钱。

你给儿子的第一封信，我看了之后，仔细想想，没有转给他。冬秀，你对儿子总是责怪，这是错的。我现在老了，稍稍明白了，所以劝你以后不要总是骂他。你想想看，谁爱读这种责怪的信？所以我把你信上关于他的朋友李君的事告诉他了，原信留在我这里。

我和你两个人都对不住两个儿子。现在回想，真想补报，只怕来不及了。以后我和你都得改变态度，都应该把儿子看作朋友。他们都大了，不是骂得好的了。你想想看，我这话对不对？

高梦旦先生待他的儿女真像朋友一样。我现在想起来，真觉得惭愧。我真有点不配做老子。平时不同他们亲热，只晓得责怪他们工【功】课不好，习气不好。

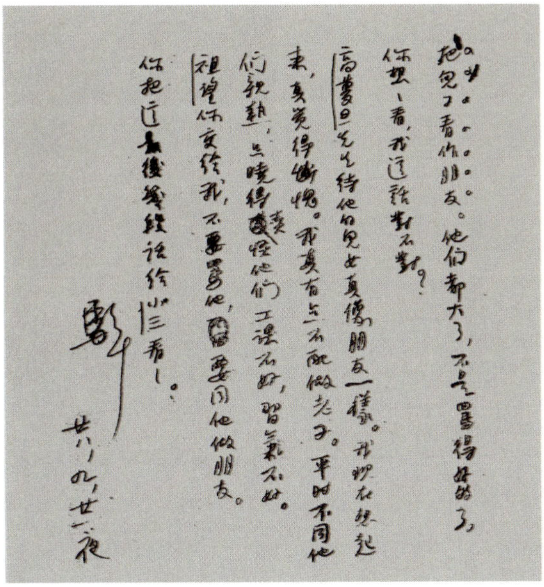
兒子看作朋友。他們都大了，不是罵得好的了。
你想〻看，我這話對不對？
高夢旦先生待他的兒女真像朋友一樣。我現在想起來，真覺得慚愧。我真有點不配做老子。平时不同他們親熱，只曉得責怪他們工課不好，習氣不好。
祖望你交给我，不要罵他，要同他做朋友。
你把這最後幾段話给小三看〻。
驊
廿八，九，廿一夜

祖望你交给我，不要骂他，要同他做朋友。

你把这最后几段话给小三看看。

骍　廿八，九，廿一夜

第[178]封 误会

致江冬秀（十五）

冬秀：

九月二日的信收到了。

我看了这信，忍不住要笑。我很盼望你不要乱想乱猜。你这信上说：“我想，你近来一定有个人，同你商量办事的人，天上下来的人。我是高兴到万分，祝你两位长生不老，百百岁。”冬秀，你这话全猜错了。我在这里，身边没有一个人，更没有女人。去年我留下一位应太太带着她的儿子女儿住在我馆里，好帮我管家。今年五月底，应太太的另一个女儿生了外孙，她要去帮忙，所以到了七月，应家一家三个人全搬出去了。现在我馆里只剩下了一个我，一个参事陈长乐，一个游秘书，和他今年五月新婚的太太。这个游太太是汉口张履鳌先生的女儿，年纪虽轻，曾跟着他【她】的父母到过

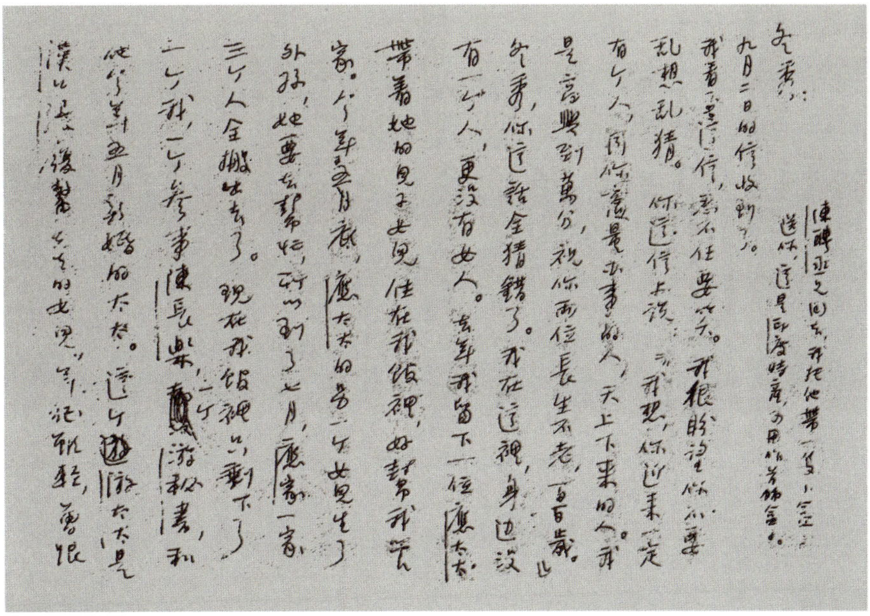

陳曉江之回去，我托他帶一只小盒子送你，這是巴拿馬時新，可用作首飾盒子。

冬秀：

九月二日的信收到了。

我看了這信，忍不住要笑。我很盼望你不要亂想亂猜。你這信上說，"我想，你近來一定有個人，同你意思相投的人，天上下來的人。我是高興到萬分，祝你兩位長生不老，百百歲。"冬秀，你這話全猜錯了。我在這裡，身邊沒有一個人，更沒有女人。去年我留下一位應太太帶着她的兒子女兒住在我館裡，好幫我管家。今年五月底，應太太的第二個女兒生了外孫，她要去幫忙，所以到了七月，應家一家三個人全搬出去了。現在我館裡只剩下了一個我，一個參事陳長樂，一個游秘書，和他們新近五月新婚的太太。這位游太太是漢口吳緩馨先生的女兒，年紀很輕，曾跟

南美洲的智利国，颇可算是少年老成。现在她替我们管家。这一对新婚夫妇，肯牺牲他们的便利，替我管家，我很放心。

我是孤另另【零零】的一个人，每晚上总是我一个人最晚一个去睡。自从去冬病后，每晚睡觉之前，总喝一杯热的俄勿廷（Ovaltine），再吃一粒安眠药。厨子是天津人，他每晚上放两个热水瓶在我床前，一瓶是冰水，一瓶是热的俄勿廷。今晚上家里有十三个客人，客散时已十二点，人都去睡了，只有我还在这里写家信给妻子伸冤枉！到一点半才睡！！

上次信里有陈先生的汇票三百廿九元二角，他好意去汇成国币，我知道时已太迟了。我因洪芬来信说，汇钱最好是托花旗，故等本月我到纽约时再汇钱给你。此地没有花旗银行。

骍　廿八，十月，十二

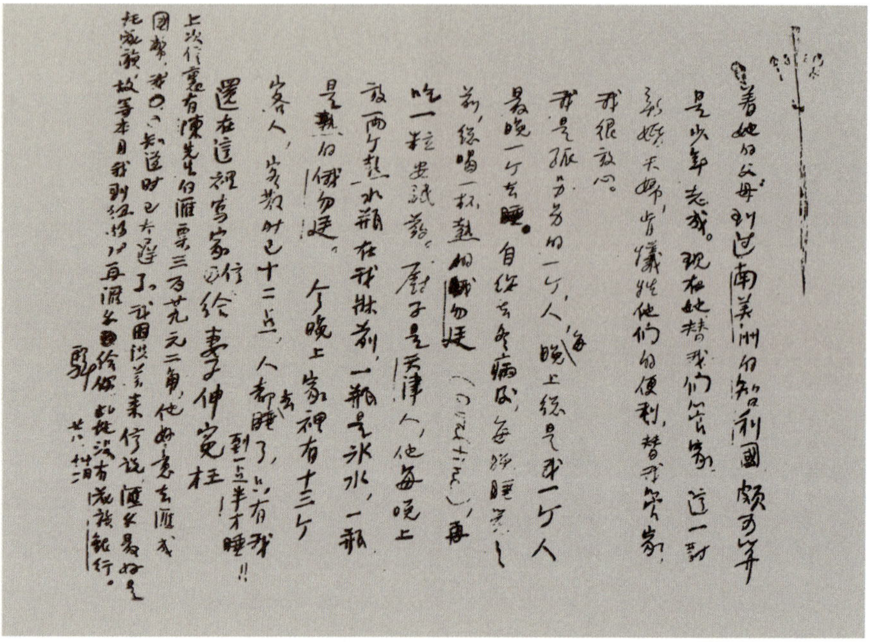
着她的父母到过南美洲的智利国，颇有学
是少年老成。现在她替我们管家，这一对
新婚夫妇，肯牺牲他们的便利，替我管家，
我很放心。
我是孤另另的一个人，每晚上总是我一个人
最晚一个去睡。自你去年病后，每晚睡觉之
前，总喝一杯热的[illegible]（[illegible]），再
吃一粒安眠药。厨子是天津人，他每晚上
放两个热水瓶在我床前，一瓶是冰水，一瓶
是热的[illegible]。今晚上家里有十三个
客人，客散时已十二点，人都睡了，只有我
还在这里写家信给妻子仲宽，到一点半才睡!!
上次信里有陈先生的汇票三百元[illegible]，他好意去汇我
[illegible]，我只知道时已太迟了。我因没有来信说，汇去最好是
托[illegible]，故等本月我到纽约以后再汇去给你。[illegible]
[illegible]

陈聘丞兄回去，我托他带一只小盒子送你，这是印度特产，可用作首饰盒子。

第[179]封 久别

致江冬秀（十六）

冬秀：

我昨晚出门，今早到西来球斯大学。此地离康南儿大学只有两点钟，但我怕不能去看儿子了。因为康南儿的熟人师友太多，我去那边，看这个，不看那个，是容易引起误会的。一会儿，儿子要打电话来。

你今年五十，我也四十九了。可惜我不能在家里给你祝寿。我今天是客中的客中，在一个旅馆里写信给你，我心里当然有无限的感慨。

我们徽州人有句俗话，说，“一世夫妻三年［半］”。我们结婚二十二年，中间虽有远别离的期间，总算是团聚的时候多，别离的时候少。

这一次别离，已有两年另四个月，要算是最长久的分离了。我心里常想念你，常常觉得老年夫妻不应该如此长久分离。但我现在实在没有法子，一时脱不得身。《琵琶行》说，“商人重利轻别离”。我此次出门，既不为利，更不为名，只为国家有危急，我被征调出来，不能不忍起心肠，抛家别友，来做两三年的孤家寡人。

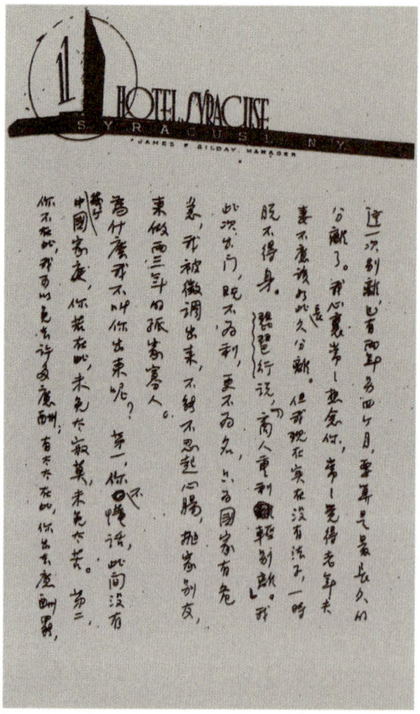

這一次別離，已有兩年零四个月，要算是最長久的分離了。我心裏常常想念你，常常覺得老年夫妻不應該如此長久分離。但我現在實在沒有法子，一時脫不得身。琵琶行說，"商人重利輕別離"。我此次出門，既不為利，更不為名，只為國家有危急，我被徵調出來，不能不忍起心腸，拋家別友，來做兩三年的孤家寡人。

為什麼我不叫你出來呢？第一，你不懂话，此間沒有幾个中國家庭，你若在此，未免太寂寞，未免太苦。第二，你不在此，我可以免去許多應酬；有太太在此，你出去應酬罷，

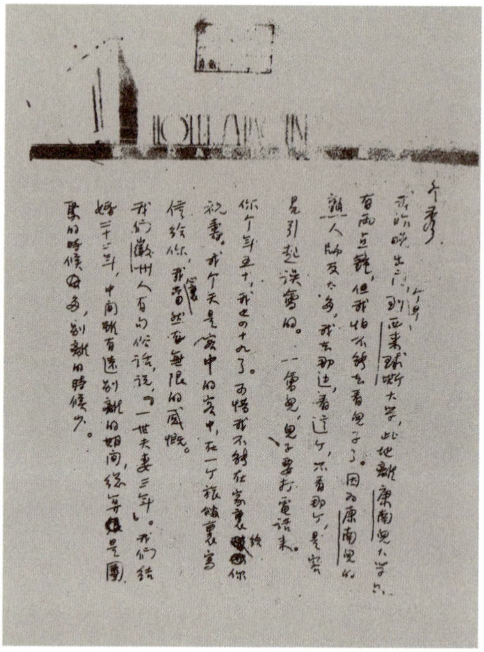

冬秀：

我昨晚出去，今早到西來球斯大學，此地離康南兒大學只有兩点鐘，但我怕不能去看兒子了。因為康南兒的熟人朋友太多，我去那边，看这个，不看那个，是容易引起误会的。一会儿，兒子要打電話來。

你今年五十，我也四十九了。可惜我不能在家裏替你祝壽。我今天是客中的客中，在一个旅館裏寫信給你，我心裏當然有無限的感慨。

我們徽州人有句俗話說，"一世夫妻三年半"。我們結婚二十三年，中间雖有遠別離的時间，總算是團聚的時候多，別離的時候少。

为什么我不叫你出来呢？第一，你不懂话，此间没有几个中国家庭，你若在此，未免太寂寞，未免太苦。第二，你不在此，我可以免去许多应酬；有太太在此，你出去应酬罢，语言上实在太不方便，是叫你受罪；你不出去应酬罢，又实在太不像样。（有太太在此，若不出去应酬，就像我把她关起来，不许她自由一样，所以不像样。）第三，我本来不指望久居，故要减轻担负，可以自由来去。“赤条条来去无牵挂”，是一句名言。大儿子现在进了大学，每年要一千二百美金。我明年要是走了，我就得想法子去到什么用金子的地方，教一年书，替大儿子挣两年学费。不然，大儿子就得半路上退学。一个儿子已是如此，加上太太和小儿子，就更不自由了。（现在要想从国内寄美金给儿子留学，是万万不可能的。）

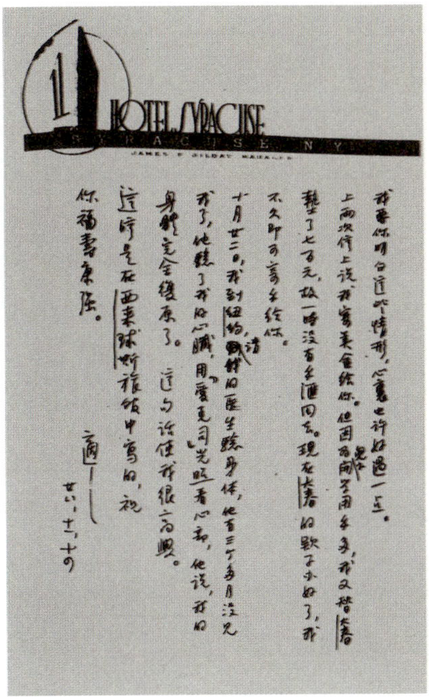

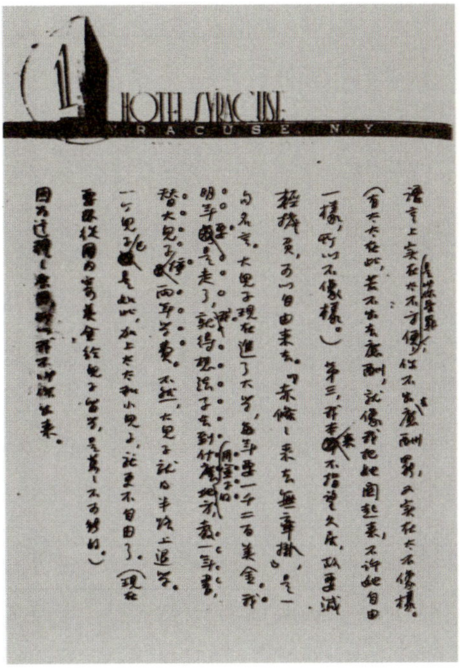

因为这种种原因，所以我不叫你出来。

我要你明白这些情形，心里也许好过一点。

上两次信上说我寄美金给你。但因为儿子开学用钱多，我又替大春垫了七百元，故一时没有钱汇回去。现在大春的款子办好了，我不久即可寄钱给你。

十月廿二日，我到纽约，请我的医生验身体。他有三个多月没见我了，他验了我的心脏，用“爱克司”光照看心部。他说，我的身体完全复原了。这句话使我很高兴。

这信是在西来球斯旅馆中写的，祝你福寿康强。

适之　廿八，十一，十四

第[180]封 收信

致江冬秀（十七）

冬秀:

前天在西来球斯发了一信，今早回家，收到你三封信：

① 九月廿五

② 十月十五

③ 十月廿五

我很高兴。给儿子的两封信，我已寄出去了。

儿子来信说，郁君带有箱子给我，但我还没有收到。

陈聘丞兄（金太太的哥哥）的行期改缓了，他大概阳历十二月底可到上海。他的儿子有点毛病，所以他有点着急，把行期改缓了。

叶良才说的汇钱好法子，他并不曾写给我。你问他一声。

我的书，没有浸水，我很高兴。你信上又说，小三近来还算好，还知道用功，也知道用钱艰苦，我听了更高兴。

杨景苏先生死了，我很伤心。你送给他家东西，是很对的。

刘驭万先生和周鲠生、钱端升同出来，先坐船，船几乎坏了，改坐

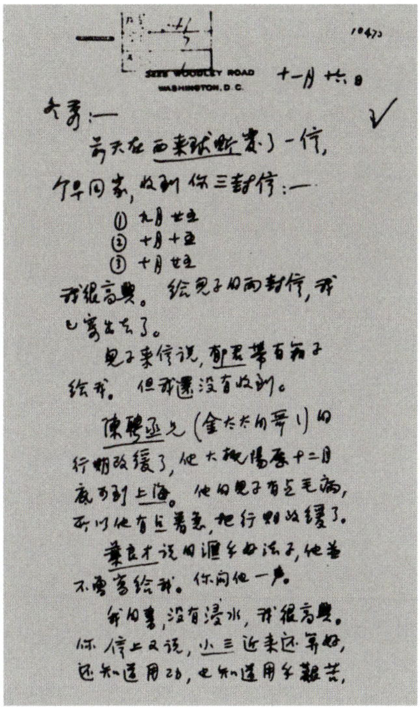

10470

3225 WOODLEY ROAD
WASHINGTON, D.C.

十一月十六日

冬秀：—

前天在西来试新写了一信，

今早回家，收到你三封信：—

① 九月廿五

② 十月十五

③ 十月廿五

我很高兴。给儿子的两封信，我已寄出去了。

儿子来信说，郁君带有箱子给我。但我还没有收到。

陈聘丞先生（金太太的哥哥）的行期改缓了，他大概须要十二月底可到上海。他的儿子有点毛病，所以他有点着急，把行期改缓了。

叶良才说的汇钱的法子，他若不要寄给我。你问他一声。

我的书，没有浸水，我很高兴。你信上又说，小三近来还算好，还知道用功，也知道用钱艰苦，

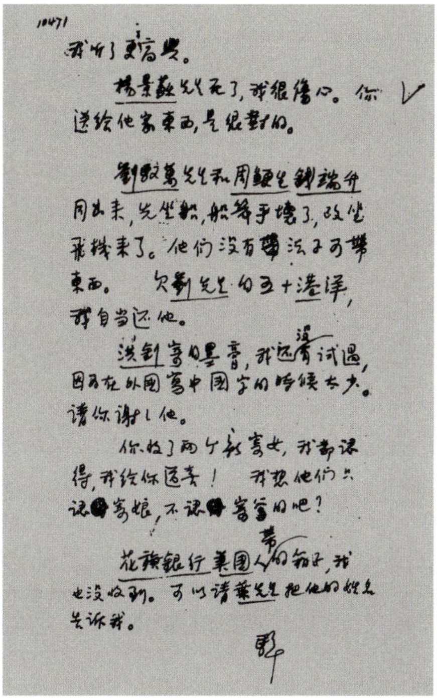

10471

我听了更高兴。

杨景苏先生死了，我很伤心。你送给他家东西，是很对的。

刘驭万先生和周鲠生、钱端升同出来，先坐船，船等手续了，改坐飞机来了。他们没有法子可带东西。欠刘先生的五十港洋，我自当还他。

洪钊寄的墨膏，我还没有试过，因为在外国写中国字的时候太少。请你谢谢他。

你收了两个新寄女，我都认得，我给你道喜！我想他们只认寄娘，不认寄爹的吧？

花旗银行美国人带的箱子，我也没收到。可以请叶先生把他的姓名告诉我。

骍

飞机来了。他们没有法子可带东西。欠刘先生的五十港洋，我自当还他。

洪钊寄的墨膏，我还没有试过，因为在外国写中国字的时候太少。请你谢谢他。

你收了两个新寄女，我都认得，我给你道喜！我想他们只认寄娘，不认寄爹的吧？

花旗银行美国人带的箱子，我也没收到。可以请叶先生把他的姓名告诉我。

骍　十一月十六日

第[181]封 愤懑

致胡适（一）

洪骍:

十一月廿四日的信收到了，又前晚接着你电报，知你出医院了，我狠（很）高兴，但是还没有接着你的信，还在望信呢。盼望你不是大病，想你不久有信到了罢。看着这样的鬼天时，你也不必太难受了，望你保重一点罢。这两天看着狠（很）难过，你也气死不来的，只有万不得以【已】，我们一家不要在国内，忌【愿】意做人家国的狗，我们看着你们同事叶、孙狐狗一样头脑，有时得意的【得】狠（很），说出那一种带刺的话来，不是人行只可怜你们这一班书生。有一班人就□会发财的也不少，就此也可以得意一点。

你的信说还没有那【拿】着政府一个泉（钱），这事你不能不去信去讨呀，你要客气，就恐怕那【拿】不到手了。我们底下一班人，吃黑还吃不来呢，仍弄成一身的借【债】。那时那什麻【拿什么】还，急成病来要做也做不来了。我们一共四个人，简但【单】的【得】狠（很），随住到什么地方都行。大忌【愿】你一不失信，再做下去。日

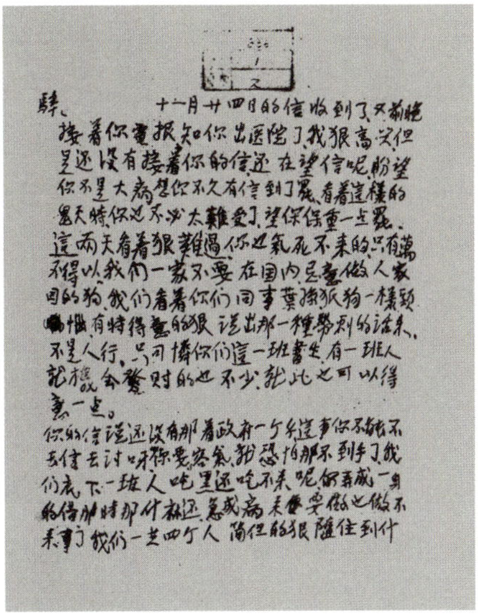

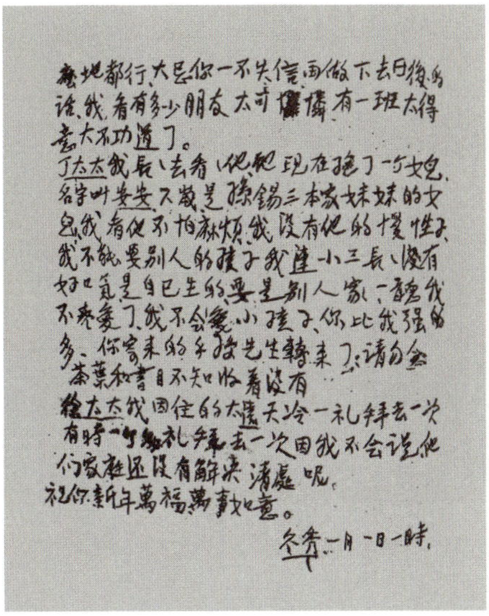

后的话，我看有多少朋友太可怜，有一班太得意、大【太】不功道【公道】了。

丁太太我长长【常常】去看他，他现在已经抱了一个女儿，名字叫安安，六岁，是孙锡三本家妹妹的女儿，我看他不怕麻烦，我没有他的慢性子。我不能要别人的孩子，我连小三长长【常常】没有好口气，是自己生的，要是别人家[的]，一听[就是]我不疼爱了。我不会爱小孩子，你比我强的【得】多。你寄来的泉（钱），孙先生转来了，请勿念。茶叶和书目不知收着没有？

徐太太，我因住的【得】太远，大冷，一礼拜去一次，有时一个多礼拜去一次，因我不会说话，他们家庭还没有解决清楚呢。

祝你新年万福，万事如意。

冬秀　[1939] 一月一日一时

第[182]封 政治

致胡适（二）

骍:

十二月十四的信一直到一月十号才收到，此信同平常信一样的慢快【快慢】了。我看了你的信，狠（很）有点焦急，盼望不是大病再【才】好。离开几万里路，我也急不来，只有靠天福保佑你无灾病就是福。穷人不生病，长如走大用【运】气，医院进不起呀，望你早日出了医院了。医生可看出什么病来没有，我劝你还是离开政治的好，说真话，政府里要不忌【愿】意听，你说假话（一）你不会（二）你的人格不能在社会上。我们的国就爱虽荥【虚荣】，你要不爱这个就不行，走不上去还是下来罢。

我是什么不等得【懂的】，但是心口一样实

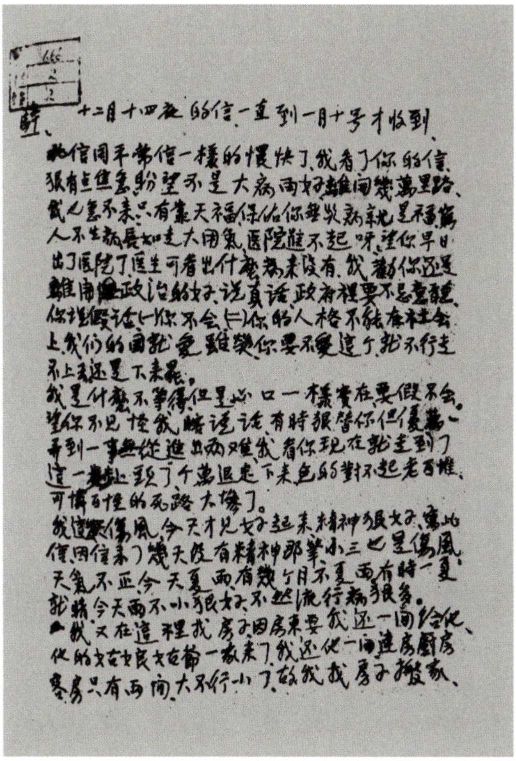
十二月十四夜的信一直到一月十号才收到、
此信同平常信一樣的慢快了、我看了你的信、
狠有点焦急盼望不是大病雨好雖同幾萬里路、
我人急不来只有靠天福保佑你無兆病就是福篤
人不生病長如走大用氣医院遊不起呀望你早日
出了医院了医生可看出什麼病来没有、我勸你还是
離開政治的好、说真话政府裡要不忌意離、
你说假话(一)你不会(二)你的人格不能在社会
上我们的國就要難變你要不要這个就不行走
不上还是下来罷。
我是什麼不懂得但是心口一樣實在要假不会。
望你不見怪我瞎说话有時狠替你但憂萬一
弄到一事無從進出兩难我看你現在就走到了
這一步上頭了个萬退走下来免的對不起老百姓、
可憐百姓的死路太慘了。
我這幾天傷風今天才見好起来精神狠好、寫此
信因信来了幾天没有精神那筆小三也是傷風
天氣不正今天夏雨有幾个月不夏雨有時一夏
就晴今天雨不小狠好不然流行病狠多。
我不在這裡找房子因房东要我还一間給他、
他的姑娘姑爷一家来了我还他一间連房厨房
客房只有兩间大不行小了故我找房子搬家、

在，要假不会，望你不见怪我瞎说话。有时狠（很）替你但【担】忧，万一弄到一事无从【成】、进出两难，我看你现在就走到了这一步上头了。个万【赶快】退走下来，免的【得】对不起老百姓，可怜百姓的死路太惨了。

我这几天伤风。今天才见好起来，精神狠（很）好。写此信，因信来了好几天没有精神那【拿】笔，小三也是伤风，天气不正，今天夏雨【下雨】。有几个月不夏雨【下雨】，有时一夏【下】就晴。今天雨不小，狠（很）好，不然流行病很多。

我不在这里找房子，因房东要我还一间给他，他的姑娘、姑爷一家来了。我还一间，连房、厨房、客房只有两间，大不行，小了。故我找房子搬家，不过几时找着几时搬，房子到【倒】有，就是等【顶】费一千几百元，只少【至少】一无所有也要顶上七八百元。故我想出了顶费多就难一点，有新盖房子不少，就是没有造成功也要几百元小费。我托竹先生去问，还没有回信呢，大概【概】要两个月后再【才】造好。房东其实也可以住下，因房子眼下太【大】涨，他存心的不过。我不太

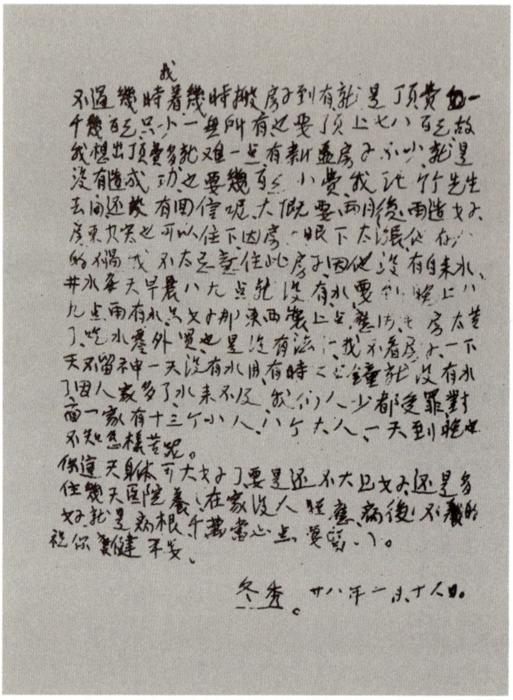

我
不過幾時著幾時搬房子到有就是頂費要一
千幾百元只小一些所有也要頂上七八百元故
我想出頂費多就難一點有新蓋房子不少就是
沒有造成功也要幾百元小費我託竹先生
去問還沒有回信呢大概要兩月後
房東只要也可以住下因房子眼下太漲價
的偏我不太忌意住此房子因他沒有自來水
井水每天早晨八九點就沒有水要到晚上八
九點再有水只好那東西裝上點應用此房太苦
了吃水零外買也是沒有法子找不着房子一
天不留神一天沒有水用有時六點鐘就沒有水
了因人家多了水來不及我們人少都受罪對
面一家有十三個小人八個大人一天到晚也
不知怎樣苦呢。
你這天身体可大好了要是還不大見好還是多
住幾天醫院養養在家沒人照應病後不養的
好就是病根千萬當心點要留心了。
祝你康健平安。
冬秀。廿八年一月十六日。

忌【愿】意住此房子，因他没有自来水，井水每天早晨八九点就没有水，要到晚上八九点再有水，只好那【拿】东西装上点应用。此房太苦了，吃水零外【另外】买，也是没有法子，找不着房子，一天不留神一天没有水用，有时六点钟就没有水了。因人家多了，水来不及，我们人少都受罪，对面一家有十三个小人，八个大人，一天到晚也不知怎样苦呢。

你这[几]天身体可大好了？要是还不大见好，还是多住几天医院养养，在家没人照应，病后不养〖的〗好就是病根，千万当心点，要留心。

祝你康健平安。

冬秀　廿八年一月十六日

第[183]封 噩梦

致胡适（三）

骍:

许久没有接着你的信了。心里实在有点不放心，盼望你依今【已经】出医院了。因我还是接着你十二月十四日病院的信知【之】后，一直到现在还没有来信过，故此不放心。前晚我做一恶梦，梦见你睡床上，人狠（很）弱，头发洛【落】了不少，好在就坐起来了，故此这两晚实在睡不宁，狠（很）不好受。上两次信收着了吗？念念，望来信告知。

孙洪芬先生脚上生一无名肿毒，前天开刀，不重，有两礼拜了。再有几天就可以出来了，没有住医院，在家修养呢。

有一件狠（很）烦的事，就是住的房子问题。因上次告诉你竹先生替我找着房子的事，今天早上

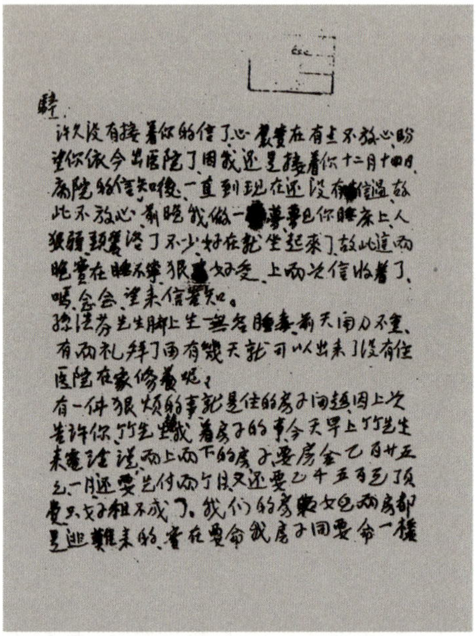

騂：
许久没有接着你的信了，心里实在有点不放心，盼望你依今出医院了，因我还是接着你十二月十四日离院的信知道，一直到现在还没有信过，故此不放心。前晚我做一梦，梦着你睡床上，人狠瘦，头发落了不少，好在就坐起来了，故此这两晚实在睡不着，狠不好受。上两次信收着了吗？念念。望来信告知。
孙法芬先生脚上生一个冬瘤，前天开刀不重，有两礼拜了，再有几天就可以出来了，没有住医院，在家修养呢。
有一件狠烦的事，就是住的房子问题，因上次告诉你竹先生找着房子的事，今天早上竹先生来电话说，两上两下的房子，要房金乙百廿五元一月，还要先付两个月，又还要乙千五百元顶费，只好租不成了。我们的房东女儿两房都是逃难来的，实在要命。我房子同要命一樣

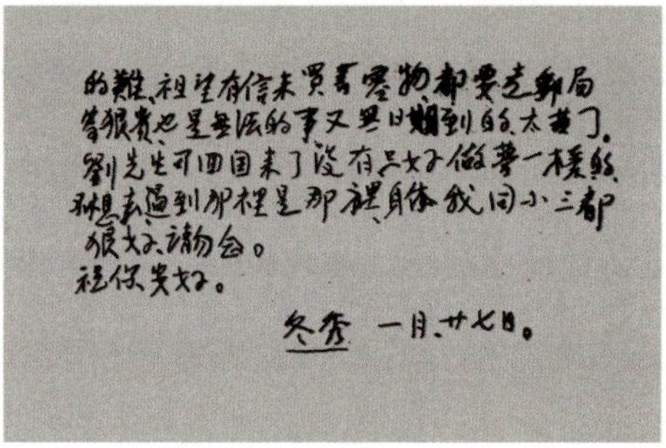

的難。祖望有信来，买书零物，都要走邮局寄，狠贵，也是无法的事，又无日期到的，太苦了。刘先生可回国来了没有，只好做梦一樣的，不想去，过到那裡是那裡，身体我同小三都狠好，请勿念。
祝你安好。
冬秀 一月廿七日。

竹先生来电话说，两上两下的房子，要房金乙（一）百廿五元一月，还要先付两个月，又还要乙（一）千五百元顶费，只好租不成了。我们的房东女儿两房都是逃难来的，实在要命。我【找】房子同要命一样的难。祖望有信来买书零物，都要走邮局寄，狠（很）贵，也是无法的事，又无日期到的，太苦了。刘先生可回国来了没有，只好做梦一样的，不想去，过到那里【哪里】是那里【哪里】。身体，我同小三都狠（很）好，请勿念。

祝你安好。

冬秀 [1939 年] 一月廿七日

第[184]封 保重

致胡适（四）

骍:

六日的电报和昨日由会里转来的电报[收到]，知你如【于】廿日出院，狠（很）高兴，并谢谢你电报安慰我，心定多了。我这两个月来，无日不盼望信，心里万分的说不出的苦，但是你是知道我不忌【愿意】放在面上叫朋友看着添难过，只有苦在心头，笑在脸上。虽知一病就是两个半月，病后这次没有淘气的人在身边管着你吃饮食补品，只好望你时时留心，照管自己，不能不当心，又是五十岁的人了，血气不同了，心脏衰弱，时时不能劳神劳苦，有过这样的病，一次就要养好，免的留下病根老来苦呀。你不怪我罢。自做□月，我就自己会保重身体，我们一块廿二年，医药费没有化【花】着你，连生三个孩子没有用着你二百元泉（钱），就是我当心的好。这不是说嘴的话，实在情形。望你不要生气，比吃先【仙】丹还好。

我如【于】二月五号搬家了，搬在海格路口麦琪路四号三楼，有五间，共【恐】怕住不长，因他把楼下租给申报馆，有没有不便知【之】

处还要同朋友商量一下。这房子狠（很）好，红十字会的旁边，马路那边就是地丰路，空气狠（很）好，每月七十元。因那个房东要加到乙（一）百元，每月要那【拿】出来太多一点，我托唐太太忌【愿】加十五元，八十五元一月，他【她】只答应我一两个月。他【她】要我的睡房还他【她】，他【她】把房子四间同我换。我发疯了，两间亨【亭】子间，一间正房，要没有那一间睡房一点空气都没有了，因那边房间有个凉台。又没有自来水，故我决定搬了。随【虽】知底下又要租了个不可靠的，好在我没东西，要搬狠（很）容易，你不必管，我会留心，请放心。

小三今次考分数狠（很）□□有五名中有四名。泽涵来信说，大儿功稞【课】考的【得】狠（很）好，就是会化【花】泉（钱）。我也只好随他去，又管不着他，爸爸惯的，你说我工道【公道】不工道【公道】？你有这么一点子毛病，不工道【公道】。

今天是旧历廿八了，还有两天就过年了。在此过年的期就不由人不烦恼了。望你好好尽【静】养养，保重要紧。留的【得】青山在，不怕没柴烧。我狠（很）想开，一切的不管，小三开学两天了。

祝你康健，新喜平安。

冬秀　［1939年］二月十六日

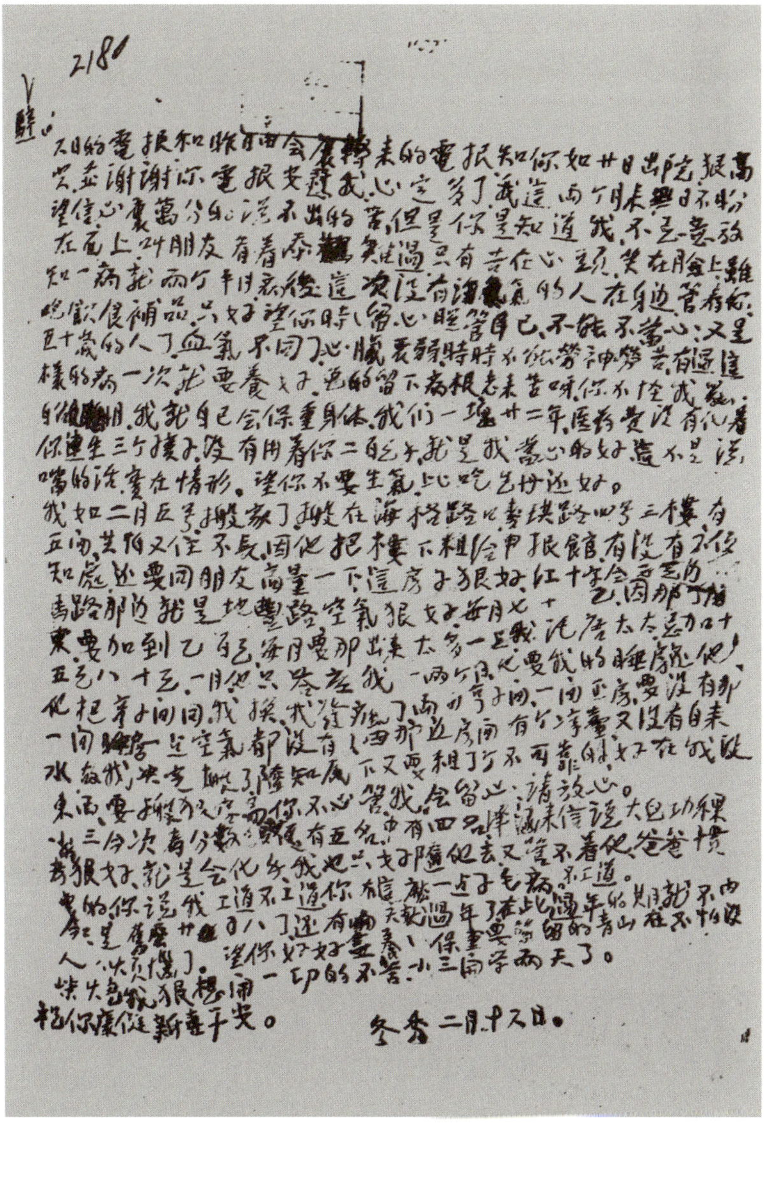

2181

骏：

六日的電報知昨日由会[illegible]轉来的電報知你如廿日出院很高興並謝謝你電報安慰我心定多了我這兩个月来無日不盼望信心裏萬分說不出的苦但是你是知道我不是喜歡在面上叫朋友看着[illegible]只有苦在心裏笑在臉上雖知一病就兩个半月[illegible]這次沒有[illegible]的人在身邊管着你飲食補品只好望你時時留心照管自己不能不當心又是五十歲的人了血氣不同了心臟衰弱時時不能勞神勞苦有過這樣的病一次就要養好免的留下病根[illegible]你不信我話[illegible]我就自己会保重身体我們一塊廿二年医药費沒有化着你連生三个孩子沒有用着你二百元就是我當心的好處不是說嘴的話實在情形望你不要生氣比吃藥还好。

我如二月五号搬家了搬在海格路[illegible]路四号三樓有五間[illegible]又住不長因他把樓下租給[illegible]飯館有沒有不便[illegible]还要同朋友商量一下這房子很好紅十字会医院的[illegible]路那边就是地豐路空氣很好每月七十[illegible]因那房東要加到乙百元每月要那出来太多一点我[illegible]太太說加四十五元八十元一月他只答應我一兩个月他要我的睡房他把亭子间同我換我[illegible]了兩个亭子间一间正房要没有那一间[illegible]連空氣都沒有因那边房间有个洋台又沒有自来水[illegible]我決定搬了[illegible]下又要[illegible]不可靠好在我没[illegible]東西要搬[illegible]你不必管我会留心請放心。

[illegible]三分次考分數[illegible]有五名中有四名[illegible]来信說大[illegible]功课[illegible]很好就是会化钱我也只好隨他去又管不着他爸爸[illegible]你說我知道不知道你[illegible]一点子毛病不知道[illegible]就是[illegible]廿[illegible]八了还有兩天就過年了[illegible]青山在不怕没[illegible]望你好好[illegible]保重要[illegible]小三[illegible]兩天了。[illegible]一切的不[illegible]

祝你康健新年平安。

冬秀 二月十六日。

第[185]封 团聚

致胡适（五）

骍:

前几天有一杭【航】空信给你，想以【已】比此信先收到。算起来昨天是你出医院的日子，祝你万事如意，身体康健。我不得来照应看你，但是心里万分不好受。我们有十九个半月没有见面了，日子过的【得】太快，战事几时完，不知何日再团圆见面。儿子长【常】有信来，狠（很）好，请放心。今天是阴历初五了，在上海过了两过【个】年了。

一月廿五有一位陈宗贤大夫去欧到美国，我托他带口信来看你。他从前住北平东城的顶银胡同的，我怕你又想不起来是随【谁】。还有吕伯威舅父来信说，他老爷的《绎言明喻篇》印出来了。他要你替他[往]英美各大图书

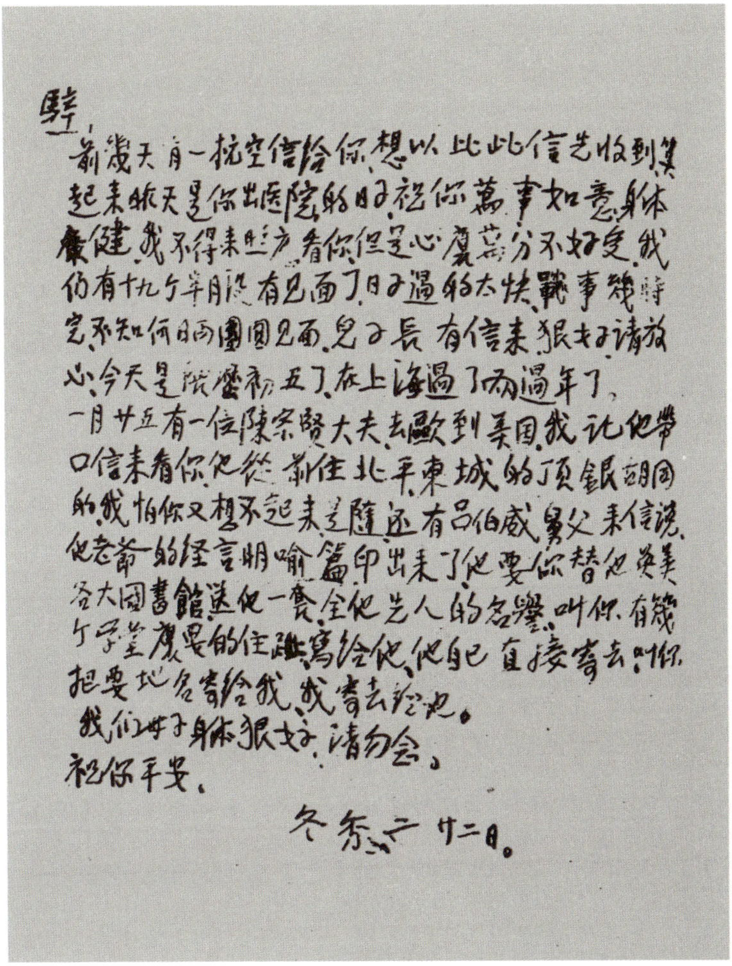
驊，
前幾天有一框空信給你，想必此信已收到。算起来昨天是你出医院的日子，祝你萬事如意，身体康健。我不得来照应，看你但是心裏萬分不好受。我仍有十九个半月没有见面了，日子過的太快，戰事幾時完，不知何日而團圆见面。兒子長有信来，狠好，請放心。今天是陰曆初五了，在上海過了兩過年了。
一月廿五有一位陳宗賢大夫去歐到美国，我託他帶口信来看你，他從前住北平東城的顶銀胡同的，我怕你又想不起来是誰。还有呂伯威舅父来信說他爺爺的經言明喻篇印出来了，他要你替他從美各大图書館送他一套，全他先人的名譽，叫你有幾个学堂裏要的住址寫給他，他自己直接寄去，叫你把要地名寄給我，我寄去給他。
我們母子身体狠好，請勿念。
祝你平安。
冬秀 二 廿二日。

馆送他一套，全他先人的名誉，叫你有几个学堂里要的住址写给他，他自己直接寄去，叫你要把地名寄给我，我寄去给他。

我们母子身体狠（很）好，请勿念。

祝你平安。

冬秀 ［1939 年］二、廿二日

第[186]封 条件

致胡适（六）

骍:

三月十四日的信收到了，我高兴的【得】狠（很），但是看到你病的情形，我又狠（很）难过。我把此信请李大夫看过，他又同别的大夫谈谈，又狠（很）仔细的【地】告诉我。句【据】他看，那时当时不会好起来，但是经过这样好，万兴【幸】知【之】中的万兴【幸】。不过句【据】他看到六个月医生说期满知【之】后，恐怕还有警告告诉你，你日后万不能照从前那样劳苦了。一天要有定归【规】，千万不能深【辛】苦，吃东西要当心，下午一定要睡一会觉，不能大意。这个有许【也许】还有第二次的可能性，要是再发那危险就大了，有许【也许】时时留神永远不会有了，这是要看本人会不会修养。这以上的情形是李大夫同我说的，但我盼望你日后要改变从前睡觉的【是】一条，二条[是]少管点生气的事。不怕天不怕地，只怕生闲气。请你原谅我瞎说，我想着你每次病，我都[在]身边，这次病全不知道，心里实在不好过呀。我有一件事，对不起你，我托蔚慈去电托翁文灏先生请转上去准你辞职，他

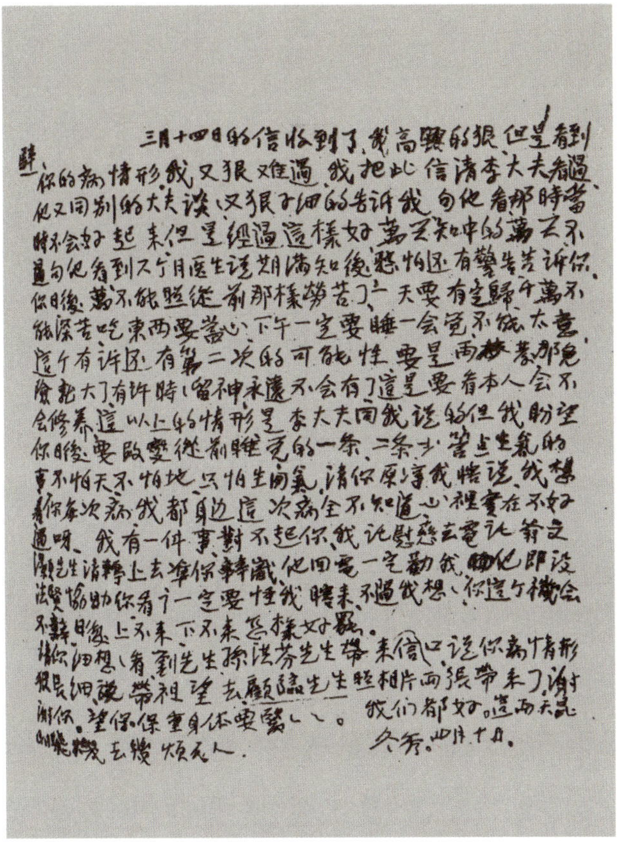
三月十四日的信收到了，我高興的狠，但是看到
辭
你的病情形，我又狠难過，我把此信請李大夫看過，
他又同别的大夫談，又狠了细的告訴我，向他看那時當
時不会好起来，但是經過這樣好，萬不知中的萬分不
道，向他看到又个月医生說期满知後，恐怕还有警告告訴你，
你日後萬不能照從前那樣勞苦了，天天要有定歸，千萬不
能深苦，吃東西要當心，下午一定要睡一会覺，不能太意，
這个有许还有第二次的可能性，要是两孝那危
險就大了，有许時時留神，永遠不会有了，這是要看本人会不
会修養，這以上的情形是李大夫同我說的，但我盼望
你日後要改變從前脾气的一条、二条，少管点生氣的
事，不怕天不怕地，只怕生病氣，請你原諒我瞎說，我想
看你每次病我都身边，這次病全不知道，心裡實在不好
過呀。我有一件事對不起你，我託駐慈去電託翁文
灝先生請轉上去准你辭職，他回電一定勸我，他即設
法賢協助你，看了一定要怪我瞎来，不過我想，你這个機会
不辭，日後上不来下不来怎樣好罷。
請你细想想看，劉先生、孫洪芬先生帶来口信，說你病情形
狠長细，說帶祖望去，顧臨先生照相片两張帶来了，謝
謝你。望你保重身体要緊要緊。我们都好。這两天昆
明飛機去，幾煩死人。
冬秀 四月十日。

回电一定劝我，他即设法〖贤〗协助，你看了一定要怪我瞎来，不过我想你这个机会不辞，日后上不来下不来怎样好罢。

请你细想想看，刘先生、孙洪芬先生带来口信，说你病情形，狠（很）长细【详细】，说带祖望去，顾□先生照相片两张带来了，谢谢你。望你保重身体要紧要紧，我们都好。这两天昆明飞机去，几烦死人。

冬秀　[1939年] 四月十日

第[187]封 祖望

致胡适（七）

骍:

四月十一日的信收到了，算起来一个月了。因由港转来的缘故，故此信慢。我还是三月十四你的那封信，一直这是第二封信，在没有接到这封信的头一个月，心里就焦急，算来两个月了。望你日后多写一两封，免我日晚不安。存【从】来没有遭遇过这样冷静的日子，就是近来身体不如从前能劳，有点老景来了。此信一到，我就去托李大夫去看，他说胡先生托我说给你听呢，我不能不同你们〖不〗说老实话。他呢，就同我们做医生的一样，今天我看了这个病人是好不了了，不过我尽心替他用心，全力开刀，但是心里一时一刻都担心，节果【结果】还是死，但是我看胡先生还是有机会呢，还是辞职好，因有过这样一次的病，要照从前一样恐怕不能了。再呢，虽然做两三个钟头的功呢，在别人是不要紧，在他呢，不负责对不起国家，负责用心一天就有一日的劳苦。这样苦心救不了国家，自己不利自己。照他的意见呢，还是想法离开好。他说，“我做医生存【从】来不说恭为【维】话。”

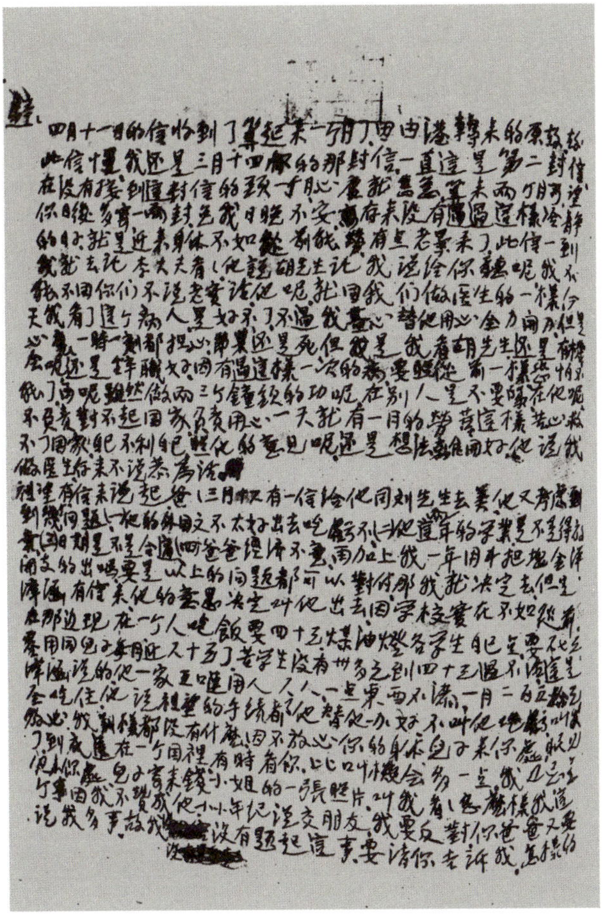

祖望有信来，说起爸爸三月十六有一信给他。同刘先生去美，他又考虑到几个问题：（一）他的外国文不太好，出去吃亏不？（二）他这两年的学业是不是得放弃？（三）日期是不是合适？（四）爸爸经济不急【济】，再加上我一年用千把块金洋，开支的出吗？要是以上的问题都可以对付，那我就决定去。但是，泽涵有信来，他的意思决定叫他出去，因学校实在不如从前。在那边，现在一个人吃饭要四十元，煤油灯各学生自己点，要六七元。零用同儿子每月近六十元了，苦学生没有卅多元到四十元过不活。这是泽涵说的，他一家五口连用人【佣人】六人，一点东西不添一月二百五十元全吃住。他说祖望的手续都他【他都】替他办好，不叫他吃亏，叫我放心。

我别样都没什么，因不放心你身体，儿子来你处，眼见了到底还在一个国里，有时候看你比叫【较】机会多一点。我也忌【愿】意他来你

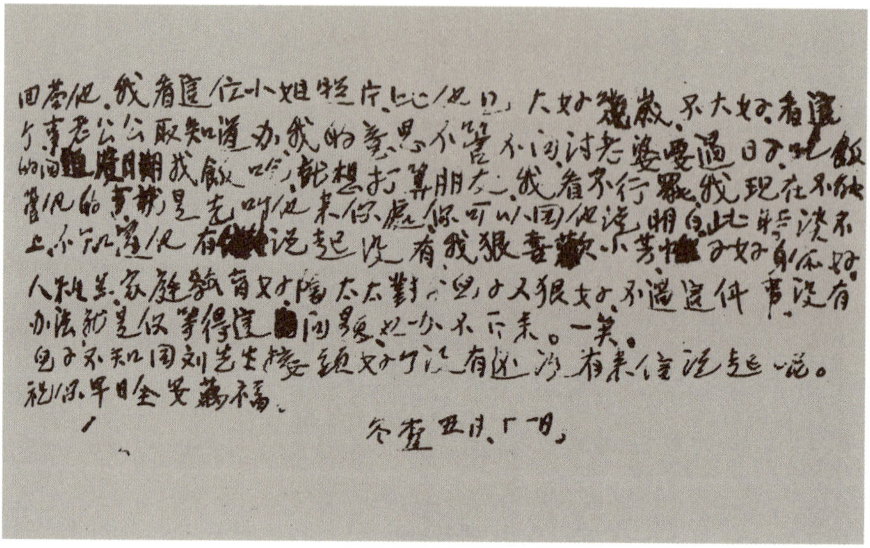
回答他。我看這位小姐照片比他見大好幾歲，不大好看。這
个事老公公取知道办。我的意思不管不问，讨老婆要過日子，吃飯
的问題，没日期找飯吃，就想打算朋友。我看不行罢。我现在不能
管他的事，就是先叫他来你處，你可以同他说明白，此時谈不
上，不知道他有信说起没有。我狠喜欢小芳，性子好，身体好，
人粗点，家庭教育好，陶太太對于儿子又狠好。不過這件事没有
办法，就是仅等得這个问題也办不下来。一笑。
儿子不知同刘先生接頭好了没有，还没有来信说起呢。
祝你早日全安萬福。
冬秀 五月十一日

处，儿子寄来钱小姐的一张照片，叫我看看怎么样。我这个事，因我不赞成他小小年纪说交朋友，我要反对你[这个]爸爸又要说我多事，故我没有题【提】起这事，要请你告诉我怎样的回答他。我看这位小姐照片比他见大好几岁，不大好看。这个事，老公公取知道【去指导】办。我的意思，不管不问，讨老婆要过日子，吃饭的问题，没日期找饭吃就打算[交]朋友，我看不行罢。我现在不能管他的事，就是先叫他来你处，你可以同他说明白，此时谈不上，不知道他有信说起没有？我狠（很）喜欢小芳，性子好，身体好，人粗点，家庭教育好，陶太太对与【于】儿子又狠（很）好。不过这件事，没有办法，就是仅等得【的】这个问题也办不下来。一笑。

儿子不知同刘先生接头好了没有，还没有来信说起呢。祝你早日全安万福。

冬秀 [1939年] 五月十一日

第[188]封 皮箱

致胡适（八）

骍:

四月廿三日的信收到了。我并不怪你三个月没有信，我告诉你焦急万分，故我请你一个平安两字明片。无有别的想念，你盼望我明白了，我心向口口向心，无所为【谓】明白不明白。你从十四岁，总是自己照应自己，结婚后我照应你。我想我还是自己，没有改变罢。这样的年头，请你自己想开点，国事要紧，自己也要紧。叫我以后不要这样想，不想了，心不能由人，日后不想不说恐怕做不到的，望你原谅我。

我们廿多年的夫妻，大家都知道皮【脾】气，别[的]话都不说了。同你说几[件]事：（一）你要的四支【只】皮箱。我告诉你，后来那【拿】到天津那几个破箱子，我就买了两支【只】铁箱子装上了。我把英文东西全放在一块了。因我不等【懂】的都放在一块儿，还有你手写稿子，□简的、没有印过的，老太爷的，还有徐志摩的，全照你每次那【拿】出来的东西，全装在将恼【樟脑】木箱子里面，我听人说此种箱子不生虫，故买此箱子装好。你这个还有两箱子，是你每年每次桌子上山高的信件，每次包好那没【么】多两大箱，你是不觉，就是你□那【拿】去兴业四支【只】小箱子物件吗？寄把你，还是连这两信一起寄给你，请速来信说明白。不过，你上次来信告诉我，说你住的房子不是六月就满期了吗？你说去住旅馆，但是你那十几箱子书存放何处，放下来要有一个小房间了。我并不是贤用费【嫌运费】贵，我就是这样用去乙（一）千多元了。这是你心肝宝贝，家失了[但]你的物见【件】没有遗失，[原因就是因]为[我]的不昔【惜】费用保留。请你速来信，叫小二去津一趟，竹先生说有法子寄出，一定不会悮【误】你的事，只要你那出国有地方存放。

茶叶照办，不过今年新货买又太晚了，到汪裕泰买太贵，故托治平托朋友到杭州去买，到【倒】是龙井山上的盛先生的茶叶，龙井有一大半是他的，不过现过晚一点，大【太】好[的]不容易买了。我上次托他买了廿斤，只有九斤好的，都留着给你。杭州带出来，每次只能十斤八斤的带，只好买点不得悮【误】事。

祖望有信来，说见着刘先生了。他说刘先生替他答好同伴李迪候先生，他走欧洲太远，旅费太多，你看怎样走好？竹、张两位先生说，叫他走这边，同大春一块儿去，日子又少，泉（钱）又用的【得】少，还有旅费的泉（钱），在什么地方那【拿】刘先生也没有说起。我又要快搬家了。三层楼又低，故十南舅母去平，此房给我了，他住只有四十八元，现有【又】涨到六十五元，还替他还了三个月的欠租，因他欠六个

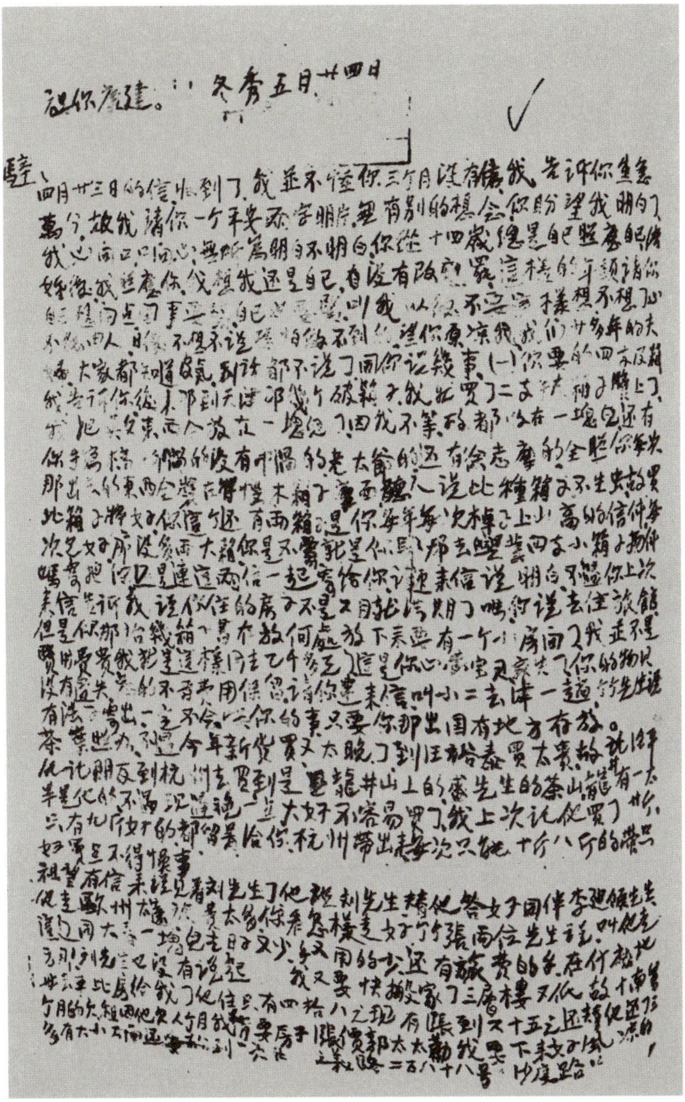

月。我不肯要房子涨价，郭太太劝我要下来，好风凉的，多有大小六间，还要去□到一次。在之义路二百八十八号 沙度路

祝你康健。

冬秀 [1939 年] 五月廿四日

第[189]封 托运

致胡适（九）

骍:

昨天收到你五月八日的信，我狠（很）高兴。皮箱件依今【已经】装好了，就是带的问题，竹先生还在同朋友商量，走那没【边】带方便，前几天说有一支【只】美国兵船开你住的地方，现在又改路道了。总想法子走安全地方寄，津的箱子托成之去津弄好，托人寄出，还要等成之的信来，他可有工夫去津没有，一定替你寄出，请放心。一支【只】木箱子全是稿件，一支【只】木箱内只有几包稿件，内有等【顶】好龙井茶，一个七斤，一个两斤，这[都是]六块泉（钱）乙（一）斤的。还有二路【等】的乙（一）个三斤，乙（一）个五斤，是五元半乙（一）斤。这都是治平托龙井寺和尚买的多，因

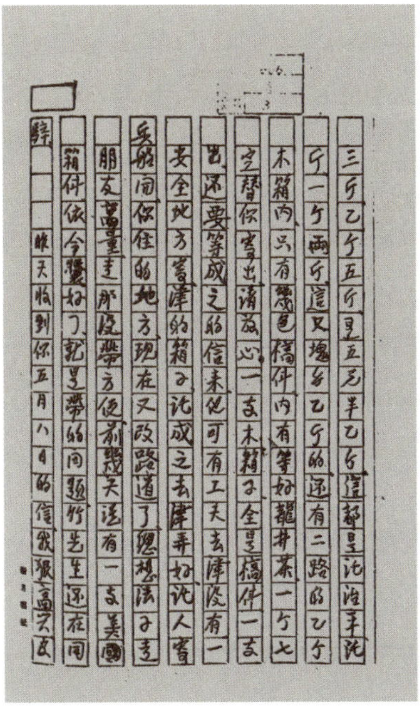
續 昨天收到你五月八日的信我狠高兴
箱件依今[illegible]好了就是帶的问题竹先生还在同
朋友商量这所没带方便[illegible]天还有一支美國
兵船同你住的地方现在又改路道了想法子走
安全地方寄津的箱子託成之去津弄好託人寄
出还要等成之的信来他可有工夫去津没有一
空替你寄出请放心一支木箱子全是槁件一支
木箱内只有[illegible]色槁件内有等好龍井茶一斤七
斤一斤两斤這又塊乡乙斤的还有二路的乙斤
三斤乙斤五斤是五元半乙斤這都是託[illegible]

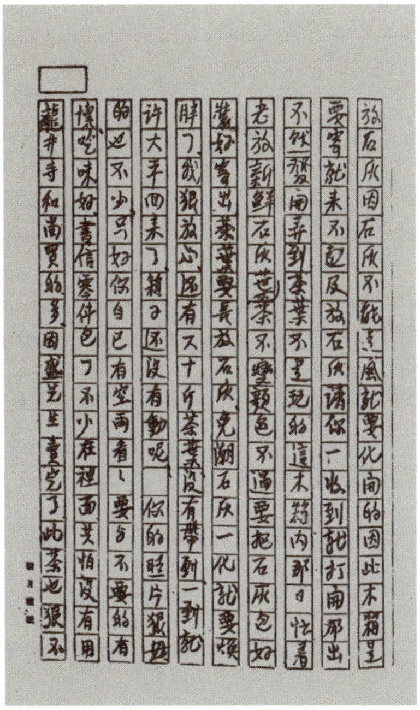
龍井寺和尚買的多因盛先生賣完了此茶也狠不
懷吃味好書信零件包了不少在裡面共怕沒有用
的也不少只好你自己有空再看看要与不要的有
許大半回來了箱子還沒有動呢 你的照片狠丑
胖了我狠放心還有六十斤茶葉沒有帶到一到就
裝好寄出茶葉要長放石灰免潮石灰一化就要煥
老放新鮮石灰茶葉不變顏色不過要把石灰包好
不然一發開弄到茶葉不是玩的這木箱內那日忙着
要寄就來不及放石灰請你一收到就打開那出
放石灰因石灰不能走風就要化開的因此木箱是

盛先生卖完了，此茶也狠（很）不怀【坏】，吃味好。书信、零件包了不少在里面，共【恐】怕没有用的也不少，只好你自己有空再看看，要与不要的有许【也许】大半回来了。

箱子还没有动呢，你的照片狠（很）丑，胖了，我狠（很）放心。还有六十斤茶叶没有带到，一到就装好寄出，茶叶要长【常】放石灰免潮，石灰一化就要焕【换】。老放新鲜石灰茶叶不变颜色，不过要把石灰包好，不然发开弄到茶叶[里]不是玩的。这木箱内，那日忙着要寄就来不及放石灰，请你一收到就打开那【拿】出放石灰，因石灰不能走风，[走风]就要化开的，因此木箱是托昆三在他烟公司买的，我问他多少泉（钱）他不肯说，是不会要泉（钱）的，你有空写一明片去谢谢他。竹先生不大忌【愿】意同他商量，只好托他想办法去。

我不久要搬家了，此房同会里吴砚农先生狠（很）近，前后弄堂。

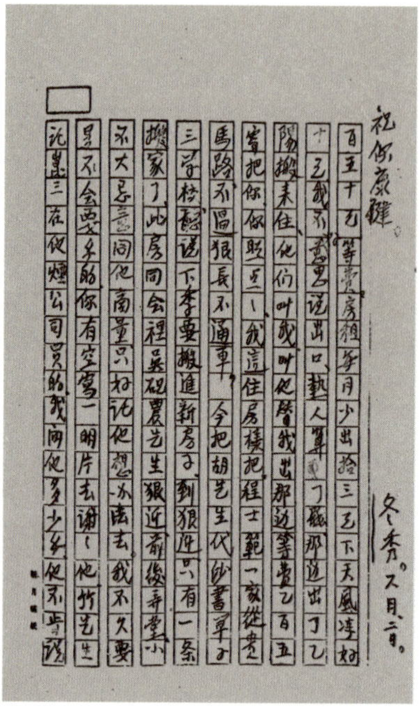

小三学校听说下季要搬进新房子，到【倒】很近，只有一条马路，不过狠（很）长不通车。今把胡先生代钞书单子寄给你，你照点点。我这住房样【让】把程士范一家，从贵阳搬来住，他们叫我叫他替我出那边等【顶】费乙（一）百五十元，我不好意思说出口，熟人算了罢。那边出了乙（一）百五十元等【顶】费，房租每月少出十三元，下天【夏天】风凉好。

祝你康健。

冬秀　[1939 年] 六月二日

第［190］封 护照

致胡适（十）

骍:

五月廿七的名片收到了，谢谢你。听话多了，我狠（很）放心。见报上你的谈话了。

祖望有信来，说起护照还没那【拿】着，听说七月初到，做衣服同行装，只[要]忙好就要走了。我听见大春说，刘胖子先生有信给他，护照船票，他同祖望两人的都办好了。祖望也一同走这边，七月廿六日动生【身】。茶叶买好了，三号寄出，一共多少下次写信说明。小三死没有出息，他要学政治，日后做狗官。他同周寄梅医生二儿子狠（很）要好，他也是学政治，嘴能瞎说，廿九岁了还没有毕业。他父亲去年叫他去他那边做事去，他说叫他去也要同他老大一样了。他的姊弟都恨他瞎说话，天文地理全知道，实在全不是那回事。老三老四都狠（很）好，母亲喜欢老二。

冬秀 ［1939年］六月廿七日

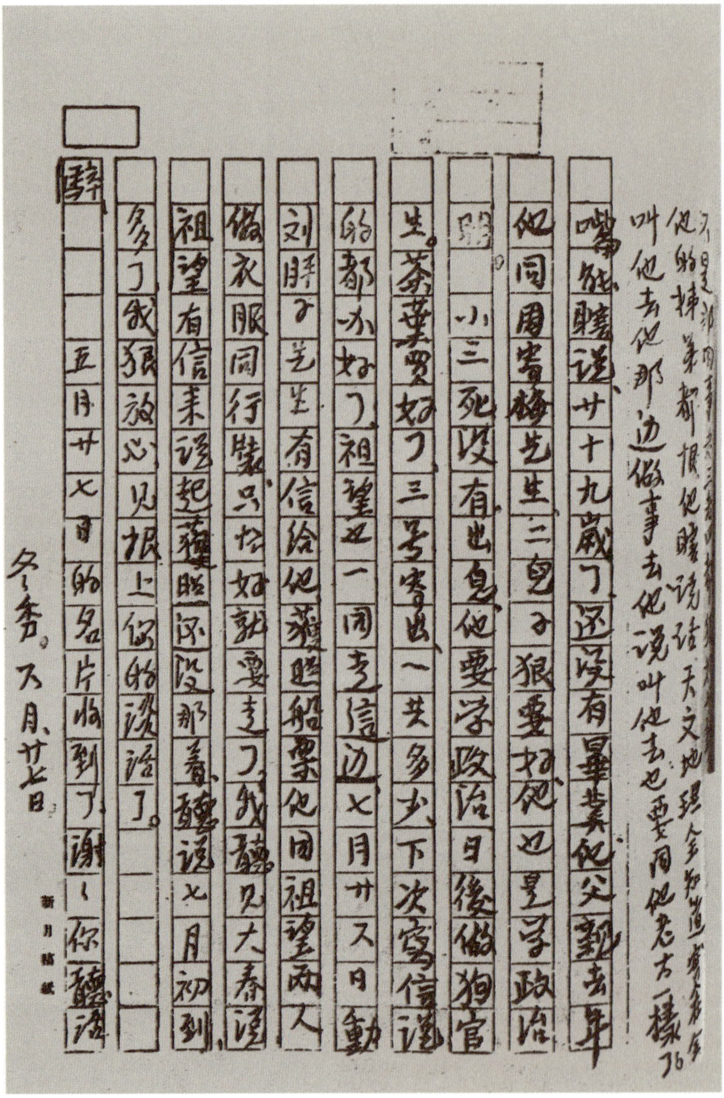

不是那[illegible]
他的棹弟都根他聽説話，天文地理全知道，考
叫他去他那边做事去，他说叫他去也要同他老大一樣 76

嘴能聽説，廿十九歲了，还没有畢業，他父親去年

他同周岂梅先生二包子，狠要好，他也是学政治

聯　小三死没有出息，他要学政治，日後做狗官

生。茶葉买好了，三号寄出，一共多少，下次寫信説

的，都办好了。祖望也一同去，這边七月廿八日動

刘聯子先生有信给他，護照、船票，他同祖望兩人

做衣服，同行装，只要好，就要走了。我聽见大春説

祖望有信来説，把護照你没那麼，聽説七月初到。

多了，我狠放心。见报上你的談話了。

騂　五月廿七日的名片收到了，謝謝你。聽説

冬秀。六月廿七日

新月稿紙

第[191]封 茶叶

致胡适（十一）

骍:

六月五日的信收到了，谢谢你。我狠（很）高兴你能出远门了，实在万兴【万幸】。前几天有一信给你，想以【已】收到。祖望昨天有信来说，廿六日由昆明动身，大慨【概】七月七八号到，廿四的船票，还要忙着做衣服买行装，就狠（很）忙了。

茶叶昨天寄出，海关狠（很）麻烦，费事。共九十斤，有四十斤共乙（一）百六十瓶是四两一瓶的，你可分一半给陈先生。靠小瓶上有九个十八瓶，是方瓶，有金黄益【依】着格开来的，价八元，是等【顶】好。有廿五个，瓶子有方，有方扁，有长方，六元，每两个捆一块，是同这几种瓶子一号的。还有十六斤粗点的，是长方单瓶子，没有捆，共卅二瓶，包的这号只有留着自己吃罢，味全都狠（很）好，终[究是]狮子峰[上的茶]能[算得上是]中等的。还有两个圆瓶，是祁门红茶，这[是]祁门客人带来给治平的，上海市没有祁门货色，故没有买，价泉（钱）开在后面。四十斤的七元一斤，九斤的八元五角一斤，你这九斤留着你自己送人罢。不同样子的瓶，廿五斤是六元一斤，十六斤的四元五角一斤。瓶子，大瓶每个两角，小瓶乙（一）角五分，共廿四元。大瓶乙（一）百个二十元，你把小瓶分乙（一）半廿斤给陈先生，再把那廿五斤分廿斤给他，是瓶不同样的。还有杭州寄出邮买共廿元四，有一次与【遇】见鬼人，□了七元，做木箱子六元，内沈先生拿来箱子小，定做的，乙（一）箱寄费十元美金，两支【只】箱寄费太重，故放在乙（一）箱子的。寄费有许【也许】不止十元美金，等他账单来再告诉你。他是算中国泉（钱）的。陈先生的你照我写的分给他，下次等寄费算清，我替你算分清处【楚】每人应出多少。

祝你康健平安。

冬秀　[1939年]七月二日

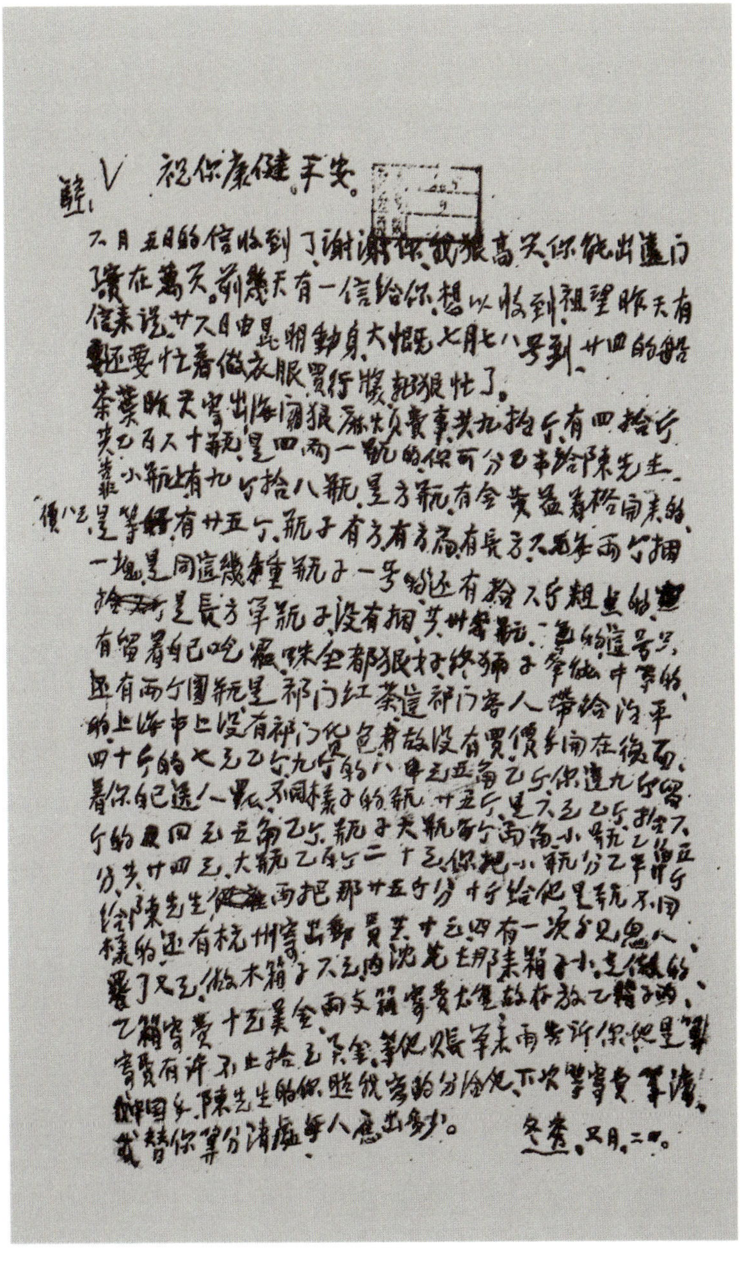

謹V 祝你康健平安。

六月五日的信收到了，謝謝你。我很高興你能出遠门讀書在高興。前幾天有一信給你，想必收到。祖望昨天有信來說，廿六日由昆明動身，大概七月七八号到。廿四的船還要忙着做衣服、買行[illegible]，就很忙了。

茶葉昨天寄出，海關很麻煩，費事。共九拾斤，有四拾斤共乙百六十瓶，是四兩一瓶的，你可分乙半給陳先生。[illegible]小瓶上有九斤，拾八瓶是方瓶，有金黃蓋，[illegible]來的，價八元，是等級，有廿五斤。瓶子有方有扁有長方不等，兩斤捆一塊，是同這幾種瓶子一樣的。還有拾六斤粗點的，[illegible]是長方罐瓶子，沒有捆，共卅幾瓶。[illegible]有留着自己吃罷，味全都很好，[illegible]還有兩个圓瓶，是祁门紅茶，這祁门客人帶給[illegible]的，上海市上沒有祁门貨色，都故沒有買價，[illegible]在後面。四十斤的七元乙斤，九斤的八元五角乙斤，你這九斤留着你自己送人罷。不同樣子的瓶，廿五斤是六元乙斤，拾六斤的[illegible]四元五角乙斤。瓶子大瓶每个兩角，小瓶乙角五分，共廿四元。大瓶乙百斤二十元。你把小瓶分乙半，[illegible]給陳先生，[illegible]把那廿五斤分十斤給他，是瓶不同樣的。還有杭州寄出郵費共十元四，有一次[illegible]，[illegible]了又元，做木箱子六元。[illegible]先生那來箱子小，這[illegible]的乙箱寄費十五美金，兩支箱寄費太[illegible]，故存放乙箱子內。[illegible]寄費有許不止拾五美金。等他賬算來再告訴你。他是[illegible]陳先生的，你照我寄的分給他。下次要寄費算請[illegible]我替你算分清楚每人應出多少。

冬秀。六月二十。

第[192]封 分账

致胡适（十二）

骍:

前日寄出茶叶同信一封，请收到看上面就可明白价目，寄费九十八元二角。你应出茶叶泉（钱）共三百十四元，寄美应出五十四元六角，杭州邮费同瓶子、木箱等费应出共卅元二角，你共出四百零七元八角。

陈先生茶叶四十斤，价洋二百六十元，寄美应出四十三元六角，瓶子应出十四元，杭州邮费应出八元八，木箱子应出三元六角，共计三百廿九元四角。因上次木箱七元，外加洋铁箱乙（一）元五角。上次告诉你，七元一支【只】，没有加铁。那三支【只】箱子，竹先生说没有法寄出，我同孙洪芬先生谈谈，他说买两个好外国皮箱，想法子托外国朋友当衣服带给你，此事消【稍】等机会，一定照办，勿急。天津箱我也同他谈过，他说木箱存【重】做过，要紧【结】实，托他姑爷（在海关做事）想法子寄来，因天气大【太】热，放在津的三楼上，消【稍】等有机会，一定办好寄给你。祖望过四五天要到了。

今天是七月七日，我住的房子是英法交界，这边是法界口运【用】

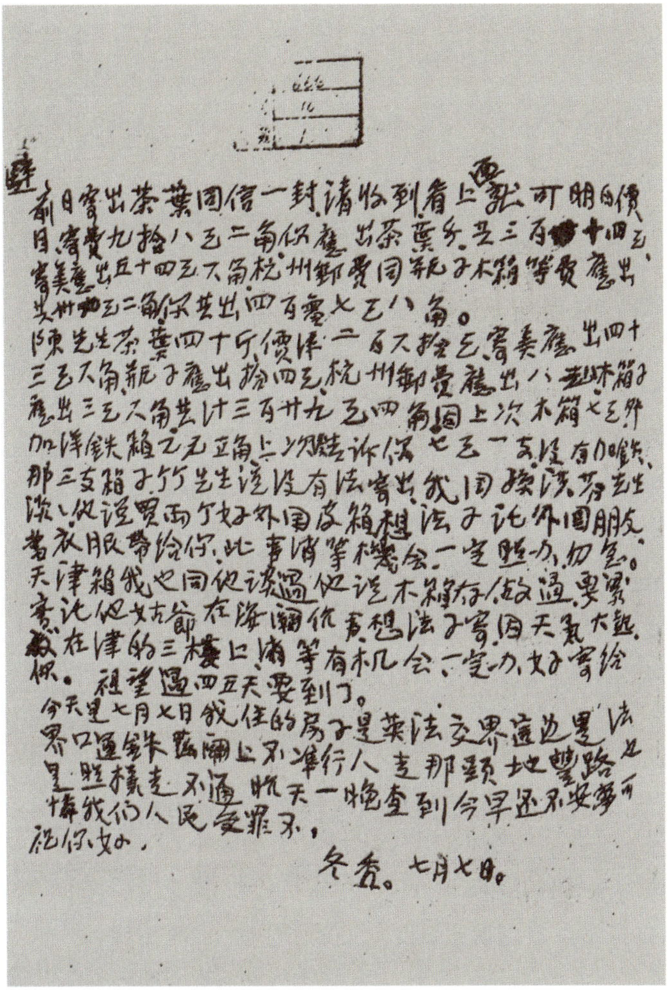

前日寄出茶葉同信一封請收到看上面就可明白價
目寄費九拾八元二角你應出茶葉合共三百[illegible]十四元
寄美應出五十四元六角杭州郵費同瓶子木箱等費應出
[illegible]二角你共出四百零七元八角。
陳先生茶葉四十斤價洋一百六拾元寄美應出四十
三元六角瓶子應出拾四元杭州郵費應出八元木箱子
應出三元六角共計三百廿九元四角因上次木箱七元外
加洋鐵箱乙元五角上次[illegible]你七元一支[illegible]
那三支箱子竹先生說沒有法寄出我同[illegible]先生
談談他說買兩个好外國皮箱想法子託外國朋友
帶衣服帶給你。此事須等機会一定照办，切念。
天津箱我也同他談過他說不須存放這要緊
寄託他姑爺在海關佗責想法子寄因天氣大熱
放在津的三樓上須等有机会一定办好寄給
你。 祝望過四五天要到了。
今天是七月七日我住的房子是英法交界這边是法
界口通鐵絲關上不准行人走那頭地豐路也
是照樣走不通昨天一晚查到今早还不安寧可
憐我們人民受罪不，
祝你好。
冬秀。七月七日。

铁丝关上，不准行人走，那头地丰路也是照样走不通，昨天一晚查到今早还不安宁，可怜我们人民受罪不。

祝你好。

冬秀 [1939年]七月七日

第[193]封 血压

致胡适（十三）

骍:

昨天接到你的照片，信一封，狠（很）高兴，但是你上次明片上说血压乙（一）百十六度，还是太少，照你的年岁，乙（一）百三十度进【正】好，还是要注意一点，不能太劳苦。书叫祖望把信送到竹先生公司房去了，你放心，一定替你办好寄给你。稿子前信说过，想法托人照办寄出。祖望前天到了，有点伤风，一两天就会好的。他还是走欧洲，今天把护照寄到香港买船票，托刘先生办去了。茶叶前一个礼拜寄去了，请收下看清处【楚】，照信分清。

祝你安好。

冬秀　[1939年]七月十一日

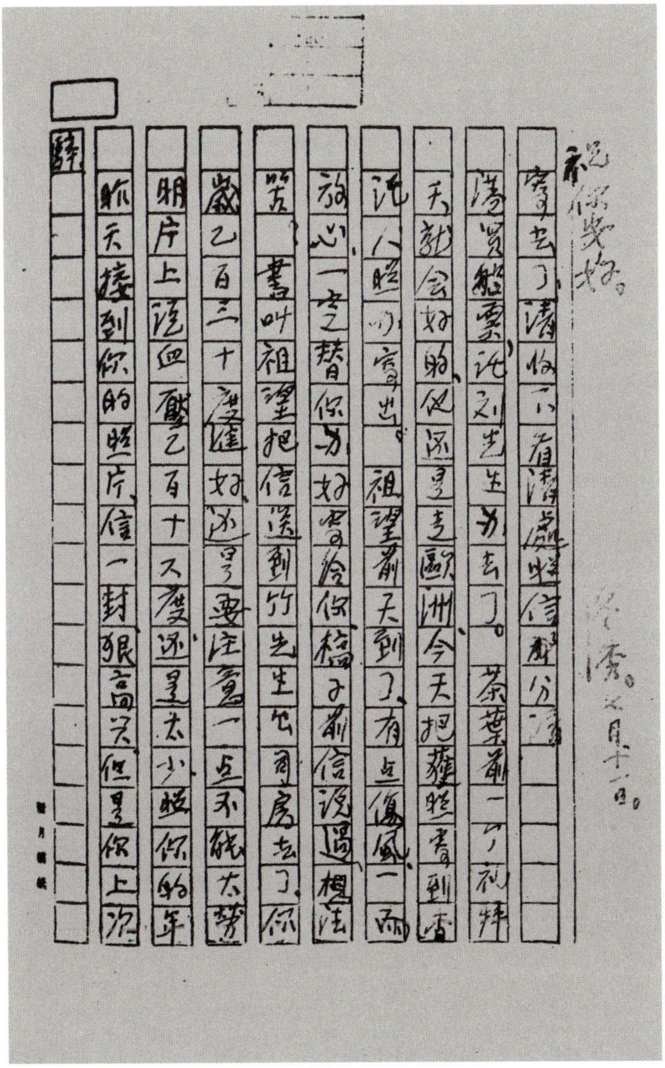
寄去了，请收下，看潇虎照信都分清
潇买船票，托刘先生办去了。茶叶前一个礼拜
天就会好的，他还是去欧洲，今天把护照寄到香
托人照小寄出。祖望前天到了，有点伤风，一面
放心，一定替你办好，寄给你稿子，前信说过，想法
买书，叫祖望把信送到竹先生公司房去了。你
岁乙百三十度还好，还要注意一点，不能太劳
朋片上说血压乙百十又度还是太小。照你的年
昨天接到你的照片，信一封，很高兴，但是你上次

祝你安好。
冬秀。[illegible]月十一日。

第[194]封 周太

致胡适（十四）

骍:

周小姐带来的照片收到了，这张照片早寄来有一张小的一样，周小姐一回[来]就叫【教】书了，在东吴狠（很）好，是大小姐替他【她】找好事，等他【她】回来有事做了。徐太太不日要搬家了，他【她】的大小姐病好多了。二小姐好了，大椿【春】同祖望进学校罢，他们到了还没有接着信呢。此地东西比祖动身的时候贵两倍了。小三依今【已经】开学了，差不多每日在外面吃饭，太远，他晚上也在九十点回来，实□本来下午四点至六点，现在把这个钟点租给别的学堂，他们改在七八点至十点，太晚，我老有点不放心。往后天冷，没法子想。

我上次有两封信给你，不知收到否？因路上恐怕有遗失。请放心，我同小三来上海都身体狠（很）好，冬天的煤也买了，因在北方住久了，怕冷，我买九十六元一顿【吨】，去年四十二元一顿【吨】，现在乙（一）百五十元一顿【吨】，实在穷人[承受]不了呀。米卅六元，祖走时十五元好米乙（一）担，出去看穷人太多。你的衣服预备好了，等

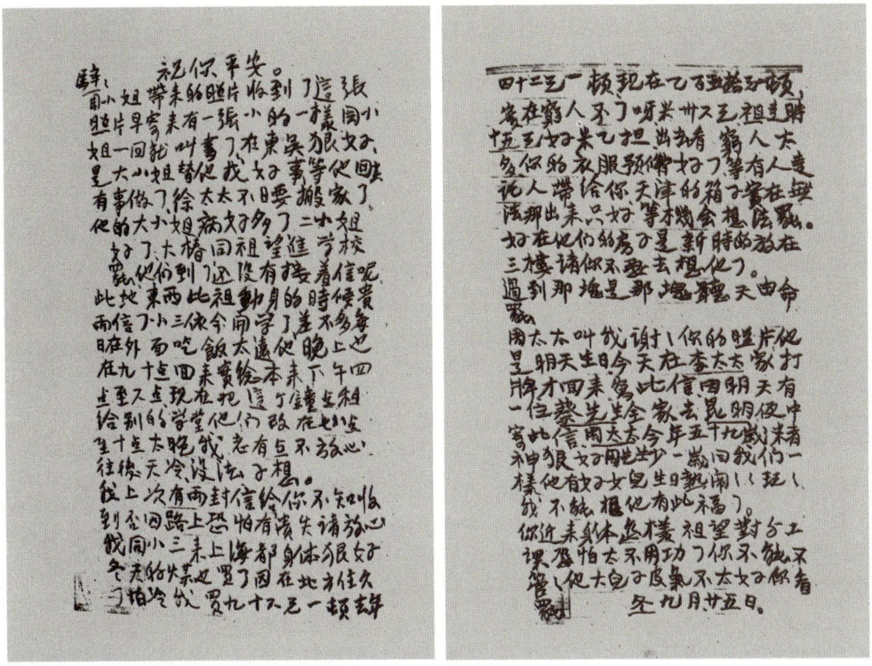

有人走，托人带给你。天津的箱子实在无法那【拿】出来，只好等机会想法罢。好在他们的房子是新时【式】的，放在三楼，请你不要去想他了。过到那【哪】块是那【哪】块，听天由命罢。

周太太叫我谢谢你的照片，他是明天生日，今天在李太太家打牌，才回来写此信。因明天有一位蔡先生全家去昆明，便中寄此信，周太太今年五十九岁，精神狠（很）好，周先生少一岁，同我们一样。他有好儿女，生日热闹热闹，玩玩，我不能相【像】他有此福了。

你近来身体怎样？祖望对与【于】工【功】课恐怕太不用功了，你不能不管他，大儿子皮【脾】气不太好，你看罢。

祝你平安。

冬　[1939 年] 九月廿五日

第[195]封 庆生

致胡适（十五）
廿八年十二月廿晚（第一号信）

骍:

十一月十四日的信，早几天就收到了，因我头几天有几个牌局，回来又要多睡睡，故还没回信给你，狠（很）对不起。十六日晚接到你同儿子的电报敬祝我，我高兴的【得】狠（很），但是要不是这个时局，我们家三个生日在一块有多么好呀，不过我还是高兴。

我告诉你，我们的做生日的情形。头一天是小三的朋友，唐伯文三太太的两个小姐一个少爷、周寄梅的两位少爷，还有他们带来的两位同学，吃的【得】狠（很）高兴。第二天十七日早上九点，周太太来了，随后来了打牌，四桌牌，问房东太太借了他【她】二间房，泉（钱）寄女儿的厨子做的菜，两桌午饭，吃面，小二炒了几个菜，到晚上十二点散。

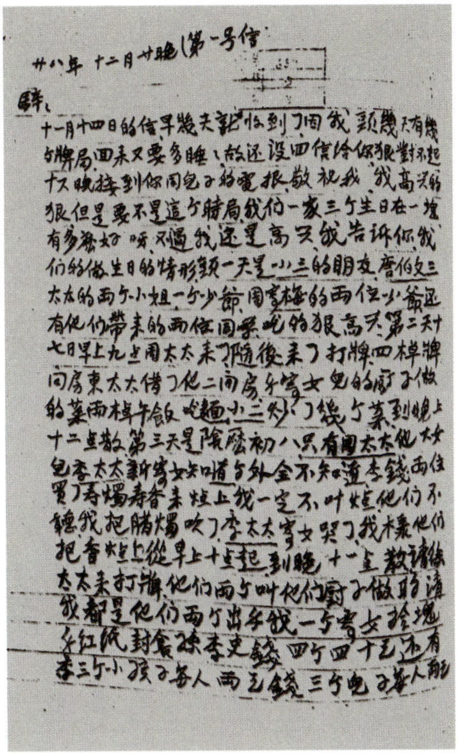
廿八年 十二月廿晚（第一号信
驊、
十一月十四日的信早幾天就收到了因我頭幾天有幾个牌局回来又要多睡〻故还没回信给你很對不起十×晚接到你同包子的電报敬祝我 我高兴的很但是要不是這个賭局我们一家三个生日在一塊有多么好呀 不過我还是高兴 我告訴你我们的做生日的情形頭一天是小三的朋友曹伯文三太太的两个小姐一个少爺 周雪梅的两位少爺还有他们帶来的两位同学 吃的很高兴 第二天廿七日早上九点周太太来了随後来了打牌四棹牌向房東太太借了他二间房子寄女包的厨子做的菜两棹午飯 吃麵 小三炒了幾个菜到晚上十二点散 第三天是陰曆初八只有周太太他大女兒李太太新寄女知道与外全不知道李錢两位買了寿燭寿香来点上 我一定不叶点他们不聽我把腊燭吹了李太太寄女哭了我樣他们把香点上從早上十点起到晚十一点散請徐太太来打牌他们两个叫他们厨子做的請我都是他们两个出泉我一个寄女拾塊泉紅紙封套孫李史錢四个四十元还有李三个小孩子每人两元錢三个兒子每人兩

第三天是阴历初八，只有周太太他【她】大女儿李太太新寄女知道，与【以】外全不知道，李、钱两位买了寿烛寿香来点上，我一定不叶【叫】点，他们不听。我把蜡烛吹了，李太太寄女哭了，我样【让】他们把香火点上，从早上十点起到晚十一点散，请徐太太来打牌，他们两个叫他们厨子做的，请我都是他们两个出泉（钱）。我一个寄女十块泉（钱），红纸封套，孙、李、史、钱四个四十元，还有李三个小孩子每人两元，钱三个儿子每人两元，史家女〖个〗孩子、丁太太抱了一个女儿，共两个每人两元。钱、李第二天每人又送了十块泉（钱），我不肯收，他两个一定又不忌【愿】意，我等晚上叫小二做了一桌菜，请他每家三个小孩来吃饭，房东三个小孩来，惠平家三个，每人两元红纸包。

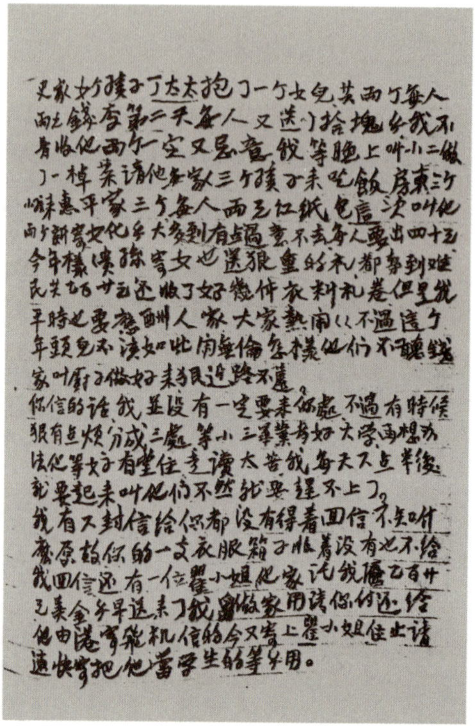

这次，叫他两个新寄女化【花】泉（钱）大【太】多，到【倒】有点过意不去，每人要出四十元。今年样样贵，寄女也送狠（很）重的礼，都□到难民共七百廿元，还收了好几件衣料礼券，但是我平时也要应酬人家，大家热闹热闹，不过这个年头儿不该如此闹。无论怎样，他们不听，钱太太家叶【叫】厨子做好了，狠（很）近，路不远。

你信的话，我并没有一定要来你处，不过有时候狠（很）有点烦，分成三处。等小三毕业考好大学再想办法。他等【顶】好有堂住，走读太苦，我每天六点半后，就要起来叫他们，不然就要赶不上了。

我有六封信给你，都没有得着回信，不知什么原故【缘故】。你的一支【只】衣服箱子收着没有，也不给我回信。还有一位瞿小姐，

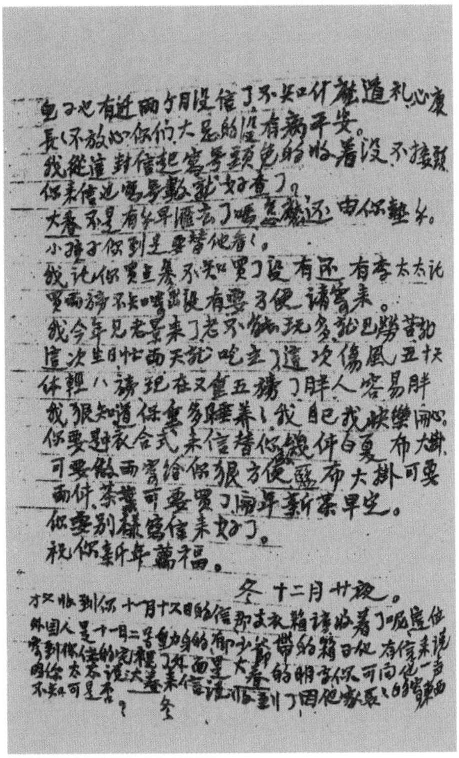
兒子也有近兩个月沒信了不知什麼道礼心裏
長長不放心你们大忌的[望]沒有病平安。
我從這封信起寫号頭免的收着沒不接頭
你来信也寫号數就好查了。
大春不是有錢早滙去了嗎怎麼还由你墊錢。
小孩子你到是要替他看看。
我託你買点参不知買了沒有还有李太太託
買兩磅不知寄出沒有要了便請寄来。
我今年見老景来了老不饒人玩多就也勞苦些
這次生日忙兩天就吃去了這次傷風五天
体輕八磅現在又重五磅了胖人容易胖
我很知道你會多睡養養我自己我快樂開心。
你要寄衣合式来信替你做件白夏布大掛
可要做兩件給你很方便藍布大掛可要
兩件。茶葉可要買了兩年新茶早安。
你要别樣寫信来好了。
祝你新年蕭福。
冬 十二月廿夜。
才又收到你十月十六日的信 [illegible]
冬

他【她】家托我汇乙（一）百廿元美金，泉（钱）早送来了，我留做家用，你付还给他【她】。由港寄飞机信的，今又寄上瞿小姐住止【址】，请速快寄把他【她】，当学生的等泉（钱）用。

儿子也有近两个月没有信了，不知什么道礼【理】，心里长长【常常】不放心你们大忌【意】的，[望你们]没有病平安！

我从这封信起写号头，免的【得】收着没[收着]不接头，你来信也写号数就好查了。

大春不是有泉（钱）早汇去了吗，怎么还由你垫泉（钱）。小孩子你到【倒】是要替他看看。

我托你买点参，不知买了没有？还有，李太太托买两磅，不知寄出没有？要方便，请寄来。

我今年见老景来了。老不能玩多，就见劳苦，就这次生日忙两天就吃立【力】了。这次伤风，五十天体轻八磅，现在又重五磅了。胖人容易胖，我狠（很）知道保重，多睡养养。我自己找快乐开心。你要是中衣合式【适】，来信，替你做几件白夏布大褂可要做？再寄给你狠（很）方便。蓝布大褂可要两件？茶叶可要买了？开年新茶早定。你要别样[东西]，写信来好了。

祝你新年万福。

冬　[1939 年] 十二月廿夜

才又收到你十一月十六日的信，那支【只】衣箱谅必收着了呢，这位外国人是十一月二号动身的。郁少爷带的箱子，他有信来说寄到你住的宅里了。外面是大春的明【名】字，你可问他一声，因徐太太说大春来信说收到了，因他家长长【常常】的寄东西，不知可否？

冬

《第玖章》庆祝我们的双生日

1920年12月17日，阴历十一月初八，这一天是胡适的阳历生日，也是江冬秀的阴历生日，在这百年巧合之下，胡适写了一首《我们的双生日：赠冬秀》：他【她】干涉我病里读书，常说：『你又不要命了！』我也恼他【她】干涉我，常说：『你闹，我更要病了！』我们常常这样吵嘴——每回吵过也就好了。今天是我们的双生日，我们订约今天不许吵了！我可忍不住要做一首生日诗，他【她】喊道：『哼哼！又做什么诗了？』要不是我抢的【得】快，这首诗早被他【她】撕了。

外界都传胡适是『PPT』（怕老婆，典型的「气管炎」）。胡适曾调侃自己是『怕太太委员会的委员长』。

两人的婚姻，在步入中老年后渐入佳境，琴瑟和鸣。这段婚姻成为民国史上为数不多得了善终的『包办婚姻』。

第［196］封 回复

一九四〇年
致江冬秀（一）

第乙号　　　廿九年二月四日

冬秀：

你的第乙（一）号信（十二月廿日）收到了。

我想你的编号办法很好，所以我也编第乙（一）号信。

儿子祖望在大学很平安，功课第一学期快完了，他自己说成绩还不错，且等第一学期的成绩单出来再看。我想他今年的功课大概还不坏。

大春的钱，现在仍归原捐款人管理，他说我懂得教育，所以他托我照管大春。去年夏天，此人不在纽约，所以我垫了七百元给大春，后来他还我了。

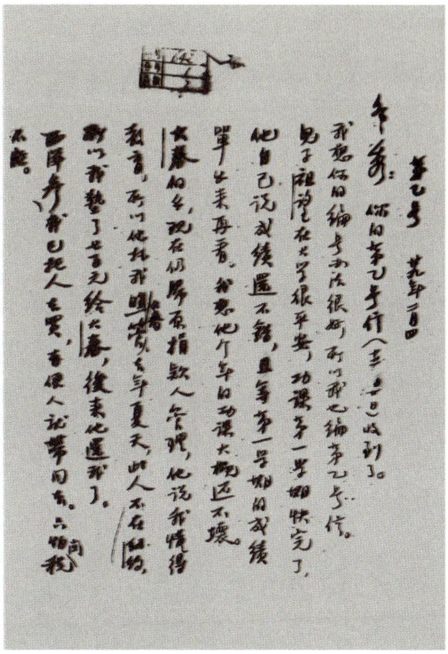
第七号　廿七年十二月四日
冬秀：你的第七号信（十一月十五日）收到了。
我想你的编号或不很好，所以我也编第七号信。
儿子祖望在大学很平安，功课第一学期快完了，
他自己说成绩还不错，且等第一学期的成绩
单子出来再看。我想他今年的功课大概还不坏。
大嫂的事，现在仍无原指款人管理，他说我情得
看看，所以他托我照管。今年夏天，此人不在纽约，
所以我垫了七百元给大嫂，后来他还我了。
西洋参我已托人去买，有便人就带回去。只怕关税
不轻。

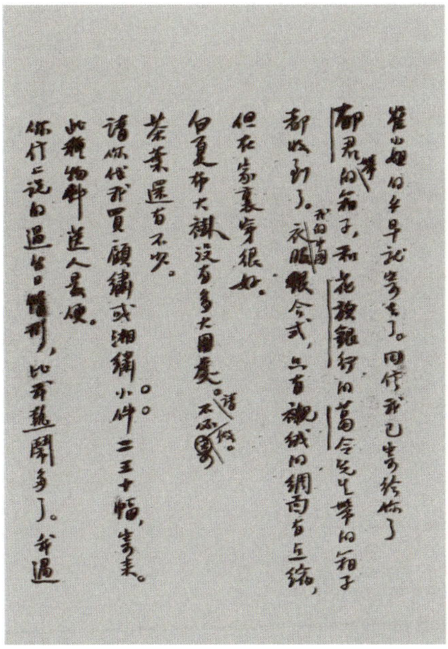
崔小姐的钱早就寄去了。回信我已寄给你了。
郁君带的箱子，和花旗银行的葛令先生带的箱子
都收到了。我的中国衣服很合式，只有衬绒的绸面有点缩，
但在家里穿很好。
白夏布大褂没有多大用处，请不必做。
茶叶还有不少。
请你代我买顾绣或湘绣小件二三十幅，寄来。
此种物件送人最便。
你信上说的过生日情形，比我热闹多了。我过

西洋参我已托人去买，有便人就带回去。只怕关税不轻。

崔小姐的钱早就寄去了。她的回信我已寄给你了。

郁君带的箱子，和花旗银行的葛令先生带的箱子都收到了。我的中国衣服很合式【适】，只有衬绒的绸面有点缩，但在家里穿很好。

白夏布大褂没有多大用处，请不必做。

茶叶还有不少。

请你给我买顾绣或湘绣小件二三十幅，寄来。此种物件送人最便。

你信上说的过生日情形，比我热闹多了。我过生日，客人有馆中同事，和周鲠生、钱端升、刘驭万、孟治各位。刘先生和孟先生闹酒，刘先生醉了。客人有打麻将的一桌，有外国“桥”牌一桌，有一桌外国棋。我看还有许多客人不加入，所以我拿了一副骨牌，开牌九给大家打。果然人人都加入，都很高兴。但老实说，那一天，我心里只感觉不

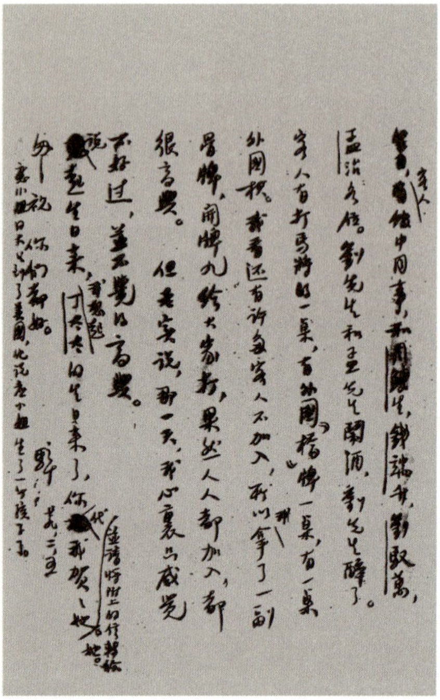

客人谈中国事，和周鲠生，钱端升，刘驭万，
孟治各位。刘先生和王先生闹酒，刘先生醉了。
客人有打麻将的一桌，有外国桥牌一桌，有一桌
外国棋。我看还有许多客人不加入，我拿了一副
骨牌，用牌九给大家打，果然人人都加入，都
很高兴。但老实说，那一天，我心裏总感觉
不好过，并不觉得高兴。
说起生日来，我想起丁太太的生日来了，你代我贺贺她。并请将附上的信转给她。
匆匆祝你们都好。
骍 廿九，二，五
应小姐的丈夫到了美国，他说应小姐生了一个孩子了。

好过，并不觉得高兴。

说起生日来，我想起丁太太的生日来了，你代我贺贺她。并请将附上的信转给她。

匆匆祝你们都好。

骍　廿九，二，五

应小姐的丈夫到了美国，他说应小姐生了一个孩子了。

第[197]封 · 友邦

致江冬秀（二）
第二号

冬秀：

你的第二三号信都收到了。

崔小姐的壹百贰十元，我接你的信之后，当日（去年十二月廿六日）就写支票寄给她。她有信来，我立刻就寄给你了。此信你何以没有收到？她家里应该收到了她的信。

汇钱的方法，叶先生的法子也行不通。（银行都说，汇款到了上海，照本日市价付法币。）所以我今天托我的美国朋友施太尔先生（友邦银行）亲带五百元美金给你。竹先生认得施太尔先生，他大概四月中可以到上海。

施先生就是出钱帮助大春读书的人。我的书籍的事，可以托竹先生同他谈。施太尔太太能说上海话。他们夫妻两人都待我十分好。

我买了四磅参，也托施太尔先生带回来。这四磅全

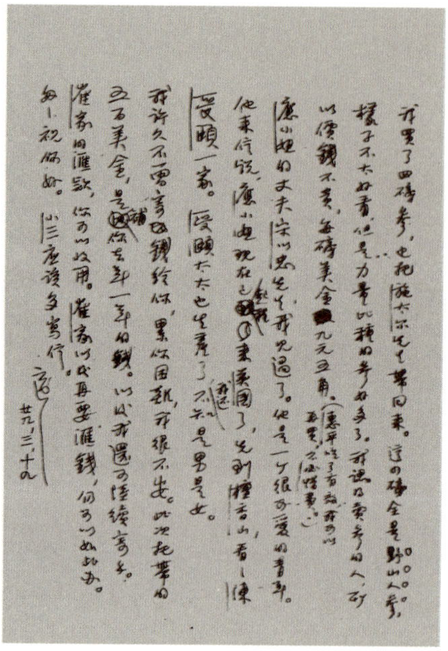

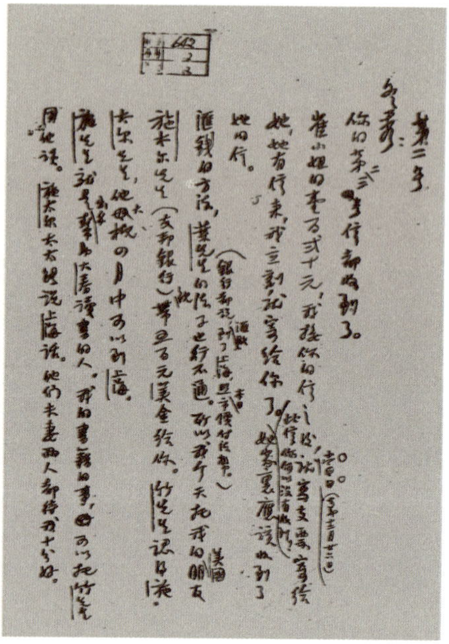

是野山人参，样子不太好看，但是力量比种的参好多了。我认得卖参的人，所以价钱不贵，每磅美金九元五角。（惠平吃了有效，我可以再买，不必惜费。）

应小姐的丈夫宋以忠先生，我见过了。他是一个很可爱的青年。他来信说，应小姐现在已起程来美国了。先到檀香山，看看陈受颐一家。受颐太太也生产了，我还不知是男是女。

我许久不曾寄钱给你，累你困难，我很不安。此次托带的五百美金，是补你去年一年的钱。以后我还可陆续寄钱。

崔家的汇款，你可以收用。崔家以后再要汇钱，仍可以如此办。

匆匆祝你好。小三应该多写信。

适之 廿九，三，十九

第［198］封 补充

致江冬秀（三）
第三号

冬秀:

今天寄出第二号信，是用飞机到檀香山再改平信的。现在又想起几句话，故补此信。

（一）若治平能替我买好的新茶（龙井），望托他买二十斤寄来。

（二）衣箱早收到了，我早有信给你和小三说收到了衣箱。

（三）带衣箱的那位Mr. George HGreene，Jr.也来看过我，我当面向他道谢了。

（四）孙大雨的本家叔叔，孙竞存兄，是我幼年的同学好友。他流落在美国七八年，苦不堪言。我给他送回国去，总算做了一件好事。这位孙先生是一个十分忠厚的人。

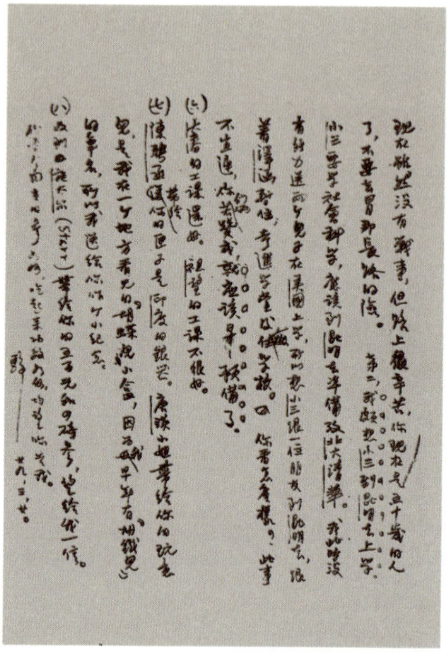

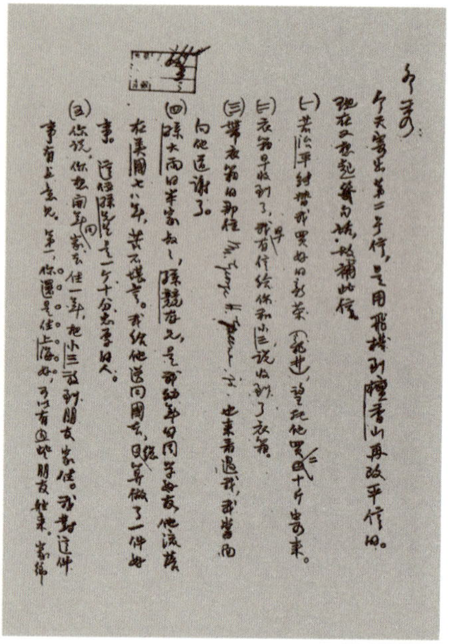

（五）你说，你想开年回家去住一年，把小三放到朋友家住。我对这件事有点意见。第一，你还是住上海好，可以有些朋友往来。家乡现在虽然没有战事，但路上很辛苦。你现在是五十岁的人了，不要去冒那长路的险。第二，我颇想小三到昆明去上学。小三要学社会科学，应该到昆明去准备考北大、清华。我此时没有能力送两个儿子在美国上学，所以想小三跟一位朋友到昆明去，跟着泽涵暂住；考进学堂后，搬住学校。你看怎么样？此事不宜迟，你们俩若赞成，就应该早早预备了。

（六）大春的工（功）课还好。祖望的工（功）课不很好。

（七）陈聘丞带给你的匣子是印度的银器。唐瑛小姐带给你的玩意儿，是我在一个地方看见的“胡蝶儿”小盒。因为我早年有“胡铁儿”的笔名，所以我送给你作个小纪念。

（八）收到施太尔（Starr）带给你的五百元和四磅参，望给我一

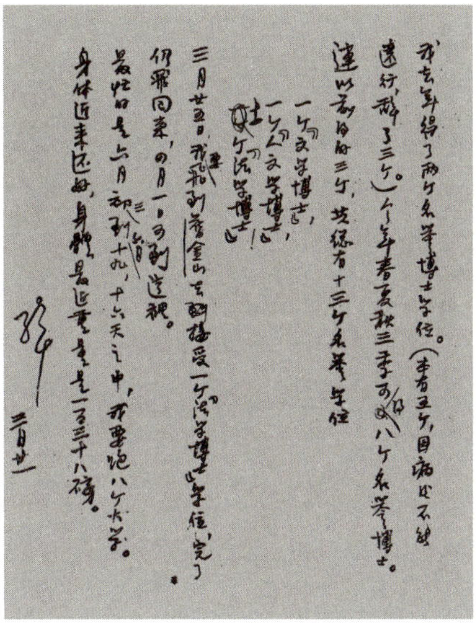
我去年得了两个名誉博士学位。（本有五个，因病后不能远行，辞了三个。）今年春夏秋三季可得八个名誉博士。连以前得的三个，共总有十三个名誉学位
一个文学博士，
一个人文学博士，
十一个法学博士！
三月廿五日，我要飞到旧金山去接受一个法学博士学位，完了仍飞回来，四月一日可到这里。
最忙的是六月初三到六月十九，十六天之中，我要跑八个大学。
身体近来还好，身体最近重量是一百三十八磅。
骍
三月廿一

信。你看今回买的参如何，吃起来功效如何，均望你告我。

骍　廿九，三，廿

我去年得了两个名誉博士学位。（本有五个，因病后不能远行，辞了三个。）今年春夏秋三季可得八个名誉博士。连以前得的三个，共总有十三个名誉学位。

一个“文学博士”，

一个“人文博士”，

十一个“法学博士”！

三月廿五日，我要飞到旧金山去接受一个“法学博士”学位，完了仍飞回来，四月一日可到这里。

最忙的是六月初三到六月十九，十六天之中，我要跑八个大学。

身体近来还好，身体最近重量是一百三十八磅。

骍　三月廿一

第[199]封 收钱

致江冬秀（四）
第四号

冬秀：

今天收到你的第五号信。

第四号信也收到了。

我有时候太忙，不能写信，害你牵记，真是我的罪过。

你要每月五十元，我已托施太尔（Starr）先生带五百元给你，可托竹先生问一声。过几个月，我再寄点钱给你。崔家的乙（一）百廿元，你可收用。

花旗参四磅，也是托施太尔先生带去的。

郭大使太太，我已送了礼了，你不必再送衣料了。

我后天（廿五）起飞，来回共六千英里，约有中国里一万八千里。身体好了，你不用挂念。我本月已飞过一次，呼吸全不觉什么困难。

骍　廿九，三月廿三夜

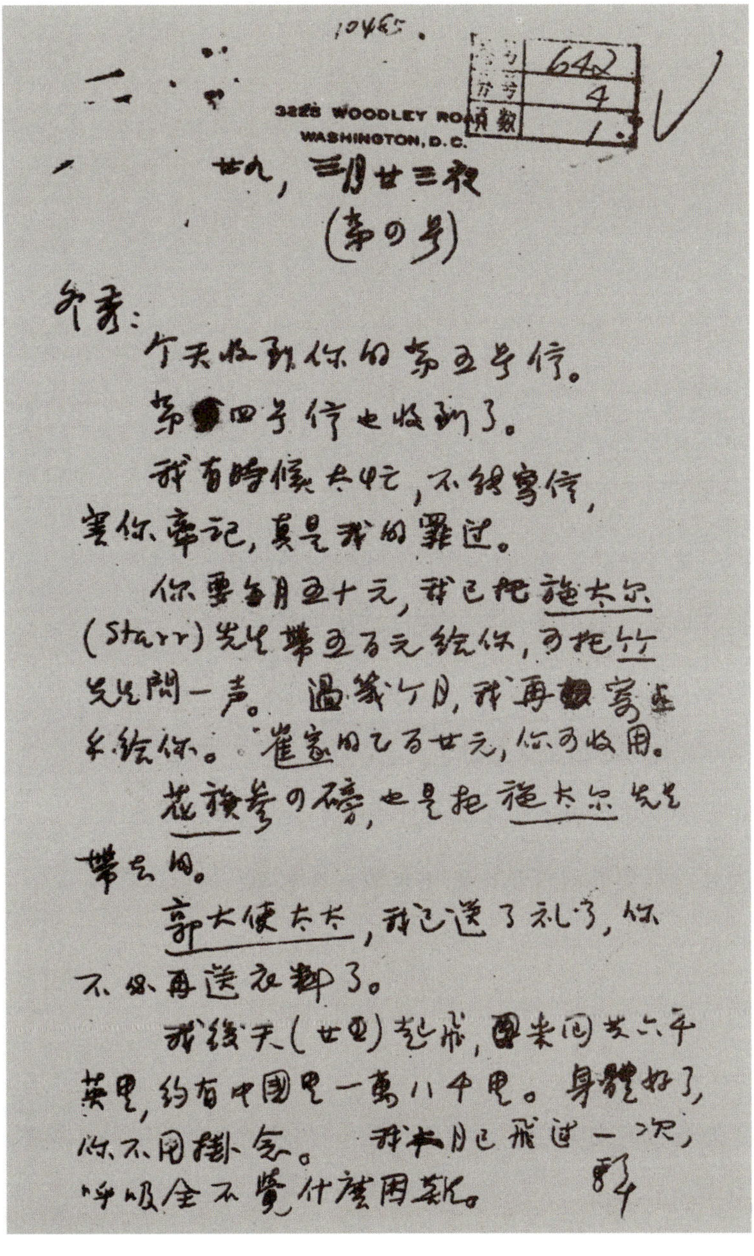
10485.

642
4
1.

3225 WOODLEY ROAD
WASHINGTON, D.C.

廿九，三月廿三夜
（第四号）

冬秀：

今天收到你的第五号信。

第四号信也收到了。

我有時候太忙，不能寫信，害你牽記，真是我的罪过。

你要每月五十元，我已托施太尔(Starr)先生帶五百元给你，可托竹先生問一声。過幾个月，我再寄些钱给你。崔家的一百廿元，你可收用。

花旗参四磅，也是托施太尔先生帶去的。

郭大使太太，我已送了礼了，你不必再送衣料了。

我幾天（廿四）起飛，来回共六千英里，约有中国里一萬八千里。身體好了，你不用掛念。我本月已飛过一次，呼吸全不覺什麽困難。

適

第[200]封 学位

致江冬秀（五）
第五号

冬秀：

你的第六号信，昨天收到了。叶先生的外国朋友也有信来，说停两三天就把包裹送来。谢谢你费心思，谢谢你把顾绣每块都开出价目来。

茶叶能托应小姐带来最好。

应太太的事，我若见着宋先生，一定说说。宋先生是一个很好的青年，人很老成，很忠厚。但我听说，应小姐早已动身来了，现在快到美国了。我怕她赶不上带茶叶了吧？如果她已走了，茶叶可交邮局寄来。

我的身体近来更好了。三月廿五，我飞往太平洋岸上的旧金山，在加州大学接受了一个法学博士的名誉学位。也讲演了两三处。三月卅一，

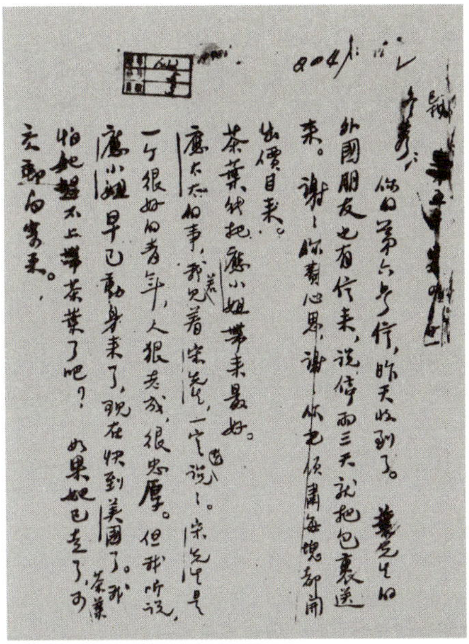

你的第六号信，昨天收到了。叶先生的外国朋友也有信来，说停两三天就把包裹送来。谢谢你费心。谢谢你也[illegible]都开出价目来。

茶叶能把应小姐带来最好。应太太的事，我见着宋先生，一定说说。宋先生是一个很好的青年，人很老成，很忠厚。但我听说应小姐早已动身来了，现在快到美国了。我怕她带不上茶叶了吧？如果她已走了，可[illegible]茶叶交邮局寄来。

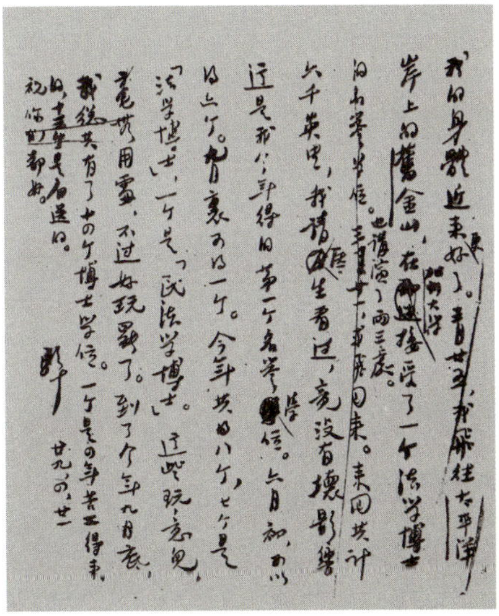

我的身体近来好了。三月廿五，我飞往太平洋岸上的旧金山，在加州大学接受了一个法学博士的名誉学位。也讲演了两三次。三月廿八我飞回来。来回共计六千英里，我请医生看过，竟没有坏影响。

这是我今年得的第一个名誉学位。六月初，可以得六个。九月里可得一个。今年共得八个，七个是"法学博士"，一个是"民法学博士"。这些玩意儿，毫无用处，不过好玩罢了。到了今年九月底，我总共有了十四个博士学位。一个是四年苦工得来的，十三个是白送的。

祝你们都好。

骍

廿九，四，廿一

我飞回来，来回共计六千英里。我请医生看过，竟没有坏影响。

这是我今年得的第一个名誉学位。六月初，可以得六个。九月里可得一个。今年共得八个，七个是“法学博士”，一个是“民法学博士”。这些玩意儿，毫无用处，不过好玩罢了。到了今年九月底，我总共有了十四个博士学位。一个是四年苦工得来的，十三个是白送的。

祝你们都好。

骍　廿九，四，廿一

第[201]封 顾绣

致江冬秀（六）
第六号

冬秀：

今天我到巴尔地摩（Baltimore）去演讲，见着那位带信的朋友。他把你托带的廿块顾绣交给我了。这位朋友名叫姜生，他家住巴尔地摩。我特别谢谢他。请你告知叶先生，信和包裹全收到了。

回到家里，打开顾绣来看，大家都说，挑拣的【得】很好。那四块蓝缎的（大二，小二），大家都喜欢。那四块花篮，也很别致。那两块横披，和两块墨色的，也很可喜。古钱两块，外国人也许不大懂，可以留给到过中国的朋友。这些绣品，价钱都很便宜。

现在一时不需要多买了，有这二十块，可

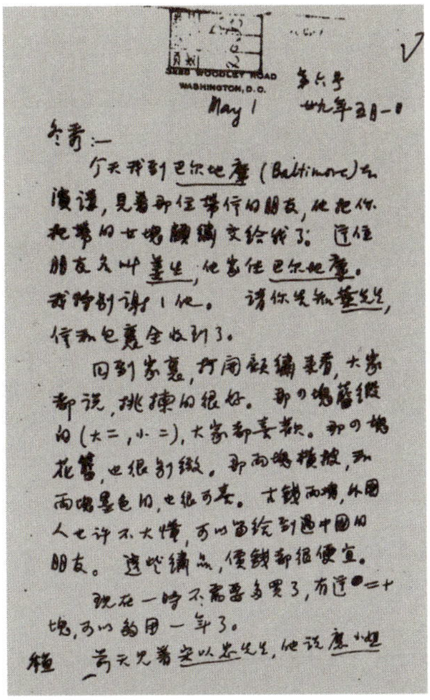

3225 WOODLEY ROAD
WASHINGTON, D.C.

第六号
May 1　廿九年五月一日

冬秀：——

今天我到巴尔的摩(Baltimore)去演说，见着那位带信的朋友，他把你托带的七块顾绣交给我了。這位朋友名叫姜先生，他家住巴尔的摩。我特别谢了他。请你先和姜先生，信和包裹全收到了。

回到家裏，打开顾绣来看，大家都说，挑拣的很好。那四块蓝缎的(大二，小二)，大家都喜欢。那四块花鸟，也很别致。那两块横披，和两块墨色的，也很可喜。古钱两块，外国人也许不大懂，可以留给到过中国的朋友。這些绣品，價錢都很便宜。

现在一时不需要多买了，有這二十块，可以够用一年了。

前天见着宋以忠先生，他说应小姐

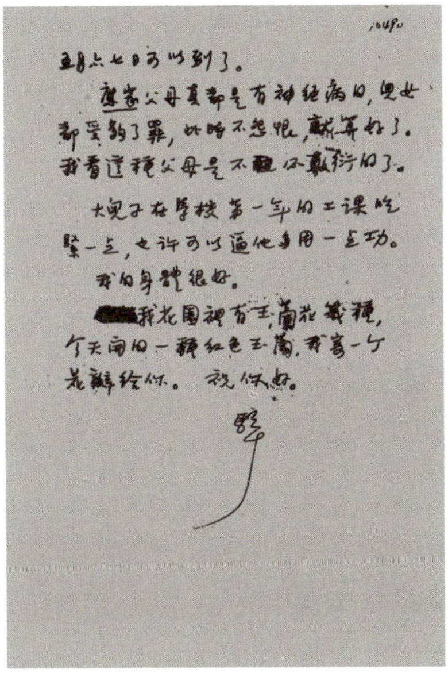

10490

五月六七日可以到了。

应家父母真都是有神经病的，儿女都受够了罪，此时不怨恨，就算好了。我看這種父母是不必敷衍的了。

大儿子在学校第一年的工课吃紧一点，也许可以逼他多用一点功。

我的身体很好。

[redacted]我花园裏有玉兰花几种，今天开的一种红色玉兰，我寄一个花瓣给你。祝你好。

骍

以够用一年了。

前天见着宋以忠先生，他说应小姐五月六七日可以到了。

应家父母真都是有神经病的，儿女都受够了罪，此时不怨恨，就算好了。我看这种父母是不必敷衍的了。

大儿子在学校第一年的工【功】课吃紧一点，也许可以逼他多用一点功。

我的身体很好。

我花园里有玉兰花几种，今天开的一种红色玉兰，我寄一个花瓣给你。祝你好。

骍　廿九年五月一日

第[202]封 花园

致江冬秀（七）
第七号

冬秀：

谢谢你托应小姐带来的小箱子，今天收到了，里面共有：

新茶叶十瓶，夹袍一件，

湘绣大小十块，绛色洋便袄一件，

薄棉袍一件，丝袜一盒。

应小姐和孩子到了纽约，我还没有见着。箱子是他们寄来的。这些东西都很适用，多谢多谢。

中国衣服，我总舍不得穿，所以都还是新的。至少够一年穿了。请你以后不要再寄衣服了。

我们园子里的牡丹花开谢了。杜鹃花正开着（徽州人叫做艳山红），红的快完了，白杜鹃正好看。芍药正结苞，此信寄到你手时，芍药也要开

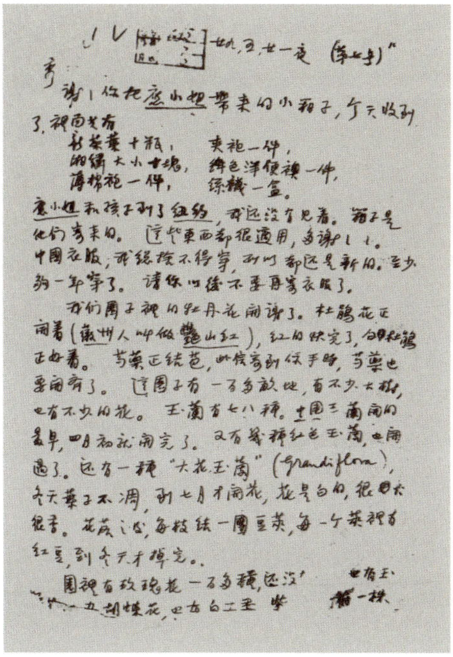
廿九，五，廿一夜（第七号）

秀：

谢谢你托慈小姐带来的小箱子，今天收到了，里面共有

新茶叶十瓶，　夹袍一件，
绸绣大小十块，　绛色洋便裤一件，
薄棉袍一件，　绿袜一盒。

慈小姐和孩子们到了纽约，我还没有见着。箱子是他们寄来的。这些东西都很适用，多谢谢。中国衣服，我总舍不得穿，所以都还是新的。至少够一年穿了。请你以后不要再寄衣服了。

我们园子里的牡丹花开谢了。杜鹃花正开着（徽州人叫做映山红），红的快完了，白的杜鹃正好看。芍药正结苞，此信寄到你手时，芍药也要开齐了。这园子有一百多亩地，有不少大树，也有不少的花。玉兰有七八种。中国玉兰开的最早，四月初就开完了。又有几种红色玉兰，也开过了。还有一种“大花玉兰”（grandiflora），冬天叶子不凋，到七月才开花，花是白的，很大很香。花落之后，每枝结一团豆荚，每一个荚里有红豆，到冬天才掉完。

园里有玫瑰花一百多种，还没开。也有玉簪……胡蝶花，也有白丁香，紫……有一株……

齐了。这园子有一百多亩地，有不少大树，也有不少的花。玉兰有七八种。中国玉兰开的【得】最早，四月初就开完了。又有几种红色玉兰，也开过了。还有一种“大花玉兰”（grandiflora），冬天叶子不凋，到七月才开花，花是白的，很大很香。花落之后，每枝结一团豆荚，每一个荚里有红豆，到冬天才掉完。

园里有玫瑰花一百多种，还没有开。也有玉簪花，也有胡蝶花，也有白丁香，紫丁香。有一株海棠，都开过了。

屋的大门前有两棵大橡树，所以这庄子叫做“双橡园”（Twin Oaks）。

去年春夏，我大病刚好，没有好好的【地】赏玩。今年才能好好的【地】看花，所以写信讲给你听听。

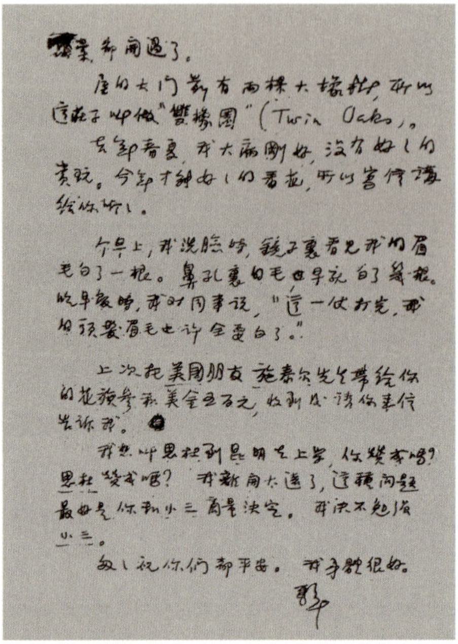
都闹過了。
屋的大门前有两棵大橡树，所以這莊子叫做"雙橡園"(Twin Oaks)。
去年春夏，我大病刚好，没有好好的去玩。今年才好好的看过，所以写信讲给你听听。
今早上，我洗脸时，镜子裏看見我的眉毛白了一根。鼻孔裏的毛早就白了幾根。吃早飯時，我对同事说，"這一仗打完，我的頭髮眉毛也许全要白了。"
上次托美国朋友施泰尔先生带给你的花旗参和美金五百元，收到后请你来信告诉我。
我想叫思杜到昆明去上学，你赞成吗？思杜赞成吗？我离开太远了，這種问题最好是你和小三商量决定。我决不勉强小三。
匆匆祝你们都平安。我身体很好。
骍

今早上，我洗脸时，镜子里看见我的眉毛白了一根。鼻孔里的毛早就白了几根。吃早饭时，我对同事说，“这一仗打完，我的头发眉毛也许全要白了。”

上次托美国朋友施泰尔先生带给你的花旗参和美金五百元，收到后请你来信告诉我。

我想叫思杜到昆明去上学，你赞成吗？思杜赞成吗？我离开太远了，这种问题最好是你和小三商量决定。我决不勉强小三。

匆匆祝你们都平安。我身体很好。

骍　廿九，五，廿一夜

第[203]封 挖耳

致江冬秀（八）
第八号

冬秀：

今天有点凉，我把你寄来的红绛色便袄穿上。我觉得右边袋里有什么东西，伸手进去一摸，摸出了一个小纸包。打开一看，里面是七副象牙挖耳。我看了，心里真有点说不出的感情。我想，只有冬秀想得到这件小东西！

谢谢你！只有你知道我要用挖耳。前年我托陈长乐君到华人街去替我买一只挖耳。他寻了几天，才买到一只银挖耳，我至今用着。银挖耳有两种毛病，第一，容易发黑；第二，柄是银的，太软。现在有了你寄来的七副，尽够用了。

这件袄子很合身，只嫌太漂亮了！

昨天我到纽约，把牙齿治好了。牙医离应小姐家

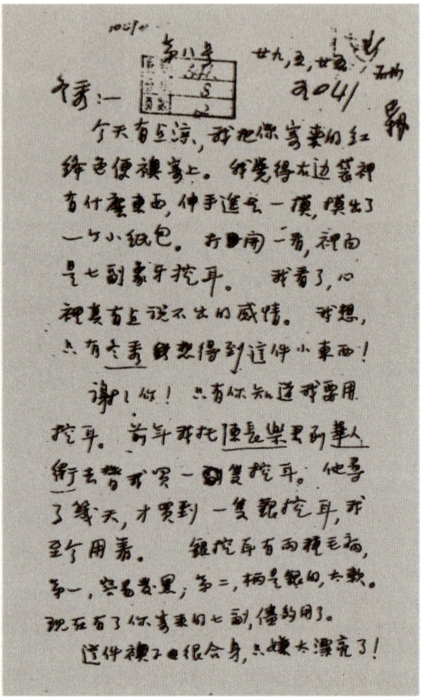

冬秀：—

今天有点凉，我把你寄来的红绛色便裤穿上。我觉得右边袋里有什么东西，伸手进去一摸，摸出了一个小纸包。打开一看，里面是七副象牙挖耳。我看了，心里真有点说不出的感情。我想，只有冬秀会想得到这件小东西！

谢谢你！只有你知道我要用挖耳。前年我托顾长乐君到华人街去替我买一副象牙挖耳，他寻了几天，才买到一只银挖耳，我至今用着。银挖耳有两种毛病，第一，容易弄黑；第二，柄是银的，太软。现在有了你寄来的七副，够我用了。

这件裤子也很合身，只嫌太漂亮了！

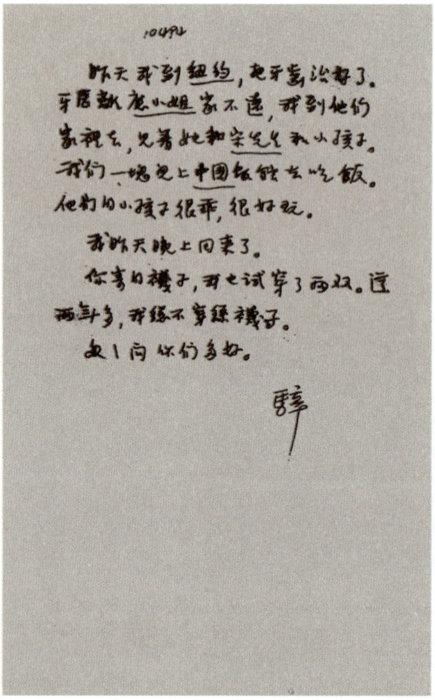

昨天我到纽约，[illegible]。[illegible]庞小姐家不远，我到他们家里去，见着她和宋先生和小孩子。我们一块儿上中国饭馆去吃饭。他们的小孩子很乖，很好玩。

我昨天晚上回来了。

你寄的袜子，我也试穿了两双。这两年多，我总不穿丝袜子。

匆匆问你们多好。

骍

不远，我到他们家里去，见着她和宋先生和小孩子。我们一块儿上中国饭馆去吃饭。他们的小孩子很乖，很好玩。

我昨天晚上回来了。

你寄的袜子，我也试穿了两双。这两年多，我总不穿丝袜子。

匆匆问你们多好。

骍　廿九、五、廿五

第[204]封 Starr

致江冬秀（九）
第九号

冬秀：

你的第八，第十两号信收到了。第七，第九，还没有收到。也许随后可到。

施太尔（Starr）先生带的花旗参四磅，其中两磅既是李太太要的，你不要收她的钱，可作为我送给干女儿的。

施太尔先生带的美金五百元，是我三月廿日开支票寄给他的，他大概因事忙忘了数目。今将原开支票（已支取了的）寄给你，你可以交唐瑛小姐或竹先生看，他就可以记起来了。

施先生是我的好朋友，你若有机会，可以去拜会他的太太，施太太能说上海话。

徐大春的留学经费，就是施先生一个人捐的（总

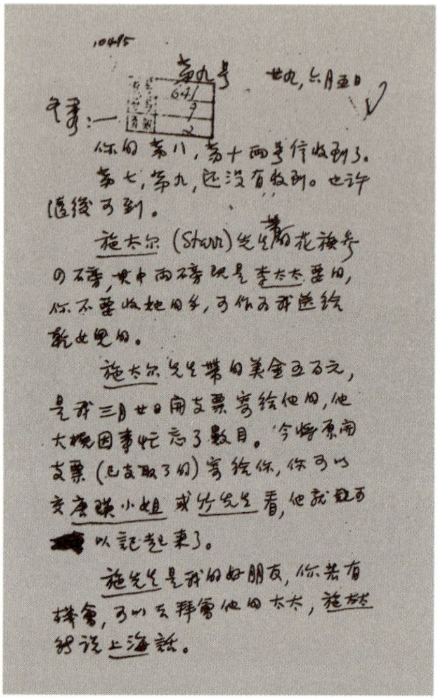
10415
第九号　廿九，六月五日
冬秀：—
你的第八，第十两号信收到了。第七，第九，还没有收到。也许迟几天到。
施太尔（Starr）先生寄花旗参的事，其中两磅说是李太太要的，你不要收她的钱，可作为我送给孩子吃的。
施太尔先生带的美金五百元，是我三月廿日开支票寄给他的，他大概因事忙忘了数目。今将原开支票（已支取了的）寄给你，你可以交唐瑛小姐或竹先生看，他就可以记起来了。
施先生是我的好朋友，你若有机会，可以去拜会他的太太，施太太能说上海话。

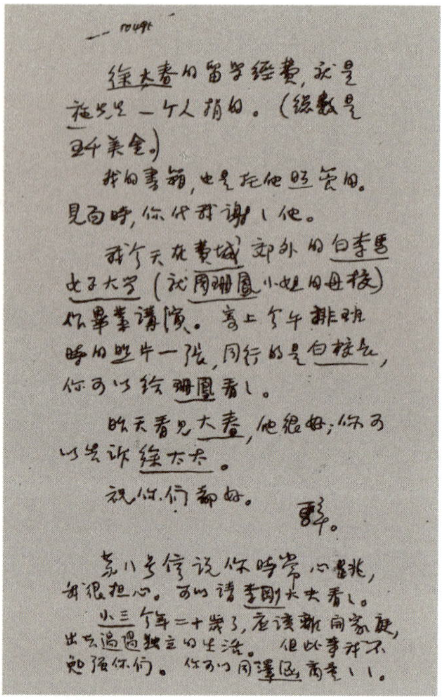
10491
徐大春的留学经费，就是施先生一个人担的。（总数是五千美金）
我的书籍，也是托他照管的。见面时，你代我谢谢他。
我今天在费城郊外的白李马女子大学（就周珊凤小姐的母校）作毕业讲演。寄上今午排班时的照片一张，同行的是白校长，你可以给珊凤看看。
昨天看见大春，他很好；你可以告诉徐太太。
祝你们都好。
骍。
第八号信说你时常心跳，我很担心。可以请李刚大夫看看。
小三今年二十岁了，应该离开家庭，出去过过独立的生活。但此事我不勉强你们。你可以同泽涵商量商量。

数是五千美金）。

我的书籍，也是托他照管的。见面时，你代我谢谢他。

我今天在费城郊外的白李马女子大学（就周珊凤小姐的母校）作毕业讲演。寄上今午排班时的照片一张，同行的是白校长，你可以给珊凤看看。

昨天看见大春，他很好；你可以告诉徐太太。

祝你们都好。

骍　廿九，六月五日

第八号信说你时常心跳，我很担心。可以请李刚大夫看看。

小三今年二十岁了，应该离开家庭，出去过过独立的生活。但此事我不勉强你们。你可以同泽涵商量商量。

第[205]封 袜子

致江冬秀（十）
第十号

冬秀：

第七号信居然到了。现在你寄的信，第一号到第十一号，全收到了。

施太尔先生带去的款子，想已收到了。施先生的公司自己有银行，款子存在他们公司里，也是一样的。

这一次的信里，我寄两双袜子给你，一双八放半，一双九放半，这都是新出的“耐郎”袜子（nylon）。九放的贵一点。你收到后请你告诉我那一种合穿。

以后我可以再寄给你。你不合穿的，可以送给徐太太、丁太太。

祝你们好。

骍　廿九，六月十五

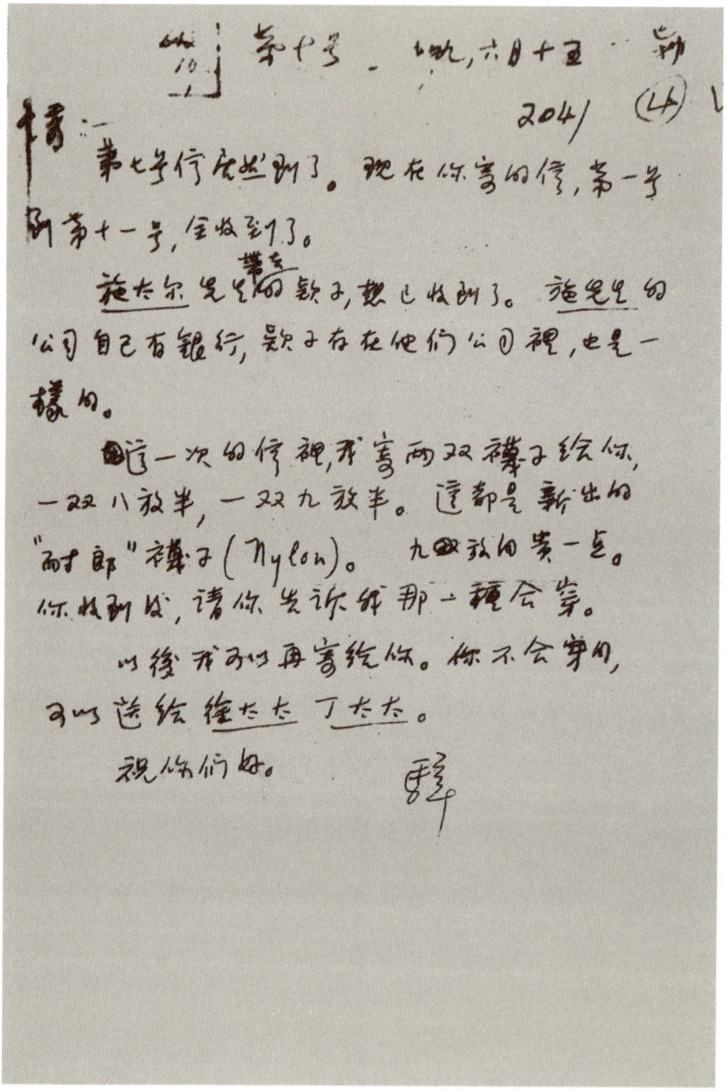

第七号。卅九，六月十五。纽约

2041 (4)

冬秀：

第七号信定然到了。现在你寄的信，第一号到第十一号，全收到了。

施太尔先生带去的款子，想已收到了。施先生的公司自己有银行，款子存在他们公司里，也是一样的。

这一次的信里，我寄两双袜子给你，一双八号半，一双九号半。这都是新出的"耐郎"袜子（Nylon）。九号的贵一点。你收到后，请你告诉我那一种合穿。

以后我可以再寄给你。你不合穿的，可以送给徐太太、丁太太。

祝你们好。

适

第[206]封 功课

致江冬秀（十一）
第十一号

冬秀：

今天有好消息报告你。

祖望第一学期的工（功）课不好，这一学期颇能用功，居然考的【得】不坏。今天送来成绩单，共有七门课，四门过七十五分，三门及格，总算比上半年好多了。

他明天回到我这里来玩几天，七月初回去进暑期学校。

施太尔先生打电话来，问我是否把钱交给他了，我告诉他付钱的日子。他确是忘了。他电话上很抱歉。想此时他已把钱付你了。

你的第十二号信，昨天收到了。

你不要多喝酒，像在徐老太太家那样的大醉，是很伤身体的。我现在很听医生的话。纸烟戒了十八个月。前三个礼拜，我开始吸香烟，每天一支，或两支。六月二十日，我请我的医生验身体，他说，我还不应该吸香烟。所以我又戒烟了。

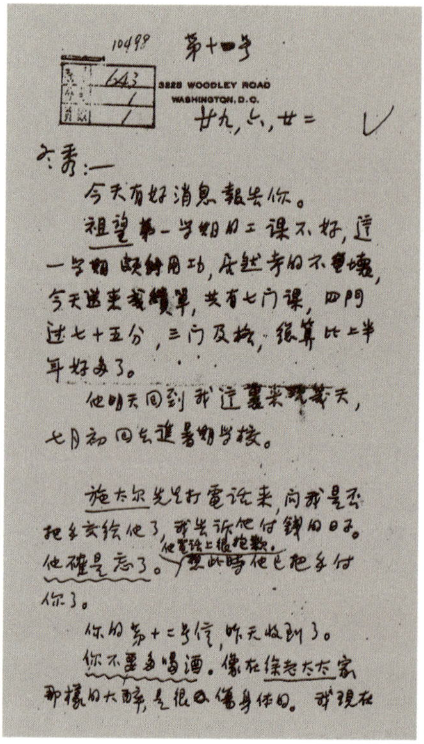
10498 第十四号

643
1
1

3225 WOODLEY ROAD
WASHINGTON, D.C.

廿九，六，廿二

冬秀：——

今天有好消息报告你。

祖望第一学期的功课不好，这一学期颇肯用功，居然考的不坏，今天送来成绩单，共有七门课，四门过七十五分，三门及格，总算比上半年好多了。

他明天回到我这里来住几天，七月初回去进暑期学校。

施太尔先生打电话来，问我是否把钱交给他了，我告诉他付钱的日子。他确是忘了。此时他已把钱付你了。

你的第十二号信，昨天收到了。

你不要多喝酒。像在徐太太家那样的大醉，是很伤身体的。我现在

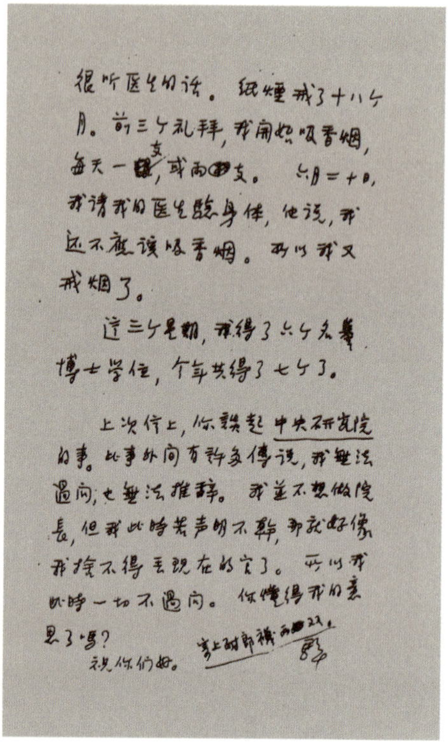
很听医生的话。纸烟戒了十八个月。前三个礼拜，我开始吸香烟，每天一支，或两支。六月二十日，我请我的医生验身体，他说，我还不应该吸香烟。所以我又戒烟了。

这三个星期，我得了六个名誉博士学位，今年共得了七个了。

上次信上，你谈起中央研究院的事。此事外间有许多传说，我无法过问，也无法推辞。我并不想做院长，但我此时若声明不干，那就好像我舍不得丢现在的官了。所以我此时一切不过问。你懂得我的意思了吗？

祝你们好。

寄上耐郎袜两双。

骍

这三个星期，我得了六个名誉博士学位，今年共得了七个了。

上次信上，你谈起中央研究院的事。此事外间有许多传说，我无法过问，也无法推辞。我并不想做院长，但我此时若声明不干，那就好像我舍不得丢现在的官了。所以我此时一切不过问。你懂得我的意思了吗？

祝你们好。

寄上耐郎袜两双。

骍　廿九，六，廿二

第[207]封 身体

致江冬秀（十二）
第十二号

冬秀：

对不住你，许久不曾写信给你了。我在十，十一两号信内寄你袜子共四双，你收到了吗？

你的第十三，十四，十五，三号信都收到了。

茶叶两批，一批是你寄的，两箱共九十瓶，另红茶一盒。

一批是程士范兄寄的红茶五斤。两批全收到了。请你谢谢士范。

前些日子，有许多报上谣言，说我要回去做中央研究院院长了。这是同洪芬兄对你说的一样。我当然盼望回去，但我不要做院长。我的意见同你一样，我若回去，还是到昆明北大教书。别的事一概不做。

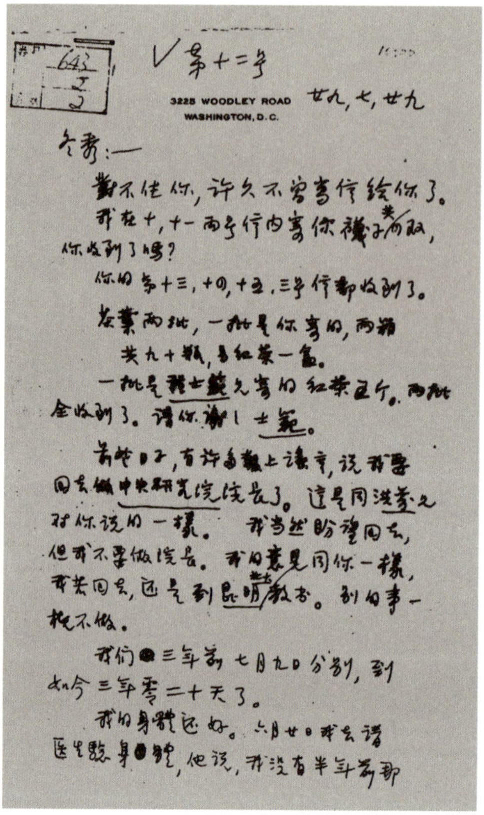
第十二号
3225 WOODLEY ROAD
WASHINGTON, D.C.
廿九，七，廿九

冬秀：——

對不住你，許久不曾寄信給你了。

我在十，十一兩号信内寄你襪子共兩双，你收到了嗎？

你的第十三，十四，十五，三号信都收到了。

茶葉兩批，一批是你寄的，兩箱共九十瓶，是紅茶一盒。

一批是張士駿先寄的紅茶五斤。兩批全收到了。請你謝謝士駿。

前些日子，有許多報上謠言，說我要回去做中央研究院院長了。這是同洪芬之對你說的一樣。我當然盼望回去，但我不要做院長。我的意見同你一樣，我若回去，还是到昆明教書。别的事一概不做。

我們三年前七月九日分别，到如今三年零二十天了。

我的身體还好。六月廿日我去請醫生驗身體，他說，我沒有半年前那

我们三年前七月九日分别，到如今三年零二十天了。

我的身体还好。六月廿日我去请医生验身体，他说，我没有半年前那样好。大概是这两个月时局不好，心里焦心，所以医生一看就看出来了。他给我药吃，叫我休息。吃了一个多月的药，我到七月廿六日又去请他验一次。他说，现在好的【得】多了，但还要小心，不要太劳苦。我现在每天还吃一粒丸药（Dlgilen），饭量很好，睡眠也不坏。

我自己很当心，请你放心。最近的血压是124 / 84，你告诉李刚大夫，他就知道这是很好的现状。

外间说我不久回国的话，不幸还不确。但我看总不久了，至多不过

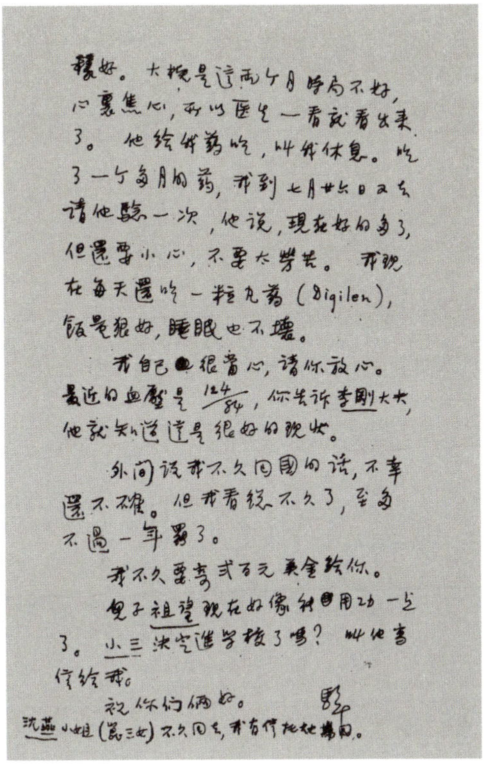

樣好。大概是這兩个月呼吸不好，心裏焦心，所以医生一看就看出来了。他给我药吃，叫我休息。吃了一个多月的药，我到七月廿六日又去請他驗一次，他说，現在好的多了，但還要小心，不要太勞苦。我現在每天還吃一粒丸药（Digilen），飯量很好，睡眠也不壞。

我自己很當心，請你放心。最近的血壓是124/84，你告訴李剛大夫，他就知道這是很好的现状。

外间说我不久回国的话，不幸還不確。但我看総不久了，至多不過一年罢了。

我不久要寄弍百元美金給你。

兒子祖望現在好像能用功一点了。小三决定進学校了嗎？叫他寫信給我。

祝你们俩好。　騂

沈燕小姐（昆三女）不久回去，我有信托她帶回。

一年罢了。

我不久要寄贰百元美金给你。

儿子祖望现在好像能用功一点了。小三决定进学校了吗？叫他写信给我。

祝你们俩好。

沈燕小姐（昆三女）不久回去，我有信托她带回。

骍　廿九，七，廿九

第[208]封 先父

致江冬秀（十三）

第十三号

冬秀：

我有一件好消息告诉你。

我先父铁花公的稿子（日记、年谱、文稿），现在存放在美国国会图书馆，他们负责，绝对没有危险。这些稿子，先由二哥保存，后由我保存。这回若不是你一力保护，带到天津，带到上海，送到美国，恐怕现在还保不住。现在这些稿子绝对安全了，我十分高兴，你听了也一定十分高兴吧？

骍 廿九，七，卅

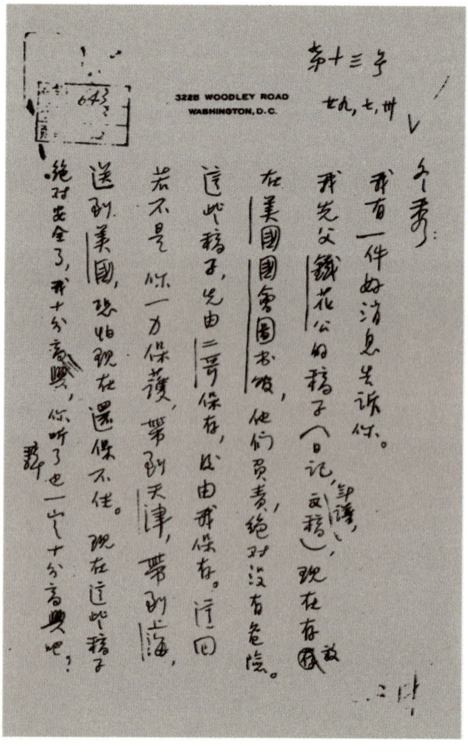
第十三号

3225 WOODLEY ROAD
WASHINGTON, D.C.

廿九，七，卅

冬秀：

我有一件好消息告訴你。

我先父鐵花公的稿子（日記、年譜、文稿），現在存放在美國國會圖書館，他們負責，絕對沒有危險。這些稿子，先由二哥保存，後由我保存。這回若不是你一力保護，帶到天津，帶到上海，送到美國，恐怕現在還保不住。現在這些稿子絕對安全了，我十分高興，你听了也一定十分高興吧？

騂

第[209]封 沈燕

致江冬秀（十四）
第十四号

冬秀：

今天是七月七日，我在园子里看着天上的星，看着那半圆的月亮，当然想念着你。

这几天的上海消息很不好，所以我常常想着你们母子二人，祝你们平安。

十六号信收到了。五百元美金收到了，我也放心。

你收了那许多漂亮的干女儿，你要我买东西送她们。我是不会买东西的，只好托游太太去买了几个粉盒，几个钱包，都托沈燕小姐带回来。你拣一件自己用，其余都是给你送干女儿的。这些都不贵。因为在乱世，所以我不送贵重礼物。况且带回去，路上也不便。

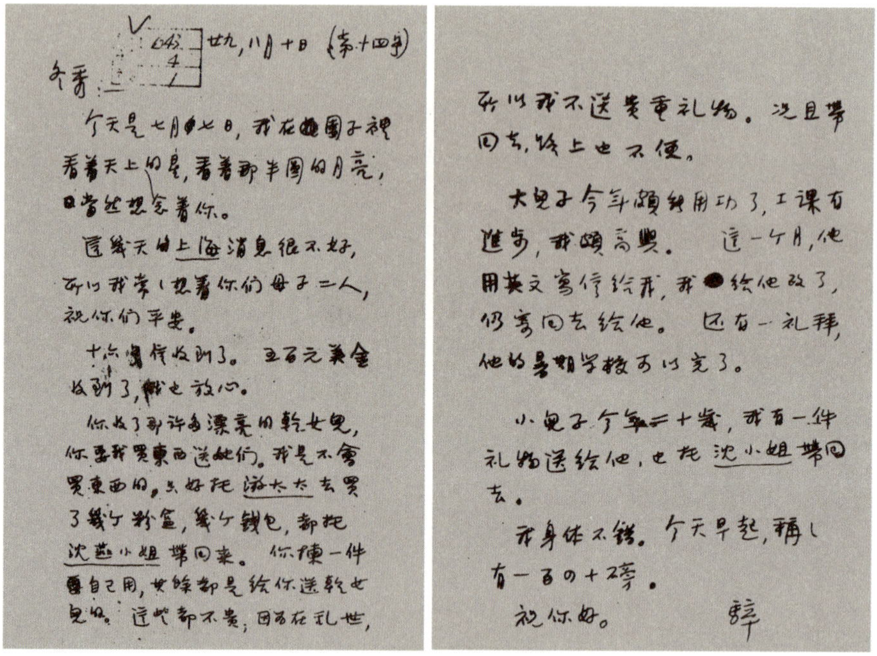
廿九，八月十日（第十四号）

冬秀：

今天是七月七日，我在园子裡看着天上的星，看着那半圆的月亮，时常想念着你。

這幾天的上海消息很不好，所以我常常想着你们母子二人，祝你们平安。

十六号信收到了。五百元美金收到了，我也放心。

你收了那许多漂亮的乾女儿，你要我买東西送她们。我是不會买東西的，只好托游太太去买了幾个粉盒，幾个钱包，都托沈小姐带回来。你揀一件留自己用，其餘都是给你送乾女儿的。這些都不贵，因为在乱世，所以我不送贵重礼物。况且带回去，路上也不便。

大儿子今年颇能用功了，工课有進步，我颇高興。這一个月，他用英文寫信给我，我给他改了，仍寄回去给他。还有一礼拜，他的暑期学校可以完了。

小儿子今年二十岁，我有一件礼物送给他，也托沈小姐带回去。

我身体不错。今天早起，称称有一百四十磅。

祝你好。 骍

大儿子今年颇能用功了，工【功】课有进步，我颇高兴。这一个月，他用英文写信给我，我给他改了，仍寄回去给他。还有一礼拜，他的暑期学校可以完了。

小儿子今年二十岁，我有一件礼物送给他，也托沈小姐带回去。

我身体不错。今天早起，称称有一百四十磅。

祝你好。

骍　廿九，八月十日

第[210]封 礼物

致江冬秀（十五）
第十五号

冬秀：

沈燕小姐前四天（八月十三）起程回国，约九月二十几可到上海。我托他带给你的有：

“耐郎”袜子	七双	（给你和干女儿的）
手皮包	三个	
粉盒	五个	

墨水笔和笔座（给小三的）

你问昆三家，就可以知道他何时到了。

今天是旧历七月十五，上午大雨，下午晴了，晚上月亮出来了。我在乡下一个朋友的大花园里吃晚饭，饭后大家在月光里谈天，月色甚可爱。这人家离城有廿五英里，我有车子，送同席的几个客人回来。到家已是十一点半钟了。我走到自己园里去

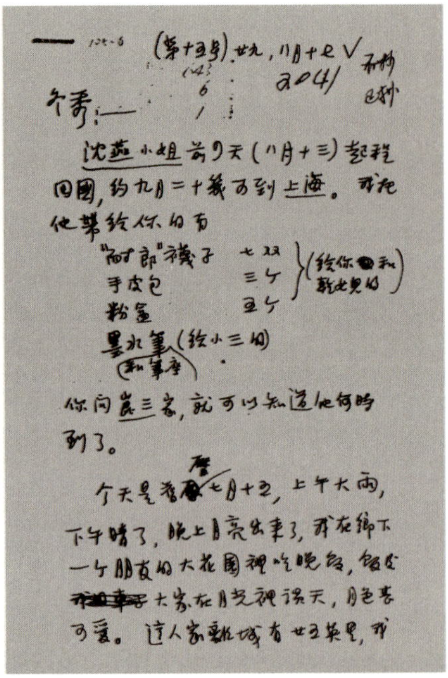
(第十五号) 廿九，八月十七

冬秀：

沈燕小姐前几天（八月十三）起程回国，约九月二十几可到上海。我托他带给你的有

"耐可郎"襪子　七双
手皮包　三个
粉盒　五个
（给你和大小）
墨水笔（给小三的）

你问崔三家，就可以知道他何时到了。

今天是阴历七月十五，上午大雨，下午晴了，晚上月亮出来了，我在乡下一个朋友的大花园里吃晚饭，饭后大家在月光里谈天，月色甚可爱。这人家离城有廿五英里，我

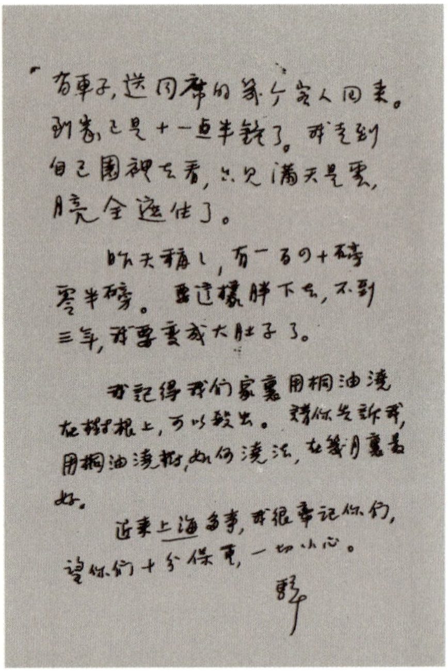
有车子，送同席的几个客人回来。到家已是十一点半钟了。我走到自己园里去看，只见满天是云，月亮全遮住了。

昨天称称，有一百四十磅零半磅。要这样胖下去，不到三年，我要变成大肚子了。

我记得我们家里用桐油浇在树根上，可以杀虫。请你告诉我，用桐油浇树，如何浇法，在几月里最好。

近来上海多事，我很牵记你们，望你们十分保重，一切小心。

骍

看，只见满天是云，月亮全遮住了。

昨天称称，有一百四十磅零半磅。要这样胖下去，不到三年，我要变成大肚子了。

我记得我们家里用桐油浇在树根上，可以杀虫。请你告诉我，用桐油浇树，如何浇法，在几月里最好。

近来上海多事，我很牵记你们，望你们十分保重，一切小心。

骍　廿九，八月十七

第[211]封 原因

致江冬秀（十六）
第十六号

冬秀：

第十七、十八号信都收到了。

对不住你，许久不曾写信了。大原因是我要赶成一篇长文章，为彭州大学二百年纪念庆典之用，所以忙了整整一个月。这庆典在九月廿一日，我得了一个学位。这是今年我得的第八个名誉博士学位。去年得了两个，以前得了三个，一总共得了十三个名誉博士学位了。

寄上汇票一张，美金贰百元。你可以托中基会叶良才先生卖去，或托竹垚生卖去。

儿子在这里住了一个月，现在回去上课了。

花旗参我因没有便人带去，所以暂时没有买。

现在上海住家有困难吗？儿子进的什么学堂？

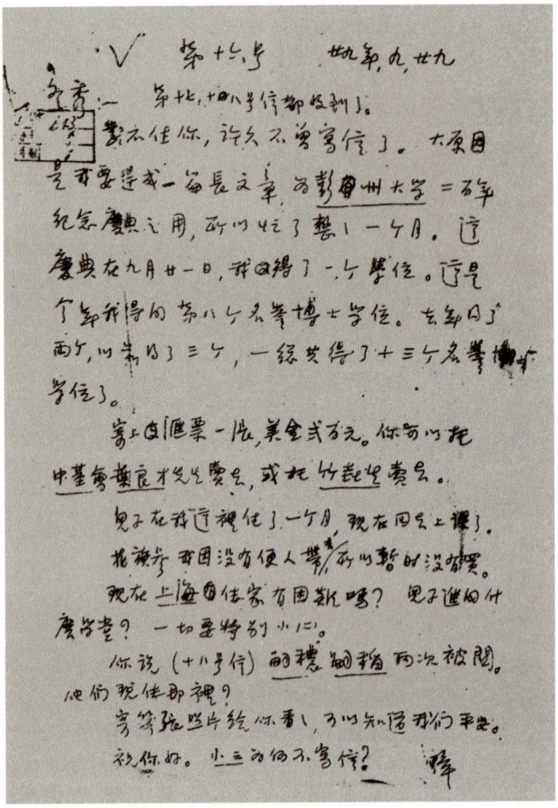
√ 第十六号　　廿九年，九，廿九

冬秀：第十七、十八号信都收到了。

對不住你，许久不曾写信了。大原因是我要赶成一篇长文章，为宾州大学二百年纪念庆典之用，所以忙了整整一个月。这庆典在九月廿一日，我得了一个学位。这是今年我得的第八个名誉博士学位。去年得了两个，以前得了三个，一总共得了十三个名誉博士学位了。

寄上汇票一张，美金贰百元。你可以托中基会叶良才先生带去，或托竹垚生带去。

儿子在我这里住了一个月，现在回去上课了。

……西因没有便人带，所以暂时没有寄。

现在上海的住家有困难吗？儿子进的什么学堂？一切要特别小心。

你说（十八号信）嗣穠、嗣稻两次被關。他们现住那裡？

寄几张照片给你看看，可以知道我们平安。

祝你好。小三为何不写信？　　骍

一切要特别小心。

你说（十八号信）嗣秾、嗣稻两次被关。他们现住那（哪）里？

寄几张照片给你看看，可以知道我们平安。

祝你好。小三为何不写信？

骍　廿九年，九，廿九

第[212]封 照相

致江冬秀（十七）
第十七号

冬秀：

十六号信有二百元汇票，你收到了吗？

今天施太尔先生夫妇同来华府，带了你第二十号信，和丝袜十二双，领带两条，绣品两块。

谢谢你！我看见你亲手剪的红寿字，心里当然感谢你。五十岁是虚头的，明年我整整五十岁，我们可以同在一块庆祝了罢？

我查你的生日（庚寅十一月初八）是阳历1890年十二月十九日。所以你的生日，若改用阳历，同我的只差两天，将来大可以同时做生日！

我不穿丝袜，是因为美国丝袜是用东洋丝做的。你寄的丝袜我当然可以穿了。

第十九号信，我还没有收到。

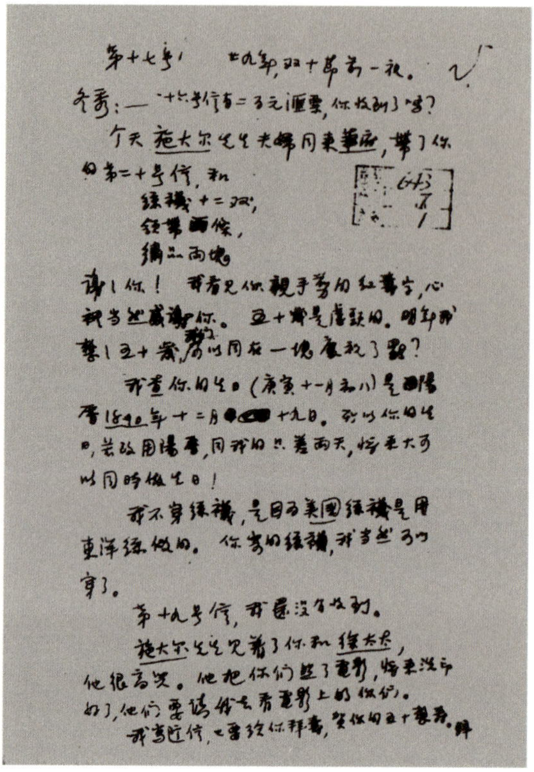
第十七号　廿九年，双十节前一夜。
冬秀：——十六号信有二百元汇票，你收到了吗？
今天施太尔先生夫妇同来华府，带了你的第二十号信，和
绿袜十二双，
纪念画像，
绣花两块。
谢谢你！我看见你亲手写的红寿字，心里当然感谢你。五十岁是虚岁的。明年我整整五十岁，我们可以同在一块庆祝了罢？
我查你的生日（庚寅十一月初八）是阳历1890年十二月十九日。所以你的生日，若改用阳历，同我的只差两天，将来大可以同时做生日！
我不穿绿袜，是因为美国绿袜是用重洋绿做的。你寄的绿袜，我当然可以穿了。
第十九号信，我还没有收到。
施太尔先生见着了你和徐太太，他很高兴。他把你们照了电影，将来洗印好了，他们要请我去看电影上的你们。
我写这信，也要给你拜寿，贺你的五十整寿。骍

施太尔先生见着了你和徐太太，他很高兴。他把你们照了电影，将来洗印好了，他们要请我去看电影上的你们。

我写这信，也要给你拜寿，贺你的五十整寿。

骍　廿九年，双十节前一夜

第[213]封 唐瑛

致江冬秀（十八）
第十八号

冬秀：

你收到我寄的美金两百元汇票（第十六号信）吗？

花旗人参两斤，十月十五托Mr. Carl Neprud带上。可托唐瑛小姐一打听，就知道此人何在了（此人前在关税处任事）。参价贰拾壹元，寄费七角，共美金廿一元七角。

唐三太太的小姐带来的箱子，直接交给祖望了。信也收到了。

施太尔先生本月初四请我吃饭，饭后请我看他照的你和徐太太和小三、大庚姊妹的活动片。照完后，他把那一卷片子送给我。我很感谢他。

小三现在何学校？学的什么？望他常常写信给我。祝你们好。

骍　廿九，十一月十六日

.10510　（十八号）　廿九，十一月十六日

2041

冬秀：——

你收到我寄的美金两百元汇票（第十六号信）吗？

花旗人参两斤，（胡博士）托 Mr. Carl Neprud 带上。可托唐瑛小姐一打听，就知道此人何在了。（此人前在关税处任事）参价式拾元。寄费七角。共美金廿一元七角。

唐三太太的小姐带来的箱子，直接交给祖望了。信也收到了。

施太尔先生本月初四请我吃饭，饭后请我看的你和徐太太和小三大庚姊妹的活动片。照完后，他把那一卷片子送给我。我很感谢他。

小三现在何学校？学的什么？望他常常写信给我。祝你们好。

骍

第［214］封 祝寿

致江冬秀（十九）
（第十九号）

端：

你的第廿六号信收到了。

我今天就写了支票贰百元，寄给应谊小姐了。等他有回信来，再给你去信。

前面还缺第廿二，第廿四，第廿五号信，想不久可到。

我上回说了，你的阳历生日是十二月十九。我盼望你收到此信在你阳历生日之前。我给你祝寿，祝你百百岁。

小三今年也是二十岁了，我也祝他百百岁。

这一些时忙极了，所以不常写信给你。请你莫见怪。

叶先生寄来的东西一包，还没有收到。

我寄的花旗参，收到了没有？

祝你们好。

骍　廿九，十二月一日

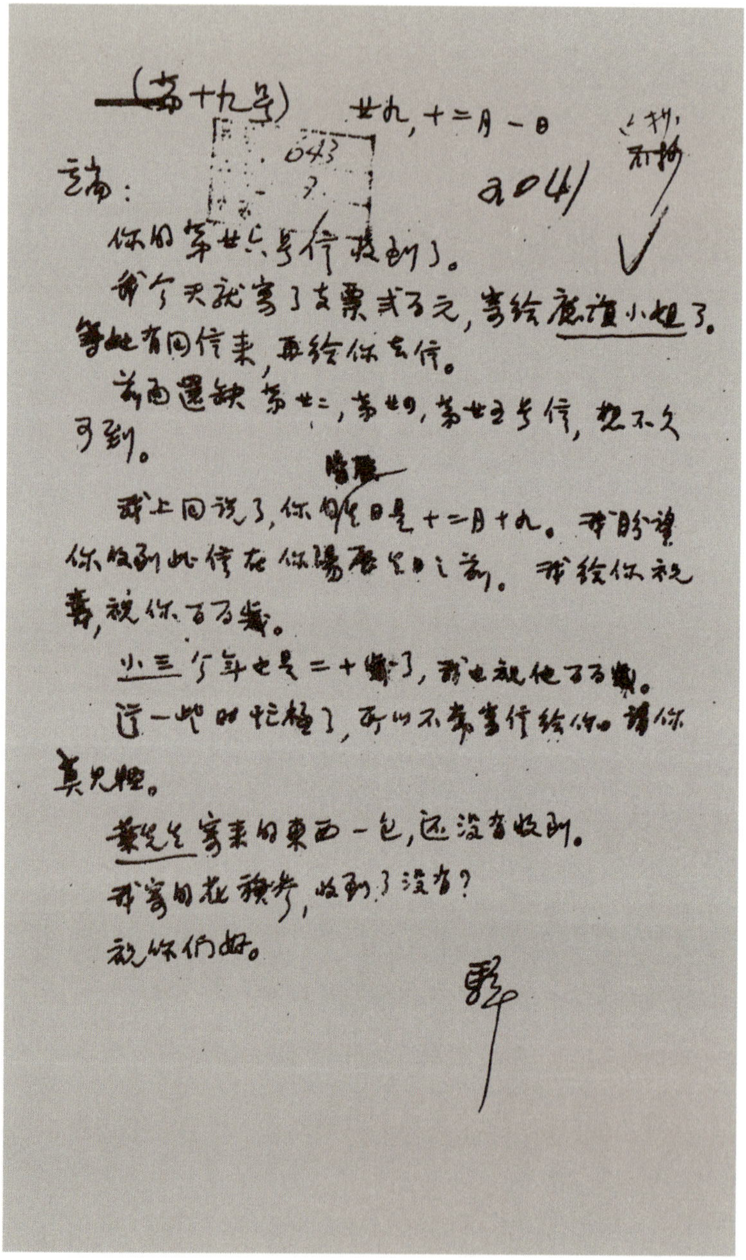

(第十九号)　廿九，十二月一日

冬秀：

你的第廿六号信收到了。

我今天就寄了支票弍百元，寄给虞谨小姐了。等她有回信来，再给你去信。

前面还缺第廿二，第廿四，第廿五号信，想不久可到。

我上回说了，你阴历生日是十二月十九。我盼望你收到此信在你阳历生日之前。我给你祝寿，祝你百岁。

小三今年也是二十岁了，我也祝他百岁。

这一些时忙极了，所以不常写信给你。请你莫见怪。

叶先生寄来的东西一包，还没有收到。

我寄的花旗参，收到了没有？

祝你们好。

適之

第[215]封 忘寄

致江冬秀（二〇）
第二十号

端：

写了十九号信，我匆匆的【地】出门去了。今天回来，才知道信留在桌上，没有寄出。所以我补写几句。

应小姐有信来了，说，收到了我寄的贰百元，她已有信去谢她母亲了。我把她的信的一段（英文）剪下寄给你。

我上月廿八日到纽约，请我的医生验看身体。验查的结果很好，血压一百十八度，脉很平稳，一切都如平常人。

我是前年十二月四日夜得病的，现在整整两年了，所以上月底去查验一次。你看了这一段，也可以放心。

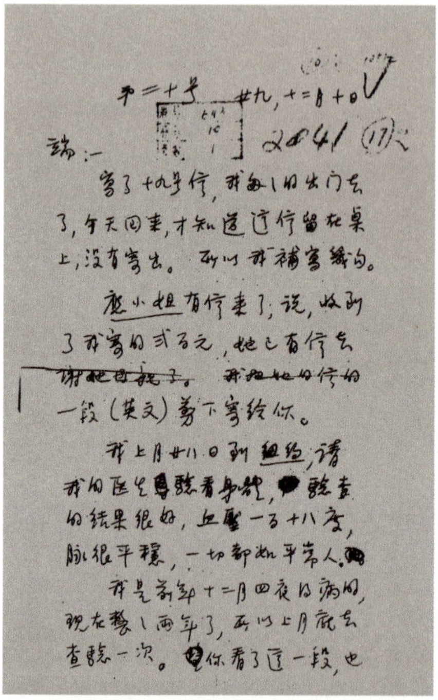
第二十号 廿九，十二月十日 2041 (17)

端：—

写了十九号信，我匆匆出门去了，今天回来，才知道这信留在桌上，没有寄出。所以我补写几句。

魏小姐有信来了，说，收到了我寄的贰百元，她已有信去[illegible]。我把她的信的一段（英文）剪下寄给你。

我上月廿八日到纽约，请我的医生[illegible]检查身体，检查的结果很好，血压一百十八度，脉很平稳，一切都如平常人。

我是前年十二月四夜得病的，现在整整两年了，所以上月底去查验一次。你看了这一段，也

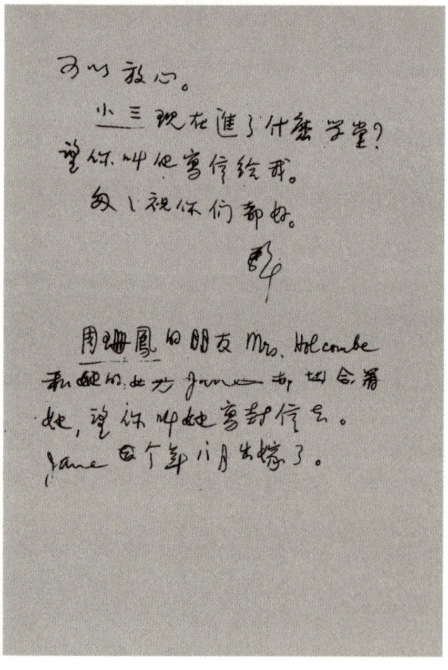
可以放心。

小三现在进了什么学堂？望你叫他写信给我。

匆匆祝你们都好。

骍

周珊凤的朋友Mrs. Holcombe和她的女儿Jane都挂念着她，望你叫她写封信去。Jane今年八月出嫁了。

小三现在进了什么学堂？望你叫他写信给我。

匆匆祝你们都好。

骍　廿九，十二月十日

周珊凤的朋友，Mrs.Holcombe和她的女儿Jane都挂念着她，望你叫她写封信去。Jane今年八月出嫁了。

第[216]封 图章

致江冬秀（二一）
第廿一号

端姊：

第廿五号信收到了。带的东西还没有到，听说不久就到了。

应小姐的贰百元已收到，请放心。

儿子前晚回家过节，一切很平安。大春过两天也要来我家过年。

十七那天，有六七十个客来吃便饭。儿子从学堂打长途电话来给爸爸拜寿。

我的身体很好，请放心。

下回若托便人带东西，请你把我的小图章（石头的）放几个带来。普通用的毛笔（七紫三羊一类的）也请寄几十枝来，不必要好的，但要平常合用的。不要大字笔，印色不必寄。

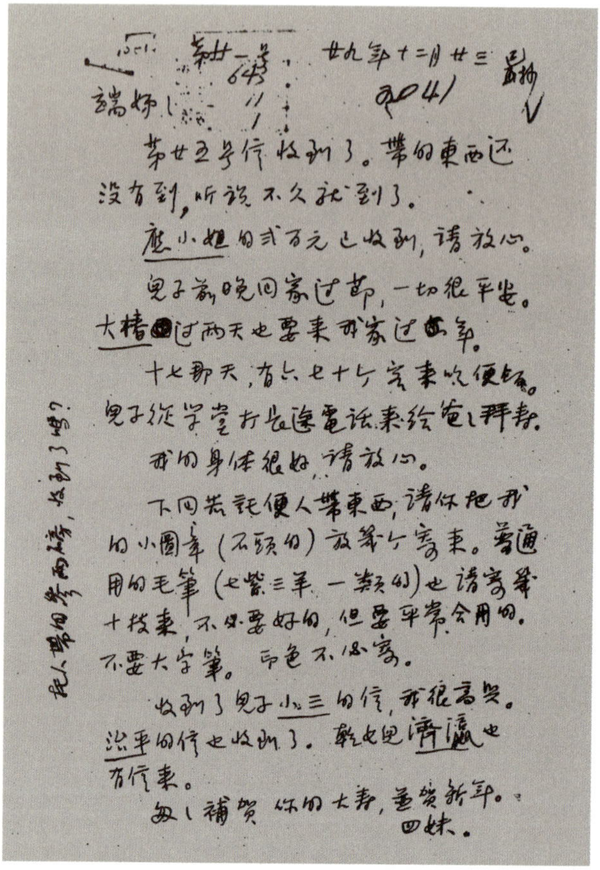

廿九年十二月廿三

端姊：

第廿五号信收到了。带的东西还没有到，听说不久就到了。

庞小姐的弍百元已收到，请放心。

儿子前晚回家过节，一切很平安。大植过两天也要来我家过年。

十七那天，有六七十个客来吃便饭。儿子从学堂打长途电话来给爸爸拜寿。

我们身体很好，请放心。

下回若托便人带东西，请你把我的小图章（石头的）放几个寄来。普通用的毛笔（七紫三羊一类的）也请寄几十枝来，不必要好的，但要平常会用的。不要大字笔。印色不必寄。

收到了儿子小三的信，我很高兴。治平的信也收到了。干女儿济瀛也有信来。

匆匆补贺你的大寿，并贺新年。

四妹。

托人带的参两磅，收到了吗？

收到了儿子小三的信，我很高兴。治平的信也收到了。干女儿济瀛也有信来。

匆匆补贺你的大寿，并贺新年。

四妹　廿九年十二月廿三

托人带的参两磅，收到了吗？

第 [217] 封 冷清

致胡适（一）
民国廿九年一月一日（第二次信）

骍:

今天是新年。一早小三就出门玩去了，一直到现在还没有回来，我一个人在家里无事就写了一封信把泽涵，又写了一封信给成之，再写此信把你，祝你的新年。今早杨鸿□夫妇同两个儿子来拜年，还有王□之的大儿子来拜年，我留他一人在我家吃饭，没有来的【得】及[做]菜就吃炸将【酱】面。但是心里有点狠（很）难受，从来没有这样的冷静。下午一个人睡了两个钟头，晚起来叫人，用人【佣人】都玩去了，这样的下午，几时再【才】能一家人在一块呀。

卅一日是李□大夫的大儿子十岁，我们老早就打牌去了，到晚十一点回来。前几天，有一封[信]给你，今寄上。叶先生写好一张单子，寄把你，请你把这个号数181921[拿去]随便什么银行，叫他寄到花旗银行，他就会来通知我。花旗银行，我把存折那【拿】去，就托他们办一下，狠（很）方便的〖多〗。

衣箱收到没有，今也把寄衣箱的人名写上了。前天林太太来，说起孙大雨的叔叔在美，是你给他的泉（钱）回国的，此事终【真】吗？我上次有一封信给你，津的箱子你托美使馆取出来了，此话还没有接着回信。你见着[这]封信没有？三个保限【险】费都付了。祝你新年快乐。

郭小姐生儿子了，后天满月。应小姐这个月要生产。

祝你新年快乐。

[冬]

第[218]封 涨租

致胡适（二）
（第三号）

骍：

好久没有接着你的信了。还是去年十一月十四日的信，同十六日的电报外，又有两月没有信了。但是长【常】有人题【提】起你来，都说狠（很）好，上礼拜陈先生送来那支【只】盒子，同儿子的照片，收到了。谢谢你。

前天张太太来电说，唐小姐替你带来有东西还没取出来。他【她】又忙着搬家，过几天送来我再告诉你。

你收着我有两封信，告诉你有两位瞿小姐，他家托汇乙（一）百廿元美金，但不知道你可寄去没有，因我还没有接着你的信呢。狠（很）为念，当学生的等着饭吃，请收到就汇去要紧要紧。

我自己呢，房租加到乙（一）百一月了，但是在这种情形知【之】下，有什么法子想，怪我自己，一来上海没有租一所房子下来。因也有原故【缘故】，那时你不是说六个月回来吗？但不知那【哪】块是家，

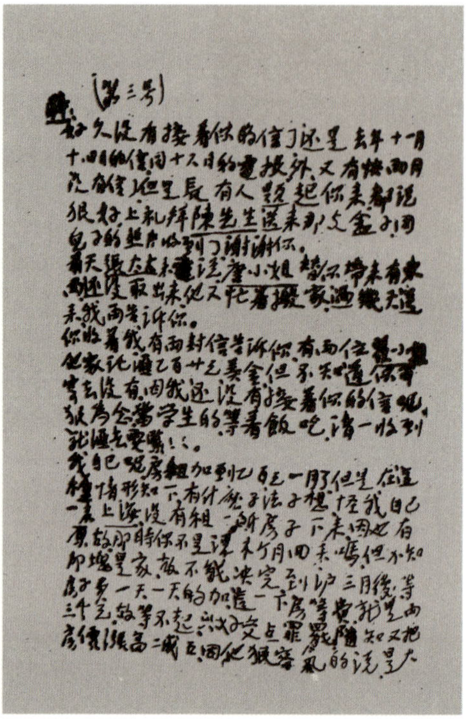
（第三号）
麋：
好久没有接着你的信了，还是去年十一月
十四日的信同十六日的电报外，又有接两月
没有信了，但是虽有人说起你来都说
很好。上礼拜陈先生送来那文鑫子同
儿子的照片收到了，谢谢你。
前天张太太来请詹小姐替你带来有东
西，还没取出来，他又忙着搬家，过几天送
来我再告诉你。
你收着我有两封信告诉你，有两位詹小姐
他家欠过二百廿元美金，但不知道你有
寄去没有，因我还没有接着你的信呢。
说为念书学生的等着饭吃，请一收到
就汇去要紧！！。
我自己呢房租加到二百元一月了，但是在这
种情形知不有什么好法子想，怪我自己
一来上海没有租一所房子下来，因他有
原故，那时你不是说本个月回来吗，但不知
那一天是回家，故不能决定，到沪三月后，等
房子费一天一天的加，这一下房等费就是两
三千元，故等不起，只好受点罪罢，随知又把
房价涨高二成五，因他狠客气的说是大

故不能决定，到沪三个月后，等房子费一天一天的【地】加，这一下房等【顶】费就是两三千元，故等【顶】不起，只好受点罪罢，随【谁】知又把房价涨高二成五。因他狠（很）客气的【地】说，是大房东涨他，故没法子不得不加，我们我【找】托过前介绍人张太太。他【她】再三说好话，看他【她】可怜，寡妇孤儿，我也不好多说，只好等机会有房子搬罢。上次，我要搬到三舅母那边，因他【她】房东吃烟，又长【常】来和尚尼姑，我不忌【愿】意搬去。又找好一所，又不是个好人，不敢去住。二房东也是要注意人格，竹先生事先他没有告诉我二房东泉（钱）心大，我搬过来了，他再【才】告诉我。他应得【认得】他还算好人，住了一年到【倒】没什么话，多都狠（很）客气。我就爱这边空气还好，前面是球厂【场】，后面是红十字会医院，两边都是空院

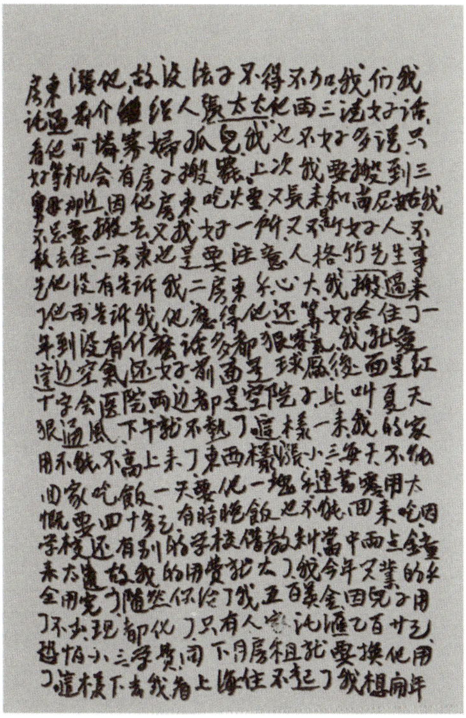
房東灘他，故没法子不得不加，我们我
託區新介紹人張太太他西三透好話
看他可憐寡婦孤兒，我也不好多說，只
好等机会有房子搬家。上次我要搬到三
那边，因他房東吃火壓又長，来和尚尼姑，我
不愿意搬去，又找好一所又不好人，不
敢去住。二房東也是要注意人格，竹先生事
先他没有告訴我二房東不心大，我搬過来
了他而告訴我，他應得他还算好，会住了一
年到没有什麼話，多都狠客氣。我北
達边空氣还好，前面是球场，後面是紅
十字会医院，两边都是空院子，比叫夏天
狠通風，下午就不熱了。這樣一来，我的家
用不能不高上来了，東西樣樣漲，小三每天不能
回家吃飯，一天要化一塊泉，連書零用大
慨要四十多元，有時晚飯也不能回来吃，因
学校还有别的学校借教料，當中两点鐘
来太遠，故我的用费就大了。我今年兴業的泉
全用完了，随然你給了我五百美金，因兒子用
了不少，現都化了。只有人家託滙乙百廿元，
恐怕小三学费同下月房租就要换他用
了，這樣下去我看上海住不起了，我想開年

子，比叫【较】夏天狠（很）通风，下午就不热了。这样一来，我的家用不能不高上来了，东西样样涨，小三每天不能回家吃饭，一天要化【花】一块泉（钱），连书零用大慨【概】要四十多元。有时候晚饭也不能回来吃，因学校还有别的学校借教料【室】，当中两点钟来太远，故我的用费就大了。

我今年兴业的泉（钱）全用完了，随【虽】然你给了我五百美金，因儿子用了不少，现都化【花】了。只有人家托汇乙（一）百廿元，恐怕小三学费同下月房租就要换他用了。这样下去，我看上海住不起了，我想开年[回]家去住一年，等太平再出来，把小三放到朋友家，出点泉（钱），可以节省二百五十元一月。我现在每月四百元不够用，因竹先生他家用每月六百，房租灯水不在内，太太不出门应酬。东西比前年涨

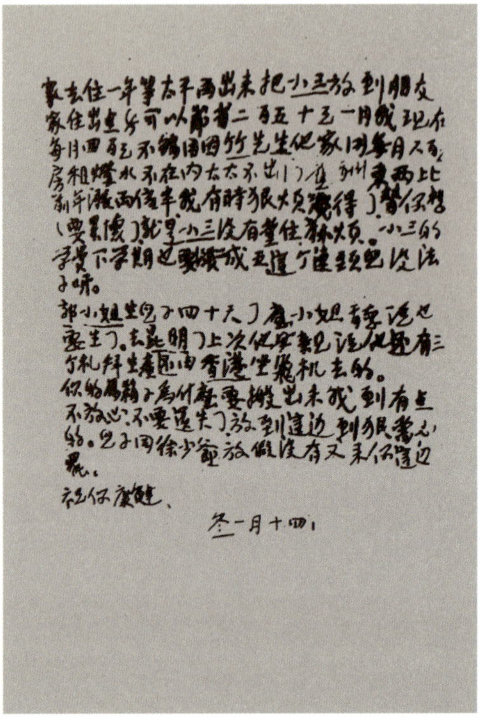

两倍半，我有时狠（很）烦，觉得〖了〗替你想想要累坏了。就是小三没有堂住麻烦。小三的学费下学期也要涨二成五，这个连【年】头没法子呀。

郭小姐生儿子四十天了，应小姐听说也要生了。去昆明了，上次他母亲说他还有三礼拜生产，还再【在】香港，坐飞机去的。

你的书箱子为什么要搬出来，我到【倒】有点不放心。不要遗失了，放到这边到【倒】狠（很）当心的。儿子同徐少爷放假，没有又来你这边罢？

祝你康健。

冬　[1940 年] 一月十四

第[219]封 列单

致胡适（三）
（第四号）

骍:

好久不得你的信了。不知是什么原故【缘故】，我狠（很）不放心，还是去年十一月十四日的那封信，一直到现在，你看可是要急死我吧。长长【常常】夜里睡不着，回想战事过了三个年了，我同小三两人孤孤冷冷【零零】的【地】过年，心中狠（很）不好过。昨天是阴历十二月廿四夜，叫了一个小外甥来，住在这里吃年夜饭。

好的【在】唐、陈两位同来，说起你身体很好。练【链】子也收到了，谢谢你寄【记】着我的生日，又还要送礼。

我有好几封信告诉你有好几件事，你都不回信，叫我到【往】难过的万分路上去想，太难

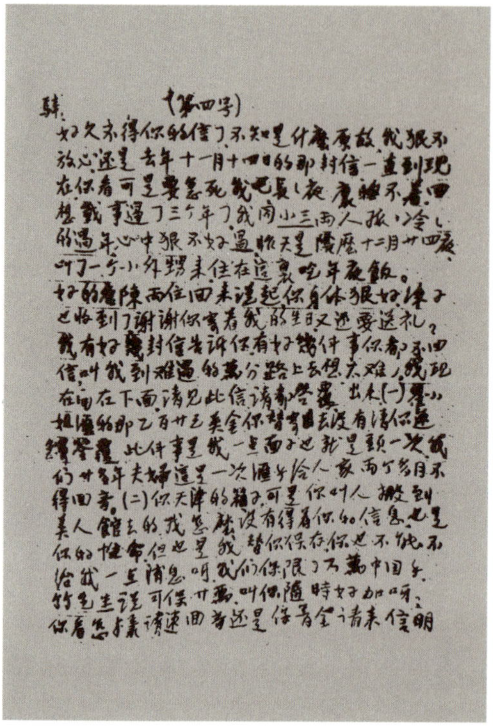

[过]。我现在开在下面，请见此信〖请〗都答复出来：（一）瞿小姐汇的那乙（一）百廿元美金你替寄去没有，请你速急寄。答复此件事是我一点面子，也就是头一次。我们廿多年夫妇，这是[头]一次汇泉（钱）给人家，两个多月不得回音。（二）你天津的箱子，可是你叫人搬到美人【使】馆去的，我怎么没有得着你的信息？〖也〗是你的性命，但也是我替你保存，你也不能不给我一点消息呀！我们保限【险】了六万中国泉（钱），竹先生说可保廿万，叫你随时好加呀。你看怎样，请速回音，还是保着全，请来信[说]明白，千万到堆里找找我的前几封信看看，无论什么不能糊涂里不回信呀。（三）我有两次信题【提】起，我要请你买两磅花旗参，还有李太太寄女托买两磅，价泉（钱）请开出。（四）我也狠（很）知道你没有泉（钱），故我也不敢开口问你要泉（钱），〖但是〗你去年寄了五百元美金来做家用，不能说算少了，但是我用出去大儿子身上就添用了乙（一）百九十八元九角美金，一千六百元中国泉（钱）。替你买茶叶七百几十元中国泉（钱）。还有小三去年一年八百元，我把几千元老本那【拿】来一年添去了，我上次信告诉你，现在就是用瞿小姐的款子了。我替他一个人身上也用了

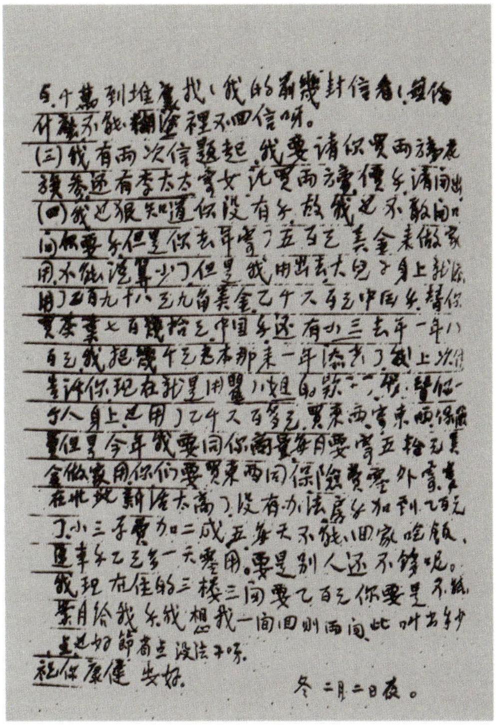

乙（一）千六百多元，买东西，寄东西，保险费，但是今年我要同你商量，每月要寄五十元美金做家用。你们要买东西同保险费零【另】外寄。在此地新活【生活费】太高了。没有办法，房泉（钱）加到乙（一）百元了，小三学费加二成五，每天不能回家吃饭，连车泉（钱）乙（一）元多一天零用。要是别人还不够呢。我现在住的三楼三间要乙（一）百元，你要是不能案【按】月给我泉（钱），我想我【找】一间回则【或者】两间此叫【比较】出泉（钱）少点，也好节省点，没法子呀。

祝你康健安好。

冬　[1940 年] 二月二日夜

第[220]封 送人

致胡适（四）
（第五号）

骍:

昨晚回家收着你二月四日的信，我高兴的【得】狠（很）。自从十一月十四的信后，这是第二封了。你说有崔【瞿】小姐的回信寄给我，那封信我没有收着呀，狠（很）对不起你。（第四号信）上，我大生气，错怪你了。请你不要生气，原凉【谅】我。我是肚子里不能存放事，有话就说，故我身体不亏，长长【常常】的高兴。

顾绣物件照买好，有便人寄给你不悞【误】。你买的花旗洋参还可以用你的名字寄，使馆寄东西不化【花】关税，照利【例】是没有的，就怕没收。你的茶叶怎什【么】不早点送人呢，留着新茶一出来，旧茶味就不狠（很）香了。可是【虽然】此茶太粗看相

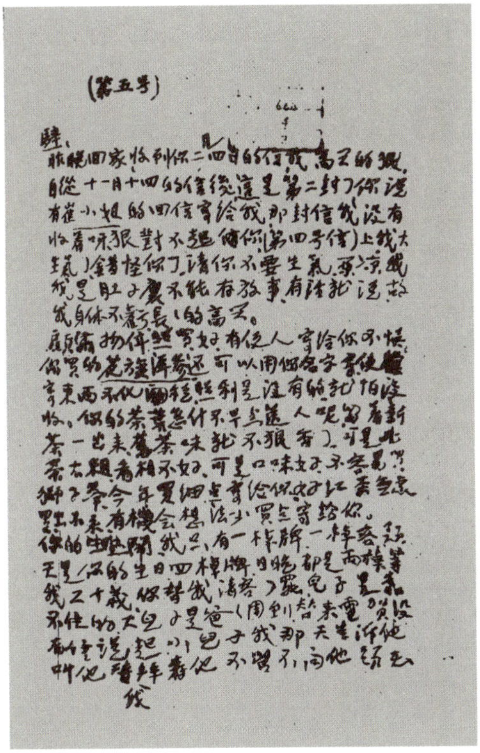
(第五号)

不好，可是口味好，不容易买。狮子峰今年买细点寄给你，好红茶无□□出不来，有机会想法买点寄给你。

你的生日热闹，我只有一桌牌一桌客，头天是你的生日，四桌牌，日晚都是两桌。等我六十岁，你替我请客了罢。儿子是靠不住的，大儿子是爸爸周到替来电贺，没有信说起。小儿子，我那天告诉他，叫他替我拜寿，他不管不问，他□□请小朋友做生日到【倒】是我替他忙的。

前天刘驭万先生托李汉生君带来郭太太送我皮包乙（一）个，又刘太太送羊毛毯子一条。又仅有一字条。这一次生日害大家破费了，我心里不安，请你替我谢谢郭太太的厚礼，他的生日你可送点礼物给他没有，要没有我想送他两件衣服料可行吗？等你来信再说。

丁太太生日狠（很）热闹，两桌客，三桌牌，是丁老五替他请客，去年也是老五夫妇请的，算不错了。

治平去年店事很好。除开支还如两万元，就不错了。

祝你安好。

冬　廿九、二月、十七日

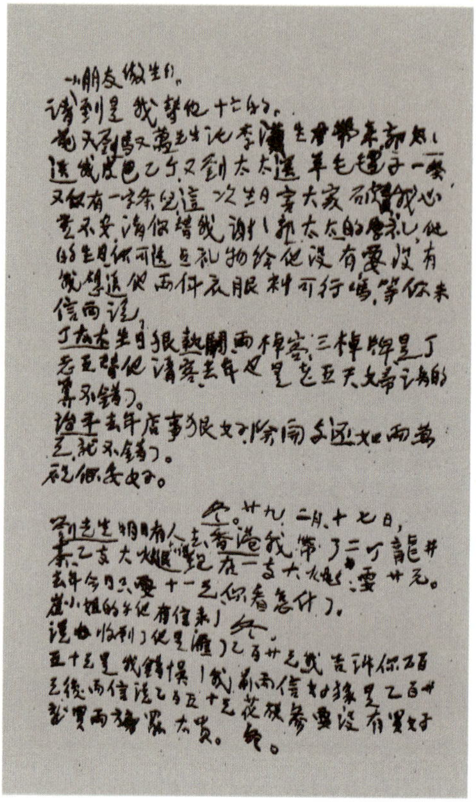

刘先生明日有人去香港，我带了二斤龙井茶，乙（一）支大火腿，现在一支火腿要廿元，去年今日只要十一元。你看怎什【么】了？

崔【瞿】小姐有信来了。说收到了。他是汇了乙（一）百廿元，我告诉你乙（一）百五十元，是我错悮【误】。我前两信好像是乙（一）百廿元，后两信说乙（一）百五十元，花旗参要没有买好就买两磅罢。太贵。

冬

第[221]封 态度

致胡适（五）
（第九号信）[1]

骍:

前信两封，二、三号信早收到了。我廿一日托应小姐带把你的衣箱同信，〖请你收到〗里面有你的衬绒袍子一件，又夹袍子一件，还有儿子的一件内衣，还有八块小绣花品两块大绣品，共十块，还有茶叶十瓶，还有儿子的袜子十双，收到点点看可有错否。回一信。还有，上月托叶先生转托他的外国朋友，带把你的一盒绣品，可收到了没有？还有第六号信，也望来信题【提】一句。

昨天看见孙先生，他开会回来见我，头一句话替我恭喜，说你就要回来了，我莫名其妙。他告诉我，命你回来做研究院长。我听了狠（很）不好过。骍，你知道我皮【脾】气，处处不忘那一种

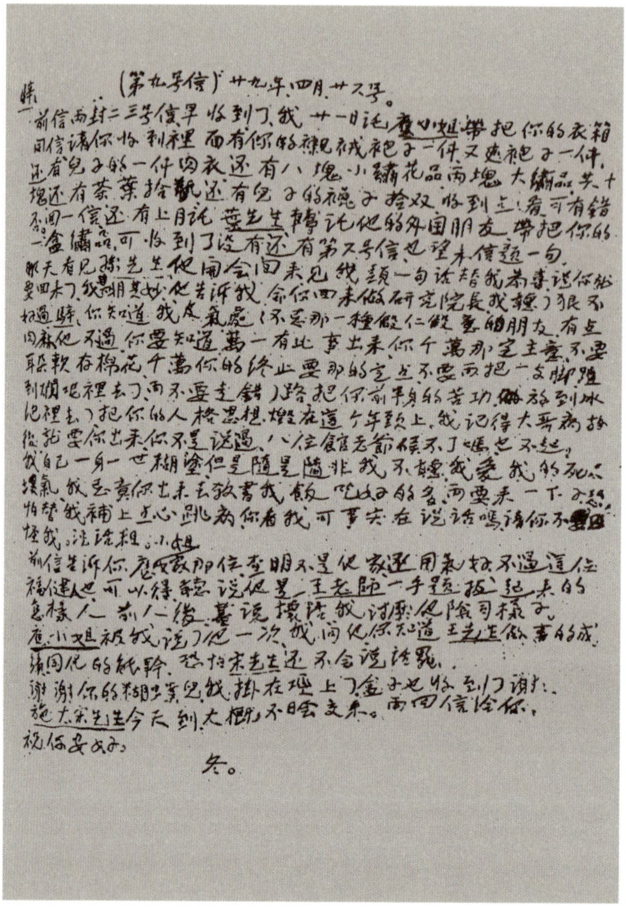

假仁假义的朋友，有点肉麻他不过，你要知道万一有此事出来，你千万那【拿】定主意，不要耳朵软，存棉花。千万你的终止【宗旨】，要那【拿】的【得】定点，不要再把一支【只】脚踏到烂呢【泥】里去了。再不要走错了路，把你前半身【生】的苦功放到冰泡【雹】里去了，把你的人格思想毁在这个年头上。我记得大哥病故后，就要你出来，你不是说过八位馆老爷候不了吗，也【惹】不起。

我自己一身【生】一世糊涂，但是随是随非【谁是谁非】，我不听，我爱我的死人□气。我忌【愿】意你出来去教书，我饭吃【吃饭】

好的【得】多，再要来一下子恐怕替我补上点心跳病，你看我可事【是】实在说话吗？请你不要怪我说话粗。

前信告诉你，应小姐嫁那位，查明不是他家，还用气【运气】好。不过这位福建人也可以得【的】，听说他是王老师一手题拔【提拔】起来的，怎样人前人后喜说坏话，我讨厌他阴司样子。应小姐被我说了他一次，我问他你知道王老师做事的成绩同他的能干，恐怕宋先生还不会说话罢。

谢谢你的糊【蝴】蝶儿，我挂在颈上了，金子也收到了，谢谢。施太宋【尔】先生今天到，大概不日会交来，再回信给你。

祝你安好。

冬　廿九年四月廿六号

①中间六、七、八三号信件缺失。

第[222]封 拿钱

致胡适（六）
（第十号）

骍:

花旗参四磅，前日由唐小姐转来了，勿念。一包打开了，少的【得】多，一包是元【原】封。那一包要重五两，但不知可是一样重的分两【份量】否？要是一样的就被人那【拿】了。前年李先生送的也被人那【拿】了不少去。李寄女叫我谢谢你，他买了两磅，我到【倒】有点不过意，他还是去年十一月托买的，那时全贾【价】只有十一块多，现在他要去买美金还我。我再三叫他还我现款，他一定不肯，到【倒】弄的【得】我难为成【情】的。不过他的皮【脾】气是说一不二的，只好由他去，下次想法子补他罢。

今天唐瑛奂小姐来告诉我，施太尔先生昨天见

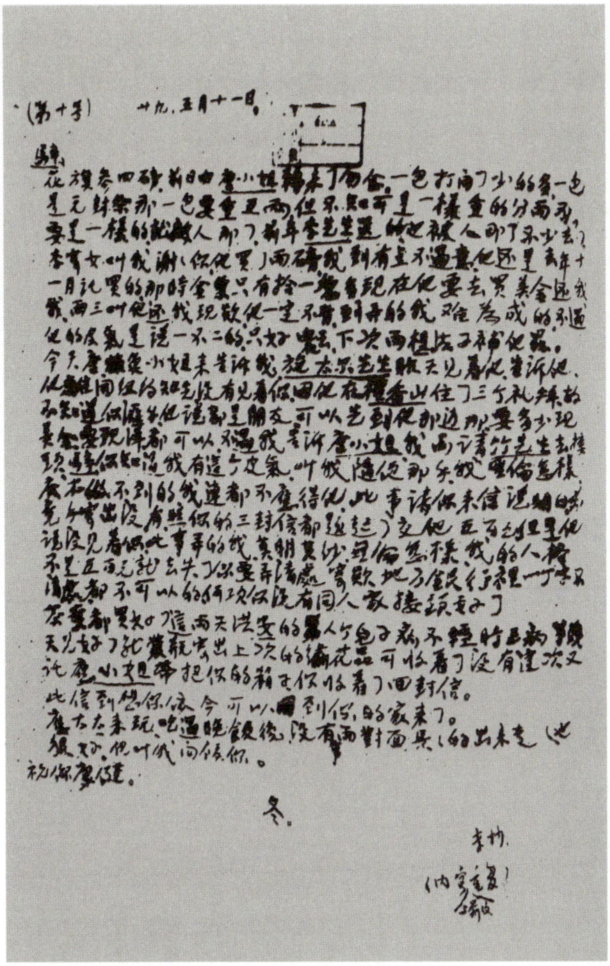

着他【她】，告诉他从离开纽约知【之】先没有见着你，因他在檀香山住了三个礼拜，故不知道你汇泉（钱）。他说都是朋友，可以先到他那边那【拿】，要多少现[款]、美金，[或]要[多少]现洋都可以，不过我告诉唐小姐，我再请竹先生去接头。

骍，你知道我有这个皮【脾】气，叫我随便那【拿】泉（钱），我无论怎样根本做不到的，我连[人]都不应得【认得】他。此事请你来信说明白，究竟泉（钱）寄出没有，有照你的三封信都题【提】起了交他五百元，但是他说没有见着你，此事弄的【得】我莫名其妙。无论怎样，我的人格不是五百元就去【丢】失了。你要弄清处【楚】寄款地方，银行里一个字不清楚都不可以的，何况你没有同人家接头好了。

茶叶都买好，这两天洪安的第六个儿子病不轻，时已【时疫】病，等几天见好了就装瓶寄出。上次的绣花品可收着了没有，这次又托应小姐带把你的箱子，你收着了回封信。

此信到，想你依今【已经】可以回到你的家来了。

应太太来玩，吃过晚饭后，没有事在对面长长【常常】的出来走。他【她】狠（很）好，他【她】叫我问候你。

祝你康健。

冬　廿九、五月十一日

第[223]封 疑惑

致胡适（七）
（第十一号）

骍:

前天有一信给你，说起施大【太】尔先生款事。昨日竹先生来说起，也是说我要用泉（钱）在他那边那【拿】，美金法币都可以，但是他说离开知【之】前没有见着你，恐怕你把款寄到纽约去了。但是照你来信说当面托他亲带来，此事究竟，我不明白。故我对竹先生唐小姐两位一样回答，谢谢施先生好意，暂时不用泉（钱）。不知你是托人到纽约，手续没有弄清处【楚】，故两下不接头，望你收到我的信速去一查为要。你知道我的皮【脾】气，叫我随便问人家那【拿】泉（钱），我无论怎样办不来的。上一个多礼拜，金价高到廿三元，这两天廿元左右，实不划

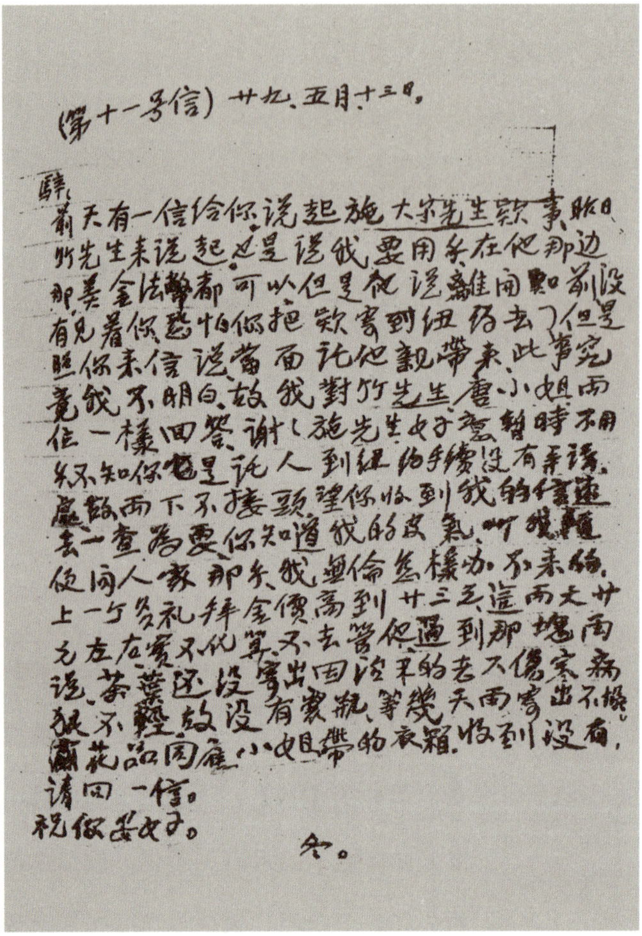

（第十一号信）廿九、五月十三日。

骍，
前天有一信给你说起施大宗先生款事。昨日竹先生来说起，也是说我要用钱，在他那边那美金法币都可以，但是我说离开时前没有见着你，恐怕你把款寄到纽约去了，但是照你来信说当面托他亲带来，此事究竟我不明白，故我对竹先生、应小姐两位一样回答，谢谢施先生好意，暂时不用。须知你也是托人到纽约手续没有弄清楚，致两下不接头，望你收到我的信速去一查，为要你知道我的皮气，[illegible]向人家那个，我无论怎样办不来的。上一个礼拜金价高到廿三元，这两天廿元左右，实不[illegible]算，不去管他，过到那块再说。茶叶还没寄出，因治平的老六伤寒病狠不轻，故没有装瓶，等几天再寄出不悮。绣花品同应小姐带的衣箱收到没有，请回一信。
祝你安好。

冬。

算，不去管他，过到那块再说。茶叶还没有寄出，因治平的老六伤寒病狠（很）不轻，故没有装瓶，等几天再寄出不悮【误】。绣花品同应小姐带的衣箱收到没有，请回一信。

祝你安好。

冬　廿九、五月十三日

第[224]封 惠平

致胡适（八）
（第十二号）

骍:

前十二同十五两信，我算算寄到你一定出门没有回家。今写此信不为别样，就是告诉你施大【太】尔先生寄泉（钱）的事。究竟你把泉（钱）交在何人手上？昨天是杨梧山先生的儿子婚礼，在国际饭店，我是徐太太再三要我去，看见竹先生，他说，“我进【正】要找你，适之没有交泉（钱）给人家，又没有信给人家，怎样这么糊涂？不过施先生说过，你要用泉（钱）可以在那边去那【拿】。”我请竹先生“替我谢谢施先生，我暂时不用泉（钱），请你不要去取泉（钱）。”骍，你知道我的皮【脾】气，一身【生】〖世〗无论对丈夫对儿子，对上代，对朋友，都喜观【欢】清清处处【楚楚】，何项【况】对着一个不应【认】得的外国人，你说是你的老

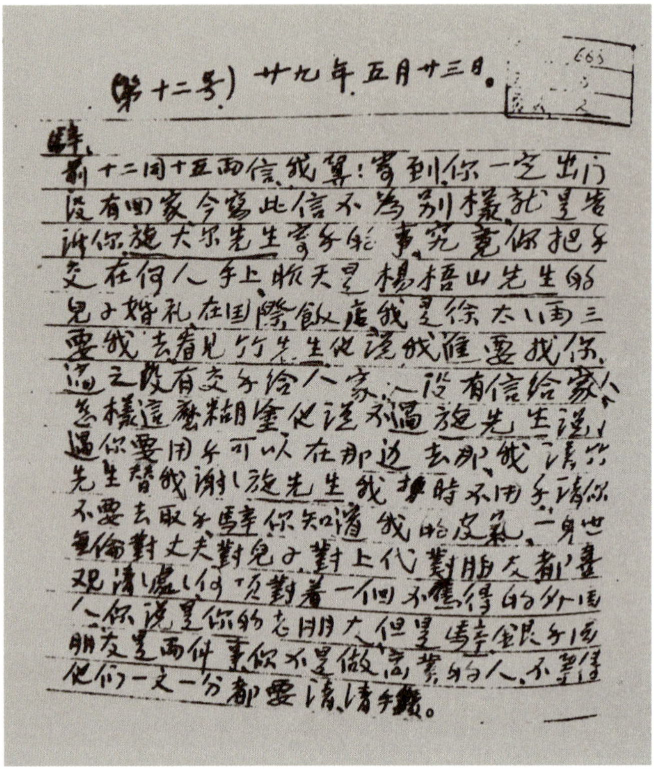
(第十二号)廿九年五月廿三日。

骍，

前十二同十五两信我算了寄到你一定出门没有回家今寫此信不為别樣就是告訴你旋大尔先生寄钱的事究竟你把钱交在何人手上?昨天是杨梧山先生的儿子婚礼在国際飯店我是徐太太再三要我去看见竹先生他说我雖要我你遍之没有交钱给人家,一没有信给家人怎樣這麽糊塗他说不過旋先生说過你要用钱可以在那边去取,我请竹先生替我谢谢旋先生,我现時不用钱请你不要去取钱,骍你知道我的皮气,一身世無論對丈夫對儿子對上代對朋友都要观清清楚楚的,何况對着一個不懂得的外国人,你说是你的老朋友,但是骍,银钱同朋友是两件事,你不是做商業的人,不懂他们一文一分都要清清手續。

朋友，但是骍，银泉（钱）同朋友是两件事，你不是做商业的人，不等【懂】得他们一文一分都要清清手续。

这也是我的丑皮气【臭脾气】，我的皮气【脾气】就是不爱想事只爱玩乐。前天是十五，是徐老太太的生日，我去打牌，晚上吃寿酒。我狠（很）高兴，吃了十乙（一）杯酒，随知【之】吃了两个钟头后，大吐，睡着一觉，回家狠（很）好。又睡了四点钟起来，又吐了不少。昨天一早就起来了，到八点钟，就到惠平店里去了。因他的第六个儿子害班种伤寒，今天十九天还不大〖的〗应得【认得】人，还有卅八度半热度。他们对与【于】病人，太没有经验了，这个孩子不是我帮他们早出了危险，他们又不忌【愿】意请西医，又不知道记【忌】口，伤寒病

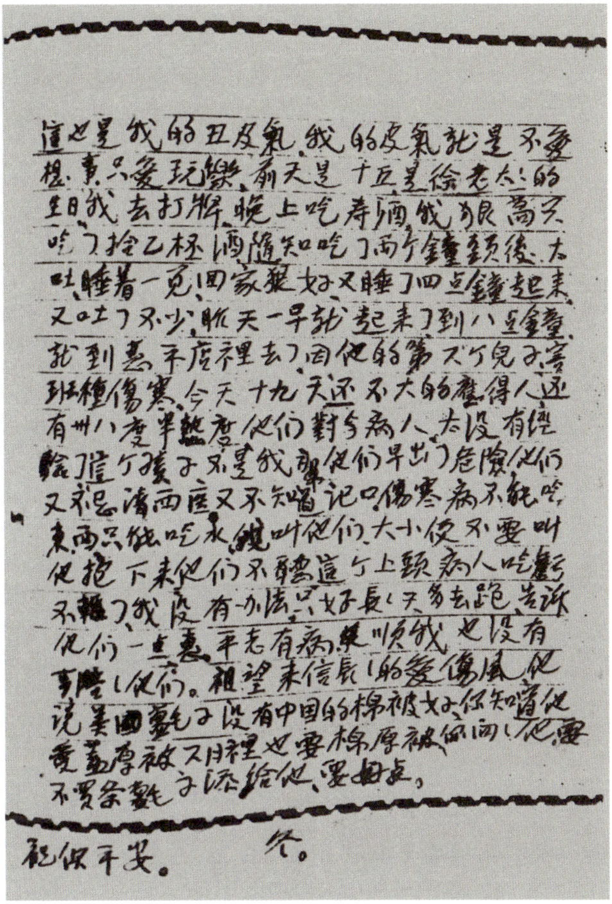
這也是我的丑皮氣，我的皮氣就是不愛想，事只愛玩樂。前天是十五，是徐老太太的生日，我去打牌，晚上吃寿酒，我只喝了三四杯酒，誰知吃了两个钟頭後，大吐，睡着一覺，回家覺好，又睡了四点钟起来又吐了不少。昨天一早就起来了，到八点钟就到惠平店裡去了，因他的第三个兒子害了一種傷寒，今天十九天還不大好，熱得人還有卅八度半熱度。他们對于病人太没有經驗了，這个孩子不是我，那他们早出了危險。他们又不聽，請西医又不知道忌口。傷寒病不能吃東西，只能吃水，我叫他们大小便不要叫他抱下来，他们不聽，這个上頭病人吃虧不輕了。我没有办法，只好長長天多去跑，告訴他们一点。惠平老有病，順我也没有事陪陪他们。祖望来信長長的愛傷風，他說美國毯子没有中国的棉被好，你知道他愛蓋厚被，六月裡也要棉厚被，你问问他要不買条毯子添给他，要好点。

祝你平安。　冬。

不能吃东西，只能吃水，我叫他们大小便不要叫他抱下来，他们不听，这个上头病人吃亏不轻了。我没有办法，只好长长【常常】[每]天多去跑，告诉他们一点。惠平老有病，顺[便]我也没有事陪陪他们。祖望来信[说]，长长【常常】的爱伤风，他说美国毯子没有中国的棉被好，你知道他爱盖厚被，六月里也要棉厚被。你问他，要不买条毯子添给他，要好点。

祝你平安。

冬　廿九年五月廿三日

第[225]封 苏绣

致胡适（九）
（第十三号）

骍:

收到你五月一日的信，知道你收到顾绣品，说好，我狠（很）高兴。那两块去年因我看见绣工狠（很）好，故我买下来，不是名手绣不出，一点不断狠（很）不容易。要不你替我保存，日后还送给我？要有知道爱的朋友，还是那【拿】来送别人。

应小姐带去的有几块，是苏绣，东西大【太】粗，要不能送人不必送人，那个不贵，这几件是先买的，后来我着【看】这一家贵的【得】多，但东西好的【得】远，日后要[的话，我]还是在这一家买，还有几件没带去。有一付靠背座子，绣的【得】好，又狠（很）结实，卅四元买的，我看见送人太可惜，我想送给你自己用，没寄出。

茶叶去打听寄费，茂泰洋行要廿元一公斤，打听邮局二元一磅，现有【又】托人打听报关行，还没有回信，一候回信就寄。因照金洋算，龙井有廿六斤，有许【也许】不寄这么多，日后有便[人]托带点。治平

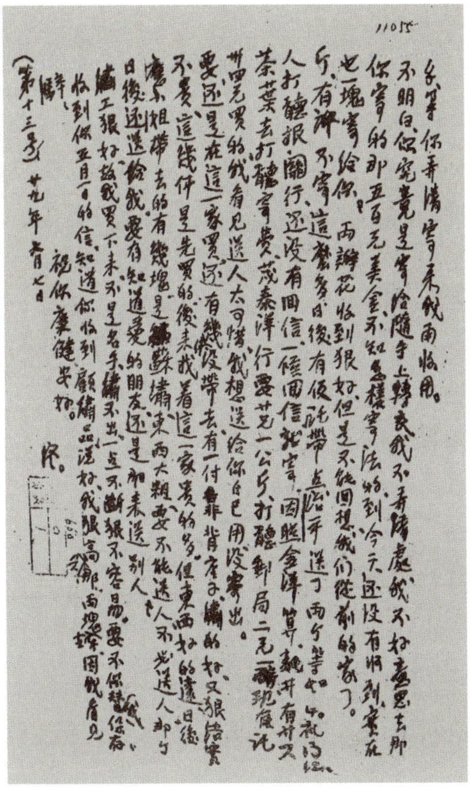
11055

泉，等你弄清寄來我再收用。
不明白，你究竟是寄給隨手上轉交？我不弄清處，我不好意思去那
你寄的那五百元美金，不知怎樣寄法的，到今天還沒有收到，實在
也一塊寄給你。兩瓣花收到，狠好，但是不能回想我們從前的家了。
斤，有[illegible]不寄。這些多日後有便託帶去。送了兩斤，等如[illegible]。禮門紅
人打聽銀行，還沒有回信。一俟回信就寄。因照金洋算，[illegible]
茶葉去打聽，寄費，茂泰洋行要花一公斤，打聽郵局二元[illegible]，現在託
卅四元買的。我看見送人太可惜，我想送給你自己用，沒寄出。
要還是在這一家買，還有幾條沒帶去，有一付靠背套子，繡的好，又狠結實
不貴，這幾件是先買的，後來我看這一家貴的多，但東西好的多，[illegible]日後
[illegible]姐帶去的有幾塊是蘇繡東西，大概要不能送人，不光送人，那個
日後還送給我，要有知道愛的朋友還是都來送別人
繡工狠好，我買不來，不是名手繡不出，一點不斷，狠不容易。要不你替我保存。
收到你五月一日的信，知道你收到顧繡品送好，我狠高興，那兩塊掛圖我看見
歡喜。
祝你康健安好。
冬。
（第十三號） 廿九年六月七日

送了两斤等如□。礼【祁】门红也一块寄给你。两瓣花收到，狠（很）好，但是不能回想我们从前的家了。

你寄的那五百元美金，不知怎样寄法的，到今天还没有收到，实在不明白，你究竟是寄给[我的，还是]随手〖上〗转交？〖我〗不弄清处【楚】，我不好意思去那【拿】泉（钱），等你弄清寄来我再收用。

祝你康健安好。

冬　廿九年六月七日

第[226]封 寄茶

致胡适（十）
（第十四号）

骍:

茶叶决[定]寄邮局，还不知〖可〗是打成一包还是做几包。前天孙先生托人代寄去了，还没有回信呢，我把号数同瓶数告诉你。

顶上龙井卅四瓶，盖上有特等二字。几号【极好】龙井盖上有西湖龙井四字，卅六瓶。次龙井盖上有3字样，廿瓶。顶好祁门红茶乙（一）盒，重两镑【磅】，是治平送的。我还托士范到金华那边替我买几斤红茶寄把你，因上海买不着祁门红，治平这点是托人打到汪裕泰，看样子，只准两镑【磅】的限止【制】。你寄的五百美金到今天还没收到呢，实在急死人，美金洛【落】成十五元，那时到是廿多元，吃亏多少罢。

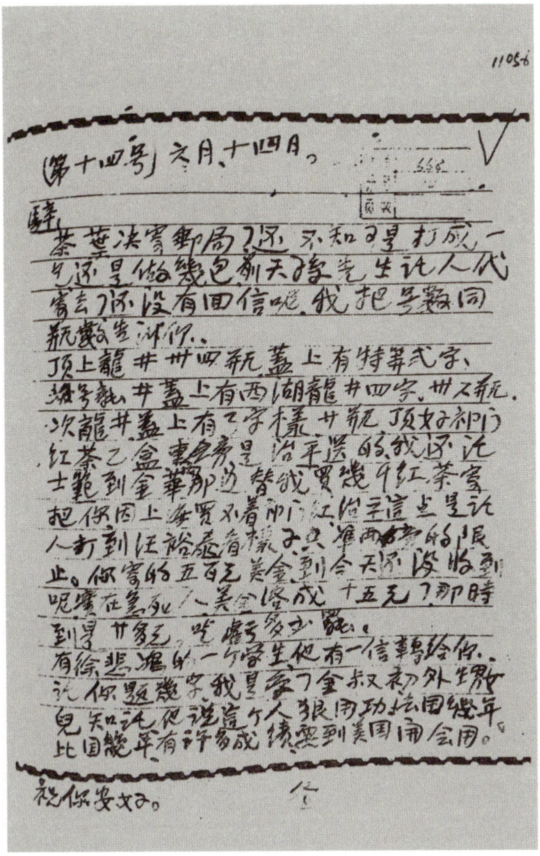
11056

(第十四号) 六月、十四日。

[illegible]

茶葉寄郵局了还不知道是打成一个还是做幾包，前天張先生託人代寄去了还没有回信呢。我把号數同瓶數告訴你。

顶上龍井卅四瓶，蓋上有特等式字、特等龍井蓋上有西湖龍井四字。卅六瓶。次龍井蓋上有丁字樣廿瓶 顶好祁门红茶乙盒 [illegible]是治平送的。我还託[illegible]到金華那边替我買幾斤红茶寄把你，因上海買不着祁门红。治平這些是託人新到汪裕泰看樣子只準兩[illegible]的很止。你寄的五百元美金到今天还没收到呢。實在多虧了，美金降成十五元了，那時到是廿多元，吃虧多少錢。

有徐悲鴻的一个学生他有一信轉給你。託你題幾字，我是受了金叔初外甥女兒知託。他説這个人狠用功，法国幾年比国幾年有許多成绩，要到美国開会用。

祝你安好。 冬

有徐悲鸿的一个学生，他有一信转给你，托你题几字，我是受了金叔初外甥女儿知【之】托，他说这个人狠（很）用功，法国几年，比[利时]国几年，有许多成绩，要到美国开会用。

祝你安好。

冬　（廿九年）六月、十四日

第[227]封 不易

致胡适（十一）
（第十五号）

骍：

治平夏历六月初八五十岁，你也来封信贺贺他。

上礼拜寄出红茶共木箱二只，上面写的胡祖望名字。第一箱，顶上龙井十七罐，好十八罐，次十罐。茶叶净重十二斤。第二箱里有，顶上龙井十七罐，好十八罐，次十罐，红茶乙（一）方盒。茶叶净十四斤，走邮局寄的。寄费乙（一）百廿五元七角六分。要是去年那一家寄，要三百四五十元。他是照金洋算，去年是十六元五角美金，合九十九元法币。我还吃亏呢，算还我中洋，不是吃亏吗？今年的寄费太大，泉（钱）不经用，样样贵的

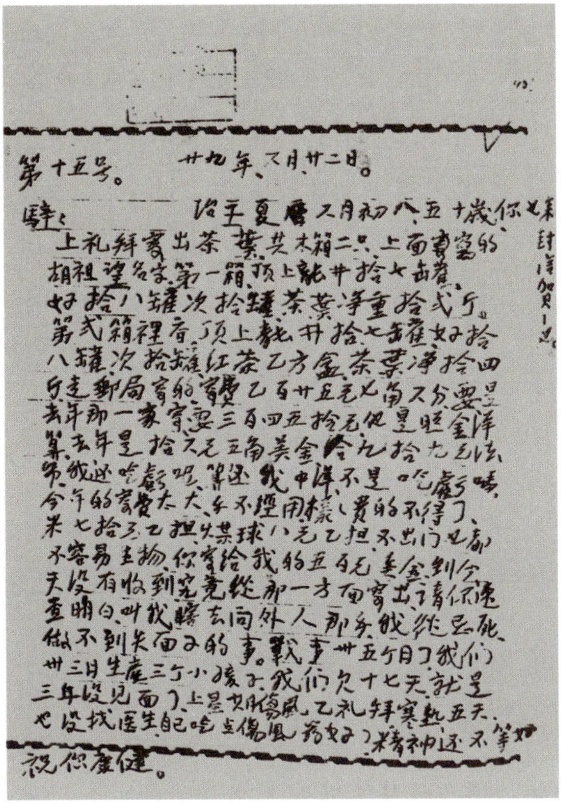

第十五号。　廿九年、六月廿二日。

骍骍——恰至夏历六月初八五十岁你也来

上礼拜寄出茶叶共木箱二只，上面写的
胡祖望名字，第一箱顶上龙井拾七罐
好拾八罐次拾罐茶叶净重拾弍斤。
第弍箱里面顶上龙井拾七罐好拾
八罐次拾罐红茶乙方盒茶叶净拾四
斤。连邮局寄的寄费乙百廿五元七角六分，要是
去年那一家寄要三百四五拾元但是照金洋
算，去年是拾六元五角美金今年九拾九元法
币，我还吃亏吗？算还我中洋不是吃亏吗？
今年的寄费太大了，不经用，样样贵的不得了。
米七拾元乙担，煤球八元乙担，不出门也都
不容易生物。你寄给我的五百元美金到今
天没有收到，究竟从那一方面寄出，请你速
查明白，叫我瞎去向外人那钱，我从忌死，
做不到失面子的事。战事卅五个月了，我们
卅三月生产三个小孩子，我们欠十七天就是
三年没见面了。上星期伤风乙礼拜寒热五天，
也没找医生自己吃点伤风药好了。精神还不等好

封洋贺一只。

祝你康健。

【得】不得了。米七十元乙（一）担，煤球八元乙（一）担，不出门也都不容易生物【生活】。你寄给我的五百元美金，到今天没有收到，究竟从那【哪】一方面寄出，请你速查明白，叫我瞎去向外人那【拿】泉（钱），我从忌【情愿】死，做不到失面子的事。战事卅五个月了，我们卅二月生产三个小孩子，我们欠十七大就是三年没见面了。上星期伤风乙（一）礼拜，寒热五天，也没找医生，自己吃点伤风药好了。精神还不等【顶】好。

祝你康健。

冬　廿九年、六月廿二日

第[228]封 评说

致胡适（十二）
（第十六号）

骍:

第七八九三封信都收到了，因天气太热，每天屋里九十度，实在坐不下来写信，那五百元前天收着收条，请竹先生那【拿】去取来了。这个上面就吃亏大了，那个时候，廿元零价泉（钱），现在只有十〖十〗五元五角半。因竹先生替我做保人，在他行里借了三千元用了，他替我卖了二百五十元还借【债】外，多不了乙（一）千元了。因我把家中苦人的泉（钱）早寄去了，又买了痧药同痧药水几十元。又思猷儿子病了好两月，寄了五十元去，思猷又要生产了，又给他五十元。因你秠嫂不要人家，闹的【得】不成样子，不把人家饭吃，我写信去不准把谷封

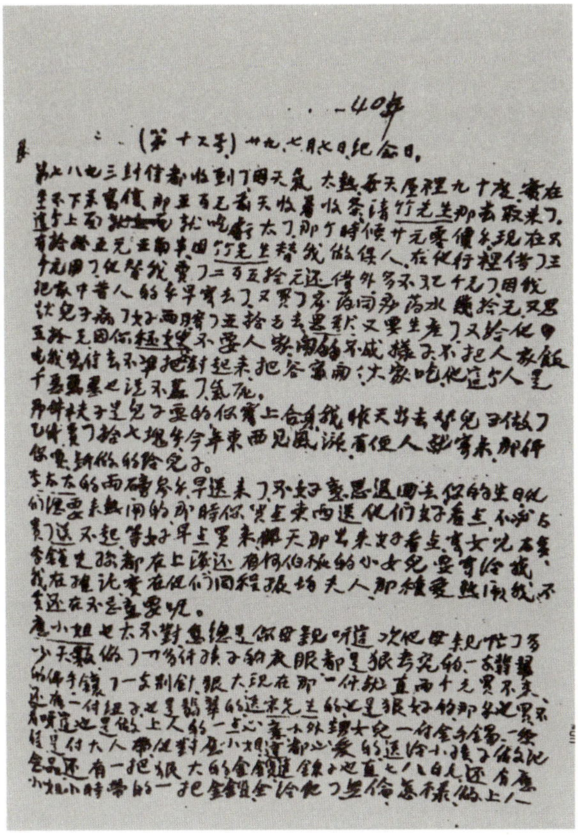

起来，把谷窖开开大家吃。他这个人是千恶万恶也说不尽了，气死。

那件袂子【裤子】是儿子要的，你穿上合身，我昨天出去替儿子做了乙（一）件，贵了十七块泉（钱）。今年东西见风涨，有便人就寄来，那件你要，新做的给儿子。

李太太的两磅参泉（钱）早送来了，不好意思退回去。你的生日他们总要来热闹的，那时你买点东西送他们，好看点，不必太贵了，送不起，等【顶】好早点买来，他天那【拿】出来好看点。寄女儿太多，李、钱、史、孙都在上海，还有何伯□的小女儿要寄给我，我在推托，实在他们同程振均夫人那种爱热闹我不贯【惯】，还〖在〗不忌【愿】

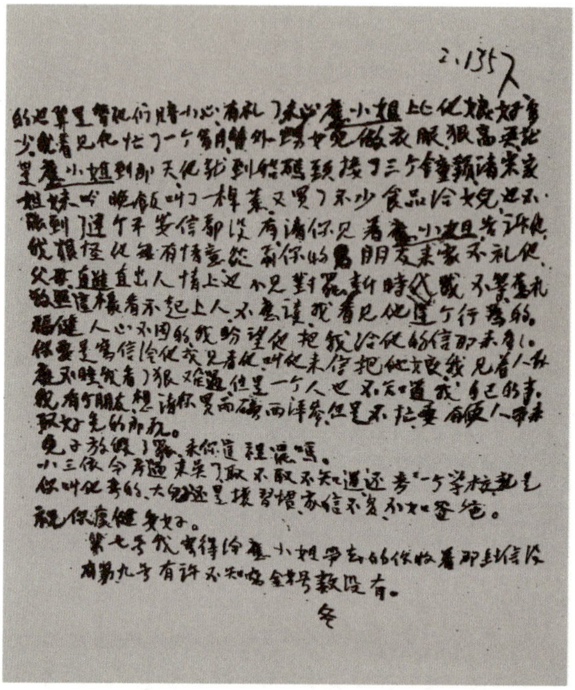
2.1357

的也算是替他们赔小心有礼了。未必应小姐比他娘好多
少。我看见他忙了一个多月，替外甥女儿做衣服，狠高兴。就
是应小姐到那天，他就到铁路头接了三个钟头，请宋家
姐妹吃晚饭，叫了一桌菜，又买了不少食品给女儿，也不
瞅到这个平安信都没有，请你见着应小姐告诉他，
我狠怪他，无有情意。您和你的朋友来家不礼他
父母，简直出人情上这不是对，新时代也不要旧礼
教，照这样看不起上人，不应该。我看见他这个行为的
确是人心不同的。我盼望他把我给他的信那来看。
你要是写信给他，或见着他，叫他来信把他娘我见着人好
意不睦，我看了狠难过。但是一个人也不知道我自己的事。
我有个朋友想请你买两磅西洋参，但是不拉要，有便人带来
取好点的那种。
儿子放假了罢，来你这里混混。
小三依今年过来了，取不取不知道，还考一个学校，就是
你叫他考的。大约还是坏习惯，家信不多，不知寄他。
祝你康健，身好。
第七号我寄往给应小姐带去的，你收着那封信没
有，第九号有许不知收到，金钱数没有。
冬

意要呢。

应小姐也太不对，“总是你母亲呀”。这次他母亲忙了多少天数做了廿多件孩子的衣服，都是狠（很）考究的。一支翡翠的佛手镶了一支别针，狠（很）大。现在那一件就直【值】两千元买不来，还有一付纽子也是翡翠的，送宋先生的也是狠（很）好的，那【拿】泉（钱）也买不着呀。这也是做上人的一点心意。小外甥女儿一付金手镯，一条链，是付大人带[的]，他对【给】应小姐这都是心爱的，送给小孩子做纪念品，还有一把狠（很）大的金锁，连链子也直【值】七八百元，还有应小姐小时候带【戴】的一把金锁，全给他了。无论怎样，做上人的也算是替他们赔小心有礼了，未必应小姐比他娘好多少，我看见他忙了一个多月，替外甥女儿做衣服，狠（很）高兴。〖就是〗应小姐到那天，他

就到船码头接了三个钟头，请米家姐妹吃晚饭，叫了一桌菜又买了不少食品给女儿，也不能到了连个平安信都没有。请你见着应小姐告诉他【她】，我狠（很）怪他【她】无有情意："从前你的男朋友来家不礼【理】他【她】父母，直进直出，人情上也不见对罢。新时代我不等【懂】，旧礼教照这样看不起父母，不应该。"我看见他【她】这个行为的，福健【建】人心不同的，我盼望他【她】把我给他【她】的信那【拿】来看看。你要是写信给他【她】，或见着他【她】，叫他【她】来信把他【她】娘，我见着人家庭不睦〖我看了〗狠（很）难过，但是一个人也不知道我自己的事。我有个朋友，想请你买两磅西洋参，但是不忙要，有便人带来，取好免的那种[①]。

儿子放假了罢，来你这里罢【了】吗？

小三依今【已经】考过东吴了，取不取不知道，还考一个学校，就是你叫他考的。大儿子还是坏习惯，家信不多，不如爸爸。

祝你康健安好。

第七号，我寄【记】得给应小姐带去的，你收着那封信没有，第九号〖有许〗不知写全号数没有。

冬　廿九、七月、七日、纪念日

①原文如此。

第[229]封 睡衣

致胡适（十三）
（第十七号）

骍:

第十号信今早收到了，内有袜子两双，我看了都狠（很）好，谢谢你。我并非自己穿，是[拿]来送寄女儿他们，价泉（钱）太贵不必再买了。要乙（一）元左右呢，买四五双来，要贵就不要了。

我上次信告诉你有朋友托买一磅参，我自己买一磅，但是你要想法子托人带来，不要寄邮局，税太重了。睡衣做好了，等有便人去带把儿子，那件你留着穿。今年上海夏天苦热，每天日晚一样的热，九十多度。我是上个月伤风一个多礼拜，发寒热。好了知【之】后，发出一身的风块，好了，现在又发了一身痱子，

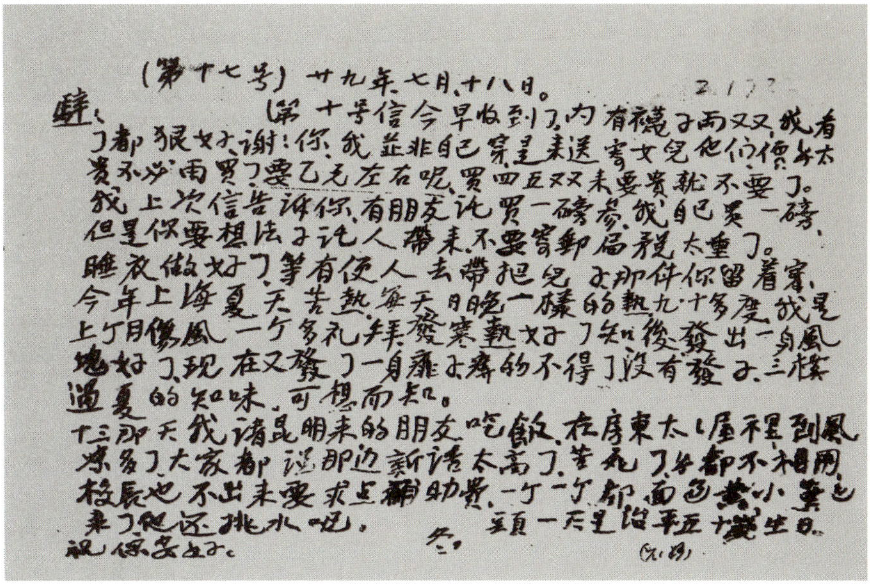
(第十七号) 廿九年、七月、十八日。

骍、 第十号信今早收到了，内有襪子两双，我看
了都狠好，谢谢你，我並非自己穿是来送寄女儿他们價钱太
贵不少两买了要乙元左右呢，买四五双来要贵就不要了。
我上次信告诉你，有朋友托买一磅参，我自己買一磅，
但是你要想法子托人帶来，不要寄郵局税太重了。
睡衣做好了，等有便人去帶把兒子那件你留着穿。
今年上海夏天苦熱每天日晚一樣的熱九十多度，我是
上个月傷風一个多礼拜，發寒熱好了知後發出一身風
塊好了，现在又發了一身痱子癢的不得了没有發子，三樓
過夏的知味，可想而知。
十三那天我請昆明来的朋友吃飯，在房東太太屋裡到風
凉多了，大家都説那边新话太高了，苦死了，泉都不相用，
校長也不出来要求点补助费，一个一个都面色黄小黄，也
来了，他还挑水呢。 頭一天是治平五十歲生日。
祝你安好。 冬

痒的【得】不得了，没有发【法】子，三楼过夏的知【滋】味，可想而知。

十三那天我请昆明来的朋友吃饭，在房东太太屋里到【倒】风凉多了，大家都说那边新话【生活费用】太高了，苦死了，泉（钱）都不相【敷】用，校长也不出来要求点补助费，一个一个都面色黄小【黄瘦】。叶远来了，他还挑水呢。头一天是治平五十岁生日。

祝你安好。

冬　廿九年七月、十八日（不抄）[1]

①括号内的字是江冬秀信上的胡适原注。

第[230]封 查信

致胡适（十四）
（第十八号）

骍嫂:

六月廿一日的信收到了，谢谢你送我的袜子，狠（很）好。够了，请不要寄来了。太贵的东西，狠（很）不安，谢谢。茶叶可收着了？要收到了，请来一信。还有程先生送的红茶六磅，也请收到来信题【提】一句。望儿来信说，长长【常常】的你照应他，我狠（很）放心。就是太过易【意】不去了，小孩子不知事务，请多多管教，千万不要同他客气。我们是负苦读书，实在不易，有日成名，叫小儿先要报答大恩人。请你见着他，叫他只读书，不准他加入到开会呀什么里头，他到【倒】是平日狠（很）听话，在中国从来不惨【参】加，到【倒】是狠（很）用功。这次接到你来信告诉我，

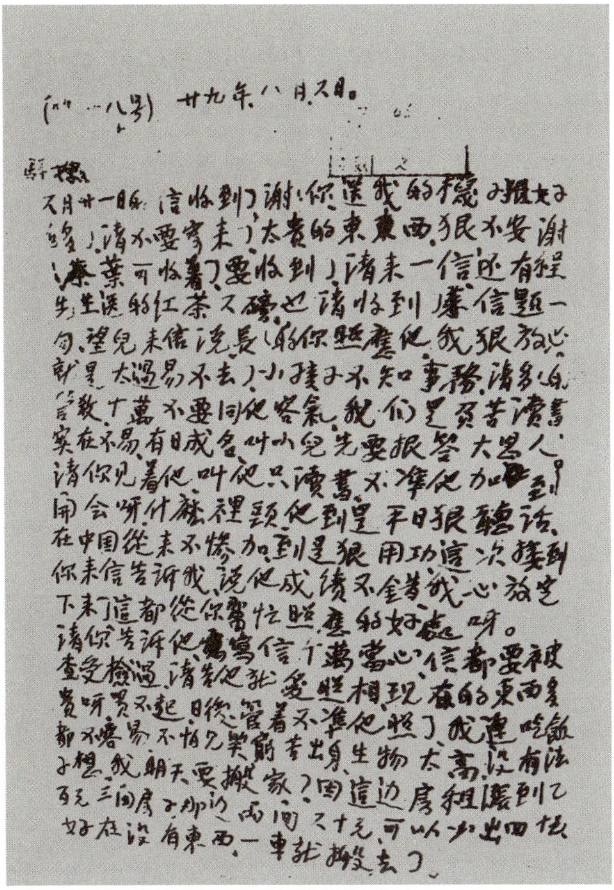
(附一八号) 廿九年八月七日。

轩[illegible]

七月廿一日的信收到了，谢谢你送我的襪子[illegible]
[illegible]了，请不要寄来了，太貴的東東西，狠不要谢
谢，茶葉可收着了，要收到了，请来一信。还有程
先生送的红茶一磅，也请收到了来信題一
句。望兒来信说長得你照應他，我狠放心
就是太過易不去了。小孩子不知事務，请多[illegible]
管教，千萬不要同他客氣。我们是穷苦讀書
实在不易，有日成名，叫小兒先要报答大恩人。
请你见着他，叫他只讀書，不准他加入到
開会呀什麽裡頭。他到是平日狠聽話，
在中国從来不參加，到是狠用功。這次接到
你来信告诉我，说他成績不錯，我心放定
下来了，這都從你幫忙照應的好處呀。
请你告诉他，寫信千萬當心，信都要被
查受檢過，请告他。他就愛照相，現在的東西多
貴呀，買不起，日後管着不准他照了。我連吃飯
都不容易，不怕见笑，窮苦出身，生物太高，没有法
子想。我明天要搬家了，因這边房租漲到乙
百元三间房子，那边兩间六十元，可以少出四拾
好在没有東西，一車就搬去了。

说他成绩不错，我心放定下来了。这都从【承】你帮忙照应的好处呀。

请你告诉他，写信千万当心，信都要被查受检过，请告[诉他]。他就爱照相，现在的东西多贵呀，买不起，日后管不着，[现在]不准他照了。我连吃饭都不容易，不怕见笑，穷苦出身，生物【生活费用】太高，没有法子想。我明天要搬家，因这边房租涨到乙（一）百元三间房子，那边两间六十元，可以少出四十元，好在没有东西，一车就搬去了。

我想，亭波要好走了回到家乡去住，可以节省不少，因不出房租，粮食可不要的买了，就是可怕的土匪不安。

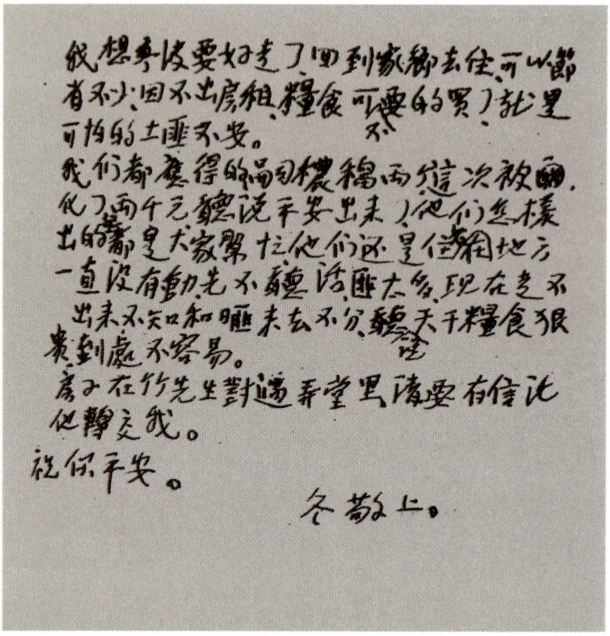

我想等後要好些了回到家鄉去住可以節省不少，因不出房租、糧食可要的買了，就是可怕的土匪不安。

我们都應得的嗣稌稻兩个這次被關，化了兩千元聽說平安出來了，他們怎樣出的起？都是大家幫忙。他們还是住老地方一直沒有動，先不聽話，匪太多，現在走不出來。不知和日匪來去不分，聽天干糧食狠貴。到處不容易。

房子在竹先生對過弄堂里，請要有信托他轉交我。

祝你平安。

冬敬上。

我们都应得【认得】的嗣稌稻两个，这次被关，化【花】了两千元，听说平安出来了。他们怎样出的【得】起？都是大家帮忙。他们还是住在老地方，一直没有动，先不听话，匪太多，现在走不出来。不知和日【何日】匪来去不分，听说天干粮食狠（很）贵。到处不容易。

房子在竹先生对过弄堂里，请要有信，托他转交我。

祝你平安。

冬敬上　廿九年、八月、六日

第[231]封 犒赏

致胡适（十五）
（第十九号）

骍:

许久没有收着你的信了，念念。我十八号信上写的有许［多］，望[儿]不知看的明白否。因近来信件检查狠（很）紧，没收和查人家，故我有信祝附【嘱咐】他，千万当心说话，小孩子不知事。我告诉你们，有信件由竹先生转，免的【得】由他们不忌【愿】意，我房子没有搬前就告诉他了。

袜子收着两次，共四双，十号信和十一号信都有两双袜子，有一个半月前的信里有。我是五月底寄给你的茶叶，你收着没有？因由邮局寄的，光是寄费乙（一）百廿五元七角八分了，盼望你收着了。程先生由金华寄送你六磅红茶，寄费就是十九元，也盼望没有遗失了。

今托【有】唐伯文（三太太）先生的小姐去美，托他【她】带给望儿子的睡衣一件、领带两条、绣花品四小块，这是我送他这次功科【课】考的【得】好赏礼，化【花】了我卅五元，连睡[衣]乙（一）百多元。我长【常】有信给他，叫他有空写一封信把治平夫妇，谢谢他们。因他们去年送他有乙（一）百元的东西，连鸡、菜、鱼、鸡子送了多多少少的来给他吃，又帮他多少忙，太不等【懂】事了。还有丁太太、徐太太，也告诉他“这两位伯母，你千万写信来问候问候”，连一个字都没写过，还是老孩子好，记着大家一点。

有一位吴太太托我寄了一包衣服，房兆盈先生，他有一封信在里面，请转交他，也[是]托唐小姐带的。还有王子文先生的小姐少爷，还有林双成先生的小姐都是这一支【只】船走。

钱寄女儿，家遭不幸的事，可怜。

思猷的女人来信说，思猷吐血三次，他们去年生的儿子死了。今年六月又生了一个儿子，狠（很）胖大。不过父亲有肺病，儿女都不容易长的【得】好，他到【倒】不是给我的信，给惠平的信。他们把信给我看，我只好写信去叫他休养一年，不要叫【教】书，因他女人来信说，叫思猷休息一学期，他叫【教】书，叫他带孩子。我劝他两人都不要叫【教】书，一起回老家住一年，由我每月寄五十元做他们家用。猷要睡【静】养一年，药品由我买去。

骍，我生来的皮【脾】气，爱管多【闲】事，要说起来呢，〖我〗去年他生儿子我也寄了卅块泉（钱），也有衣料，大人小孩全有；今年再次生产同孩子死，也每次五十元，到家可以那【拿】乙（一）百廿元。观固【关顾】回去大人衣料四件，连一个字都没有，不过我想想万一肺病好不了了，我还有要那【拿】不管吗？不如现在有饮饮，好样【让】他养好，讨饭也有领头人呀。你看可是呀，我托石头的大哥照管，每月请做两次送去，请他代管，不准赌泉（钱），我的心爱在当

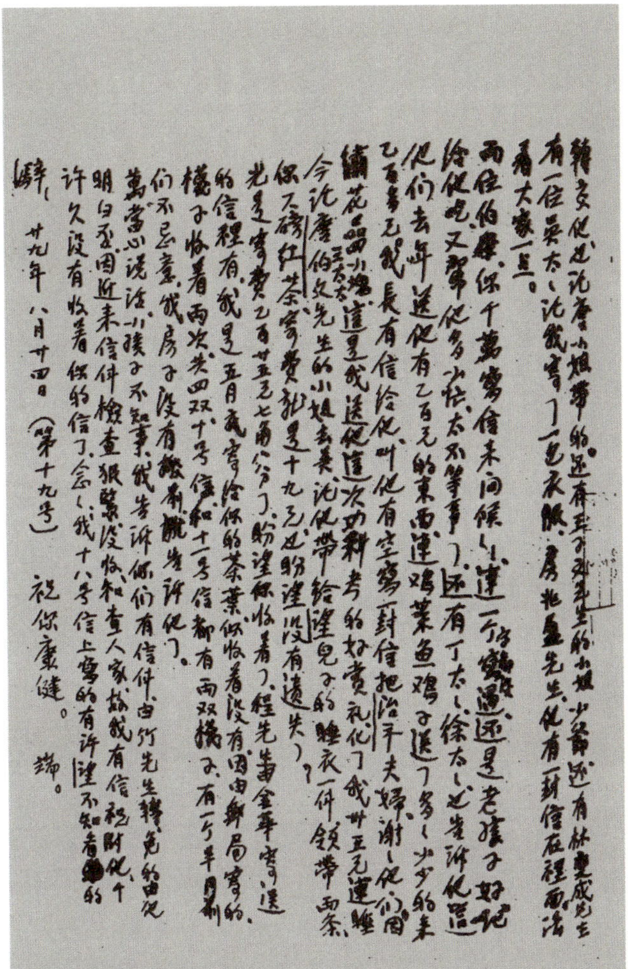
转交他,也托詹小姐带的。还有莘子和先生的小姐少爷,还有林世成先生
有一位吴太太托我寄了一包衣服,房兆盈先生,他有一封信在里面,请
看大家一点。
两位伯伯,你千万写信来问候问候,这一个[illegible]还是老孩子好[illegible]
给他吃,又帮他多少忙,太不够事了,还有丁太太、徐太太也告诉他这
他们去年送他有一百元的东西,连鸡、叶鱼、鸡子送了多多少少的东
一百多元。我长有信给他,叫他有空写一封信把治平夫妇谢谢他们。回
绣花品四小块[illegible]这是我送他这次功课考的好赏礼他了。我卅五元连睡
今托詹伯文先生的小姐去美托他带给达儿子的睡衣一件、领带两条、
你[illegible]红茶寄费就是十九元也盼望没有遗失了?
光是寄费一百廿五元七角八分了。盼望你收着了。经先生寄金华寄送
的信里有,我是五月里寄给你的茶叶,你收着没有?因由邮局寄的。
袜子收着两次,共四双,十号信和十一号信都有两双袜子。有一个半月[illegible]
们不是意。我房子没有[illegible]告诉他了。
万当心说话。小孩子不知事。我告诉你们有信件由竹先生转,免的由他
明白,并因近来信件检查很紧,没收和查人家。故我有信託附他个
许久没有收着你的信了。念念。我十八号信上写的有许达不知看[illegible]的
[illegible]
廿九年 八月廿四日 (第十九号) 祝你康健。
端。

中,不过结果总是不讨好。我狠(很)想的【得】开,要是我自己的儿子又怎样?我总是看上人的面,二哥就是这一个儿子,算算四个儿子都是那【拿】我当看门狗,我就做个狗,替大家看门罢。我每天都是同小二一样的饭食,小三在家买点肉,牛肉。我想结【节】省点帮帮苦人,他们不□,是我自讨苦吃,你看可是吗?不过我还问你讨点泉(钱)用,今年冬天没有置草,你还是由施先生那边方便好。

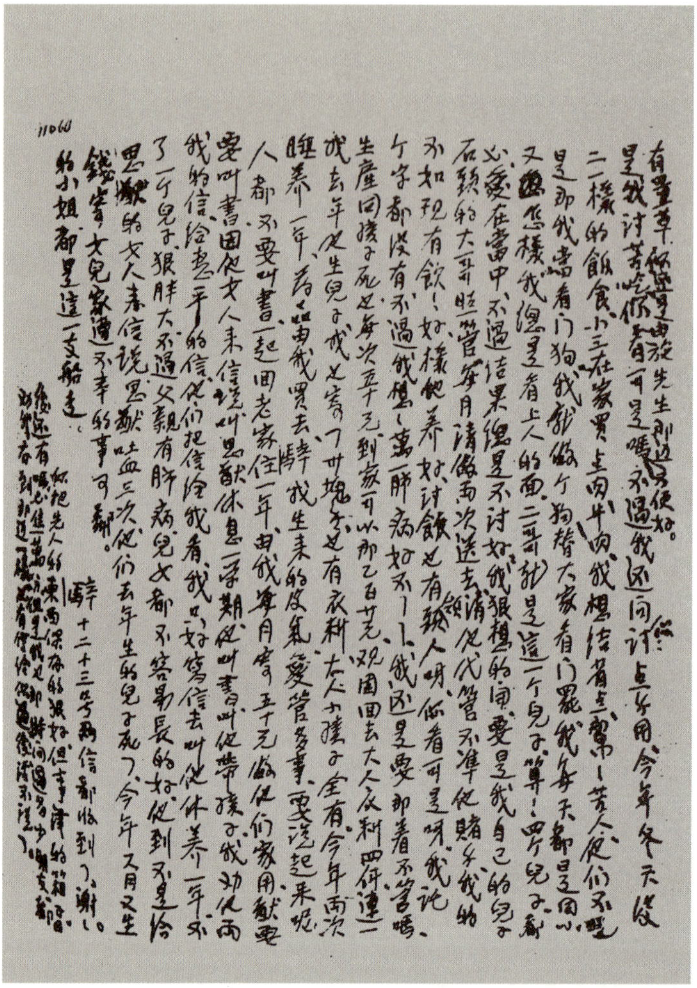
11060

有草草，你还是由旋先生那边去便好。是我讨苦吃，你看可是吗？不过我还问讨你：上下用，今年冬天没二样的饭食，小三在家买点肉什肉，我想给看点零用，害人使们不晓。是那我当看门狗，我就做个狗替大家看门罢。我每天都是因小又因怎样，我总是看上人的面。二哥就是这一个儿子，算！四个儿子都必要在当中，不过结果总是不讨好。我很想的自，要是我自己的儿子石头的大哥照管，每月请假两次送去，请他代管，不准他赌，我的不知现有钱！好，样他养好，讨饭也有福人明，你看可是呀。我说个字都没有，不过我想，万一肺病好不了了，我还是要那看不管吗。生产同孩子死也每次五十元，到家可以那乙百廿元，况国回去大人衣料四件连一我去年又生儿子，我也害了廿块，我也有衣料，大人小孩子全有，今年两次睡养一年，为了由我买去。驿我生来的皮气爱管多事，要说起来恐人都不要叫书，一起回老家住一年，由我每月寄五十元做他们家用，献要要叫书回他丈人来信说叫思猷休息一学期，他叫书叫他带孩子，我劝他两我的信给惠平的信，他们把信给我看，我只好写信去叫他休养一年，不了一个儿子，狠胖大，不过父亲有肺病，儿女都不容易长的好，他到不是给思猷的丈人来信说思猷吐血三次，他们去年生的儿子死了，今年又月又生钱害，大儿家遭不幸的事可都。的小姐都是这一支船走。

驿：十二十三号两信都收到了，谢谢。你把先人的东西保存的狠好，但事津的箱子，日后还有吗？心焦万分，但是我也那时问过多少朋友，都劝我存到那边……也有信给你，过后话不说了。

骍，十二、十三号两信都收到了，谢谢。你把先人的东西保存的【得】狠（很）好，但事【是】津的箱子日后还有吗？心焦万分，但是我也那时【那时也】问过多少朋友，都劝我存到那边一样，也有信给你，过后话不说了。

祝你康健。

端　廿九年八月廿四日

第[232]封 寿礼

致胡适（十六）
（第二十号）

骍:

上月底有十九号信是托唐小姐带把你的，外有一支【只】箱子，请你收到了来信题【提】一句，内装的东西，都是祖望的，请望儿的爸爸不要吃醋。

昨日唐小姐来电话告诉我，施大先生星期二[要]动身了，请我同徐太太在外滩华一饭店吃茶，就是明天，故我也送他一点礼物。他又问起我要带什么东西给你，他替我带去，故我也托他带了四样五十大庆的生日礼，本当退[推]后一点寄，因恐怕没有便人带，就请他早日带把你。两块绣品，一块是老寿星，是吉祥添寿；一块是耶稣，都绣的【得】粗，不好，放到留着做纪念品，不

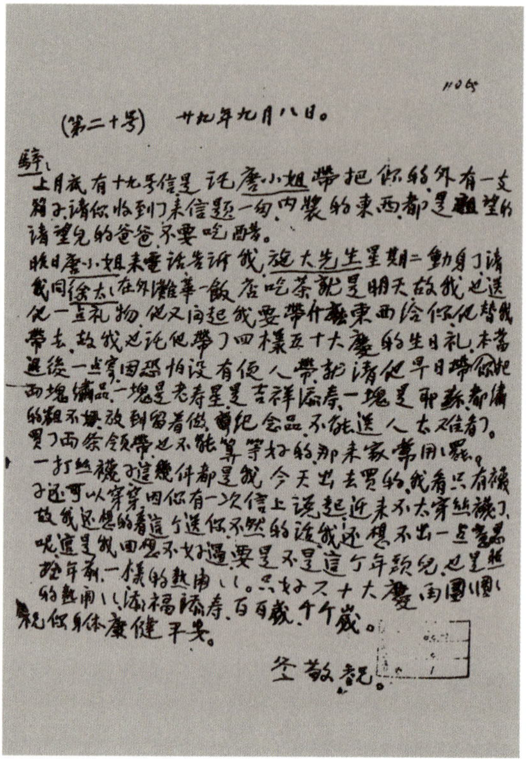

1105

（第二十号） 廿九年九月八日。

骍：

上月底有十九号信是托唐小姐带把你的，外有一只箱子，请你收到了来信题一句。内装的东西都是骍望的，请望儿的爸爸不要吃醋。

昨日唐小姐来电话告诉我，施大先生星期二动身了，请我同徐太太在外滩华一饭店吃茶，就是明天。故我也送他一点礼物，他又问起我要带什么东西给你，他替我带去，故我也托他带了四樣五十大慶的生日礼，本当迟几天寄，因恐怕没有便人带，故请他早日带你。两块绣品，一块是老寿星，是吉祥添寿，一块是耶稣，都绣的粗不好，故到留着做个纪念品，不能送人，太难看了。买了两条领带，也不能算等好的，那来家常用罢。一打丝袜子，這幾件都是我今天出去买的。我看只有袜子还可以穿穿，因你有一次信上说起近来不太穿丝袜了，故我还想的着這个送你，不然的话，我还想不出一点意思呢。這是我回想不好过，要是不是這个年头儿，也是照十年前一样的热闹热闹。只好六十大慶再团团圆圆的热闹热闹。添福添寿，百百岁，千千岁。

祝你身体康健平安。

冬敬祝。

能送人，太难看了。买了两条领带，也不能算等【顶】好的，那【拿】来家常用罢；一打丝袜子，这几件都是我今天出去买的。我看只有袜子还可以穿穿，因你有一次信上说起近来不太穿丝袜了，故我还想的着这个送你，不然的话，我还想不出一点意思呢。这是我回想不好过，要是不是这个年头儿，也是照十年前一样的热闹热闹。只好六十大庆再团团圆圆的【地】热闹热闹。添福添寿，百百岁，千千岁。

祝你身体康健平安。

冬　敬祝　廿九年九月八日

第[233]封 感激

致胡适（十七）
（第二十一号）

骍:

前几天施先生夫妇请我吃茶，他们狠（很）客气，我狠（很）不过意。第二天一早又替我们照电影，因我不等【懂】说话，同徐太太他们都是狠（很）苦的。他告诉我，我们的东西，他都代收好了，叫我放心。但是我的眼泪都要流出来了，什么话都不能说了。后来唐小姐说，你们一个家当，全在上面罢，但是我只有点头而以【已】。我想人家都有一块商量商量，我成了一支【只】孤雁了。还有一班得意的朋友做外汇，一面的光客。你日后见着赵家夫妇，可不要随便谈天，他把你说的话写信来告诉孙先生，故孙告诉我的话同你的信二样。还有张先生，你写信也要注点意，他的太太也是无话不告诉人。我是说老实话。

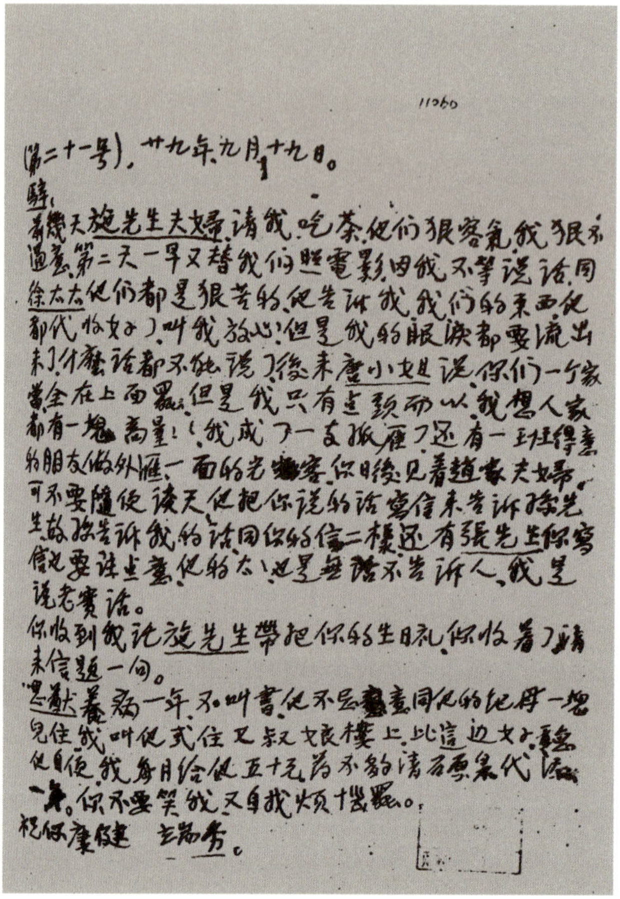
11260

（第二十一号）。廿九年九月十九日。

骍，

前几天施先生夫妇请我吃茶，他们狠客气，我狠不过意。第二天一早又替我们照电影，因我不会说话，同徐太太他们都是狠苦的。他告诉我，我们的东西他都代收好了，叫我放心！但是我的眼泪都要流出来了，什么话都不能说了。後来唐小姐说，你们一个家当全在上面罢。但是我只有这头面，所以我想人家都有一块高兴吧！我成了一支孤雁了。还有一[illegible]得意的朋友做外汇一面的[illegible]客。你日後见着赵家夫妇，可不要随便谈天，他把你说的话写信来告诉孙先生，故孙告诉我的话同你的信二样。还有张先生你写信也要注意，他的太太也是无话不告诉人。我是说老实话。

你收到我托施先生带把你的生日礼，你收着了请来信题一句。

思猷养病一年不叫书，他不愿意同他的纪母一块儿住，我叫他或住七叔娘楼上，比这边好，听他自便。我每月给他五十元，药不够请石原皋代添一年。你不要笑我又自找烦恼罢。

祝你康健　端秀。

你收到我托施先生带把你的生日礼，你收着了请来信题【提】一句。

思猷养病一年不叫【教】书，他不愿意同他的纪【继】母一块儿住。我叫他或住七叔娘楼上，比这边好，听他自便。我每月给他五十元，药不够请石原皋代添一年。你不要笑我，又自找麻烦罢。

祝你康健。

端秀　廿九年、九月十九日

第[234]封 桐油

致胡适（十八）
（第二十二号）

骍:

收到十五号的信，是八月十七日的，那封七月七日的信，到九月廿七日才收着，谢谢你买来这许多东西。但是沈小姐还没有到呢，太慨【大概】是在香港有几天住，候收着了再写信告诉你。东西这样贵，不该买太多，请你便中告诉东西的价泉（钱），样【让】我知道礼的轻重。

你问我把桐油浇树[的事]。把树根边的土划开来，看树大小，要大树半磅到一磅，小树二三两、四五两不等，都照样把土盖好。天大【太】干就浇一点水，不干可不必浇，其实树少浇水好，这信到[的时候]浇[就]狠（很）好。十月一八杨【阳】春边，同春天两次取好，平时也行，花根下随时都行。

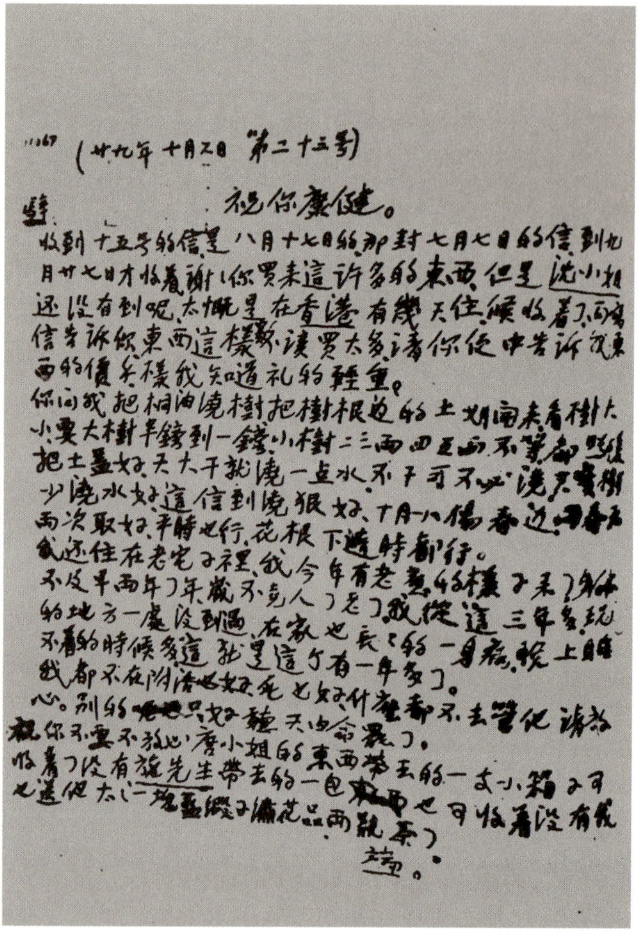
11167（廿九年十月六日 第二十五号）
骍：
收到十五号的信是八月十七日的，那封七月七日的信到九月廿七日才收着。谢谢你买来这许多的東西，但是唐小姐还没有到呢，太概是在香港有几天住，候收着了再写信告诉你。東西这样[illegible]该买太多，请你从中告诉我東西的價錢，这樣我知道礼的轻重。
你问我把桐油浇樹，把樹根边的土划開来，看樹大小，要大樹半錢到一錢，小樹二三兩四五兩不等，都[illegible]把土盖好，天大干就浇一点水，不干可不必浇，只[illegible]少浇水好。这信到浇很好，十月一八[illegible]香边[illegible]两次最好，平時也行，花根下邊時都行。
我还住在老宅子裡，我今年有老意的樣子来了，身体不及早两年了，年岁不尧人了，老了。我从这三年多，玩的地方一處没到過，在家也長長的一身病，晚上睡不着的時候多，这就是这个有一年多了。
我都不在附，活也好，死也好，什么都不去管他，请放心。别的呢，也只好听天由命罢了。
祝你不要不放心，唐小姐的東西带去的一支小箱子可收着了没有？施先生带去的一包東西也可收着没有？我也送他太太一块蓝緞子繡花品，两號茶了。
祝你康健。
端。

我还住在老宅子里。我今年有老意的样子来了，身体不及早两年了，年岁不尧【饶】人，老了。我从【在】这三年多，玩的地方一次没到过，在家也长长【常常】的一身病，晚上睡不着的时候多，〖这〗就是这个有一年多了。

我都不在附【乎】，活也好，死也好，什么都不去管他，请放心。别的呢，也只好听天由命罢了。

祝你不要不放心，唐小姐〖的东西〗带去的一支【只】小箱子可收着了没有？施先生带去的一包东西也可收着没有？我也送他太太一块蓝缎子绣花品，两号茶了。

祝你康健。

端　廿九年十月六日

第[235]封 捎带

致胡适（十九）

骍:

九月拾一日的信收到了，连两次信都被检查过了，依【以】后写信请注意。唐人写本降魔类文，同吴越刻经残卷，两件没有寄出。明日去从放箱子的地方〖去〗取来，〖托〗花旗有一个外国人要回国，托他带给你，还有衣服想托他带，但是不知可肯否。慰慈〖他〗告诉我不去美了，刘胖子[处]去了两次信，没有回信。儿子还欠他五十港洋，我写信问他寄还到什么地方，因那一向港人走开不少，他也没有回音。他要去开会，你记着把这比【笔】泉（钱）还他。请你不要望【忘】记。徐家两位小姐病好了，大小姐还不能起床，好多了。

儿子比你那时机会不同呀，要买就买，我要说一句少买点就不高兴，你那时的可怜有随【谁】爱你，你对他们太爱了，又□【想】只要他们日后要强就好了。

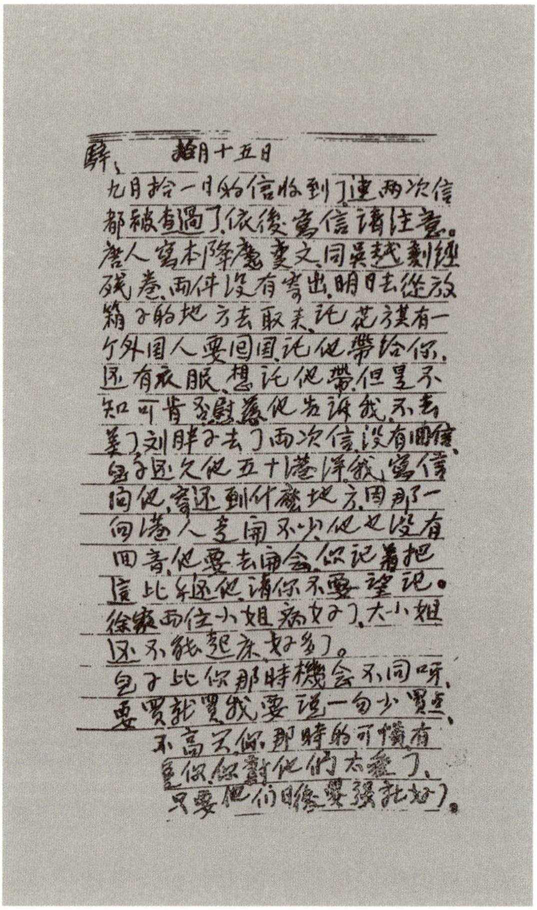

骍：　拾月十五日
九月拾一日的信收到了，连两次信
都被查过了，以后写信请注意。
唐人写本降魔变文、同吴越刻经
残卷，两件没有寄出，明日去从放
箱子的地方去取来，托范旗有一
个外国人要回国，托他带给你。
还有衣服，想托他带，但是不
知可肯。慰慈他告诉我，不去
美了，刘胖子去了两次信没有回信，
儿子还欠他五十港洋，我写信
问他，寄还到什么地方，因那一
向港人走开不少，他也没有
回音，他要去开会，你记着把
这比钱还他，请你不要忘记。
徐家两位小姐病好了，大小姐
还不能起床，好多了。
儿子比你那时机会不同呀，
要买就买，我要说一句少买点，
不高兴你，那时的可怜有
是你，你对他们太蠢了，
只要他们将来要强就好了。

他来信说，“爸爸身体狠（很）好，就是太忙，我要想法子劝他，日后要多睡才好。”此话我不敢再说了。

叶良才先生说，他那边有个汇泉（钱）来的办法，叫你不要这样寄，他过天写一个[给]我寄给你。

天津的箱子，在三楼上面，他们又是新洋房，不怕火的，没有木料，都是铁的，你放心。

小三近来还算好，还知道点用功，用泉（钱）知道点难苦，比大儿子等【懂】的【得】多，就是糊涂点，但是看我自己来上海两年也没有

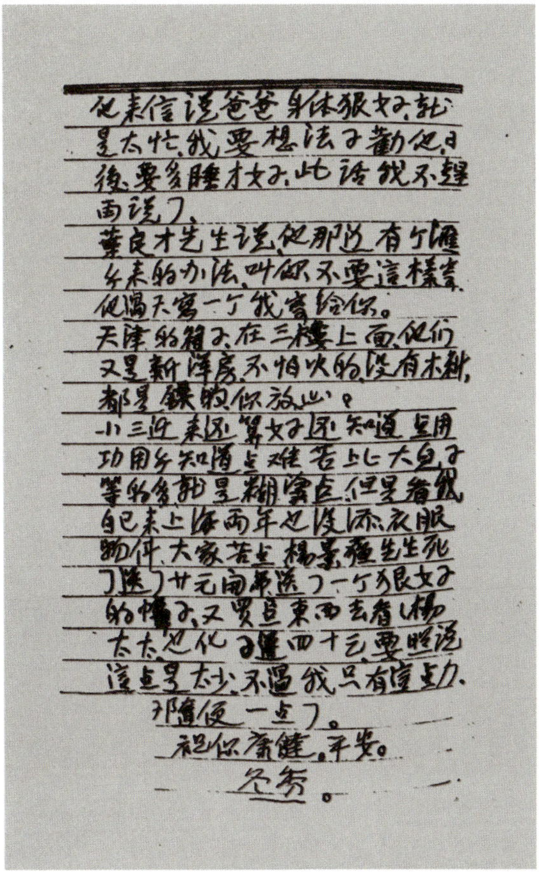
他来信说爸爸身体狠好，就
是太忙，我要想法子劝他日
後，要多睡才好。此话我不提
再说了。
叶良才先生说，他那边有个汇
乡来的办法，叫你不要这样寄，
他过天写一个我寄给你。
天津的箱子在三楼上面，他们
又是新洋房，不怕火的，没有木料，
都是铁的，你放心。
小三近来还算好，还知道点用
功，用乡知道点难苦，比大点了
等的多，就是糊涂点，但是我
自己来上海两年也没添衣服
物件，大家苦点。杨景苏先生死
了，送了廿元开吊费，送了一个狠好
的幛子，又买点东西去看看杨
太太，也化了近四十元。要照说
这点是太少，不过我只有这点力，
只好随便一点了。
祝你康健、平安。
冬秀。

添衣服物件，大家苦点。杨景苏先生死了，送了廿元开吊费，送了一个狠（很）好的幛子，又买点东西去看看杨太太，也花了近四十元。要照说这点是太少，不过我只有这点力，只好随便一点了。

祝你康健、平安。

冬秀　[1940 年] 十月十五日

第［236］封 捐钱

致胡适（二〇）

骍:

又不少的日子没有接着你的信了，狠（很）不好过，不知和【何】日再团圆。前天初八是我的生日，因去年有泉（钱）、李寄女儿，有周太太、徐太太四个人知道，打了一桌牌。今年，徐太太告诉了张太太，好，他【她】就告诉别人，大家都要来，好容易四桌[挤下]。徐太太一定把我接了去，有张夫妇，有丁太太同史寄女儿，有应太太、□太太同他【她】女儿夫妇，还有徐太太妹妹一家，兴园路不能去住，在他【她】家，我实在高兴不起来，早上我哭了一场，泉（钱）寄女儿夫妇来把我一块儿到徐太太家去打牌，我下午回来睡觉两个钟头再【才】吃晚饭去。我也烧了两支戈【两只鸽】去，又烧了两碗牛肉面去。朋友的好意，他们不知道我心里不忌【愿】意热闹。米卖到乙（一）百多元一担。

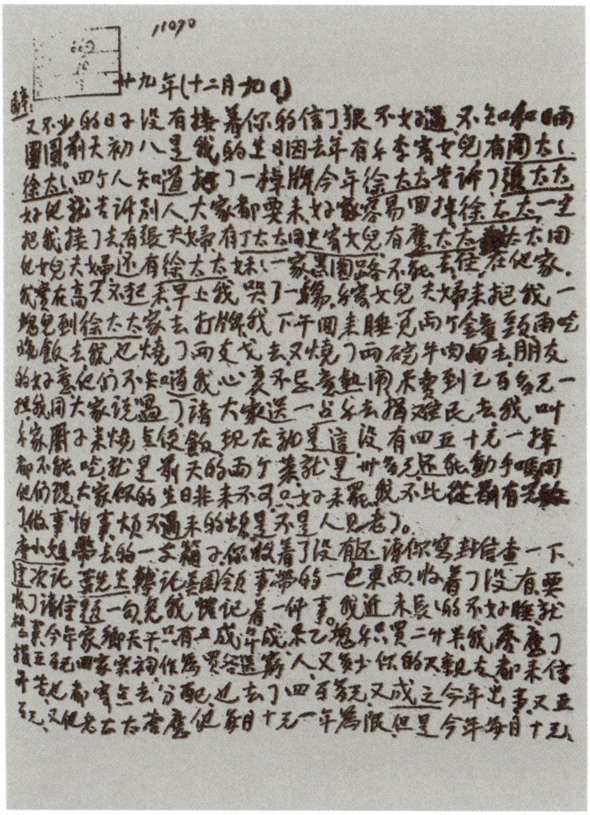

我同大家说过了，请大家送一点泉（钱）去捐难民去，我叫泉（钱）家厨子来烧点便饭。现在就是这，没有四五十元一桌都不能吃，就是前天的两个菜就是【也要】卅多元，还能动手吗？同他们说，大家[一定说]你的生日非来不可，只好来罢。我不比从前有兴致了，做事怕事，烦不过来的烦。是不是人见老了？

唐小姐带去的一支【只】箱子，你收着了没有，还请你写封信查一下。这次托叶先生转托美国领事馆带的一包东西，收着了没有？要收着了，请[来]信题【提】一句，免我惦记着【这】一件事。我近来长长【常常】的不好睡，就想事。今年家乡天干【旱】，只有三成年成，米乙（一）块泉（钱）只买二升半，我答应了捐五百元回家宗祠，作为买谷送穷人。又，多少你的六亲友都来信叫苦，也都寄点去分配，也去了四百多元。又，成之今年出事又五百元，又他老太太答应他每月十元，一年为限，但是今年每月十元不能生活，又添了五十元买谷。我想我有饭吃，叫大家没有饭吃呀，时时难过，这是看见我母亲那一年，也是年

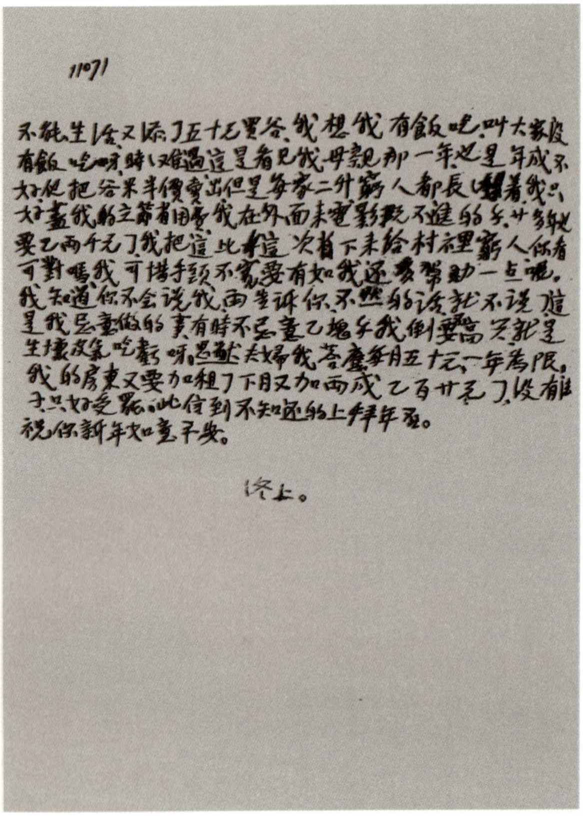
11071

不能生活又添了五十元買谷。我想我有飯吃，叫大家沒有飯吃呀，時時難過。這是看見我母親那一年也是年成不好，他把谷米半價賣出，但是每家二升，窮人都長長想着。我只好盡我的立節省用費。我在外面來電影院不進的泉，廿多年也要乙兩千元了。我把這比筆這次省下來給村裡窮人，你看可對嗎？我可惜手頭不寬，要有如我還多幫助一点呢。我知道你不会说我再告訴你，不然的話就不說了。這是我忌意做的事，有時不忌意乙塊泉我倒要不高兴，就是生壞皮氣，吃虧呀。思猷夫婦我答應每月五十元，一年為限。我的房東又要加租了，下月又加兩成，乙百廿元了。沒有法子，只好受罷。此信到不知還的上拜年否。祝你新年如意平安。

冬上。

成不好，他把谷米半价卖出，但是每家二升，穷人都长长【常常】想着，我只好尽我的立【力】节省用费。我在外面来电影院不进的泉（钱），廿多年也要乙（一）两千元了，我把这比【笔】泉（钱）这次省下来给村里穷人，你看可对吗？我可惜手头不宽，要有如【余】我还多帮助一点呢。我知道你不会说我再【才】告诉你，不然的话就不说了，这是我忌【愿】意做的事，有时不忌【愿】意乙（一）块泉（钱）我倒要不高兴，就是生[来]坏皮【脾】气，吃亏呀。思猷夫妇，我答应每月五十元，一年为限。我的房东又要加租了，下月又加两成，乙（一）百廿元了。没有法子，只好受罢。此信到不知还[赶]的【得】上拜年否？

祝你新年如意平安。

冬上　廿九年十二月九日

第[237]封 清单

致胡适（二一）

1940年开支清单一份

寄【计】开小三的行装，礼服乙（一）套大洋五百五五元。里面衬衫六十七元。厚大衣乙（一）件西服两套乙（一）千四百元。白帆布裤子两条卅元。灰白条子西服乙（一）套乙（一）百四十元。粗呢西服乙（一）件裤子两条乙（一）百卅元。雨衣乙（一）件七十五元。睡衣两身六十四元。黑袜子八十四元。买零用物件乙（一）百元。洋伞五元八角。好皮鞋四双乙（一）百九十八元。去年做皮鞋四双今年带走八十六元。糊【胡】子刀同刀片廿一元五角。水湖【水壶】乙（一）元七角。汗衫背心六十元。修理皮鞋十七元。付护照六十元。检查身体六十元。领事馆电报六十元。付驿电报乙（一）百十四元。小三买书乙（一）百元。付小三廿二元。买箱子七百四十元。衬衫四件五十二元。付小三十二元。付小三五元。付三元。付六元。付五元。付补习陈先生两个月零八天乙（一）百廿元。王先生补习一个月五十元。毛先生补习两个多月不肯要泉（钱），送他夫人衣料两件，五十八元；毛先生丝袜六双廿八元；领带两条、茶叶两瓶，这都是替他还先生借【债】呀。

共用四千五百五十元。

寄【计】开行装大礼服全套同里面衬衫、西服九套，裤子多三条。衬衫十九件，短裤子廿六条，领带六条，帷【围】巾三条，绵【棉】袜子十八双，麻纱袜子六双，这都是长统【筒】的。短统【筒】黑丝袜四双，花色两双，羊毛袜子两双，手表一支【只】，花缎洗肉衣乙（一）件，徐太太选的。

丝袜子八双，送骍的。祖望丝袜子六双，条子的领带乙（一）条。徐太太托带大春洗脸手巾六条，洗肉手巾两条，台布两套，睡衣两身，手帕乙（一）打，烟盒全套乙（一）对。

房小姐托带衣服乙（一）件，在李太太箱子里，有酱菜两筒梅子乙（一）盒。

唐小姐衣服四套件在李太太箱子里，粉红绣金花乙（一）件，酱【绛】红长袖子的乙（一）件，绿包乙（一）件，优棉毛衣乙（一）件，黄色的。

林小姐小箱子乙（一）支【只】，内有清单。

应小姐冬菇乙（一）（元）箱，茶叶：红茶乙（一）包，龙井乙（一）盒。

1072

曾两小三的行装 礼服乙套大洋五百五五元。裡面衬衫六十七元。
要大衣乙件西服两套乙千四百元。白帆布裤子两条卅元。
灰白条子西服乙套乙百四拾元。粗呢西服乙件裤子两条乙百卅元。
雨衣乙件七拾五元。睡衣两身六拾四元。买袜子八拾四元。
买零用物件乙百十元。洋伞五元八角。好皮鞋四双乙百九拾八元。
新做皮鞋四双今年带走八拾六元。糊子刀同刀片廿一元五角。
水脚乙元七角。汗衫背心六拾元。修理皮鞋拾七元。
付鞋匠六拾元。检查身体六拾元。领事馆电报六拾元
付驻电报乙百拾四元。小三买书乙百元。付小三廿式元。
买箱子七百四拾元。衬衫四件五拾式元。付小三拾式元。
付小三五元。付三元。付六元。付五元。~~衬衫六拾七元~~
張 付补习先生两个月零八天乙百廿元。王先生补习乙个月五拾元。
毛先生补习两个多月不肯要钱送他夫人衣料两件五拾八元。
毛先生丝袜子六双廿八元。领带两条、茶叶两瓶，这都是替他送
先生借呀。　共用四千五百五十元。

曾同行装大礼服全套，同裡面衬衫、西服九套裤子多三条。
衬衫拾九件。短裤子廿六条。领带六条。帕巾三条。绵袜子拾八双。
麻纱袜子六双。这都是长统的。短统黑丝袜四双。花色两双。
羊毛袜子两双手表一支 花缎洗肉衣乙件徐太太送的

丝袜子八双送驻的祖望 丝袜子六双条子的领带乙条。
徐太太託带大春洗脸手巾六条。洗肉手巾两条。橡布两套，
睡衣两身。手帕乙打。烟盒全套乙对。
李小姐託带衣服乙件在李太太箱裡。有酱菜两筒梅子乙盒。
曹小姐衣服四套件在李太太箱子裡 粉红绣金衣乙件紫红长
袖子的乙件。淡色乙件。丝棉毛衣乙件黄色的。
林小姐小箱子乙支内有清單。
曹小姐冬笋乙元箱。茶叶红茶乙包龙井乙盒。

第 [238] 封 · 单子

致胡适（二二）

1940年开支清单一份①

寄【计】开小三的行装，礼服乙（一）套大洋五百五五元。里面衬衫六十七元。厚大衣同两套西服乙（一）千四百元。白帆布裤子两条卅元。灰白条子西服乙（一）套共乙（一）百四十元。粗呢西服乙（一）件裤子两条共乙（一）百卅元。雨衣乙（一）件七十五元。睡衣两身六十四元。买袜子共八十四元。又买零物等乙（一）百十元。洋伞五元八角。好皮鞋四双乙（一）百九十八元。去年做皮鞋四双八十六元，这次带走。糊【胡】子刀盒刀片廿一（元）五角。水湖【水壶】乙（一）元七角。汗衫背心两打六十元。修理皮鞋十七元。付护照六十元。检查身体六十元。美领事馆电报六十元。驿电报乙（一）百十四元。小三买书乙（一）百元。付小三共廿二元。买箱子五支【只】七百四十元。衬衫四件五十二元。付小三十二元。付小三五元。又付三元。付六元。付五元。付补习两个月零八天乙（一）百廿元，陈先生。王先生一个月五十元。毛先生补了两个月工料【科】，不肯要泉（钱），送他夫人衣料两件，五十八元；毛先

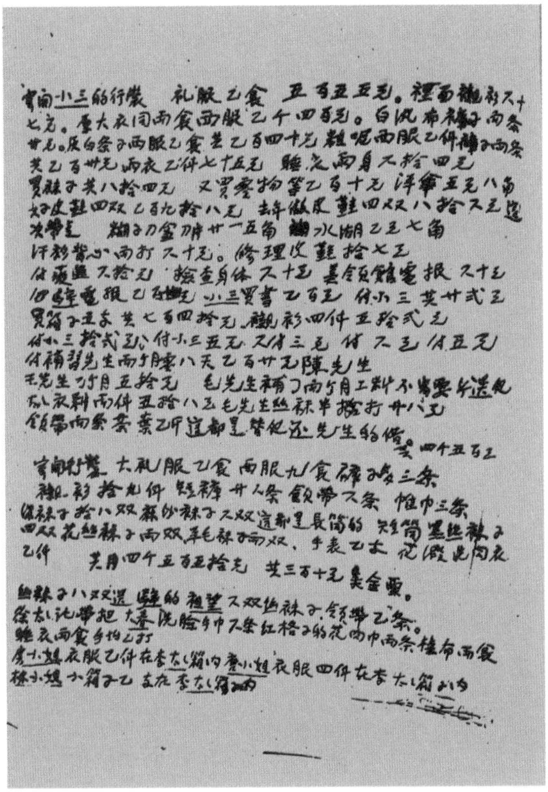

生丝袜半打廿八元；领带两条、茶叶乙（一）斤。这都是替他还先生借【债】。

共用四千五百元。

寄【计】开行装大礼服乙（一）套，西服九套，裤子多三条，衬衫十九件，短裤子廿六条，领带六条，帷【围】巾三条，绵【棉】袜子十八双，麻纱袜子六双，这都是长统【筒】的。短统【筒】黑丝袜子四双，花丝袜子两双，羊毛袜子两双，手表一支【只】，花缎洗肉【内】衣乙（一）件。

共用四千五百五十元，共三百十元美金票。

丝袜子八双，送骍的。祖望六双丝袜子，领带乙（一）条。徐太太托带把大春洗脸手巾六条，红格子的花肉巾两条，台布两套，睡衣两套，手帕乙（一）打。

房小姐托带衣服乙（一）件，在李太太箱内。唐小姐衣服四件在李太太箱子内。

林小姐小箱子乙（一）支【只】，在李太太箱子内。

①这份清单和前一份清单所记内容大略相同，但在具体记录上有所区别。故本书也予以收入。

第[239]封 收参

致胡适（二三）
（廿八号）

骍:

你的十八号信收到了，那信[上说]外国朋友把参寄香港去了。他不知道我的住止【址】，前天托张先生去问他，他狠（很）不安，他说他就要去香港，那【拿】来给我。他又叫人送来一盆花，一品红。

参有张太太买的一磅，我想送他一磅，因生日他送来乙（一）对衣钮子，也要七八十块泉（钱）。他是个精明[人]，你看可是吗？

望[儿]来信说起他衣箱内有女人的衣服，不知是随【谁的】，我不是信里有那位房小姐的信吗？我盼望这封信到，衣服早那【拿】去了，我把房小姐的校止【址】开给望儿了，叫他速速的【地】替我寄去。

十二月十七日生日有三桌客人，头两天是十一月十七日阴历生日星期日，阳历十七是星期二〖日〗，那两个日子都与两个寄女儿阴历同生日，泉（钱）寄女儿是十一月十七日，史寄女儿是十一月十九日。我是十七日三桌，十九日也是三桌，午饭面，晚饭泉（钱）寄女的厨子烧的菜。这样，两天面同晚饭、点心、水果化【花】了二百八十多元，汽车泉（钱）收进三百十六元捐给难民了，还有衣料东西，吃物。自己做菜省多了。现在五十元酒席不能可口，大家都叫我替你拜寿。本家太太来上海替他【她】的五少爷定【订】婚，就是去年同珊凤一起回国的谭小姐。五少爷座【坐】飞机到内地去了，本家来吃酒回去了。

惠平他们又化【花】了不少的泉（钱），菜同鸡鱼都送来不少。他们大【太】客气了，我狠（很）不过意。

叶先生的朋友带去的袍子、马褂，你收着没有？还有珊凤送人的东西，请你代转的送去没有？念念。

还有应太太把应小姐二百美金，我收了家用，请你付把他【她】，也望早日想法子寄去。

你近来身体可好？望保重。

祝你新年如意平安。

冬上　廿九年十二月廿五日

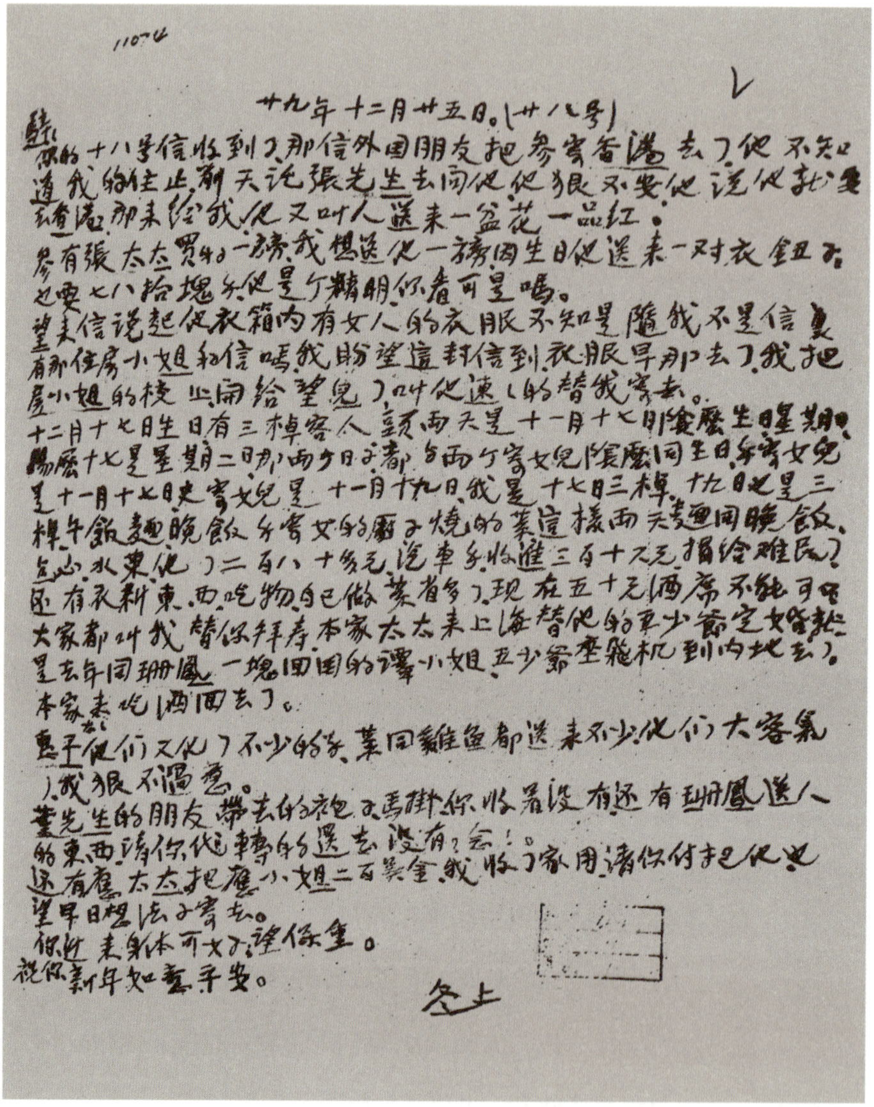

11074

廿九年十二月廿五日。〔廿八号〕

騂：

你的十八号信收到了，那信外国朋友把参寄香港去了，他不知道我的住止。前天托張先生去问他，他狠不安，他说他补要寄香港那来给我。他又叫人送来一盆花一品红。

参有張太太买的一磅，我想送他一磅。因生日他送来一对衣鈕子，也要七八拾塊，他是个精明，你看可是嗎。

望来信说起他衣箱内有女人的衣服，不知是随我，不是信裏有那徐房小姐的信嗎？我盼望這封信到，衣服早那去了。我把屋小姐的梭也开给望兒了，叫他速速的替我寄去。

十二月十七日生日有三棹客人。舊历今天是十一月十七日，陰历生日星期，陽历十七是星期二，明两个日子都有两个寄女兒陰历同生日。乐寄女兒是十一月十七日，史寄女兒是十一月十九日，我是十七日三棹，十九日也是三棹，午飯麵，晚飯乐寄女的厨子燒的菜，這樣两天麵同晚飯、点心、水果化了二百八十多元。汽车乐收進三百十六元，捐给难民了。还有衣料東西、吃物自己做菜省多了，现在五十元酒席不能了。

大家都叫我替你拜寿。本家太太来上海替他的東少爺定婚，就是去年同珊鳳一塊回国的譚小姐，五少爺坐飞机到内地去了。

本家太太吃酒回去了。

惠子他们又化了不少的钱，菜同雞鱼都送来不少，他们太客氣了，我狠不過意。

董先生的朋友帶去的袍子馬掛你收着没有？还有珊鳳送人的東西，請你代轉的，還去没有？念！

还有應太太把應小姐二百美金，我收了家用，請你付把他，也望早日想法子寄去。

你近来身体可好？望保重。

祝你新年如意平安。

冬上

《第拾章》婚姻长久的秘诀：久而敬之

胡适去世后，蒋介石亲书的挽联是：『适之先生千古，新文化旧道德的楷模，旧伦理新思想的师表。』

新文化运动时期，接受了新思想的文人大都抛弃旧式婚姻，转而追求所谓的『新婚姻』、『新爱情』。而胡适作为新文化运动的先锋和重要代表，不但没有抛弃原配，反而和江冬秀和谐地度过了余生。其中最关键的一点，用胡适的话说就是尊重：『久而敬之这句话，也可以做夫妇相处的格言。所谓敬，就是尊重……要能做到尊重对方的人格，才有永久的幸福。』

第[240]封 书费

一九四一年
致江冬秀(一)
新年第一号

端姊：

叶先生托美国朋友Bntrick带来的袍子马褂，都收到了，谢谢叶先生。

袍子的颜色，花样，材料，都是我顶喜欢的！请你特别谢谢两位寄女！

那件红缎便袄，做的尺寸太小了，我穿不上，祖望也穿不上。只好留着送人。这种衣服在屋子里穿的时候不多。请你不要再做了。谢谢你的费心。

今天美国总统行就职大典，看的人总有几十万人，我也去看了。

我上回说要寄点钱给小三做买书费，一时我出门去了，还没有寄出。不久总可以寄给你。小三学的一门，必须要多读书，多看书，所以我要他养成自己买

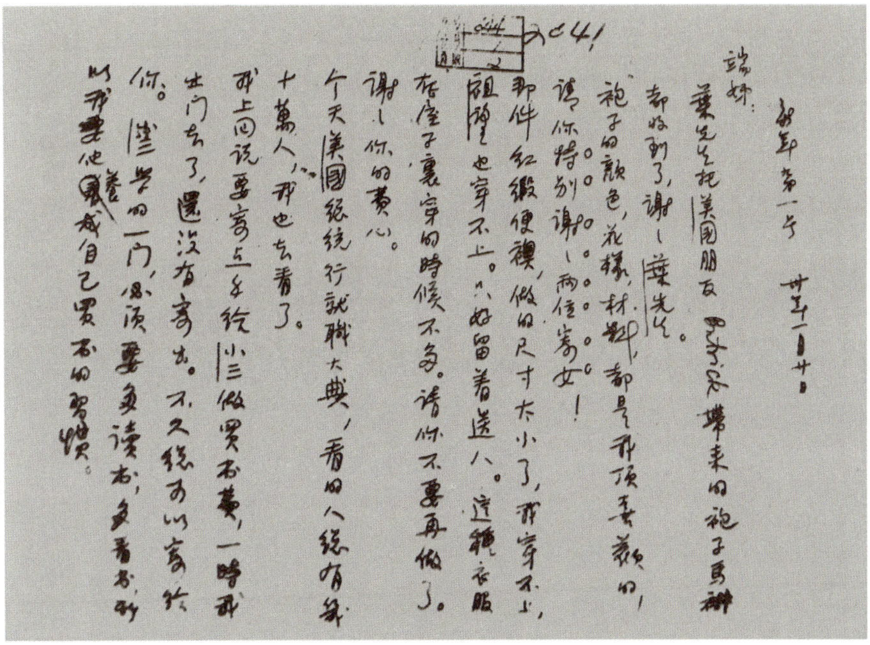

端姊：

新年第一号　卅年一月廿日

叶先生托美国朋友罗杰带来的袍子马褂都收到了，谢谢叶先生。袍子的颜色，花样，材料，都是我顶喜欢的，请你特别谢谢两位寄女！

那件红缎便袍，做的尺寸太小了，我穿不上，颈项也穿不上。只好留着送人。这种衣服在屋子里穿的时候不多。请你不要再做了。谢谢你的费心。

今天美国总统行就职大典，看的人总有几十万人，我也去看了。

我上回说要寄点钱给小三做买书费，一时我出门去了，还没有寄出。不久总可以寄给你。

小三学的一门，必须要多读书，多看书，所以我要他养成自己买书的习惯。

书的习惯。

上次我在施太尔先生照的你们几个人的电影片里看见小三走路有点摇头摆耳的神气。我盼望你时时注意，叫他自己留心，不要养成这种不好看的样子。

上次到纽约，看见应小姐的孩子，很像父亲，像是很聪明的样子。

今年我照了一张照片，我要寄一张给你。赵元任太太看了这张片子，说我很像我母亲。

你现在身体好吗？小三说你不可太劳心，我想这句话是不错的。你要多休息，少打牌。

我的身体好像完全复原了。现在不穿衣服，

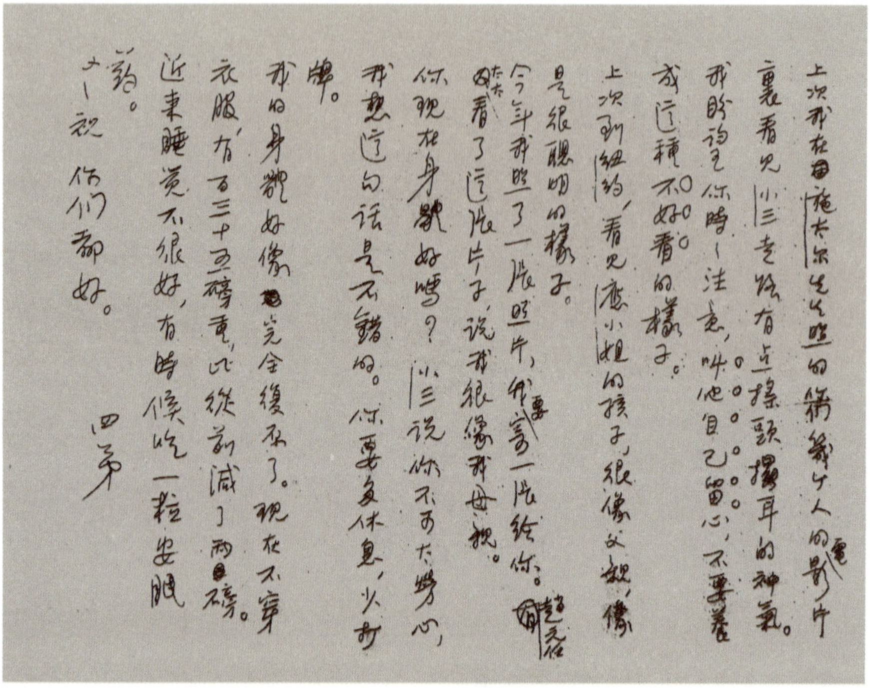

上次我在施太尔先生照的几个人的電影片裏看見小三走路有点搖頭擺耳的神氣。我盼望你時時注意，叫他自己留心，不要養成這種不好看的樣子。

上次到紐約，看見德小姐的孩子，很像父親，像是很聰明的樣子。

今年我照了一張照片，我要寄一張給你。太太看了這張片子，說我很像我母親。

你現在身體好嗎？小三說你不可太勞心，我想這句話是不錯的。你要多休息，少找事。

我的身體好像完全復原了。現在不穿衣服，有百三十五磅重，比從前減了兩磅。近來睡覺不很好，有時候吃一粒安眠藥。

匆匆祝你們都好。

四弟

有百三十五磅重，比从前减了两磅。近来睡觉不很好，有时候吃一粒安眠药。

匆匆祝你们都好。

四弟　卅年一月廿日

第[241]封 变老

致江冬秀（二）
第二号

端姊：

这一个月忙的【得】不得了。

前天（二月廿五）去请我的心脏专家来微（Dr. Robert L. Levy）检查我的身体。他说：身体很好，血压百廿度，脉也很好。我很高兴，所以写信告诉你们。

现在头发白多了，两鬓很花白了，当中也有几十茎白发了。但精神还不坏。

读了你的新年第一号信，我很不好过。你也老了。

法正死了，小三信上曾说起。等我有工夫时，我想写信去劝劝治平、惠平，教他们学一点卫生方法。

我汇了一点钱给竹先生，请他给小三两百元国币，专作他的买书钱。养成买书的习惯，是有用的。

祖望今年上半年的工（功）课好多了，居然有三门工（功）课可以“免考”（平日的分数好，平均约

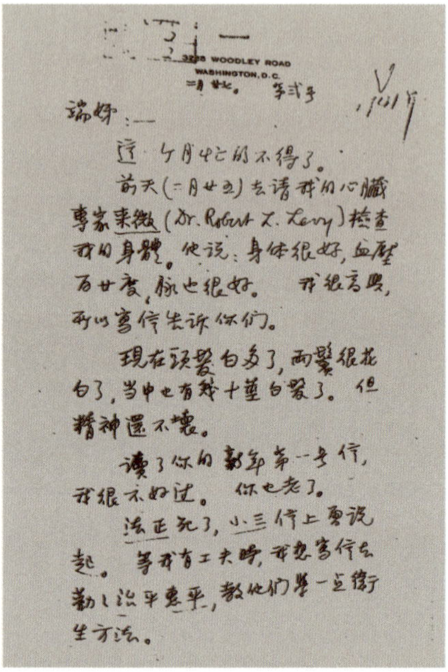

3238 WOODLEY ROAD
WASHINGTON, D.C.
二月廿七。 第二式号

端姊：——

這个月也忙的不得了。

前天（二月廿五）去請我的心臟專家来微（Dr. Robert L. Levy）檢查我的身體。他說：身体很好，血壓百廿度，脉也很好。我很高興，所以寫信告訴你们。

現在頭髮白多了，兩鬢很花白了，当中也有幾十莖白髮了。但精神還不壞。

讀了你的新年第一封信，我很不好过。你也老了。

法正死了，小三信上要說起。等我有工夫時，我要寫信去勸勸法平惠平，教他们學一点謀生方法。

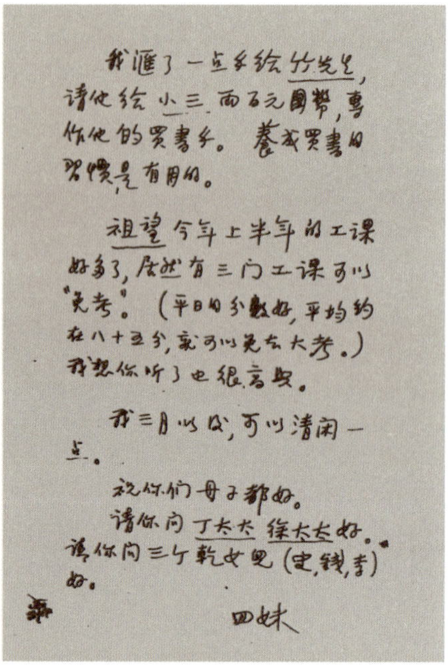

我滙了一点钱给竹先生，請他給小三兩百元圓幣，專作他的買書钱。養成買書的習慣是有用的。

祖望今年上半年的工课好多了，居然有三门工课可以“免考”。（平日的分數好，平均約在八十五分，就可以免去大考。）我想你听了也很高興。

我三月以后，可以清闲一点。

祝你们母子都好。

請你问丁太太、徐太太好。

請你问三个乾女兒（史，錢，李）好。

騂

四妹

八十五分，就可以免去大考）。我想你听了也很高兴。

我三月以后，可以清闲一点。

祝你们母子都好。

请你问丁太太、徐太太好。

请你问三个干女儿（史、钱、李）好。

四妹　二月廿七

第[242]封 晕车

致江冬秀（三）
第三号

端姊：

第二号信收到了。

今天收到陈聘丞先生信，知道不久可以到了，还替你带了笔和图章来。

我近来出门一次，走了两千英里。身体很好，只是辛苦一点。有一天在火车上吐了。我走遍世界，从不晕船，也不晕飞机，谁知这一天竟晕火车，把一顿夜饭全吐出了。我笑我也老了！不中用了！

本月廿九，祖望放春假，要来我这里住几天。

你收到我寄的新照片没有？

四弟　卅年三月十五

这些稿纸是祖望带来的箱子里寻到的。今天用来写信，好像是看见一个老朋友一样。

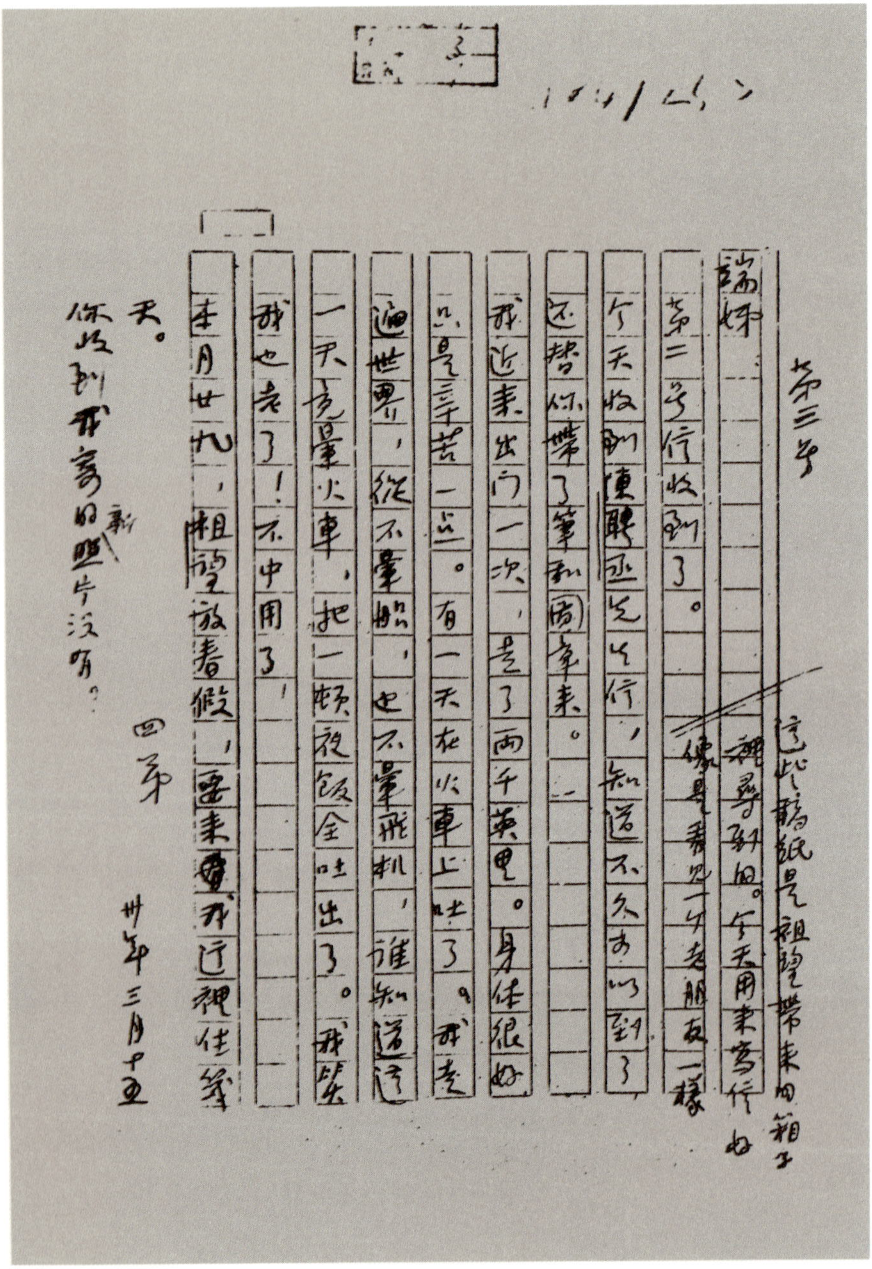

1941/4/2

第三号

端姊：

第二号信收到了。

今天收到連聰丞兄的信，知道不久可以到了。還替你帶了筆和圖章來。

我近來出門一次，走了兩千英里。身体很好，只是辛苦一點。有一天在火車上吐了，我走遍世界，從不暈船，也不暈飛机，誰知道這一天竟暈火車，把一頓夜飯全吐出了。我笑我也老了！不中用了！

本月廿九，祖望放春假，要來我這裡住幾天。

四弟

卅年三月十五

你收到我寄的新照片沒有？

這些稿紙是祖望帶來的箱子裡尋出的。今天用來寫信，好像是看見一個老朋友一樣。

第[243]封 筹划

致江冬秀（四）
第四号

端姊：

这封信也许是“第三号”；如果你没有收到“第三号”，就是我记错了。二月，三月，我差不多常在外面旅行，所以没有多写信给你。

你的“第四号”信收到了。谢谢你。

陈聘丞先生带来的笔、墨、图章，也收到了。王兆熙太太的衣服已寄去了。

你的四号信上，好像说我怪你“用费大了”。我从来不曾怪你，怕是你误会了罢？

竹先生说我应该把小三叫来。祖望也说，你有信来，要我带小三出来。我现在托施太尔先生汇上美金五百元，你可问竹先生取。若有便人，请你把小三托他带出来。若有定船的困难，可托叶良才先生去托美

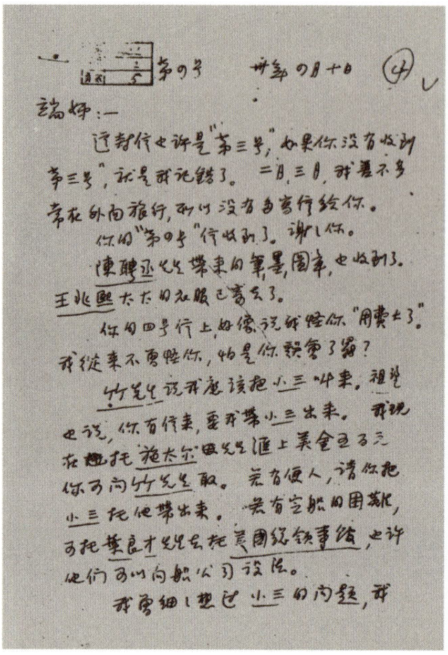
第四号　卅年四月十日
端娘：——
这封信也许是"第三号"，如果你没有收到"第三号"，就是我记错了。二月，三月，我差不多常在外面旅行，所以没有多寄信给你。
你的"第四号"信收到了。谢谢你。
陈聘丞先生带来的笔，墨，图章，也收到了。王兆熙太太的衣服已寄去了。
你的四号信上，好像说我怪你"用费太多"。我从来不曾怪你，怕是你误会了罢？
竹先生说我应该把小三叫来。祖望也说，你有信来，要我带小三出来。我现在想托施太尔因先生汇上美金五百元，你可向竹先生取。若有便人，请你把小三托他带出来。若有空船的困难，可托叶良才先生去托美国总领事馆，也许他们可以向船公司设法。
我曾细细想过小三的问题，我

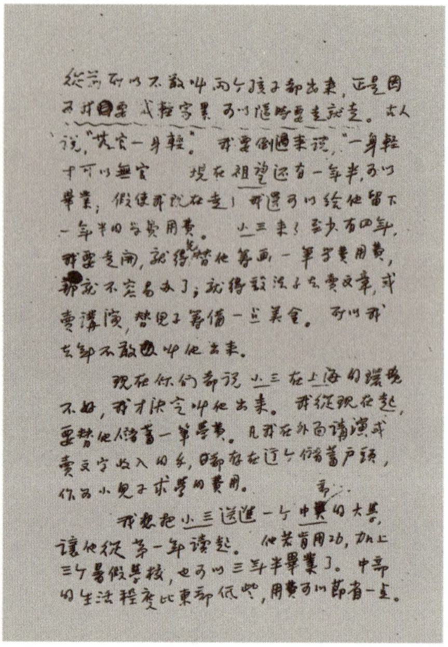
从前所以不敢叫两个孩子都出来，正是因为我要减轻家累，可以随时要走就走。古人说，"无官一身轻"。我要倒过来说，"一身轻才可以无官"。现在祖望还有一年半，可以毕业；假使我现在走了，我还可以给他留下一年半的学费用费。小三来了，至少有四年，我要走开，就得先替他筹画一笔学费用费，那就不容易办了；就得设法子去卖文章，或卖讲演，替儿子筹备一点美金。所以我去年不敢叫他出来。
现在你们都说小三在上海的环境不好，我才决定叫他出来。我从现在起，要替他储蓄一笔学费。凡我在外面讲演或卖文字收入的钱，都存在这个储蓄户头，作为小儿子求学的费用。
我想把小三送进一个中部的大学，让他从第一年读起。他若肯用功，加上三个暑假学校，也可以三年半毕业了。中部的生活程度比东部低些，用费可以节省一点。

国总领事馆，也许他们可以向船公司设法。

我曾细细想过小三的问题。我从前所以不敢叫两个孩子都出来，正是因为我要减轻家累，可以随时要走就走。古人说，“无官一身轻”。我要倒过来说，“一身轻才可以无官”。现在祖望还有一年半，可以毕业；假使我现在走了，我还可以给他留下一年半的学费用费。小三来了，至少有四年，我要走开，就得先替他筹画一笔学费用费，那就不容易办了，就得设法子去卖文章，或卖讲演，替儿子筹备一点美金。所以我去年不敢叫他出来。

现在你们都说小三在上海的环境不好，我才决定叫他出来。我从现在起，要替他储蓄一笔学费。凡我在外面讲演或卖文字收入的钱，都存在这个储蓄户头，作为小儿子求学的费用。

我想把小三送进一个中部的大学，让他从第一年读起。他若肯用功

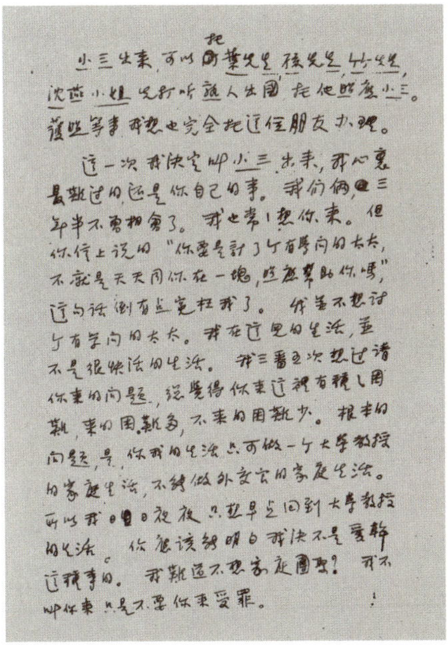
小三出来，可以托叶先生、孙先生、竹先生，沈燕小姐先打听熟人出国，托他照应小三。护照等事，我想也完全托这位朋友办理。

这一次我决定叫小三出来，我心里最难过的还是你自己的事。我们俩，三年半不曾相会了。我也常常想你来。但你信上说的"你要是讨了个有学问的太太，不就是天天同你在一块，照应帮助你吗"，这句话倒有点冤枉我了。我并不想讨个有学问的太太。我在这里的生活，并不是很快活的生活。我三番五次想过请你来的问题，总觉得你来这里有种种困难，来的困难多，不来的困难少。根本的问题，是你我的生活只可做一个大学教授的家庭生活，不能做外交官的家庭生活。所以我日日夜夜只想早点回到大学教授的生活。你应该能明白我决不是爱干这种事的。我难道不想家庭团聚？我不叫你来，只是不要你来受罪。

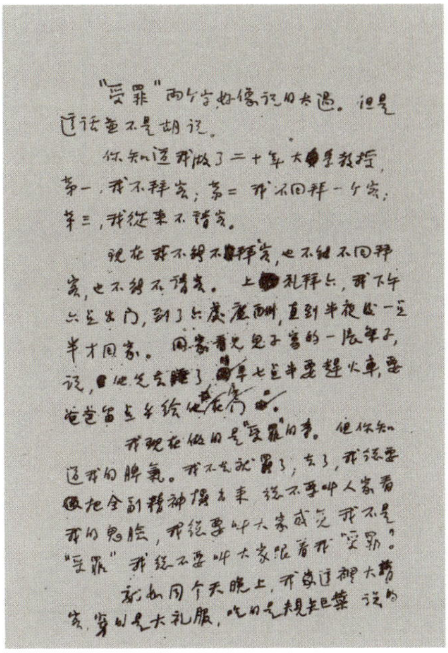
"受罪"两个字好像说的太过。但是这话并不是胡说。

你知道我做了二十年大学教授，第一，我不拜客；第二，我不回拜一个客；第三，我从来不请客。

现在我不能不拜客，也不能不回拜客，也不能不请客。上礼拜六，我下午六点出门，到了六处应酬，直到半夜后一点半才回家。回家看见儿子写的一张条子，说他今天早上七点半要赶火车，要爸爸留点钱给他[illegible]

我现在做的是受罪的事。但你知道我的脾气。我不会说累了，丢了，我总要把全副精神摆出来，总不要叫人家看我的鬼脸，我总要叫大家感觉我不是"受罪"，我总不要叫大家跟着我"受罪"。

就如同今天晚上，我要请大……客，穿的是大礼服，吃的是规矩菜……

功，加上三个暑假学校，也可以三年半毕业了。中部的生活程度比东部低些，用费可以节省一点。

小三出来，可以托叶先生、孙先生、竹先生、沈燕小姐先打听熟人出国，托他照应小三。护照等事，我想也完全托这［几］位朋友办理。

这一次我决定叫小三出来，我心里最难过的，还是你自己的事。我们俩，三年半不曾相会了。我也常常想你来。但你信上说的"你要是讨了一个有学问的太太，不就是天天同你在一块，照应帮助你吗"，这句话倒有点冤枉我了。我并不想讨个有学问的太太。我在这儿的生活，并不是很快活的生活。我三番五次想过请你来的问题，总觉得你来这里有种种困难。来的困难多，不来的困难少。根本的问题，是你我的生活只可做一个大学教授的家庭生活，不能做外交官的家庭生活。所以我日日夜夜只想早点回到大学教授的生活。你应该能明白我决不是爱干这种事的。我难道不想家庭团聚？我不叫你来，只是不要你来受罪。

“受罪”两个字，好像说的太过。但是这话并不是胡说。

你知道我做了二十年大学教授，第一，我不拜客；第二，我不回拜一个客；第三，我从来不请客。

现在我不能不拜客，也不能不回拜客，也不能不请客。上礼拜六，我下午六点出门，到了六处应酬，直到半夜后一点半才回家。回家看见儿子写的一张条子，说，他先去睡了，明早七点半，要赶火车，要爸爸留点钱给他放在房门口。

我现在做的是“受罪”的事。但你知道我的脾气。我不去就罢了；去了，我总要把全副精神摆出来，总不要叫人家看我的鬼脸，我总要叫大家感觉我不是“受罪”，我总不要叫大家跟着我“受罪”。

就如同今天晚上，我这里大请客，穿的是大礼服，吃的是规矩菜，说的是应酬官话。到了客散，已是快十二点了。我送完了客，看见天上月亮正圆，想起今天是三月十四（阴历）。我拉了一位刘先生出去散步，走了二十分钟的山路，才回来写这信。回到家里，一身骨头都疲倦了。我一个人在这里，“受罪”还不顶苦。你若在这里，还是跟着我“受罪”呢?还是关在房里不出来应酬呢？这一次请客，同事们忙了整整五天（帖子是三月中出去的），我心里很过意不去。你若来了，你还是管呢？还是不管呢？

我向来不对你诉苦。今天写这一段生活，要你知道我在这里过的并不是快活的生活，是真受罪的生活，做的是我二十多年不愿意做的事。你若明白这一点，就可以明白我不请你出来的意思了。陈光甫太太出来了一年多，她从不出来应酬。她在纽约还可以寻几个中国女朋友玩玩，

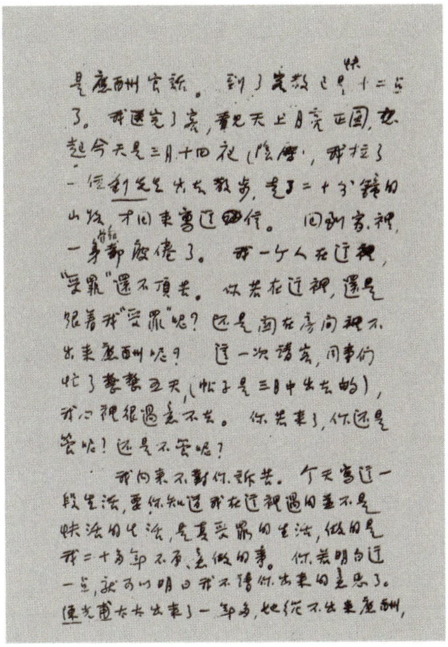

是應酬实話。到了实数已是快十二点了。我送完了客，看見天上月亮正圆，想起今天是三月十四夜（阴历），我拉了一位刘先生出去散步，走了二十分钟的山路，才回来写这四行。回到家裡，一身都疲倦了。我一个人在这裡，"受罪"還不顶苦。你若在这裡，還是跟着我"受罪"呢？还是闷在房间裡不出来應酬呢？这一次请客，同事们忙了整整五天（帖子是三月中出去的），我心裡很過意不去。你若来了，你还是管呢！还是不管呢？

我向来不對你訴苦。今天写这一段生活，要你知道我在这裡過的並不是快活的生活，是真受罪的生活，做的是我二十多年不願意做的事。你若明白这一点，就可以明白我不請你出来的意思了。陳光甫太太出来了一年多，她從不出来應酬，

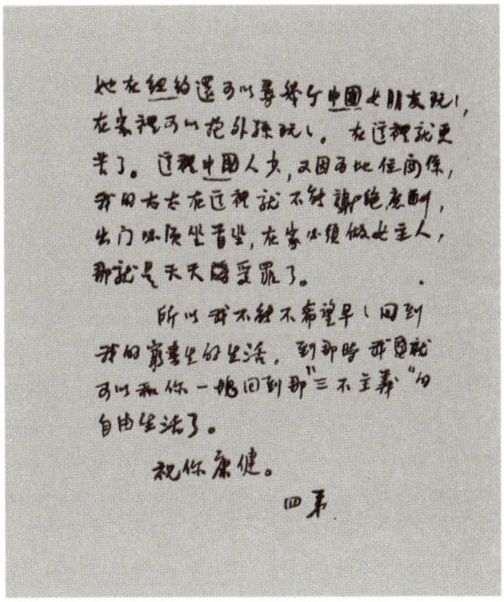

她在紐約還可以尋幾个中國女朋友玩玩，在家裡可以抱外孫玩玩。在这裡就更苦了。这裡中國人少，又因为地位關係，我的太太在这裡就不能謝絕應酬，出门必须坐首坐，在家必须做女主人，那就是天天受罪了。

所以我不能不希望早早回到我的窮書生的生活。到那時我就可以和你一塊回到那"三不主義"的自由生活了。

祝你康健。

四弟

在家里可以抱外孙玩玩，在这里就更苦了。这里中国人少，又因为地位关系，我的太太在这里就不能谢绝应酬，出门必须坐首坐，在家必须做女主人，那就是天天受罪了。

所以我不能不希望早早回到我的穷书生的生活。到那时，我就可以和你一块回到那“三不主义”的自由生活了。

祝你康健。

四弟　卅年四月十日

第[244]封 上船

致江冬秀（五）
第五号

端姊：

前几天得信，知道小三已上船，此刻已在路上了，大概五月底可到了。

这事是我忽然决定的，竹先生来信说起，你也有信给大儿子说起，我恰好想到李太太，所以托李先生打一个电报给她，托她带小三来。这事太匆匆，一定叫你们难过。不过我想机会难得，所以只好如此办了，请你原谅。

今天汉口张太太的姑爷游先生回国，我托他带一打袜子给你。因为他要飞行，所以我不能托他带重东西。这里十二双，请你挑几双送给陶小芳，说是祖望和我送她过生日

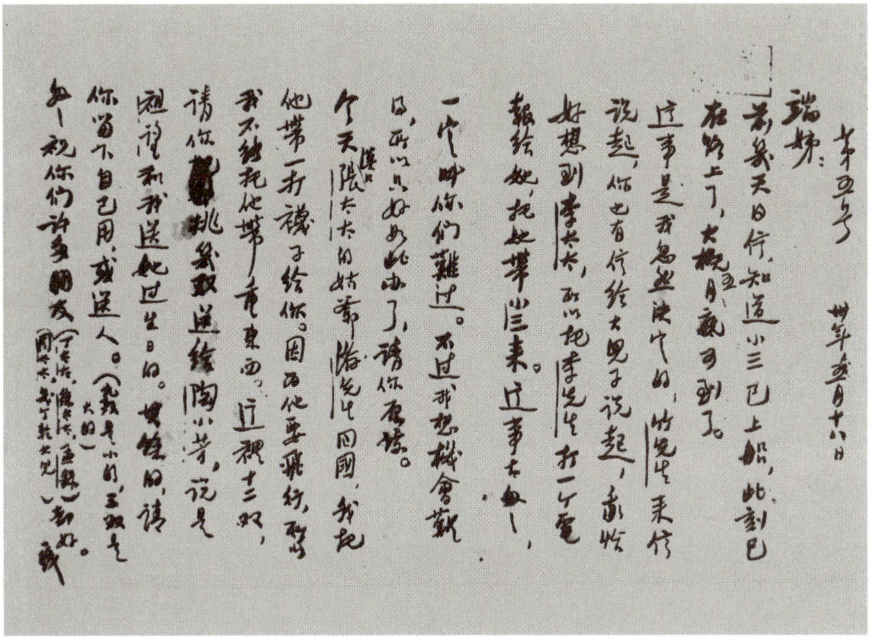

第五号　　卅年五月十八日

瑞妹：

前几天的信，知道小三已上船，此刻已在路上了，大概五月底可到了。

这事是我急出来的，竹先生来信说起，你也有信给大儿子说起，我忽然想到李大夫，所以托李先生打一个电报给她，托她带小三来。这事不免一定叫你们难过。不过我想机会难得，所以只好如此办了。请你原谅。

今天（汉口）张太太的妹夫游先生回国，我托他带一打袜子给你。因为他要飞行，所以我不能托他带重东西。这袜十二双，请你挑几双送给陶小芳，说是祖望和我送她过生日的。其余的，请你留下自己用，或送人。（九双是小的，三双是大的）

匆匆祝你们许多朋友（丁太太、徐太太、孟录、周太太、几个干女儿）都好。

骍

的。其余的，请你留下自己用，或送人（九双是小的，三双是大的）。

匆匆祝你们许多朋友（丁太太、徐太太、孟录、周太太、几个干女儿）都好。

骍　卅年，五月十八日

第[245]封 法正

致胡适（一）
新年（第一号）

骍:

你的十九、廿两号信都收到了。谢谢你祝我的生日。生日是一年一年的【地】过去了，也不去想他了，糊里糊涂的【地】过罢。

花旗参收到了，本来是张太太说替朋友买的，后来又说他自己要一点，那人不要了。我送了他半磅，叫人家买，又多呀少呀的。我送了丁太太一点，送徐太太一点，多下来的留着吃，无故多事。

应太太也收到他【她】女儿的信了，他【她】来谢我了。

周小姐，我也告诉他【她】了。他【她】中学里叫【教】书狠（很）忙，他说放假要写信了。

唐小姐带去的那封信，你可收到了没有？我不记

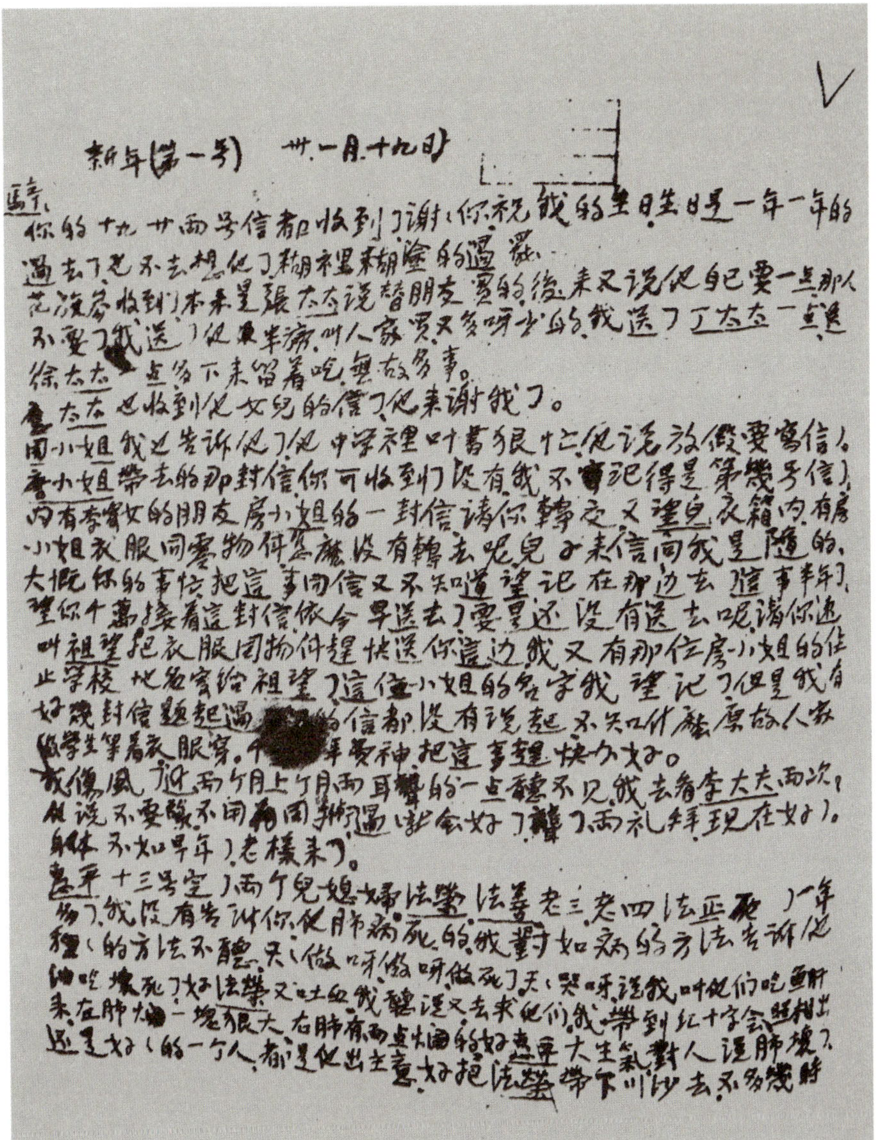

新年(第一号)　卅.一月.十九日

馬章、

你的十九廿两号信都收到了谢谢你祝我的生日生日是一年一年的
過去了也不去想他了糊裡糊塗的過罷
花旗参收到了本来是張太太說替朋友買的後来又說他自己要一点那人
不要了我送了他些来吃叫人家買又多呀少的我送了丁太太一点送
徐太太一点留下来留着吃無故多事。
[illegible]太太也收到他女兒的信了他来谢我了。
[illegible]小姐我也告訴他了他中学裡叫書很忙他說放假要寫信了。
[illegible]小姐帶去的那封信你可收到了没有我不記得是第幾号信了
内有李寄女的朋友房小姐的一封信請你轉交又望兒衣箱内有房
小姐衣服同零物件怎麽没有轉去呢兒子来信问我是随的
大概你的事忙把這事同信又不知道望記在那边去這事半年了
望你千萬接着這封信依今早送去了要是还没有送去呢請你速
叫祖望把衣服同物件趕快送你這边我又有那位房小姐的住
址学校地名寄给祖望了這位小姐的名字我望記了但是我有
好幾封信题起過[illegible]的信都没有說起不知什麽原故人家
[illegible]学生等着衣服穿。[illegible]要費神把這事趕快办好。
我傷風了近两个月上个月两耳聾的一点聽不见我去看李大夫两次
他說不要紧不用[illegible]同[illegible]過些会好了聾了两礼拜現在好了。
身体不如早年了老樣来了。
[illegible]平十三号空了两个兒媳婦法[illegible]法[illegible]老三老四法正死了一年
多了我没有告訴你他肺病死的我對如病的方法告訴他
種種的方法不聽天天做呀做呀做死了天天哭呀説我叫他们吃[illegible]
[illegible][illegible]死了好法[illegible]又吐血我聽説又去求他们我帶到紅十字会[illegible]
来在肺[illegible]一塊很大右肺有两点[illegible]的好[illegible]平大生氣對人説肺壞了
还是好好的一个人都是他出主意好把法[illegible]帶下川沙去不多幾時

得是第几号信了。内有李寄女的朋友房小姐的一封信，请你转交。又，望儿衣箱内有房小姐衣服同零物件，怎么没有转去呢？儿子来信问我是随【谁】的，大概【概】你的事忙，把这事同信又不知道望【忘】记在那【哪】边去了。这事半年了，[希]望你千万接着这封信，依今【已

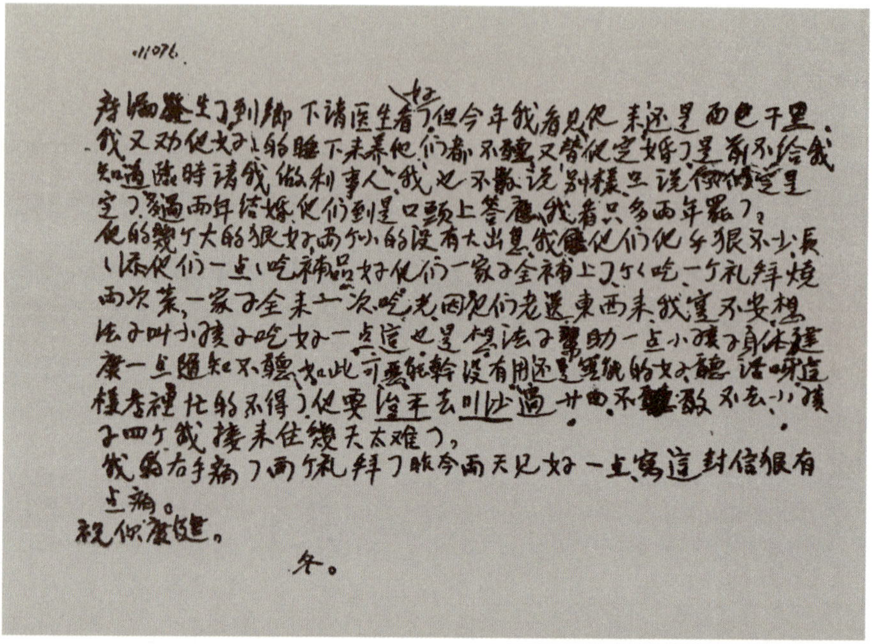
11076.
[illegible]发生了到乡下请医生看好了，但今年我看见他来还是面色干黄。
我又劝他女子上的听下来养他们都不听，又替他定婚了是前不给我
知道临时请我做列事人，我也不欢说别样只说你们要里
空了过两年结婚，他们到是口头上答应，我看只多两年罢了。
他的几个大的很好，两个小的没有大出息，我[illegible]他们他手很不少，长
长添他们一点点吃补品好，他们一家子全补上了，个个吃，一个礼拜烧
两次菜，一家子全来一次吃，尧因他们老送东西来，我实不安，想
法子叫小孩子吃好一点，这也是想法子帮助一点小孩子身体健
康一点，谁知不听，如此可[illegible]能干没有用，还是[illegible]的女子听话呀，这
样看里忙的不得了，他要[illegible]去叫[illegible]通廿四，不[illegible]敢不去，小孩
子四个，我接来住几天太难了。
我为右手痛了两个礼拜了，昨今两天见好一点，写这封信很有
点痛。
祝你康健。
冬。

经】早送去了。要是还没有送去呢，请你速叫祖望把衣服同物件赶快送你这边，我又有那位房小姐的住止【址】、学校地名给祖望了，这位小姐的名字我望【忘】记了，但是我有好几封信题【提】起过。你的信都没有说起过，不知什么原故【缘故】，人家做学生等着衣服穿，千万□【请】费神，把这事赶快办好。

我伤风了近两个月，上个月两耳聋的【得】一点听不见，我去看李大夫两次，他说不要紧，不用药同手术，过过就会好了。聋了两礼拜，现在好了。身体不如早年了，老样来了。

惠平十三号定【订】了两个儿媳妇，法荣、法善，老三、老四。法正死了一年多了，我没有告诉你，他肺病死的。我对如【于治】病的方法告诉他种种的〖方法〗不听，天天做呀做呀，做死了天天哭呀，说我叫他们吃鱼肝油吃坏死了。好法荣又吐血，我听说又去求他们，我带

到红十字会，照相出来，左肺烂一块狠（很）大，右肺也有两点烂的。好惠平大生气，对人说肺坏了还是好好的一个人，都是他出注【主】意好，把法荣带下川沙去。不多几时，痔漏发生了，到乡下请医生看好了。但今年我看见他来，还是面色干黑。我劝他好好的【地】睡下来养养，他们都不听，又替他定【订】婚了。是【使】钱不给我知道，临时请我做利事人，我也不敢说别样，只说你们定【订】是定【订】了，多过两年结婚。他们到【倒】是口头上答应，我看只【至】多两年罢了。

他的几个大的狠（很）好，两个小的没有大出息。我位【为】他们化【花】泉（钱）狠（很）不少，长长【常常】添他们一点点吃补品【滋补品】，[结果倒]好：他们一家子全补上了！[要是]个人吃一礼拜[能]烧两次菜，一家子全来一次吃光。因他们老送东西来，我实不安，想法子叫小孩子吃好一点，这也是想法子帮助一下小孩子身体建【健】康一点，随【谁】知不听。如此可恶，能干没有用还是无能的好，听话呀，这样店里忙的【得】不得了。他要治平去川沙过廿四，不敢不去，小孩子四个，我接来住几天太难了。

我的右手痛了两个礼拜了。昨今两天见好一点，写这封信狠（很）有点痛。

祝你康健。

冬　卅年一月十九日

第[246]封 生日

致胡适（二）
（卅年第二号）[1]

骍:

谢谢你祝我的寿。[给你]贺年。

廿一号信，昨天收到的，我狠（很）高兴，因好久没有接着你的信了。

你的生日，我们家乡也有两天的客，阴历十一月十七日，也是钱寄女儿的生日，你们同生日。那天因惠平和本家只知道这一天，都来了，共三桌，也替钱寄女儿做生日。十二月十七阳历，是阴历十一月十九，是史寄女儿的生日，他去年卅岁。好，那天又替他做生日，也是三桌。他两个闹呀。图章同笔一定寄给你，请放心。

儿子打长途电话，替爸爸拜寿，我要吃醋了。

望儿昨天也有信来，说起回家过年吃年晚饭。游太太大【太】累了，当晚就肚子痛，第二天进医院，

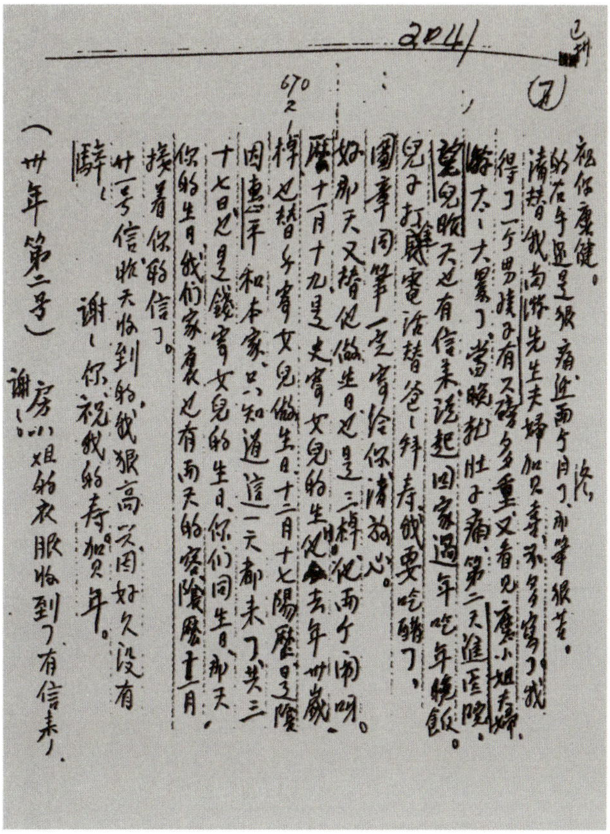

得了一个男孩子，有六磅多重。又，看见应小姐夫妇请替我尚【向】游先生夫妇贺喜。不多写了，我的右手还是狠（很）痛，近两个月了，那【拿】笔狠（很）苦。

祝你康健。

冬

房小姐的衣服拿到了，有信来了。谢谢。

①写信时间应为1941年1月下旬。

第［247］封 管教

致胡适（三）
（第四号）[1]

骍:

第一号信收着了。我看了你近来睡觉不好，我有点不放心，但是几万里路程，有什么法子想呢？只有望你自己时时留神，你要是讨了个有学问的太太不就是天天同你一块，照应帮助你吗？

我自己狠（很）会保重，用不着人管我，我打牌的话，也不过十几个朋友玩玩小牌。从前在北平十块泉（钱）一个六子，现在我们只算五角泉（钱），因大家都穷算计人。要说我用费大了，那只有天知道，日后见面也算的【得】起来，要不我把用泉（钱）账目开把你？我一身【生】也可以说问心前去，不做没脸的事。这不是我养生下□小三过人的话，他每年呢，大慨【概】一年买书、学费、用费五百多元，而且前年下学期考的【得】狠（很）好，我也狠（很）高兴。去年，加知【之】你长【常】有信叫我多给点买书，但是去命【年】用去乙（一）千元左右，工科外坏【还】有三名【门】不及格。这东吴也是他要去的，那时，我劝他考联大，他不忌【愿】意，今年他又想去〖了〗内地

[了]。我替他行装办好了，竹、石两先生一定说不能走，路不通，现在他自己决定改工科了。我又托洪钊请着一位陈先生教物礼【理】、算学，又请着一位王先生叫【教】英文，每人五十元一月的薪水。去年我也听你的话，样样都对与【于】他不同一点，西服做了三身，大衣一件，中衣也做了不少。好了，天天到【倒】多玩了，不用心读书了。那泉（钱）买书也开支不少，不过我狠（很）不忌【愿】意告诉你，你千万看了不要生气，你要生气我的罪恶就狠（很）太【大】了。现在都说满【瞒】着你，你还是装着不知道，把面孔破了，他就没有怕处了。连衣服，去年他一人用去乙（一）千七八百元，上海坏同学多，自己无眼力。我去年生气死了，但是还是要管着他点好，今年不大敢出去了。慢慢离开那一班同学，叫他想过来。那件红缎袄臭【绸】子，是七十三元做的，留着有便人寄回退还他店里，叫他从【重】做上一件，上回那件也是他家的，小了应该他倍【赔】。

前次托陈先生带笔墨，还有王景春夫人衣服四件，托你转交，那封信内有他的住止【址】，墨西根【哥】。

祝你康健。

冬　卅年三月十日

①编号有误，应为“第三号”。

第 [248] 封 应太

致胡适（四）

[骍:] ①

应小姐不日来美，要走上海，我要茶叶出来，我就托他【她】带点新茶给你，去年的茶叶要长焕【常换】石灰，不会坏的。我前年的还有，都狠（很）好，今年价泉（钱）一定大点。

应太太在我家吃午饭，去到对面地丰路乙（一）百五弄廿九号崔小姐家三楼，两间外洗肉间，共乙（一）百元一月，在李大夫弄堂里。你要是看见宋以忠先生的话，你对他说写封信给应太太，他皮气【脾气】不好，究竟是至亲，现在也狠（很）可怜，媳妇又离婚了，大【丈】夫把家中水洗干尽【净】了，儿子事又下来了。请他不看金面

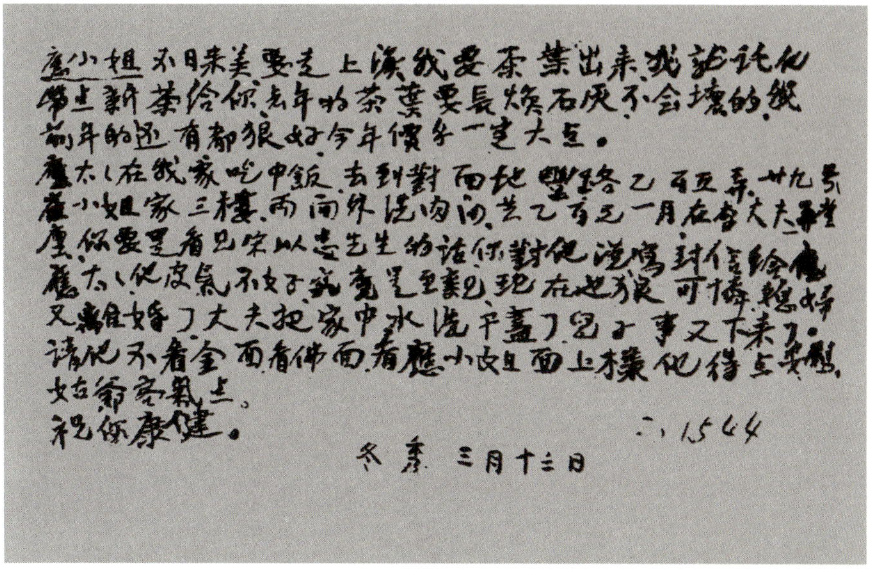
應小姐不日来美，要走上海，我要茶葉出来，我就託他
帶点新茶給你。去年的茶葉要長焐石灰，不会壞的。我
前年的还有，都狠好。今年價钱一定大点。
應太太在我家吃中飯，去到對面地豐路乙百五弄廿九号
應小姐家三樓。兩間外洋內間，共乙百元一月。在[illegible]大夫二禮
[illegible]，你要望看見宋以忠先生的話，你對他說寫封信給應
應太太，他脾氣不好了，就[illegible]，現在也狠可憐。總好
又離[illegible]婚了，丈夫把家中水流卒盡了，兒子事又下来了。
請他不看金面看佛面，看應小姐面上樣他得点安慰，
姑爺客氣点。
祝你康健。
二.15.44
冬秀 三月十三日

看佛面，看应小姐面上样【让】他得点安慰，姑爷客气点。

祝你康健。

冬秀　[1941 年] 三月十三日

①此信无编号，也无抬头。似为托便人捎给胡适的信件。

第[249]封 华侨

致胡适（五）
（第三号）[1]

骍:

昨天陈先生打电话来问我，有[没有]东西带把你，我就托他带上你要的图章，四个笔，七紫三羊廿支，双鸟龙水廿支，双泰本廿支，墨两块。现在市面上没有好笔，这个就算好的了，比早年贵四倍，东西还不好。

还有一件事，就是国聪的妹妹，六小姐，在清华教法文的。他【她】嫁给一位毛先生，他【她】的丈夫是华侨，生在檀香山，后来也在清华教书，现在没有事做，他的哥哥叫他【她】回家做事去，但是太太是中国人，只准住六个月，就不准住了。故他托你替他帮忙想个办法，给他住下去。前有郑洪年小姐，也是嫁给华侨，后来

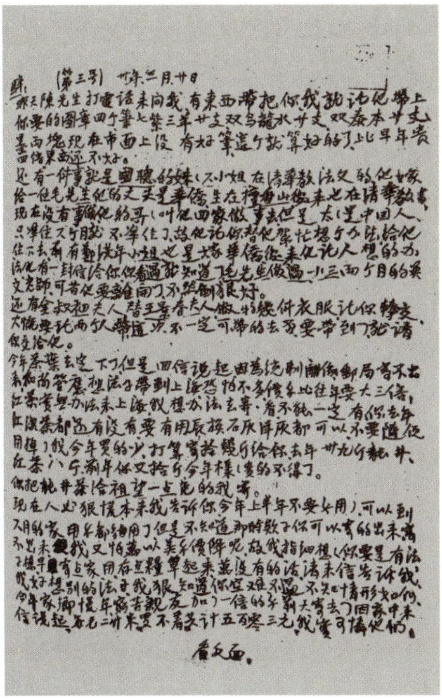

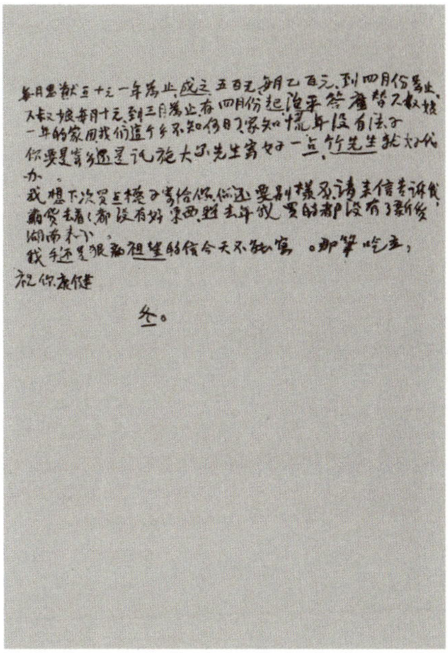

他托人想的办法。他有一封信给你，你看过就知道了。毛先生做过小三两个月的英文老师，可昔【惜】他要离开了，不然倒狠（很）好。

还有全叔初夫人替王景春夫人做的几件衣服托你转交，大慨【概】要托两个人带，这次不一定可带的去〖否〗，要带到了就请你交给他。

今年茶叶去定【订】下了，但是回信说起，因为统制关系邮局寄不出来，和尚答应想法子带到上海，恐怕不多，价泉（钱）比往年要大三倍。红茶实无办法来上海，我想办法去寄，看[来]不〖能〗一定有，你去年红绿茶都还有没有？要有，〖用〗长【常】换石灰洋灰都可以，不要随便用掉了，我今年买的少，打算寄拾几斤给你，去年卅九斤龙井，红茶八斤，前年你又十斤。今年样样贵的【得】不得了。

你把龙井给祖望一点，免的【得】我寄。

现在人心狠（很）慌。本来我告诉你今年上半年不要泉（钱）用了，可以到六月的家用泉（钱）都够用了。但是不知道那【哪】时款子你可以寄的【得】出来？寄不出来，我又怕万以【一】美泉（钱）价降呢，故我指细【仔细】想想，你要是有法子想，早寄点家用。存点粮草起来，万[一]没有的话，请来信告诉我，我好想别的法子，我狠（很）知道你空难【困难】，不过不知情形如何。今年家乡慌【荒】年，穷苦亲友加了一倍的泉（钱），前天寄去了。因家中来信说起，每元二升米买不着，共计五百零三元。我实[在]可怜他们。（看反面）每月思猷五十元，一年为止。成之五百元，每月乙（一）百元，到四月份为止。六叔娘每月十元，到三月为止。存【从】四月份起，治平答应替六叔娘一年的家用，我们这个泉（钱）不知何日了。家知【加之】慌【荒】年，没有法子。

你要是寄泉（钱），还是托施大【太】尔先生寄好一点，竹先生就好代办。

我想下次买点榛子寄给你。你还要别样不，请来信告诉我。肃【绣】货去看看都没有好东西，照去年我买的都没有了，新货[是]湖南来的。

我手还是狠（很）痛，祖望的信今天不能写了，那【拿】笔吃立【力】。

祝你康健。

冬　卅年三月廿日

①编号有误，应为“第四号”。

第[250]封 熊孩

致胡适（六）
（第五号）

骍妹[1]：

二月廿七的信收到了，谢谢你。〖我看了〗你信说，医生检楂【查】狠（很）好，我看了高兴极了。但是在外面做客，全靠自己时时留意。

前几天，有位王老先生来看我，说不日就要回美国去，因买不着船票，他走要来看我，我想要买着了茶叶，托他带点把你，但是因杭州杭治【统制】，茶叶寄不出来。但和尚答应自己想办法亲自作两三个人带出来，每人只可带三斤，先寄十斤给你，你去年茶大概还有罢，再留着慢慢的【地】吃罢，要这样连上海都要没有了。

治平托祁门客人走那边寄十斤红茶送你，

请收着了写封回信给他。还有一件事和你商量〖一件事〗，请你不要生气，就是我的小三太不学好。完全不是早一年的样子，不肯读书，全是口荒【谎】语，也不大【太】小了，请你给他的泉（钱）买书，实在一句话，要那【拿】着泉（钱）不知弄什么去呢。他不想读书，要去内地做事去。现在家中请两个先生，还是不好好读书，实在要把我气死。我现在只有母子两个人，还怕别人笑话，只有饮气【忍气】，但是我的右手腕子痛的【得】好不了，只要一生气手就[带动]半边身子痛的【得】不得了。我不怕别样，只怕半身不遂，写字都不方便。只要小三好好的，我现在一天的云都开了。

我听说美国有这一种学校，是叫【教】会里人办的。里面吃食狠（很）苦，管的【得】狠（很）严，不读不做不行，请你替我打听可有。听说化泉（花钱）狠（很）少，我想要有到【倒】比中国强多了。现在上海自己没有定主意，学校平时不管，听说内地也差不多，好的还是好的，坏的还是多呢。丕莹去〖了〗三年〖在〗日本，快两年[了]现在还是二年级。泽涵也长【常】来信，也是气。他还不忌【愿】意［去］泽涵那边，请你暑假前替我想好办法。

前日我去丁太太家。丁太太，金太太都怪我不应该把他放到家中，又不叫他进学校，又不给他泉化（钱花）。我只好不开口，样【让】他们说去，天知道去年每礼拜给他泉（钱），也一天就化（花）光。要是小三账上随便那【拿】，皮包不能放手，叫他买东西也是这样完了。今年算这个好了，没有过。

史寄女去内地，飞四千元，只能带十八磅，多了照美洋算。毛先生夫妇去檀香山，三等船乙（一）百八十美金，还能多带一点呢。现在内

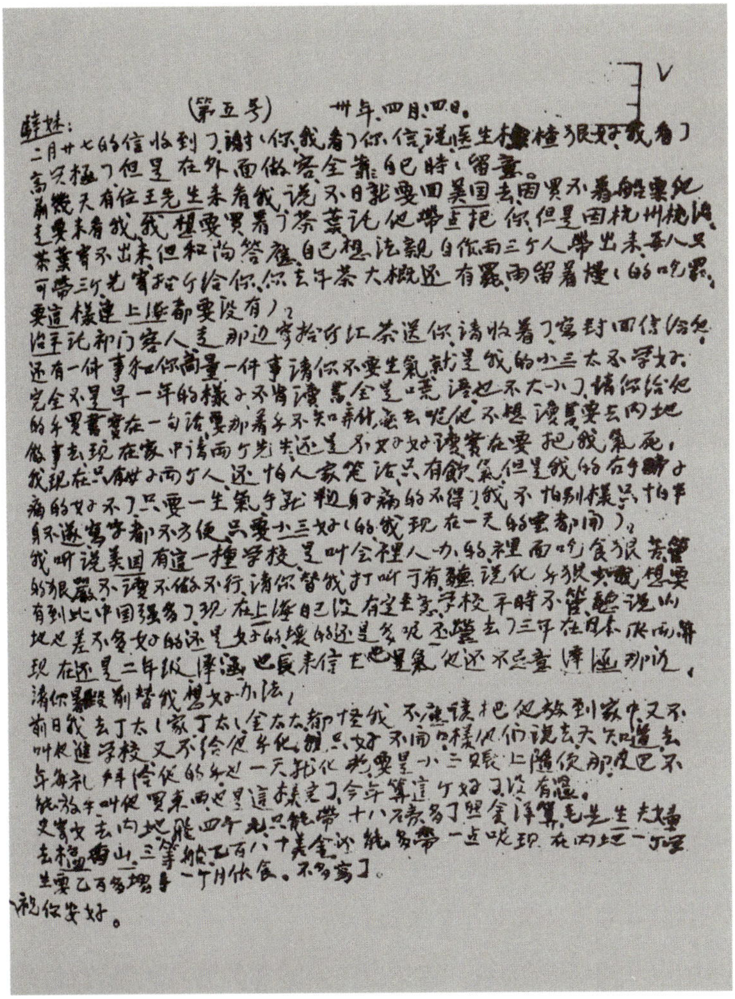
(第五号) 卅年四月四日。

骍妹：

……

祝你安好。

地一个学生要乙（一）百多块泉（钱）一个月伙食。不多写了。

祝你安好。

[端] 卅年四月四日

①骍妹，即胡适，因江冬秀顾忌当局者书报检查制度给胡适带来不必要的麻烦，故以“骍妹”代称。下同。

第[251]封 学坏

致胡适（七）
（第六号）

骍妹:

三月十五的信早收到了，因为没有船，故等明日有一支【只】船开，比叫【较】快多了。照片和汇来的泉（钱）都收到了，谢谢你。

你信说坐火车晕吐，我看了狠（很）难过。我不应该告诉你我孩子种种的坏处，但是我不告诉你恐怕害他一身【生】一世了，现在我决定到暑假叫[他]去美国，不过你要同他客气。米有几种人有几样，古人说，一样的米吃出几十种的人来，这个孩子就是那一种小人里面的人。他现在有几样下流习气，撒谎、混批评，泉（钱）随便乱化【花】，口不应声，我气伤了心。昨天石头来告诉我，看见他顺【训】育主任，说起去年中学里学生只有我的儿子，同孟邹的老二功稞【课】等【顶】坏，半年长【常】不读书。他们也想不少方法管叫【教】，没有办法，〖一〗学校里没有他们两个聪明。就是去年起，那个能干，考好大学，托人面，我无论怎样根本做不到。妹妹你要知道我的苦，自己没有受过教育，只大意了，去年看他大了，不要大【太】紧了他。这叫做不能上

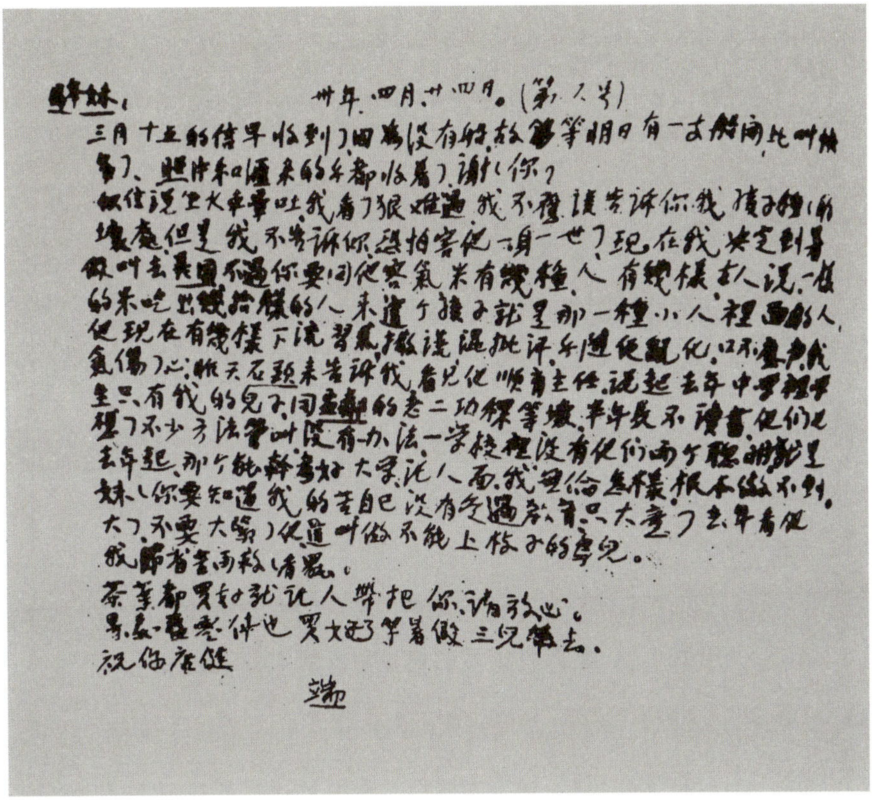

茶叶都买好就托人带把你，请放心。
景泰蓝零件也买好了，等暑假，三儿带去。
祝你康健
端

枝子的鸟儿。

我节省书再救救看罢。

茶叶都买好就托人带把你，请放心。

景泰蓝零件也买好了，等暑假，三儿带去。

祝你康健。

端　卅年四月廿四日

第[252]封 想法

致胡适（八）

（第八号）[1]

骍妹:

第四号信收到了，是四月十号的信。前三号没有错，恐怕我到【倒】错了一封信，我不太记得了。

我有一件事托你，就是徐太太的一个亲戚，在美国多年不同太太通信了，也是张菊生老先生的亲戚。他老先生一年只送他十块泉（钱），他的太太本来在工厂做工度命，因徐先生的一个叔伯姊姊病重，照骨【顾】病，半年吴太太的病好了。他儿子一家由内地回来了，也是狠（很）苦，不肯要这位吴太太住在他家里。现在这个工厂停工，走头【投】无路，托徐太太来托你替他想法子代查查看，[徐太太的这个亲戚]可回国来了没有。此事千万做点好事，替查查看，请回信告诉我一声。

上次托治平的朋友买祁门红茶十斤，寄把你，

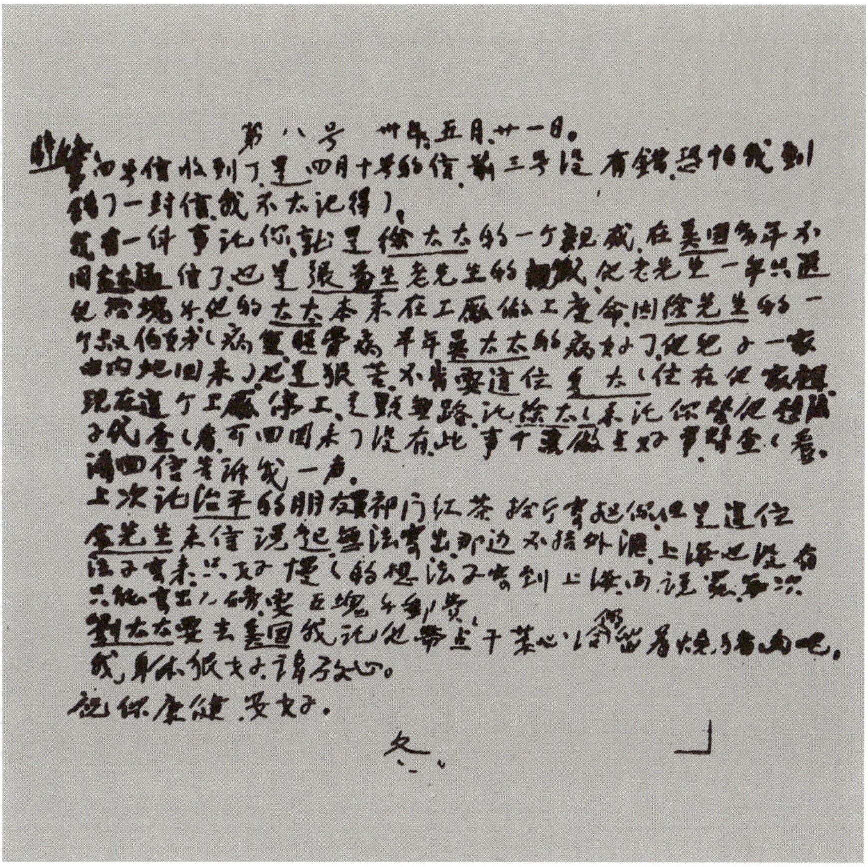

第八号 卅年五月廿一日。
时鑫：四号信收到了，是四月十号的信。前三号没有错，恐怕我到
错了一封信，我不太记得了。
我有一件事托你，就是徐太太的一个亲戚，在美国多年不
回通通信了，也是张蕙生老先生的亲戚，他老先生一年只通
他消息。他的太太本来在工厂做工，受命同徐先生的一
个叔伯姊（病重，经常病，半年王太太的病好了，他把了一家
由内地回来）也是狠苦，不肯要这位王太（住在他家里）
现在这个工厂做工，是联盟路。托徐太太来托你替他到厂
子代查（看可回国来了没有此事十万感出好事替查）（看）
请回信告诉我一声。
上次托治平的朋友带部门红茶拾斤寄起你，但是这位
金先生来信说起无法寄出，那边不接外汇，上海也没有
法子寄来，只好慢慢的想法子寄到上海再说罢，每次
只能寄出六磅，要五块钱邮费。
刘太太要去美国，我托他带点干菜心给你，留着烧猪肉吧。
我身体狠好，请放心。
祝你康健，安好。
冬。

但是这位金先生来信说起，无法寄出，那边不捛【接】外汇，上海没有法子寄来，只好慢慢的【地】想法子寄到上海再说罢，每次只能寄出六磅，要五块泉（钱）邮费。

刘太太要去美国，我托他带点干菜心给你，留着烧猪肉吧。我身体狠（很）好，请放心。

祝你康健，安好。

冬 卅年、五月、廿一日

①中间缺“第七号”信件。

第[253]封 劲苏

致胡适（九）
（第九号）

骍:

游先生带来第五号信，同袜子一打都收到了。小芳的三双，候有便人寄去不悮【误】。谢谢你。

游先生来我家，不巧我被钱寄女找去打牌去了。小二——我们有一个表第【弟】妇死了——送份子去了，没有人在家。后打电话，[在]泉（钱）宅找着我说话了一下午。他去香港，狠（很）对不起他，狠（很）不安。

杨劲苏夫人，本月五号死了。我狠（很）难过，他夫妇对与【于】我们太好，长长【常常】的【地】记着你。可怜小儿子今年大学毕业了，找好事了，大儿子三年没有找着事，今年正月在华通煤公司做事了，还自己买旧汽车修好卖出去，狠（很）好[的]出息。近三个月给他母亲零用多点，他又死了。腰子病

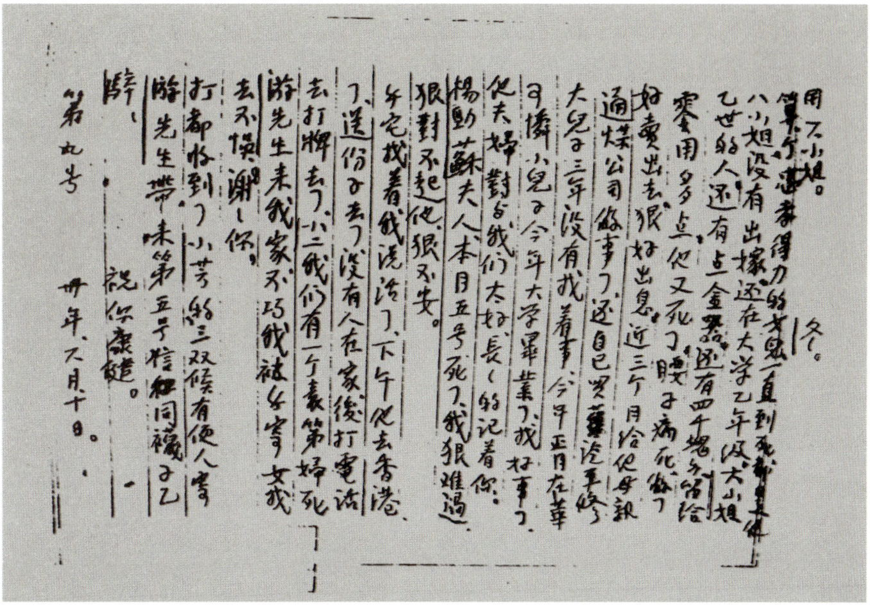
用六小姐。
算个忠孝得力的女儿一直到死都是他　冬。
八小姐没有出嫁还在大学乙年级大小姐
乙世的人还有点金器还有四千块泉留给
零用多点他又死了瞎子病死做了
好卖出去很好出息近三个月给他母親
通煤公司做事了还自己买药治来修
大兒子三年没有找着事今年正月在華
可憐小兒子今年大学毕業了找好事了
他夫婦對子我们太好長〻的记着你
楊勁蘇夫人本月五号死了我狠难過
狠對不起他狠不安。
4宅找着我说话了下午他去香港
了送份子去了没有人在家後打電話
去打牌去了，小三我们有一个表弟婦死
游先生来我家不巧我被4宅女找
去不慎謝〻你。
打都收到了小芳的三双候有便人寄
游先生带来第五号信都同識了乙
時〻　祝你康健。
第九号　卅年、六月、十日。

死，做了乙（一）世的人，还有点金器，还有四千块泉（钱）留给八小姐，没有出嫁，还在大学乙（一）年级，大小姐算个忠孝得力的女儿。一直到死，都是他【她】用【同】六小姐。

祝你康健。

冬　卅年、六月、十日

第[254]封 唱片

致胡适（十）
（第十号）

骍妹:

六月十九号的船，有一位丁小姐到美国去进学枝【校】，他【她】是杨劲苏的少奶奶的侄女儿，是中西毕业的。他【她】一个人走的，十八岁。那天杨大小姐来托我写封信给他【她】带去介绍你，托你帮忙照应一点，因怕战事的原故【缘故】，一个女孩子，年记【纪】又小。他【她】去波士顿大学，我告诉他【她】有事只管和你通信，一定能帮忙处都应该，因我那两天有点伤风寒热，不能起来写，今把他【她】的名字写把你。杨太太八日开吊做五七。

望儿有信来，叫我替他买几张中国唱片，共买了十张。他要杨小楼的《连环套》，只有前部，后面《盗御马》同《拜山》、《起畝》都买到【找遍】了都没买处，这是高□出品。早店开门了，有三张王【玉】堂春，他还送了一个夹子，可以分开来送人。现在各处都看过，只有狠（很）少，不全了。沈小姐应【认】得有个外国朋友走，托他带去，还有大春的两件礼服，共包在一个包里，收到看下可对吗？

上次徐太太的一个亲戚，在美没有信息，托你打听，可问过没有？我望【忘】记性【姓】什么了。请你一定想办法替他问问。

我要讨几个泉（钱），那【拿】来吃饭。

思猷肺病，上次有人来说狠（很）见重，人瘦的【得】不得了，上两个月就到石原皋家去，那【拿】两百块泉（钱）一个月用费。他是我从去年十一月起就叫他们全回老家去修养，我每月贴他们五十元零用。睡下来养，种种养病的法子，他们从来没有信给我，泉（钱）呢，到【倒】每月去那【拿】，也没有收条。只有前两个月少奶奶来信要全家出来替思猷找好医生看病，我写信回去不能出来的里【理】由，同住问题，劝他们回家，房子同米不要化泉（花钱）呀。他们就没有来过信了。每月两百块泉（钱）我出不起，故我问你日后的办法，怎样想出一个来。我不过看先人的面尽力而为，我自己的身份呢，比看门狗还不如。白【自】找麻烦，他们到【倒】不里【理】我，是我要劝他们养病劝他们出来的，泉（钱）送出来的，人家到【倒】是里【理】我们的！现在乡下米卖乙（一）百五十乙（一）担，还要用一个人，少奶奶只有五十元养的。

祝你安好。

冬　卅年、七月、二日

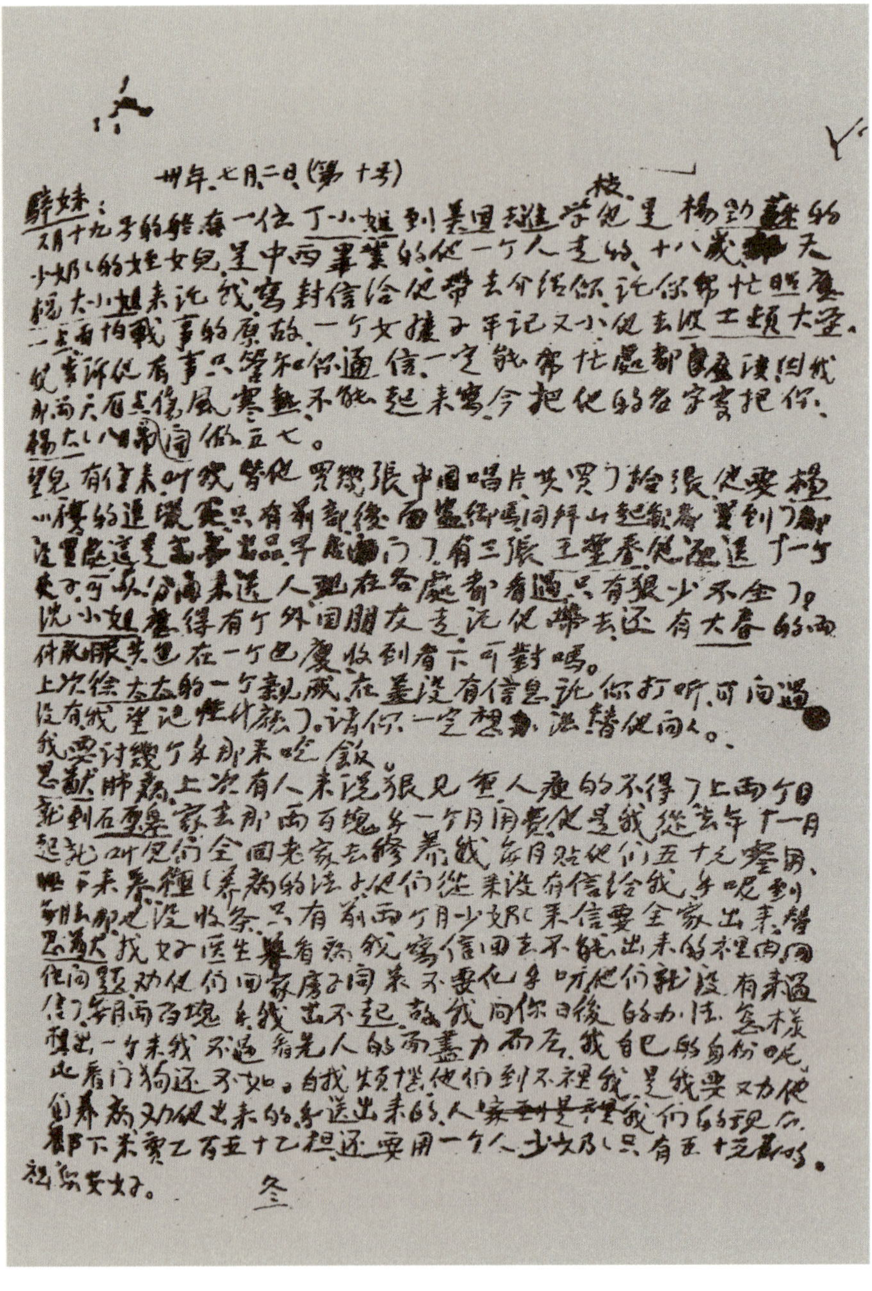

卅年七月二日（第十号）

骍妹：

五月十九号的船有一位丁小姐到美国进学校，她是杨劲苏的少奶奶的侄女儿，是中西毕业的，她一个人去的，十八岁[illegible]。天杨太小姐来说我写封信给她带去介绍你，说你帮忙照应一点。为的战事的原故，一个女孩子年纪又小，她去做工读大学。我要许她有事只管和你通信，一定能帮忙处都会[illegible]。因我那两天有点伤风寒热，不能起来写，今把她的名字写把你。杨太太八号〔圆〕做五七。

望儿有信来，叫我替他买几张中国唱片，我买了拾张，他要样样的，这种只有前部[illegible]到了都没买处，这是[illegible]出品[illegible]有三张，王璧秀她送了一个东西，可以[illegible]送人，现在各处都看过，只有很少不全了。沈小姐觉得有个外国朋友去，托她带去，还有大春的两件衣服夹在一个包里，收到看下可对吗。

上次徐太太的一个亲戚在美没有信息，托你打听，可问过没有，我忘记姓什么了，请你一定想想，替她问问。

我要讨几个[illegible]来吃饭。

思猷肺病，上次有人来说很见重，人瘦的不得了，上两个月就到石[illegible]家去，那两百块多一个月用费，她是我从去年十一月起就叫[illegible]全回老家去修养，我每月贴他们五十元零用，[illegible]来养病的话，他们从来没有信给我，[illegible]那也没收条，只有前两个月少奶奶来信要全家出来，替思猷找好医生看病，我写信回去不能出来的理由，同他问题，劝他们回家房子间来不要化多，叫他们就没有来过信了，每月两百块钱我出不起，故我问你日后的办法，怎样想出一个来，我不过看着人的面尽力而已，我自己的身份呢比看门狗还不如。自我[illegible]他们到这里，我是我要又劝他回养病，又劝他出来的，多送出来的人~~[illegible]~~我们的现在都下来买了[illegible]五十元担，还要用一个人，少奶奶只有五十元[illegible]。

祝你安好。

冬

第[255]封 拿错

致胡适（十一）
（第十二号）[1]

骍妹:

好久没有接着你的信了。还是收到你第五号信，五月十八的，算起来两个多月了，不知【难道】你们忙到这样吗？

我有一件事要告诉你，就是存放在天津那门【么】多的箱子，内有一个箱子的地毯是十三号箱子，前年在兴业，我就托竹先生替我想法寄给我，随【谁】知他们那【拿】错了，是一箱子书，我时【是】焦急。地毯是会生虫蛀的，内还有四个号镜匡【框】。我那时箱子到津的时候弄破了不少，叫小二照应修里【理】，把这个箱子题【提】出来，千万要紧，他望【忘】记了。我自己呢，重伤风发烧，好了就动身来上海了。第二年，本来叫成之去取出来，又封锁进不去，后来又费事还是那【拿】错了。

我要请你速写信给施太尔先生，请他想法子写信[去]天津，我叫成之去取出来，是一支【只】长方形的箱子，并不是我怕地毯蛀了，是［怕］虫飞到别箱子，气【吃】了你的东西，就不得了。我是没有想到

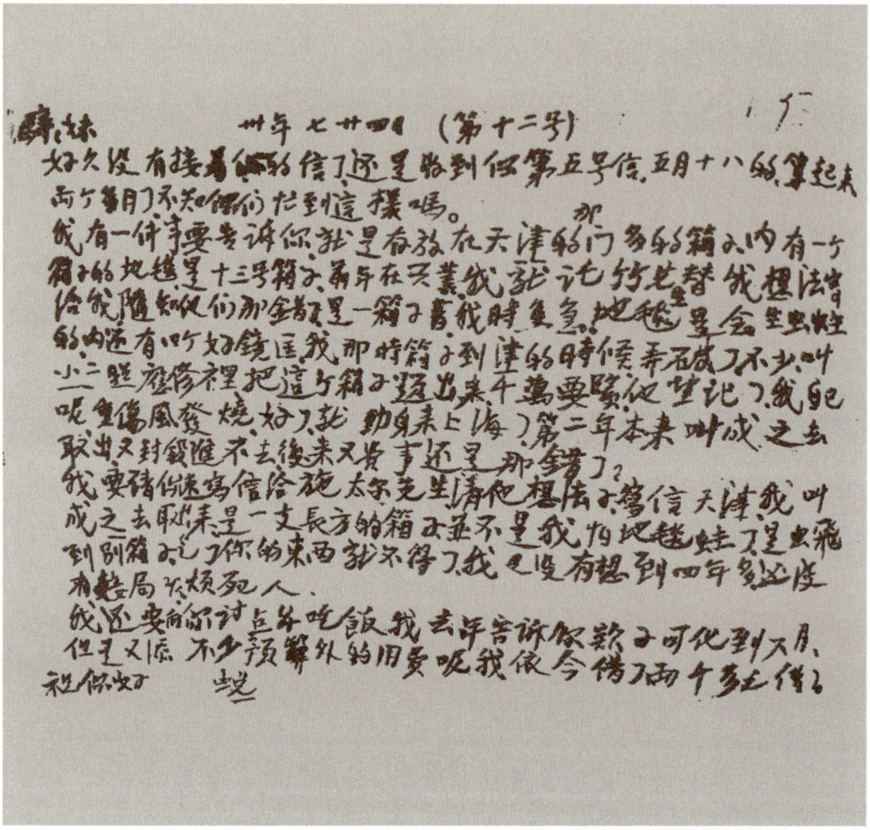
骍弟 卅年七廿四日 (第十二号)

好久没有接着你的信了，还是收到你第五号信，五月十八的，算起来两个多月了，不知你们忙到这样吗。

我有一件事要告诉你，就是存放在天津的门那多的箱子内有一个箱子的地毯，是十三号箱子，前年在天津我就托竹先替我想法寄给我，随后你们那全部是一箱子书，我时急急。地毯里全生虫蛀的，内还有四个好镜匣，我那时箱子到津的时候弄破了，不去叫小二赶存仓里把这个箱子提出来，千万要紧，你望记了。我自呢重伤风发烧，好了就动身来上海了，第二年本来叫成之去取，出又封锁进不去，後来又费事还是那样了。

我要请你速写信给施太尔先生，请他想法子写信天津，我叫成之去取来是一支长方的箱子，并不是我的地毯，生了虫飞到别箱子上了，你的东西就不得了，我一点没有想到四年多还没有结局，烦死人。

我还要向你讨点泉吃饭，我去年告诉你款子可化到六月，但是又添不少预算外的用费呢，我依今借了两千多元借了。

祝你好 蜕

四年多还没有结局，烦死人。

我还要向你讨点泉（钱）吃饭，我去年告诉你款子可化【花】到六月，但是又添了不少预算外的用费呢，我依今【已经】借了两千多元借【债】了。

祝你好。

蜕[②] 卅年七月廿四日

---

①编号有误，当为江冬秀误记，应为第十一号信。②署名原文如此。

第[256]封 支票

致胡适（十二）
（第十一号）[1]

骍妹[2]:

六月卅日的信收到了。你的身体狠（很）好，我看了狠（很）放心。

石先生同惠平的老六法守住到这块，热闹一点，我就怕一个人过日子。游先生带来的袜子当时就收到了，因陶小芳的袜子还没有寄出去，竹先生不能托人带，我以【已】有信给小芳了。但是还没有接着他的信，但不知他在昆明还是在什么地方，又有信给泽涵，请他代转。祖望去做事狠（很）好，免的【得】暑假也是玩了。他上次的信说，要找不着事，问爸爸讨点泉（钱），还进暑期学校去。

小三学校的成绩单，昨天寄出去了，不过不知到【道】开学可赶得上吗？还有一件事要托你，就是我有一张支票是祖望的名字，那时存折换的，照现在照冻结法令组【祖】的汇票不能在上海卖出，要请你帮忙替我在美国将此张汇票到美花旗。廿年三月卅日第几号，没法奂【换】现，将全数汇转中国，今把支票寄把你，请收到速办。费神费神。

也真麻烦，到处都是烦事。

惠平第四儿子法善见瘦，照相出来肺上有两块黑点。我一定【已经】同他们交涉了两个月，昨天动身到北京去，进协和去养好再想法住□。

祝你康健。

端　卅、七、卅号

附上支票一纸，详情如下：

n.c.k 汇票

二 55 nell St. n.y.c.

Date: march 31,1940

No. 107746

抬头：Mr. Tsuwan Hu

金额：U.S.A. 702.007

①编号有误，当为江冬秀误记，应为第十二号信。②写信人为对付当局的书报检查制度而有此抬头称呼。

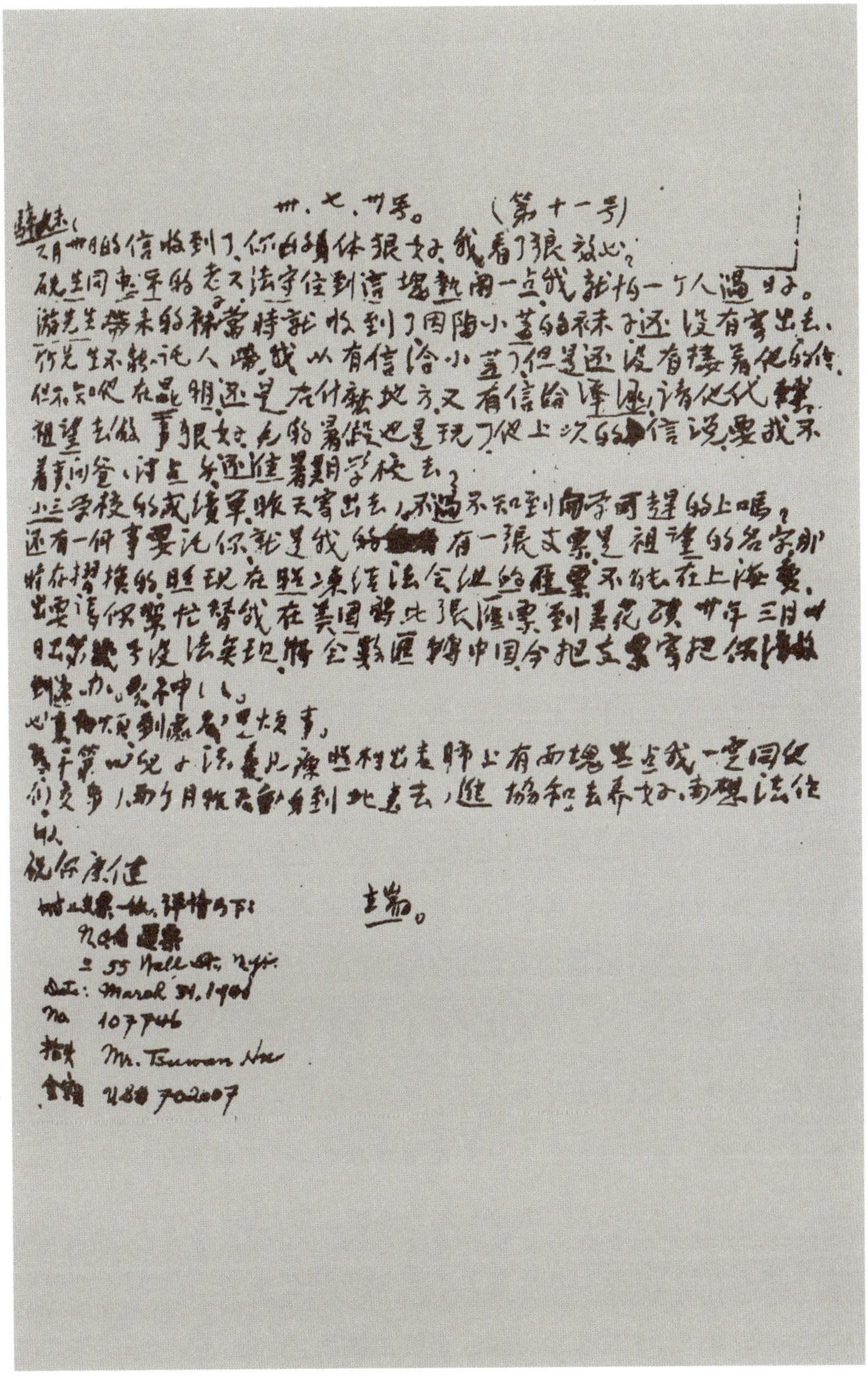

冬秀： 卅、七、廿号。 （第十一号）

七月卅日的信收到了。你的身体很好，我看了很放心。

硕先生同惠平的老太太[illegible]住到这边热闹一点，我就怕一个人过日子。

游先生带来的袜子当时就收到了。因为小三的袜子还没有寄出去，

竹先生不能托人带，我已有信给小三了，但是还没有接着他的回信。

但不知他在昆明还是在什么地方。又有信给泽涵，请他代替

祖望去做事。很好。[illegible]也是玩了。他上次的信说要我不

着急[illegible]，讨点钱还进暑期学校去。

小三学校的成绩单昨天寄出去了。不过不知到[illegible]可赶的上吗？

还有一件事要托你，就是我给[illegible]有一张支票是祖望的名字，那

时存[illegible]的，现在[illegible]法会[illegible]的汇票不能在上海兑。

只要请你[illegible]我在美国寄此张汇票到[illegible]，廿年三月卅

日[illegible]现将全数汇转中国，今把支票寄把你[illegible]

[illegible]办。

[illegible]

[illegible]

祝你康健

适之。

附上支票一纸，详情如下：

[illegible]

2 55 Wall St. N.Y.

Date: March 31, 1940

No. 107746

Mr. Tsuwan Hu

US$ 702007

第[257]封 原皋

致胡适（十三）
（第十二号）[1]

骍妹:

你的六月三日信上说，箱子今天才到，怎么路上各多日了【怎么路上耽搁这么多日子】，但不知东西可都替人家送去？唐小姐的东西，我问过唐太太，他【她】说还没有收着信。应小姐呢，也没有信。还有林斐成先生小姐的东西句【居】多，也不知送去否？秦少爷同大春的，全来信[说]收着了，房小姐的也不知道交去没有？有不少在李太太的箱子里面。我有一封信把你，还有一张清单交给你的，不知小三可交把你没有。要没有，你可问他那张单那【拿】出来看，上面写的【得】狠（很）清楚，那【拿】来对对看，可都交清了。受人知【之】托，分人知【之】忧。我告诉你乙（一）件事情，去年八月林唐王家兄妹、二少爷，出洋的，上内地的，我请他们吃晚饭，每人送一份东西，全分开包好，各人的写上名字，因〖我〗丁太太侄儿过岁我去了，到吃完饭还回招待他们再【才】又去了，东西全放在桌子上，每人乙（一）包。我回来晚了，第二天问他，全送了。这次他走了，我就把他房间检检，随

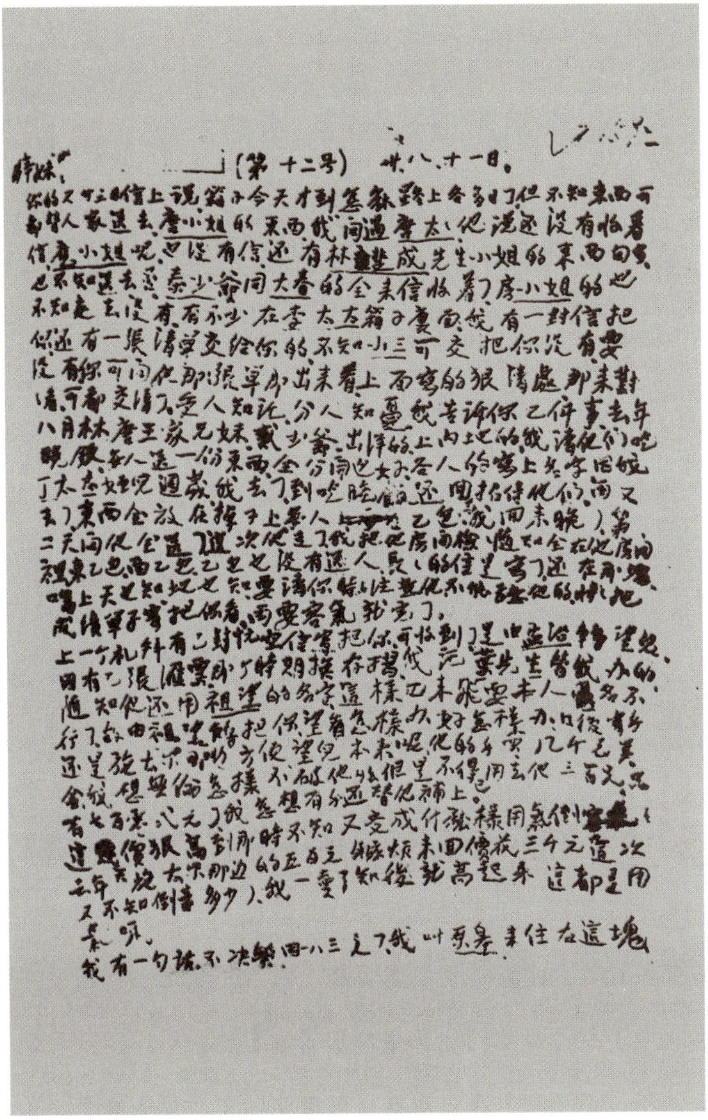

【谁】知全在他房间里，东乙（一）包，西乙（一）包，乙（一）包也没有送人。长长【常常】的信是写了，还在那块吗？上天也知地也知，要请你时时注意他，不能听他的，时时把成绩单寄把你看，再要客气就完了。

上一个礼拜有乙（一）封忼【航】空信寄把你，可收到了？是由孟治转望儿。因有乙（一）张汇票，那个时期换存折，我托叶先生替我办的。随【谁】知他还用祖望的名字，这样乙（一）来飞【非】要本人署名不行了。故由祖望转把你，望看怎样办好怎样办，日后寄泉（钱）还是施太尔那里方便。望儿本来呢，他的泉（钱）买几千元美金。我想无论怎样不破他□，但是不得已用去他三百元，还有七百零二元了，我怎【总】想有泉（钱）还替他补上。

这几天价狠（很）高，到那时不知又变成什么样，用【运】气倒客气，去年施太尔那边的五百元嫌麻烦未回价，花三千元，这次又不知倒□多少了。我一卖了知【之】后就高起来，这都是用【运】气呀。

我有一句话，不决□□□八三元了[②]。我叫原皋来住在这块，因他们三个人租乙（一）间亭子间，他同乙（一）个方先生睡乙（一）床，还有乙（一）个帆布床，是汝仁的舅子睡，乙（一）张小桌子就满了，故我叫他来住。你的朋友狠（很）怪我："他住你处，他究竟做什么事的？"我实在狠（很）火上等【顶】了。我想无论怎样装着不知完了，我过了几天去徐太太那边，他又告诉我，其人不赞成你叫石住在你家。我说狗狡【咬】好【耗】子，多管[闲事]。不过，你的朋友，我决不同他过不去，不过话要有分寸。我尚【向】来的皮气【脾气】，不做无理的事不怕人说，不受人管，也用不着人管。他住在这块，早辰【晨】八时去厂，晚上十时十一点回来，又不吃饭。他们去年等【顶】了一个药房，带厂八万元等【顶】下来，直【值】廿万元，是广东人买下来的，请他配药，他答应了。士范知道了一定要叫他要股份再进厂，后来分着两万元。我买了乙（一）股乙（一）千元，年下分着五百元利息，因同

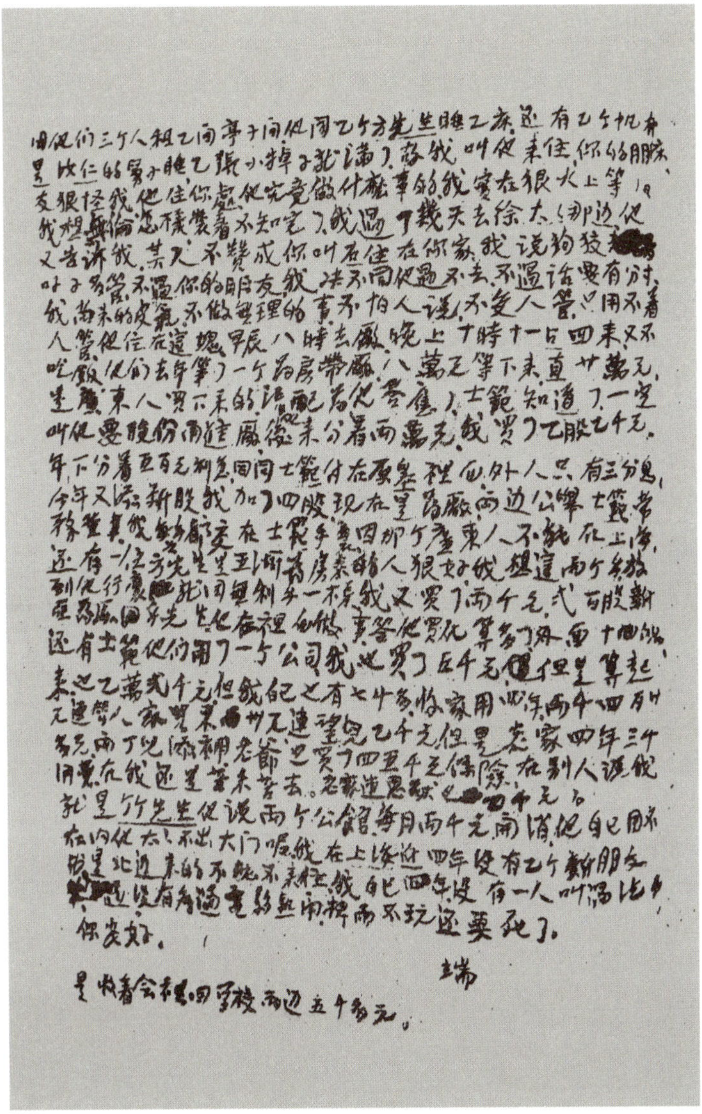

士范付【附】在原皋里面，外人只有三分息。今天又添新股，我加了四股，现在是药厂两边公举士范[为]常务董事，我每次泉（钱）都交在士范手里，因那个广东人不能在上海。还有一位方先生是五洲药厂来的，人狠（很）好，我想这两个泉（钱）放到他行里，也就同无利泉（钱）

一样。我又买了两千元（二百股）新亚药厂，因泉（钱）先生他在里面做事，答【搭】他买化【划】算多了，外面十四□□。还有，士范他们开了一个公司，我也买了五千元，但是算起来也乙（一）万二千元，〖但〗我自己也有七千多收家用，四年两千三百廿元，连替人家买东西卅元，连望儿乙（一）千元，但【单】是老家四年三千多元，向丁儿添补，老爷也买了四五千元保险。在别人说我用费，在我还是苦来苦去。老家连思猷也[用去我]乙（一）千元了。

就是竹先生，他说两个公馆每月两千元开消【销】，他自己用不在内，他太太不出大门呢。我在上海近四年没有乙（一）个新朋友，就是北边来的不能不来往，我自己四年没有一人叫过□□笑□过，没有看过电影，热闹牌再不玩还要死了。

你安好。

端　卅、八、十一日

是收着会里回【同】学校两边五千多元。

①编号有误。②原文如此。

第[258]封 孟治

致胡适（十四）
（第十三号）[①]

骍:

昨天写了一封信寄出去了。

今天任小姐来辞行，明天动身。我托他带了六瓶红茶给你。这是真祁门红，托人想法带了这一点，共三斤。日后要有，再想办法寄给你。

上次有一封航空信给你，不知可收到了没有？此事我狠（很）着急，由孟治先生转祖望，内有一张汇票，是祖望的名字，在上面非要寄回签字不可，再速寄回来。要是没有收着呢，速【请】你写信去问孟治先[生]，一方面问祖望收着没有，因冻结了。共七百零二元，是花旗银行的支票，望见信速查。办好赶快寄来，要紧。再，不知你可

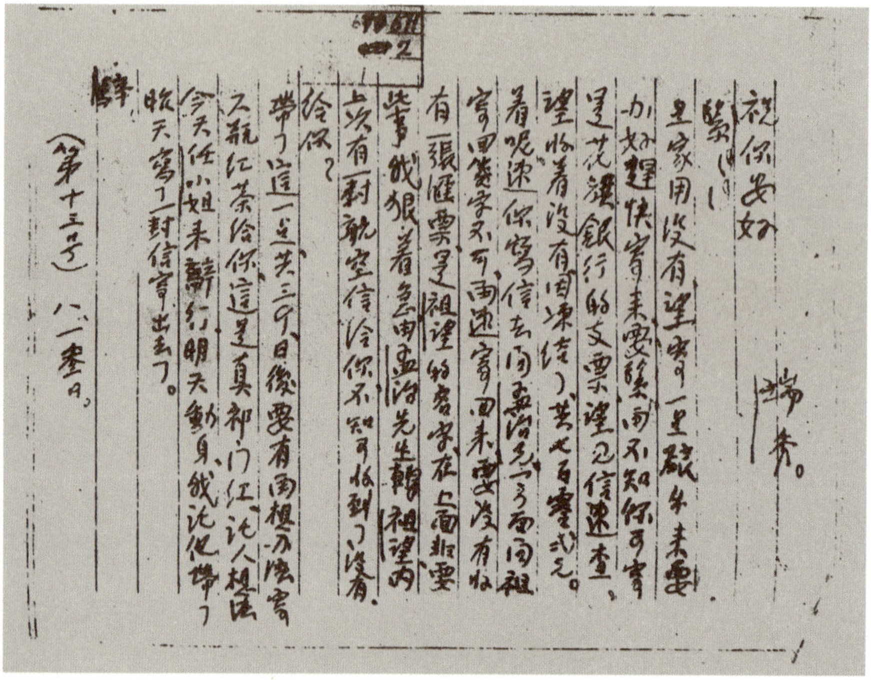
祝你安好
紧紧
[illegible]家用没有望寄一点粮泉来要
加好理快寄来要紧，而不知你可寄
是花旗银行的支票，望见信速查。
望收着没有回个信了，其也百[illegible]。
着呢，速你写信去问孟治先生可[illegible]问祖
寄回支票不可，而速寄回来，要没有收
有一张汇票是祖望的名字在上面，那要
紧了，我很着急，由孟治先生转祖望的
上次有一封航空信给你，不知可收到了没有。
给你了
带了这一[illegible]共三个月的家用，祖望要有办法寄
又瓶红茶给你，这是真祁门红，托人想法
今天任小姐来辞行，明天动身，我托她带了
昨天寄了一封信寄出去了。
（第十三号）八、一叁日。
端秀。

寄点家用没有，望寄一点粮泉（钱）来要紧要紧。

祝你安好。

端秀　[卅年] 八、一三日

①编号有误。

第[259]封 诗箴

致胡适（十五）
（第十四号）[1]

骍妹:

好久没有接着你的信了，不过长【常】[有]别人来信，长【常】看的【得】见你，故我狠（很）放心。今有一件要事托你，望千万见信速代办到。就是陈聘丞先生的外甥女儿名金诗箴小姐要去美国，他【她】是现由上海中西女□请得免费和住宿等费，拟赶柯力支邮船动身到美国，因他【她】坐三等船到旧金山上岸有麻烦，故拜托你想法去个电报回则【或者】电话托个朋友去接他【她】一下，免的【得】一个没有出个【过】远门的女孩子受怕。今寄上金小姐的照片一张，请你收着就办，船下月初头就开了。

金任启先生现在浙江兴业银行做事，同竹先生都是好朋友。我七月卅一号寄出的那张支票是由孟治先生转交祖望，因上面有祖望的名字，故非他自办不可，我[怕]他年少办不好，我叫他转交你，请你速代办好了速寄回来，想法取出，数目七百另【零】二元。你要是还没有收着呢，可写信去问孟治先生，是孙先生寄把他转交的。

廿.九月.十号.(第十四号)

骍妹:

好久没有接着你的信了,不过是别人来信是看的见你。故我很放心。

今有一件要事托你,望千万见信速代办到。就是陈暉丞先生的外甥女儿名金诗藏小姐要去美国做的是,现由上海中西女塾请得免费和住宿,算费[illegible]柯芝邮船動身到美国,他坐三等船到舊金山上岸,有[illegible]故所以托你想法去个電報回,别的電话托个朋友去接他一下,免的一个从没有出过门的女孩子受怕。今寄上金小姐的照片一張,请你收着。[illegible]下月初[illegible]了。

金仲石先生现在浙江兴業銀行做事,[illegible]竹先生都是好朋友。我七月卅一号寄出的那張支票是由[illegible]先生转[illegible]祖望的名字[illegible]自办不[illegible]我[illegible]交你。请你速代办好了,速寄回来。想法取出数目七百另二元。你要还没有收着呢,可寫信去问[illegible]先生是[illegible]先生寄把你转交的。

小三[illegible]好了,学校没有。你也長久没有信来了。

望兄:這一封信是金伯母的小姐去美国,你要是[illegible]理有熟人,就请你快一点代办一下。我[illegible]可在家否。此事你要負責代办好,那边有故,速走那边,快回[illegible]進了见信快办。

你的七月九日的信收着了,你说每天早上五点多进工厂,晚上天天五点出厂,到我有益處,只要身体好就好了。

金小姐有个朋[illegible]有[illegible]的母親,金伯母很着急,你寫封信问他。小三带去他媽送他的東西可收着了没有。

媽媽。

如果金小姐定當一定的船位再有電報來

20件

小三可进好学校没有，他也长久没有信来了。

望儿：

这一封信是金伯母的小姐去美国，你要是领事馆里有塾【熟】人，就请你快一点代办一下，我怕骅可在家否。此事你要负责代办好，那【哪】边有效速走那【哪】边，因船到不远了，见信快办。

你的七月九日的信收着了，你说每天早上五点多进工厂，晚半天六点出厂，到【倒】狠（很）有益处，只要身体好就好。

应小姐有六个月没有给他【她】的母亲信，应伯母狠（很）着急，你写封信问问他小三带去他妈送他的东西可收着了没有。

如果金小姐定【订】[妥]当一定的船位，再有电报来。

妈妈　卅、九月、十号

①编号有误。

第[260]封 小二

致胡适（十六）
（第十六号）[1]

骍:

第七号信收到了，谢谢你。不过你老两个月给我来封信，恐怕叫人要瞎烦了，望有空还是写几个字来好。

我看了你的信狠（很）难过，儿子不学好，是我的致命伤，别的话也不必说了。

我寄给你的东西，同收到我有几[封]信了，可有没有收着的〖没有〗？今年你也不题【提】起了，本来我就不会写信，从你【你从】不怪我，不过有时候人家来寻着我，有什么法？写信托你某人这件事，我只好写，不过我不负责任，做人有什么法子呢？

我这几个月来新添了一个胃气痛病，三个礼拜前有一晚上痛，快要痛死，后来到天亮再【才】好点，睡了一个钟头。竹先生来看我，他说有一种药送了点来，吃下去到【倒】是见好一点，但是两天后大□再吃没有用了。前两天去看陆大夫，他劝我要根本治好，但是一付药近卅元，吃了两剂实在吃不起。昨晚又痛，狠（很）轻，大概慢慢的会好，

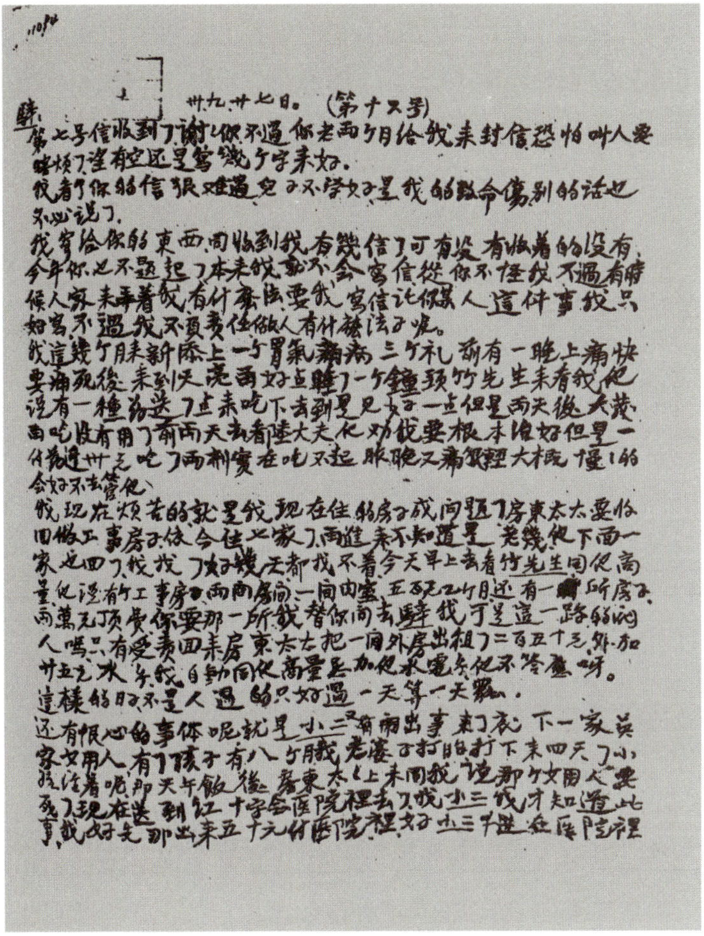

卅九.廿七日。（第十八号）

骅：

第七号信收到了，谢谢你。不过你老两个月给我来封信，恐怕叫人要烦了，望有空还是写几个字来好。

我看了你的信很难过，儿子不学好是我的致命伤，别的话也不必说了。

我寄给你的东西可收到？我有几信了，可有没有收着的没有。今年你也不题起了，本来我就不会写信，从你不怪我，不过有时候人家来弄着我，有什么法要我写信，说你为人这件事我只好写，不过我不负责任，做人有什么办法了呢。

我这几个月来新添上一个胃气痛病，三个礼拜有一晚上痛，快要痛死，後来到天亮两好点，睡了一个钟头，竹先生来看我，他说有一种药，送了点来，吃下去到是见好一点，但是两天後，大赞再吃没有用了。前两天去看陆大夫，他劝我要根本治好，但是一针要廿元，吃了两剂，实在吃不起，昨晚又痛，现在大概慢慢的会好，不去管他。

我现在烦苦的就是我现在住的房子成问题了，房东太太要收回做工事房子，依今住七家了，再进来不知道是老几，他下面一家也回了。我找了好几天都找不着，今天早上去看竹先生，同他商量，他说有个工事房子，两间房间、一间内室，五百元乙个月，还有一所房子，两万元顶费，你要那一所，我替你问去。骅，我可是这一路的阔人吗？只有受责，回来房东太太把一间外房出租了二百五十元外加廿五元水费，我自动同他商量，要加他不答应呀。

这样的日子不是人过的，只好过一天算一天罢。

还有恨心的事体呢，就是小三又有闹出事来了，我下一家英家女用人，有了孩子有八个月，我老婆子打胎打下来四天了，小孩活着呢，那天午饭後，房东太太上来同我说，那个女用人要死了，现在送到红十字会医院里去了，我小三我才知道此事，我只好先那出来五十元付医院里，好小三进在医院里

不去管他。

我现在烦苦的就是我现在住的房子成问题了，房东太太要收回做工事房子，依今【已经】住七家了，再进来不知道是老几，他下面一家也回了。我找了好几天都找不着，今天早上去看竹先生，同他商量。他说，“有个工事房子，两间房间、一件内室，五百元乙（一）个月，还有一所房子，两万元顶费，你要那【哪】一所？我替你问去。”骅，我可是这一路的阀【阔】人吗？只有受责，回来房东太太把一间外房出租

了二百五十元，外加廿五元水泉（钱）。我自动同他商量，忌【愿】加他水电泉（钱），[要不]他不答应呀！这样的日子不是人过的，只好过一天算一天罢。

还有恨心的事体呢，就是小二又闹出事来了。底下一家吴家女用人【佣人】有了孩子，有七八个月，我【找】老婆子打胎打下来四天了，小孩活着呢。那天午饭后，房东太太上来同我说，那个女佣人要死了，现在送到红十字会医院里去了。找小二，我才知道此事，我[只]好先那【拿】出来五十元付医院里。好小二早进在医院里去了。人是好了，孩子大人怎么个办法呢。有此事发生，房东太太一定多一麻烦呢。我也不容易，把他叫【教】成会烧饭菜，都做的【得】狠（很）好，洗衣服都会了，弄成此事。这个[女佣]人是有丈夫的，我要是走开了，那我就苦多了。上海的用人【佣人】太可怕了。大概我不会调里【理】人，坏事我都在头来了，命该如此。

我有一封航空信给你，你可收着了没有？还是七月卅一日的信，内有祖望的一张支票，是托孟治转交的，因那张票上〖有他的〗有祖望的名字，[非得]要他在纽约花旗兑现不可，因此地冻结了。你到底有没有[收到]呢？也不回信，实在〖处人〗要把人急死，有时痛苦起来，成忌【情愿】死了好。

丁太太一个人在上海过不下去，每月只有三百五十元进款，上海的房租要每月二百五十元，够那【哪】一头

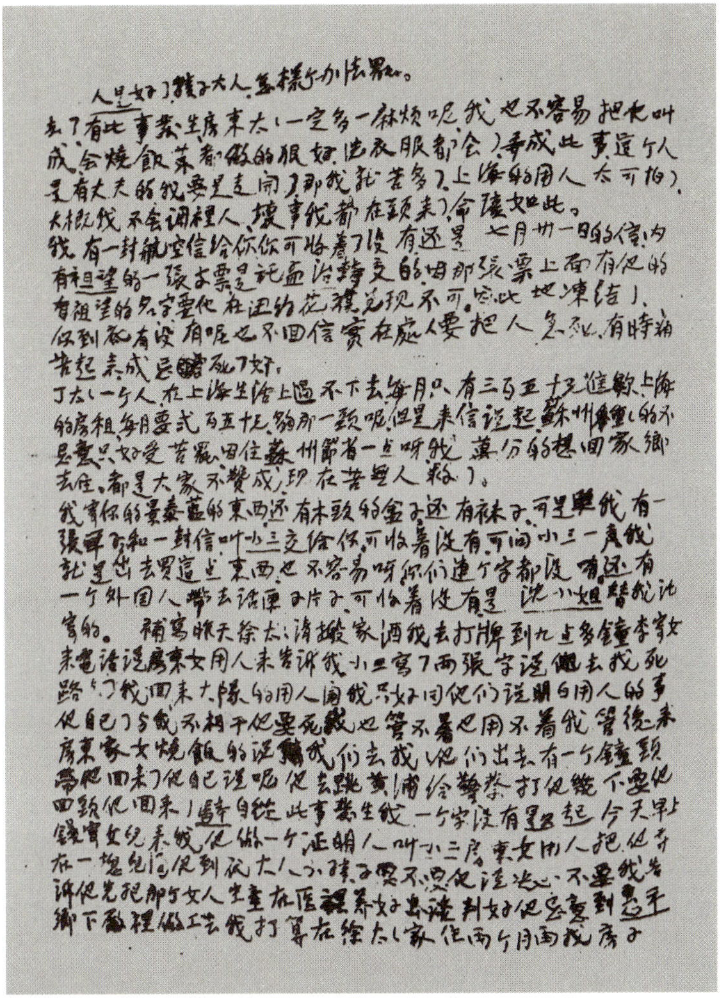

人是好了，猜了大人。怎样个办法罢。
去了，有此事发生，房东太太一定多一麻烦呢。我也不容易把他叫
成会烧饭菜都做的很好，洗衣服都会了，争成此事，这个人
是有丈夫的，我要是走开了，那我就苦多了，上海的用人太可怕了。
大概我不会调理人，坏事我都在头来了，命该如此。
我有一封航空信给你，你可收着了没有，还是七月卅一日的信，内
有祖望的一张支票，是託孟治转交的，因那张票上面有他的
有祖望的名字，要他在纽约花旗兑现不可，这些地冻结了。
你到底有没有呢，也不回信，实在急人，要把人急死。有时痛
苦起来，成[illegible]死了好。
丁太太一个人在上海生活上过不下去，每月只有三百五十元进款，上海
的房租每月要式百五十元，够那一点呢。但是来信说起苏州种种的不
是意，只好受苦罢，因住苏州节省一点呀。我万分的想回家乡
去住，都是大家不赞成，现在苦无人救了。
我寄你的景泰蓝的东西，还有木头的盒子，还有袜子，可是照我有一
张单子和一封信，叫小三交给你，可收着没有，可问小三一声，我
就是出去买这点东西也不容易呀，你们连个字都没有。还有
一个外国人带去话匣子片子，可收着没有，是沈小姐替我托
寄的。 补写昨天徐太太请搬家酒，我去打牌，到九点多钟，李家女
来电话说，房东女用人来告诉我，小三写了两张字，说他去找死
路了。我回来，大队的用人闹我，只好同他们说明白用人的事
他自己了，与我不相干，他要死，我也管不着，也用不着我管。后来
房东家女烧饭的说，请我们去找，他们出去，有一个钟头
带他回来了，他自己说呢，他去跳黄浦给警察打他，能不要他
回头他回来了。[illegible]自从此事发生，我一个字没有提起。今天早上
[illegible]女儿来，我[illegible]做一个证明人，叫小三房东女用人把他寄
在一块儿，问他到底太太小孩子要不要他，这些，不要我告
诉他，先把那个女人[illegible]在医院养好，[illegible]对好他[illegible]到[illegible]
乡下[illegible]里做工去。我打算在徐太太家住两个月，再找房子

呢。但是来信说起苏州种种的不忌【愿】意，只好受苦罢，因住苏州节省一点呀。我万分的想回家乡去住，都是大家不赞成，现在苦无人救了。

我寄你的景泰蓝的东西，还有木头的盒子，还有袜子，可是照我有一张单子和一封信，叫小三交给你，可收着没有。可问小三一声，我就是出去买这点东西，也不容易呀，你们连个字都没有。还有一个外国人带去话匣子片子，可收着没有，是沈小姐替我托寄的。

补写昨天：徐太太请搬家酒，我去打牌到九点多钟，李寄女来电话说，房东女用人【佣人】来告诉我：小二写了两张字，说他去找死路去了。我回来大队的用人【佣人】来闹，我只好同他们说明白用人【佣人】的事，他自己了与我不相干，他要死我也管不着，也用不着我管。后来，房东家女烧饭的说，“□【让】我们去找找”，他们出去有一个多钟头带他回来了，他自己说呢，他去跳黄浦，给警蔡【察】打他几下，要他回头，他回来了。骍，自从此事发生，我一个字没有题【提】起，今天早上钱寄女儿来[看]我，他做一个证明人，叫小二、房东女用人【佣人】，把他弄在一块问他到底大人小孩子要不要。他说决心不要，我告诉他先把那个女人生产在医（院）里谈判好。他忌【愿】意到惠平乡下厂里做工去。我打算在徐太太家住两个月再找房子，把此事弄清楚。有一个北方女老妈子，我日后就用着他，慢慢的【地】叫道【教导】他。此事你放心，不是大不了的事。

请你日后千万不要报告你的形绩【行迹】，免的【得】出乱子。

现在又查信狠（很）紧了，报纸上面长【常】见着你的，只写不要的紧【不要紧的】事和平安好了，别有用意的话不要题【提】了。

端

竹先生电话说，你寄了五百元美泉（钱），收到了，

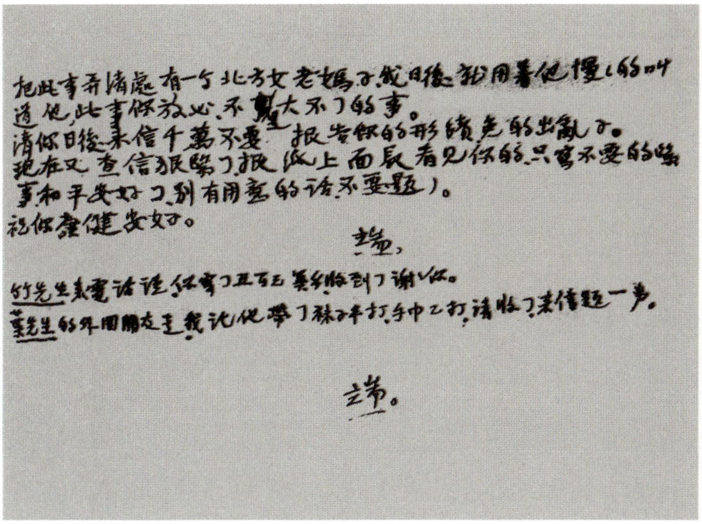

把此事弄清處有一个北方女老媽了我日後就用着她慢慢的叫
道她，此事你放心，不是大不了的事。
请你日後来信千萬不要报告你的形迹是的出亂了。
現在又查信很緊了报纸上面最看见你的只寫不要的緊
事和平安好了，别有用意的话不要题了。
祝你康健安好。
端，
竹先生来電话说你寄了五百元美钞收到了谢谢你。
葉先生的外国朋友走，我托他带了袜子半打手巾乙打，请收了来信题一声。
端。

谢谢你。

叶先生的外国朋友走，我托他带了袜子半打，手巾乙（一）打，请收了来信题【提】一声。

端　卅、九、廿七日

①编号有误。

第[261]封 寄女

致胡适（十七）

骍：

九月十九同廿一晚上的信，同时收到，我狠（很）高兴，因有不少日子没有接着信了知【之】故呀。看见相片都狠（很）好，儿子又胖了。我怪儿子不应该，他用泉（钱）太多。从前年年底，留了乙（一）千五百元在昆明，到今年八月九号到上海，还到泽涵那边取了二百元，还到刘先生那边借五十元港洋，就多了这乙（一）百八十元，到今天没有回信的泉（钱）。不过，你是知道我的皮气【脾气】，我是对□苦人，救补一点苦人，算起来没有用处，不过[是]只能救急不能救穷的办法。

我新得了两个大寄女儿，一个李冈太太，一个钱师亮太太，就是北大化学教员，住三眼井的、年纪狠（很）轻的、长【常】在我家打小牌玩、瘦瘦

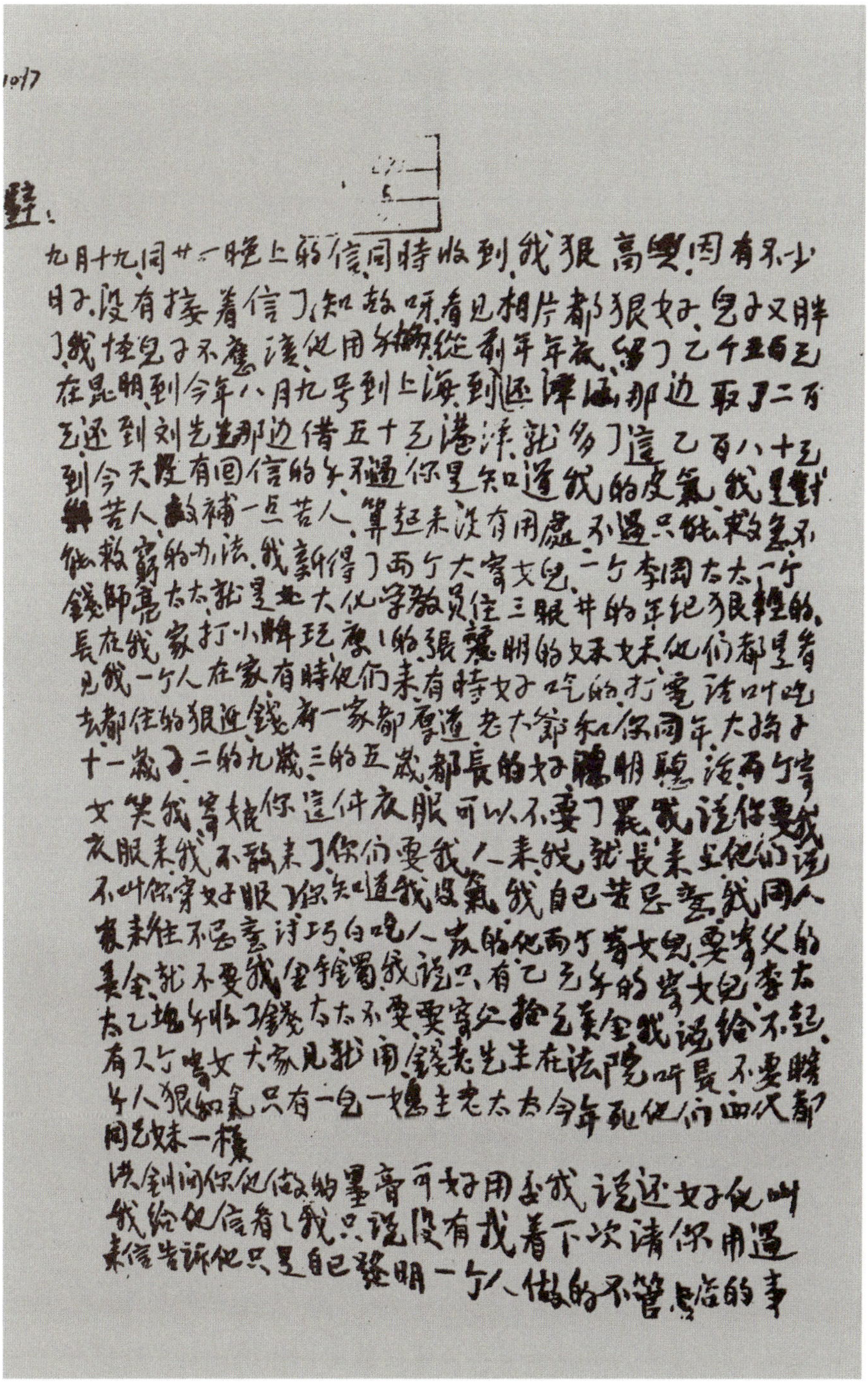

1017

5

[illegible]：

九月十九、同廿一晚上的信同時收到，我很高興！因有不少
日子沒有接着信了，知道你看見相片都很好，兒子又胖
了。我怪兒子不應該他用錢，從前年年底留了乙千五百元
在昆明，到今年八月九号到上海，到還[illegible]那边取了二百
元，还到刘先生那边借五十元港洋，就多了這乙百八十元
到今天沒有回信的人，不過你是知道我的脾氣，我是對
[illegible]苦人救補一点苦人，算起来沒有用處，不過只能救急不
能救窮的办法。我新得了两个大寄女兒，一个李國太太，一个
錢師亮太太，就是[illegible]大化学教員住三眼井的，年紀很輕的，
長在我家打小牌玩，裹的很聰明的姊妹，他们都是看
見我一个人在家，有時他们来，有時好吃的，打電話叫吃
去，都住的很近，錢府一家都曉道老太爺和你同年，大孫子
十一歲了，二的九歲，三的五歲，都長的好聰明。聽說两个寄
女笑我穿的你這件衣服可以不要了罷，我說你要我
衣服来，我不敢来了，你们要我人来，我就長来，要他们说
不叫你穿好服了，你知道我的脾氣，我自己若思[illegible]，我同人
家来往不是[illegible]討巧白吃人家的。他两个寄女兒要寄父的
美金就不要，我金手鐲，我說只有乙元多的寄女兒，李太
太乙塊手表了，錢太太不要，要寄父拾元美金，我說給不起。
有又个寄女 大家見就開，錢老先生在法院听長，不要瞒
个人狠知氣，只有一兒一媳，主老太太今年死，他们四代都
同兄妹一樣
洪[illegible]问你他做的墨音可好用，我說还好，他叫
我给他信看，我只說沒有找着，下次请你用還
来信告訴他，只是自己發明一个人做的，不管点[illegible]的事

的[①]张丽明的妹妹。他们都是看见我一个人在家，有时他们来，有时[有]好吃的打电话叫吃去，都住的【得】狠（很）近。钱府一家都厚道，老太爷和你同年，大孙子十一岁了，二的九岁，三的五岁，都长的【得】好，聪明听话。两个寄女笑我，“寄娘你这件衣服可以不要了罢？”我说，“你要我衣服来，我不敢来了，你们要我人来，我就长【常】来点。”他们说，“不叫你穿好（衣）服了。”你知道我皮气【脾气】，我自己若忌【愿】意，我同人家来往不忌【愿】意讨巧，白吃人家的，他两个寄女儿要寄父的美金就不要我的金手镯。我说我只有乙（一）元泉（钱）的寄女儿，李太太乙（一）块泉（钱）收了，钱太太不要，要寄父十元美金。我说给不起，有六个寄女儿。大家见就闹。钱老先生在法院[是]听长【庭长】，不要瞎泉（钱），人狠（很）和气，只有一儿一媳，主老太太今年死，他们四代都同兄妹一样。

洪钏问你他做的墨膏可好用否，我说还好。他叫我给他信看看，我只好说没有找着，下次请你用过来信告诉他。只是自己发明，一个人做的不管【关】书店的事。给你的衣服一支【只】箱子，是托花旗银行美国人带去的，有小三的一封信，又加唐人写本魔变【类】文一卷，吴越刻经残卷，都加在这支【只】箱内，这【还】有大春的衣服、零物，他的上面都有字，请细看看。

儿子到学校有信来了，我写一点给你看看：“爸爸近来身体较好，但脸上气色不顶好，他近来又不肯早睡了，这是对他身体狠（很）有防【妨】碍的，望你给他〖的〗写信时，常常劝劝他。思杜明年中学念完了，我看假苦【若】那时爸爸不调回去的话，你们还是来这里好，一切对他都可以有个照应。如能把小二带来更好，现在他住的地方，一个

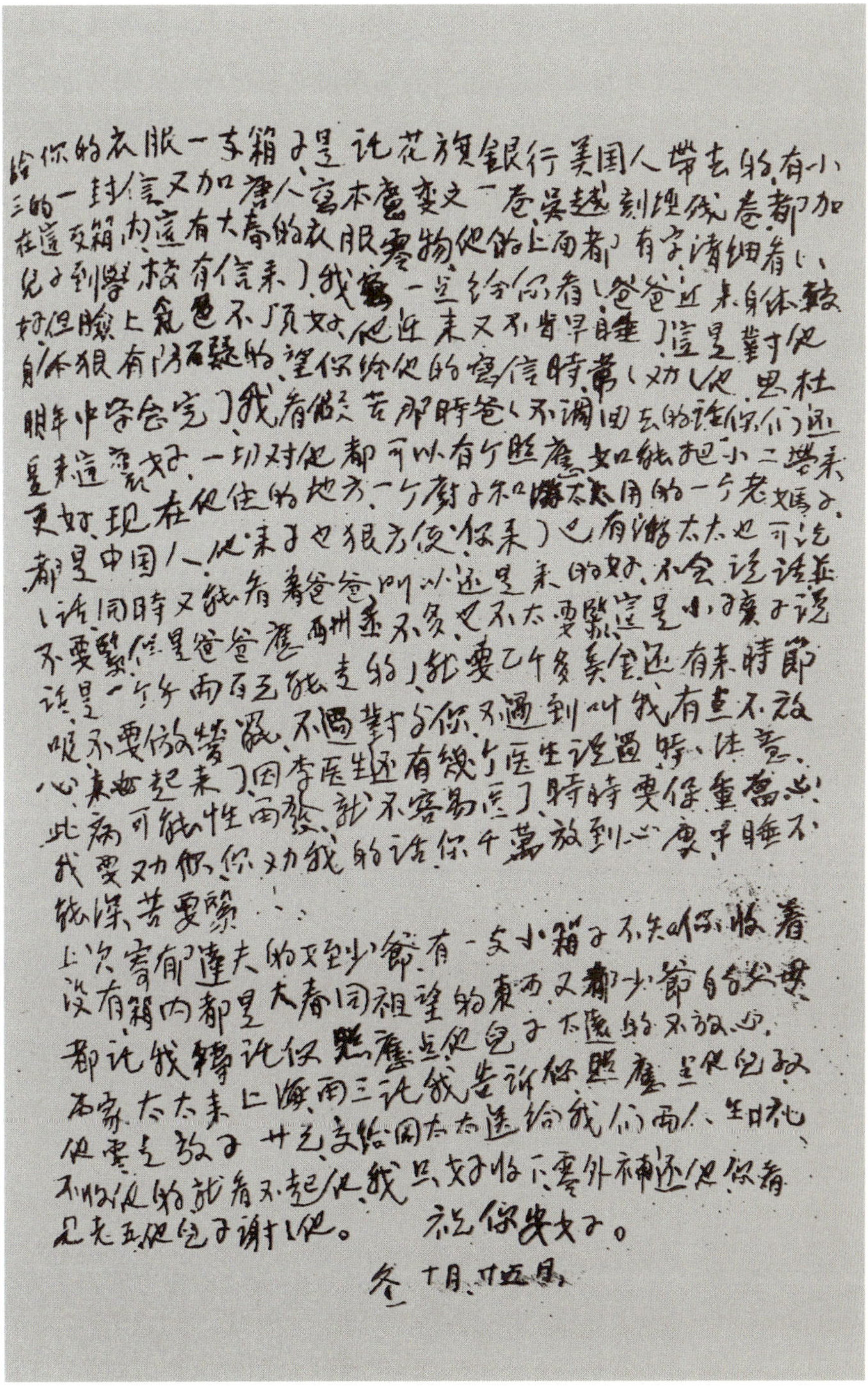
给你的衣服一箱子是托花旗银行美国人带去的，有小
三的一封信，又加唐人写本唐韵之一卷、吴越刻经残卷，都加
在这只箱内。还有大春的衣服零物，他的上面都有字，请细看看。
儿子到学校有信来了，我[illegible]一些给你看看。爸爸近来身体较
好，但脸上气色不顶好。他近来又不肯早睡了，这是对他
身体很有阻碍的，望你给他的写信时常常劝劝他。思杜
明年中学会完了，我看他要去，那时爸爸不调回去的话，你们还
是来这里好，一切对他都可以有个照应。如能把小二带来
更好。现在他住的地方，一个厨子和游太太用的一个老妈子，
他来了也很方便，你来了也有游太太，也可说
都是中国人。
话，同时又能看着爸爸，所以还是来的好。不会说话并
不要紧，但是爸爸应酬并不多，也不太要紧。这是小孩子说
话，是一个人两百元能走的，就要乙千多美金。还有来时节
呢，不要做[illegible]，不过对于你又遇到此，我有点不放
心。身体好起来了，因李医生还有几个医生说过，特别注意，
此病可能性再发，就不容易治了，时时要保重为是。
我要劝你，你劝我的话你千万放到心里，晚上睡不
能深，若要紧……
上次寄郁达夫的文到少爷，有一只小箱子，不知你收着
没有，箱内都是大春同祖望的东西，又都少爷自己要
都托我转托你照应点他包子，太远的不放心。
[illegible]家太太来上海两三次，我告诉你照应点他包子，
他要走路了，廿元交给周太太，送给我们两人生日礼，
不收他的就看不起他，我只好收下，另外补还他。你看
见老五他包子谢谢他。　　祝你安好。

冬　十月廿五日

厨子和游太太用的一个老妈子，都是中国人。他来子【了】也狠（很）方便，你来了也有游太太可说说话，同时又能看着爸爸，所以还是来的好。不会说话并不要紧，但是爸爸应酬并不多，也不太要紧。”这是小孩子说话，是一个泉（钱）两百元能走的了？就要乙（一）千多美金，还有来时节呢，不要做梦罢。不过对与【于】你，〖不过〗到【倒】叫我有点不放心起来了。因李医生还有几个医生说过呀，[要]注意此病可能〖性〗再发，[再发]就不容易医了。时时要保重当心，我要劝你你[曾]劝我的话：“你千万放到心里，早睡，不能深苦【辛苦】要紧。”

上次寄郁达夫的侄少爷有一支【只】小箱子，不知你收着没有，箱内都是大春同祖望的东西，又郁少爷的父母都托我转托你照应点他，儿子太远的不放心。石家太太来上海，再三托我告诉你照应点他【她】儿子，又他【她】零【临】走放子【了】廿元，交给周太太送给我们两人生日礼。不收他【她】的就看不起他【她】，我只好收下，零【另】外补还他【她】，你看见老五他儿子谢谢他。

祝你安好。

冬 [1941] 十月廿五日

①原文如此。

第［262］封 胃病

致胡适（十八）
（第十六号）[1]

骍：

第八号信收到了，前几天由郑先生寄来小照一个，我看了狠（很）高兴，就是太版【板】了一点，几个寄女儿的照片，问你到何处去了？何老四没有来吗？你寄来的五百元早日收到了，但是还没有去取。竹先生告诉我，只能比冻结好一点点，故我今天问他把银行出来的那封信那【拿】回来，明天去托叶先生替我再去想法子。竹先生说只有廿多点，照现在有卅五元左右，吃亏太多，要不行，只好吃亏去罢。用气【运气】坏，没有卖过好价泉（钱）〖过〗，只好听他去，不能不吃饭。

那乙（一）千元呢，先存你处，因竹先生他们有几个人合伙买墨，说叫我也加进他们一块儿，但是那个朋友去港没有回来，不过也没有船，他说等他写信给你再说，你看可好吗？

昨天看见唐三太太，他【她】说他【她】的大女儿在那边恐怕要没有泉（钱）用了，他【她】有信给他【她】，叫他【她】问你借一点泉（钱），他【她】这边还我，我答应了。要是有信给你，请帮忙，他【她】狠（很）用功，因他【她】去只有两千美金，连旅费在内。只叫他【她】去一年，他【她】去两年一定不够了，又不好问家里要，因每姊妹都一样的两千元，恐怕还有别人来商量呢。

石头只住了不到一个月，因他母病重，赶回家两天他母亲就死了，因大热天，一家人都生病，到今天都没有出来呢。

我又搬家了，现在只有一大间房，因两间通开的，随【谁】都不能来住了，洗肉间一个，每月二百元，客堂厨房工【公】用，住三楼。二房东在商务馆做事的，他们只有夫妇[和]一个小女孩子，狠（很）清处【楚】，前面一块大草地，是人家的。上礼拜六，有好几十美兵打球，门口就有十四路车，有廿路车，那边有一路、九路、廿四路。又〖是〗知道是好人家，从来没有客人来，还是我到长【倒常】来客人，他们的小妹妹太可爱了，就是一支【只】腿有毛病，相【像】罗斯福的病，他们天天去[看]医生，看了半年多，还不知看的好看不好。

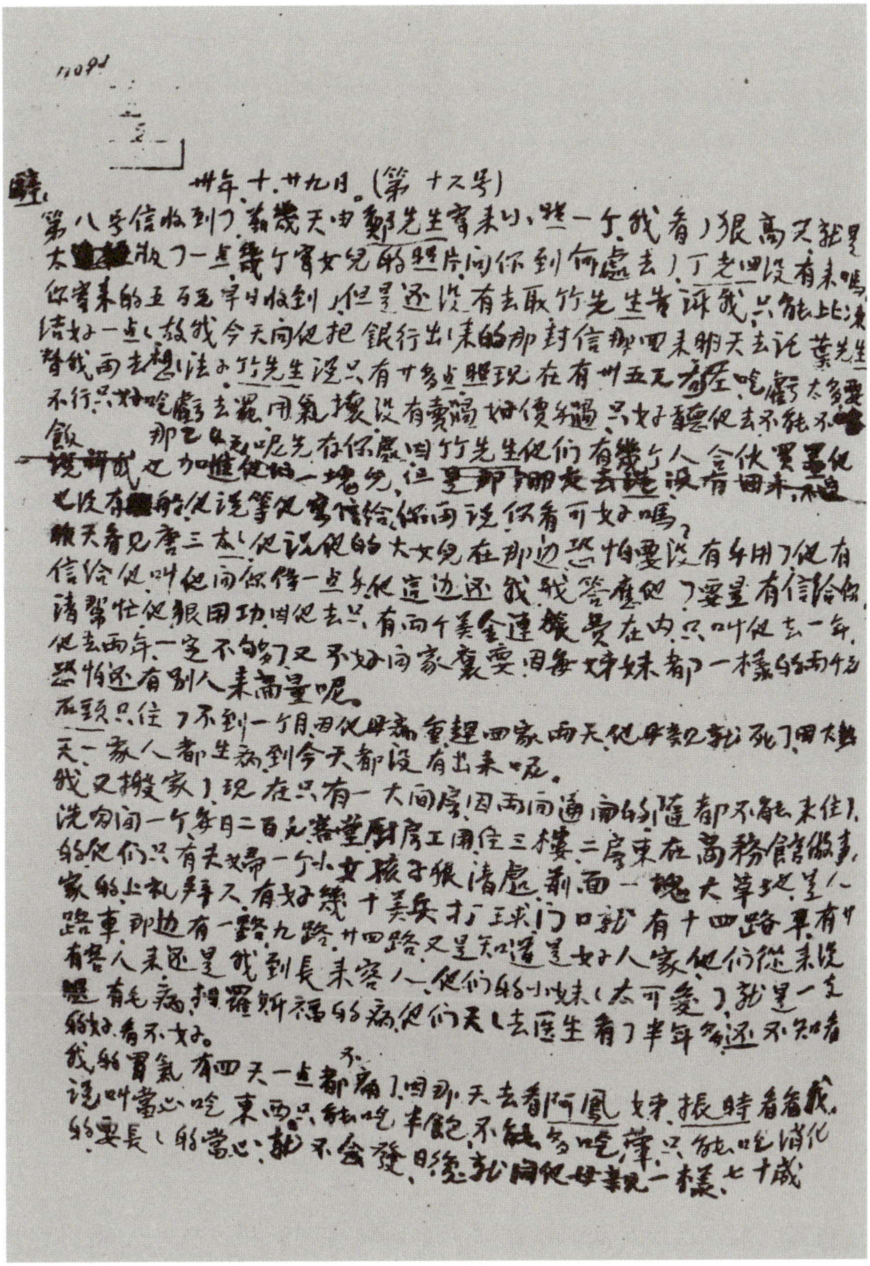

1109

卅年十.廿九日。（第十六号）

頤：

第八号信收到了，前幾天由鄭先生寄来的一張一个我看了很高兴，就是太[illegible]瘦了一点。幾个寄女兒的照片问你到何處去了，丁老四沒有来嗎？

你寄来的五百元字據收到了，但是还沒有去取，竹先生告訴我只能上此演講好一点，故我今天向他把銀行出来的那封信拿回来明天去託葉先生替我两去想法子。竹先生说只有廿多点鐘现在有卅五元，[illegible]吃虧太多要不行，只好吃虧去罷，因氣壞沒有賣隔壁价錢高過，只好聽他去，不然不[illegible]飯。

那[illegible]呢？先在你處的竹先生他们有幾个人合伙买[illegible]他[illegible]又加進他的一塊兒，但是[illegible]沒有回来，總也沒有[illegible]的，他说等他寫信給你的话，你看可好嗎？

前天看見唐三太太，他说他的大女兒在那边恐怕要沒有事用了，他有信給他，叫他向你借一点，他這边还找我，我答應他了，要是有信給你，請幫忙他很用功，叫他去只有两个美金連旅费在内，只叫他去一年，他去两年一定不够了，又不好向家裏要，因每姊妹都一樣的两个，恐怕还有别人来商量呢。

石頭只住了不到一个月，因他母病重趕回家，两天他母親就死了，因大熱天一家人都生病，到今天都没有出来呢。

我又搬家了，現在只有一大間房，因两间通連的隨都不能来住了，洗澡间一个，每月二百元，帶堂廚房工用住三樓，二房東在商務館做事的，他们只有夫婦一个小女孩子很清處，前面一塊大草地，是人家的上礼拜天有好幾十美兵打球，门口就有十四路車，有廿路車那边有一路九路廿四路，又是知道是好人家，他们從来没有客人来，还是我到長来客人。他们的小妹妹太可愛了，就是一生[illegible]有毛病，[illegible]羅斯福的病，他们天天去医生看了半年多还不知道看的好看不好。

我的胃氣有四天一点都不痛了，因那天去看阿鳳姊，振時看看我的，要長長的當心，就不会發，叫我當心吃東西，只能吃半飽，不能多吃葷，只能吃消化的，要長長的當心，就不会發，明兒就同他母親一樣，七十歲

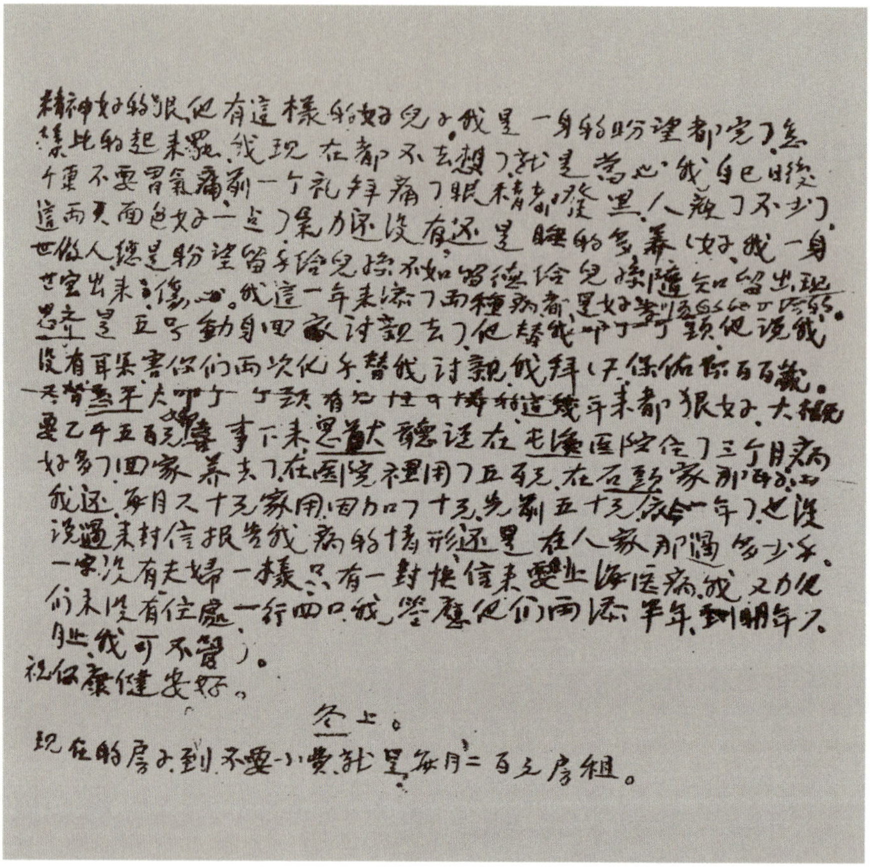
精神好的狠。他有這樣的好兒子，我是一身的盼望都完了。怎
樣比的起來罢。我現在都不去想了，就是當心我自己日後
千萬不要胃氣痛。前一個禮拜痛了眼精都發黑，人瘦了不少了。
這兩天面色好一點了，氣力還沒有，還是睡的多養養好。我一身
世做人，總是盼望留泉給兒孫不如留德給兒孫，隨
……
祝你康健安好。
冬上。
現在的房子到不要小費，就是每月二百元房租。

我的胃气有四天一点都不痛了，因那天去看阿凤姊，振时看看我，说叫当心吃东西，只能吃半饱，不能多吃荤，只能吃消化的，要长长【常常】的当心就不会发，日后就同他母亲一样，七十岁精神好的【得】狠（很）。他有这样的好儿子，我是一身【生】的盼望都完了，怎样比的【得】起来罢，我现在都不去想了，就是当心我自己日后千万不要胃气痛。前一个礼拜痛了【得】眼精【睛】都发黑，人瘦了不少了。这两天面色好一点了，气力还没有，还是睡的【得】多养养好。我一身【生】世做人，总是盼望留泉（钱）给儿孙不如留德给儿孙，随

【谁】知留出现世宝来了。伤心。我这一年来添了两种病，都是好“孝顺”的儿子添的。思齐是五号动身回家讨亲去了，他替我叩了一个头。他说，“我没有耳朵，害你们两次化【花】泉（钱）替我讨亲，我拜拜天，保佑你百百岁。”又替惠平夫妇叩了一个头，看见怪可怜的，这几年来都狠（很）好，大概要乙（一）千五百元喜事下来。思猷听说在屯溪医院住了三个月，病好多了，回家养去了。在医院里用了五百元，在石头家那【拿】□□□。我还每月六十元家用[给他]，因加了十元，先前五十元依今【已经】一年了，也没说过来封信报告我病的情形，还是在人家那【拿】过多少泉（钱）。一字没有，夫妇一样，只有一封快信来，要到上海医病，我劝他们来没有住处，一行四口。我答应他们再添半年，到明年六月止，我可不管了。

祝你康健安好。

冬上　卅年、十、廿九日

现在的房子到【倒】不要小费，就是每月二百元房租。

①编号有误。

第[263]封 贺礼

致胡适（十九）
（第廿七号）

骍:

十月十日的信收到了，谢谢你记着我的生日，我的命用大【命运太】不好了，题【提】不起生日的话了。祝你百岁千岁添添寿福。唐小姐带去的箱子，你还没收着吗？那个箱子里还有房小姐的衣服、零物，不会遗失了罢？支票上信题【提】过了，应太太汇二百元把应小姐，这二百元早那【拿】来了，我留着做家用，请你付二百元美金给应小姐。

这次托叶先生的朋友把你寄女儿送你的袍子马褂，都是李、钱两人送的，还叫我告诉你他们替你拜寿，还有周珊凤两包东西送人的，你收着了赶快转了去。

祖望要茶叶，你送他一点，明年茶叶不知可买的【得】着吗。你[的茶]不受湿，明年还好吃，上海现在就不容易买的【得】[着]今年全新的茶叶了，都在去年旧货对下去了，我[的茶]就收的好，去年今年现在都好，因长焕【常换】石灰，不知美国可有灰否？

你上次问我桐油浇树[的事]，把□土弄开，大树半磅，小树少点，把

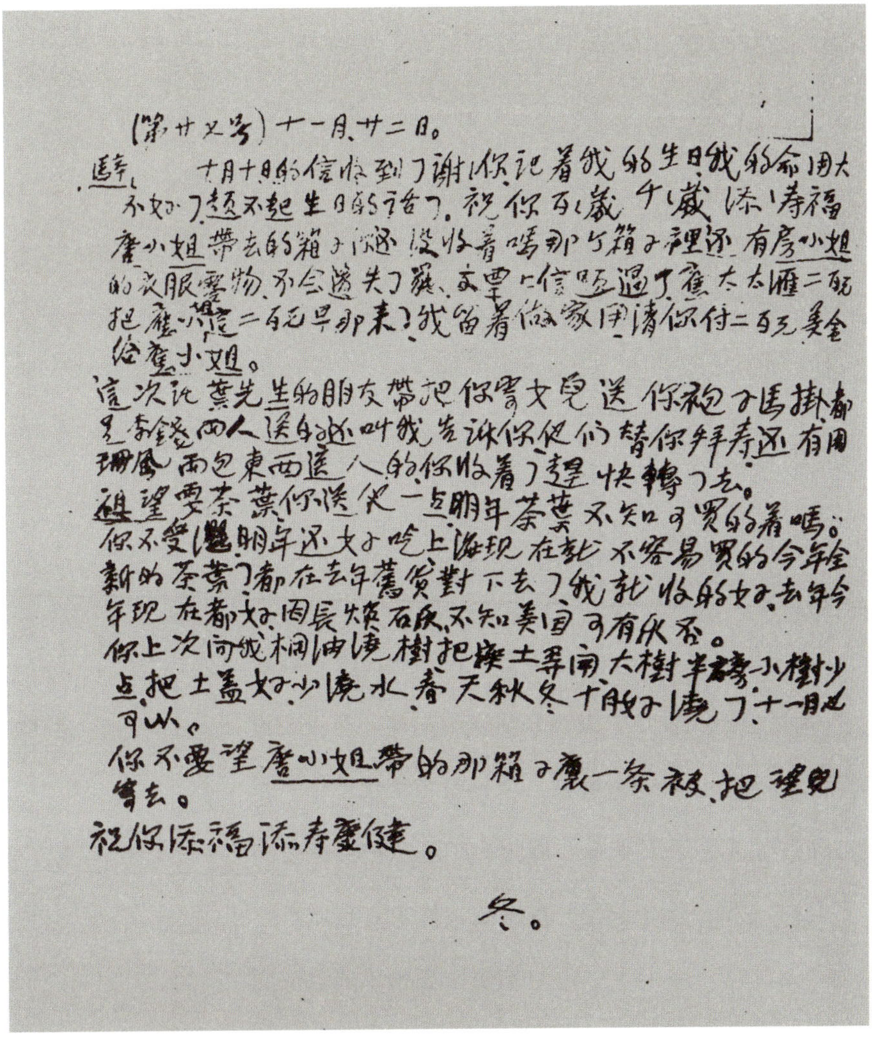
（第廿又号）十一月、廿二日。
遥孙：　十月十日的信收到了，谢谢你记着我的生日，我的命因大不好了，题不起生日的话了。祝你万岁千岁添寿添福。
唐小姐带去的箱子你还没收着吗？那个箱子里还有唐小姐的衣服零物，不会遗失了罢。文要七信叫过了，唐太太汇二百元把唐小姐，二百元早那来了，我留着做家用，请你付二百元美金给唐小姐。
这次托叶先生的朋友带把你，宁文儿送你袍子马褂，都是李钱两人送的，还叫我告诉你他们替你拜寿。还有珊瑚两包东西送人的，你收着了，望快转了去。
望望要茶叶，你送他一点，明年茶叶不知可买的着吗。你不要忘，明年还有人吃。上海现在就不容易买的，今年全新的茶叶了，都在去年旧货对下去了，我就收的好，去年今年现在都好，因长烧石灰，不知美国可有此否。
你上次问我桐油浇树，把换土寻开大树半……小树少点，把土盖好，少浇水，春天秋冬十月好浇了，十一月也可以。
你不要望唐小姐带的那箱子里一条被，把望儿寄去。
祝你添福添寿康健。
冬。

土盖好，少浇水，春天、秋、冬十月好浇了，十一月也可以。

你不要望【忘】，唐小姐带的那箱子里一条被，把望儿寄去。

祝你添福添寿康健。

冬　[1941] 十一月、廿二日

第［264］封 暖气

一九四六年
致江冬秀

冬秀：

谢谢你的信。你托人带的衣药，现在还没有到。

南京冻坏我了！中央研究院烧不起煤，至今还没有暖气。我屋里有一个炭盆，总算是特别优待了。早晚都很冷。早上我怕起床，晚上我怕进冷被窝里去。

我的左脚上好像起了一排冻疮，晚上有点痒。

到南京整一个月了。看这情形，恐怕不能赶回北平来过我们的双生日了。这是第十个生日我们不在一块过了。那年（廿五年）我在北京过生日，正是“西安事变”的时候，大家都不安心。以后这九个生日，我在外国过的，也有很可纪念的。民国廿七年的生日我在医院病床上过的。民国卅年，我整五十岁生日，是在珍珠港事变之后十日，我在华盛顿，有许多朋友来给我贺寿。那是最高兴的一个生日，但我想起你在

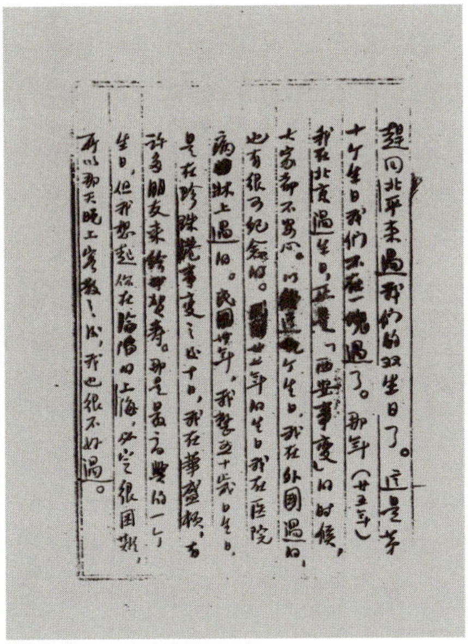

趕回北平來過我們的雙生日了。這是第十個生日我們不在一塊過了。那年（廿五年）我在北京過生日，正是「西安事變」的時候，大家都不安心。以後這八個生日，我在外國過的，也有很可紀念的。廿七年的生日我在醫院病床上過的。民國卅年，我整五十歲的生日，是在珍珠港事變之後十日，我在華盛頓，有許多朋友來給我賀壽。那是最高興的一個生日，但我想起你在淪陷的上海，必定很困難，所以那天晚上客散了以後，我也很不好過。

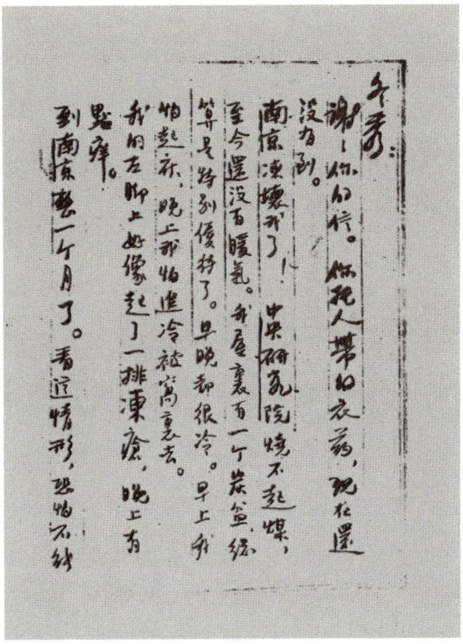

冬秀：

謝謝你的信。你託人帶的衣藥，現在還沒有到。

南京凍壞我了！中央研究院燒不起煤，至今還沒有暖氣。我屋裏有一個炭盆，總算是特別優待了。早晚都很冷。早上我怕起床，晚上我怕進冷被窩裏去。

我的右腳上好像起了一排凍瘡，晚上有點癢。

到南京整一個月了。看這情形，恐怕不能

沦陷的上海，必定很困难，所以那天晚上客散之后，我也很不好过。

我的安眠药差不多完了，只剩了四粒，明天要去买十粒来。

此地有暖气的人家很少。我到南京以后，因研究院没有炉子，所以不敢洗浴。后来洗浴总是到梦麟家去洗，因为他家洗浴间里有个小电炉。

国民大会现定十九日完，我大概廿日左右可以北回了。

你的毛大衣，不可卖掉。我已由兴业银行汇了壹百万元给你了，想已收到了。

毛袜子我只带了　双，你寄的两双正得用，我盼望早日收到。

福来有信来，说他已到了我家。

莘麓有信来，说他母亲十一月卅日死了，享年七十八岁。他的信上说起杨桃岭的工程，本年可修成六十丈，需款约二百万元。还有难走的一百余丈，据昭信说，还要五百万元。

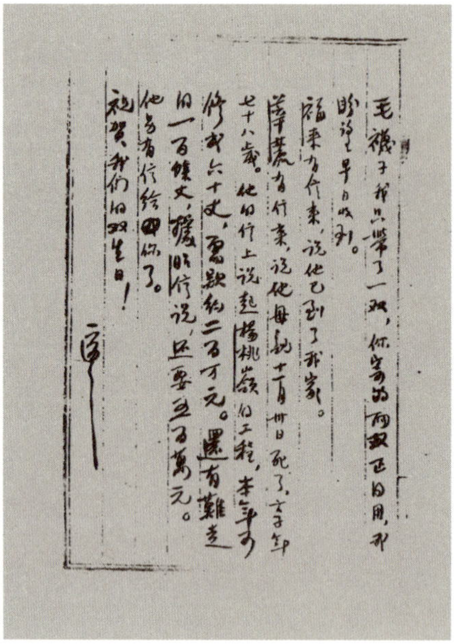
毛襪子我只帶了一双，你寄的兩双正好用，我盼望它早日收到。

昭秉方今來，說他已到了我家。

華叢方才來，說他母親十一月卅日死了，享年七十八歲。他的信上說起楊桃嶺的工程，本年可修成六十丈，需款約二百萬元。還有難走的一百丈，據明信說，還要五百萬元。

他另有信給你了。

祝賀我们的双生日！

適

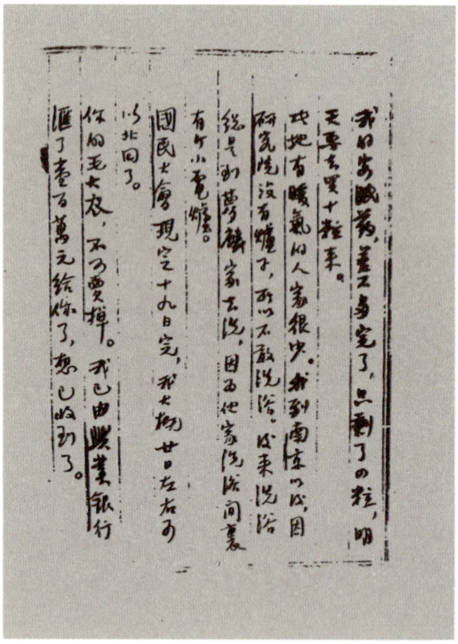
我们的安眠藥，差不多完了，只剩了四粒，明天要去買十粒來。

此地有暖氣的人家很少。我到南京以後，因研究院沒有爐子，所以不敢洗浴。後來洗浴總是到夢麟家去洗，因為他家洗浴間裏有个小電爐。

國民大會現定十九日完，我大概廿日左右可以北回了。

你的毛大衣，不可要掉。我已由興業銀行滙了壹百萬元給你了，想已收到了。

他另有信给你了。

祝贺我们的双生日！

适之[1]

①据邮戳，此信1946年12月16日到北平。